स्वतंत्रता सेनानियों का बंदीनामा

Prison Register of
Freedom Fighters

(Part-2)

Andaman Jail

By

Phoolchand Jain

Editor

Mastram Kapoor

Published for

Institute of Social Sciences, New Delhi

by

Concept Publishing Company, New Delhi

स्वतंत्रता सेनानी ग्रंथमाला - 2

स्वतंत्रता सेनानियों का

बंदीनामा

(भाग-2)

अंडमान जेल

लेखक : **फूलचंद जैन**

सम्पादक : **मस्तराम कपूर**

इंस्टीच्यूट आफ सोशल साइंसिस, नई दिल्ली
के लिए
कन्सेप्ट पब्लिशिंग कम्पनी, नई दिल्ली

भारत की स्वतंत्रता की 50वीं वर्षगांठ के आयोजन की राष्ट्रीय समिति तथा राष्ट्रीय अभिलेखागार के सहयोग से प्रकाशित

ISBN 81-7022-702-X (Vol. 2 : H. B.)

ISBN 81-7022-715-1 (Vol. 2 : P. B.)

ISBN 81-7022-700-3 (Series)

संस्करण : 2007

प्रकाशक :
अशोक कुमार मित्तल
कन्सेप्ट पब्लिशिंग कम्पनी
A/15-16 कमर्शियल ब्लॉक, मोहन गार्डन
नई दिल्ली–110059 (भारत)
फोन : 5648039, 5649024
फैक्स : (011) 5648053

Published and Printed by
Ashok Kumar Mittal
Concept Publishing Company
A/15-16, Commercial Block, Mohan Garden
New Delhi-110059 (India)
Phones: 5648039, 5649024
Fax: 091–11–5648053

प्राक्कथन

श्री फूलचंद जैन की सुपुत्री डॉ. गुणमाला नवलखा ने अपनी भावभीनी टिप्पणी 'बाबूजी के प्रति' में बताया है कि उनके पिता ने अपनी खोज यात्रा कैसे शुरू की।

वर्ष 1950 में दिल्ली के स्वतंत्रता सेनानी बहादुरशाह जफर मार्ग पर स्थित दिल्ली जेल में इकट्ठे हुए, उन दीवारों और सलाखों के बीच जिनके साथ उनकी अतीत की रोमांचपूर्ण स्मृतियां जुड़ी हुई थीं। यह स्वतंत्रता सेनानियों की जेल की दीवारों–सलाखों से अंतिम भेंट थी क्योंकि यह जेल तिहाड़ स्थानांतरित हो रही थी।

उस पावन–मिलन के समय यह विचार सामने आया कि भारत की स्वतंत्रता के लिए कष्ट झेलने वाले सभी स्वतंत्रता सेनानियों की नामावली तैयार की जाए। यह दायित्व श्री फूलचंद जैन को सौंपा गया जो उस समय 43 वर्ष के थे, जिन्होंने 1930, 1932 और 1942 के आंदोलनों में सक्रिय भाग लिया था और जो ब्रिटिश राज की जेलों के स्वाद को बिना अधिक प्रयास के शब्द–बद्ध कर सकते थे। यह स्वाद स्मृति में भी कटु था किंतु यह गर्व की भावना पैदा करता था।

फूलचंद जैन जानते थे, और 1950 में जो अन्य लोग वहां इकट्ठे हुए वे भी जानते थे कि जिन स्मृतियों को वे तथा उनकी तरह हजारों अन्य, बनाए रखना चाहते हैं, वे नश्वर हैं। श्री फूलचंद ने इन्हें अनश्वर और अमर बनाने का संकल्प लिया।

श्री जवाहरलाल नेहरू ने अपने एक प्रसिद्ध वाक्य में बड़े–बड़े बांधों को आधुनिक भारत के मंदिर कहा है। तथापि यह वर्णन उन जेलों और फांसी के तख्तों के लिए बहुत सटीक बैठता है जिन्हें हजारों लोगों ने (जिनका फूलचंद जैन ने अथक अनुसरण किया) गले लगाया। चूंकि इन लोगों ने अवहेलना, लाठी–गोली, टालमटोल, पलायन, छद्मनामों के सब रास्ते अपनाए, उनके पद्–चिह्नों को खोजना आसान नहीं था।

फूलचंद जैन ने थानों, कचहरियों–अदालतों, जेलों और अभिलेखागारों में, धूल, निराशा और थकान की परवाह न करते हुए अधिकतर बाइसिकल पर 47 वर्ष तक अर्थात् नब्बे की अवस्था में अपनी अंतिम सांस तक उन पद्–चिह्नों की खोज की। वे दिल्ली प्रदेश कांग्रेस के सचिव, दिल्ली के म्युनिसिपल कमिश्नर और अग्रणी पत्रकार रहे किंतु यह खोज उनके जीवन का सबसे बड़ा ध्येय बन गई।

अतः श्री मस्तराम कपूर द्वारा सम्पादित ग्रंथावली के इन खंडों में आधी सदी के समर्पित अनुसंधान की उपलब्धि सुरक्षित मिलेगी। श्री कपूर ने बताया है कि यह अनुसंधान बहुत श्रम–साध्य था और यह तथ्यों, दस्तावेजों और साक्ष्यों की अपेक्षा करता था। तथापि, अज्ञात विवरणों की खोज के पीछे एक उदात्त भावना थी। श्री फूलचंद जैन ने उन अज्ञात भारतीयों की पहचान की शिनाख्त करने और उसे सुरक्षित रखने का व्रत लिया था जो देश की स्वाधीनता और गौरव के लिए अपने निजी और पारिवारिक सुखों तथा अपने जीवन को भी नयौछावर करने के लिए तैयार थे।

श्री जैन उनकी स्मृति को बनाए रखना चाहते थे जिन्होंने अपने जीवन की परवाह नहीं की। इन लोगों के प्रति श्री जैन की भावना वैसी ही थी जैसी इन लोगों की अपनी मातृभूमि के प्रति थी। अतः यह ग्रंथावली कोमल भावनाओं, चिंताओं और प्यार का संग्रह है। यह ग्रंथावली हमें उन लोगों का सम्मान करना सिखाएगी जो सम्मान से वंचित रहे या भुला दिए गए और उन्हें अपने उचित स्थान पर अर्थात् देशभक्तों की पावन भूमि पर प्रतिष्ठित करने में हमारी सहायक होगी।

जिस प्रकार श्री फूलचंद जैन ने अज्ञात सेनानियों की पहचान की और उनकी गुमनामी से पर्दा हटाया, उसी तरह दूसरे लोगों ने भी उनके अद्वितीय अनुसंधान को सराहा और उसके संपादन, प्रकाशन एवं वितरण में सहर्ष हाथ बटाया। श्री फूलचंद जैन अब आधुनिक भारत के इतिहासकारों में अपना उचित स्थान ग्रहण कर सकते हैं।

मुझे जब इस सद्प्रयास के लिए कुछ पंक्तियां लिखने के लिए कहा गया तो मैंने अपने को गौरवान्वित महसूस किया हालांकि मैंने ऐसा कुछ नहीं किया है जो मुझे इस सम्मान का पात्र बनाए।

किंतु मैं बिना हिचकिचाहट के कह सकता हूं कि ग्रंथावली के ये खंड बहुमूल्य अतीत की सुरक्षा के साथ–साथ स्वाधीनता आंदोलन, ब्रिटिश राज और मानव चेतना के संबंध में कई प्रश्नों को प्रेरित करेंगे।

स्वाधीनता बाद के वर्षों में हमारा कितना भी मोह भंग हुआ हो, इन स्वतंत्रता सेनानियों के प्रति जिनके पदचिह्नों को श्री फूलचंद जैन ने तलाशा और स्वयं श्री फूलचंद जैन के प्रति हमारे मन में गर्व एवं कृतज्ञता की मात्रा जरा भी कम नहीं होगी।

किंतु यदि स्मरण किए गए मृत व्यक्तियों की आत्माएं होंगीं जो देख–सुन सकें तो वे भारत को अपने त्याग का योग्य पात्र बनता देखना चाहेंगीं। मैं कामना करता हूं कि हम जो जीवित हैं, एक–दूसरे की वैसी ही चिंता करें जैसी श्री फूलचंद जैन ने उन लोगों के लिए दिखाई जिन्होंने भारत की आबरू के लिए अपने को समाज से और कई लोगों ने तो अपने जीवन से ही काट लिया।

6 दिसबंर, 1997 **राजमोहन गांधी**

बाबूजी के प्रति

ब्रिटिश साम्राज्य के विरुद्ध भारतीय स्वतन्त्रता संघर्ष एक विराट जन–आंदोलन था। हम आजादी मिली थी उस आम आदमी के कारण, जो घर से निकलकर जेल की सलाखों के पीछे जाने की हिम्मत कर सका था, यातना झेल सका था; जो अपने छोटे वजूद की सीमाएँ पार कर बड़ा हो गया था; जिसने अपने स्वार्थ से ऊपर उठकर अपने देश की आजादी के लिए अपना आराम, अपना जीवन बलिदान कर दिया था। इन्हीं साधारण किन्तु असाधारण लोगों की शक्ति से हम गुलामी की बेड़ियों से मुक्त हुए। इन्हीं लोगों की बलिदान–गाथा को अपनी गहन–शोध में समेटने का महत् कार्य किया है स्वतंत्रता सेनानी श्री फूलचन्द जैन ने।

इतिहासविद स्वतंत्रता–आंदोलन के विभिन्न उतार–चढ़ावों को प्रसिद्ध नामों, तारीखों, घटनाओं द्वारा परिभाषित करते हैं, लेकिन इनमें आम आदमी कहीं भीतर ही छिपा रह जाता है। जब आजादी की लड़ाई में शामिल योद्धा अपने समय का इतिहास लिपिबद्ध करने बैठता है तो वह अपने समय के उद्वेलनों और बारीकियों को एक भोक्ता की नजर से देखता है। वह देख पाता है कि एक घटना, एक विद्रोह, एक फाँसी, एक बलिदान कैसे देश के एक छोर से दूसरे छोर तक फैलकर आजादी के संघर्ष को गति दे रहा था। कैसे हर आदमी के भीतर धधकती आग उसको ही नहीं पूरे देश को बलिदान की प्रचण्ड ज्वाला में तब्दील कर रही थी। वस्तुतः इतिहास जब साधारण जन–समाज के हृदय के भीतर से बिम्बित होता है तभी उसमें अपने समय की सही पहचान टंकित होती है।

श्री फूलचन्द जैन ने अपनी बरसों की शोध–साधना में स्वतंत्रता के लिए जूझने वाले आम आदमी को खोजा है, उसके कार्यों को रेखांकित किया है और सही मायने में इतिहास को व्यापक और नया आधार दिया है। उनके द्वारा लिखित पन्ने इतिहास–अध्येता और जिज्ञासु छात्रों के लिए अमूल्य धरोहर हैं।

दिल्ली वासी श्री फूलचन्द जैन कर्मठ समाज–सेवी तथा स्वतंत्रता–सेनानी थे। 7 दिसम्बर, 1907 को उनका जन्म हुआ। स्कूली शिक्षा मैट्रिक तक हुई मगर उनका मेधावी व्यक्तित्व जीवन के हर पक्ष से सीखते हुए उन्नत, दृढ़ और विशाल होता गया। राजनीतिक हलचलों, जलियाँवाला बाग के नरसंहार जैसे प्रसंगों से उनके युवा हृदय में देश की आजादी के लिए बेचैनी जाग उठी। वे सक्रिय राजनीति में उतर आए। गांधी जी के युगप्रभावी व्यक्तित्व से प्रभावित होकर उन्होंने नमक आंदोलन (1930), सविनय अवज्ञा आंदोलन (1930–32) 'भारत छोड़ो' आंदोलन (1942) में हिस्सा लिया और अनेक बार जेल गए। 1935–1947 तक वे दिल्ली प्रदेश कांग्रेस के सचिव रहे। स्वतंत्रता–प्राप्ति के क्षणों में देश जिस उद्वेलन से गुज़रा था उसमें उन्होंने धैर्य और विवेक से साम्प्रदायिकता का विरोध किया तथा अनेक अपहृत महिलाओं (हिन्दू–मुस्लिम दोनों) के पुनर्वास का सराहनीय कार्य किया। वर्ष 1951–54 के दौरान वे दिल्ली के म्युनिसिपल कमिश्नर रहे।

वर्ष '50 का उत्तरार्ध उनके जीवन में एक नया मोड़ लेकर आया। बात शुरू हुई उस क्षण से जब दिल्ली के बहादुर शाह ज़फ़र मार्ग पर स्थित जेल में दिल्ली के स्वतंत्रता–सेनानी इकट्ठे हुए। इकट्ठे होने का मकसद था दिल्ली जेल के तिहाड़ स्थानान्तरण के समय एक बार अतीत की स्मृतियों, को मिल–बाँटना। ये क्षण स्वतंत्रता सेनानियों के लिए भावुक क्षण थे। इन दीवारों, सलाखों के पीछे उन्होंने देश की आजादी का व्रत बार–बार दोहराया था। बातचीत में एक विचार ने जन्म लिया कि

श्री फूलचंद जैन एवं चमेली देवी जैन

भारतभूमि के लिए कष्ट सहने वालों, प्राण देने वाले वीर सेनानियों की सूची क्यों न बनायी जाए? सर्वसम्मति से तय हुआ कि श्री फूलचन्द जैन को यह कार्य सौंपा जाए। और यहीं से आरम्भ हुई श्री जैन की अथक शोध–यात्रा।

चालीस बरसों तक, जीवन के अंतिम क्षण तक उनका प्रत्येक क्षण इस विशाल कार्य में लगा रहा। एक अकेला व्यक्ति अपने बूते पर एक दफ्तर से दूसरे दफ्तर, एक फाइल से दूसरी फाइल में पंक्ति दर पंक्ति प्रमाण जुटाता रहा... तो सिर्फ अपनी एक निष्ठता, प्रबल मनःशक्ति के बल पर। *टाइम्स ऑफ इण्डिया* में प्रकाशित यह रिपोर्ट श्री फूलचन्द जैन की कार्य के प्रति गम्भीरता को दर्शाती है :

"पिछले 25 वर्षों से (अब 40 वर्ष) वे एक पुलिस थाने से दूसरे थाने, एक कचहरी से दूसरी कचहरी, जेल–रिकार्डों, संग्रहागारों या फिर सम्बंधित सरकारी महकमों में जाते रहे–मुकदमों के फैसले और अन्य दस्तावेज़ों की तलाश में। एक ही ध्येय, एक ही भावना के साथ वे कार्य करते रहे कि 1905–1947 के बीच दिल्ली के जेलों में रहे क्रांतिकारियों के बारे में प्रामाणिक जानकारी हासिल कर सकें। उनके सामने आई बाधा को, तत्कालीन गृहमंत्री श्री गोविन्द वल्लभ पन्त ने गोपनीय दस्तावेज़ों को देखने की अनुमति देकर हल किया।

श्री जैन हर सच्चाई की तह तक पहुँच कर ही दम लेते थे। अनेक क्रांतिकारी अपने छद्म नामों के साथ कार्य करते थे और पुलिस–रिकार्ड में उनकी पहचान को रेखांकित कर पाना कठिन होता था। श्री जैन पूरी तहकीकात कर वास्तविक व्यक्तित्व तक पहुँचते थे। अत्यन्त श्रम–साध्य था यह कार्य।"

श्री फूलचन्द जैन 25 वर्ष तक पत्रकारिता के क्षेत्र से जुड़े रहे। उन्होंने वर्ष 1930 के बाद *अर्जुन* (बाद में *वीर–अर्जुन*) में कार्य किया। वे 1934 और 1942 के बीच *यू.पी.आई/ए.पी.आई* समाचार एजेन्सियों से बद्ध रहे। इन अनुभवों ने उनके जीवन को धार और तराश दी।

उनके व्यक्तित्व में अपने कार्य के प्रति जो समर्पण भाव था उसीके कारण वे निर्लोभ, निश्छल भाव से, योगी की तरह कार्यरत रहे। उनका पूरा भाव–संसार स्वतंत्रता–सेनानियों के इर्द–गिर्द घूमता था। किसी के विवरण में कोई प्रश्न उठता, किसी घटना में कोई असंगति दिखती या फिर कोई नयी किताब, नयी सूचना का आभास उन्हें होता तो वे नब्बे वर्ष की उम्र में भी जिज्ञासु बालक की तरह पूरी तहकीकात करते। वस्तुतः यही जिज्ञासु मनोवृति इनकी शोध–साधना की केन्द्रीय शक्ति थी, जिसके तहत वे 6000 पन्नों में अनथक गति से नोट्स लेते रहे; 25000 व्यक्ति–कार्डों में स्वतंत्रता सेनानियों की गतिविधियों की सूचना टंकित करते रहे। उनकी ढेरों फाइलें, कागजात जिनमें विभिन्न स्रोतों से जुटाई गई महत्वपूर्ण सूचनाएँ हैं। आज इतिहास की अमूल्य धरोहर है।

स्वतंत्रता–संग्राम के अनजाने सिपाहियों को उन्होंने काल के प्रवाह से मोतियों की तरह चुनकर जिस प्रकार आलोकित किया है, वह सच्चे अर्थों में आजादी के संघर्षमय इतिहास की मणिमय गाथा है।

जीवन के अंतिम प्रहर में रह–रह कर एक उदासी, एक आशंका श्री जैन को घेर लेती थी कि कहीं ऐसा न हो कि उनकी बरसों से शब्द–शब्द में संजोयी इतिहास की घटनाएँ कागज़ों का ढेर बन कर रह जाएं। बहुत गहरी चाहना थी उनकी कि देश की सन्तति बलिदान करने वालों को जाने–समझे और अपनी परम्परा से जुड़े।

शायद उनकी गहन आकांक्षा ने ही ऐसे संयोग को जन्म दिया कि 'संस्कृति–विभाग' तथा 'भारतीय स्वतंत्रता की अर्द्ध शताब्दी–समारोह आयोजन–समिति' के सचिव श्री बी.पी. सिंह राष्ट्रीय अभिलेखागार के निदेशक श्री ए. सरकार के साथ उनके निवास पर पधारे। उनकी विपुल सामग्री को देखा और

तत्काल ही उन्हें आश्वासन दिया कि उनकी मेहनत जनता के सामने अवश्य आएगी। कुछ ही दिनों बाद श्री जैन का देहान्त हो गया। ऐसे उदासी भरे क्षणों में श्री सिंह और श्री सरकार ने अपना आर्थिक–समर्थन देने की इच्छा और उनकी सामग्री को प्रकाशित करने की अपनी वचनबद्धता को दोहराया। उनका यह आश्वासन एक वरदान की तरह था...इसी का यह फल है कि श्री जैन के कार्य की श्रृंखलाबद्ध जिल्दें जनता के समक्ष प्रस्तुत हो सकी हैं।

इस कार्य को सुनियोजित करने के लिए तथा क्रमबद्ध रूप में जिल्दों को रूप देने के लिए विद्वज्जनों की मदद आवश्यक थी। ऐसे क्षणों में अनेक विद्वानों–मित्रों के हाथ सहायता के लिए आगे आए यह एक सुखद आश्चर्य था। सबसे पहली जरूरत महसूस हुई एक ऐसी जगह की जहाँ दफ्तर बन सके, जहाँ सामग्री का सम्पादन हो, संशोधन हो, ध्यान–भाव से कार्य हो। ऐसे समय श्री सुरेन्द्र मोहन ने तत्काल ही उदार भाव से अपने ही दफ्तर के एक हिस्से में काम करने की उचित जगह दे दी। स्थान तो मिल गया। मगर अब प्रश्न था कि इस सारी सामग्री का वर्गीकरण, नियोजन कैसे किया जाए। सम्पादन सलाहकार समिति का गठन हुआ। इसमें सदस्य रूप में थे—डॉ. हरिदेव शर्मा, प्रो. गोपाल कृष्ण, श्री सुरेन्द्र मोहन, श्री बनवारी, श्री राजमोहन गांधी, डॉ. मस्तराम कपूर, श्री लक्ष्मी चन्द्र जैन। समिति की पहली बैठक 3 मार्च, 1997 को हुई। अनेक बहुमूल्य सुझाव सामने आए कि कैसे पूरी सामग्री का वर्गीकरण किया जाए, किस रूप में इसे प्रकाशित किया जाए। इन्हीं क्षणों में डॉ. मस्तराम कपूर का सौजन्य भरा, हृदय को छू लेने वाला प्रस्ताव सामने आया जिसमें उन्होंने मानद रूप में सम्पादक–प्रमुख का कार्य भार स्वीकार करने की हामी भरी। यह इस पूरी यात्रा का महत्वपूर्ण बिन्दु था। अब उनकी इतिहास–दृष्टि के आलोक में ग्रन्थ की योजना साफ होने लगी थी। उन्हींके व्यापक स्नेह सूत्रों के कारण ही योग्य जनों का एक दल बन गया और कार्य परिणति की ओर गतिमान हो गया।

'कॉन्सेप्ट पब्लिशिंग हाऊस' के अध्यक्ष श्री अशोक मित्तल ने ग्रन्थ के प्रकाशन और वितरण कार्य का दायित्व अपने ऊपर ले लिया। श्री जैन की अल्मारियों में बंद सामग्री के लिए प्रकाश के, प्रकाशन के द्वार खुल गए। इस यात्रा में 'गांधी शान्ति प्रतिष्ठान' ने पाँच वर्ष तथा भारतीय इतिहास अनुसंधान परिषद्' ने दो वर्ष तक श्री जैन को जो कार्य करने में आर्थिक मदद दी, उसे भुलाया नहीं जा सकता।

एक और प्रश्न हल होना शेष था अभी। श्री जैन की संचित अपार ज्ञान राशि जो उनकी निजी सम्पदा थी, जिसे उनकी मृत्यु के बाद, किसी परिवार जन की वैयक्तिक रुचि के अभाव में, किसी संस्थान में संरक्षित रखना आवश्यक था। सौभाग्य ही था यह कि इंस्टीच्यूट आफ सोशल साइंसिस के निदेशक डॉ. जॉर्ज मैथ्यू ने श्री जैन की सारी सामग्री को अपनी अभिरक्षा में ले लिया। इससे ग्रन्थ के प्रकाशन के लिए आवश्यक आर्थिक और प्रशासनिक आधार मिला। कार्य सरल हुआ।

डॉ. मस्तराम कपूर ने पूरे शोध को 'स्वतन्त्रता सेनानी ग्रन्थमाला' नाम दिया तथा योजना की रूपरेखा बनाकर आर्थिक–व्यय अनुमान के साथ मानव संसाधन मंत्रालय और राष्ट्रीय अभिलेखागार के समक्ष प्रस्तुत की। इन्हींके उदार सहयोग तथा परिवारजनों–मित्रों की हार्दिक मदद से बाबू जी की कार्य–योजना साकार हो सकी। यह भी संकेत मिले हैं कि दिल्ली राज्य सरकार इस ग्रन्थ की प्रतियाँ लेकर स्वतंत्रता सेनानियों के परिवारों को मानद रूप में उपलब्ध करवाएगी। 'कान्सेप्ट पब्लिशर्स' ने भी वायदा किया है कि वे ग्रन्थ का 'पेपर बैक' तथा सजिल्द संस्करण निकालेंगे।

श्री फूल चन्द जैन ने जिस निष्ठा से जीवन भर शोध–साधना की उसी निष्ठा से सहयोगियों–मित्रों ने उनके स्वप्न को ग्रन्थ रूप में साकार किया है। बाबू जी जहाँ भी होंगे, उनका अन्तर अपने कार्य की गति और परिणति पर अवश्य आनन्दमय हो उठा होगा।

लक्ष्मीचंद जैन
गुणमाला नवलखा

संपादक की ओर से

दिल्ली के प्रमुख स्वतंत्रता सेनानी स्व. फूलचंद जैन के कागजपत्रों के संपादन का दायित्व मुझे उठाना पड़ेगा, यह विचार मेरे लिए डरानेवाला था। न केवल इसलिए कि 15 साल की सेवा–निवृत्ति के जीवन में मैं काफी निकम्मा और आरामपरस्त हो गया था, अपितु इसलिए भी कि मैं अपने को इस काम के योग्य नहीं पाता था। किंतु जब मित्रों ने (लक्ष्मीचंद जैन, सुरेन्द्र मोहन, मधु दंडवते, स्वामी अग्निवेश, हरिदेव शर्मा आदि ने) हाथ बटाने का आश्वासन दिया तो मैंने यह सोचकर काम शुरू कर दिया कि जितना हो जाएगा उतनी मात्रा में तो पितृ–ऋण चुकाने का संतोष मिल ही जाएगा। सौभाग्य से मुझे अच्छी टीम मिल गई और काम आगे बढ़ने लगा।

चार अलमारियों में भरी लगभग 10 हजार पृष्ठों की हस्तलिखित और टाइप सामग्री और लगभग 25000 कार्ड हमारे लिए अलादीन का खजाना था जिसे श्री फूलचंद जैन ने अपने 90 वर्ष की जीवन–यात्रा के दौरान कण–कण संजोया था। इसमें से क्या लें, कितना लें और उसे किस रूप में प्रस्तुत करें, यह निश्चय करना भी असाध्य काम लग रहा था। हमने एक–एक फाइल को देखना और पढ़ना शुरू किया। ज्यों–ज्यों यह काम बढ़ता गया त्यों–त्यों तस्वीर उभरने लगी। सबसे पहले स्वतंत्रता सेनानियों की नामावली ने हमारा ध्यान खींचा। जेलों में विभिन्न प्रकार की यंत्रणाओं को झेलने वाले स्वातंत्र्य–वीरों की सूचियां मूलनाम के अक्षरक्रम से तथा गोत्र–नाम (सरनेम) के अक्षरक्रम से, बड़ी लगन के साथ तैयार की गई थीं। ऐसा लगा कि श्री फूलचंद जैन के मन में सबसे बड़ी इच्छा यही रही होगी कि कम से कम ये नाम प्रकाश में आ जाएं। हमें इन नाम–सूचियों से ही काम शुरू करना पड़ा।

ये सूचियां दिल्ली जेल, दिल्ली कैंप जेल, अंडमान जेल और देवली जेल की हैं। इन्हें प्रथम तीन खंडों में मूल नाम के अक्षरक्रम में संकलित किया गया है। इसके साथ ही स्वतंत्रता–संग्राम में अपने प्राणों की आहुति देने वाले शहीदों की सूची, उनके संक्षिप्त विवरण के साथ तथा शाहीनजरबंदों व सामान्य नजरबंदों की सूची, संक्षिप्त विवरण के साथ, पृथक–पृथक खंडों में प्रस्तुत की गई है। इन नाम–सूचियों को क्रमशः बंदीनामा, शहीदनामा तथा शाहीनजरबंदनामा का नाम दिया गया है।

इन सूचियों को सम्पूर्ण और अंतिम नहीं कहा जा सकता। देशभर में फैली विभिन्न जेलों की बंदी–सूचियों को एकत्रित करना तो असंभव था ही, उपलब्ध सामग्री से बनी सूचियों में भी कई त्रुटियों की संभावना बनी रहेगी। लेकिन यह तो काम की शुरुआत भर है और इस प्रक्रिया को आगे ले जाने तथा अधूरे को पूरा करने का काम भावी शोधार्थियों को करना होगा जिनके लिए ये सूचियां उपयोगी आधार–सामग्री का काम कर सकती हैं।

नाम–सूचियों के बाद कागज–पत्रों के संग्रह में ध्यान खींचने वाला विषय था स्वाधीनता आंदोलन का वह पहलू जिसकी ओर कम ध्यान दिया गया है। यह है क्रांतिकारी आंदोलन का पहलू जिसके संबंध में अंग्रेजी में (और सम्भवतः बंगला में भी) काफी सामग्री उपलब्ध होगी किन्तु हिंदी में अपेक्षाकृत कम है। पश्चिम बंगाल सरकार ने दो वर्ष पूर्व बंगाल के क्रांतिकारी आंदोलन से संबंधित महत्वपूर्ण दस्तावेज 6 खंडों में 'टेररिज़्म इन बंगाल' शीर्षक से प्रकाशित किए हैं। हिंदी में इस तरह का काम अभी नहीं हुआ है। इसके अतिरिक्त भारतीय राष्ट्रीय कांग्रेस के नेतृत्व में चले अहिंसक आंदोलन पर तो बहुत लिखा गया और लिखा जा रहा है किंतु क्रांतिकारी आंदोलन के अध्ययन तथा मूल्यांकन के प्रति आज भी विद्वानों में संकोच–सा दिखाई पड़ता है। शायद इसलिए कि क्रांतिकारी गतिविधियां

गुप्त रूप में चलती थीं और इनकी जो भी जानकारी जनता या प्रेस तक पहुंचती थी उसमें तथ्यों और किंवदंतियों का अजीब मिश्रण होता था। यदि सरकार की खुफिया एजेंसियों द्वारा तैयार की गई रिपोर्टों में पूर्वाग्रह मौजूद होता था तो क्रांतिकारी आंदोलन के प्रशंसकों या राष्ट्रीय आंदोलन की दृष्टि से स्थितियों को देखने वाले लेखकों–इतिहासकारों में भी अतिशय उत्साह का तत्व विद्यमान रहता था। तुलनात्मक दृष्टि से खुफिया एजेंसियों की रिपोर्टों को बेहतर सूचना–स्रोत माना जा सकता है क्योंकि कोई भी सरकार जो क्रांतिकारी आंदोलन के आतंकवाद के रू–ब–रू होती है, सही तथ्यों को जानने की कोशिश करती है। इन तथ्यों को वह अपने नजरिये से देख सकती है जिसके कारण उसका अर्थ–निर्णय भ्रामक हो सकता है। किंतु वह झूठमूठ के तथ्य नहीं गढ़ सकती क्योंकि ऐसा करना उसके अपने हित के विरुद्ध होता है। तथ्यों को तोड़–मरोड़ कर प्रस्तुत करने का काम उस स्थिति में तो हो सकता है जहां सरकार का राजनैतिक पक्ष जनमत के प्रति अत्यधिक संवेदनशील होता है या जहां प्रशासनिक पक्ष में स्वार्थवश ठकुरसुहाती कहने का प्रलोभन होता है। ब्रिटिश सरकार के समय इस तरह की स्थितियां नहीं थीं। इसलिए क्रांतिकारी आंदोलन के इतिहास के लिए सबसे अच्छी आधार–साम्रगी सरकारी गोपनीय फाइलें और उसके गुप्त दस्तावेज़ ही हो सकते हैं। उदाहरण के लिए पश्चिम बंगाल सरकार द्वारा प्रकाशित दस्तावेजों में कलकत्ता के बदनाम पुलिस कमिश्नर चार्ल्स टैगर्ट (जिनकी हत्या के कई प्रयास क्रांतिकारियों ने किए) द्वारा सेवानिवृत्ति के बाद रॉयल एम्पायर सोसायटी लंदन में 1 नवम्बर, 1932 को दिया गया भाषण; डिप्टी इन्स्पेक्टर जनरल, पुलिस श्री एफ.सी. डैली की 7 अगस्त, 1911 की रिपोर्ट; डिप्टी इन्स्पेक्टर जनरल, इंटैलिजेंस श्री आर.एच. स्नीड हचिन्सन की 1 मई. 1914 की रिपोर्ट; 1 सितंबर, 1924 से 31 मार्च, 1925 तक की गतिविधियों की सरकारी रिपोर्ट तथा खंड एक में दी गई अन्य रिपोर्टें क्रांतिकारी आंदोलन के बिखरे सूत्रों को जोड़ने और उसकी एक स्पष्ट तस्वीर प्राप्त करने के लिए महत्वपूर्ण आधार–सामग्री मानी जा सकती है।

श्री फूलचंद जैन के कागज–पत्रों की आधार–सामग्री भी गृह विभाग की फाइलों और अन्य सरकारी दस्तावेजों के रूप में है। इनमें निम्नलिखित दस्तावेज़ शामिल है :

(1) गृह विभाग की होम. पोल. सिरीज की फाइलों पर आधारित हस्तलिखित पांडुलिपियां जो आलेख 1 से आलेख 10 तक की फाइलों में सुरक्षित हैं।

(2) गृह विभाग की पोलिटिकल ए और पोलिटिकल बी सिरीज की छः–छः फाइलें जिनमें प्रमुख घटनाओं की गोपनीय टिप्पणियां हैं। ये फाइलें गृहमंत्री गोविंद वल्लभ पंत ने श्री जैन को सौंपी थीं।

(3) अदालतों के महत्वपूर्ण फैसले जो फाइल 98 से 103 में फैसला भाग एक से भाग छः शीर्षक के अंतर्गत हैं।

इनके अलावा दिल्ली, देवली और अंडमान जेलों के रजिस्टरों, प्रसिद्ध सरकारी और गैरसरकारी प्रकाशनों, पत्र–पत्रिकाओं में प्रकाशित लेखों, स्वतंत्रता सेनानियों द्वारा प्रश्नावली के उत्तर में दी गई सूचनाओं को भी आधार बनाया गया है।

स्वतंत्रता सेनानी के नाते घटनाओं का प्रत्यक्ष साक्षी होने और कुछ के साथ सक्रिय रूप से जुडे रहने के बावजूद श्री जैन द्वारा तथ्यों के प्रस्तुतीकरण में प्रामाणिकता का आग्रह स्पष्ट है। न केवल नाम–सूचियों को अपितु प्रमुख व्यक्तियों और घटनाओं के विवरण को संदर्भ देकर पुष्ट किया गया है। होम पोल की फाइल के संदर्भ के साथ–साथ उनके निजी फाइल के नंबर और पृष्ठ संख्या भी अंकित है ताकि होम पोल की फाइल में संबंधित सामग्री को तुरंत देखा जा सके।

सामग्री का संपादन करते समय इस बात का ध्यान रखा गया है कि जो कुछ संकलित हुआ है उसे यथासंभव सुरक्षित रखा जाए और उतनी ही काट–छांट की जाए जो स्पष्टता और सुबोधता के लिए आवश्यक हो। अपनी तरफ से कुछ भी नया जोड़ने का काम नहीं किया गया है क्योंकि

यह हमारे कार्य–क्षेत्र से बाहर था। वैसे सौ साल बाद घटनाओं को देखने पर उन घटनाओं के अर्थ बदल जाते हैं अथवा बदल जाने चाहिए क्योंकि हम उन पर राग–द्वेष रहित दृष्टि डाल सकते हैं (क्रांतिकारी आंदोलन का प्रारंभ 1897 से माना जाता है)। किंतु इस प्रकार का हस्तक्षेप इतिहास–लेखन में तो उचित है, पाठ–संपादन में नहीं।

ग्रंथमाला की सम्पूर्ण योजना

श्री फूलचंद जैन द्वारा संग्रहित सारी सामग्री को ग्रंथ रूप में प्रकाशित करने का काम तो अत्यंत दुष्कर, श्रम–साध्य, व्यय–साध्य और समय–साध्य है किंतु साधनों की सीमा में कुछ ग्रंथों के प्रकाशन की योजना तैयार की गई है और उस पर काम चल रहा है। स्वतंत्रता की 50वीं वर्षगांठ के आयोजन की राष्ट्रीय समिति के सहयोग से यह काम संभव हुआ है। प्रस्तावित योजना इस प्रकार है :

खंड एक : बंदीनामा, भाग–1 (दिल्ली जेल)
खंड दो : बंदीनामा, भाग–2 (अंडमान जेल)
खंड तीन : बंदीनामा, भाग–3 (देवली जेल)
खंड चार : शहीदनामा
खंड पांच : शाहीनज़रबंदनामा
खंड छः : क्रांतिकारी आंदोलन : सुप्रसिद्ध प्रसंग
खंड सात : क्रांतिकारी आंदोलन : सुप्रसिद्ध क्रांतिवीर
खंड आठ : 'भारत छोड़ो' आंदोलन
खंड नौ : नेताजी और आजाद हिंद फौज
खंड दस : दिल्ली के स्वतंत्रता सेनानी
खंड ग्यारह : अनुक्रमणिका

इन ग्रंथों के प्रकाशन के बाद यदि संभव हुआ तो बच्चों के लिए, स्वतंत्रता आंदोलन का संक्षिप्त इतिहास और क्रांतिवीरों एवं अन्य स्वतंत्रता सेनानियों के जीवन के प्रेरक प्रसंगों पर आधारित कहानियों के संग्रह भी प्रकाशित किए जाएंगे।

ग्रंथमाला की उपादेयता

यह ग्रंथमाला आजादी की पचासवीं सालगिरह पर प्रकाशित हो रही है। यह ऐसा अवसर है जब हर भारतवासी को पीछे मुड़कर देखना चाहिए और अपने उन पूर्वजों का स्मरण करना चाहिए जिनके बलिदानों के कारण हमें आजादी मिली। यह ग्रंथमाला इसकी एक झलक प्रस्तुत करेगी कि कैसे आजादी के लिए हजारों, लाखों लोगों ने अपने घर–परिवार बर्बाद किए, असंख्य कष्ट झेले और अपने प्राणों को भी न्यौछावर किया। इन लोगों में ऊँचे खानदानों के कुछ बड़े नेता ही नहीं थे, असंख्य ऐसे लोग भी थे जिनकी इतिहास में कोई पहचान न थी और न आगे होगी। इसे सुखी सम्पन्न मध्यवर्ग का आंदोलन कहना आजादी का अपमान करना होगा। आजादी के लिए कुर्बानियां देनेवालों में असंख्य लोग सामान्य परिवारों के और समाज के निचले तबकों के भी थे। दर्जी, धोबी, नाई, कुम्हार, लुहार, जुलाहे, कारीगर, मजदूर, किसान, हिन्दू, मुसलमान, सिख, पारसी आदि सभी जातियों और सभी फिरकों के लोगों ने आजादी के यज्ञ में अपनी आहुति दी थी। सच बात तो यह है कि इन साधारण लोगों के बलिदान तथाकथित बड़े लोगों के बलिदानों की तुलना में कहीं अधिक हैं। लेकिन इतिहास की विडंबना है कि आजादी पर आज कुछ सुविधा–सम्पन्न तबकों, राजनेताओं, पैसेवालों और अपराधियों ने कब्जा कर रखा है। जिनके कारण वस्तुतः हमें आजादी मिली उनकी हालत वैसी की वैसी है। इधर चंद नेताओं की समाधियां बनाने, मूर्तियां बनाने और जगह–जगह उनके नामपट्ट लटकाने के लिए जो होड़ चल रही है वह आजादी और आजादी के आंदोलन का उपहास करती हुई लगती है। हमारे दिवंगत नेताओं ने सोचा भी नहीं होगा कि मरने के बाद उनके साथ यह व्यवहार किया जाएगा। मूर्तियों और समाधियों को बनाने के पीछे हमेशा यह मानसिकता काम करती है कि हमें उन व्यक्तियों

के आदर्शों पर न चलना पड़े, उनके सपनों को पूरा करने के लिए कोई काम न करना पड़े। आदमी को देवता बना कर हम बड़ी सुविधा से उनसे पीछा छुड़ा सकते हैं, यह कहकर कि वे तो देवता थे, हमारी क्या बिसात कि हम उनके जैसा काम करें।

यह ग्रंथमाला हमें इस बात पर विचार करने के लिए भी प्रेरित करेगी कि पचास साल की आजादी के बाद हम जिस मुकाम पर पहुँचे हैं वह कितना सुरक्षित है। असंख्य कुर्बानियों से पाई गई आजादी पर आज फिर खतरा मंडरा रहा है। विदेशी ताकतों से भी और घर के अंदर के कलहकारी तत्वों से भी। विदेशी ताकतें एक नया चोला पहनकर देश में घुसने और उसे नये ढंग के साम्राज्यवाद के शिकंजे में कसने की कोशिश कर रही हैं। अगर यह कहा जाए कि हम खुद ही उन्हें न्यौता दे रहे हैं तो वह भी गलत नहीं होगा। हम विदेशी वस्तुओं, विदेशी पूँजी और विदेशी टेक्नोलाजी के इतने अधिक गुलाम हो गए हैं कि विदेशी ताकतों के हर दबाव के आगे हमें झुकना पड़ रहा है। हमारे स्वतंत्रता आंदोलन का एक प्रमुख स्वर स्वदेशी और आत्मनिर्भरता था। गांधीजी ने तो इसे सारी व्यवस्था का आधार बनाने की कोशिश की। हमारे क्रांतिकारी आंदोलन में भी स्वदेशी एक प्रेरणात्मक स्वर था। किंतु गत पचास सालों में हम उस आदर्श से दूर हटते गए और आज खुद ही उन शक्तियों को आमंत्रित करने की स्थिति में आ गए हैं जिससे पीछा छुड़ाने के लिए आजादी की लड़ाई लड़ी गई थी।

लेकिन हमारी आजादी को आज सबसे बड़ा खतरा अंदरूनी तत्वों से उपस्थित हुआ है। साम्प्रदायिक ताकतें जिनके खिलाफ पूरी आजादी की लड़ाई लड़ी गई और जिनके कारण महात्मा गांधी को अपनी जान देनी पड़ी, आज अपने प्रबलतम रूप में उभरकर सामने आई हैं। उन्हें एक तरह से वैधता मिल गई है। जातिवाद के उभार ने आजादी को और विकृत किया है। हमारे स्वतंत्रता आंदोलन का प्रारंभ सामाजिक समता की भावना से हुआ था किंतु उसकी परिणति सामाजिक विषमता को बढ़ाने में दिखाई दे रही है। हमें आत्ममंथन करना होगा और यह देखने की कोशिश करनी होगी कि हमारे आजादी के आंदोलन में कहां, क्या गलतियां हुईं जिनके फलस्वरूप हम स्वतंत्रता आंदोलन के मूल्यों के विपरीत दिशा में बढ़े जा रहे हैं।

अहिंसात्मक तरीके से चलाए गए आंदोलन की परिणति यह हुई कि पिस्तौल, बम, एके–47 राइफल, स्टेनगेन घर–घर फैल गए हैं और प्रतिष्ठा का चिह्न बन गए हैं। जिस व्यक्ति के साथ जितनी हथियारबंद पुलिस होती है उसे उतना ही बड़ा आदमी समझा जाता है। सबको अपनी जान प्यारी है लेकिन दूसरों की जान की कीमत उतनी भी नहीं आंकी जाती जितनी एक मुर्गे या बकरे की आंकी जाती है। जन-संचार माध्यमों ने क्रूरतम हिंसा को भी साहित्य का रस बना दिया है।

वस्तुतः आज की अधिकांश समस्याओं के मूल में हमारा स्वाधीनता आंदोलन के मूल्यों से विचलन है। साम्प्रदायिक सद्भाव, धर्मनिरपेक्षता, सहिष्णुता, बहुलतावाद, सादगी और अपरिग्रह के मूल्यों को हमने धीरे–धीरे तिलांजलि दी है। हमें एक बार पुनः इन मूल्यों के महत्व को समझना होगा और उन्हें अपने निजी जीवन तथा सार्वजनिक जीवन में प्रतिष्ठित करना होगा।

सबसे बड़ी बात कि यह ग्रंथमाला आजादी के सत्य को जानने में सहायक होगी। गांधीजी ने सत्य को ईश्वर कहा। आजादी का सत्य है कि आजादी कष्ट सहने और त्याग करने से मिलती है और उसकी रक्षा भी कष्ट सहकर और त्याग कर ही हो सकती है। साथ ही यह कि आजादी का युद्ध कभी खत्म नहीं होता, सिर्फ मोर्चे बदलते हैं। हमें अपने जीवन के प्रत्येक क्षण में और प्रत्येक स्थिति में अपनी आजादी को बचाना पड़ता है। गांधीजी ने इस लड़ाई के चार चरण बताए सत्याग्रह, असहयोग, सिविलनाफरमानी और करो या मरो। इस सतत युद्ध को अहिंसात्मक हथियार से ही चलाया जा सकता है। हिसंक हथियार अधिक दूर तक साथ नहीं देते।

हमें उम्मीद है कि यह ग्रंथमाला नई विचार–प्रक्रिया को शुरू करेगी।

9 अगस्त, 1997.

मस्तराम कपूर

अनुक्रमणिका

अध्याय-1

अंडमान जेल की ऐतिहासिक पृष्ठभूमि

अंडमान जेल के इतिहास पर यदि दृष्टि डाली जाए तो प्रतीत होता है कि इस सेलुलर जेल को बनाने का विचार शासक वर्ग के सामने उस समय पैदा हुआ जब आजीवन कैद के बंदियों की संख्या निरंतर बढ़ने लगी और यह अनुभव हुआ कि इन्हें भारत भूमि से दूर किसी एकांत स्थान में ले जाकर एकत्रित कर दिया जाए जहां वे जीवनपर्यन्त अपने दिन गुजारें और मृत्यु का आलिंगन करें।

सन् 1857 के प्रथम स्वतंत्रता महायुद्ध के बाद राजनैतिक बंदियों को रखने के लिए अंग्रेजों ने अंडमान–निकोबार द्वीप को सर्वाधिक सुरक्षित समझा और लगभग 772 बंदी वहां पर भेजे गए। उन बंदियों ने अंडमान में पहुंचने के बाद आदिवासियों के सहयोग से जंगलों को काटा, रास्ते बनाए। लगभग 150–200 व्यक्ति जंगलों में भाग गए और दूधनाथ तिवारी ने तो आदिवासी महिला से शादी भी कर ली और आदिवासियों को संगठित कर 1859 में अंग्रेजों पर आक्रमण किया। इस संघर्ष की समाप्ति पर अधिकारियों ने 6 अंग्रेज सिपाहियों को विक्टोरिया क्रॉस से सुशोभित किया।

इस घटना के बाद सबसे पहले वाइपर द्वीप में एक छोटी–सी जेल बनाई गई और वहां चार–चार बंदियों को एक जंजीर से बांधकर डाल दिया जाता था। बंदियों की बढ़ती हुई समस्या को देखकर 1880 में अंग्रेजी शासकों का ध्यान अंडमान द्वीप में बड़ी जेल बनाने की ओर गया और उचित स्थान का चयन करने के लिए लेल–लिंथब्रिज सदस्यों का एक कमीशन अंडमान गया और कई स्थानों का सर्वेक्षण करने के बाद कमीशन के सदस्यों ने समुद्रतट से लगभग सौ फुट ऊंचाई के एक बड़े टीले का चुनाव किया। यह स्थान बहुत रमणीक व मनमोहक था। उस टीले का एक भाग समुद्रीतट को छूता था। उसके सन्मुख रोज का लिट्ल हेडक्वार्टर का टीला और माऊन्ट हैरेट का हिल स्टेशन था।

कमीशन के सदस्यों ने एक विशाल जेल बनाने के लिए इस मनमोहक क्षेत्र को चुना। इस सम्बन्ध में कमीशन के सदस्यों की धारणा थी कि भारतीय जेलों से भिन्न पेन्टोनविले जेल के आधार पर इंग्लिश जेलखानों के अनुरूप इस जेल का निर्माण कराया जाए।

उनकी कल्पना के आधार पर जेल भवन–निर्माण का मानचित्र बनाया गया और 1896 में निर्माण–कार्य प्रारम्भ हो गया। इस जेल को सेलुलर जेल का रूप दिया गया। जिस प्रकार रथ का पहिया होता है उसी प्रकार पहिये की गोलाई के बीच धुरी के रूप में जेल की केंद्रीय निगरानी मीनार रखी गई और पहिये की तीलियों की भांति सात बैरकें उस मीनार के साथ चारों ओर फैलती हुई जोड़ी गईं। पहिये के बड़े चक्के की भांति जेल की बैरकों की चारदीवारी का निर्माण हुआ। प्रत्येक बैरक तीन मंजिली थी और प्रत्येक मंजिल में कोठरियों के सामने एक खुला वरांडा था जिसपर रैलिंग लगी हुई थी। घड़ी की सुईयों की भांति दाएं से बाएं को घूमते हुए प्रत्येक बैरक की तीन मंजिलों की कोठरियों के दरवाजे खुलते थे। यानी दरवाजों के सामने दूसरी बैरक

का पिछवाड़ा होता था जिससे एक बैरक का बंदी दूसरी बैरक के बंदी को न देख सके। उन वरांडों से बाहर आने या अन्दर जाने का मार्ग निगरानी वाली केंद्रीय मीनार में से था। इस प्रकार कड़ा नियंत्रण रखा गया। बाहरी गोलाई के साथ बैरकों के मध्य–अन्त में जो खाली स्थान था उसमें फैक्टरियों का या कोल्हू–खरास का निर्माण किया गया था। एक ओर फांसी घर था जहां बंदी को लटकाकर सदैव के लिए उसकी जीवन–लीला समाप्त कर दी जाती थी। सेलुलर जेल में 742 पुरुष व 60 महिला बंदियों को रखने का प्रावधान था। अधिकारियों व स्टोर आदि के लिए जेल के मुख्य द्वार वाले ब्लाक में स्थान निर्धारित किया गया था। किचन व अस्पताल का स्थान इस गोलाकार दीवार के बाहर और जेल की चारदीवारी के अन्दर बनाया गया था। अस्पताल दुमंजिला था। उसमें आवश्यक हवा–रोशनी का संचार था और बिजली की रोशनी का भी प्रबन्ध था। अस्पताल की ऊपरी मंजिल में 40 बिस्तरों वाला एक बड़ा वार्ड था। नीचे की मंजिल में दफ्तर, चिकित्सा, निरीक्षण, परीक्षण, औषधि आदि देने का प्रबन्ध था व दो छोटे वार्ड आतंकवादी बंदियों के लिए विशेष रूप से सुरक्षित रखे गए थे।

मुख्य निर्माण कार्य 1906 में हो गया था परन्तु शेष निर्माण कार्य 1910–1911 तक चलता रहा। इस प्रकार की थी पोर्ट ब्लेयर की यह तीन खंडों वाली सेलुलर जेल जो आज भारतवासियों का वन्दनीय राष्ट्रीय स्मारक है।

सारी जेल में लगभग तेईस–चौबीस सौ व्यक्तियों को रखने की व्यवस्था थी। वास्तव में यह सारा द्वीप ही एक प्रकार का कारागार बन गया था। कोठरी में ही शौच–निवृत्ति और भोजन करना पड़ता था। बैरक से थोड़ी दूर पर कोल्हू–खरास का निर्माण किया गया था, जहां दिनभर पशुओं के स्थान पर बंदियों को जोत कर कड़ी मशक्कत कराई जाती थी और शक्ति हो या न हो, निर्धारित समय तक कार्य करना पड़ता था। दिन भर इतना पसीना निकलता था कि शरीर तो क्या धरती भी नम हो जाती थी। इन यातनाओं का वर्णन या उनका अनुभव वही कर सकता है जिसने इन्हें स्वयं भोगा हो।

आंखों के सामने उस दृश्य के आते ही कठोर–से–कठोर व्यक्ति का हृदय भी दहल जाता है। जो बंदी उसमें अपने स्वास्थ्य की कमजोरी के कारण कार्य करने में सक्षम नहीं होते थे, उन्हें बेतों की मार या जेल की अन्य कठोर यातनाएं सहनी पड़ती थीं।

प्रारम्भिक व्यवस्था व यातनाओं का साक्षात् रूप हमारे सदैव स्मरणीय बलवन्त फड़के, बालिन्द्र कुमार घोष, आशुतोष लाहिरी, सावरकर बन्धु, इलाहाबाद के पत्र *स्वराज* के तीन वरिष्ठ सम्पादक होतीलाल वर्मा, चौधरी लड्ढाराम व रामहरि आदि ने किया था। इन देशभक्त सम्पादकों की, सामयिक घटनाओं पर उत्तेजित लेखों के प्रकाशन के साथ–साथ, यह भी प्रेरणा थी कि–"हमारे राष्ट्र का जीवन सरकार चूस रही है। जब हमें एक दिन मरना ही है तो हम चाहे प्लेग की बीमारी से मरें या भूख से मरें या अन्य संक्रामक बीमारी से। क्यों न हम उन अत्याचारियों को समाप्त कर दें जो हमारे राष्ट्र को नेस्तनाबूद करने पर तुले हैं। यह संसार तो एक गुम्बद की भांति है। यहां कोई शब्द भी बोला जाए तो वह गुम्बद में गूंजकर वापस सुनाई देता है।"

आत्म–बलिदानों की गाथा

कई होनहार युवक, इन अकथनीय अत्याचारों का विरोध करते हुए वहीं शहीद हो गए। जुलाई, 1912 में प्रमुख क्रांतिकारी इन्दुभूषण राय ने जेल में आत्महत्या कर अपने प्राण त्याग किए।

अलीपुर बम केस के प्रमुख अभियुक्त व बंगाल और पंजाब के प्रमुख क्रांतिकारियों व गदर पार्टी के पंजाब के बंदियों से इस जेल में सदैव कुछ न कुछ गतिविधियां चलती रहीं। 11 नवम्बर,

1918 को प्रथम महायुद्ध समाप्ति पर राष्ट्रों के मध्य संधि हुई और उसके बाद ब्रिटिश साम्राज्य ने प्रायः सभी बंदियों की रिहाई की घोषणा की। किंतु इसका अंडमान जेल के बंदियों पर बहुत कम प्रभाव पड़ा और जो बंदी रिहा नहीं किए गए, वे 1921 तक वापस भारत की जेलों में स्थानान्तरित कर दिए गए क्योंकि 1921 में केन्द्रीय सरकार का निर्देश था कि अंडमान जेल से सब राजनैतिक बंदियों को भारत की जेलों में हस्तांतरित किया जाए।

14 दिसम्बर, 1915 को कर्नल डगलस सुपरिंटेंडेंट, पोर्ट ब्लेयर ने केंद्रीय सरकार को सूचित किया कि गदर पार्टी के लाहौर षड्यंत्र के अभियुक्त ने ओवरसीयर को पीटा है, इसलिए इस अभियुक्त को बेंतों की सजा दी जाएगी। इस अभियुक्त की प्रमुख शिकायत है कि मुझे फांसी पर क्यों नहीं लटकाया गया, मुझे फांसी पर लटका दो। अभियुक्त आजीवन कारावास काट रहा है और सजा के विरुद्ध इसने कोई अपील भी नहीं की थी।

मांडला–बर्मा षड्यंत्र केस को गदर पार्टी के प्रमुख सदस्य पं. रामरक्खा बाली आत्मज जवाही राम, निवासी ससीली, होशियारपुर, आयु 22 वर्ष, को अन्य सहयोगियों के साथ ट्रिब्यूनल की अदालत द्वारा 6.7.1917 को आजीवन कारावास की सजा दी गई और फिर रंगून जेल से अंडमान जेल भेज दिया गया। अंडमान जेल में एक दिन जेल के अधिकारियों ने जब इनके शरीर पर जनेऊ देखा तो उन्होंने उसे उतारने का आग्रह किया और कहा कि जेल में किसी प्रकार की सुतली या रस्सी अभियुक्त को रखने का अधिकार नहीं है क्योंकि यह आत्महत्या का साधन बन सकती है। रामरक्खा बाली ने अपने धार्मिक अधिकार या मान्यता में अधिकारियों द्वारा हस्तक्षेप करने का कड़ा विरोध किया, अन्न–ग्रहण करना त्याग दिया। उन्होंने कहा जब तक जनेऊ पहनकर अपनी धार्मिक क्रियाओं को पूरा करने की सुविधा नहीं मिलेगी, मैं अन्न–ग्रहण नहीं करूंगा। इस प्रकार 92 दिन की लम्बी भूख–हड़ताल के बाद अनुमानतः 7 नवम्बर, 1917 को उन्होंने इस नश्वर शरीर को त्याग जेल में अपना बलिदान कर दिया।

1932 में जब फिर क्रांतिकारियों की गतिविधियां पंजाब, बंगाल व देश के अन्य भागों में बढ़ने लगी तो सरकार ने पुनः सभी खतरनाक लम्बी सजा पाने वाले बंदियों को अंडमान जेल में भेजने का निर्णय किया। इसके अनुसार 18 अगस्त, 1932 को 24 आतंकवादियों का पहला जत्था अंडमान पहुंच गया और 1932 के अंत तक लगभग 300 आतंकवादी बंदी सभी प्रान्तों की जेलों से वहां पर हस्तांतरित होकर एकत्रित हो गए। जेल की यातनाओं के विरुद्ध सभी में आक्रोश व असंतोष था और इसका प्रतिकार करने के लिए बंदियों में प्रतिक्रिया हुई उन्होंने देखा कि जब तक कोई बड़ा बलिदान यहां के बंदी नहीं करेंगे तब तक भारत सरकार का ध्यान हमारी ओर आकर्षित नहीं हो पाएगा। क्योंकि सभी प्रकार के समाचारपत्रों, पत्र–व्यवहार व सम्बंधियों से मुलाकातों पर प्रतिबंध था। केवल जो नए साथी भारत की जेलों से आते थे उनके माध्यम से ही वहां नए समाचारों की जानकारी उपलब्ध होती थी। अंडमान जेल में जब बलिदान का निर्णय होने लगा और अधिकारियों ने उसकी ओर विशेष ध्यान नहीं दिया तो गुप्तचर विभाग के एक अधिकारी ने चेतावनी स्वरूप रिपोर्ट अधिकारियों को भेजी।

उन्होंने लिखा कि भारत जतिन्द्रनाथ दास, फुंगी यू. विजया, पं. रामरक्खा बाली व भान सिंह की तरह अनेक आत्मबलिदानी पैदा करने की शक्ति रखता है।

स्मरणीय है कि सरदार भान सिंह आत्मज सावन सिंह, जिला लुधियाना वालों को प्रथम लाहौर षड्यंत्र केस में 13.9.1915 को ट्रिब्यूनल ने आजीवन कारावास की सजा दी थी, जो बाद में 10 वर्ष रह गई। एक दिन जेल सुपरिंटेंडेंट से भान सिंह का मुकाबला हो गया और सजा

देने के बाद कोठरी नं. 156 वार्ड नं. 3 में इनको भेज दिया गया। वहां वार्डरों ने पूरी शक्ति के साथ उनकी पिटाई की और मुँह से खून बहने लगा। इसी अवस्था में उनका स्वर्गवास हो गया।

बब्बर अकाली षड्यंत्र जेल के अभियुक्त सरदार मन्शा सिंह आत्मज झंडा सिंह को 27.2.1926 को 20 वर्ष कैद होने के बाद अंडमान जेल में भेज दिया गया था। वे जेल की असहनीय यातनाओं के शिकार हुए और अंडमान की कोठरी में उन्होंने प्राण त्याग दिए।

भूख–हड़ताल का रास्ता

महावीर सिंह आत्मज देवी सिंह अभियुक्त लाहौर षड्यंत्र केस ने 12 मई, 1933 को भूख–हड़ताल प्रारम्भ की और 6 दिन की भूख–हड़ताल के बाद 17 मई, 1933 को उस स्वाभिमानी वीर सेनानी ने अपने नश्वर शरीर को त्यागकर शहीदों की श्रृंखला में स्थान प्राप्त कर लिया। इन्हें लाहौर षड्यंत्र केस में 7.10.1930 को आजीवन कारावास की सजा हुई थी। मोहन किशोर नामदास आत्मज राजगोविन्द नामदास जिन्हें स्पेशल मैजिस्ट्रेट मैमनसिंह की अदालत से 31.5.1932 को 5 वर्ष सख्त कैद की सजा हुई थी, उन्होंने 12.5.1933 को भूख–हड़ताल शुरू की और 15 दिन की भूख–हड़ताल के बाद 26.5.1933 को उन्होंने भी शरीर त्याग दिया।

मोहित मोहन मित्रा आत्मज हेमचन्द मित्रा, निवासी पटना, आयु 28 वर्ष ने जिन्हें 18.4.1932 को चीफ प्रेसीडेंसी मैजिस्ट्रेट, कलकत्ता की अदालत से 5 वर्ष सख्त कैद की सजा हुई थी, 12 मई, 1933 को भूख–हड़ताल प्रारम्भ की और 17 दिन की साहसिक भूख–हड़ताल के बाद 28.5.1933 को उनकी मृत्यु हो गई। अंडमान जेल में अन्य बहुत से बंदियों की भी भूख–हड़ताल 46 दिन तक चली। इस भूख–हड़ताल पर देशव्यापी आंदोलन हुआ और प्रांतीय एसेम्बलियों व केन्द्रीय एसेंबली में इसकी प्रतिध्वनि सुनाई दी।

जेल की यातनाओं के खिलाफ पहला ज्ञापन दिसम्बर, 1932 में पी. आई. बंदी नं. 8 सुशील दास गुप्ता ने जेल–अधिकारियों को दिया। 3 जनवरी, 1933 को 6 दिन की भूख–हड़ताल चली। परन्तु अधिकारियों ने इस ओर कोई विशेष ध्यान नहीं दिया।

दूसरा ज्ञापन अंडमान जेलबंदियों की ओर से फिर 3.4.1933 को जेल अधिकारियों को दिया गया। परंतु एक मास बाद अपने कार्यालय में रखने के बाद बिना किसी कार्यवाही के वह ज्ञापन लौटा दिया गया।

तीसरा ज्ञापन 12 मई, 1933 को फिर दिया गया और इस बार बंदियों में बहुत उत्तेजना थी और उन्होंने कुछ न कुछ करने की ठान ली थी, क्योंकि इससे पूर्व वाला ज्ञापन, जो 3.4.1933 को दिया गया था, बिना किसी कार्यवाही व टिप्पणी के लौटा दिया गया था। इस ज्ञापन के साथ ही 12 मई, 1933 से जेल में भूख–हड़ताल का दूसरा चरण प्रारम्भ हो गया।

भूख–हड़ताल के मध्य ही चौथा ज्ञापन 19.5.1933 को श्री निरंजन सेन, डॉ. एन.सी. राय, डॉ. भूपालचन्द्र बोस व सतीश प्रकाशी के हस्ताक्षरों से अधिकारियों को फिर दिया गया और इस ज्ञापन के बाद निरंजन सेन व सतीशचन्द्र प्रकाशी को जेल से रिहा कर दिया गया। परन्तु पुनः क्रिमिनल लॉ अमेंडमेंट एक्ट के अधीन गिरफ्तार कर 7–7 वर्ष कैद की सजा सुना दी गई।

उपरोक्त चारों बंदियों के हस्ताक्षरों से पुनः 25 मई, 1933 को पांचवां ज्ञापन जेल अधिकारियों को दिया गया।

छठा ज्ञापन भी 31.5.1933 को भूख–हड़ताल करने वाले बंदियों की ओर से जेल अधिकारियों को दिया गया और इसका एक अनुपूरक ज्ञापन नं. 6 बी. जेल अधिकारियों को दिया गया।

इस ज्ञापन में बताया गया कि किस प्रकार पी. आई. नं. 68 महावीर सिंह (आत्मज देवी सिंह आयु साढ़े 29 वर्ष) का केवल 6 दिन की भूख–हड़ताल के दौरान ही 17.5.33 की रात को 12 बजकर 24 मिनट पर प्राणान्त हो गया। इसके बाद केवल 15 दिन की भूख–हड़ताल में ही मोहन किशोर नामदास उर्फ मानकृष्ण नामदास (आत्मज राजगोविंद नामदास) का भी 24 वर्ष की आयु में 26 मई, 1933 को निधन हो गया। दो दिन बाद तीसरे साथी मोहित मोहन मित्रा आत्मज हेमचन्द्र मित्रा का 15 दिन की भूख–हड़ताल के बाद 28 वर्ष की आयु में 28 मई, 1933 को सायंकाल 6 बजकर 17 मिनट पर मृत्यु हो गई।

6 जून, 1933 को ज्ञापन नं. 7 व उसी दिन अनुपूरक ज्ञापन 7 बी. भी दिया गया। इन ज्ञापनों के आते ही जेल के अधिकारियों ने ज्ञापनपत्रों पर हस्ताक्षर करने वाले भूख–हड़ताली बंदियों को बैरक नं. 7 में अलग–अलग कोठरियों में ले जाकर बन्द कर दिया। डॉ. भूपालचन्द्र बोस को दिन–रात सबसे ऊपर वाले तीसरे खंड वाले बरांडे में बंद किया गया और उन्हें चेतावनी दी गई कि वे भविष्य में चीफ कमिश्नर अंडमान व भारत सरकार को कोई आवेदनपत्र न दें।

बैरकों की व्यवस्था

अभी तक राजनैतिक बंदी बैरक नं. 2, 3, 5 व 6 में रखे जाते थे और साधारण अपराधी बैरक नं. 1, 4 व 7 में रखे जाते थे।

भूख–हड़ताल के बाद आठवां ज्ञापन 19 फरवरी, 1934 को दिया गया। इसी प्रकार नौवां ज्ञापन अप्रैल 1934 को, दसवां 12.7.1934 को, ग्यारहवां सितम्बर, 1935 को और बारहवां ज्ञापन पत्र अप्रैल, 1936 में जोगेशचन्द्र चैटर्जी की भूख–हड़ताल के बाद अधिकारियों को दिया गया।

जेल–बंदियों से मुलाकात

अधिकारियों के सूत्रों के अनुसार 1932 से 1936 तक की चार वर्ष की अवधि में केवल 5 राजबंदियों के परिवार वालों को मुलाकात का अवसर दिया गया। पी. आई. नं. 9 विमल दास गुप्ता 1933 में, पी. आई. नं. 87 बिधुसेन 1933 में, पी. आई. नं. 201 केशो प्रसाद, पी. आई. नं. 102 नारायण राय, पी. आई. नं. 222 सनातन राय की मुलाकात 1936 में परिवार वालों से कराई गई।

1936 में रायजादा हंसराज का जेल निरीक्षण

कांग्रेस पार्टी के टिकट पर नई दिल्ली केन्द्रीय एसेम्बली के दो निर्वाचित सदस्यों, रायजादा हंसराज एम.एल.ए. व सर मोहम्मद यामीन खां का एक गैरसरकारी शिष्टमंडल अंडमान जेल में पहुंचा और उन्होंने अंडमान जेल के तमाम बंदियों से वहां के हालात व प्रबन्ध की जानकारी प्राप्त की। 239 बंदियों ने एक ज्ञापन रायजादा हंसराज को दिया। उसके बाद पुनः भिन्न–भिन्न रूप से बंदी आंदोलन करते रहे। 5.9.1937 को भारत सरकार ने लिखा कि यदि प्रान्तीय सरकारें अपने बंदियों को अंडमान से अपनी प्रान्तीय जेलों में लेने को तैयार हों या बुलाना चाहती हों तो केंद्रीय सरकार को इसमें कोई आपत्ति नहीं है।

जेल में कम्युनिस्ट विचारधारा का प्रचार

27 मार्च, 1937 को कलकत्ता पुलिस ने पोर्ट ब्लेयर अंडमान के पुलिस के दो सिपाहियों श्याम सिंह व राचन सिंह को गिरफ्तार किया। ये अंडमान जेल से राजनैतिक बंदियों के गोपनीय

संदेश (अपारदर्शी स्याही से लिखे) लेकर आया करते थे और कलकत्ता में कम्युनिस्ट लीडरों को पहुंचाते थे। इन फौजी सैनिकों का सीधा सम्पर्क राजनैतिक बंदियों से नहीं था बल्कि साधारण अपराधी अर्जुन सिंह, ठाकुर सिंह, तारा सिंह व अन्य सिख कैदियों के साथ था जो अंडमान जेल में थे। इन साधारण अपराधी बंदियों का सम्पर्क राजनैतिक बंदियों से बना हुआ था, विशेषतया वे सेलुलर जेल की काल कोठरी में बंद बंदियों के सम्पर्क में थे। इंटेलीजेन्स ब्रांच का एक अफसर 17.6.1937 को मामले की जांच करने पोर्ट ब्लेयर गया था। उसकी जांच के अनुसार अंडमान के बंदियों में कम्युनिस्ट विचारधारा वाला संगठन शक्तिशाली होता जा रहा था। कमिश्नर अंडमान के ऑफिस में इस संगठन द्वारा मिलिटरी सिपाहियों से सम्पर्क जोड़ा गया था। इन्हें कलकत्ता की पुलिस ने गिरफ्तार कर लिया व श्याम सिंह व राचन सिंह दोनों नौकरी से तुरन्त बर्खास्त कर दिए गए।

साधारण अपराधी कैदी तारा सिंह नवम्बर, 1936 से अंडमान के डिप्टी कमिश्नर के दफ्तर में कार्य कर रहा था। मई, 1937 तक उसको गिरफ्तार नहीं किया गया और उसे यह अवसर मिलता रहा। इन बंदियों व सिपाहियों से उसका सम्पर्क बना रहा। अंडमान जेल में केवल एक गुरुद्वारा था जहां तारा सिंह को कम्युनिज्म का प्रचार करने का अवसर मिल जाता था और तारा सिंह के माध्यम से बाहर की खबरें अंडमान जेल के अंदर राजनैतिक बंदियों तक पहुंच जाती थीं।

अंडमान जेल के नियमों के अनुसार जो साधारण अपराधी कैदी लगातार तीन महीने जेल के अन्दर सजा काट चुका था, उसे जेल के बाहर काम करने की अनुमति दे दी जाती थी। ऐसे बंदियों को काम करने के एवज में मजदूरी भी दी जाती थी और उन्हें 'तलबदार' कैदी कहा जाता था। जो कुछ पढ़े–लिखे साधारण बंदी होते थे, जिनसे जेल के दफ्तर में टाईप आदि कराने या मुंशीगिरी का काम लिया जाता था और कार्यालय के समय के बाद वे स्वतंत्र होते थे। रात को आठ बजे तक वह जहां चाहें घूम फिर सकते थे। किंतु रात्रि को आठ बजे की हाजिरी के समय उन्हें उपस्थित रहना पड़ता था और फिर वे रातभर जेल में बंद रहते थे। एस.आर. बोस, ए. हमीर और त्रयम्बक लाल भी डिप्टी कमिश्नर के दफ्तर में तलबदार बंदियों में थे।

अंडमान जेल में प्रायः सभी राजनैतिक बंदी कम्युनिज्म विचारधारा से प्रभावित थे जैसा कि थर्ड इंटरनेशनल में कहा गया। अप्रैल, 1935 से पूर्व टेररिस्ट बंदियों में शायद ही किसी को कम्युनिज्म विचारधारा का आभास था, सोशलिज्म पर अवश्य बातचीत व विचार विनियम होता था।

अप्रैल, 1932 में कैदियों की एक टुकड़ी, जिनमें देवकुमार दास भी थे, जब अंडमान पहुंची, तो वे एक चिट्ठी लेकर आए थे जिसमें सब बंदियों से आग्रह किया गया था कि वे संगठित होकर थर्ड इंटरनेशनल की धारा में आ जाएं। इसका प्रभाव पड़ा। परन्तु लीडरशिप का मामला बीच में रूकावट बन गया। राजनैतिक बंदी निरंजन सेन गुप्ता व डॉ. नारायण राव दोनों ही इसका नेतृत्व करने की जिम्मेदारी लेने के लिए तैयार थे। परन्तु अनुशीलन व युगान्तर पार्टी का पुराना विचारात्मक टकराव इसमें रूकावट बन गया।

भारत में नए विधान के अंतर्गत प्रांतीय एसेम्बलियों के निर्वाचन के बाद जब कांग्रेस पार्टी भारत के प्रायः सभी प्रान्तों में बहुमत से विजयी होकर आ गई तो अंडमान जेल के बंदियों की रिहाई की मांग ने जोर पकड़ा। केन्द्रीय सरकार पर दबाव पड़ा तो 18 जनवरी, 1938 को अंडमान जेल के द्वार राजनैतिक बंदियों के लिए खुल गए। 30 जून, 1937 को अंडमान में राजनैतिक बंदियों की संख्या 300 थी। 31 दिसम्बर, 1937 को ये संख्या 109 रह गई।

केन्द्रीय सरकार ने आदेश दिया कि 18 जनवरी, 1938 के बाद अंडमान जेल में राजनैतिक बंदियों के रह जाने की कोई सम्भावना नहीं रहेगी, इसलिए बंदियों की जो अर्द्धवार्षिक रिपोर्ट अंडमान जेल से भेजी जाती थी, वह बन्द कर दी जाए।

केन्द्रीय सरकार के होम डिपार्टमेंट के ज्वाइंट सेक्रेटरी टी. स्यून आई.सी.एस. ने पोर्ट ब्लेयर सेलुलर जेल का 17 से 21 फरवरी, 1934 के मध्य निरीक्षण किया। उनके अनुसार वहां पर 152 बंदी थे व दूसरे बंदी 138 थे। स्थायी तौर पर पृथक किए गए यानी 'परमानेन्ट इन्कारसीरेटिड' बंदी 145 थे और स्थायी पृथक किए गए पी. आई. वॉर्डर 19 थे।

अंडमान जेलों में बेतों की सजा

केन्द्रीय एसेम्बली में 29.9.1935 को श्री मोहनलाल सक्सेना के एक प्रश्न के उत्तर में सरकार ने बताया कि मेजर एल.एच.एम. उपसौन को सुपरिंटेंडेंट, सेलुलर जेल, पोर्ट ब्लेयर 7.8.1933 को नियुक्त किया गया था। अंडमान जेल में चीफ जेलर को पीटने के आरोप में प्रबीर गोस्वामी को 20 बेंतों की सजा दी गई थी। सुधेन्द्र डाम को भी 30 बेंतों की सजा सुपरिंटेंडेंट पर आक्रमण करने के आरोप में दी गई थी। सुधेन्द्र डाम ने नवम्बर, 1934 में सुपरिंटेंडेंट पर आक्रमण किया था। चन्द्रनाथ भट्टाचार्य को भी इसी आरोप में 30 बेंतों की सजा हुई थी, परंतु डॉक्टरी रिपोर्ट के आधार पर उनको यह सजा नहीं दी गई।

विष्णुशरण दुब्लिश व लक्ष्मीकान्त शुक्ला वेतनभोगी कैदी के रूप में

काकोरी षड्यंत्र केस के कर्मठ अभियुक्त विष्णुशरण को 1929 में सर मैलकम हैली गवर्नर, उत्तर प्रदेश के सुझाव पर अंडमान जेल के साधारण वेतनभोगी कैदी के रूप में भेजा गया और वहां कमिश्नर के दफ्तर में उनको कार्य करने पर नियुक्त कर दिया गया। इसी प्रकार लक्ष्मीकान्त शुक्ला को भी, जिन्हें स्मिथ कमिश्नर झांसी पर घातक आक्रमण करने के आरोप में सात वर्ष कैद की सजा हुई थी, 1933 में साधारण वेतनभोगी बंदी के रूप में अंडमान जेल भेजा गया। उत्तर प्रदेश सरकार लक्ष्मीकान्त शुक्ला को राजनैतिक बंदियों की श्रेणी में नहीं समझती थी। साधारण कैदियों के रूप में अंडमान पहुंच गए और बाद में काकोरी षड्यंत्र केस में अभियुक्तों के साथ जब उनका पत्र–व्यवहार प्रारम्भ हुआ तो सेंसर विभाग ने उनके पत्र पकड़कर उन दोनों बंदियों की राजनैतिक गतिविधियों की ओर सरकार का ध्यान आकर्षित किया।

सेलुलर जेल की कोठरियां व बैरकें अंडमान जेल के इन राजनैतिक बंदियों की स्थायी स्मृति के रूप में आज भी प्रेरणा दे रही हैं, जहां प्रत्येक स्वाधीनता प्रेमी अपना मस्तक झुकाकर श्रद्धा–सुमन अर्पित करता है।

(स्व. फूलचंद जैन द्वारा शहीद भगत सिंह स्मारक समिति के मंत्री श्री रामसिंह को लिखे गए 13.11.87 के पत्र पर आधारित।)

राजनैतिक बंदियों का संघर्ष

9 जुलाई, 1937 को अंडमान जेल के 251 पी. आई. नजरबंदों के हस्ताक्षरों सहित ज्ञापन की एक प्रति वाइसराय, नई दिल्ली के नाम श्री नन्दलाल दासगुप्ता पी. आई. 332 ने जेल अधिकारियों को दी ताकि वह इसे भारत सरकार को भिजवा दें।

ज्ञापन में लिखा था कि नये विधान के अन्तर्गत भारत के प्रान्तों में जो सदस्यों के चुनाव हुए, उनके भारी मतदान से यह प्रमाणित हो गया है कि भारत का मतदाता देश की आजादी

की मांग का समर्थक है और दूसरी ओर सरकार की ओर से दमन चक्र पूरे वेग से चल रहा है। इसके विरुद्ध हम बंदी जो भारत की भूमि से इस समय बहुत दूर अंडमान की जेलों में हैं, बार–बार चिल्ला–चिल्ला कर कह रहे हैं कि दमन बंद करो, परन्तु सुनने वाला कोई नहीं है।

इस निराशाजनक वातावरण में अपनी आवाज को और तेज करने के लिए जोगेशचन्द्र चैटर्जी, सचिन बक्शी आदि साथी उत्तर प्रदेश की जेलों में भूख–हड़ताल कर रहे हैं और भूख–हड़ताल के कारण उनका स्वास्थ्य गिरता जा रहा है।

इस समय भी भारत में आज़ादी के समर्थक लगभग 2500 व्यक्ति जेलों की सीखचों के पीछे बन्द हैं, जिनमें धारा 3/1818 के शाही नजरबंद व बंगाल व आसाम में क्रिमिनल लॉ एक्ट के अंतर्गत लम्बे समय से नजरबंद रखे गए हैं। असहनीय और अमानुषिक जेल यातनाओं के कारण कई बंदी तो जेलों में ही आत्महत्या कर चुके हैं। कई बंदी मस्तिष्क रोग से विक्षिप्त हो गए हैं।

1932 से अब तक लगभग 400 आज़ादी के दीवानों को अंडमान जेलों में लाकर बंद किया गया है—यह जेलखाना नहीं, एक नरकागार बना हुआ है। इस समय भी 300 के लगभग राजनैतिक बंदी अमानुषिक व्यवहार का प्रतिकार करने के लिए भूख–हड़ताल का मार्ग अपना रहे हैं।

हमारे ही कर्मठ सहयोगी इस जेल में भूख–हड़ताल करते हुए अपने प्राण न्यौछावर कर चुके हैं। जिसमें रामरक्खामल बाली आत्मज जवाहीराम निवासी होशियारपुर (जिन्हें बर्मा षड्यंत्र केस में 1916 में सजा हुई थी) व लाहौर षड्यंत्र केस के प्रमुख साथी महावीर सिंह आत्मज देवीसिंह व बंगाल के प्रमुख क्रांतिकारी मोहित मित्रा आत्मज हेमचन्द्र मैत्रा व मोहन किशोर आत्मज राजगोविन्द नामदास हैं जिन्होंने भूख–हड़ताल के संघर्ष में 1933 में एक–एक करके प्राण न्यौछावर कर दिए।

अब समय है कि भारत सरकार हमारी राष्ट्रीय मांगों पर विचार कर इस बढ़ती हुई विरोधी भावना को सम्भाल ले।

हमारी निम्न राष्ट्रीय मांगों पर सरकार को तुरंत ध्यान देना और निर्णय करना चाहिए—

1. बिना शर्त तमाम राजनैतिक बंदियों की आम रिहाई की घोषणा, जिनमें शाही नजरबंद, राजनैतिक नजरबंद व सभी राजनैतिक बंदी सम्मिलित हैं।
2. सरकार ने विदेशों में रहने वाले भारतीयों पर जो पाबंदियां लगाई हुई हैं और भारत में आने की अनुमति नहीं दी जा रही है, वह सब आदेश तुरन्त रद्द कर पाबंदियों को हटा दिया जाए।
3. भारत से राजनैतिक बंदियों को अंडमान जेल में भेजने की (निर्वासित करने) प्रथा को तुरन्त बंद किया जाए और जितने भी राजनैतिक बंदी अंडमान जेल में हैं उन्हें तुरंत वापस भारत में भेजा जाए।
4. जेलों में सभी राजनैतिक बंदियों के साथ एक–सा व्यवहार हो और सभी को, जब तक वह जेलों में हैं, एक विशेष श्रेणी में रखा जाए और इस श्रेणी के बंदियों को खाने–पहनने, पढ़ने–लिखने की वे सभी सुविधाएं अवश्य दी जाएं, जो आज 'बी' क्लास के कैदियों को दी जा रही हैं।

इस ज्ञापन पर 251 पी. आई. बंदियों ने हस्ताक्षर किए थे।

—होम 1937 जेल्स नं. के. डब्ल्यू. नं. 5/12/37 (7/527)

उपरोक्त विवरण (7/541 से 546 तक)

अंडमान जेल में अपनी मांगों को लेकर आंदोलन कर रहे राजबंदियों ने अपने ज्ञापन–पत्र की कापियां भारत के भिन्न–भिन्न प्रान्तों के मुख्यमंत्रियों को भी भेजी जिसमें प्रमुख बंगाल, आसाम, उत्तर प्रदेश, पंजाब, बिहार व मद्रास के मुख्यमंत्री थे। इन्हीं क्षेत्रों से अधिकतर राजबंदी अंडमान जेल में आए हुए थे।

सामिन खां व रायजादा हंसराज एम.एल.ए., दोनों सदस्यों को भारत सरकार की ओर से गैरसरकारी सदस्य के रूप में अंडमान जेल की सही स्थिति का अवलोकन करने के लिए अंडमान जेल में भेजा गया था। इन्हें दिए गए ज्ञापन में भी इन राजनैतिक बंदियों ने लिखा : हमारा सबसे बड़ा अपराध यही है कि हमारे दिलों में अपने देश की आज़ादी या अपने देश को आज़ाद कराने की लगन है। देश के करोड़ों भाई–बहन काफी गरीबी व दयनीय अवस्था में जीवन बिता रहे हैं। हम बंदियों को यह अधिकार नहीं है कि हम किस तरह अपनी आज़ादी के मार्ग को चुनें और अपने देशवासियों के जीवन स्तर को उठाएं और देश को स्वतंत्र कराएं। हम बंदियों को हथकड़ियां, बेड़ियां लगाकर भारत से दूर अंडमान जेल में भेजा गया है। बंदियों का पहला जत्था लगभग 4 वर्ष पूर्व अंडमान जेल में आया था और उसके बाद बराबर बंदियों को अंडमान जेल में लाया जा रहा है और आज अंडमान जेल में राजनैतिक बंदियों की संख्या 310 के लगभग है।

कर्नल बारकर इन्स्पेक्टर जनरल प्रिजन्स भी हमारी अवस्था को देखने अंडमान आए थे और हमारी मांगों पर विचार करते हुए उन्होंने आश्वासन दिया था कि सरकार सहानुभूतिपूर्वक विचार करेगी और इसी आधार पर उस समय भूख–हड़ताल समाप्त हुई थी। शनैः–शनैः कुछ सहूलियतें जेल में बंदियों को दी गई परन्तु वह अपने में अपर्याप्त थीं और सन्तोषजनक परिणाम लाने वाली नहीं थी। अलबत्ता हमारे दो सहयोगी बंदियों को जो मानसिक रूप से विक्षिप्त हो गये थे, भारत वापस भेज दिया गया।

हममें से कुछ साथियों को क्षय रोग हो गया था, लगातार धीमा–धीमा बुखार रहने के कारण निम्न बंदियों को क्षय रोग का यानी टी.बी. का रोगी घोषित किया गया और उन्हें सरकार ने अंडमान से भारत की जेलों में भेज दिया। क्षय रोग से पीड़ित निम्न साथी थे :

1. मुकुल सेन–पी. आई. नं. 7, अभियुक्त मछुवाबाजार षड्यंत्र केस।
2. प्रफुल्ल मजूमदार–पी. आई. नं. 38, अभियुक्त अरनयापासा डकैती।
3. बिधुसेन–पी. आई. नं. 83, अभियुक्त मैमनसिंह षड्यंत्र केस।
4. जगतराय–पी. आई. नं. 39, षड्यंत्र आर्म्स केस।
5. मोहित अधिकारी–पी. आई. नं. 110, बिहार षड्यंत्र केस।
6. नेपाल सरकार–पी. आई. नं. 249, अभियुक्त सिंघा डकैती।
7. सुरेन सरखेल, पी. आई. नं. 307, अभियुक्त बरीसल डकैती।
8. निखिल गुहा राय–पी. आई. नं. 72, शिवपुर डकैती।
   (7/548)

निम्न सहयोगियों के फेफड़े खराब हो जाने के कारण उनकी एक्स–रे परीक्षा की गई :

1. केशव समझदार–पी. आई. नं. 341.
2. केशव प्रसाद–पी. आई. नं. 201.

3. सरोजकान्ति गुहा—पी. आई. नं. 146.
4. शशीमोहन भट्टाचार्य—पी. आई. नं. 123.

निम्न साथी भी संक्रामक रोगों से पीड़ित हैं :

1. सुनील कुमार चैटर्जी, पी. आई. नं. 119, वासटन शूटिंग कान्सपिरेसी केस।
2. सुधांशु सेन, पी. आई. नं. 148, आर्म्स एक्ट, बरीसल।

अन्य रोगों की चिकित्सा के लिए निम्नलिखित को भारत भेजा गया :

1. धीरेन राय—एपेंडिसाइटिस हो जाने के कारण 1932 में भारत की जेलों में वापस भेजे गए।
2. सत्य घोष—पी. आई. नं. 64, गॉलब्लैडर में सूजन के कारण 1933 में वापस भारत की जेल में भेजे गए।
3. कमल श्रीमनी—पी. आई. नं. 241, गुर्दों में पथरी हो जाने के कारण 1936 में भारत भेजे गए।
4. महेश बरूआ—पी. आई. नं. 285, हृदय की बीमारी के कारण वापस भारत की जेल में भेजे गए।

दमा रोग से प्रभावित निम्न को भारत की जेलों में वापस भेजा गया :

1. रामप्रताप सिंह, पी. आई नं. 111.
2. अजयसिंह, पी. आई. नं. 41.

इस समय भी हृदय रोग से निम्न बंदी अंडमान जेल में बीमार हैं :

1. धूबेश चैटर्जी, पी. आई. नं. 112, अभियुक्त दक्षिणेश्वर बम केस।
2. प्रशांत कुमार सेनगुप्ता, पी. आई. नं. 234, अभियुक्त ढाका डकैती।
3. रेवती शाह, पी. आई. नं. 196, अभियुक्त विस्फोटक एक्ट, कोमिला।
4. सत्येन्द्र नारायण मजूमदार, पी. आई. नं. 369, इंटर प्रोविन्शल षड्यंत्र केस।

निम्न सहयोगी पाईल्स की बीमारी से पीड़ित हैं :

1. काली भट्टाचार्य—पी. आई. नं. 133, अभियुक्त आर्म्स एक्ट केस।
2. विजयकृष्ण चक्रवर्ती—पी. आई. नं. 315, अभियुक्त दिल्ली डकैती।

निम्न सहयोगी जोड़ों के दर्द से पीड़ित हैं :

1. हेमन्त्र चक्रवर्ती, पी. आई. नं. 51, अभियुक्त मैमनसिंह राबरी केस।
2. रणधीर दासगुप्ता, पी. आई. नं. 22, चिटागांग आर्मरी रेड केस।
3. आनन्दप्रसाद गुप्ता, पी. आई. नं. 63, चिटागांग आर्मरी रेड केस।
4. अमर सूत्रधार, पी. आई. नं. 137.

जिनका वजन कम हो रहा है :

1. केशो प्रसाद, पी. आई. नं. 201.

जेल में सभी राजनैतिक बंदियों के साथ एक–सा व्यवहार, एक–सा खाना, आदि मिले इस मांग को लेकर निम्न सहयोगी जेलों में भूख–हड़ताल करते हुए अपने प्राण न्यौछावर कर चुके हैं।

1. जतिन्द्रनाथ दास 2. महावीर सिंह
3. मोहन किशोर 4. मोहित मैत्रा

इस प्रकार यह अंडमान जेल एक पूरा नरकागार बना हुआ है। इस नारकीय कुएं में एक दफा जो रोग से पीड़ित हो जाए उसका स्वास्थ्य सदैव के लिए पंचर हो जाता है। न उसकी पूर्ण चिकित्सा होती है और न ही वह अपना पूर्ववत् स्वास्थ्य प्राप्त कर सकता है। इसका जीवित उदाहरण हमारे सामने मोहित अधिकारी हैं जिसे मृत्यु–चुम्बन करने के लिए अंडमान से भारत की जेलों में भेजा गया था। अंडमान जेल की इस भयंकर बिगड़ी हुई अवस्था का प्रभाव यहां रहने वाले प्रत्येक राजनैतिक बंदी के दिमाग पर पड़ रहा है और उनके सामने यह प्रश्न खड़ा हुआ है कि क्या एक–एक इंच करके यहां पर मृत्यु का आमंत्रण करना है या हमें कोई और मार्ग का चुनाव करना है।

–होम 1937 जेल्स के. डब्ल्यू. 5/12/37 जेल्स. (7/527, 7/522, 7/547 से 551 तक)।

जेल अधिकारियों का संदेश वाइसराय के नाम

11 जुलाई, 1937 को पोर्ट ब्लेयर से वाइसराय व होम मेम्बर को भेजे गए संदेश में तत्कालीन स्थिति पर प्रकाश पड़ता है। अंडमान जेल में स्विमिंग पूल का निर्माण बंद कर दिया गया है अन्यथा अभियुक्तों पर यह प्रभाव पड़ता कि उन्हें वापस भेजने का कोई इरादा सरकार का नहीं है और भूख–हड़ताल का कदम उठाना और आसान हो जाता। अंडमान जेल में 24 जुलाई, 1937 को प्रातः काल से 125 राजनैतिक बंदियों ने भूख–हड़ताल शुरू कर दी है। सरकार ने 251 राजनैतिक बंदियों के सामूहिक ज्ञापनपत्र को नामंजूर कर दिया है। सरकार की धारणा है कि सामूहिक रूप से बंदियों के किसी आवेदनपत्र पर सरकार विचार नहीं करेगी। परन्तु व्यक्तिगत रूप में जो आवेदनपत्र होंगे उनपर सरकार विचार करेगी। 24 जुलाई, 1937 को भूख–हड़ताल प्रारम्भ करने वालों की संख्या 187 थी। 10 अगस्त, 1937 को भूख–हड़ताल करने वालों की संख्या 211 थी। 7 अगस्त, 1937 को मोहन लाल सक्सेना मैम्बर लेजिस्लेटिव एसेम्बली ने एक लम्बा पत्र व्यक्तिगत रूप से वाइसराय लिनलिथगो को भेजा जिसमें लिखा था : सरकार को इस बात से इंकार नहीं करना चाहिए कि अंडमान जेल के बंदियों के अपराधों के जो भी कारण हों और उन्हें बहुत सारे व्यक्ति भी पसन्द न करते हों, तथापि वे इन बंदियों के साहस व देशभक्ति की भावनाओं के प्रति सहानुभूति रखते हैं और उनके त्याग व बलिदान से सब प्रभावित हैं। यही कारण है कि सभी विचारधारा के लोग राजनैतिक बंदियों की तुरन्त अंडमान से वापसी व रिहाई की मांग का समर्थन कर रहे हैं।

डब्ल्यू. ए. कोसग्रेव सी.आई.ई., आई.सी.एस., चीफ कमिश्नर अंडमान व निकोबार आईलैण्ड, पोर्ट ब्लेयर की ओर से एक पत्र आर.एफ. मुड्डी ज्वांइट सेक्रेटरी होम डिपार्टमेंट भारत सरकार दिल्ली को 15.8.1937 को लिखा गया जिसमें कहा गया कि राजनैतिक बंदियों के दो नेता हैं

(1) नारायणचन्द्र राय पी. आई. नं. 102—जो कलकत्ता कोरपोरेशन के भूतपूर्व डॉक्टर हैं और बम बनाने का काम करते थे; और (2) पी. आई. नं. 204, धन्वंतरि—जो लाहौर कान्सपिरेसी केस डिफेंस एसोसियेशन के भूतपूर्व सेक्रेटरी हैं। ये दोनों आजकल जेल में कम्युनिस्ट विचारधारा वाली पार्टियों के नेता हैं। इनकी भी यह धारणा है कि जब तक कुछ साथियों का जीवन बलिदान यहां जेल में नहीं होगा तब तक केवल भूख—हड़ताल से सफलता मिलने वाली नहीं है।

इस समय जेल में भूख—हड़ताल करने वालों की संख्या 224 हो गई है। इनमें से लगभग 25 प्रतिशत बंदी कमजोर विचारधारा में हैं और इनमें से कई राजनैतिक बंदी डॉक्टरों द्वारा जबरिया खाना खिलाते समय उसका प्रतिरोध करते हैं, और जबरिया खाना खिलाने में इस बात की बहुत सम्भावना रहती है कि तुरन्त या कुछ देर बाद किसी समय भी कोई अप्रिय घटना हो जाए या किसी की मृत्यु हो जाए। जेल के अच्छे प्रबन्ध के कारण ही जेल में अभी तक भूख—हड़तलियों की कोई दुर्घटना नहीं हुई है और जी. डब्ल्यू. क्लेमेन्ट्स सीनियर मेडिकल ऑफिसर की देख—रेख में ये प्रबन्ध चल रहे हैं। ज्वाइंट सुपरिंटेंडेंट जेल भी अपनी क्षमता—योग्यतापूर्वक स्थिति को सम्भालने में पूरा सहयोग दे रहे हैं।

जेल के 245 भूख—हड़ताली बंदियों ने जिन्होंने भूख—हड़ताल स्थगित की है, एक तार 28 अगस्त, 1937 को महात्मा गांधी जी के नाम भेजा है जिसमें लिखा है कि राष्ट्र की हृदय स्पर्शी अपीलें व आपके व्यक्तिगत रूप से भेजे गए संदेश से प्रभावित होकर हम बंदियों ने भूख—हड़ताल इस समय बंद कर दी है। सबसे बड़ा आश्वासन तो हमको यही मिला है कि देशवासियों ने हमारी मांगों को आगे बढ़ाने का दायित्व अपने ऊपर ले लिया है। हमें पूर्ण विश्वास और आशा है कि कुछ ही समय में आप सब हमारी मांगों को पूर्ण करा देने में सफल होंगे।

हमें यह प्रसन्नता है कि आपने हमें यह अवसर दिया है कि हम आतंकवाद के सम्बन्ध में अपनी निश्चित राय प्रकट करें। हमें आपको और आपके माध्यम से तमाम राष्ट्र को सूचित करते हुए अत्यंत गर्व है कि हममें से जो साथी आतंकवाद में विश्वास रखते थे अब वे भी इस विचारधारा को छोड़ चुके हैं और राजनैतिक हथियार व धारणा के रूप में अब यह विचारधारा उनका आधार नहीं हैं। हम घोषित करते हैं और दृढ़तापूर्वक ये विचार प्रकट करते हैं कि अपने देश को और आज़ादी की मांग को आगे बढ़ाने के लिए अब इसकी आवश्यकता नहीं है।

हम हैं आपकी भूख—हड़ताल करने वाले व काम की हड़ताल करने वाले बंदी।

इसी प्रकार दूसरा तार मुजफ्फर अहमद, निहारेन्दु मजूमदार, डॉक्टर बोस, मधुदत्ता व देवली के नजरबंदों, लाहौर जेल के बंदियों, बहरामपुर कैंप जेल के बंदियों, नैनी जेल के बंदियों व बर्मा की इनसेन जेल के बंदियों को 28 अगस्त, 1933 को भेजा गया।

अंडमान जेल में अभी तक जिन बंदियों ने भूख—हड़ताल नहीं छोड़ी है (यथा भभारंजन पटिटुन्डा, पी. आई. नं. 126; चन्द्रिका सिंह, पी. आई. नं. 301; हजारा सिंह, पी. आई. नं. 169; गुरुमुख सिंह, पी. आई. नं. 400; धन्वंतरि, पी. आई. नं. 204; नारायण राय, पी. आई. नं. 102; विजय कुमार सेन गुप्ता, पी. आई. नं. 83;) उन्होंने गांधी जी व अन्य नेताओं के नाम निम्न संदेश भेजा है :

'आपके संदेश के लिए हम बहुत आभारी हैं। जहां तक आतंकवाद का प्रश्न है, हम घोषित करना चाहते हैं कि यह हमारे देश के कार्य में बजाय सहायक होने के, नुकसान पहुंचाएगा। हम इस अवसर पर आपके माध्यम से अपने देशवासियों से और अन्य जेलों में अपने अन्य सहयोगियों,

कैंपों में बंद नजरबंदों व अन्य सभी संस्थाओं से जिनकी भावना देश की आज़ादी के लिए बनी हुई है, कहना चाहते हैं कि वे आतंकवाद के मार्ग को सदैव के लिए त्याग दें।'

8 सितम्बर, 1937 को महात्मा गांधी जी ने वाइसराय के तार के उत्तर में एक तार सैगांव से वाइसराय के नाम शिमला भेजा। इस तार में महात्मा गांधी जी ने लिखा कि आतंकवादियों के तरीके पर जिस प्रकार खुले हृदय से और स्पष्ट शब्दों में राजनैतिक बंदियों ने अपनी भावना प्रकट की है उससे मैं बहुत ही प्रभावित और संतुष्ट हूं। अब मैं कोई ऐसा अवसर नहीं छोड़ना चाहता हूं और आपका सक्रिय सहयोग प्राप्त करना चाहता हूं जिससे मैं अपने उद्देश्य की पूर्ति के लिए चिरस्थायी और सम्मानजनक आश्वासन हो, अपने इन देशभक्तों के लिए प्राप्त कर सकूं।

–*एम.के. गांधी*

इससे पूर्व, 3 सितम्बर, 1937 को वर्धागंज से महात्मा गांधी ने बंदियों को निम्न तार दिया था : आप लोगों के भेजे गए संदेश से मेरा अर्न्तमन बहुत प्रभावित हुआ है। अपनी ध्येय–प्राप्ति के लिए ये मेरे लिए बहुत सहायक होगा। मैं व्यक्तिगत रूप से आपके स्पष्टीकरण को स्वीकार करता हूं और विश्वास दिलाता हूं कि मैं इसका सम्पूर्ण हल निकालने का प्रयास करूंगा। इस सबकी सफलता में आप सबका सक्रिय सहयोग, आपकी भावना, मित्रों की प्रेरणा होगी। मुझे जल्दी ही ये समाचार मिलना चाहिए कि आपने भूख–हड़ताल छोड़ दी है।

–*गांधी*

15 सितम्बर, 1937 को बंगाल लेजिस्लेटिव एसेम्बली के मेम्बर शरतचन्द्र बोस को भी लिखा :

मैं बराबर तारों के माध्यम से पत्र–व्यवहार कर रहा हूं। अंडमान जेल के सातों भूख–हड़ताली बंदियों ने भी अपने सहयोग का आश्वासन दिया है जिससे उनकी मांगें पूरी कराने में मेरे मार्ग में बहुत सुविधा होगी। मुझे आशा है कि आप अपने प्रभाव से उन सातों बंदियों को भूख–हड़ताल छोड़ने पर सहमति प्राप्त कर लेंगे।

–*गांधी*

शरतचन्द्र बोस ने महात्मा गांधी जी की उक्त अपील के साथ अपनी ओर से भी अपना पूरा समर्थन दिया और आशा प्रकट की कि शीघ्र ही सब भूख–हड़तालियों की भूख–हड़ताल की समाप्ति की सूचना मुझे तार द्वारा मिल जाएगी।

15.9.1937 को आठों भूख–हड़तालियों ने अपनी भूख–हड़ताल समाप्त कर दी :

1. बिजनकुमार सेन, 2. डॉ. नारायणचन्द्र राय, 3. भभारंजन पटिटुन्डा, 4. राधा वल्लभ गोपे–बंगाल, 5. चन्द्रिका सेन–बिहार, 6. धन्वंतरि–दिल्ली, 7. हजारा सिंह–मद्रास, 8. गुरुमुख सिंह–पंजाब।

11 दिसम्बर, 1937 के समाचार के अनुसार 109 राजनैतिक बंदी भारत में भेजे जाने की प्रतीक्षा कर रहे थे और अनुमान था कि 19 जनवरी, 1938 को उन्हें अंडमान से भारत की जेलों में भेज दिया जाएगा।

–होम 1937 जेल्स नं. 5/12/37 जेल्स व के. डब्ल्यू. (7/551, 7/551 से 557 तक)

साम्यवाद का प्रचार

अप्रैल, 1932 में कैदियों की एक टुकड़ी जिनमें देवकुमार दास भी थे, अंडमान पहुंची। वह एक चिट्ठी अपने संग लेकर आए थे जिसमें सब बंदियों से आग्रह किया गया था कि सब संगठित होकर थर्ड इन्टरनेशनल लाईन की धारा में आ जाएं। इसका प्रभाव पड़ा। परन्तु लीडरशिप का मामला बीच में रूकावट बन गया। राजनैतिक बंदी निरंजन सेनगुप्ता व डॉक्टर नारायण राय दोनों ही इसका नेतृत्व करने की जिम्मेदारी लेने के लिए बहुत उत्सुक थे। वास्तव में यहां पुराना अनुशीलन व युगान्तर पार्टी की विचारधारा का प्रश्न बना हुआ था और इसलिए ये बंदी कई ग्रुपों में बंट गए। अलीपुर सेंट्रल जेल के एक कैदी अब्दुल हलीम का एक पत्र भी सेलुलर जेल में आया। इसमें कम्युनिस्ट पार्टी ऑफ इंडिया के संगठन में सबको संगठित होने की प्रेरणा दी गई थी। जेल में डॉक्टर निरंजन राय, निरंजन सेन गुप्ता, धन्वंतरि, बटुकेश्वर दत्त व कमलनाथ तिवारी ने मिलकर एक कम्युनिस्ट संगठन बनाया।

परन्तु अन्तरप्रान्तीय षड्यंत्र केस के अभियुक्त प्रभात चक्रवर्ती, धीरेन्द्र भट्टाचार्य जब वहां पहुंचे तो उन्होंने सोशलिज्म पर वैज्ञानिक ढंग से प्रबन्ध तैयार किया। इसके बाद फिर आपस में मतभेद बढ़ गए। राजनैतिक बंदी अनुकूल चैटर्जी उर्फ इन्दु कम्युनिज्म विचारधारा के बहुत ही शक्तिशाली प्रेरक बने हुए हैं और ये कम्युनिस्ट संगठन के जेल में डिक्टेटर बने हुए हैं। जेल में भिन्न–भिन्न पार्टियों की दल शक्ति इस प्रकार थी :

(ए) जो आतंकवाद के पक्ष में हैं, उसके समर्थन में चिटागांग पार्टी के सभी सदस्य हैं : 1. गणेश घोष, 2. अनन्त सिंह, 3. लोकनाथ बाल, 4. सुखेन्दु दस्तादार, 5. सुबोध राय, 6. शाहीरामदास, 7. सुबोध चौधरी, 8. मनीदत्ता, 9. दिनेश दासगुप्ता, 10. शैलेष राय, 11. सुशील डे, 12. शान्ति चक्रवर्ती, 13. काली डे, 14. हरीपद भट्टाचार्य, 15. अनान्गशु मजूमदार।

(बी) श्रीसंघ के सदस्य भी आतंकवाद के समर्थक हैं, इनमें हैं :

1. विनय बोस, 2. विनय राय, 3. कामख्या घोष, 4. विराज देव, 5. नृपेन दत्ता।

इनके अलावा निम्न राजनैतिक बंदी भी श्री संघ के साथ हैं :

1. सुरेशदास, 2. मलय ब्रह्मचारी, 3. अतुल दत्ता, 4. कृपानाथ डे उर्फ हारन।

(सी) कैदी प्राणगोपाल मुखर्जी निवासी वीरभूम व कलकत्ता निम्न साथियों के साथ चिटागांग पार्टीवालों के समर्थन में हैं :

1. प्राण गोपाल मुखर्जी, 2. रजत दत्ता, 3. प्रभात मित्रा, 4. प्रद्योत चौधरी, 5. धरणी राय, 6. इन्दुदास, 7. दिनेश शाह, 8. प्रकाश सिल।

(डी) डी. वी. ग्रुप के निम्न कैदी आतंकवाद के समर्थन में हैं : सुकुमारघोष उर्फ नन्तु, शान्ति सेन, सुकुमार सेन, सुशील चक्रवर्ती, गौरांगदास, मधुसूदन बैनर्जी, मनोरंजन बैनर्जी, सनातन राय, राजा मोहन करंजई, कुमुद मुखर्जी, शरद बोस, चन्द्रकान्त भट्टाचार्य।

(ई) राजनैतिक बंदी डॉ. भूपाल घोष निम्न साथियों के साथ आतंकवाद के समर्थक हैं : 1. धरणी चक्रवर्ती, 2. विनय लश्कर, 3. मोतीलाल राय, 4. काली चौधरी, 5. हरीदास शाह, 6. नागेन्द्र मुस्तफी।

(एफ) निम्न बंदी निष्पक्ष हैं और वह न कम्युनिज्म के और न आतंकवाद के समर्थक या विरोधक हैं : 1. मनमथ दत्ता, 2. धीरेन चक्रवर्ती, 3. हरीबोल, 4. जतिन डे, 5. रमेशदास, 6. तारापद

दास, 7. भभातोष करमाकर, 8. शरत धूपी। नं. 5 व 6 पर यानी रमेशदास व तारापद दास पर यह संदेह है कि ये पुलिस के मुखबिर हैं और जेल के अधिकारियों को सूचनाएं देते हैं।

(7/481)

इस समय जेल में कम्युनिज्म से प्रभावित बंदी 167 हैं। ये जेल में उपलब्ध किताबों का अध्ययन करते हैं व प्रमुख साथियों द्वारा लिखे गए आलेखों का अवलोकन करते हैं। जैसे डॉक्टर नारायण राय, धन्वंतरि, बी.के. दत्त, गुरुमुख सिंह आदि द्वारा लिखे हुए लेख। 1 जून, 1937 से निम्न सदस्यों की एक कमेटी गठित की गई है जो आवश्यक जानकारी उपलब्ध कराती है व मार्गदर्शन देती है : 1. डॉक्टर नारायण राय, 2. सचियाकार, निवासी बरीसल, 3. नलनीदास, निवासी बरीसल, 4. अनुकूल चैटर्जी उर्फ इन्दु, 5. धन्वंतरि, 6. गुरुमुख सिंह।

उग्र विचारक दल : बी.के. दत्त, विजय सिंह, जयदेव कपूर, सुनील चैटर्जी, बनवेश्वर राय, गोपाल अचर्जी, रणधीर दास गुप्ता। निम्न को विचार मतभेद के कारण कम्युनिस्ट संगठन से पृथक कर दिया : 1. रणधीरदास गुप्ता, 2. राखाल मलिक, 3. गोपाल अजर्ची, 4. बंगेश्वर राय, 5. प्रवीण गोस्वामी, 6. सुशील चक्रवर्ती, 7. राजन चक्रवर्ती, 8. दिनेश दास, 9. मधुदत्ता।

बिहार के निम्न बंदियों को कमलनाथ तिवारी से विचार मतभेद के कारण पार्टी से पृथक कर दिया गया।

1. सूरजनाथ चौबे, 2. नानकू सिंह, 3. जोगेन्द्र शुक्ल, 4. महावीर मिश्र, 5. कनाई मिश्र, 6. श्यामाचरण बरतावर, 7. प्रेमप्रकाश, 8. गुलाबचन्द गुप्ता।

निम्न चिटागांग के बंदी कम्युनिस्ट दल में सम्मिलित हुए :

1. सरोजकान्ति गुहा, 2. कालीपद चक्रवर्ती, 3. लालमोहन सेन, 4. फकीरसेन, 5. रणधीर दास गुप्ता, 6. आनन्द गुप्ता।

गुरुमुख सिंह ने साधारण बंदी तारा सिंह को इस बात की प्रेरणा दी कि वह सिख सिपाहियों का जो मिलिटरी पुलिस में हैं, एक संगठन बनाएं। उसमें श्याम सिंह, राचन सिंह आदि को, जो कलकत्ता में गिरफ्तार किए जा चुके हैं, सदस्य बनाया था।

(7/482)

न्यू सोशलिस्ट ग्रुप : 1. भोला करमाकर, 2. परेश गुहा, 3. विजय चक्रवर्ती, 4. सुधीन राय, 5. राधावल्लभ गोपे, 6. प्राण कृष्ण चक्रवर्ती, 7. विभूति बैनर्जी, 8. सत्य घोष, 9. जितेन गुप्ता, 10. चिन्ताहरण दास, 11. ऊषारंजन डे, 12. प्रफुल्ल विश्वास, 13. प्रवत मित्रा, 14. कलाचन्द्र चक्रवर्ती व अन्य।

थर्ड इन्टरनेशनल ग्रुप द्वारा न्यू सोशलिस्ट विचारधारा का विरोध करने वाले निम्न सदस्य थे :

1. प्रवत चक्रवर्ती, 2. सत्येन्द्र मजूमदार, 3. सुरेन्द्रधर चौधरी, 4. हरीपद डे, 5. अनिल मुकर्जी, 6. अमूल्य सेन, 7. भगवान विश्वास, 8. प्रभाकर बिरोनी, 9. नरेन्द्र घोष, 10. द्विजेन्द्र तलपात्रा, 11. प्रमथ घोष व अन्य

(जी) जेल में सेलुलर जेल के 7 वार्ड हैं। इन वार्डों में से नं. 2, 3, 5 व 6 में राजनैतिक बंदी रखे जाते हैं और साधारण अपराध के बंदियों को वार्ड नं. 1, 4 व 7 में रखा जाता है।

(च) जेल से भागने का प्रयास

बंदी शान्तिसेन, मधुसूदन बैनर्जी, सुनातर राय जेल से निकल भागने की फिराक में हैं और इसके लिए उन्होंने 200 रुपये नकद, बिजली की टॉर्च जो इन्होंने जेल वार्डर के माध्यम से बाजार से क्रय की है, का प्रबंध किया था। इन बंदियों का ख्याल है कि दीवार सुविधा से फांदी जा सकती है और फिर हम जेल से बचकर निकल जाएंगे। ये महाराजा जहाज के अंडमान से रवाना होने वाले दिन से पूर्व वाले दिन जेल से निकलकर भागेंगे और उस जहाज पर पहुंचकर सारन की मार्फत वहां स्थान पा लेंगे। इसके लिए इन्होंने वार्डर के माध्यम से सारन से पहले बाचतीत कर ली थी।

महाराजा जहाज के अलावा एक और कार्गो बोट भी पोर्ट ब्लेयर से जाती है जो लकड़ी इत्यादि ले जाती है। जहाज पर आने–जाने वाले सेलुलर जेल से आसानी से दिखाई देते हैं। इन भागने वाले बंदियों की योजना थी कि अगर वह भागेंगे तो उस वक्त सेलुलर जेल से निकलेंगे जब बोट लंगर खोलकर जाने को तैयार होगी और उस समय सारन को रिश्वत देकर उसमें चढ़कर निकल जाएंगे।

(7/483)

(आई) भूख–हड़ताल

सेलुलर जेल में बंद राजनैतिक बंदी यहां से वापस भारत लौटने के लिए बहुत उत्सुक हैं। क्योंकि उन्हें आशा है कि भारत में प्रांतों में नवनिर्वाचित व गठित कांग्रेस मंत्रिमंडल उन्हें तुरन्त जेलों से रिहा कर देंगे।

जब सर यामीन खां यहां अंडमान में आए तो उन्होंने बंदियों से कहा कि आप में से अधिकतर तो बंगाल के बंदी हैं। आप में से 30 बंगालियों को पहले जाना चाहिए और अगर बंगाल सहमत हो जाए तो बाकी प्रान्तों वाले भी चले जाएं। इसलिए सभी बंदी भारत जाने के लिए बहुत उत्सुक हैं और सरकार पर भारी दबाव डालने के लिए उन्होंने भूख–हड़ताल शुरू कर दी है।

अंडमान में आगमन

18 अगस्त, 1932 को 24 आतंकवादियों का पहला जत्था अंडमान जेल पहुंचा था और इस समय यह संख्या 300 हो गई है। दिसम्बर, 1932 में भी भूख–हड़ताल का दबाव डाला गया।

जनवरी, 1933 में 'बी' क्लास के 7 कैदी भूख–हड़ताल में सम्मिलित हुए थे जिन्हें तुरन्त 'सी' क्लास में तब्दील कर दिया गया था और भूख–हड़ताल समाप्त करने के बाद फिर वापस 'बी' क्लास का व्यवहार उन्हें दे दिया गया।

3 भूख–हड़तालियों की जेल में मृत्यु

मई, 1933 में 'सी' क्लास के 29 बंदियों ने भूख–हड़ताल शुरू की। उनके साथ कुछ 'बी' क्लास श्रेणी के बंदी भी भूख–हड़ताल में शामिल हो गए। ये भूख–हड़ताल लगभग 6 सप्ताह चली। 58 बंदियों ने भूख–हड़ताल में भाग लिया। 20 अन्य खाना खाते रहे परन्तु उन्होंने काम करने से इंकार कर दिया। इस भूख–हड़ताल में तीन बंदियों की मृत्यु हो गई। इनमें से दो की मृत्यु निमोनिया के कारण हुई। इन शहीदों में महावीर सिंह, मोहित मित्रा व मोहन किशोर थे।

राचन सिंह व श्याम नामक दो मिलिटरी पुलिस सिपाहियों को, जो पोर्ट ब्लेयर में तैनात थे, कलकत्ता पुलिस ने गिरफ्तार कर लिया जब वे अवकाश पर कलकत्ता गए थे और इन्होंने एक कोरी कापी मोहम्मद ईस्माईल को ले जाकर दे दी। इस कोरी कापी में अपारदर्शी स्याही से गोपनीय संदेश लिखे हुए थे। यह कापी एक भूतपूर्व सिपाही ठाकुर सिंह ने इन्हें अंडमान में दी थी। ठाकुर सिंह को फौज से भाग जाने के आरोप में कोर्ट मार्शल द्वारा सजा हुई थी जिसे

वह अंडमान जेल में काट रहा है। ठाकुर सिंह के विरुद्ध राईफल चोरी करने का व हत्या का प्रयास करने का आरोप भी था। ठाकुर सिंह का सम्पर्क अंडमान जेल में दो अन्य कैदियों से था। एक था नं. 7879 तारा सिंह जो क्रांतिकारी बंदियों का खाना बनाता था व अंग्रेजी में बहुत अच्छी बातचीत करता था। शंघाई में उसका जन्म एक चीनी महिला के उदर से हुआ था। इस तारा सिंह के हाथ पर दरांती व हथौड़े का चिह्न गुदा हुआ है और दूसरा तारा सिंह नं. 7625 बर्मा मिलिटरी पुलिस का भूतपूर्व सिपाही है और यह पोर्ट ब्लेयर में डिप्टी कमिश्नर के ऑफिस में क्लर्क का काम करता है। यह तारा सिंह भी कम्युनिस्ट विचारधारा का है। दोनों को शंघाई में एक साथ सजाएं हुई थीं। इन तीनों कैदियों को अंडमान से वापस भारतीय जेलों में भेज दिया गया है। काकोरी केस के अभियुक्त रामशरण दुब्लिश व झांसी कमिश्नर पर घातक आक्रमण करने वाले लक्ष्मीकान्त शुक्ला भी डिप्टी कमिश्नर के ऑफिस में क्लर्क के काम पर तैनात थे और ये दोनों तलबदार कैदी थे मिस्टर कोसगेन ने इनके वहां कार्य करने पर ऐतराज किया था और इसलिए इन दोनों को कम महत्व वाले काम पर लगा दिया गया था।

चिटागांग युगान्तर के 6 बंदी आनन्द गुप्ता, लाल मोहन सेन, रणधीर दास गुप्ता, फकीर सेन व दो अन्य पार्टी से पृथक हो गए हैं और वे किसी नई विचारधारा की खोज में हैं। चांदपुर मर्डर केस के अभियुक्त कालीपद चैटर्जी ने चिटागांग युगान्तर पार्टी को छोड़ दिया है और कम्युनिस्ट संगठन में सम्मिलित हो गए हैं।

—होम 1937 जेल्स के. डब्ल्यू. नं. 5/9ए/37 जेल्स (7/477 से 484 तक)

अंडमान जेल का समापन

18 जनवरी, 1938 को राजनैतिक बंदियों के लिए अंडमान जेल का समापन हो गया। 30 जून, 1937 को अंडमान में राजनैतिक बंदियों की संख्या 300 थी व 31 दिसम्बर, 1937 को ये संख्या 109 रह गई थी।

सरकार ने आदेश दिया है कि 18 जनवरी, 1938 के बाद राजनैतिक बंदियों के अंडमान जेल में रह जाने की कोई सम्भावना नहीं होगी इसलिए बंदियों के सम्बंध में जो वार्षिक/अर्द्धवार्षिक रिपोर्ट भेजने की प्रथा थी, उसे बंद कर दिया गया।

—होम 1938 जेल्स 5/1/38 जेल्स (7/663)

अंडमान के राजनैतिक बंदी एक नजर में

14.12.1915 को सुपरिंटेंडेंट पोर्ट ब्लेयर, लेफ्टिनेंट कर्नल डगलस ने अधिकारियों को लिखा कि लाहौर षड्यंत्र के एक अभियुक्त ने जेल के ओवरसीयर को पीटा है, इसलिए अब इस अभियुक्त को बेंतों की सजा दी जाएगी। इस अभियुक्त की प्रमुख शिकायत है कि उसे फांसी पर क्यों नहीं लटकाया गया। उसने तो स्थानीय गवर्नमेंट से कोई अपील भी नहीं की थी और वह आजीवन कारावास की कैद काटने की बजाय फांसी की सजा चाहता था। इस प्रकार की धमकी और आंदोलन से तमाम पोर्ट ब्लेयर के निवासी एवं बंदी काफी प्रभावित हुए हैं। सुपरिंटेंडेंट जेल ने लिखा है कि इस प्रकार के आतंकवादियों को रखने के लिए पोर्ट ब्लेयर जेल में पर्याप्त कोठरियां नहीं हैं और जेल इस वक्त इन आतंकवादियों से पूरी तरह से भरी हुई है। अधिकारियों को बंदियों को भेजने से पूर्व जेल की तमाम परिस्थिति का ख्याल रखना आवश्यक है। इस रिपोर्ट के साथ 22.11.1915 को जेल में जो राजनैतिक बंदी थे उनकी सूची दी गई जो इस प्रकार है :

22.11.1915 को अंडमान जेल के राजनैतिक बंदी

बंदी नं.	अभियुक्त का नाम	सजा की तारीख	सजावधि	धारा भा. दं. सं.	षड्यंत्र केस नाम
31549	वरीन्द्र कुमार घोष	15.12.1919	आजीवन	121ए	अलीपुर बम केस।
31555	हेमचन्द्र दास	15.12.1909	आजीवन	121ए	अलीपुर बम केस।
31596	उपेन्द्रनाथ बैनर्जी	15.12.1909	आजीवन	121ए	अलीपुर बम केस।
31911	गणेश दामोदर सावरकर	1.6.1910	आजीवन	124, 121	नासिक षड्यंत्र।
32556	वामन	7.4.1911	आजीवन	302, 109	नासिक षड्यंत्र।
32778	विनायक दामोदर सावरकर	30.6.1911	आजीवन		नासिक षड्यंत्र।
34100	सुरेशचन्द्र गुप्ता	7.8.1912		396	ढाका अनुशीलन सोसाइटी—राजेन्द्रपुर ट्रेन डकैती।
34101	पुलिनबिहारी दास	7.8.1912	7 वर्ष कैद	121	ढाका अनुशीलन सोसाइटी।
37459	अमृतलाल हाजरा	31.3.1915	15 वर्ष कैद	120	बंगाल अनार्किस्ट बम—निर्माण केस।
38075	गोपेन्द्र लाल राय	17.9.1915	8 वर्ष कैद	397, 120बी.	ईस्टर्न बंगाल पोलिटिकल डकैती।
38076	आशुतोष लहरी	17.9.1915	10 वर्ष	307, 120बी. 149, 402	ईस्टर्न बंगाल डकैती।
38077	क्षितिजचन्द्र सान्याल	17.9.1915	10 वर्ष	307, 120बी. 149, 402	ईस्टर्न बंगाल डकैती।
38078	फनीन्द्रभूषन राय	17.9.1915	10 वर्ष कैद	307,120बी, 149, 402	ईस्टर्न बंगाल डकैती।
38177	बिशन सिंह *आत्मज* रामसिंह	29.10.1915 अंडमान जेल आए	10 वर्ष कैद	डगसई कोर्ट मार्शल	23 वीं कैवलरी सैनिक षड्यंत्र।

22.11.1915 को अंडमान जेल के राजनैतिक बंदी

बंदी नं.	अभियुक्त का नाम	सजा की तारीख	सजावधि	धारा भा. दं. सं.	षड्यंत्र केस नाम
38178	चानन सिंह *आत्मज* नत्था सिंह	29.10.1915	आजीवन	डगसई कोर्ट मार्शल	23 वीं कैवलरी सैनिक षड्यंत्र।
38179	केसर सिंह *आत्मज* भगत सिंह	29.10.1915	आजीवन	डगसई कोर्ट मार्शल	23 वीं कैवलरी सैनिक षड्यंत्र।
38180	नन्द सिंह *आत्मज* पंजा सिंह	29.10.1915	आजीवन	डगसई कोर्ट मार्शल	23 वीं कैवलरी सैनिक षड्यंत्र।
38181	नत्था सिंह *आत्मज* सदा सिंह	29.10.1915	आजीवन	डगसई कोर्ट मार्शल	23 वीं कैवलरी सैनिक षड्यंत्र।
38182	बिशन सिंह *आत्मज* जीवन सिंह	29.10.1915	आजीवन	डगसई कोर्ट मार्शल	23 वीं कैवलरी सैनिक षड्यंत्र।
38183	मंगलसिंह *आत्मज* सदमुख सिंह	29.10.1915	आजीवन	121, 121ए, 131,	लाहौर षड्यंत्र केस।
		अंडमान जेल पहुंचे			
38184	उधम सिंह	29.10.1915	आजीवन	121, 121ए, 131	लाहौर षड्यंत्र केस।
38185	बिशन सिंह *आत्मज* केसर सिंह	29.10.1915	आजीवन	121, 121ए, 131	लाहौर षड्यंत्र केस।
38238	आर्तिया मांज़ी	29.10.1915	आजीवन	121, 120बी, 302, 121ए, 122	उड़ीसा षड्यंत्र।
38239	छुटा	29.10.1915	आजीवन	121, 120बी, 302, 121ए, 122	उड़ीसा षड्यंत्र।

—होम 1917 पोल. ए. जुलाई 462–479 (4/301–302)

1916 : राजद्रोह के बंदी

राजद्रोह के निम्न बंदी 10.3.1916 को अंडमान जेल में थे। इससे पूर्व की रिपोर्ट है कि 1 जनवरी, 1916 को राजद्रोह के तीन बंदी दिल्ली जेल में थे और उनके 29.3.1916 को वहां से निर्वासित कर देने के बाद की निम्न रिपोर्ट है—

बंदी नं.	बंदी का नाम	सजा	धारा भा. दं. सं.	षड्यंत्र का नाम
38365	बसावा सिंह	आजीवन	121, 121ए, 124ए, 396, 109	लाहौर षड्यंत्र।
38366	हरनाम सिंह	आजीवन	121, 121ए, 124ए, 396, 109, 131	लाहौर षड्यंत्र।
38367	सोहन सिंह	आजीवन	121, 121ए, 124ए, 396, 109, 131	लाहौर षड्यंत्र।
38368	सावन सिंह	आजीवन	121, 121ए, 124ए, 396, 109, 131	लाहौर षड्यंत्र।
38369	रूलिया सिंह	आजीवन	121, 121ए, 124ए, 396, 109, 131	लाहौर षड्यंत्र।
38370	रामशरन दास	आजीवन	121, 121ए	लाहौर षड्यंत्र।
38371	पृथी सिंह	आजीवन	121, 121ए, 124ए, 307	लाहौर षड्यंत्र।
38372	परमानन्द (झांसी वाले)	आजीवन	121, 121ए, 124ए, 307	लाहौर षड्यंत्र।
38373	भाई परमानन्द	आजीवन	121, 121ए, 124ए, 307	लाहौर षड्यंत्र।
38374	निधान सिंह	आजीवन	121, 121ए, 131, 395, 326	लाहौर षड्यंत्र।
38375	नन्द सिंह	आजीवन	121, 121ए, 131, 395, 326	लाहौर षड्यंत्र।
38376	केशर सिंह *आत्मज* भूप सिंह	आजीवन	121, 121ए, 131,	लाहौर षड्यंत्र।
38377	खुशहाल सिंह	आजीवन	121, 121ए, 396	लाहौर षड्यंत्र।
38378	हृदयराम	आजीवन	121, 121ए, 122, 131, 395, 397, 398, 302, 109	लाहौर षड्यंत्र।
38379	कृपाल सिंह	10 वर्ष	121, 121ए, 124ए, 109, 395,	लाहौर षड्यंत्र।
38380	जगतराम	आजीवन	121, 121ए, 131, 122, 124ए,	लाहौर षड्यंत्र।
38502	गुरुदत्त सिंह	10 वर्ष	121, 121ए,	लाहौर षड्यंत्र।
38503	लाल सिंह	आजीवन	121, 121ए,	लाहौर षड्यंत्र।
38504	गुरुमुख सिंह	आजीवन	121, 121ए, 131, 395	लाहौर षड्यंत्र।
38505	शिव सिंह	10 वर्ष	121, 121बी	लाहौर षड्यंत्र।
38506	इन्द्र सिंह	आजीवन	121, 121ए, 124	लाहौर षड्यंत्र।
38507	इन्द्र सिंह	10 वर्ष कैद	121, 121ए, 124,	लाहौर षड्यंत्र।
38508	हजारा सिंह	आजीवन	121ए, 121, 122	लाहौर षड्यंत्र।
38509	शेर सिंह	आजीवन	121, 121ए, 124ए	लाहौर षड्यंत्र।

बंदी नं.	बंदी का नाम	सजा	धारा भा. दं. सं.	षड्यंत्र का नाम
38510	ज्वंद सिंह	10 वर्ष	121, 121ए	लाहौर षड्यंत्र।
38511	भान सिंह *आत्मज* सावन सिंह	10 वर्ष	121, 121ए	लाहौर षड्यंत्र।
38512	काला सिंह *आत्मज* घसीटा सिंह	10 वर्ष	121, 121ए	लाहौर षड्यंत्र।
38513	बिशन सिंह *आत्मज* जीवन सिंह	10 वर्ष	121, 121ए	लाहौर षड्यंत्र।
38514	रूढ़ सिंह	आजीवन	121, 131	लाहौर षड्यंत्र।
38515	केहर सिंह *आत्मज* मान सिंह	आजीवन	121, 121ए, 122	लाहौर षड्यंत्र।
38516	वसाखा सिंह	आजीवन	121, 121ए, 122	लाहौर षड्यंत्र।
38517	मदन सिंह	आजीवन	121, 121ए,	लाहौर षड्यंत्र।
38518	प्यारा सिंह	आजीवन	121, 121ए, 396	लाहौर षड्यंत्र।
38519	इन्द्र सिंह	10 वर्ष	121, 121ए	लाहौर षड्यंत्र।
38520	ज्वाला सिंह	आजीवन	121, 121ए, 124ए, 131	लाहौर षड्यंत्र।
38521	रोड्डा सिंह	आजीवन	121, 121ए	लाहौर षड्यंत्र।
38733	निखिल रंजन गुहा राय	आजीवन	396 स्पेशल ट्रिब्यूनल ने डकैती में सजा दी।	
38734	जतिन्द्र मोहन	आजीवन	396 स्पेशल ट्रिब्यूनल ने डकैती में सजा दी।	
38735	सचिन्द्र दत्त उर्फ हेमचन्द्र सरकार	आजीवन	396 स्पेशल ट्रिब्यूनल ने डकैती में सजा दी।	
38736	भूपेन्द्र किशोर घोष	आजीवन	396 स्पेशल ट्रिब्यूनल ने डकैती में सजा दी।	
38737	सुरेन्द्रनाथ विश्वास	आजीवन	396 स्पेशल ट्रिब्यूनल ने डकैती में सजा दी।	
38738	नरेन्द्र मोहन घोष	आजीवन	396 स्पेशल ट्रिब्यूनल ने डकैती में सजा दी।	
38739	हरेन्द्र कुमार भट्टाचार्य	10 वर्ष	396 स्पेशल ट्रिब्यूनल ने डकैती में सजा दी।	
38740	सनाकुल चैटर्जी	आजीवन	396 स्पेशल ट्रिब्यूनल ने डकैती में सजा दी।	
38741	सत्यरंजन बसु उर्फ शैलेषचंद्र घोष	आजीवन	396 स्पेशल ट्रिब्यूनल ने डकैती में सजा दी।	
38754	ज्योतिषचन्द्र पाल	आजीवन	302	सेडीशियस कैदी हैं।
38755	चरित्र नायक	आजीवन	121, 302	दासपल्ला रियासत।
38756*	कन्डुपान	आजीवन	121, 302	दासपल्ला रियासत।
38757	महादेव पधान	आजीवन	121, 302, 109	दासपल्ला रियासत।
38758*	भगवतिया बेहरा	आजीवन	121, 302, 109	दासपल्ला रियासत।
38825	चूहड़ सिंह	आजीवन	121, 122, 395, 397	लाहौर षड्यंत्र।

* चिह्न से अंकित अंडमान जेल से रिहा किए जा चुके हैं।

–होम 1917 पोल. ए. जुलाई नं. 462–469 (4/301 से 304 तक)

1919 : पंजाब मार्शल लॉ के बंदी

अंडमान जेल का बंदी नं.	बंदी का नाम	तारीख	धाराएं भा. दं. सं.	सजा	केस का नाम
43338	सुन्दर सिंह *आत्मज* काला सिंह	31.5.1919	121, 307, 149, 307, 189	आजीवन कैद	अमृतसर रायट–मिस शेरवुड केस।
43339	मेहरदीन *आत्मज* मन्टू	2.6.1919	121	आजीवन कैद	अमृतसर नेशनल बैंक मर्डर केस।
43340	जलालदीन *आत्मज* सावन लुहार	4.6.1919	121	आजीवन कैद	अलायंस बैंक रायट।
43543	विलायती *आत्मज* दौलतराम	31.5.1919	121, 147, 307, 149	आजीवन कैद	अमृतसर रायट–मिस शेरवुड केस।
43544	कर्मचन्द *आत्मज* फकीर चन्द	2.6.1919	121	आजीवन कैद	अमृतसर नेशनल बैंक मर्डर केस।
43630	रतनचन्द उर्फ रत्तो महाशय *आत्मज* सीताराम	2.6.1919	121	आजीवन कैद	अमृतसर नेशनल बैंक मर्डर केस।
43631	बुग्गा *आत्मज* पेड़ामल	2.6.1919	121	आजीवन कैद	अमृतसर नेशनल बैंक मर्डर केस।
43632	मनोहर सिंह *आत्मज* लहना सिंह	2.6.1919	121	आजीवन कैद	अमृतसर नेशनल बैंक मर्डर केस।
43633	राजाराम *आत्मज* गंगाराम	17.6.1919	121	आजीवन कैद	मलकवाल रायट (गुजरात जिला)।
43634	जयराम सिंह *आत्मज* आत्मा सिंह	18.6.1919	121	आजीवन कैद	अमृतसर नेशनल बैंक मर्डर केस।
43843	अल्लाहदीन *आत्मज* दसौन्धी	28.5.1919	121	आजीवन कैद	कसूर रायट केस।
43844	मोहम्मदी *आत्मज* अजीज	2.6.1919	121	आजीवन कैद	अमृतसर नेशनल बैंक मर्डर केस।
43845	सादिक *आत्मज* इब्राहिम	4.6.1919	121	आजीवन कैद	अमृतसर अलायंस बैंक मर्डर केस।

1919 : पंजाब मार्शल लॉ के बंदी

अंडमान जेल का बंदी नं.	बंदी का नाम	तारीख	धाराएं भा. दं. सं.	सजा	केस का नाम
44200	नादिर अली शाह *आत्मज* कायमअली शाह	28.5.1919	121	आजीवन कैद	कसूर–रायट केस।
44201	गिरधारीलाल *आत्मज* वलीराम	30.5.1919	121	आजीवन कैद	गुजरांवाला रायट केस।
44202	हरनाम सिंह *आत्मज* काला सिंह	2.6.1919	121	आजीवन कैद	अमृतसर रायट, नेशनल बैंक मर्डर केस।
44203	दीना *आत्मज* वजीरा कस्साब	4.6.1919	121	आजीवन कैद	अमृतसर अलॉयंस बैंक केस।
44327	सांधी *आत्मज* हुसैन बक्श	4.6.1919	121	आजीवन कैद	अमृतसर अलॉयंस बैंक केस।
44328	हरनामसिंह *आत्मज* दसौंधा सिंह	26.5.1919	307, 121	आजीवन कैद	बर्मा षड्यंत्र केस।

–होम 1922 पोल. नं. 69 पार्ट नं. 4 सीरियल नं. 1 (5/240) डब्ल्यू.,

–होम 1922 पोल. नं.69 पार्ट नं. 4 सीरियल नं. 1–34 व के. डब्ल्यू. (5/238–239 से 241 तक) (3/223–224)।

पंजाब मार्शल लॉ के उक्त बंदी जब अंडमान जेल में पहुंचे तो सेलुलर जेल में इनमें से कुछ बंदियों को कोल्हू चलाने की मशक्कत पर नियुक्त कर दिया गया। बंदियों ने तुरन्त कहा कि हम सत्याग्रह आंदोलन के हैं, यह मशक्कत नहीं करेंगे। इसपर उन बंदियों के दोनों हाथ–पैर बांधकर मुर्गे की तरह कोल्हू के डंडे पर बांध दिया गया और अन्य बंदियों को डंडे को चलाते रहने का आदेश दे दिया गया जिसके कारण मार्शल लॉ के इन बंदियों की कमर छिलती चली गई (रगड़ खाकर)। इस क्रूर अत्याचार को देखकर इन बंदियों ने काफी शोर मचाया तब उन्हें जेल कोठरी भेजा गया।

23.12.1919 की बंदी सूची

क्रम सं.	अभियुक्त का नाम	केस और धारा	सजा व तिथि	रिहाई तिथि तथा विशेष टिप्पणी
1.	किशोरीलाल वैश्य	मैनपुरी षड्यंत्र	1.7.1919 को 3 वर्ष कैद।	5.2.1920, आम माफी में रिहा किया गया।
2.	गोपीनाथ ब्राह्मन	मैनपुरी षड्यंत्र धारा 121, दंड संहिता	1.7.1919 को 5 वर्ष कैद।	5.2.1920, आम माफी में रिहा किया गया।
3.	सिद्धगोपाल ब्राह्मन	मैनपुरी षड्यंत्र धारा 121, दंड संहिता	1.7.1919 को 5 वर्ष कैद।	5.2.1920
4.	चन्द्राधर कायस्थ	मैनपुरी षड्यंत्र धारा 121, दंड संहिता	1.7.1919 को 5 वर्ष कैद।	5.2.1920
5.	प्रभाकर ब्राह्मन	मैनपुरी षड्यंत्र धारा 121, दंड संहिता	1.7.1919 को 5 वर्ष कैद।	5.2.1920
6.	दम्मीलाल ब्राह्मन	मैनपुरी षड्यंत्र धारा 121, दंड संहिता	1.7.1919 को 7 वर्ष कैद।	5.2.1920
7.	मुकंदलाल बनिया	मैनपुरी षड्यंत्र धारा 121, दंड संहिता	1.7.1919 को 3 वर्ष कैद।	रिहा नहीं किया गया।
8.	राजाराम ब्राह्मन	मैनपुरी षड्यंत्र धारा 121, दंड संहिता।	3 वर्ष कैद	आम रिहाइयों में रिहा।
9.	श्यौचरनलाल ब्राह्मन	मैनपुरी षड्यंत्र धारा 121, दंड संहिता।	5 वर्ष कैद	आम रिहाइयों में रिहा।
10.	फतेह सिंह ठाकुर	मैनपुरी षड्यंत्र धारा 121, दंड संहिता।	5 वर्ष कैद	आम रिहाइयों में रिहा।
11.	नरेन्द्रनाथ बैनर्जी	बनारस षड्यंत्र केस धारा 121ए., धारा 122	22.5.1918 को 7 वर्ष कैद।	—
12.	दामोदर स्वरूप उर्फ मास्टरजी।	बनारस षड्यंत्र केस धारा 121ए., 122ए. व धारा 511.	14.2.1916 को 7+5 वर्ष कैद।	सजाएंसाथ–साथ चलेंगी 2.1.1920 को रिहा।
13.	लक्ष्मीनारायन, निवासी दिल्ली।	बनारस षड्यंत्र केस में उपरोक्त धाराओं में	14.2.1916 को 5 वर्ष कैद।	2.1.1920 को रिहा।

14.	सचिन्द्रनाथ सांयाल	उपरोक्त धारा व केस	आजीवन कारावास तथा सम्पत्ति जब्ती।	2.1.1920 को रिहा हुए।
15.	प्रियनाथ बैनर्जी	उपरोक्त धारा व केस	6 वर्ष कैद तथा सम्पत्ति जब्ती।	2.1.1920 को रिहा हुए।
16.	कपूर सिंह	1916 में 121, 121ए में	आजीवन कैद	बर्मा केस।
17.	हरदित्त सिंह	1916 में 121, 121ए में	आजीवन कैद	बर्मा केस।
18.	कृपाराम	1916 में 121, 121ए के अंतर्गत।	आजीवन कैद	बर्मा केस।
19.	अमर सिंह	1917 में 121, 121ए के अंतर्गत।	आजीवन कैद	बर्मा केस।
20.	अली अहमद सादिक	1917 में 121ए में	आजीवन कैद	बर्मा केस।
21.	मोहम्मद मुजतबा वगैरह	1917 में 121ए में	आजीवन कैद	बर्मा केस।

—होम 1920 पोल. ए. नवम्बर 1920 नं. 318–326 व के. डब्ल्यू. (4/213 व 215)

18.8.1932 से 25.5.1933 तक अंडमान भेजे गए बंदी

पार्लियामेंट के प्रश्न के उत्तर में सरकार ने बताया कि गवर्नर जनरल कौंसिल के आदेश से निम्न बंदियों को 1932 से 25.5.1933 तक अंडमान जेल भेजा गया।

क्रम सं.	बंदी का नाम	पी. आई. नं.	आयु	सजा की अवधि	सजा का कारण
1.	आनन्द प्रसाद गुप्ता	63	17	आजीवन कैद	चिटागांग आर्मरी।
2.	साही रामदास	1	17	आजीवन कैद	चिटागांग आर्मरी।
3.	फकीरचन्द सेन	21	15	आजीवन कैद	चिटागांग आर्मरी।
4.	सुरेशचन्द्र दास	13	25	आजीवन कैद	चिटागांग आर्मरी।
5.	हरीपद भट्टाचार्य	12	16	आजीवन कैद	पुलिस इन्स्पेक्टर की हत्या।
	(4.1.1932 को सजा हुई थी और 16.8.1932 को अंडमान जेल में पहुंचे)				
6.	लोकनाथ बाल	18	23	आजीवन कैद	चिटागांग आर्मरी।
7.	सुशील कुमार दास गुप्ता	8	23	7 वर्ष कैद।	
8.	कालीपद चक्रवर्ती	11	21	आजीवन कैद	चन्द्रनगर इन्स्पेक्टर हत्या केस।
9.	रमेशचन्द्र चैटर्जी	15	19	आजीवन कैद	
10.	अनन्त लाल सिंह	24	25	आजीवन कैद	चिटागांग आर्मरी।
11.	रणधीर दास गुप्ता	22	20	आजीवन कैद	चिटागांग आर्मरी।
12.	सुबोध कुमार चौधरी	19	21	आजीवन कैद	चिटागांग आर्मरी।
13.	गणेशचन्द्र घोष	23	26	आजीवन कैद	चिटागांग आर्मरी।
14.	वीरेन्द्रनाथ राय	कैदी नं. 4352	22	3 वर्ष कैद	बीमारी के कारण 7.12.1932 को वापस भारत भेजा।

क्रम सं.	बंदी का नाम	पी. आई. नं.	आयु	सजा की अवधि	सजा का कारण
15.	प्रबीर कुमार गोस्वामी	10	22	16 वर्ष कैद	—
16.	मनोरंजन गुहा ठाकुर्टा	6	24	5 वर्ष कैद	—
17.	विमल कुमार दास गुप्ता	9	19	10 वर्ष कैद	—
18.	प्रबोधचन्द्र/कुमार राय	5	24	7 वर्ष कैद	—
19.	मुकुल रंजन सेन गुप्ता	7	22	7 वर्ष कैद	—
20.	सुखेन्दु विकास दस्तीदार	14	17	आजीवन कैद	चिटागांग आर्मरी।
21.	लाल मोहन सेन	17	20	आजीवन कैद	चिटागांग आर्मरी।
22.	सुरेन्द्र मोहन कार	79	30	आजीवन कैद	पागल होने पर 12.4.1936 को वापस भारत भेजा।
23.	सुबोधचन्द्र राय	20	21	आजीवन कैद	चिटागांग आर्मरी।
24.	फणीन्द्र दास नन्दी	16	22	आजीवन कैद	—
25.	निशीकान्त राय चौधरी	3	19	5 वर्ष कैद	—
26.	सत्येन्द्र कुमार बोस	64	22	5 वर्ष कैद	20.12.1933 को वापस भारत भेजा।
27.	कालीपद राय	26	22	5 वर्ष कैद	—
28.	धीरेन्द्रनाथ चौधरी	47	24	5 वर्ष कैद	—
29.	भूपेशचन्द्र गुहा	27	21	5 वर्ष कैद	—
30.	बिमलेन्दु चक्रवर्ती	34	18	7 वर्ष कैद	3.5.1934 को पागल होने के कारण भारत वापस भेजा।
31.	बारिन्द्र कुमार घोष	32	19	आजीवन कैद	
32.	मुकुलचन्द्र राय	6	20	5 वर्ष कैद	
33.	सिराजुलहक उर्फ सरोज कुमार घोष	40	27	5 वर्ष कैद	
34.	क्षितिजचन्द्र चौधरी	43	31	5 वर्ष कैद	
35.	जोगेन्द्रनाथ गुहा	8	23	5 वर्ष कैद	
36.	कौमुदी कान्त भट्टाचार्य	33	18	6 वर्ष कैद	
37.	केशव लाल चैटर्जी	31	24	6 वर्ष कैद	
38.	सुधीरचन्द्र भट्टाचार्य	37	22	6 वर्ष कैद	
39.	प्रफुल्ल कुमार मजूमदार	38	25	7 वर्ष कैद	
40.	देवेन्द्रचन्द्र ताल्लुकदार	44	27	7 वर्ष कैद	
41.	मनमथनाथ दत्ता	45	29	7 वर्ष कैद	
42.	धीरेन्द्रचन्द्र चक्रवर्ती	32	27	7 वर्ष कैद	
43.	बागेश्वर राय	46	19	10 वर्ष कैद	

क्रम सं.	बंदी का नाम	पी. आई. नं.	आयु	सजा की अवधि	सजा का कारण
44.	जगतबंधु राय	39	26	5 वर्ष कैद	2.4.1935 को वापस भारत आए।
45.	ललितचन्द्र राहा	48	22	5 वर्ष कैद	
46.	हेमेन्द्र चन्द्र चक्रवर्ती	51	24	7 वर्ष कैद	
47.	गोपालचन्द्र अचर्जी	50	22	7 वर्ष कैद	
48.	सुधेन्दुचन्द्र डाम	49	26	7 वर्ष कैद	
49.	अमलेन्दु बागची	36	24	7 वर्ष कैद	
50.	पूर्णचन्द्र गोस्वामी	52	28	6 वर्ष कैद	
51.	दिनेशचन्द्र धर	53	30	5 वर्ष कैद	
52.	संतोष दत्त	42	22	7 वर्ष कैद	
53.	सुबाल चन्द्र राय करमाकर	29	21	7 वर्ष कैद	
54.	धरणीकान्त विश्वास	55	24	6 वर्ष कैद	
55.	राम्रेन्द्र नारायण विश्वास	—	20	7 वर्ष कैद	
56.	हृदयरंजन दास	56	25	5 वर्ष कैद	
57.	हीरा मोहन चैटर्जी	54	16	7 वर्ष कैद	हत्या के साथ डकैती। 11.8.1931 को सजा हुई और 21.12.1932 को अंडमान भेजे गए।
58.	सुधान्शु लाल	58	25	5 वर्ष कैद	
59.	अवनि रंजन घोष	59	28	5 वर्ष कैद	
60.	विनय कुमार बोस	57	21	10 वर्ष कैद	
61.	सुनिर्मल सेन	60	26	5 वर्ष कैद	
62.	अनन्त कुमार चक्रवर्ती	113	—	आजीवन कैद	अलीपुर जेल मर्डर केस तथा दक्षिणेश्वर बम केस।
63.	धुरूबेशचन्द्र चैटर्जी	112	—	आजीवन कैद	अलीपुर जेल मर्डर केस तथा दक्षिणेश्वर बम केस।
64.	रखालचन्द्र डे	109	—	आजीवन कैद	अलीपुर जेल मर्डर केस तथा दक्षिणेश्वर बम केस।
65.	निरंजन सेन गुप्ता	61		7 वर्ष कैद	मछुवा बाजार बम केस।
66.	नारायणचन्द्र रे	102		15 वर्ष कैद	डलहौजी स्क्वेयर बम केस।

क्रम सं.	बंदी का नाम	पी. आई. नं.	आयु	सजा की अवधि	सजा का कारण
67.	सतीशचन्द्र प्रकाशी	101		7 वर्ष कैद	मछुवा बाजार बम केस।
68.	भोपालचन्द्र बसु	99		15 वर्ष कैद	विलियर्स शूटिंग केस। 28.7.1937 को भारत वापस आए।
69.	बिजनकुमार सेन	83		7 वर्ष कैद	राजशाही मेल रॉबरी।
	ईस्ट पाकिस्तान बनने पर आप सब बंदियों की रिहाई की मांग कर रहे थे–पुलिस की गोली से मारे गए।				
70.	सुरेन्द्रचन्द्र अचर्जी	62	27	5 वर्ष कैद	
71.	उपेन्द्रनाथ शाह	94	24	7 वर्ष कैद	नेत्रकोना डकैती।
72.	मानकृष्ण नामदास	89	26	5 वर्ष कैद	
	26.5.1933 को अंडमान जेल में भूख–हड़ताल करते हुए शहीद हो गए।				
73.	अनुकूलचन्द्र चैटर्जी	78	23	10 वर्ष कैद	अंगारी मेल रॉबरी केस।
74.	रमणी रंजन गांगुली	90	18	6 वर्ष कैद	28.7.1937 को रिहा करने के लिए भारत वापस भेजा।
75.	नागेन्द्रचन्द्र देव	65	24	5 वर्ष कैद	19.5.1932 को धारा 307 में सजा हुई।
76.	कामिनीकुमार डे	66	45	5 वर्ष कैद	25.6.1932 को 19, 20 आर्म्स एक्ट में सजा।
77.	जोगेशचन्द्र चक्रवर्ती	74	20	5 वर्ष कैद	12.7.1932 को धारा 394 डकैती में सजा।
78.	मदनमोहन राय चौधरी	147	21	6 वर्ष कैद	28.7.1937 को भारत वापस भेजा। धारा 392 डकैती में सजा।
79.	जगनेश्वर दास	213	30	आजीवन कैद	12.7.1932 को अंगेरिया मेल रॉबरी में धारा 394–326 में सजा।
80.	सुधेन्द्र कुमार राय	75	24	5 वर्ष कैद	–
81.	कार्तिकचन्द्र दास/डे	76	24	5 वर्ष कैद	–
82.	मथुरानाथ दत्ता	80	32	5 वर्ष कैद	14.2.1932 को 19, 20 आर्म्स एक्ट, धारा 120बी/395 में सजा।

क्रम सं.	बंदी का नाम	पी. आई. नं.	आयु	सजा की अवधि	सजा का कारण
83.	मोहितमोहन मैत्रा	93	28	5 वर्ष कैद	28.5.1933 को भूख–हड़ताल करते हुए अंडमान जेल में शहीद।
84.	बंकिमचन्द्र चक्रवर्ती उर्फ प्रबोधचन्द्र चक्रवर्ती	97	19	5 वर्ष कैद	25.6.1932 को आर्म्स एक्ट में सजा हुई।
85.	ललितमोहन सिंह	84	35	6 वर्ष कैद	27.4.1932 को 19, 20 आर्म्स एक्ट में सजा हुई।
86.	ललितचन्द्र चक्रवर्ती	81	24	5 वर्ष कैद	31.5.1932 को धारा 120बी/395 में सजा हुई।
87.	सचिन्द्रचन्द्र होम	73	35	7 वर्ष कैद	30.11.1931 को आर्थ रॉबरी मेल केस।
88.	रविन्द्रचन्द्र न्योगी	77	23	7 वर्ष कैद	10.9.1931 को स्यालदा डकैती। 395/120बी में सजा हुई।
89.	नागेन्द्रचन्द्र मोदक	71	24	7 वर्ष कैद	6.7.1931 को स्यालदा डकैती में सजा। 28.7.1937 को वापस भारत भेजा।
90.	रामचन्द्रदास शाह	95	19	7 वर्ष कैद	15.5.1932 को धारा 396 में चार मुगारिया डकैती में सजा हुई।
91.	निखिलचन्द्र गुहा राय	72	38	आजीवन कारावास	2.7.1932 को जेल में बारूद इकट्ठा करने के आरोप में 6 वर्ष कैद, 16.2.1916 को 25 वर्ष आजीवन कैद डकैती के आरोप में 25+6=31 वर्ष कैद।
92.	रेवतीमोहन शाह	196	27	7 वर्ष कैद	5.2.1932 को कोमिला विस्फोटक कांड में सजा।
93.	परिमलचन्द्र घोष	82	22	5 वर्ष कैद	30.5.1932 को धारा 395 डकैती में सजा।

क्रम सं.	बंदी का नाम	पी. आई. नं.	आयु	सजा की अवधि	सजा का कारण
94.	बिधूभूषण सेन	87	23	5 वर्ष कैद	16.5.1932 को मैमनसिंह षड्यंत्र केस में सजा। 20.12.1933 को भारत वापस भेजा।
95.	अच्युत नाथ घाटक	85	22	5 वर्ष कैद	2.5.1932 को धारा 4 विस्फोटक एक्ट में सजा।
96.	जगतबंधु बसु	98	20	6 वर्ष कैद	अरानागापारा षड्यंत्र। 14.3.1932 को 19 आर्म्स एक्ट, 5 विस्फोटक एक्ट में सजा हुई।
97.	गोविन्दचन्द्र कार	108	23	6 वर्ष कैद	26.1.1933 को धारा 395/120बी में डकैती के आरोप में सजा हुई।
98.	अधीरचन्द्र सिंह	106	25	7 वर्ष कैद	31.5.1932 को सजा हुई।
99.	धरणीकान्त चक्रवर्ती	86	22	7 वर्ष कैद	14.3.1932 को धारा 5 विस्फोटक एक्ट में अरानागापारा षड्यंत्र केस में सजा।
100.	अमरेन्द्रनाथ मुकर्जी	117	28	5 वर्ष कैद।	—
101.	हरे कृष्ण कौर	96	18	6 वर्ष कैद	20.1.1933 को बर्द्धवान डकैती में सजा हुई।
102.	सुरेन्द्रनाथ दत्ता	103	27	14 वर्ष कैद	27.11.1930 को धारा 302, 19 आर्म्स एक्ट में अलीपुर केस में सजा।
103.	फणीभूषण दास गुप्ता	104	26	आजीवन कैद	8.12.1932 को हत्या और डकैती में सजा हुई। जेल से भागने पर 11.3.1933 को धारा 224 में 2 वर्ष कैद।

क्रम सं.	बंदी का नाम	पी. आई. नं.	आयु	सजा की अवधि	सजा का कारण
बिहार–उड़ीसा					
104.	केदारमणी शुक्ल	25	26	10 वर्ष कैद	5.10.1931 को मोतीहारी डकैती में धारा 396 में सजा हुई।
105.	जोगेन्द्र शुक्ला उर्फ सोहन सिंह।	35	33	22 वर्ष कैद	22.9.1930 को मोतीहारी षड्यंत्र केस में धारा 395–396 में सजा हुई।
106.	रामसिंह उर्फ श्यामदेव नारायण।	30	23	आजीवन कैद	18.4.1932 को पटना में धारा 121ए, 302व 120बी में सजा हुई।
107.	ईश्वर दयाल सिंह	—	26	7 वर्ष कैद	अभी तक भेजे नहीं गए।
108.	मोहित चन्द्र अधिकारी	110	40	आजीवन कैद	20.8.1932 को धारा 396 में बिहार षड्यंत्र में सजा हुई।
109.	रामप्रताप सिंह	111	32	आजीवन कैद	23.8.1932 को पटना षड्यंत्र केस में धारा 120बी/126/114 में पटना रेलवे ट्रेन को गिराने के केस में सजा।
पंजाब–दिल्ली					
110.	कुन्दन लाल उर्फ प्रताप	91	27	7 वर्ष कैद	10.10.1930 को लाहौर षड्यंत्र केस में सजा हुई।
111.	बटुकेश्वर दत्त/बी.के. दत्त	67	22	आजीवन कैद	16.6.1929 को दिल्ली एसेम्बली बम केस में सजा।
112.	कंवलनाथ तिवारी	69	22	आजीवन कैद	7.10.1930 को लाहौर षड्यंत्र केस में सजा हुई।

क्रम सं.	बंदी का नाम	पी. आई. नं.	आयु	सजा की अवधि	सजा का कारण
113.	गयाप्रसाद उर्फ डॉक्टर	70	26	आजीवन कैद	7.10.1930 को लाहौर षड्यंत्र केस में सजा हुई।
114.	महावीर सिंह	68	27	आजीवन कैद	7.10.1930 को लाहौर षड्यंत्र केस में सजा हुई। 17.5.1933 को भूख-हड़ताल करते हुए अंडमान जेल में शहीद हो गए।
115.	बिजय कुमार सिन्हा उर्फ बच्चू	116	23	आजीवन कैद	7.10.1930 को लाहौर षड्यंत्र केस में सजा हुई।
116.	शिव वर्मा	115	23	आजीवन कैद	7.10.1930 को लाहौर षड्यंत्र केस में सजा हुई।
117.	जयदेव कपूर उर्फ हरीशचन्द।	114	35	आजीवन कैद	7.10.1930 को लाहौर षड्यंत्र केस में सजा हुई।

उपरोक्त बंदियों का विवरण 25.5.1933 को तैयार किया गया। नं. 1, 2, 3, 5, 20 व 57—क्रम पर जो अभियुक्त हैं—वह 18 वर्ष से कम उम्र के हैं, नं. 1, 2, 3, व 20—क्रम वाले अभियुक्त चिटागांग आर्मरी रेड केस के हैं, नं. 5,—सन् 1931 में चिटागांग आर्मरी रेड केस की पैरवी करने वाले पुलिस इन्स्पेक्टर की अगस्त मास में हत्या की थी।

—होम 1933 जेल्स. 11/1/33 जेल. (7/579 से 583 तक)।

1937 : सामूहिक भूख–हड़तालों के मद्देनजर भारत सरकार द्वारा तैयार सूची

अंडमान जेल में मिलने वाले निम्न स्तर के व्यवहार के विरुद्ध व वापस भारत की जेलों में तब्दील करने की मांग को लेकर बहुत बड़ी संख्या में राजनीतिक बंदियों ने भूख–हड़ताल शुरू कर दी। उसके साथ–साथ भारत की कई जेलों में राजनैतिक बंदियों ने भूख–हड़ताल कर दी।

जेलों में इतनी बड़ी संख्या में भूख–हड़ताल का शायद यह पहला अवसर था। भारतीय प्रेसों व जनसभाओं द्वारा बंदियों की तुरंत रिहाई की मांग उठाई गई। अंडमान जेल से जब भूख–हड़तालियों की अवस्था के चिन्तनीय समाचार आने लगे तो फूलचन्द जैन, सेक्रेटरी दिल्ली कांग्रेस कमेटी, ने 3 सितम्बर, 1937 को एक तार दिल्ली के प्रमुख क्रांतिकारी बंदी धन्वंतरि को भेजा। भारत सरकार के गृहमंत्रालय को, जो उन दिनों शिमला में था—, लिखा कि इस संदेश को अंडमान पहुंचा दिया जाए। तार के पहुंचने पर 4 सितम्बर, 1937 को भारत सरकार के गृहमंत्रालय ने

वह तार अंडमान जेल में प्रमुख क्रांतिकारी धन्वंतरि को पहुंचा देने का आदेश दे दिया। तार में लिखा था कि आप लोगों की मांगों को नगरनागरिकों ने आगे बढ़ाने का कार्य प्रारम्भ कर दिया है आप तुरन्त भूख–हड़ताल छोड़ दें जिससे कार्य में सहायता मिलेगी और प्रगति भी मिलेगी। प्रेषक फूलचन्द जैन, सेक्रेटरी कांग्रेस दिल्ली।

इन आंदोलनों को देखते हुए भारत सरकार ने अंडमान जेल में बंद क्रांतिकारी बंदियों के सम्बन्ध में निम्न विवरण तुरंत संग्रहित करने का आदेश दिया। क्रम को निम्न प्रकार श्रेणीबद्ध करने का निर्णय हुआ।

ए = धारा 302, 396 भारतीय दंड संहिता।
बी = धारा 395, 397, 398, 399, 402 भारतीय दंड संहिता।
सी = धारा 307 घातक आक्रमण का प्रयास, भारतीय दंड संहिता।
डी = आर्म्स एक्ट व एक्सप्लोसिव सबस्टेंस एक्ट।
ई = 121 भारतीय दंड संहिता–राज्य के विरुद्ध विद्रोह।
एफ = धारा 394 व 392 भारतीय दंड संहिता।
एस.टी. = स्पेशल ट्रिब्यूनल
एस.जे. = स्पेशल जज
एस.जे. या सेश जज = सेशन जज
एस.एम. = स्पेशल मैजिस्ट्रेट
एच.सी. = हाई कोर्ट

अंडमान व डायरी

क्रम सं.	पी. आई. नं.	बंदी का नाम	सजा किन धाराओं में हुई	सजा किन अदालतों में हुई	सजा की तारीख
1.	–1.	शाहीरामदास	ए.	एस.टी. चिटागांग	1.3.1932
2.	–5.	प्रबोधकुमार राय	बी.	एस.टी. मैमनसिंह	10.9.1931
		रिहाई के 28.7.37 को बंगाल भेजा।			
3.	–9.	विमल कुमार दास गुप्ता	सी.	एस.टी. अलीपुर	12.11.1932
4.	–10.	प्रबीर कुमार गोस्वामी	बी.	एस.एम. किशोरगंज	9.1.1932
5.	–	कालीपद चक्रवर्ती	ए.	एस.टी. अलीपुर	24.1.1931
6.	–12.	हरीप्रसाद भट्टाचार्य	ए.	एस.टी. कलकत्ता	4.1.1932
7.	–13.	सुरेशचन्द्र दास	ए.	एस.टी. अलीपुर	25.12.1930
8.	–14.	सुखेन्दु विकास दस्तीदार	ए.	एस.टी. चिटागांग	1.3.1932
9.	–15.	रमेशचन्द्र चैटर्जी	ए.	एस.जे बरीसल	22.4.1929
10.	–17.	लाल मोहन सेन	ए.	एस.टी. चिटागांग	1.3.1932
11.	–18.	लोकनाथ बाउल	ए.	एस.टी. चिटागांग	1.3.1932
12.	–19.	सुबोध कुमार चौधरी	ए.	एस.टी. चिटागांग	1.3.1932
13.	–20.	सुबोधचन्द्र राय	ए.	एस.टी. चिटागांग	1.3.1932

क्रम सं.	पी. आई. नं.	बंदी का नाम	सजा किन धाराओं में हुई	सजा किन अदालतों में हुई	सजा की तारीख
14.	–21.	फकीरचन्द सेन	ए.	एस.टी. चिटागांग	1.3.1932
15.	–22.	रणधीर दास गुप्ता	ए.	एस.टी. चिटागांग	1.3.1932
16.	–23.	गणेश घोष	ए.	एस.टी. चिटागांग	1.3.1932
17.	–24.	अनन्त लाल सिंह	ए.	एस.टी. चिटागांग	1.3.1932
18.	–25.	केदारमणी शुक्ल	ए.	एस.जे. मुजफ्फपुर	5.10.1931
19.	–29.	सुबोलचन्द्र राय	ए.	एस.टी. फरीदपुर	1.5.1932
20.	–30.	शहनदो नारायण उर्फ राम सिंह	ए.	सेश.जज. पटना	18.4.1932
21.	–32.	धीरेन्द्रचन्द्र चक्रवर्ती	बी.	एस.एम. नेत्रकोना	31.5.1932
22.	–35.	जोगेन्द्र शुक्ल उर्फ सोहन सिंह	बी.	सेश.जज मोतिहारी	22.9.1930
23.	–36.	अमलेन्दु बागची	बी.	एस.टी. राजशाही	25.1.1932
24.	–42.	संतोष दत्त	ए.	एस.एम. नेत्रकोना	12.5.1932
25.	–44.	देवेन्द्रचन्द्र ताल्लुकदार	बी.	एस.एम. नेत्रकोना	31.5.1932
26.	–45.	मनमथनाथ दत्त	बी.	एस.एम. नेत्रकोना	31.5.1932
		रिहाई के लिए 28.7.1937 को बंगाल भेजा।			
27.	–46.	बंगेश्वर राय	बी.	एस.टी. ढाका	10.12.1931
28.	–49.	सुधेन्द्र उर्फ सुधेन्द्र चन्द्र ढाम	बी.	एस.टी. मैमनसिंह	10.9.1931
29.	–50.	गोपाल अजर्ची	बी.	सेश.जज. मैमनसिंह	30.11.1931
30.	–54.	हीरामोहन चैटर्जी	बी.	सेश.जज. बाकरगंज	11.8.1931
		रिहाई के लिए 28.7.1937 को बंगाल भेजा।			
31.	–57.	विनय कुमार बोस	–	एस.टी. ढाका	10.12.1931
32.	–63.	आनन्द प्रशाद गुप्ता	डी.	एस.टी. चिटागांग	1.3.1932
33.	–67.	बटुकेश्वर दत्त	सी.	सेश.जज. दिल्ली	16.6.1929
34.	–69.	कंवलनाथ त्रिवेदी	ई.	एस.टी. लाहौर	7.10.1930
35.	–70.	गया प्रसाद	ई.	एस.टी. लाहौर	7.10.1930
36.	–71.	नगेन्द्रचन्द्र मधोक	बी.	एस.टी. मैमनसिंह	6.7.1931
		रिहाई के लिए 28.7.37 को बंगाल भेजा।			
37.	–77.	रविन्द्रचन्द्र न्योगी	बी.	एस.टी. मैमनसिंह	10.9.1931
		रिहाई के लिए 28.7.37 को बंगाल भेजा।			
38.	–78.	अनुकूलचन्द्र चैटर्जी	एफ.	एस.टी. फरीदपुर	12.7.1932
39.	–83.	बिजन कुमार सेन	बी.	एस.टी. राजशाही	25.1.1932
40.	–90.	रमणी रंजन गांगुली	एफ.	एस.एम. फरीदपुर	11.7.1932
		रिहाई के लिए 28.7.1937 को बंगाल भेजा।			

क्रम सं.	पी. आई. नं.	बंदी का नाम	सजा किन धाराओं में हुई	सजा किन अदालतों में हुई	सजा की तारीख
41.	–94.	उपेन्द्रचन्द्र शाह	बी.	एस.एम. मैमनसिंह	31.5.1932
42.	–95.	रामचन्द्रदास शाह	ए.	एस.एम. फरीदपुर	12.5.1932
43.	–96.	हरे कृष्णा कौर	एफ.	एस.टी. बर्द्धवान	20.1.1933
44.	–97.	धरणीकान्त चक्रवर्ती	एफ.	स्पे.मैजि. मैमनसिंह	14.3.1932
45.	–99.	भूपचन्द्र बोस	डी.	एस.टी. अलीपुर	27.11.1930
		रिहाई के लिए 28.7.1937 को बंगाल भेजा।			
46.	–102.	नारायणचन्द्र राय	डी.	एस.टी. अलीपुर	27.11.1930
47.	–103.	सुरेन्द्रनाथ दत्त	ए.	एस.टी. अलीपुर	27.11.1930
48.	–104.	फणीभूषण दास गुप्ता	ए.	स्पे.जज बरीसल	8.12.1932
49.	–106.	अधीरचन्द्र सिंह उर्फ मधुसिंह	बी.	स्पे.मैजि. नेत्रकोना	31.5.1932
50.	–108.	गोविन्दचन्द्र कार उर्फ गोविन्द लाल कार	बी.	स्पे.मैजि. नेत्राकोना	26.1.1933
51.	–109.	रखालचन्द्र राय	ए.	एस.टी. अलीपुर	9.1.1926
52.	–111.	राम प्रताप सिंह		से.श. जज पटना	23.8.1932
53.	–113.	अनन्त कुमार चक्रवर्ती	ए.	एस.टी. अलीपुर	15.1.1926
54.	–114.	जयदेव उर्फ हरीशचन्द्र	ई.	एस.टी. लाहौर	7.10.1930
55.	–115.	श्योवर्मा उर्फ प्रभात उर्फ हर नारायण उर्फ रामनारायण उर्फ बच्चु	ई.	एस.टी. लाहौर	7.10.1930
56.	–116.	बिजय कुमार सिन्हा	ए.	एस.टी. लाहौर	7.10.1930
57.	–118.	प्रमोद रंजन बोस	ए.	एस.टी. अलीपुर	17.11.1932
58.	–119.	सुनील कुमार चैटर्जी	ए.	एस.टी. अलीपुर	17.11.1932
59.	–120.	गौड़ गोपाल दत्त	डी.	सेश. जज. राजशाही	15.12.1931
60.	–121.	अभय पद मुखर्जी	डी.	सेश. जज. राजशाही	15.12.1931
61.	–122.	रविन्द्रनाथ गुहा राय	बी.	एस.एम. फरीदपुर	23.12.1932
62.	–123.	शशी मोहन भट्टाचार्य	बी.	एस.एम. तंगैल	28.8.1932
		रिहाई के लिए 28.7.1937 को बंगाल भेजा।			
63.	–124.	भूपेश बैनर्जी	बी.	स्पे.जज. ढाका	30.11.1932
		रिहाई के लिए 28.7.1937 को चिकित्सा के आधार पर बंगाल भेजा।			
64.	–126.	बाबा रंजन पातीतुंडा उर्फ मोनथू पातीतुंडा	बी.	स्पे.जज. बरीसल	8.12.1932
65.	–127.	विनय भूषण डे राय	सी.	एस.टी. ढाका	18.11.1932
66.	–132.	हरीपद चौधरी	डी.	स्पे.जज. 24, परगना	24.11.1932

क्रम सं.	पी. आई. नं.	बंदी का नाम	सजा किन धाराओं में हुई	सजा किन अदालतों में हुई	सजा की तारीख
67.	–133.	कालीप्रसाद चक्रवर्ती	डी.	ची.प्रे.मैजि. कलकत्ता	30.3.1933
68.	–134.	चुन्नी लाल देव	बी.	सब.डि.मैजि. तिप्परा	16.11.1932
69.	–135.	सत्येन्द्रचन्द्र डे उर्फ छोटा	एफ.	स्पे.मजि. किशोरगंज	30.9.1932
70.	–136.	निवारणचन्द्र चक्रवर्ती	बी.	स्पे.जज. मैमनसिंह	22.12.1932
71.	–138.	शैलेषचन्द्र दत्त	बी.	स्पे.मैजि. मैमनसिंह	4.7.1932
72.	–139.	महेन्द्रचन्द्र भौमिक	बी.	स्पे.मैजि. मैमनसिंह	4.7.1932
		रिहाई के लिए 28.7.1937 को दक्षिण बंगाल में भेजा।			
73.	–140.	अनन्त लाल डे	डी.	स्पे.मैजि. कोमिला	19.11.1932
74.	–141.	गोपालचन्द्र डे	एफ.	स्पे.जज. तिप्परा	20.9.1932
75.	–145.	सचिन्द्र लाल कार गुप्ता	डी.	मैजि. मिदनापुर	14.6.1930
76.	–146.	सरोजकान्त गुहा	ई.	एस.टी. चिटागांग	10.2.1933
77.	–147.	मदन मोहन राय चौधरी	एफ.	स्पे.मैजि. फरीदपुर	11.7.1932
		रिहाई के लिए 28.7.1937 को बंगाल भेजा।			
78.	–148.	सुधांशु कुमार सेन गुप्ता	डी.	स्पे.जज. बरीसल	13.12.1932
79.	–151.	सुधांशु नारायण दास	डी.	स्पे.मैजि. बरीसल	1.5.1933
		रिहाई के लिए 28.7.1937 को बंगाल भेजा।			
80.	–152.	बीरेन्द्रचन्द्र लहरी	बी.	एस.टी. मैमनसिंह	19.4.1933
81.	–154.	भूपेशचन्द्र शाह	बी.	स्पे.मजि. ढाका	26.4.1933
82.	–155.	शारदा प्रसन्न बोस	एफ.	स्पे.जज. तिप्परा	20.9.1932
83.	–156.	चन्द्र नाथ भट्टाचार्य	ए.	स्पे.जज. तिप्परा	20.9.1932
84.	–158.	सुधांशु किरन लहरी	ए.	एस.टी. मैमनसिंह	19.4.1933
85.	–159.	हेमचन्द्र दत्त (कई उपनामों के साथ)।	ए.	एस.टी. मैमनसिंह	19.4.1933
86.	–160.	दिनेशचन्द्र बानिक	बी.	एस.टी. मैमनसिंह	19.4.1933
87.	–161.	श्रीधर गोस्वामी	बी.	एस.टी. मैमनसिंह	19.4.1933
88.	–162.	हरीबाल चक्रवर्ती	बी.	एस.टी. मैमनसिंह	19.4.1933
89.	–163.	दिनेशचन्द्र शाह	बी.	एस.टी. मैमनसिंह	19.4.1933
90.	–164.	जानकी मोहन दास	बी.	एस.टी. मैमनसिंह	19.4.1933
91.	–165.	भुवन मोहन चन्द्र	बी.	एस.टी. मैमनसिंह	19.4.1933
92.	–166.	प्रकाशचन्द्र सील	बी.	एस.टी. मैमनसिंह	19.4.1933
93.	–167.	धरनी मोहन बानिक	बी.	एस.टी. मैमनसिंह	19.4.1933
94.	–168.	इन्दुभूषण दास	बी.	एस.टी. मैमनसिंह	19.4.1933

क्रम सं.	पी. आई. नं.	बंदी का नाम	सजा किन धाराओं में हुई	सजा किन अदालतों में हुई	सजा की तारीख
95.	—169.	हजारासिंह उर्फ बन्तासिंह उर्फ करियादेव	बी.	सेश. जज. कोयम्बटूर	7.7.1933
96.	—170.	बच्चूलाल उर्फ बच्चूराम	बी.	सेश. जज. कोयम्बटूर	7.7.1933
97.	—171.	प्रेमप्रकाश उर्फ देवानब उर्फ रूद्र सिंह	डी.	एच.सी. मद्रास	19.8.1933
98.	—172.	नलिनी रंजन दास	सी.	एस.टी. अलीपुर	10.10.1933
99.	—173.	सितान्शुभूषण दत्त राय उर्फ खुशू	ए.	स्पे.मैजि. नेत्रकोना	13.6.1933
100.	—174.	प्रफुल्ल चन्द्र भौमिक	बी.	स्पे.मैजि. किशोरगंज	14.10.1933
101.	—175.	अनन्त चरण पाल	बी.	स्पे.मैजि. जमालपुर	22.6.1933
102.	—176.	पूरनचन्द्र राय उर्फ क्षितिज राय	एफ.	स्पे.मैजि. किशोरगंज	30.9.1932
103.	—177.	विभूती भूषण बैनर्जी	डी.	ची.प्रे.मैजि. कलकत्ता	26.6.1933
		रिहाई के लिए 28.7.1937 को बंगाल भेजा।			
104.	—178.	सुरेन्द्रनाथ दत्त गुप्ता	डी.	ची.प्रे.मैजि. कलकत्ता	11.10.1933
105.	—179.	नलिनी रंजन सेन गुप्ता उर्फ अखिलचन्द्र सेन गुप्ता	डी.	ची.प्रे.मैजि. कलकत्ता	13.10.1933
106.	—180.	जगनन्द मुकर्जी	सी.	एस.टी. अलीपुर	10.10.1933
107.	—181.	नानीगोपाल दास गुप्ता	ए.	एस.टी. बरीसल	21.2.1933
108.	—182.	अमूल्य चरण मित्रा उर्फ नानी	डी.	स्पे.मैजि. फरीदपुर	20.3.1933
109.	—183.	मनिन्द्र सेन	बी.	प्रे.ट्रा. मैमनसिंह	19.12.1932
110.	—184.	शैलेषचन्द्र राय	डी.	स्पे.मैजि. चिटागांग	14.8.1933
111.	—185.	जैमिनी कुमार डे	बी.	स्पे.मैजि. मैमनसिंह	22.12.1932
112.	—186.	सत्यरंजन घोष	बी.	स्पे.मैजि. तंगेल	28.8.1932
113.	—187.	सुधीन्द्र मोहन राय	डी.	ची.प्रे.मैजि. कलकत्ता	12.10.1933
114.	—188.	खुशीराम मेहता	बी.	सेश. जज. कोयम्बटूर	7.7.1933
115.	—189.	शम्भूनाथ	बी.	सेश. जज. कोयम्बटूर	19.8.1933
116.	—190.	सच्चिदानन्द (घर तोड़ा)	—	एच.सी. मद्रास	20.2.1934
117.	—191.	धीरेन्द्र चक्रवर्ती	ए. ई.	एस.टी. कोमिला	24.6.1933
118.	—192.	कुमुदबिहारी मुखर्जी	सी.	एस.टी. रंगपुर	8.1.1934
119.	—193.	नरेन्द्रनाथ दास	बी.	एस.टी. रंगपुर	8.1.1934
120.	—194.	राज मोहन कारांजाई	बी.	एस.टी. रंगपुर	8.1.1934

क्रम सं.	पी. आई. नं.	बंदी का नाम	सजा किन धाराओं में हुई	सजा किन अदालतों में हुई	सजा की तारीख
121.	–195.	नगेन्द्रनाथ गुप्ता	डी.	स्पे.मैजि. कास्टीया	24.8.1933
122.	–197.	बिमल रंजन डे भौमिक	डी.	स्पे.मैजि. नीलफामरी	12.3.1934
123.	–198.	चितरंजन दत्ता	बी.	स्पे.मैजि. ब्राहमनबारिया	7.3.1933
124.	–199.	जयेशचन्द्र भट्टाचार्य	ए. ई.	स्पे.मैजि. मैमनसिंह	13.6.1933
125.	–201	डॉ. केशो प्रसाद	ई.	एडि.सेश. जज. गया	12.9.1933
126.	–203	श्यामाचरण भरतवार	ई.	एडि.सेश. जज. गया	12.9.1933
127.	–204.	धन्वंतरि	सी.	स्पे.मैजि. दिल्ली	28.4.1933
128.	–206	सूरजनाथ चौबे	ए. ई.	एडि.सेश. जज. पटना	22.2.1932
129.	–207.	गौरीशंकर दूबे	बी.	एस.एम. मुजफ्फरपुर	24.9.1932
		रिहाई के लिए 28.7.1937 को चिकित्सा के आधार पर बंगाल भेजा गया।			
130.	–208.	महावीर मिश्र	ए.	एडि.सेश. जज. पटना	18.4.1932
131.	–209.	गुलाब सोनार उर्फ गुलाबचन्द गुप्ता	ए.	सेश. जज. मुजफ्फरपुर	16.12.1929
132.	–210.	नानकू सिंह	ए.	सेश. जज. मुजफ्फरपुर	16.12.1929
133.	–211.	विश्वनाथ उर्फ विरेन्द्र उर्फ लालू	ई.	एडि.सेश. जज. गया	12.9.1933
134.	–213.	जगनेश्वर दास	एफ.	एस.टी. फरीदपुर	12.7.1932
135.	–215.	हरबन्धु समाद्दार	एफ.	सेश. जज. दिल्ली	26.1.1933
136.	–216.	अब्दुल कादिर चौधरी	बी.	एस.टी. दीनाजपुर	27.2.1934
137.	–217.	भूपेन्द्रचन्द्र भट्टाचार्य	ई. ए.	स्पे.मैजि. नेत्रकोना	9.4.1934
138.	–218.	द्विजेन्द्रचन्द्र नाहा	बी.	स्पे.मैजि. मैमनसिंह	1.7.1932
139.	–219.	राधा बल्लभ गोपे	डी.	ची.प्रे.मैजि. कलकत्ता	25.11.1933
140.	–220.	सुधीर रंजन चौधरी उर्फ सुधीरचन्द्र चौधरी	326	स्पे.मैजि. चिटागांग	28.8.1933
141.	–221.	शांति गोपाल सेन	ई. ए.	एस.टी. मिदनापुर	21.2.1934
142.	–222.	सनातन राय 120बी/302	ई. ए.	एस.टी. मिदनापुर	10.2.1934
143.	–223.	नन्दादुलाल सिंह	ई. ए.	एस.टी. दिनाजपुर	10.2.1934
144.	–224.	कृष्णपडा चक्रवर्ती	बी.	एस.टी. अगरतल्ला	13.9.1932
145.	–225.	धीरेन्द्र कुमार विश्वास	बी.	एस.टी. रंगपुर	8.1.1934
146.	–226.	सचिन्द्र कुमार नन्दी	बी.	एस.टी. रंगपुर	8.1.1934
147.	–227.	ऋषि मोहन मैत्रा	बी.	एस.टी. रंगपुर	8.1.1934
148.	–228.	ज्ञानगोविन्द गुप्ता	बी.	एस.टी. रंगपुर	8.1.1934
149.	–229.	सतीशचन्द्र बोस राय	बी.	एस.टी. रंगपुर	8.1.1934
150.	–230.	हरीदास साहा	बी.	एस.टी. रंगपुर	8.1.1934

क्रम सं.	पी. आई. नं.	बंदी का नाम	सजा किन धाराओं में हुई	सजा किन अदालतों में हुई	सजा की तारीख
151.	−231.	हेमचन्द्र बक्शी	बी.	एस.टी. रंगपुर	8.1.1934
152.	−232.	नृपेन्द्र दत्ता	बी.	स्पे.मैजि. मिदनापुर	7.3.1933
153.	−233.	मनोरंजन बैनर्जी उर्फ नरेश चौधरी	सी.	एस.टी. दार्जिलिंग	12.9.1934
154.	−234.	प्रशान्त कुमार सेन गुप्ता	बी.	स्पे.जज. ढाका	30.11.1932
155.	−235.	कामाख्या चरण घोष	ए.	एस.टी. मिदनापुर	10.2.1934
156.	−236.	समरेन्द्रनाथ घोष	बी.	स्पे.मैजि. ढाका	7.9.1933
157.	−237.	बृजमोहन देव उर्फ बाजा	ए.	एस.टी. कोमिला	24.6.1933
158.	−238.	शचिन्द्र मोहन चक्रवर्ती	ए.	स्पे.मैजि. किशोरगंज	21.12.1932
159.	−239.	अजीत कुमार मित्तर	डी.	ची.प्रे.मैजि. कलकत्ता	31.1.1934
160.	−240.	शशी कुमार बैनर्जी	डी.	ची.प्रे.मैजि. कलकत्ता	16.4.1934
161.	−242.	राखाल दास मलिक	डी.	ची.प्रे.मैजि. कलकत्ता	16.4.1934
162.	−243.	किरणचन्द्र डे	216 ए.	डि.मैजि. दिनाजपुर	27.2.1934
		रिहाई के लिए 28.7.1937 को चिकित्सा के लिए बंगाल भेजा गया।			
163.	−244.	सुकुमार घोष	ई. ए.	एस.टी. दार्जिलिंग	12.9.1934
164.	−245.	दिनेशचन्द्र दास गुप्ता	216	स्पे.मैजि. चिटागांग	24.10.1932
165.	−250.	मधुसूदन बैनर्जी उर्फ अमिया उर्फ सुनील सेन	ई. ए.	एस.टी. दार्जिलिंग	12.9.1934
166.	−251.	अजयचन्द्र सिंह	डी.	एस.टी. अलीपुर	2.2.1934
167.	−254.	मोहन लाल नाग	डी.	स्पे.मैजि. हावड़ा	24.9.1934
168.	−255.	मनिन्द्रलाल दत्ता	डी.	स्पे.मैजि. चिटागांग	30.6.1934
169.	−256.	शान्तिपदा चक्रवर्ती	डी.	स्पे.मैजि. चिटागांग	28.6.1934
170.	−258.	समादेशचन्द्र राय	ई.	एस.टी. सूरी	10.7.1934
171.	−259.	ऋषिकेश बोस	डी.	ची.प्रे.मैजि. कलकत्ता	22.9.1932
172.	−260.	धीरेन्द्र चन्द्र दास	डी.	ची.प्रे.मैजि. कलकत्ता	6.6.1933
173.	−262.	भोलानाथ राय करमाकर	सी.	एस.टी. अलीपुर	1.2.1933
174.	−263.	मधुसूदन दत्ता	डी.	स्पे.मैजि. जमालपुर	22.6.1933
		रिहाई के लिए बंगाल में 28.7.37 को चिकित्सा के लिए भेजा गया।			
175.	−264.	राजेन्द्रनाथ चक्रवर्ती	बी.	स्पे.मैजि. बरीसल	28.3.1934
176.	−265.	दिनेशचन्द्र दास	बी.	स्पे.मैजि. किशोरगंज	16.10.1933
177.	−266.	सुधांशुभूषण दास गुप्ता	डी.	स्पे.मैजि. बंकुरा	19.4.1934
178.	−267.	विद्याधर साहा	बी.	एडि.सेश. जज. सिल्हट	26.5.1934
179.	−268.	गोरांगमोहन दास	बी.	एडि.सेश. जज. सिल्हट	26.3.1934
180.	−271.	सरोजकुमार बोस	ए.	एस.टी. दिनाजपुर	27.2.1934
181.	−272.	प्राण किशोर चक्रवर्ती	डी.	एस.टी. दिनाजपुर	2.11.1932

क्रम सं.	पी. आई. नं.	बंदी का नाम	सजा किन धाराओं में हुई	सजा किन अदालतों में हुई	सजा की तारीख
182.	–273.	ऋषीकेश भट्टाचार्य	ए.	एस.टी. दिनाजपुर	27.2.1934
183.	–274.	रामकृष्णसरकार	ए.	एस.टी. दिनाजपुर	27.2.1934
184.	–275.	हरीपदबोस	बी.	एस.टी. दिनाजपुर	27.2.1934
185.	–276.	मनमोहन साहा	बी.	एस.टी. चिटागांग	27.8.1934
186.	–277.	शरतचन्द्रधोपी दास	ए.	एस.टी. मैमनसिंह	4.5.1933
187.	–278.	अनन्त कुमार चक्रवर्ती	–	स्पे.मैजि. ढाका	1.10.1934
188.	–279.	गगन चन्द्र डे	बी.	एस.टी. चिटागांग	27.8.1934
189.	–280.	मनिन्द्र चन्द्र डे	बी.	एस.टी. चिटागांग	27.8.1934
190.	–281.	जितेन्द्रचन्द्र मजूमदार	बी.	स्पे.मैजि. कोमिला	7.3.1934
191.	–282.	सुशील कुमार डे	डी.	स्पे.मैजि. चिटागांग	13.8.1934
192.	–283.	प्रियदा रंजन चक्रवर्ती	बी.	एस.टी. चिटागांग	27.8.1934
193.	–284.	मोक्षदा रंजन चक्रवर्ती	बी.	एस.टी. चिटागांग	27.8.1934
194.	–286.	जबिन्द्र कुमार डे	बी.	एस.टी. चिटागांग	27.8.1934
195.	–287.	शारदेन्द्र भट्टाचार्य उर्फ शारदेन्दु	बी.	एस.टी. चिटागांग	27.8.1934
196.	–288.	नरेन्द्र लाल बरूआ	बी.	एस.टी. चिटागांग	27.8.1934
197.	–289.	अरबिन्द डे	बी.	एस.टी. चिटागांग	27.8.1934
198.	–290.	प्रभाकर बिरूनी	डी.	स्पे.मैजि. बंकुरा	22.12.1934
199.	–291.	बिमल कुमार सरकार	एफ.	स्पे. मैजि. बांकुरा	30.4.1934
200.	–292.	नगेन्द्र लाल डे	बी.	एस.टी. चिटागांग	27.8.1934
201.	–293.	प्रफुल्ल नारायण सान्याल	बी.	एस.टी. दिनाजपुर	27.2.1934
202.	–294.	प्रमथनाथ घोष	डी.	सेश. जज. मनभूम	4.1.1934
203.	–295.	ज्योतिमय राय	डी.	सेश. जज. मनभूम	4.1.1934
204.	–296.	गोपेन्द्र लाल राय	एफ.	एस.टी. सिल्हट	21.7.1934
205.	–297.	सत्येन्द्र चन्द्र राय	एफ.	एस.टी. सिल्हट	21.7.1934
206.	–298.	कन्हाईलाल मिश्र	ई. ए.	एडि.सेश. जज. पटना	18.4.1932
207.	–299.	शामकिशन अग्रवाल	बी.	एडि.सेश. जज. पटना	18.4.1932
208.	–300.	मलयकृष्ण ब्रह्मचारी उर्फ शशधर सेन गुप्ता	डी.	स्पे.मैजि. हजारीबाग	1.1.1933
		रिहाई के लिए 28.7.1937 को चिकित्सा के लिए बंगाल भेजा गया।			
209.	–301.	चन्द्रिका सिंह	सी.	एडि.सेश. जज.	6.5.1934
210.	–302.	सुकुमार सेन गुप्ता	ई. ए.	एस.टी. मिदनापुर	10.2.1934
211.	–303.	धरणीधर राय	ई.	एस.टी. वीरभूम	24.9.1934
212.	–304.	प्रद्योत कुमार चौधरी	ई.	एस.टी.वीरभूम	24.9.1934
213.	–305.	हरीहर दत्ता	बी.	एस.टी. चिटागांग	27.8.1934

क्रम सं.	पी. आई. नं.	बंदी का नाम	सजा किन धाराओं में हुई	सजा किन अदालतों में हुई	सजा की तारीख
214.	–308.	सत्यव्रत चक्रवर्ती	बी.	एस.टी. दिनाजपुर	27.2.1934
215.	–309.	कीर्ति कुमार मजूमदार	बी.	एस.टी. चिटागांग	27.8.1934
216.	–310.	मनोरंजन चौधरी	बी.	एस.टी. चिटागांग	27.8.1934
217.	–311.	अबानू कुमार मुकर्जी	डी.	एस.एम. हावड़ा	24.9.1934
218.	–312.	अमृतेन्दु मुकर्जी	डी.	एस.एम. कृष्णानगर	9.10.1934
219.	–315.	बिजयकुमार चक्रवर्ती	बी.	एस.टी. दिनाजपुर	4.12.1934
220.	–316.	बिजय कुमार घोष उर्फ खाला	ई.	एस.टी. वीरभूम	24.9.1934
221.	–317.	प्रान गोपाल मुकर्जी	ई.	एस.टी. वीरभूम	24.9.1934
222.	–318.	हारनचन्द्र खंगार	ई.	एस.टी. वीरभूम	24.9.1934
223.	–319.	उमाशंकर कोअर	ई.	एस.टी. वीरभूम	24.9.1934
224.	–320.	प्रभात किशन घोष उर्फ खोखा	ई.	एस.टी. वीरभूम	24.9.1934
225.	–321.	रजत भूषण दत्ता	ई.	एस.टी. वीरभूम	24.9.1934
226.	–322.	काली किंकर डे उर्फ काली कुमार डे	डी.	एस.एम. चिटागांग	30.6.1934
227.	–323.	प्रतिवादीभयंकर वैंकराचारी उर्फ भयंकाराचारी	डी.	एडि.सेश. जज. कोकोनादा	214.1934
228.	–324.	विनयभूषण लश्कर	ई. ए.	एस.टी. सिल्हट	9.8.1934
229.	–325.	मोतीलाल राय (आसाम)	एफ.	एस.टी. सिल्हट	9.8.1934
230.	–326.	अमूल्य कुमार राय	ए.	एस.टी. ढाका	10.9.1935
231.	–327.	कालीप्रसन्न राय चौधरी	ई.	एस.टी. सूरी	24.9.1934
232.	–328.	अक्षय कुमार चौधरी	बी.	स्पे.ट्रा. दिनाजपुर	12.2.1935
233.	–329.	पौरसचन्द्र राय	डी.	स्पे.मैजि. सूरी	13.12.1933
234.	–330.	भवतोष करमाकर	डी.	एस.एम. विष्णुपुर	3.4.1935
235.	–331.	गोविन्द प्रसाद बेरा	393	स्पे.मैजि. मिदनापुर	29.8.1933
236.	–313.	मदनलाल दास गुप्ता	डी.	एस.एम. बरीसल	29.11.1934
237.	–333.	सुरेन्द्रचन्द्र भौमिक	ई.	एस.एम. ढाका	16.7.1934
238.	–334.	प्रान क्रिष्टा चौधरी	ई. बी.	एस.टी. दिनाजपुर	16.7.1934
239.	–335.	दिनेशचन्द्र दास	ई. बी.	एस.टी. दिनाजपुर	24.7.1934
240.	–336.	बिनयकुमार तरफदार	डी.	एस.एम. रंगपुर	15.5.1935
241.	–337.	परेशचन्द्र चौधरी	डी.	एस.एम. रंगपुर	15.5.1935
242.	–338.	नगेन्द्र मोहन मुस्तफी	ई.	एस.एम. रंगपुर	15.5.1935
243.	–339.	जोगेशचन्द्र दास	बी.	एस.एम. रंगपुर	15.5.1935
244.	–340.	कुमुदनाथ घोष	बी.	एस.टी. दिनाजपुर	19.2.1935

क्रम सं.	पी. आई. नं.	बंदी का नाम	सजा किन धाराओं में हुई	सजा किन अदालतों में हुई	सजा की तारीख
245.	–341.	केशव चन्द्र समोद्दर	रॉयट	एस.एम. अलीपुर	19.3.1934
246.	–342.	नित्यारंजन चौधरी	बी.	एस.टी. दिनाजपुर	19.2.1935
247.	–343.	बिरूय भूषण चक्रवर्ती	डी.	एस.एम. रंगपुर	28.1.1935
248.	–344.	हरीपद बैनर्जी	ई.	एस.टी. वीरभूम	24.9.1934
249.	–345.	बिरेन्द्र विनोद चौधरी	—	एस.एम. चिटागांग	5.7.1935
250.	–346.	गमीर शेख	बी.	एस.टी. दिनाजपुर	12.2.1935
251.	–347.	अनाथ बन्धु शाह	बी.	एस.टी. दिनाजपुर	12.2.1935
252.	–348.	अधीर रंजन नाग	एफ.	एस.जे. ढाका	30.11.1932
253.	–349.	रामेन्द्र नाथ समझदार	बी.	एस.टी. दिनाजपुर	19.2.1935
254.	–350.	रजनीकान्त सरकार	बी.	एस.टी. दिनाजपुर	19.2.1935
255.	–351.	नोनीगोपाल दास	बी.	एस.टी. दिनाजपुर	19.2.1935
256.	–352.	उपेन्द्र मंडल	बी.	एस.टी. दिनाजपुर	19.2.1935
257.	–353.	हरेन्द्र दास	बी.	एस.टी. दिनाजपुर	12.2.1935
258.	–355.	रमेशचन्द्र दास	—	एस.एम. अलीपुर	8.1.1934
259.	–356.	तारापद उर्फ मोहम्मद इब्राहिम	—	एडि.प्रे.मैजि. कलकत्ता	22.1.1934
260.	–357.	पुरेन्दु शेखर गुहा	ए.	एस.एम. रंगपुर	28.1.1935
261.	–359.	रामसिंह उर्फ हेमचन्द्र उर्फ भूतनाथ उर्फ रामकिशोर	सी.	एडि.डि.मैजि. अजमेर	27.11.1935
262.	–360.	खुदीराम भट्टाचार्य	डी.	एस.एम. कृष्णानगर	2.8.1935
263.	–361.	मुरारी मोहन गोस्वामी	डी.	एस.एम. कृष्णानगर	2.8.1935
264.	–362.	ऋषीकेश दत्ता	डी.	चीप्रेमजि. कलकत्ता	17.4.1935
265.	–363.	निरमलेन्दु गुहा उर्फ हारू	डी.	एस.एम. फरीदपुर	23.11.1935
266.	–364.	नगेन्द्रनाथ दास गुप्ता	डी.	एस.एम. रंगपुर	28.1.1935
267.	–365.	सरोज भूषण राय	डी.	ची.प्रे.एम. कलकत्ता	2.9.1933
268.	–366.	भवेशचन्द्र तालुकदार	रॉयट	एडि.डिप्टी.मजि. मैमनसिंह	5.6.1933
269.	–369.	सत्येन्द्र नारायण मजूमदार	ई.	एस.टी. अलीपुर	1.5.1935
270.	–370.	प्रभात कुमार मित्रा	ई.	एस.टी. अलीपुर	1.5.1935
271.	–371.	मनीन्द्र लाल चौधरी	ई.	एस.टी. अलीपुर	1.5.1935
272.	–372.	ज्योतिष चन्द्र मजूमदार	ई.	एस.टी. अलीपुर	28.2.1933
273.	–373.	सुरेन्द्र धर चौधरी	ई.	एस.टी. अलीपुर	28.2.1933
274.	–374.	जितेन्द्र नाथ गुप्ता	ई.	एस.टी. अलीपुर	1.5.1935
275.	–375.	प्रवतचन्द्र चक्रवर्ती	डी.	एस.टी. अलीपुर	1.5.1935
276.	–376.	विमल भट्टाचार्य	डी.	एस.टी. अलीपुर	28.2.1933

क्रम सं.	पी. आई. नं.	बंदी का नाम	सजा किन धाराओं में हुई	सजा किन अदालतों में हुई	सजा की तारीख
277.	–377.	सुशील कुमार चक्रवर्ती	ई. ए.	एस.टी. दार्जिलिंग	12.9.1934
278.	–378.	नरेन्द्र प्रशाद घोष	—	एस.टी. अलीपुर	1.5.1935
279.	–379.	अमूल्यचन्द्र सेन गुप्ता	ई.	एस.टी. अलीपुर	11.3.1935
280.	–380.	परेश गुहा	ई.	एस.टी. अलीपुर	1.5.1935
281.	–381.	हरीपद डे	रायट	एस.टी. अलीपुर	3.10.1934
282.	–382.	द्विजेन्द्रनाथ तलपत्रा	ई.	एस.टी. अलीपुर	1.5.1935
283.	–383.	प्रफुल्ल कुमार बिश्वास	ई. ए.	एस.एम. अलीपुर	23.3.1936
284.	–384.	नरेन्द्रचन्द्र घोष उर्फ नानी उर्फ सुबोध उर्फ सुधीर	बी. ई.	एस.डी.एम. दीनाजपुर	23.12.1935
285.	–385.	कृपानाथ डे उर्फ हारन	डी.	एस.एन. फरीदपुर	23.11.35
286.	–386.	जितेन्द्रनाथ चक्रवर्ती उर्फ अबानी मुकर्जी उर्फ जीवन	ई.	एस.टी. अलीपुर	1.5.1935
287.	–387.	काली मोहन बैनर्जी	रायट	एस.एम. मिदनापुर	29.4.1935
288.	–388.	इलाही बक्श	बी. ई.	एस.एम. मैमनसिंह	2.3.1935
289.	–389.	अतुलचन्द्र दत्त उर्फ मेघु	डी.	एस.एम. फरीदपुर	23.11.1935
290.	–390.	धीरेन्द्रनाथ भट्टाचार्य	ई.	एस.टी. अलीपुर	1.5.1935
291.	–392.	भगबानचन्द्र बिश्वास	डी.	एस.एम. नोवाखाली	20.7.1934
292.	–393.	अनिलचन्द्र मुकर्जी	—	एस.एम. ढाका.	14.6.1934
293.	–394.	जीवन कृष्णा गुहा	—	एस.एम. मेहरपुर	11.10.1934
294.	–395.	जीवन मोल्ला	डी.	एस.एम. फरीदपुर	23.9.1936
295.	–396.	कलाचन्द उर्फ माखनलाल चक्रवर्ती	डी.	एस.एम. फरीदपुर	23.9.1936
296.	–397.	ऊषा रंजन डे	ई. ए.	एस.एम: अलीपुर	23.9.1936
297.	–398.	चिन्ताहरन दास	ई. ए.	एस.एम. अलीपुर	23.9.1936
298.	–399.	सुधीरचन्द्र राय	—	एस.एम. अलीपुर	23.9.1936
299.	–400.	गुरुमुख सिंह	—	एस. कमिश्नर लाहौर	13.9.1935
300.	–402.	हिमांग्शु भौमिक उर्फ राजा		डी.आई.बी. की लिस्ट से ये नाम लिया है।	

1937 –होम जेल के. डब्ल्यू. नं. 5/12/37 जेल (7/527 से 540 तक)

अध्याय-2

अंडमान मध्य सेलुलर जेल के स्वतंत्रता सेनानी (1909-1921)

बंदी सं.	*बंदी का नाम व पता*	*विशेष टिप्पणी*
–	**ब्रजेन्द्रनाथ दत्त।**	खुलना–जयसौर केस–1910 में 3 वर्ष की सजा 27.6.1919 को प्रारंभिक कोर्ट से तथा 30.8.1910 को हाईकोर्ट से 13.9.1910 को अंडमान भेजने का आदेश। खुलना षड्यंत्र केस के 11 अभियुक्त थे और अंडमान जेल में इनके नं. 32258 से 32268 तक थे। इनमें से चार अभियुक्त, नागेन्द्रनाथ सरकार, प्रियनाथ उर्फ किनूरामपाल, ब्रजेन्द्रनाथ दत्त, सतीशचन्द्र चैटर्जी के नाम अंडमान पुस्तक में है, परन्तु इन चारों के बंदी नं. नहीं मिलते हैं, इसलिए 32260, 32264, 32265 व 32268 में से कौन–सा नम्बर इन चारों में से किस–किस का है, ये निर्धारित करना शेष है। **संदर्भ** : सेलुलर जेल की सूची का पृष्ठ नं. 6, संख्या नं: 12, बंगाल। **सरकारी फाईल नं.**–होम 1910 पोल. बी. सितम्बर 81–82, होम 1911 पोल. डिपोजिट मार्च नं. 1, डायरी ऑफ इवैन्ट्स, होम 1915 पोल. ए. फरवरी 68–160, होम 1910 पोल. डिपोजिट मार्च नं. 1, होम 1910 पोल. ए. नवम्बर 48–59। **फू.चं.जै. फाईल नं.** (3/162, 3/190–से 201 तक, 3/137, 1/117–118, 2/741)।
38516	**बसाखा सिंह** *सुपुत्र* दयाल सिंह ढढेर, थाना सिरहाली, अमृतसर।	प्रथम लाहौर षड्यंत्र केस–1915 में धारा 121, 121ए, 122 के अंतर्गत राजद्रोह के आरोप में 13.9.1915 को आजीवन कारावास। जनवरी, 1916 को अंडमान आगमन। 1921 में भारत की जेल में भेजने का आदेश हुआ और मार्च, 1930 को जेल से रिहा कर दिया गया। 8.1.1915 को मनिला से लापेल किस्टाना मारू जहाज से आए और इग्रेश आर्डिनेंस में गांव में पाबंदी लगा दी। भारत आने के समय इनके पास से रिवॉल्वर बरामद हुआ था।

बंदी सं.	*बंदी का नाम व पता*	*विशेष टिप्पणी*
		संदर्भ : सेलुलर जेल की सूची का पृष्ठ नं. 5, संख्या नं. 72 पंजाब। **सरकारी फाईल नं.** –होम 1915 पोल. ए. जून 345–369, होम 1917 पोल. ए. जुलाई 462–469, होम 1919 पोल. ए. अक्टूबर 129 139, होम 1930 पोल. नं. 410--30। **फू.चं.जै. फाईल नं.** (1/197, 3/704, 4/271, 2/713)।
38365	**बसावा सिंह** उर्फ **वसाखा सिंह** *सुपुत्र* मिहान सिंह, निवासी गिलवाली, थाना सदर, अमृतसर।	प्रथम लाहौर षड्यंत्र केस-1915 में धारा 121, 121ए, 124ए, 396, 109 के अंतर्गत, डकैती व राजद्रोह के आरोप में 13.9.1915 को आजीवन कारावास की सजा। प्रथम महायुद्ध के बाद 1920 की आम रिहाइयों में रिहा हुए। **संदर्भ** : सेलुलर जेल की सूची का पृष्ठ नं. 5, सं. नं. 73–पंजाब। **सरकारी फाईल नं.** –होम 1919 पोल. ए. अक्टूबर 126–139, होम 1920 पोल. ए. प्रोसीडिंग्ज मार्च 156–160 व के. डब्ल्यू., होम 1920 पोल. ए. नवम्बर 319–326 व के. डब्ल्यू., होम 1922 पोल. फाईल नं. 69 पार्ट नं. 4 सीरियल नं. 1, 34, व के. डब्ल्यू.। **फू.चं.जै. फाईल नं**– (4/272, 3/674, 4/230, 3/223)।
31549	**बारिन्द्रनाथ घोष** *सुपुत्र* डॉ. के. डी. घोष, निवासी घोषीपाड़ा, हुगली, जन्म 8.7.1880, निधन 8.4.1959।	अलीपुर मानिकटोला केस-6.5.1909 को आई. पी. सी. धारा 121 के अंतर्गत राजद्रोह के आरोप में मृत्युदंड की सजा हुई। 22.11.1909 को अपील में आजीवन कैद की सजा रह गई। 15.12.1909 को अंडमान आए। आम रिहाइयों में भी रिहा नहीं हुए। 1920 में अलीपुर जेल में भेजे गए और वहां से रिहा कर दिए गए। बंदी जीवन की अवधि में *दीपान्तारे कथा* शीर्षक से पुस्तक लिखी। कुछ वर्षों तक दैनिक *वसुमती* के सम्पादक रहे। ये अरविन्द घोष के भाई थे। **संदर्भ** : सेलुलर जेल की सूची का पृष्ठ नं.–6, सं. नं. 6–बंगाल। **सरकारी फाईल नं.** –होम 1909 पोलिटिकल डिपोजिट प्रोसीडिंग्ज जुलाई नं. 31 व के. डब्ल्यू., होम 1910 पोल. ए. अक्टूबर 35–38, होम 1915 पोल. ए. प्रोसीडिंग्ज फरवरी 68–160, होम 1920 पोल. ए. नवम्बर 318–326 व के. डब्ल्यू., होम 1917 पोल. ए. जुलाई 462–489, होम 1915 पोल. ए. जून 141–142. **फू.चं. जै. फाईल नं.**–(2/579, 2/742, 4/236, 4/301, 3/286, 1/140)।

बंदी सं.	बंदी का नाम व पता	विशेष टिप्पणी
32261	**विधु भूषण डे** उर्फ **देवेन्द्र घोष**।	खुलना गैंग केस–1910 में डकैती व षड्यंत्र के आरोप में 30.8.1919 को 7 वर्ष की कैद। सितंबर, 1910 में अंडमान आए। 1914 में सजा की अवधि समाप्त होने के समय वापस भारत की जेल में भेज दिया गया और सितम्बर, 1914 में जेल से रिहा हो गए। **संदर्भ** : सेलुलर जेल की सूची का पृष्ठ नं. 6, संख्या नं. 9–बंगाल। **सरकारी फाईल नं.** –होम 1910 पोल. बी. सितम्बर 81–82, होम 1911 पोल. डिपोजिट मार्च 1, होम 1915 पोल. ए. प्रोसीडिंग्ज फरवरी 68–160, होम 1917 पोल. ए. दिसम्बर 318–322. **फू.चं.जै. फाईल नं.**–(3/162, 3/198, 2/741, 1/118, 4/320।
—	**विधुभूषण सरकार**।	पिता का नाम व अंडमान जेल का बंदी नं. उपलब्ध न होने के कारण पूरा विवरण नहीं मिल पाया है। **संदर्भ** : सेलुलर जेल में सूची का पृष्ठ नं. 6, सं. नं. 10–बंगाल।
32778	**विनायक दामोदर सावरकर** *सुपुत्र* दामोदर सावरकर, स्थान–गांव भंगोर, जन्म 25.5.1883, निधन : 26.2.1966।	नासिक षड्यंत्र केस–1910 में हत्या में सहायक तथा राजद्रोह के आरोप में धारा 302, 109, 124, 121 में 30. 6.1911 तथा 24.12.1910 को कुल 50 वर्ष की कैद। 1911 में अंडमान जेल आए। 1920 में इन्हें भारत की जेल में भेजने का निर्णय हुआ। 1924 में सरकार ने कुछ प्रतिबन्धों के साथ सजा को स्थगन कर जेल से रिहा कर दिया था। बाद में कांग्रेस मंत्रिमंडल बनने पर 11.5.1937 को सब पाबंदियों को रद्द और शेष सजा को भी रद्द कर दिया गया था। श्याम जी कृष्ण वर्मा ने इन्हें उच्च शिक्षा के लिए लन्दन भेजा था। लन्दन में कर्जन वाहिली की हत्या करने वाले मदनलाल ढींगरा से संपर्क था। इन्हें 24.12.1910 को हत्या में सहायक होने के अपराध में नासिक में आजीवन कारावास की सजा हुई थी। लन्दन से 20 पिस्तौलें भेजने के आरोप में 9.2.1911 को आजीवन कैद की सजा हुई। 26 वर्ष की आयु में लन्दन से भारत आते समय जहाज से कूद पड़े थे। यह मामला हेग न्यायालय में गया था। **संदर्भ** : सेलुलर जेल की सूची का पृष्ठ नं.–3, संख्या नं. 3–बम्बई। **सरकारी फाईल नं.**–होम 1909 पोल. ए. 66–68, होम 1911 पोल. ए. प्रोसीडिंग्ज अप्रैल 1911

बंदी सं.	*बंदी का नाम व पता*	*विशेष टिप्पणी*
		नं. 21–67 शिमलारिका 4, होम 1919 पोल. ए. अक्टूबर 129–139, होम 1934 पोल. 18/5/34, होम 1911 पोल. डिपोजिट मार्च नं. 1, होम 1915 पोल. ए. फरवरी 68–160, होम 1915 पोल. ए. जून 141–142 होम 1921 पोल. ए. प्रोसीडिंग्ज जून 64–88, होम 1933 पोल 44 –41/37, होम 1911 प्रोसीडिंग्ज पोल ए. जनवरी 52—64 कलकत्ता रिकॉर्ड्स नं. 5, होम 1917 पोल.ए.जुलाई 462–489, होम 1932 पोल. 31/88/32, होम 1924 पोल. नं. 8/124। **फू.चं.जै. फाईल नं.** –(2/594, 3/197, 2/937, 2/973, 2/970, 1/118, 2/742, 1/140, 4/339, 4/301, 4/271, 3/223, 2/950, 3/93, 7/429)।
31551	**विभूतिभूषण सरकार** *सुपुत्र* शारदा सरकार उर्फ ससौदा चरण सरकार, निवासी खतरागढ़, शांतिपुर, नदिया, आयु 20 वर्ष।	अलीपुर माणिकटोला षड्यंत्र केस में धारा 121ए के अंतर्गत राजद्रोह के आरोप में 6.5.1909 को आजीवन कारावास की सजा हुई जो बाद में 10 वर्ष कर दी गई। 18.12.1909 को अंडमान आए। सितम्बर, 1914 में अंडमान जेल से वापस भारत की जेल में आए। 1908 में देवघर बम विस्फोट के समय भी ये उपस्थित थे। इस विस्फोट में प्रफुल्ल चक्रवर्ती आत्मज स्वर्गीय ईशान चक्रवर्ती विस्फोट से शहीद हो गया व उल्लासकर दत्त जख्मी हुआ। उस समय बारिन्द्र कुमार घोष व नलनी के. गुप्ता भी विस्फोट के स्थान पर उपस्थित थे। **संदर्भ :** सेलुलर जेल की सूची का पृष्ठ नं. 6 संख्या नं. 8–बंगाल। **सरकारी फाईल नं.** –होम 1915 पोल. ए. फरवरी 68–160, होम 1909 पोल. ए. जुलाई नं. 31 व के. डब्ल्यू., होम 1910 पोल. ए. अप्रैल 81–115, होम 1910 पोल. ए. अक्टूबर 35–38। **फू.चं.जै. फाईल नं.**–(1/117 से 119, 2/528 से 531 तक, 2/741, 2/569, 2/579)।
31801	**वीरेन्द्रचन्द्र सेन** उर्फ **दुर्गादास** *सुपुत्र* कैलाशचन्द्र सेन, निवासी वेनियांचांग, सिल्हट, आसाम, आयु 19 वर्ष।	अलीपुर बम केस–1909 में राजद्रोह के आरोप में धारा 121 के अंतर्गत 30.7.1910 को 7 वर्ष का निर्वासन। 1910 में अंडमान भेजे गए। 1915 में अंडमान से बिल्लारी सेंट्रल जेल में भेजे गए। इनका जन्म 14 अप्रैल, 1891 का है, इनका स्वर्गवास 9.11.1970 को पांडिचेरी में अरविंद आश्रम में हुआ।

बंदी सं.	बंदी का नाम व पता	विशेष टिप्पणी
		शहीद सुशील सेन व हेमचन्द्र सेन के ये भाई थे। वीरेन्द्रचन्द्र सेन व उनके भाई हेमचन्द्र सेन और हिरणकुमार सेन तीनों ही बंगाल के प्रमुख क्रांतिकारी रहे हैं। **संदर्भ :** सेलुलर जेल की सूची का पृष्ठ नं. 6, सं. नं. 11–बंगाल। **सरकारी फाईल नं.** –होम 1910 पोल. ए. अप्रैल 81–115, होम 1915 पोल. ए. फरवरी 68–110, होम 1916 पोल. डिपोजिट मई 7, होम 1910 पोल. ए. अक्टूबर 35–38, होम 1915 पोल. ए. प्रोसीडिंग्ज फरवरी 68–160, होम 1918 पोल. ए. फरवरी 57–83ए। **फू.चं. जै. फाईल नं.**–(2/570, 2/579, 1/117–118, 2/741, 1/457, 1/448)।
43543	**विलायती** *सुपुत्र* दौलतराम।	पंजाब मॉर्शल लॉ–1919 में मिस शेरवुड की हत्या के आरोप पर धारा 121, 307, 147, 307/109 के अंतर्गत 31.5.1919 को मृत्युदंड की सजा हुई जो बाद में आजीवन कारावास में बदल दी गई। 20.4.1921 को भारत की जेल में भेज दिया गया। **सरकारी फाईल नं.**–होम 1921 पोल. नं. 389 पार्ट सीरियल नं. 1–5 व के. डब्ल्यू., होम 1921 पोल. डिपोजिट प्रिंट मार्च 123, होम 1922 पोल. नं. 69 पार्ट नं. 4 सीरियल नं. 1–34 व के. डब्ल्यू., होम 1927 पोल. 80/19/27, होम 1930 पोल. नं. 416–30। **फू.चं.जै. फाईल नं.**–(3/679, 4/411, 3/224, 3/660, 2/717, 5/240)।
38149	**बिशनसिंह**।	प्रथम लाहौर षड्यंत्र केस में धारा 302, 302/149 के अंतर्गत, लाहौर सेंट्रल जेल में कैदियों को छुड़ा कर निकालने तथा जेल में तोड़फोड़ करने के प्रयास के आरोप में 18.11.1912 को आजीवन कैद की सजा। 1920 में उन्हें संभवतः अंडमान जेल से भारत भेजा गया। अंडमान सूची में नाम अनुपलब्ध। **सरकारी फाईल नं.** –होम 1922 पोल. 69 पार्ट. 4 सीरियल नं. 1–34 व के. डब्ल्यू.। **फू.चं.जै. फाईल नं.**–(3/223)।
38182	**बिशन सिंह** *सुपुत्र* जीवन सिंह, सैनिक नं. 1526, आयु 29 वर्ष।	23वीं कैवलरी पलटन विद्रोह–1915 में डगसई कोर्ट मार्शल द्वारा धारा 121 के अंतर्गत 19.8.1915 को

बंदी सं.	***बंदी का नाम व पता***	***विशेष टिप्पणी***
		मृत्युदंड जो बाद में 10 वर्ष आजीवन कारावास में परिवर्तित। 29.10.1915 को अंडमान में और 1919 में भारत की जेलों में भेजे गए। कोर्ट मार्शल अदालत द्वारा निम्न 12 व्यक्तियों को मृत्युदंड की सजा दी गई और अंबाला जेल में 3 सितंबर, 1915 को फांसी पर लटका दिया गया—अब्दुल्ला आत्मज अलादीन, सैनिक नं. 1205, इन्द्रसिंह आत्मज ज्वन्दसिंह सैनिक नं.1431, इन्द्रसिंह आत्मज भगतसिंह सैनिक नं. 1679, गूजरसिंह आत्मज निहालसिंह सैनिक नं. 1651, जेठासिंह आत्मज मुदरसिंह सैनिक नं. 1209, तारासिंह आत्मज शेरसिंह सैनिक नं. 1378, बापासिंह आत्मज सुरैनसिंह सैनिक नं. 1042, बूटासिंह आत्मज चंचलसिंह सैनिक नं. 1348, बुद्धासिंह आत्मज हीरासिंह सैनिक नं. 1394, भगतसिंह आत्मज बूटासिंह सैनिक नं. 1605, मोतीसिंह आत्मज ईश्वर सिंह सैनिक नं. 1247, लछमनसिंह आत्मज कठूरसिंह सैनिक नं. 1417। **संदर्भ :** सेलुलर जेल की सूची का पृष्ठ नं. 3, संख्या नं. 7—पंजाब। **सरकारी फाईल नं.** —होम 1917 पोल. ए. जुलाई 462—489, होम 1915 जुडिशियल ए. दिसम्बर 101—149, होम 1927 पोल. 80/19/27, होम 1916 पोल. ए. मार्च 469—491। **फ़्.चं.जै. फाईल नं.** (4/301—302, 4/304, 3/611, 3/270 से 3/280)।
38185	**बिशनसिंह** *सुपुत्र* केसर सिंह, निवासी डोढेर, सिरहाली, अमृतसर।	प्रथम लाहौर षड्यंत्र केस – 1915 में राजद्रोह के आरोप पर धारा 121, 122, 121ए के अंतर्गत 13.9.1915 को आजीवन कारावास। 29.10.1915 को अंडमान आए। 1921 में भारत की जेल में वापस भेजने का आदेश हुआ। 29.9.1914 को कोमागाटामारू जहाज से डमडम बन्दरगाह पर उतरे थे। पुलिस के साथ मुकाबले के बाद 211 व्यक्ति गिरफ्तार हुए और 18 यात्री मारे गए। 5.10.1914 की पुलिस की रिपोर्ट है कि समाहा बिस्तपुर 24, परगना में कलकत्ता पुलिस ने बिशन सिंह को गिरफ्तार किया। यह शंघाई से भारत में आए थे। एक रिपोर्ट में लिखा है कि मनीला से आते समय इनके पास शस्त्र थे। **संदर्भ :** सेलुलर जेल की सूची का पृष्ठ नं. 3 संख्या नं. 6 – बंगाल। **सरकारी फाईल नं.** —होम 1915 पोल. ए. मार्च 1—13, होम 1915 पोल. प्रोसीडिंग्ज मार्च—अप्रैल

बंदी सं.	बंदी का नाम व पता	विशेष टिप्पणी
		1915, होम 1918 पोल. डिपोजिट प्रिंटेड जनवरी 27, होम 1930 पोल. 410/30. **फू.चं.जै. फाईल नं**–(2/560, 3/530, 1/438, 2/712, 4/230)।
38513	**बिशन सिंह** *सुपुत्र* ज्वाला सिंह जाट, निवासी ढढेर, थाना सिरहाली, अमृतसर।	प्रथम लाहौर षड्यंत्र केस–1915 में राजद्रोह के आरोप पर धारा 121, 122, 121ए के अंतर्गत 13.9.1915 को आजीवन कारावास की सजा। जनवरी, 1916 में अंडमान आए। 1921 में इन्हें भारत भेजने का आदेश हुआ। मार्च, 1930 में कुछ शर्तों के साथ इन्हें जेल से रिहा कर दिया गया। 8.1.1915 को मनील्ला से लापेज, किस्टाना मारू जहाज से भारत आए। जहाज से उतरते ही 14.1.1915 को इंग्रेश आर्डिनेंस में गिरफ्तार कर पांबदी लगा दी गई। तलाशी के समय इनके कब्जे से शस्त्र बरामद हुए। **संदर्भ** : सेलुलर जेल की सूची का पृष्ठ नं. 3, संख्या नं. 5–पंजाब। **सरकारी फाईल नं.** –होम 1915 पोल. ए. जून 345–369, होम 1918 पोल. डिपोजिट प्रिन्टेड जनवरी 27, होम 1920 पोल. प्रौसिडिन्ग्स मार्च 156–160 व के. डब्ल्यू, होम 1920 पोल. ए. नवम्बर 318–326 व के. डब्ल्यू., होम 1930 पोल. नं. 410/30। **फू.च.जै. फाईल नं.**–(1/197, 1/438, 3/673, 4/230, 2/712)।
38177	**बिशनसिंह** *सुपुत्र* राम सिंह, निवासी दोतियान, सिरहाली, अमृतसर, सैनिक नं. 1945।	23वीं कैवलरी विद्रोह में 19.8.1915 को डगसई कोर्ट मार्शल से 10 वर्ष कैद की सजा हुई। फौज में विद्रोह का आरोप था। 30.8.1915 को अम्बाला सेंट्रल जेल में आए 3.10.1915 को अम्बाला जेल से अलीपुर सेंट्रल जेल में भेजा गया। 29.10.1915 को अंडमान जेल में आए। अन्य विवरण बंदी क्रमांक 38182 में देखें। **संदर्भ** : सेलुलर जेल की सूची का पृष्ठ नं. 3, संख्या नं. 8–पंजाब। **सरकारी फाईल नं.** (अम्बाला सेंट्रल जेल 1915 कैदी नं. 2722) –होम 1917 पोल. ए. जुलाई 462–479। **फू.चं.जै. फाईल नं.**–(4/301–302)।
43631	**बुग्घा** *सुपुत्र* पेड़ामल।	अमृतसर नेशनल बैंक मर्डर केस में मार्शल लॉ–1919 के अंतर्गत 2.6.1919 को राजद्रोह/विद्रोह के आरोप में पहले मृत्युदंड बाद में आजीवन कारावास की सजा हुई। पंजाब मार्शल लॉ के उक्त बंदी जब अंडमान जेल में पहुंचे तो सेलुलर जेल में इनमें से कुछ बंदियों को कोल्हू चलाने की मशक्कत पर नियुक्त कर दिया गया, बंदियों

बंदी सं.	बंदी का नाम व पता	विशेष टिप्पणी
		ने तुरंत कहा कि हम सत्याग्रह आंदोलन के हैं--ये मशक्कत नहीं करेंगे। इसपर उन बंदियों के दोनों हाथ पैर बांधकर मुर्गे की तरह कोल्हू के डंडे पर बांध दिया गया और अन्य बंदियों को डंडे को चलाते रहने का आदेश दे दिया गया जिसके कारण मार्शल लॉ के इन बंदियों की कमर रगड़ खाकर छिलती चली गई। इस क्रूर अत्याचार को देखकर इन बंदियों ने काफी शोर मचाया, तब इन्हें जेल की कोठरी में भेजा गया। पृष्ठ नं. 240 "दी पीनल सैटलमेंट इन अंडमान" **संदर्भ :** कोर्ट मार्शल पंजाब–1919 में इन्हें सजा हुई, अंडमान बंदी नं. 43631 उपलब्ध है परन्तु अंडमान की पुस्तक में मार्शल लॉ बंदियों के नाम नहीं हैं। **सरकारी फाईल नं.** –होम 1921 पोल. नं. 389 पार्ट सीरियल नं. 1–5, व के. डब्ल्यू., होम 1921 पोल. डिपोजिट प्रिन्ट मार्च नं. 123, होम 1922 पोल. फाईल नं. 69 पार्ट नं. 4 सीरियल नं. 1–34 व के. डब्ल्यू.। **फू.चं.जै. फाईल नं.**–(3/680, 4/411, 3/224, 3/679, 5/240)।
38758	**भगबतिया बेहरा** (पिता का नाम अनुपलब्ध)।	देशपल्ला रियासत केस–1915–16 में राजद्रोह व हत्या के आरोप में धारा 121, 302/109 में आजीवन कारावास कैद की सजा हुई। 1916 के प्रारम्भ में अंडमान जेल में आए। 1917 के प्रारम्भ में अंडमान जेल से रिहा कर दिए गए। देशपल्ला रियासत का यह केस है और राजद्रोह हत्या के आरोप में सजा हुई है। **संदर्भ** : अंडमान जेल का बंदी नं. है परन्तु पुस्तक में नाम नहीं मिलता। सम्भवतः यह देशी रियासतों का मामला है और वहां पर सजा हुई है। **सरकारी फाईल नं.** –होम 1917 पोल. ए. जुलाई 462– 469। **फू.चं.जै. फाईल नं.**–(4/301 से 304 तक)।
38511	**भान सिंह** सुपुत्र सावन सिंह निवासी लुधियाना।	प्रथम लाहौर षड्यंत्र केस–1915 में धारा 121ए में 13.9.1915 को 10 वर्ष सख्त कैद की सजा हुई। मार्च, 1916 में अंडमान जेल में आए। अंडमान जेल में इन्हें अनेक बार अधिकारियों ने सजाएं सुनाईं। सुपरिन्टेन्डेन्ट अंडमान से मुकाबला हो जाने पर इन्हें जेल की सजा सुना दी गई और बैरक नं. 3, कोठरी

बंदी सं.	बंदी का नाम व पता	विशेष टिप्पणी
		नं. 156 में भेज दिया। जेल के वॉर्डरों ने पूरी सख्ती से इनकी पिटाई की। उस समय इनके मुंह से खून बहने लगा और वह खून बन्द ही नहीं हुआ और उसी अवस्था में ये कोठरी में 1917 के अन्त में शहीद हो गए। इस केस में 7 क्रांतिकारियों को जिनमें करतारसिंह सराबा, सरदार जगतसिंह, सरदार बक्शीश सिंह, श्री विष्णुगणेश पिंगले सुरैन सिंह नं. 1, सुरैन सिंह नं. 2 व हरनामसिंह को मृत्युदंड की सजाएं हुई और 17 नवम्बर, 1915 को लाहौर सेंट्रल जेल में फांसी पर लटका दिए गए। इस मुकदमे में 82 के विरूद्ध आरोपपत्र था और 10 सरकारी अप्रूवर थे। **संदर्भ :** सेलुलर जेल की सूची का पृष्ठ नं. 3 संख्या नं. 4–पंजाब। **सरकारी फाईल नं.** –होम 1917 पोल. ए. जुलाई 462–479, होम 1920 पोल. ए. नवंबर 318–326 व के. डब्ल्यू.होम 1930 पोल. न. 137। **फू.चं.जै. फाईल नं.**–(4/304, 4/229, 6/160)।
38736	**भूपेन्द्रकृष्ण घोष** उर्फ **भूपेन्द्रनाथ घोष**।	शिवपुर पोलिटिक्ल डकैती केस–1916 में धारा 396 में 15.2.1916 को आजीवन कारावास की सजा हुई। 1916 के प्रारम्भ में अंडमान जेल में आए। **संदर्भ** : सेलुलर जेल की सूची का पृष्ठ नं. 6 संख्या नं. 7। इनका बंदी नं. 38736 उपलब्ध है परन्तु इनका नाम अंडमान की सूची में बंगाल के पृष्ठ नं. 6 पर भूपेन्द्रनाथ घोष छपा है। **सरकारी फाईल नं.** –होम 1917 पोल. ए. जुलाई 462–489, होम 1916 पोल. बी. मार्च 296–297, होम 1919 पोल. ए. अक्टूबर 129–139, होम 1921 पोल. ए. प्रोसीडिंग्ज जून 64–88। **फू.चं.जै. फाईल नं.**–(4/304, 1/486 से 488 तक, 4/272, 3/223)।
39402	**मदनमोहन भौमिक** उर्फ चन्दा *सुपुत्र* कैलाशचंद्र, निवासी डुमरेल, थाना करानीगंज, ढाका, आयु 25 वर्ष।	सप्लीमेंट्री बरीसल षड़्यंत्र केस–1913–15 में डकैती के आरोप में धारा 121, 121 ए. में 29.11.1916 को 10 वर्ष कैद की सजा हुई। 23.11.1920 को अंडमान जेल से भारत की जेल में भेजने का आदेश हुआ। 28.1.1924 को मैमनसिंह जेल से त्रिलोक चक्रवर्ती के साथ रिहा होकर आए हैं और स्वराज पार्टी के कार्यालय में कार्य करने लगे। 25.10.1924 को रेग्यूलेशन 3/1818 में शाही नजरबंद

बंदी सं.	*बंदी का नाम व पता*	*विशेष टिप्पणी*
		बना दिए गए और 19.1.1925 से इनकी नजरबंदी बंगाल क्रिमिनल लॉ एमेंडमेंट एक्ट में तब्दील कर दी गई। 19.8.1927 को इन्हें पाबंदियों से मुक्त कर रिहा कर दिया गया। **संदर्भ** : सेलुलर जेल की सूची का पृष्ठ नं. 6, सं. नं. 25—बंगाल। **सरकारी फाईल नं.** —होम 1913 पोल. बी. मार्च 147—149, होम 1913 पोल. ए. जून 31—33, होम 1914 पोल. ए. 39—43, नवंबर 1914, होम 1913 पोल. प्रौसिडिन्स मई 72—75, होम 1913 पोल. ए. जून 49—54, होम 1914 पोल. बी. दिसम्बर 216—217, होम 1914 पोल. बी. दिसम्बर 227—229, होम 1915 पोल. बी. नवम्बर 538—542, होम 1916 पोल. ए. फरवरी 258—260, होम 1916 पोल. ए. अगस्त 202—205 व के. डब्ल्यू., होम 1917 पोल. ए. जनवरी 345—350 व के. डब्ल्यू., होम 1918 पोल. ए. जून 125—130, होम 1914 पोल. ए. नवंबर 39—48, होम 1915 पोल. ए. मई 294—301, होम 1916 पोल. बी. जुलाई 441—445, होम 1916 पोल. ए. नवम्बर 198—201 व के. डब्ल्यू., होम 1917 पोल. ए. अग़स्त 120—126 व के. डब्ल्यू, होम 1917 पोल. ए. जुलाई 11, होम 1919 पोल. ए. अक्टूबर 129—139, होम 1920 पोल. ए. मई 416—476 , होम 1920 पोल. ए. नवम्बर 318—326 व के. डब्ल्यू., होम 1921 पोल. ए. प्रोसीडिंग्ज जून 64—88, होम 1924 पोल. 379 एपैंडिक्स पार्ट 2. सीरियल नं. 1—13, होम 1925 पोल. 253/25, होम 1927 पोल. 10/43/27, होम 1927 पोल. अगस्त 32/27। **फू.चं.जै. फाईल नं.** —(1/43, 2/519, 1/37, 1/36, 2/511, 1/96, 1/101, 1/88, 1/249, 1/121, 1/167, 1/278, 1/288, 1/398, 4/91, 4/78, 4/272, 4/394, 4/236, 3/223, 3/541, 3/530, 2/1004, 3/651, 7/458, 4/297, 5/739 से 741)।
38517	**मदनसिंह** *सुपुत्र* मल सिंह, निवासी गांव बांगा, थाना, बारकी, लाहौर, आयु 28 वर्ष।	प्रथम लाहौर षड्यंत्र केस—1915 में राजद्रोह के आरोप में धारा 121, 121ए. में 13.9.1915 को आजीवन कैद की सजा हुई। जनवरी, 1916 में अंडमान जेल में आए। 23.11.1920 को अंडमान जेल से भारत भेजने का आदेश हुआ। 20.4.1921 को पुनः लिखा गया कि अंडमान जेल से भारत की जेल में भेजा जाए।

बंदी सं.	*बंदी का नाम व पता*	*विशेष टिप्पणी*
		लाहौर छावनी में ये ग्रंथी थे, 23वीं कैवलरी पलटन के सैनिकों में विद्रोह कराने में इनका योग था। **संदर्भ** : सेलुलर जेल की सूची का पृष्ठ नं. 4, संख्या नं. 42—पंजाब। **सरकारी फाईल नं.** –होम 1917 पोल. ए. जुलाई 462–489, होम 1919 पोल. ए. अक्टूबर 129–139, होम 1920 पोल. ए. नवम्बर 318–326, व के. डब्ल्यू., होम 1921 पोल. ए. प्रौसिडिन्सि जून 64–88, होम 1922 पोल. न. 69 पार्ट नं. 4, सीरियल नं. 1–34 व के. डब्ल्यू., होम 1927 पोल. 80/19/27, होम 1930 पोल. नं. 419/30। **फू.चं.जै फाईल नं.**–(4/304, 4/271, 4/230, 3/223, 3/224, 3/661, 2/713)।
38183	**मंगलसिंह** *सुपुत्र* सरमुख सिंह निवासी लालपुर, थाना तरणतारण, अमृतसर।	प्रथम लाहौर षड्यंत्र केस—1915 में राजद्रोह व सैनिकों को भड़काने के आरोप में धारा 121, 121ए, 131 में 13.9.1915 को आजीवन कैद हुई। 29.10.1915 को अंडमान आए। यातनाओं के कारण अंडमान जेल में स्वर्गवास हो गया। सैकरा मैण्टो अमेरिका में जो मीटिंग हुई थी—उस मीटिंग में इन्होंने भारत जाने की योजना बनाई थी। यह भी योजना थी कि पिनांग में भारतीय सिपाहियों से शस्त्र बरामद किए जाएं। 29.10.1914 को अमेरिका से भारत आए। भारत में आते ही इनपर पाबंदी लगा दी गई और बाद में प्रथम लाहौर केस में इन्हें सजा हो गई। **संदर्भ** : सेलुलर जेल की सूची का पृष्ठ नं. 4, संख्या नं. 43—पंजाब। **सरकारी फाईल नं.** –होम 1917 पोल. ए. जुलाई 462–479, होम 1918 पोल. डिपोजिट प्रिन्टेड जनवरी 27, होम 1920 पोल. प्रोसीडिंग्ज मार्च 156 –160 व के. डब्ल्यू., होम 1930 पोल. फाईल नं. 410/30. **फू.चं.जै. फाईल नं.**–(4/302, 1/439, 3/673, 2/713)।
–	**मंशा सिंह** *सुपुत्र* निहाल सिंह त्रिखान, निवासी जंडियाला, थाना नूरमहल, लुधियाना।	द्वितीय सप्लीमेंट्री लाहौर षड्यंत्र केस—1916–1917 में राजद्रोह के आरोप में धारा 121, 121ए. में 30.3.1916 को आजीवन कारावास की सजा हुई। मंशासिंह कनाडा में गदर आंदोलन में सक्रिय थे। गदर की गूंज के लिए ये शायराना नज्में लिखते थे, गदर की प्रशंसा में लिखना ही इनका कार्य था। **संदर्भ** : सेलुलर जेल की सूची का पृष्ठ नं. 4, संख्या

बंदी सं.	बंदी का नाम व पता	विशेष टिप्पणी
		नं. 45—पंजाब। **सरकारी फाईल नं.** —होम 1920 पोल. प्रोसीडिंग्ज मार्च 156—160 व के. डब्ल्यू.। **फू.चं.जै. फाईल नं.**—(3/675)।
43632	**मनोहर सिंह** *सुपुत्र* लहना सिंह, आयु 21 वर्ष।	अमृतसर नेशनल बैंक मर्डर केस-1919 में राजद्रोह/विद्रोह के आरोप में धारा 121 में 2.5.1919 को मार्शल लॉ केस नं. 75 में आजीवन कैद की सजा हुई। 20.4.1921 को सरकार ने लिखा कि इन्हें अंडमान जेल से वापस भारत की जेल में भेज दिया जाए। **संदर्भ :** कोर्ट मार्शल पंजाब—1919 में इन्हें सजा हुई, अंडमान बंदी नं. 43632 उपलब्ध है, परन्तु अंडमान की पुस्तक में मार्शल लॉ बंदियों के नाम नहीं हैं—इसलिए इनके नाम की संख्या खाली है। **सरकारी फाईल नं.** —होम 1922 पोल. नं. 69 पार्ट नं. 4, सीरियल नं. 1—34 व के. डब्ल्यू., होम 1927 पोल. 80/19/27, होम 1930 पोल. नं. 410/30. **फू.चं.जै. फाईल नं.**—(3/224, 3/660, 2/718, 3/679, 5/240)।
38757	**महादेव प्रधान**।	देशपल्ला रियासत के केस-1915—16 में राजद्रोह व हत्या के आरोप में धारा 121, 302/109 में आजीवन कैद की सजा हुई। 1916 के प्रारम्भ में ये जेल में आए। **संदर्भ :** अंडमान जेल का बंदी नं. है परंतु पुस्तक में नाम नहीं मिलता, संभवतः यह देशी रियासतों का मामला है और वहां पर सजा हुई है। **सरकारी फाईल नं.**—होम 1917 पोल. ए. जुलाई 462—469. **फू.चं.जै. फाईल नं.**—(4/301 से 304 तक)।
—	**मुखादा बाबू**।	उत्तेजनात्मक प्रचार के आरोप में 1908—1909 में सजा हुई। इनके पिता का नाम न होने के कारण व अंडमान जेल का बंदी नं. न होने के कारण विवरण नहीं मिल पाया है। **संदर्भ :** सेलुलरं जेल की सूची का पृष्ठ नं. 5, संख्या नं. 4—उत्तर प्रदेश।
43339	**मेहरदीन**, *सुपुत्र* मण्डूह।	अमृतसर नेशनल बैंक मर्डर केस-1919 में राजद्रोह/उपद्रव के आरोप में धारा 121 में 2.6.1919 को कोर्ट मार्शल

बंदी सं.	बंदी का नाम व पता	विशेष टिप्पणी
		नं. 75, फांसी की सजा हुई थी। बाद में आजीवन कैद की सजा हुई। 20.4.1921 को सरकार ने लिखा है कि इनको वापस भारत की जेल में भेज दिया जाए। **संदर्भ** : अंडमान का बंदी नं. 43339 उपलब्ध है परन्तु अंडमान जेल की सूची के पंजाब पृष्ठ नं. 4 व 5 पर ये नाम उपलब्ध नहीं हैं। **सरकारी फाईल नं.** –होम 1921 पोल. नं. 389, पार्ट सीरियल नं. 1–4 व के. डब्ल्यू., होम 1922 पोल. फाईल नं. 69 पार्ट नं. 4, सीरियल नं. 1–34 व के. डब्ल्यू., होम 1930 पोल. एफ. 410/30। **फू.चं.जै. फाईल नं**–(3/680, 3/224, 2/718, 5/240।
	मेहर सिंह।	गदर आंदोलन, 1915 में सजा हुई। इनका अंडमान जेल का बंदी नं. व पिता का नाम पता न होने के कारण पूरा विवरण पाने में असफलता रही है। **संदर्भ** : सेलुलर जेल की सूची का पृष्ठ नं. 4, संख्या नं. 49–पंजाब।
40383	**मोहम्मद अकरम खां**।	सीमाप्रांत के बंदी-1919 में सजा हुई। 23.11.1920 को सरकार ने लिखा है कि मोहम्मद अकरम खां को भारत की जेल में भेज दिया जाए और इस केस में सजा घटाकर बाद में 5 वर्ष कर दी। मोहम्मद अकरम खां सीमाप्रान्त के रहने वाले हैं और इनके पिता का नाम उस समय उपलब्ध न होने के कारण इनका शेष विवरण खोजने में अभी तक सफलता नहीं मिली है। रिकॉर्ड में मोहम्मद अकरम आत्मज मोहम्मद अमीन का एक नाम मिलता है जिसे 2.6.1919 को पंजाब मार्शल लॉ उपद्रवों में अमृतसर मिसेज इसडन केस की हत्या के आरोप में 10 वर्ष कैद की सजा हुई थी। **सरकारी फाईल नं.** –होम 1919 पोल. ए. अक्टूबर 129–139, होम 1921 पोल. 389 पार्ट सीरियल नं. 1–4 व के. डब्ल्यू, होम 1921 पोल. डिपोजिट प्रिंटेड मार्च 123, होम 1921 पोल. ए. प्रोसीडिंग्ज जून 64–88, होम 1930 पोल. 418/30. **फू.चं.जै. फाईल न.** (4/272, 3/681, 4/411, 3/223, 2/719)।

बंदी सं.	*बंदी का नाम व पता*	*विशेष टिप्पणी*
41055	**मोहम्मद मुस्तबा हुसैन** उर्फ **मूलचन्द** *सुपुत्र* सज्जाद हुसैन, निवासी जौनपुर, उत्तर प्रदेश।	माण्डला षड्यंत्र केस–1916–1917 में राजद्रोह के आरोप में धारा 121, 121ए. में 6.7.1917 को पहले मृत्युदंड और बाद में आजीवन कारावास। 11.2.1918 को अंडमान पहुंचे। 23.11.1920 को अडंमान से भारत भेजने का आदेश। 20.4.1921 को पुनः लिखा गया कि इन्हें भारत की जेल में भेजा जाए। षड्यंत्र केस के समय अमर सिंह आत्मज वरयाम सिंह व मुस्तबा हुसैन उर्फ मूलचन्द आत्मज सज्जाद हुसैन व अली अहमद सिद्दकी तीनों को मृत्युदंड की सजा 1917 को हुई थी परंतु बाद में 28.1.1918 को वाइसराय ने तीनों की सजा को रद्द कर आजीवन कैद की सजा दी। **संदर्भ :** सेलुलर जेल में सूची का पृष्ठ नं. 5, संख्या नं. 5–उत्तर प्रदेश। **सरकारी फाईल नं.**–होम 1919 पोल. बी. प्रिंटेड जनवरी 207–206, होम 1919 पोल. ए. अक्टूबर 129–139, होम 1921 पोल. ए. प्रोसीडिंग्ज जून 64–88, होम 1922 पोल. नं. 69 पार्ट नं. 4, सीरियल नं. 1–34 व के. डब्ल्यू.। **फू.चं.जै. फाईल नं**–(4/626, 4/272, 4/323, 3/225)।
43844	**मोहम्मदी** *सुपुत्र* अजीज कश्मीरी।	अमृतसर नेशनल बैंक मर्डर केस–1919 में राजद्रोह/विद्रोह के आरोप में धारा 121 में 2.6.1919 को मार्शल लॉ केस नं. 75 पहले फांसी की सजा हुई थी जिसे बाद में आजीवन कैद की सजा में तब्दील कर दिया गया। 1912 में इन्हें अंडमान जेल से भारत की जेल में भेजने का आदेश हुआ। **संदर्भ :** कोर्ट मार्शल पंजाब–1919 में इन्हें सजा हुई, अंडमान बंदी नं. 43844 है, परंतु अंडमान की पुस्तक में मार्शल लॉ बंदियों के नाम नहीं हैं। **सरकारी फाईल नं.** –होम 1927 पोल. 80/19/27, होम 1930 पोल. नं. 410/30। **फू.चं.जै. फाईल नं.**–(3/718, 3/660, 2/718, 5/240)।
43630	**रतनचन्द** उर्फ **रत्तो महाशय** *सुपुत्र* सीताराम, आयु 32 वर्ष।	अमृतसर नेशनल बैंक मर्डर केस–1919 में पंजाब मार्शल लॉ के समय मिस शेरवुड की हत्या के आरोप में धारा 121, 307, 147, 307/109 में 2.6.1919 को (मार्शल लॉ केस नं. 75) फांसी की सजा हुई और बाद में आजीवन कारावास कर दी गई।

बंदी सं.	बंदी का नाम व पता	विशेष टिप्पणी
		1925 में अमृतसर के प्रतिनिधियों ने होम मेम्बर को आवेदन भेजा कि काफी बंदी अंडमान जेल से वापस आ गए हैं परन्तु महाशय रतनचन्द जी अभी तक अंडमान जेल से भारत नहीं आए हैं। उनको भारत की जेल में भेजने का शीघ्र आदेश दिया जाए। पंजाब मार्शल लॉ के उक्त बंदी जब अंडमान जेल में पहुंचे तो सेलुलर जेल में इनमें से कुछ बंदियों को कोल्हू चलाने की मशक्कत पर नियुक्त कर दिया गया, बंदियों ने तुरन्त कहा कि हम सत्याग्रह आंदोलन के हैं ये मशक्कत नहीं करेंगे। इसपर उन बंदियों के दोनों हाथ–पैर बांधकर मुर्गे की तरह कोल्हू के डंडे पर बांध दिया गया और अन्य बंदियों को डंडे को चलाते रहने का आदेश दे दिया गया जिसके कारण मार्शल लॉ के इन बंदियों की कमर रगड़ खाकर छिलती चली गई। इस क्रूर अत्याचार को देखकर इन बंदियों ने काफी शोर मचाया। तब इन्हें जेल की कोठरी में भेजा गया। –पृष्ठ नं. 240 "दी पीनल सैट्लमेंट इन अंडमान" **संदर्भ :** अंडमान का बंदी नं. 43630 उपलब्ध है परन्तु अंडमान जेल की सूची के पंजाब पृष्ठ नं. 4 व 5 पर ये नाम उपलब्ध नहीं है। **सरकारी फाईल नं.**–होम 1921 पोल. 389 पार्ट सीरियल नं. 1–5 व के. डब्ल्यू., होम 1921 पोल. डिपोजिट प्रिंट मार्च नं. 123, होम 1922 पोल. नं. 69 पार्ट नं. 4 सीरियल नं. 1–34 व के. डब्ल्यू., होम 1925 पोल. 177/25, होम 1927 पोल. नं. 80/19/27, होम 1930 पोल. नं. 410/30, **फू.चं.जै. फाईल नं.**–(3/680, 4/411, 3/224, 3/678 3/660, 2/718, 5/240)।
	रणधीर सिंह *सुपुत्र* नत्था सिंह, निवासी नारंगवाल, थाना ढेलन, लुधियाना, आयु 38 वर्ष।	लाहौर सप्लीमेंट्री केस–1916-1917 में 30.3.1916 को राजद्रोह के आरोप में धारा 121, 121ए के अंतर्गत आजीवन कैद की सजा हुई। 3.10.1930 को कुछ शर्तों के साथ रिहा कर दिया गया है। गिरफ्तारी से पूर्व ये नायब तहसीलदार की अस्थायी पोस्ट पर नौकरी करते थे, इनका क्रम संख्या में पृष्ठ 5 व संख्या 56 पंजाब है। इनका अंडमान जेल का बंदी नं. अभी नहीं मिला है। ये प्रवासी भारतीय नहीं हैं, इनके पिता रियासत नाभा में लैन्ड रेवन्यू ऑफिस में थे,

बंदी सं.	बंदी का नाम व पता	विशेष टिप्पणी
		फिरोजपुर रेड के समय वे करतार सिंह के साथ शामिल हो गए। **संदर्भ** : सेलुलर जेल की पृष्ठ नं. 5, संख्या नं. 56—पंजाब। **सरकारी फाईल नं.**—होम 1916 पोल. ए. मई 219—221, होम 1917 पोल. ए. जुलाई 462—489, होम 1920 पोल. ए. नवम्बर 318—326 व के. डब्ल्यू., होम 1925 पोल. 394/25 कोन्फिडेंशल शिमला रिकॉर्ड्स नं. 2, होम 1927 पोल. 88/19/27, होम 1930 पोल. नं. 410/30। **फू.चं.जै. फाईल नं.**—(2/629, 4/306, 4/230, 2/957, 3/662, 3/674, 2/712, 2/715, 2/835)।
—	**रामकरण** *सुपुत्र* रामदयाल, निवासी रियासत जोधपुर, आयु 30 वर्ष।	कोटा मंहत प्यारेराम हत्याकांड (25.6.1912) में 20 वर्ष की कैद हुई। इनका कोटा जेल बंदी नं. 5369 है। कोटा मर्डर केस में 25.6.1912 को रुपया लूटने के अभिप्राय से क्रांतिकारियों ने मंहत प्यारेराम की हत्या कर दी थी और होस्टल हाउस कोटा के जीने के नीचे शव को गड्ढे में दबा दिया था तथा नमक डाल दिया था। बाद में पुलिस ने अभियुक्तों का चालान किया और 14.7.1914 को अभियुक्तों को सेशन के सुपुर्द कर दिया गया। 6.10.1914 को सेशन जज ने सजाएं सुना दीं। **सरकारी फाईल नं.**—होम 1915 फोरन एण्ड पोलिटिकल जनरल बी. जुलाई 106—110, होम 1915 पोल. पोर्ट. ब्लेयर. जून 44—66, होम 1914 पोल. बी. अगस्त 259—282, होम 1914 पोल. बी. दिसम्बर 218—222 डायरी, होम 1915 पोल. डिपोजिट अप्रैल 9, होम 1920 पोल. ए. मार्च 161—169 व के. डब्ल्यू., होम 1945 पोर्ट ब्लेयर बी. जून नं. 44—46। **फू.चं.जै. फाईल नं.**—(1/474, 1/95, 1/97, 1/263, 8/95, 4/472)।
—	**श्यौचरनलाल शर्मा**।	यह श्री रामचरण लाल के भाई हैं जिन्हें 2.12.1908 को धारा 124 ए में 10 वर्ष कैद की सजा हुई थी। श्यौचरण लाल को 5 वर्ष कैद की सजा 1.9.1919 को हुई और 5.2.1920 को महायुद्ध संधि के बाद आम रिहाइयों की घोषणा में जेल से रिहा कर दिए गए। केवल चार माह के लगभग जेल की सजा काटी थी। परदी डकैती में भी थे जिसमें एक औरत मारी गई थी। श्यौचरणलाल

बंदी सं.	*बंदी का नाम व पता*	*विशेष टिप्पणी*
		ने कांग्रेस के विशेष अधिवेशन पर 10 किताबें अमरीका इन्डिपेंडेन्स को बेची थीं। कानपुर कम्युनिस्ट षड्यंत्र केस में दायर मुकदमे में अन्य अभियुक्तों के साथ इनको न्यायालय में उपस्थित नहीं किया जा सका, क्योंकि ये पांडिचेरी फ्रेंच सीमा में हैं। कानपुर षड्यंत्र केस के अन्य अभियुक्त हैं—मानवेन्द्रनाथ राय, मौलाबख्श उर्फ शौकत उस्मानी, मुजप्पर अहमद, गुलाम हुसैन, नलनी भूषणदास गुप्ता, श्रीपत अमृतडांगे, माईलापोर–सिंगरावेलेल्लू चेट्टयार। **फू.चं.जै. फाईल नं.**—(3/174, 1/344, 3/183, 1/29, 118, 7/420, 468, 2/741, 872, 873 4/215, 4/396)।
32235	**रामचरणलाल शर्मा** *सुपुत्र* गंगाराम शर्मा, लेखक व सम्पादक *युगान्तर* अखबार, गांव नंगला डरू, तहसील कासगंज, जिला एटा, यू. पी. (जन्म 27.9.1885)।	3.3.1909 को *युगान्तर* अखबार में आपत्तिजनक लेख के प्रकाशन पर 10 वर्ष की सजा हुई। 20.4.1910 को अंडमान जेल में भेजने का आदेश हुआ। 24.10.1910 को अंडमान जेल में आए। 1915 में अंडमान जेल से हैदराबाद सिंध भेजने का आदेश हुआ परन्तु होशंगाबाद जेल में भेजे गए। 2.12.1908 को धारा 124 ए. में इनके विरुद्ध उत्तर प्रदेश में मुकदमा कायम हुआ। इनपर आरोप था कि ये विद्यार्थियों को प्रोत्साहित करते थे कि यूरोपियनों की हत्या करो और इसी प्रकार का प्रचार व प्रेरणाएं पब्लिक में भी देते थे। 3.3.1909 को मुकदमे को फैसला सुनाते हुए एटा अतिरिक्त सेशन जज ने 10 वर्ष कैद की सजा सुनाई। 20.4.1910 को अंडमान जेल में भेजने का आदेश दिया। 24.10.1910 को अंडमान जेल में पहुंचे। अंडमान जेल में अधिकारियों को मारने की मुखबरी एक बंदी ने की थी। इसपर उग्र विचार वाले कई राजनैतिक बंदियों को अंडमान जेल से वापस भेजने का आदेश हुआ। अंडमान जेल का बंदी नं. 32235 था और अंडमान जेल से वापस होशंगाबाद जेल में भेजे गए। इससे पूर्व इनको कोयम्बटूर जेल में भेजने का प्रस्ताव किया था। युगान्तर प्रेस प्रकाशन में आपत्तिजनक लेख *युगान्तर* में प्रकाशित होने पर 10 वर्ष कैद की सजा हुई। रिहाई की सम्भावित तारीख 20.8.1917 है। कानपुर कम्युनिस्ट

बंदी सं.	*बंदी का नाम व पता*	*विशेष टिप्पणी*
		षड्यंत्र केस में रामचरणलाल शर्मा का नाम भी आरोप पत्र में था। परन्तु रामचरणलाल शर्मा भारत से बाहर फ्रेंच सरकार की सीमा में पांडिचेरी में थे। भारत सरकार ने फ्रेंच सरकार के अधिकारियों को लिखा है कि वह फ्रेंच सीमा से रामचरणलाल शर्मा को तुरन्त निष्कासित कर दे। **संदर्भ :** अंडमान जेल की सूची में इनका नाम दृष्टिगोचर नहीं हुआ—जबकि अंडमान जेल का बंदी नं. 32235 मिलता है। **सरकारी फाईल नं.**—होम 1909 पोल. डिपोजिट मार्च नं. 1, होम 1910 पोल. डिपोजिट मार्च नं. 1, होम 1912 पोल. ए. जनवरी 15—18, होम 1915 पोल. ए. फरवरी 68—160, होम 1915 पोल. ए. प्रोसीडिंग्ज फरवरी 68—160, होम 1924 पोल.फरवरी नं. 120, होम 1932 पोलिटिकल 11/2/1932। **फू.चं.जै. नं.**—(3/174, 1/344, 3/183, 1/29, 1/118, 2/741, 7/420, 2/872—873)।
41054	**रामरक्खा बाली** *सुपुत्र* जवाहीरराम, निवासी ससीली, सदर, होशियारपुर, आयु 22 वर्ष।	दूसरे बर्मा—माण्डला षड्यंत्र केस में 6.7.1917 को राजद्रोह के आरोप में 121, 121 ए. धारा में आजीवन कारावास सजा हुई। 11.2.1918 को अंडमान आए। जनेऊ के धार्मिक अधिकार की रक्षा करते हुए 14.7.1918 को जेल में शहीद हो गए। यह भूख—हड़ताल धार्मिक अधिकारों की रक्षा के लिए 92 दिन तक चली जो 12.2.1918 को शुरू हुई थी। 1919—20 के मध्य इंडियन जेल्स कमेटी पोर्ट ब्लेयर अंडमान में भी गई और बंदियों की शिकायतें सुनने के बाद तुरन्त आदेश दे दिया गया कि भविष्य में किसी का भी जनेऊ या धार्मेक चिह्न नहीं उतारा जाएगा और प्रत्येक बंदी को जो इन्हें रखना चाहे रखने का अधिकारी होगा और यह भी स्वीकृति दी कि प्रत्येक 3 माह के बाद बंदी को पत्र लिखने की सुविधा मिलेगी। **संदर्भ :** सेलुलर जेल की सूची का पृष्ठ नं. 5, संख्या नं. 54—पंजाब। **सरकारी फाईल नं.** —होम 1919 पोल. बी. प्रिंटेड जनवरी 207—206, होम 1913 पोल. ए. प्रोसीडिंग्ज अक्टूबर 671—684 व के. डब्ल्यू., होम 1917 पोल. डिपोजिट फरवरी 34, होम 1919 पोल. बी. प्रिंटेड जनवरी 207—206, होम 1920 पोल. ए. जून 469—470, होम 1918 पोल. ए. जनवरी 491—497, होम 1930 पोल.

बंदी सं.	*बंदी का नाम व पता*	*विशेष टिप्पणी*
		137। **फू.चं.जै. फाईल नं.**—(4/625, 4/452, 3/266, 4/626, 4/440, 4/448, 6/107)।
38370	**रामशरण दास** *सुपुत्र* संतराम खत्री, निवासी कपूरथला।	13.9.1915 को प्रथम लाहौर षड्यंत्र केस में धारा 121, 121ए के अंतर्गत मृत्युदंड जो बाद में आजीवन कारावास में परिवर्तित। 10.12.1915 को अंडमान आए। 20.4.1921 को इन्हें वापस भारत की जेल भेजने का आदेश दिया गया। 1930 में कुछ प्रतिबंधों के साथ रिहा किए गए। गोपनीय रूप में इनका सम्पर्क रासबिहारी बोस व विष्णु गणेश पिंगले से काफी समय से था। 1915 में इन्हें तपेदिक हो गया था। 1920 की आम रिहाइयों में रिहा नहीं किए गए। दिल्ली लॉर्ड हार्डिन्ग बम केस में फांसी की सजा पाने पर श्री अवध बिहारी की प्रेरणा पर कपूरथला में *लिबर्टी* अखबार के पर्चे पुनः प्रकाशित किए। **संदर्भ :** सेलुलर जेल की सूची का पृष्ठ नं. 5, सं. नं. 55—पंजाब। **सरकारी फाईल नं.** —होम 1919 पोल. बी. प्रिंटेड जनवरी 207—206, होम 1919 पोल. ए. अक्टूबर 129—139, होम 1920 पोल. ए. नवम्बर 338—326 व के. डब्ल्यू., होम 1920 पोल. प्रोसीडिंग्ज मार्च 156—160 व के. डब्ल्यू. होम 1921 पोल. ए. प्रोसीडिंग्ज जून 64—88, होम 1922 पोल. नं. 69, पार्ट नं. 4 सीरियल नं. 1—34, व के. डब्ल्यू., होम 1917 पोल. ए. जुलाई 426—430, होम 1930 पोल. फाईल नं. 410/30। **फू.चं.जै. फाईल नं.**—(4/626, 4/272, 4/230, 3/673, 3/223, 3/224, 2/713, 4/303 व 305)।
32234	**बाबूराम हरी** *सुपुत्र* जसपत राय खत्री, (सम्पादक *स्वराज* अखबार), निवासी गुरदासपुर, कादियान, आयु 22 वर्ष।	10.12.1908 को *स्वराज* अखबार, इलाहाबाद के लेख पर 7 वर्ष कैद की सजा। 24.10.1910 को अंडमान जेल में आए। 1915 में हैदराबाद सिंध जेल में भेजने का निर्णय हुआ। बाबूराम हरि जब पंजाब से कलकत्ता गए तो बंगाल पुलिस को पूरा संदेह था कि ये पंजाब और बंगाल के क्रांतिकारियों के मध्य संवादों का आदान—प्रदान कर रहे हैं, क्योंकि 1908 में भी *स्वराज* अखबार में एक उत्तेजनात्मक लेख लिखने के आरोप में ये 7 वर्ष कैद की सजा काट चुके हैं। अब इनके विरुद्ध भारत रक्षा

बंदी सं.	*बंदी का नाम व पता*	*विशेष टिप्पणी*
		कानून में कार्यवाही की जा रही है। बंगाल पुलिस ने इन्हें वापस पंजाब भेजा, गुरदासपुर में इन्हें पाबंद करने का आदेश दिया गया है। उर्दू में प्रकाशित होने वाले साप्ताहिक पत्र *स्वराज* अखबार के सम्पादक बने। केवल दो ही अंकों का संपादन इन्होंने किया था। इनके विरुद्ध कई मुकदमे दायर कर दिए गए और भिन्न–भिन्न दफाओं में कुल मिलाकर 21 वर्ष आजीवन कारावास की सजा हुई और अंडमान जेल में भेज दिए गए। **संदर्भ** : सेलुलर जेल की सूची का पृष्ठ नं. 5, संख्या नं. 8, उत्तर प्रदेश। **सरकारी फाईल नं.**—होम 1909 पोल. डिपोजिट, मार्च नं. 1, होम 1915 पोल. ए. फरवरी 68–160, होम 1910 पोल. ए. मई. 25–26, होम 1916 पोल. बी. सितम्बर 652–656, होम 1916 पोल. डी. नवम्बर 49, होम 1912 पोल. ए. जनवरी 1–18। **फू.चं. जै. फाईल नं.** (3/174, 1/118, 1/344, 1/171, 1/464, 2/741, 1/29)।
43633	**राजाराम** *सुपुत्र* गंगाराम।	17.6.1919 को मार्शल लॉ केस नं. 108 मलकवाल रायट केस नं. 4, धारा 121 में फांसी की सजा हुई। बाद में आजीवन कैद में तब्दील कर दी गई। मुझे अभी तक और किसी राजाराम का नाम नहीं मिला है। परंतु मार्शल लॉ पंजाब के किसी भी अन्य बंदी का नाम अंडमान की पुस्तक में नहीं है जबकि उनके अंडमान जेल के बंदी नं. उपलब्ध हैं, इसलिए यह चैक करने की बात है कि अंडमान बंदी नं. 43633 एक ही व्यक्ति है या राजाराम नाम के अन्य कोई और व्यक्ति है। अंडमान की पुस्तक में पंजाब के पृष्ठ नं. 5 क्रम संख्या 53 पर श्री राजाराम का नाम है। पंजाब मार्शल लॉ के उक्त बंदी जब अंडमान जेल में पहुंचे तो सेलुलर जेल में इनमें से कुछ बंदियों को कोल्हू चलाने की मशक्कत पर नियुक्त कर दिया गया। बंदियों ने तुरंत कहा कि हम सत्याग्रह आंदोलन के हैं—ये मशक्कत नहीं करेंगे। इसपर उन बंदियों के दोनों हाथ–पैर बांधकर मुर्गे की तरह कोल्हू के डंडे पर बांध दिया गया और अन्य बंदियों को डंडे को चलाते रहने का आदेश दे दिया गया। जिसके कारण मार्शल लॉ के इन बंदियों की कमर छिलती चली गई (रगड़ खाकर)।

बंदी सं.	*बंदी का नाम व पता*	*विशेष टिप्पणी*
		इस क्रूर अत्याचार को देखकर इन बंदियों ने काफी शोर मचाया, तब इन्हें जेल की कोठरी में भेज दिया गया। पृष्ठ नं. 240, "दि पीनल सैट्लमेंट इन अंडमान" **संदर्भ** : सेलुलर जेल की सूची का पृष्ठ नं. 5, संख्या नं. 53—पंजाब। **सरकारी फाईल नं.**—होम 1921 पोल. डिपोजिट प्रिंट मार्च नं. 123, होम 1921 पोल. 389 पार्ट सीरियल नं. 1–4, व के. डब्ल्यू., होम 1922 पोल. नं. 69 पार्ट नं. 4, सीरियल नं. 1–34 व के. डब्ल्यू., होम 1927 पोल. न. 80/19/27, होम 1930 पोल.नं. 418/30। **फू.चं.जै. फाईल नं.**—(4/411, 3/681, 3/224, 3/660, 2/719, 5/240)।
38369	**रूलिया सिंह** उर्फ **रूल्ला सिंह** *सुपुत्र* जगतसिंह, निवासी सराबा, थाना रायकोट, लुधियाना।	प्रथम लाहौर केस—1915 में 13.9.1915 को राजद्रोह व डकैती के आरोप में धारा 121, 121ए, 396 में फांसी की सजा जो बाद में आजीवन कारावास में परिवर्तित। 29.10.1915 को अंडमान जेल में आए। प्रथम महायुद्ध की समाप्ति पर आम रिहाइयों में रिहा नहीं किया गया। 1921 में इन्हें भारत की जेल में भेजने का निर्णय हुआ और 1930 में कुछ शर्तों के साथ इन्हें रिहा किया गया। पुस्तक सूची में इनका नाम रूल्ला सिंह छपा है । **संदर्भ** : सेलुलर जेल में सूची का पृष्ठ नं. 5, सं. नं. 58—पंजाब। **सरकारी फाईल नं.** —होम 1914 पोल. ए. दिसम्बर 155–161, होम 1919 पोल. बी. प्रिंटेड जनवरी 207–206, होम 1920 पोल. प्रोसीडिंग्ज मार्च 156–160 व के. डब्ल्यू., होम 1920 पोल. ए. नवंबर 318–326 व के. डब्ल्यू, होम 1930 पोल. 410–30। **फू.चं.जै. फाईल नं.**—(1/134, 4/626, 3/673, 4/230, 2/713)।
38514	**रूढ़ सिंह** *सुपुत्र* अत्तर सिंह।	प्रथम लाहौर षड्यंत्र केस–1915 में 13.9.1915 को राजद्रोह के आरोप में 121, 121ए, 131 धारा में पहले फांसी की सजा हुई बाद में आजीवन कैद रह गई। जनवरी, 1916 में अंडमान जेल में आए। 20.4.1921 को भारत की जेल में भेजने का आदेश हुआ व मार्च, 1930 में कुछ शर्तों के साथ इन्हें रिहा कर दिया गया। ये हांगकांग में सेंट्रल कमेटी के मेम्बर थे। सिंगापुर में फौजों में बगावत का प्रयत्न किया। पुलिस की हिरासत से बचकर भाग निकलने का प्रयास किया।

बंदी सं.	बंदी का नाम व पता	विशेष टिप्पणी
		संदर्भ : सेलुलर जेल की सूची का पृष्ठ नं. 5, संख्या नं. 5, पंजाब। **सरकारी फाईल नं.** होम 1914 पोल. ए. दिसम्बर 155-66, होम 1917 पोल. ए. जुलाई 462–489, होम 1918 पोल. डिपोजिट प्रिंटेड जनवरी नं. 27, होम 1919 पोल. ए. 129–139, होम 1921 पोल. ए. प्रोसीडिंग्ज जून 64–88, होम 1922 पोल. नं. 69 पार्ट नं. 4, सीरियल नं. 1–34 व के. डब्ल्यू., होम 1927 पोल. 88/19/27, होम 1930 पोल. नं. 410/30। **फू.चं.जै. फाईल नं.**–(1/135, 4/404, 1/430, 4/271, 3/223, 3/224, 3/661, 3/674, 2/718)।
38521	**रोडा सिंह** *सुपुत्र* वसावा सिंह निवासी रोडा, भागा पुराना, फिरोजपुर।	प्रथम लाहौर षड्यंत्र केस–1915 में 13.9.1915 को धारा 121, 121ए में आजीवन कैद की सजा हुई। जनवरी, 1915 में अंडमान आए। 1921 में भारत की जेल में भेजने का आदेश हुआ। मार्च, 1930 में इन्हें कुछ शर्तों के साथ रिहा कर दिया गया। माटिना मारू जहाज से भारत आए थे–बम बनाना जानते थे। इनका परामर्श था कि पुलिसवालों को लूट लो। **संदर्भ** : सेलुलर जेल की सूची का पृ. नं. 5, संख्या नं. 57, पंजाब। **सरकारी फाईल नं.**–होम 1917 पोल. ए. जुलाई 462–489, होम 1920 पोल. ए. प्रोसीडिंग्ज मार्च 156–160 व के. डब्ल्यू., होम 1930 पोल. नं. 410 30. **फू.चं.जै. फाईल नं.**–(4/304, 2/713)।
—	**रोशन लाल**।	अंडमान जेल का बंदी नं. व पिता का नाम उपलब्ध न होने के कारण पूरा विवरण नहीं मिल सका। अखबारों के लेखों में उत्तेजनात्मक प्रचार पर 1908–1909 में दंडित। केस अपूर्ण है। **संदर्भ** : सेलुलर जेल की सूची का पृष्ठ नं. 5, संख्या नं. 9, उत्तर प्रदेश।
32694	**लद्धाराम संन्यासी कपूर** *सुपुत्र* दित्ता मल कपूर, संपादक *स्वराज* अखबार, निवासी वरायचवाला, गुजरात (वरायच वालेन), आयु 21 वर्ष।	26.5.1910 को *स्वराज* अखबार इलाहाबाद के लेख पर सजा हुई। धारा 124ए के अंतर्गत 3 केसों में 10 –10 वर्ष की कैद की सजा हुई। 11.10.1910 को अंडमान जेल में आए 13.6.1914 को कैनोर सेंट्रल जेल में भेजने का आदेश। **संदर्भ** : सेलुलर जेल की सूची का पृष्ठ नं. 5, संख्या नं. 3, उत्तर प्रदेश। **सरकारी फाईल नं.** –होम 1910

बंदी सं.	*बंदी का नाम व पता*	*विशेष टिप्पणी*
		पोल. ए. सितम्बर 11–18, होम 1911 पोल. डिपोजिट, मार्च नं. 1, होम 1912 पोल. ए 15–18, होम 1915 पोल. ए. प्रोसीडिंग्ज, फरवरी 68–160, होम 1916 पोल. ए. प्रोसीडिंग्ज मार्च 619–666. **फू.चं.जै. फाईल नं.**–(1/351, 3/192, 3/252–253, 2/741, 1/29)।
–	**लाखन सिंह**।	गदर आंदोलन, 1915 में इन्हें सजा हुई थी। लाखन सिंह के पिता का नाम उपलब्ध न होने के कारण तथा अंडमान जेल का बंदी नं. न होने के कारण विवरण अधूरा है। **संदर्भ** : सेलुलर जेल में सूची का पृष्ठ नं. 4, संख्या नं. 39 पंजाब।
–	**लाल सिंह** *सुपुत्र* उदे सिंह निवासी नौरंगवाल, थाना ढिल्लों, लुधियाना, आयु 28 वर्ष।	दूसरा सप्लीमेंट्री लाहौर षड्यंत्र केस–1915-16 में, 121 धारा में 30.3.1916 को आजीवन कैद, बाद में 10 वर्ष कैद रह गई। लालसिंह नाम के अभियुक्त व अंडमान जेल का बंदी नं. नहीं मिला है। केवल सप्लीमेंट्री लाल सिंह आत्मज उदे सिंह मिलता है। मार्च, 1918 में ये हजारीबाग जेल से निकलकर फरार हुए थे और बाद में पकड़े गए। हो सकता है इन्हें बाद में अंडमान जेल में भेजा गया हो। परन्तु अंडमान जेल का बंदी नं. व अंडमान में पहुंचने की तारीख उपलब्ध नहीं है। इसलिए निश्चित तौर पर निर्णय करना कठिन है। मुक्ति तीर्थ के अनुसार ये अंडमान जेल में गए थे। **संदर्भ** : सेलुलर जेल की पृष्ठ नं. 4, संख्या नं 41–पंजाब। **सरकारी फाईल नं.** –होम 1930 पोल. 410/30, होम 1916 पोल. ए. मई 219–221, होम 1917 पोल. ए. जुलाई 462/488, होम 1920 पोल. प्रोसीडिंग्ज मार्च 156–160 व के. डब्ल्यू.। **फू.चं.जै. फाईल नं.**–(4/306, 3/674, 4/230, 2/714, 2/832, 2/666)।
38503	**लाल सिंह** *सुपुत्र* मेंहन सिंह, निवासी गांव भूरे, थाना तरणतारण, अमृतसर।	प्रथम लाहौर षड्यंत्र केस–1915 में 13.9.1915 को राजद्रोह के आरोप में 121, 121ए, 122 धारा में आजीवन कैद हुई। 1916 के प्रारम्भ में अंडमान आए। 27.5.1916 को इन्हें भारतीय जेल में भेजने का आदेश हुआ। मुक्ति तीर्थ के अनुसार इन्हें पहले मृत्युदंड की सजा हुई थी परन्तु बाद में सजा को घटाकर आजीवन कैद कर दिया गया।

बंदी सं.	*बंदी का नाम व पता*	*विशेष टिप्पणी*
		संदर्भ : सेलुलर जेल की सूची का पृष्ठ नं. **4**, संख्या नं. 40—पंजाब। **सरकारी फाईल नं.**—होम 1919 पोल. ए. अक्टूबर 129—139, होम 1917 पोल. ए. जुलाई 426—430, होम 1920 पोल. ए. नवम्बर 318—326 व के. डब्ल्यू.। **फू.चं.जै. फाईल नं.**—(4/272, 4/305, 4/228)।
38735	**सचिन्द्रनाथ दत्ता** उर्फ **सचिन्द्र दत्ता** उर्फ **हेमचन्द्र सरकार**।	शिवपुर डकैती केस—1915—1916 में 15.2.1916 को 396 धारा में आजीवन कैद की सजा हुई। 2.3.1916 को अंडमान जेल पहुंचे। इन्हें बाद में भारत वापस भेज दिया और साबरमती जेल में (गुजरात) इन्हें तब्दील कर दिया। **संदर्भ** : सेलुलर जेल की सूची का पृष्ठ नं. **7**, संख्या नं. 35—बंगाल। **सरकारी फाईल नं.** —होम 1918 पोल. ए. जुलाई **427-432** व के. डब्ल्यू., होम **1917** पोल. ए. जुलाई 462—489, होम 1919 पोल. बी. प्रिंटेड जनवरी 207—206, होम 1919 पोल. ए. अक्टूबर 129—139। **फू.चं.जै. फाईल नं.**—(4/129, 4/666, 4/304, 39371 4/270)।
39371	**सचिन्द्रनाथ सान्याल** *सुपुत्र* हरिनाथ सान्याल, नं. 17 मोहनबागान रोड, कलकत्ता, जन्म तिथि—1893, स्वर्गवास—7.2.1942।	बनारस षड्यंत्र केस—1915 में धारा 121, 120बी, 396, 302 में आजीवन कारावास की सजा हुई। बनारस षड्यंत्र केस का फैसला 7.3.1916 को हुआ। प्रथम बार बनारस षड्यंत्र केस में धारा 121, 131ए, 122 में आजीवन कारावास की सजा हुई थी और आम रिहाइयों में रिहा हो गए थे। 25.2.1925 को नजरबंद कर दिए गए और 18.9.1925 को फिर दो वर्ष की कैद हुई। फिर इन्हें काकौरी षड्यंत्र केस में गिरफ्तार कर लिया। 13.7.1927 को पुनः आजीवन कारावास की सजा हुई और 1937 तक ये जेल में रहे। जेल से तुरंत रिहाई के बाद काकोरी षड्यंत्र केस के बंदी जब दिल्ली आए तो 2.12.1937 को स्टेशन (दिल्ली) पर चीफ कमिश्नर दिल्ली ने आदेश दे दिया कि वे तुरंत दिल्ली से बाहर चले जाएं और 6 माह तक दिल्ली में प्रवेश न करें। नोटिस की आज्ञा भंग करने पर ये पुनः दिल्ली में गिरफ्तार कर लिए गए। 22.12.1937 को दिल्ली में इनको 4 माह कैद की सजा हो गई। दिल्ली जेल में बंदी नं. 4335 था।

बंदी सं.	बंदी का नाम व पता	विशेष टिप्पणी
		1937 में कांग्रेस मंत्रिमंडल बनने पर पर ये जेल से रिहा हुए। 18.9.1925 को आतंकवादी नज्म पढ़ने के आरोप में दो वर्ष कैद की सजा हुई व 25.2.1925 को बंगाल क्रिमिनल लॉ एक्ट में नजर बंद कर दिए गए थे। **संदर्भ** : सेलुलर जेल की सूची का पृष्ठ नं. 5, संख्या नं. 10—उत्तर प्रदेश। **सरकारी फाईल नं.** –होम 1919 पोल. ए. अक्टूबर 129–139, होम 1920 पोल. ए. मई 416–476, होम 1925 पोल. 253/25, होम 1926 पोल. न. 112/26, होम 1927 पोल. 10/43/27, होम 1927 पोल. 32/27 अगस्त, होम 1938 पोल. होम 1940 पोल. आई. के. डब्ल्यू. नं. 45/1/40. **फू.चं.जै. फाईल नं.**–(4/272, 4/395, 3/527, 3/619, 2/1005, 3/651, 6/12)।
32268	**सचिन्द्र लाल मिश्रा**।	खुलना गैंग केस—1910 में डकैती व षड्यंत्र के आरोप में 30.8.1910 को 7 वर्ष कैद हुई। सितम्बर, 1910 में अंडमान जेल भेजने का आदेश। सन् 1915 में खण्डवा जेल भेजा है। **संदर्भ** : सेलुलर जेल की सूची का पृष्ठ नं. 7, संख्या नं. 36—बंगाल। **सरकारी फाईल नं.** –होम 1910 पोल. बी. सितम्बर 81–82, होम 1915 पोल. ए. प्रोसीडिंग्ज फरवरी 68–160। **फू.चं.जै. फाईल नं.**–(3/162, 1/117–118, 2/741)।
—	**सज्जन सिंह** *सुपुत्र* झण्डा सिंह, निवासी सुरविन्ड, लाहौर।	गदर आंदोलन 1915–1916 में सजा हुई। इन्होंने केवल लूटने की योजना में भाग लिया था। ट्रिब्यूनल से इन्हे केवल आजीवन कारावास की सजा हुई थी और बाद में इन्हें केवल 10 वर्ष कैद रह गई थी। सजा की अवधि से पूर्व ही ये जेल से रिहा कर दिए गए थे। पिता का नाम व अंडमान जेल का बंदी नं. न मिलने के कारण पूरा विवरण नहीं मिल सका। सज्जन सिंह आत्मज मोहन सिंह को दूसरे लाहौर षड्यंत्र केस में 30.3.1916 को धारा 121, 131 में आजीवन कारावास की सजा हुई थी, जो बाद में 10 वर्ष कैद रह गई। इसी प्रकार एक और सज्जन सिंह आत्मज झण्डा सिंह निवासी सुरविन्ड, लाहौर का नाम मिलता है—जिन्हें पादरी मर्डर केस में धारा 302/109, 120बी, 398 में आजीवन कैद

बंदी सं.	*बंदी का नाम व पता*	*विशेष टिप्पणी*
		की सजा हुई थी जो बाद में 10 वर्ष कैद रह गई। पूरे विवरण के अभाव में निर्णय करना कठिन है कि अंडमान जेल में इनमें से कौन–से बंदी थे। मुक्ति तीर्थ प्रकाशन के अनुसार सज्जन सिंह आत्मज मोहन सिंह का स्वर्गवास 16.11.1981 को हो गया। **संदर्भ** : सेलुलर जेल की सूची का पृष्ठ नं. 5, संख्या नं.–60 पंजाब।
—	**सतीशचन्द्र चैटर्जी भट्टाचार्यजी।**	खुलना–जयशौर गैंग केस–1909 1910 में प्रारम्भिक कोर्ट से 27.6.1910 को 3 वर्ष कैद की सजा हुई। 13.9.1910 को अंडमान जेल में भेजने का आदेश हुआ। खुलना षड्यंत्र केस के 11 अभियुक्त थे और अंडमान जेल में इनके नं. 32258 से 32268 तक थे। इनमें से चार अभियुक्त नागेन्द्रनाथ सरकार, प्रियनाथ उर्फ किनुरामपाल, ब्रजेन्द्रनाथ दत्त, सतीशचन्द्र चैटर्जी के नाम अंडमान पुस्तक में हैं। परन्तु इन चारों के बंदी नं. नहीं मिले हैं, इसलिए 32260, 32264, 32265 व 32266 में से कौन–सा नम्बर इन चारों में से किस–किस का है–ये निर्धारित करना शेष है। **संदर्भ** : सेलुलर जेल की सूची का पृष्ठ नं. 7, संख्या नं. 38–बंगाल। **सरकारी फाईल नं.**–होम 1910 पोल. बी. सितम्बर नं.–81–82. **फू.चं.जै. फाईल नं.**–(1/150)।
36740	**सनाकूल चैटर्जी** उर्फ **साहूकुल चटर्जी** *सुपुत्र* हल्दर चैटर्जी।	शिवपुर–पोलिटिकल डकैती–1915–1916 में पोलिटिकल डकैती के आरोप में 15.2.1916 को 396 धारा में आजीवन कैद हुई। जनवरी, 1916 में अंडमान पहुंचे। 1921 में भारत की जेल में भेजने का आदेश हुआ। **संदर्भ** : सेलुलर जेल की सूची का पृष्ठ नं. 7, संख्या नं. 37–बंगाल।
43845	**सादिक** *सुपुत्र* इब्राहिम कश्मीरी, 26 वर्ष।	अमृतसर एलाइन्स बैंक मर्डर केस–मार्शल लॉ पंजाब –1916 में 12.5.1919 को राजद्रोह/विद्रोह के आरोप में धारा 121 में आजीवन कारावास की सजा हुई। 20.4.1921 को सरकार ने लिखा है कि इन्हें भारत की जेल में भेज दिया जाए। **संदर्भ** : कोर्ट मार्शल पंजाब–1919 में इन्हें सजा हुई। अंडमान बंदी नं. 43845 है, परन्तु अंडमान की पुस्तक में मार्शल लॉ बंदियों के नाम नहीं हैं, इसलिए इनके नाम की संख्या खाली है।

बंदी सं.	*बंदी का नाम व पता*	*विशेष टिप्पणी*
		सरकारी फाईल नं.–होम 1921 पोल. 389 पार्ट सीरियल नं. 1–4, व के. डब्ल्यू., होम 1921 पोल. डिपोजिट प्रिंटेड मार्च नं. 123, होम 1922 पोल. फाईल नं. पार्ट नं. 4, सीरियल नं. 1–34 व के. डब्ल्यू. होम 1927 पोल. 80/19/27, होम 1930 पोल. नं. 410/30। **फू.चं.जै. फाईल नं.**–(3/680, 4/411, 3/524, 2/660, 2/718, 5/241)।
–	**शांतभानु लहरी** *आत्मज* गुरु भगवानदास, नीमेज, जिला आरा, आयु 25 वर्ष।	कोटा के महंत प्यारेराम की 25.6.1912 को रुपया लूटने के अभिप्रायः से क्रांतिकारियों ने हत्या कर दी थी और हत्या के बाद कोटा होस्टल हाउस में जीने के नीचे शव को गड्ढा खोदकर दबा दिया था और नमक डाल दिया था। बाद में पुलिस ने इस केस में अभियुक्तों का चालान अदालत में कर दिया और 14.7.1914 को ठाकुर केसरी सिंह बरहठ, शांतभानु लहरी व हीरालाल को 14.7.1914 को सेशन के सुपुर्द कर दिया। सेशन कोर्ट ने 6.10.1914 को हीरालाल को 7 वर्ष कैद, शांतभानु लहरी को 20 वर्ष कैद की सजा व केसरी सिंह को 20 वर्ष कैद की सजा सुना दी। **सरकारी फाईल नं.** –होम 1915 फोरन एण्ड पोलिटिकल जनरल बी. जुलाई 106–110, होम 1915 पोल. पोर्ट ब्लेयर बी जून 44–66, होम 1915 फोरन एण्ड पोलिटिकल जनरल बी. जुलाई 106–110. **फू.चं.जै. फाईल नं.**–(1/479)।
44327	**सांधी** *सुपुत्र* हुसैन बक्श, आयु 27 वर्ष।	अमृतसर नेशनल बैंक मर्डर केस–पंजाब मार्शल लॉ–1919 में 2.6.1919 को राजद्रोह के आरोप में धारा 121 के तहत आजीवन कारावास की सजा हुई। 1921 में भारत की जेल में भेजने का आदेश। **संदर्भ** : कोर्ट मार्शल पंजाब–1919 में इन्हें सजा हुई, अंडमान बंदी नं. 44327 है, परन्तु अंडमान की पुस्तक में मार्शल लॉ बंदियों के नाम नहीं हैं, इसलिए इनके नाम की संख्या खाली है। **सरकारी फाईल नं.**–होम 1927 पोल. 80/19/27। **फू.चं.जै. फाईल नं.**–(3/660)।
–	**सिंघाड़ा सिंह**।	गदर आंदोलन 1915–16 में सजा हुई। पिता का नाम न होने व अंडमान जेल का बंदी नं. न मिलने के कारण पूरा विवरण नहीं मिल पाया है।

बंदी सं.	*बंदी का नाम व पता*	*विशेष टिप्पणी*
38505	**शिव सिंह** *सुपुत्र* मुंशी जाट निवासी कोटला, थाना हरियाणा।	प्रथम लाहौर षड्यंत्र केस–1915 में 13.9.1915 को 121, 121ए धारा में आजीवन कैद जो बाद में 10 वर्ष कर दी गई। 20.1.1916 को अंडमान जेल पहुँचे। 1920 में पुनः सजा पर विचार करने का आश्वासन सरकार ने दिया। 27.5.1916 को इन्हें वापस भारत की जेल में भेजने का आदेश हुआ। 26.11.1919 को रिहा कर दिए गए, इस समय तक ये 4 वर्ष की जेल काट चुके थे। तोशामारू जहाज से भारत आए थे, भारत में आने के बाद इन्होंने किसी गतिविधि में भाग नहीं लिया। **संदर्भ** : सेलुलर जेल की सूची का पृष्ठ नं. 5, संख्या नं.–64 पंजाब। **सरकारी फाईल नं.**–होम 1914 पोल. ए. दिसम्बर 155–66, होम 1919 पोल. ए. अक्टूबर 129–139, होम 1920 मार्च 156–189 व के. डब्ल्यू., होम 1917 पोल. ए. जुलाई 426–430, होम 1919 पोल. ए. नवम्बर 221–226, होम 19130 पोल. 410/30। **फू.चं.जै. फाईल नं.**–(1/135, 4/303, 4/272, 4/348, 2/713)।
	सुच्चा सिंह *सुपुत्र* गुरदित्त सिंह, निवासी चोलाकलां, सिरहाली, अमृतसर।	दूसरे लाहौर सप्लीमेंट्री केस 1916 में 30.3.1916 को 121 व 131 धारा में आजीवन कैद की सजा हुई। 9.3.1918 को हजारीबाग जेल से फरार हुए थे। ये 23 वीं कैवलरी पल्टन में भी रह चुके हैं। इनके अलावा सुच्चासिंह आत्मज गुरदित्त सिंह, अमृतसर व सुच्चा सिंह आत्मज आलमसिंह निवासी बोरेसिंह, खालड़ा लाहौर के नाम भी मिलते हैं। परन्तु विवरण पूरा न होने के कारण निर्णय लेना कठिन है। इसलिए केस अपूर्ण है। **संदर्भ** : सेलुलर जेल की सूची का पृष्ठ नं. 5, संख्या नं. 66 पंजाब।
	सज्जनसिंह उर्फ **सुर्जन सिंह** *सुपुत्र* महान सिंह उर्फ मोहन सिंह, निवासी गुजरांवाल, ढिल्लों, लुधियाना, आयु 20 वर्ष।	द्वितीय लाहौर सप्लीमेंट्री केस 1915–1916 को 30.3.1916 को 121 धारा में आजीवन कैद, बाद में 5 वर्ष कैद रह गई। अंडमान जेल का बंदी नं. न मिलने के कारण केस अभी अपूर्ण है। ये नवयुवक व्यायाम निपुण हैं और इन्होंने रणधीर सिंह के साथ फिरोजपुर रेड में योग दिया।

बंदी सं.	बंदी का नाम व पता	विशेष टिप्पणी
		संदर्भ : सेलुलर जेल की सूची का पृष्ठ नं. 5, संख्या नं. 68 पंजाब। **सरकारी फाईल नं.**–होम 1916 पोल. ए. मई 219–221, होम 1920 पोल. प्रोसीडिंग्ज मार्च 158–160 व के. डब्ल्यू., होम 1930 पोल. 418–30, **फू.चं.जै. फाईल नं.**–(2/630, 2/715, 3/670, 2/713, 2/840)।
32267	**सुधीर कुमार डे**, निवासी–फुलटोला, अलाका, खुलना। (जन्म 1888 ई.)	खुलना गैंग केस–1910 में 30.8.1910 को डकैती व षड्यंत्र के आरोप में 7 वर्ष कैद की सजा हुई। सितम्बर, 1910 में अंडमान जेल भेजने का आदेश हुआ। 1915 में जालंधर जेल में भेजने का आदेश हुआ। विजयसागर कॉलेज में फर्स्ट आर्ट्स एफ. ए. की परीक्षा की तैयारी 1905 में कर रहे थे और अनुशीलन समिति के संगठन को खुलना के क्षेत्र में संगठित करने में लगे हुए थे। अक्टूबर, 1909 में इन्हें खुलना गैंग केस में गिरफ्तार कर लिया गया। उस समय ये बी. ए. के विद्यार्थी थे। जालंधर जेल से 1915 में रिहा हुए। (मुक्ति तीर्थ से उद्धृत)। **संदर्भ** : सेलुलर जेल की सूची का पृष्ठ नं. 7, संख्या नं.–40, बंगाल। **सरकारी फाईल नं.**–होम 1910 पोल. बी. सितम्बर 81–82, होम 1915 पोल. ए. प्रोसीडिंग्ज फरवरी 68–160। **फू.चं.जै. फाईल नं.**–(3/162, 1/117–118, 2/741)।
31597	**सुधीर कुमार सरकार**।	सप्लीमेंट्री अलीपुर बम षड्यंत्र केस–1910 में 30.7.1910 को विस्फोटक एक्ट के अंतर्गत 7 वर्ष की कैद हुई। 1910 में अंडमान जेल में आए। **संदर्भ** : सेलुलर जेल की सूची का पृष्ठ नं. 7, संख्या नं. 41–बंगाल। **सरकारी फाईल नं.**–होम 1910 पोल. ए. अप्रैल 81–115, होम 1910 पोल. ए. अक्टूबर 35–38, होम 1915 पोल. ए.जनवरी 68–160। **फू.चं.जै. फाईल नं.**–(2/570, 2/579, 1/116)।
43338	**सुन्दर सिंह** *सुपुत्र* काला सिंह, निवासी रामगढ़ी।	मिस शेरवुड हत्या केस–मार्शल लॉ पंजाब 1919 में 31.5.1919 को धारा 121, 307, 147, 307/109 के अंतर्गत फांसी जो बाद में आजीवन कारावास हो गई। 20.4.1921 को आदेश हुआ कि इनको भारत की जेल में भेज दिया जाए।

बंदी सं.	*बंदी का नाम व पता*	*विशेष टिप्पणी*
		संदर्भ : अंडमान का बंदी नं. 43338 उपलब्ध है परन्तु अंडमान जेल की सूची के पंजाब पृष्ठ नं. 4 व 5 पर ये नाम उपलब्ध नहीं है। **सरकारी फाईल नं.**—होम 1921 पोल. डिपोजिट प्रिंटेड मार्च नं. 123, होम 1921 पोल. 329 पार्ट सीरियल नं. 1–5 व के. डब्ल्यू., होम 1922 पोल. नं.29 पार्ट नं. 4 सीरियल नं. 1–34, होम 1930 पोल. नं. 410–32। **फू.चं.जै. फाईल नं.**—(4/411, 3/679, 3/224, 2/717, 5/240)।
38737	**सुरेन्द्रनाथ विश्वास**।	शिवपुर पोलिटिकल डकैती–1915–16 में 15.2.1916 को शिवपुर डकैती केस के आरोप में धारा 396 में आजीवन कैद की सजा। 2.3.1916 को अंडमान पहुंचे। बाद में इनको भारत की जेल में वापस भेजा गया और साबरमती (गुजरात) जेल में रहे। **संदर्भ :** सेलुलर जेल की सूची का पृष्ठ नं. 7, संख्या न. 42–बंगाल। **सरकारी फाईल नं.**—होम 1917 पोल. ए. जुलाई 462–489, होम 1919 पोल. बी. प्रिंटेड जनवरी 207–206, होम 1919 पोल. ए. अक्टूबर 129–139। **फू.चं.जै. फाईल नं.**—(4/304, 4/626, 4/270)।
–	**सुरैन सिंह**।	पिता का नाम उपलब्ध न होने के कारण व अंडमान जेल का बंदी नं. न मिलने के कारण पूरा विवरण नहीं मिल पाया है। इस अवधि में सुरैन सिंह आत्मज किशन सिंह, निवासी तलवंडी, जिला गुरदासपुर, सुरैन सिंह आत्मज झण्डा सिंह, रियासत कपूरथला, सुरैन सिंह आत्मज गुरदित्त सिंह, जिला अमृतसर व सुरैन सिंह उर्फ रतन सिंह आत्मज ज्वाला सिंह, निवासी सिरहाली, सुरैन सिंह/ रूढ़ा सिंह, निवासी बौड़ाना, खलेरा लाहौर व सुरैन सिंह आत्मज हजारा सिंह, जंडियाला आदि के नाम मिलते हैं—परन्तु पूर्ण विवरण के अभाव में निर्णय करना बहुत कठिन है, इसलिए केस अपूर्ण है। **संदर्भ :** सेलुलर जेल की सूची का पृष्ठ नं. 5, संख्या नं. 67–पंजाब।
34100	**सुरेशचन्द्र सेन गुप्ता**।	11.10.1909 को डकैती के समय हरनारायण सिंह के कत्ल में हाथ होने के आरोप पर 2.1.1911 को इन्हें

बंदी सं.	बंदी का नाम व पता	विशेष टिप्पणी
		गिरफ्तार किया गया। 8.8.1911 को इन्हें धारा 396 में आजीवन कैद की सजा हुई। 7.8.1912 में अंडमान आए। 22.11.1915 को अंडमान जेल द्वारा लिखा गया कि उन्हें अन्य जेल में भेज दिया जाए। **संदर्भ** : सेलुलर जेल की सूची का पृष्ठ नं. 7, संख्या नं. 43–बंगाल। **सरकारी फाईल नं.**–होम 1911 पोल. बी. अगस्त 131–133, होम 1915 पोल. ए. प्रोसीडिंग्ज फरवरी 68–160, होम 1917 पोल. ए. जुलाई 462–489। **फू.चं.जै. फाईल नं.**–(1/1, 2/742, 4/301)।
38509	**शेर सिंह** *सुपुत्र* केसर सिंह जाट, निवासी वॉयनपौयन, थाना तरणतारण, अमृतसर, उम्र 28 वर्ष।	प्रथम लाहौर षड्यंत्र केस–1915 में 13.9.1915 को राजद्रोह के आरोप में धारा 121, 121ए, 124ए, 131 के अंतर्गत आजीवन कारावास की सजा हुई। जनवरी, 1916 में अंडमान आए। 23.11.1920 को अंडमान जेल से भारत की जेल में भेजने का आदेश हुआ। तोशामारू जहाज से ये भारत आए थे। जहाज पर ये नेता बने हुए थे। सिंगापुर में इन्होंने फौज में बगावत करने का प्रयत्न किया था। **संदर्भ** : सेलुलर जेल की सूची का पृष्ठ नं. 5, संख्या नं.–62 पंजाब। **सरकारी फाईल नं.** –होम 1917 पोल. ए. जुलाई 462–489, होम 1919 पोल. ए. अक्टूबर 129–139, होम 1920 पोल. ए. नवंबर 310–326 व के. डब्ल्यू., होम 1920 पोल. प्रोसीडिंग्ज मार्च 156–160 व के. डब्ल्यू. होम 1921 पोल. ए. प्रोसीडिंग्ज जून 64–88, होम 1922 पोल. ए. फाईल नं. 69 पार्ट नं. 4 सीरियल नं. 1–34 व के. डब्ल्यू. होम 1927 पोल. 80/19/27, होम 1930 पोल. फाईल नं. 410–30, **फू.चं.जै. फाईल नं.**–(4/304, 4/272, 4/230, 2/223, 3/224, 3/661, 2/713, 3/673)।
38368	**सावन सिंह** *सुपुत्र* खुशहाल सिंह, निवासी चब्बा, थाना सदर, अमृतसर।	प्रथम लाहौर षड्यंत्र केस–1915 में 13.9.1915 को 121, 121ए, 396 धारा में मृत्युदंड की सजा हुई थी, बाद में आजीवन कारावास कर दी गई। 20.1.1916 अंडमान जेल में आए। प्रथम महायुद्ध की समाप्ति पर आम रिहाइयों में रिहा नहीं किए गए। 27.5.1916 को इन्हें वापस भारतीय जेल में भेजने का आदेश हुआ था। इस आदेश को माना नहीं गया।

बंदी सं.	बंदी का नाम व पता	विशेष टिप्पणी
		23.11.1920 को पुनः आदेश हुआ कि इन्हें भारतीय जेल में भेजा जाए। ये एक बम विस्फोट में जख्मी हुए थे। **संदर्भ :** सेलुलर जेल की सूची का पृष्ठ नं. 5, संख्या में 61–पंजाब। **सरकारी फांईल नं.**–होम 1907 पोल. ए. जुलाई 3, होम 1917 पोल. ए. जुलाई 426–430, होम 1919 पोल. ए. अक्टूबर 129–139, होम 1920 पोल. ए. नवंबर 318–326 व के. डब्ल्यू., होम 1921 पोल. ए. प्रोसीडिंग्ज जून 54–88, होम 1922 पोल. 69 पार्ट नं. 4, सीरियल नं. 1–34 व के. डब्ल्यू., होम 1927 पोल. 80/19 /27, होम 1930 पोल. नं. 410/30। **फू.चं.जै. फाईल नं.**–(2/598, 4/303, 4/272, 4/230, 3/223, 3/224, 3/662, 3/673, 2/713)।
38367	**सोहन सिंह भाखना** *सुपुत्र* कर्मसिंह जाट, निवासी भाखना, थ़ाना घरिंडा, अमृतसर, जन्म 1870, स्वर्गवास 1968 में हुआ।	प्रथम लाहौर षड्यंत्र केस–1915 में 13.9.1915 को फौजों से बगावत का प्रचार व राजद्रोह के आरोप में धारा 121, 121ए, 124ए, 131 के अंतर्गत पहले फांसी और बाद में आजीवन कारावास की सजा हुई। 20.1.1916 को अंडमान जेल में आए। प्रथम महायुद्ध के बाद आम रिहाइयों में रिहा नहीं किए गए। बाद में इन्हें 23.11.1920 को अंडमान जेल से लाहौर सेंट्रल जेल में भेज दिया गया। 1930 में डॉक्टरी रिपोर्ट पर जेल से रिहा कर दिया गया। नारूसंघ जहाज से ये भारत आए थे। ओरेगान में रेवोल्यूशनरी पार्टी के प्रेसीडेन्ट थे। जहाज़ से उतरते समय शस्त्र बरामद हुए थे। फरवरी, 1930 में सरदार भगतसिंह आदि के साथ इन्होंने भी भूख–हड़ताल उसी जेल में की थी। **संदर्भ :** सेलुलर जेल की सूची का पृष्ठ नं. 5, संख्या नं. 65–पंजाब। **सरकारी फाईल नं.**–होम 1917 पोल. ए. जुलाई 426–430, होम 1918 पोल. डिपोजिट प्रिंटेड जनवरी 1927, होम 1919 पोल. ए. अक्टूबर 129–139, होम 1920 पोल. ए. नवंबर 318–326, व के. डब्ल्यू. होम 1921 पोल. ए. प्रोसीडिंग्ज जून 64–88, होम 1922 पोल. नं. 69 पार्ट नं. 4 सीरियल नं. 1–24, के. डब्ल्यू., होम 1927 पोल. 80/19/27, होम 1930 पोल. 137, होम 1930 पोल. 410/30। **फू.चं.जै. फाईल**

बंदी सं.	बंदी का नाम व पता	विशेष टिप्पणी
		नं.–(1/439, 4/272, 4/230, 3/223, 3/661, 6/160, 2/713, 2/712, 4/303)।
38508	**हजारा** *सुपुत्र* बेलासिंह निवासी गांव डाढेर, थाना सिरहाली, अमृतसर।	प्रथम लाहौर षड्यंत्र केस–1915 में 13.9.1915 को राजद्रोह के आरोप में धारा 121, 122, 121ए के अंतर्गत आजीवन कारावास की सजा हुई। जनवरी, 1916 के प्रारम्भ में अंडमान जेल में आए थे। 1920 में प्रथम महायुद्ध की समाप्ति पर आम रिहाइयों में कुछ शर्तों के साथ रिहा कर दिए गए। 27.5.1916 को इन्हें वापस भारत की जेल में भेजने का आदेश हुआ था। (मनीला में इन्होंने पार्टी के लिए रुपया इकट्ठा करने में सहयोग दिया था।) **संदर्भ :** सेलुलर जेल की सूची का पृष्ठ नं. 3, संख्या नं. 20–पंजाब। **सरकारी फाईल नं.** –होम 1915 पोल. ए. जून 345–369, होम 1920 पोल. प्रोसीडिंग्ज मार्च 156–160 व के. डब्ल्यू. होम 1917 पोल. ए. जुलाई 462–489, होम 1919 पोल. ए. अक्टूबर 129–139। **फू.चं.जै. फाईल नं.**–(1/197, 3/273, 4/304, 4/305, 4/272)।
39529	**हरदित्त सिंह** *सुपुत्र* भगवान सिंह।	प्रथम माण्डला बर्मा षड्यंत्र केस–1916 में 27.7.1916 को राजद्रोह/उपद्रव के आरोप में 121, 121ए धारा में आजीवन कारावास की सजा हुई। 6.10.1916 को ये पोर्ट–ब्लेयर जेल में आ गए। 20.4.1921 को सरकार ने लिखा कि इन्हें भारतीय जेल में भेज दिया जाए। 1937 तक ये जेल में रहे। **संदर्भ :** सेलुलर जेल की सूची का पृष्ठ नं. 3, संख्या नं. 18–पंजाब। **सरकारी फाईल नं.** –होम 1915 पोल. बी. अगस्त 414–439, होम 1919 पोल. ए. अक्टूबर 129 –139, होम 1920 पोल. ए. नवम्बर 318–326, होम 1922 पोल. नं. 69 पार्ट नं. 4, सीरियल नं. 1–34 व के. डब्ल्यू., होम 1927 पोल. 37/3 देहली रिकॉर्ड्स सीरियल नं. 1–8, होम 1936 जेल्स 2/4/36। **फू.चं.जै. फाईल नं.**–(4/272, 4/229, 3/225, 2/1050, 6/284)।
38378	**ह्रदयराम** उर्फ **हिदा राम** *सुपुत्र* गज्जन सिंह राजपूत, रियासत–मंडी।	प्रथम लाहौर षड्यंत्र केस–1915 में 13.9.1915 को राजद्रोह, सेना में विद्रोह कराना, डकैती के समय हत्या के आरोप में 121, 121ए, 122, 131, 397 398/109,

बंदी सं.	*बंदी का नाम व पता*	*विशेष टिप्पणी*
		395, 302/109 धारा में मृत्युदंड की सजा हुई, ये बाद में आजीवन कैद रह गई। 29.10.1915 को अंडमान जेल में आए। 1921 में इन्हें वापस भारत की जेलों में भेजने का निर्णय हुआ। 1930 में इन्हें कुछ शर्तों के साथ जेल से रिहा कर दिया गया। अंडमान जेल कीं पुस्तक में हिदा राम नाम छपा है। ये गदर पार्टी के प्रमुख नेता डॉ. मथुरा दास जी के मित्र हैं, जिन्हें फांसी पर लटकाया जा चुका है, बम बनाने में प्रशिक्षित हैं और फौज में विद्रोह फैलाने का प्रयत्न किया था। **संदर्भ :** सेलुलर जेल की सूची का पृष्ठ नं. 3, संख्या नं. 21–पंजाब। **सरकारी फाईल नं.** –होम 1916 पोल. पार्ट बी. मई 436–439, होम 1917 पोल. ए. जुलाई 426–430, होम 1919 पोल. ए. अक्टूबर 129–139, होम 1920 पोल. ए. नवंबर 318–326 व के. डब्ल्यू. होम 1921 पोल. ए. प्रोसीडिंग्ज जून 64–88, होम 1922 पोल. फाईल नं. 69 पार्ट नं. 4 सीरियल नं. 1–34, व के. डब्ल्यू., होम 1927 पोल. 80/19/27, होम 1930 पोल. नं. 410 30। **फू.चं.जै. फाईल नं.**–(4/271, 4/556, 4/303, 4/230, 3/323, 3/224, 3/661, 2/712)।
38366	**हरनाम सिंह** उर्फ **टुण्डा**, *सुपुत्र* गुरदित्त सिंह जाट, निवासी कोटला, थाना हरियाणा, होशियारपुर, आयु 35 वर्ष।	प्रथम लाहौर षड्यंत्र केस–1915 में 13.9.1915 को राजद्रोह के आरोप में धारा 121, 121ए, 131 के अंतर्गत मृत्युदंड जिसे बाद में आजीवन कारावास में बदला गया। 1930 में जमानत लेकर जेल से रिहा किया गया। सेन फ्रांस्सिकों से भारत आए थे। सैनिकों और ग्रामीणों को विद्रोह के लिए उत्तेजित करने में बहुत ही निपुण हैं। **संदर्भ :** सेलुलर जेल की सूची का पृष्ठ नं. 3, संख्या नं. 19–पंजाब। **सरकारी फाईल नं.** –होम 1917 पोल. ए. जुलाई 426–430, होम 1927 पोल. 80 फाईल नं. 19/27, होम 1930 पोल. 410/30। **फू.चं.जै. फाईल नं.**–(4/303, 3/661, 2/712)।
44328	**हरनाम सिंह** *सुपुत्र* दसौंधा सिंह अहलूवालिया।	मिसेज इसडन्स अमृतसर केस–मार्शल लॉ पंजाब–1919 में 2.6.1919 को राजद्रोह/हत्या आरोप में मृत्युदंड की सजा धारा 121, 147, 302, 120बी, 426, 149 के

बंदी सं.	बंदी का नाम व पता	विशेष टिप्पणी
		अंतर्गत हुई। बाद में इसे आजीवन कारावास में बदल दिया गया। 12.11.1921 को अंडमान जेल से इनकी रिहाई का आदेश हुआ। **संदर्भ** : कोर्ट मार्शल पंजाब–1919 में इन्हें सजा हुई। अंडमान बंदी नं. 44328 है, परन्तु अंडमान की पुस्तक में मार्शल लॉ बंदियों के नाम नहीं हैं, इसलिए इनके नाम की संख्या खाली है। **सरकारी फाईल नं.** –होम 1921 पोल. नं. 389 सीरियल नं. 1–5 व के. डब्ल्यू. होम 1921 पोल. डिपोजिट प्रिंटेड मार्च नं. 123, होम 1922 पोल. नं. 69 पार्ट नं. 4 सीरियल नं. 1–34, व के. डब्ल्यू. होम 1930 पोल. नं. 410/30। **फू.चं.जै. फाईल नं.**–(4/411, 4/413, 3/225, 2/719, 5/241)।
44202	**हरनाम सिंह–कामला** *सुपुत्र* काला सिंह।	अमृतसर नेशनल बैंक उपद्रव केस, मार्शल लॉ पंजाब ने 1919 में 2.6.1919 को राजद्रोह/विद्रोह आरोप में धारा 121 के अंतर्गत मृत्युदंड जिसे बाद में आजीवन कारावास में बदल दिया गया। 20.4.1921 को सरकार ने लिखा कि इन्हें भारत की जेल में भेज दिया जाए। **संदर्भ** : कोर्ट मार्शल पंजाब–1919 में इन्हें सजा हुई। अंडमान बंदी नं. 44202 है, परन्तु अंडमान की पुस्तक में मार्शल लॉ बंदियों के नाम नहीं हैं, इसलिए इनके नाम की संख्या खाली है। **सरकारी फाईल नं.** –होम 1921 पोल. डिपोजिट प्रिंटेड मार्च नं. 123, होम 1921 पोल. 389 पार्ट सीरियल नं. 1–4 व के. डब्ल्यू., होम 1922 पोल. नं. 69 पार्ट नं. 4, सीरियल नं 1–34 व के. डब्ल्यू., होम 1930 पोल. नं. 410/30. **फू.चं.जै. फाईल नं.**–(4/411, 3/630, 3/224, 2/718, 5/241)।
31550	**ऋषीकेश कंजीलाल**, *सुपुत्र* अलीशानाथ कंजीलाल, निवासी छात्रासंघ, हुगली, आयु 30 वर्ष।	अलीपुर–मानिकटोला षड्यंत्र केस–1909 में 6.5.1909 को राजद्रोह के आरोप में धारा 121ए के अंतर्गत आजीवन कैद, जिसे अपील पर 10 वर्ष किया गया। 15.12.1909 को अंडमान जेल आए। 1915 में मुल्तान जिला जेल भेजने का निर्देश दिया। **संदर्भ** : सेलुलर जेल की सूची का पृष्ठ नं. 6, संख्या नं. 17–बंगाल। **सरकारी फाईल नं.**–होम 1909 पोलिटिकल प्रोसीडिंग्ज जुलाई नं. 31 व के. डब्ल्यू.,

बंदी सं.	*बंदी का नाम व पता*	*विशेष टिप्पणी*
		होम 1910 पोल. ए. अप्रैल 81–115, होम 1915 पोल. ए. प्रोसीडिंग्ज फरवरी, 68–160, होम 1933 पोल. 45/1. **फू.चं.जै. फाईल नं.**–(2/560, 2/741, 7/461, 3/286)।
38739	**हारेन्द्र कुमार भट्टाचार्य** उर्फ **हेमेन्द्र भट्टाचार्य**।	शिवपुर पोलिटकल डकैती–1915–1916 में 15.2.1916 को पोलिटिकल डकैती के आरोप में धारा 396 के अंतर्गत 10 वर्ष कैद। 1916 के प्रारम्भ में अंडमान जेल में आए। 1920 में अंडमान जेल से वापस भारत की जेल में भेजने का आदेश हुआ। **संदर्भ** : सेलुलर जेल में सूची का पृष्ठ नं. 6, संख्या नं. 15–बंगाल। **सरकारी फाईल नं.** –होम 1917 पोल. ए. जुलाई 462–489, होम 1919 पोल. ए. अक्टूबर 129–139, होम 1921 पोल. ए. प्रोसीडिंग्ज जून 64–88। **फू.चं.जै. फाईल नं.**–(4/304, 4/272, 3/223)।
–	**हिरद सिंह**।	अंडमान जेल का बंदी नं. तथा पिता का नाम न होने के कारण अभी विवरण नहीं मिला है। फू.चं.जै. के रिकॉर्ड में हरीसिंह आत्मज भीखासिंह निवासी छोटियान, धोबा, फिरोजपुर ने जिन्हें 7 वर्ष कैद की सजा हुई, कनाडा में षड्यंत्रकारियों में काम किया था और भारत में विद्रोह उत्पन्न करने के लिए ये भारत आए थे, परन्तु भारत लौटने के बाद बहुत समय तक बिना किसी गतिविधि के मौन रहे और इसलिए मृत्युदंड से बच गए। यह सम्भावना हो सकती है कि पुस्तक में हरीसिंह की जगह हिरद सिंह छप गया हो, यह जांच करने की आवश्यकता है। **संदर्भ** : सेलुलर जेल की सूची का पृष्ठ नं. 4, संख्या नं. 22–पंजाब। **सरकारी फाईल नं.** –होम 1920 पोल. 410/20, **फू.चं.जै. फाईल नं.**–(2/715)।
32233	**होतीलाल वर्मा** *सुपुत्र* केवल सिंह, (*स्वराज्य* अखबार व *वन्दे मातरम्*, कलकत्ता के पत्रकार व सम्पादक) गांव हदौल, थाना मांठ, जिला मेरठ, आयु 29 वर्ष।	28.7.1908 पहली सजा अलीगढ़ सेशन कोर्ट 7 वर्ष, धारा 124/114 उत्तेजनात्मक लेख *वन्देमातरम्* को भेजने के आरोप में हुई। 6.10.1908 को दूसरी सजा पंजाबियों के नाम संदेश पर अलीगढ़ से हुई जो 5–5 वर्ष की थी। 15 अक्टूबर, 1910 में अंडमान जेल आए। 1914 में अंडमान से भारत वापस भेजा गया और दिसम्बर, 1914 के अन्त में कोयम्बटूर जेल मद्रास पहुंचे।

बंदी सं.	*बंदी का नाम व पता*	*विशेष टिप्पणी*
		सरकारी फाईल नं.–होम 1910 पोल. ए. मई 625–626, होम पोल. 1909–ए जनवरी 143–145, होम 1909 पोलि. डिपोजिट मार्च नं. 1 डायरी पोल. इवैन्ट्स, होम 1933 पोल 45/17/33, होम 1908 पोल. ए. नवम्बर 1–5। **फू. चं. जै. फाईल नं.**–(1/344, 2/596, 1/159, 1/169, 2/787, 1/343)।
31553	**हेमचन्द्र दास कानूनगो** *सुपुत्र* क्षेत्रा मोहन दास, निवासी राधामोगा, नरैनगढ़, मिदनापुर, आयु 38 वर्ष।	सप्लीमेंट्री अलीपुर बम केस में 30.7.1910 को राजद्रोह के आरोप में धारा 121 के अंतर्गत आजीवन कारावास। 15.12.1909 में अंडमान आए। आम रिहाइयों के समय भी इनके केस पर निर्णय नहीं हुआ और बाद में 1920 में रिहा किए गए। ये बम बनाने के प्रशिक्षण में सिद्धहस्त थे और पेरिस में 1907 में श्यामजीकृष्ण वर्मा के पास रहकर प्रशिक्षण लिया। खुदीराम बोस में भी इन्हीं के बम का प्रयोग किया था। **संदर्भ** : सेलुलर जेल की सूची का पृष्ठ नं. 6, संख्या नं. 16. **सरकारी फाईल नं.**–होम 1908 पोल. ए. मई 104–111, होम 1909 पार्ट बी. मार्च 181–182, होम 1910 पोल. ए. अप्रैल 81–115, होम 1910 पोल. ए. अक्टूबर 35–38, होम 1911 पोल. ए. प्रोसीडिंग्ज जनवरी 52–64, होम 1915 पोल. ए. फरवरी 68–160, होम 1915 पोल. ए. जून 141–142, होम 1917 पोल. ए. जुलाई 462/489, होम 1919 पोल. बी. प्रिंटेड जनवरी 207–206, होम 1919 पोल. ए. अक्टूबर 129–139, होम 1920 पोल. ए. नवंबर 318–326 व के. डब्ल्यू., होम 1933 पोल. 45/17/33. **फू.चं.जै. फाईल नं.**–(2/523–525, 2/582, 2/570, 2/579, 2/938, 1/118, 2/742, 1/140, 4/301, 4/625, 4/271, 4/236, 2/987)।
32559	**अवनि भूषण चक्रवर्ती**।	खुलना गैंग केस–27.6.1910 को 31.3.1910 को नंगला धारा डकैती में भाग लेने का आरोप धारा 395/59 के अंतर्गत 7 वर्ष आजीवन कैद की सजा हुई। 1910 में अंडमान जेल गए। 1915 में इन्हें थाना स्पेशल जेल भेजा गया। **संदर्भ** : सेलुलर जेल की सूची का पृष्ठ नं. 6, संख्या नं. 1–बंगाल। **सरकारी फाईल नं.**–होम 1910 पोल.

बंदी सं.	बंदी का नाम व पता	विशेष टिप्पणी
		डिपोजिट, मार्च नं. 1, होम 1910 पोल. बी. सितंबर 81–82, होम 1910 पोल. डिपोजिट ए. नवम्बर 48–69, होम 1911 पोल. डिपोजिट मार्च नं. 1, डायरी ऑफ इवैन्ट्स, होम 1915 पोल. ए. फरवरी 68–160। **फू.चं. जै. फाईल नं.**–(3/197–198, 3/137–138, 1/117–118, 2/741, 3/162, 2/741)।
31554	**अविनाशचन्द्र भट्टाचार्य** *सुपुत्र* उमाचरण भट्टाचार्य निवासी अलबाड़ी, 24, परगना, उम्र 25 वर्ष।	अलीपुर–मानिकटोला षड्यंत्र केस–1909 में 6.5.1909 को राजद्रोह के आरोप में धारा 121ए में 7 वर्ष आजीवन कैद की सजा हुई। 18.12.1909 को अंडमान भेजने का आदेश। युगान्तर से भी सम्बन्ध था। इन्हें रावलपिंडी जेल में भेजने का आदेश हुआ। 1915 में जेल से रिहा हुए और कलकत्ता म्युनिसिपल गजट में कार्य करना शुरू कर दिया। कई बंगला पुस्तकों के लेखक हैं–*रणनीति, मुक्ति कौन पाए* इत्यादि पुस्तकें इनकी लिखी हुई हैं। गिरफ्तारी के पूर्व विवाह हो चुका था। इनका जन्म 1882 का है और इनका स्वर्गवास 10.5.1952 को हुआ। **संदर्भ :** सेलुलर जेल की सूची का पृष्ठ नं. 6, संख्या नं. 2–बंगाल। **सरकारी फाईल नं.**–होम 1908 पोल. ए. मई 104–111, होम 1908 पोल. ए. जून 126–129, होम 1909 पोल. ए. जुलाई नं. 31 व के. डब्ल्यू., होम 1909 पोल. ए. दिसम्बर 84–87, होम 1910 पोल. ए. अक्टूबर 35–38, होम 1915 पोल. ए. फरवरी 68/160. **फू.चं.जै. फाईल नं.**–(3/161, 2/525ए, 2/527, 2/537, 3/132, 2/579, 1/118)।
41052	**अमर सिंह** *सुपुत्र* वरियाम सिंह, निवासी शेरपुरा कलां, जगरांव, लुधियाना, आयु 25 वर्ष।	दूसरा बर्मा–माण्डला षड्यंत्र केस–1916–1917 में 6.7.1917 को राजद्रोह के आरोप में 121, 121ए धारा में आजीवन कारावास कैद की सजा हुई। प्रारम्भ में इन्हें मृत्युदंड हुआ। जिसे बाद में आजीवन में बदला गया। 11.2.1918 को अंडमान जेल में आए। चार वर्ष 4½ माह अंडमान जेल में रहे। महायुद्ध समाप्ति पर बंदियों की रिहाई की आम घोषणा के समय इनके केस पर विचार नहीं किया गया। जून, 1922 में अंडमान जेल से वापस रंगून जेल भेज दिए गए।

बंदी सं.	बंदी का नाम व पता	विशेष टिप्पणी
		संदर्भ : सेलुलर जेल की सूची का पृष्ठ नं. 3, संख्या नं. 2–पंजाब। **सरकारी फाईल नं.**–होम 1914 पोल. आई. पार्ट. सैकिन्ड 46/1/44, होम 1916 पोल. ए. प्रोसीडिंग्ज मार्च 619–666, होम 1918 पोल. ए. जनवरी 491–497, होम 1919 पोल. बी. प्रिंटेड जनवरी नं. 207–206. **फू.चं.जै. फाईल नं.**–(3/252–253, 8/3), (4/625, 4/443)।
37459	**अमृतलाल हाजरा** उर्फ **शशांक शेखर राय हाजरा** उर्फ **कालीपद बसु** *सुपुत्र* स्व. कालीचरण हाजरा।	31.3.1915 को बंगाल अनार्किस्ट केस में 120 बी तथा 4 विस्फोट एक्ट में 15 वर्ष कैद, 10 वर्ष कैद व आजीवन कैद हुई। सजाएं साथ–साथ चलेंगी। 1921 में भारत की जेल में भेजने का आदेश हुआ। 19 वर्ष की आयु में अुनशीलन समिति में आए। 1908 में महाराजा त्रिलोक्य चक्रवर्ती के नेतृत्व में बोहरा एक्शन में भाग लिया। 4 दिन तक पुलिस इनका पीछा करती रही। 500 रुपये के ईनाम की घोषणा पुलिस ने गिरफ्तारी के लिए की। गिरफ्तारी बम बनाने के आरोप में हुई—राजा बाजार बम केस के नाम से षड्यंत्र का मुकदमा चला। इसमें 9.6.1914 को सेशन की अदालत से अमृतलाल हाजरा को 15 वर्ष कैद की सजा हुई जो कि बाद में 25.2.1915 को 7 वर्ष कर दी गई। राजा बाजार षड्यंत्र केस में भी इनका नाम है और क्रांतिकारी लिबर्टी पर्चे छपवाने में भी सहयोगी रहे हैं। **संदर्भ :** सेलुलर जेल की सूची का पृष्ठ नं. 6, संख्या नं. 3–बंगाल। **सरकारी फाईल नं.**–होम 1909 पोल. ए. फरवरी 137–149, होम 1914 पोल. प्रोसीडिंग्ज 84–91, होम 1914 पोल. ए. 39–43 नवंबर 1914, होम 1917 पोल. ए. जुलाई 462–489। **फू.चं.जै. फाईल नं.**–(2/565, 2/734, 2/510, 4/301)।
43843	**अल्लाहदीन** *सुपुत्र* दसौंधी आयु 21 वर्ष।	सप्लीमेंट्री रायट केस–मार्शल लॉ पंजाब–1919 में 28.5.1919 को मार्शल लॉ केस 77 के अंतर्गत धारा 121 में आजीवन कारावास की सजा हुई। **संदर्भ :** कोर्ट मार्शल पंजाब–1919 में इन्हें सजा हुई। अंडमान बंदी नं. 43843 है, परन्तु अंडमान की पुस्तक में मार्शल लॉ बंदियों के नाम नहीं हैं इसलिए इनके नाम की संख्या खाली है। **सरकारी फाईल नं.** –होम 1920 पोल. ए. मार्च के.

बंदी सं.	बंदी का नाम व पता	विशेष टिप्पणी
		डब्ल्यू. नं. 156–160, होम 1920 पोल. बी. प्रोसीडिंग्ज अप्रैल 70–75, होम 1920 पोल. ए. मई 416–476, होम 1921 पोल. डिपोजिट मार्च 123 प्रिंटेड, होम 1921 पोल. 389 पार्ट सीरियल नं. 1–4 व के. डब्ल्यू., होम 1922 पोल. नं. 69 पार्ट नं. 4 सीरियल नं. 1–34 व के. डब्ल्यू., होम 1927 पोल. 80/19/27, होम 1930 पोल. नं. 410/30। **फू.चं.जै. फाईल नं.**–(4/68, 4/411, 3/230, 4/406, 3/680, 3/224, 3/660), 2/718, 5/240)।
41053	**अली अहमद सिद्दकी** *सुपुत्र* कुर्बान अली पठान, निवासी शहजातपुर, अकबरपुर, फैजाबाद, उ. प्र.।	दूसरे बर्मा–माण्डला षड्यंत्र केस–1916–1917 में 6.7.1917 व 28.1.1918 को राजद्रोह के आरोप में फांसी की सजा हुई जो बाद में रद्द होकर आजीवन कारावास की सजा कर दी गई। 11.2.1918 को अंडमान जेल आए। 23.11.1920 को अंडमान जेल से वापस भेजने का आदेश हुआ। 20.7.1925 को इलाहाबाद सेंट्रल जेल से रिहा कर दिए गए। **संदर्भ :** सेलुलर जेल की सूची का पृष्ठ नं. 3, संख्या नं. 1–पंजाब। **सरकारी फाईल नं.** –होम 1918 जुडिशियल ए. जनवरी 242–248, होम 1918 पोल. ए. जनवरी 491–497, होम 1919 पोल. बी. प्रिंटेड जनवरी 207–206, होम 1919 पोल. ए. अक्टूबर 129–139, होम 1921 पोल. ए. प्रोसीडिंग्ज जून 64–68, होम 1922 पोल. नं. 69 पार्ट नं. 4, सीरियल नं. 1–34 व के. डब्ल्यू. होम 1925 पोल. 320/25, होम 1933 पोल. 38/10/33. **फू.चं.जै. फाईल नं.**–(6/297, 4/448, 4/626, 4/272, 3/223, 3/225, 6/282, 4/73)।
32258	**अश्विनीकुमार बोस** *सुपुत्र* कालीदास बसु, निवासी बासुडिया, अभयनगर, जयसौर। (जन्म 1882)	खुलना गैंग केस–1910 में 30.8.1910 को डकैती व षड्यंत्र के आरोप में 7 वर्ष की कैद हुई। सितम्बर, 1910 में अंडमान जेल भेजने का आदेश। 1915 में अंडमान जेल से गुजरांवाला जेल में भेजे गए। गिरफ्तारी के समय से विवाहित थे और सजा की अवधि की समाप्ति के बाद सितम्बर, 1914 में इन्हें अंडमान से वापस भारत भेजा गया। बाद में पुनः नजरबंद कर दिए गए और मालदा नजरबंद कैम्प खरबा में नजरबंद रखे गए। 1926 में नजरबंदी से रिहा हुए। 31.1.1975 को इनका स्वर्गवास हो गया। (मुक्ति तीर्थ से उद्धृत)

बंदी सं.	बंदी का नाम व पता	विशेष टिप्पणी
		संदर्भ : सेलुलर जेल की सूची का पृष्ठ नं. 6, संख्या नं. 5–बंगाल। **सरकारी फाईल नं.** –होम 1911 पोल. डिपोजिट मार्च नं. 1, होम 1915 पोल. ए. फरवरी 68–160। **फू.चं.जै. फाईल नं.**–(3/198, 1/117–118, 2/741)।
38076	**आशुतोष लहरी**।	ईस्टर्न बंगाल डकैती–1915 में 17.9.1915 को प्रागपुर, खलीलपुर डकैती में भाग लेने के आरोप में धारा 307, 120बी, 149, 402 में 10 वर्ष की कैद हुई। 1921 में अंडमान से भारत भेजने का आदेश हुआ। चन्द्रनगर में मोतीलाल रे के सम्पर्क में थे, बिशन मंगोली की पार्टी के थे। **संदर्भ** : सेलुलर जेल की सूची पृष्ठ नं. 6, संख्या नं. **4**-बंगाल। **सरकारी फाईल नं.** –होम 1917 पोल. ए. जनवरी के. डब्ल्यू. नं. 192–221, होम 1917 पोल. ए. जुलाई 6–10, होम 1917 पोल. ए. जुलाई 462–489, होम 1919 पोल. ए. अक्टूबर 129–139, होम 1921 पोल. ए. प्रोसीडिंग्ज जून 64–88. **फू.चं.जै. फाईल नं.** (3/223, 4/271, 4/482, 1/387–393, 4/301)।
38238	**आरतिया मांझी**।	उड़ीसा षड्यंत्र केस–1915 में 121, 120बी, 302, 121ए, 122 धारा में आजीवन कैद की सजा। 29.10.1915 को अंडमान आए। प्रथम महायुद्ध की समाप्ति पर आम रिहाइयों में बिहार व उड़ीसा सरकार ने इन्हें छोड़ने का आदेश दे दिया। उस समय वे 23.12.1919 को जेल में पाबंद थे। **संदर्भ** : इनका अंडमान जेल का बंदी न 38238 मिलता है। अन्य विवरण अनुपलब्ध हैं। सम्भावना यह है कि उड़ीसा में जो छोटी–छोटी देशी रियासतें थीं, वहां से इन्हें दंडित किया गया है। इनके दो अन्य सहयोगियों को भी इसी प्रकार–जिनका अंडमान बंदी नं. 38239 छुटा उर्फ छोटे सिंह उर्फ छोटन सिंह व अंडमान बंदी नं. 38240 जोगियाबानों है। **सरकारी फाईल नं.**–होम 1920 पोल. ए. मई 416–476, होम 1920 पोल. ए. नवंबर 318–326 व के. डब्ल्यू., होम 1917 पोल. ए. जुलाई 462–489. **फू.चं.जै. फाईल नं.**–(4/397, 4/228, 4/302)।

बंदी सं.	*बंदी का नाम व पता*	*विशेष टिप्पणी*
36519	**इन्दर सिंह** *सुपुत्र* गण्डा सिंह नाई, निवासी बसीन, थाना मानावान, लाहौर।	प्रथम लाहौर षड्यंत्र केस–1915 में 13.9.1915 को राजद्रोह के आरोप में 121, 121ए धारा में आजीवन कारावास की सजा हुई, जो बाद में 10 वर्ष कैद की सजा रह गई। जनवरी, 1916 में अंडमान आए। 1921 में भारत की जेल में भेजने का आदेश हुआ और 1930 में ये जेल से रिहा कर दिए गए। इन्दर सिंह का सम्पर्क डॉ. मथुरासिंह से था, जिन्हें मृत्यदंड की सजा हुई थी। **संदर्भ :** पृष्ठ 4 पर नं. 23 पर इन्दर सिंह आत्मज आला सिंह हैं व नं. 24 पर इन्दर सिंह आत्मज मूला सिंह हैं। इन्दर सिंह नं. 3 लिस्ट में नहीं हैं, इसलिए इन्दर सिंह आत्मज गण्डा सिंह के नाम की संख्या नं. नोट नहीं की जा सकी—मालूम होता है कि किताब में छपने से रह गई है। **सरकारी फाईल नं.** –होम 1917 पोल. ए. जुलाई 462–489, होम 1919 पोल. ए. अक्टूबर 129–139, होम 1920 पोल. प्रोसीडिंग्ज मार्च 156–160 व के. डब्ल्यू., होम 1920 पोल.ए. नवम्बर 318–326 व के डब्ल्यू., होम 1930 पोल. नं. 410–30। **फू.चं.जै. फाईल नं.**–(4/304, 4/271, 4/230, 3/673, 2/712)।
38506	**इन्दर सिंह–ग्रंथी** *सुपुत्र* आला सिंह, निवासी गांव माला, थाना जगरांवां, लुधियाना।	प्रथम लाहौर षड्यंत्र केस–1915 में 13.9.1915 को राजद्रोह के आरोप में 121, 121ए, 124ए, धारा में आजीवन कैद की सजा हुई। जनवरी, 1916 में अंडमान जेल में आए। 1921 में इन्हें भारत की जेल में भेजने का आदेश हुआ और बाद में 1930 में इनको कुछ शर्तों के साथ रिहा कर दिया गया। अमेरिका में ये गदर षड्यंत्रकारियों में थे। तोशामारू जहाज से भारत आए और आते ही इन्हें नजरबंद कर दिया। स्टॉकटन में ये ग्रंथी थे। इनके पास से लाला हरदयाल का साहित्य व कविता मिली थी, 29.10.1914 को कैलिफोर्निया से तोशामारू जहाज से भारत पहुंचने पर इंग्रैस आर्डिनेंस में पुलिस ने पकड़ लिया और गांव में ले जाकर पाबंदी लगा दी। **संदर्भ :** सेलुलर जेल की सूची का पृष्ठ नं. 4, संख्या नं. 23–पंजाब। **सरकारी फाईल नं.** –होम 1915 पोल. ए.

बंदी सं.	*बंदी का नाम व पता*	*विशेष टिप्पणी*
		जून 345–369, होम 1917 पोल. ए. जुलाई 425–430, होम 1918 पोल. डिपोजिट प्रिंटेड जनवरी 27, होम 1919 पोल. ए. अक्टूबर 129–139, होम 1920 पोल. प्रोसीडिंग्ज मार्च 156–160, व के. डब्ल्यू., होम 1920 पोल. ए. नवंबर 318–326 व के. डब्ल्यू., होम 1930 पोल. नं. 410–30। **फू.चं.जै. फाईल नं.**–(1/186, 4/303, 1/439, 3/673, 2/712, 4/272, 4/230)।
38507	**इन्दर सिंह** *सुपुत्र* मूलासिंह जाट।	प्रथम लाहौर षड्यंत्र केस–1915 में 13.9.1915 को राजद्रोह के आरोप में 121, 121ए धारा में आजीवन कारावास की सजा हुई थी जो बाद में 10 वर्ष कैद रह गई। जनवरी, 1916 में अंडमान में आए। 1920 में इन्हें भारत की जेल में भेजने का आदेश दिया गया और मार्च, 1930 में कुछ शर्तों के साथ रिहा किए गए। **संदर्भ :** सेलुलर जेल की सूची का पृष्ठ नं. 4, संख्या नं. 24–पंजाब। **सरकारी फाईल नं.** –होम 1917 पोल. ए. जुलाई, 426–430, होम 1919 पोल. ए. अक्टूबर 129– 139, होम 1920 पोल. प्रोसीडिंग्ज मार्च 156–160, व के. डब्ल्यू., होम 1920 पोल. ए. नवंबर 318–326 व के. डब्ल्यू., होम 1930 पोल. न. 410/30। **फू.चं.जै. फाईल नं.**–(4/303, 3/673, 4/230, 2/712, 4/272, 4/229)।
31555	**इन्दुभूषण राय** *सुपुत्र* तारकनाथ राय, निवासी सुफलतल्ला खुलना, आयु 19 वर्ष।	अलीपुर–मानिकटोला षड्यंत्र केस–1909 में 6.5.1909 को राजद्रोह के आरोप में धारा 121, 122 के अंतर्गत 10 वर्ष आजीवन कारावास की सजा हुई। 15.12.1909 को अंडमान जेल आए। 28.4.912 को इन्होंने जेल में ही आत्महत्या कर ली। अंडमान जेल में इन्हें जंगल काटने पर लगाया गया, एक पेड़ में जहरीला गोंद था, जो इनके हाथ में लग गया था और छाले पड़ गए। इन्होंने अधिकारियों को कहा कि हाथों में छाले पड़ जाने के कारण अब मैं कटाई का काम करने में कठिनाई व असमर्थता अनुभव करता हूं। मेरे हाथ की चिकित्सा हो जाने के बाद जो कार्य भी होगा मैं वह करूंगा। अधिकारियों ने सुपरिटेंडेंट जेल के पास पेश किया और उसने भी हाथ देखने के बाद कहा कि तुम काम से बहाना करते हो और चिकित्सा के बहाने काम से बचना चाहते हो। चिकित्सा

बंदी सं.	*बंदी का नाम व पता*	*विशेष टिप्पणी*
		के बजाय कोल्हू पर ड्यूटी लगा दी जो कि और भी कठिनाई का काम था और सारे शरीर की शक्ति लगाकर भी ये कोल्हू को नहीं चला सकते थे और छाती के बल से जितना कर सकते थे किया। फिर भी अधिकारी असन्तुष्ट थे। 26.4.1912 को कोट का कपड़ा फाड़कर उसकी रस्सी बनाई औद जंगले के साथ बांधकर फांसी लगा ली। इस प्रकार अंडमान में ये शहीद हो गए। (पैनल सैटलमेंट इन अंडमान्स–पृष्ठ नं. 182–1832)। **संदर्भ :** सेलुलर जेल की सूची का पृष्ठ नं. 6, संख्या नं. 18–बंगाल। **सरकारी फाईल नं.** –होम 1908 पोल. ए. मई 104–111, होम 1909 पोल. ए. जुलाई नं. 31 व के. डब्ल्यू., होम 1909 पोल. ए. दिसंबर 84–87, होम 1910 पोल. ए. अक्टूबर 35–38, होम 1912 पोल. बी. अगस्त नं. 60, होम 1912 पोल. बी. अक्टूबर नं. 61–64, होम 1913 पोल. बी. अगस्त नं. 61 पार्ट बी.। **फू.चं.जै. फाईल नं.**–(1/13, 1/59, 2/528 से 2/531, 3/132, 2/525, 2/524, 2/579, 5/284, 1/15)।
31596	**उपेन्द्रनाथ बैनर्जी** *सुपुत्र* रामनाथ बैनर्जी, निवासी गोडलपाडा, ब्रहमनबारी, कोमिला चन्द्रनगर, आयु 30 वर्ष। (जन्म 1879 मृत्यु 4.4.1950)	अलीपुर–मानिकटोला षड्यंत्र केस–1909 में 6.5.1909 को राजद्रोह के आरोप में धारा 121 में आजीवन कैद की सजा। 20.1.1910 को अंडमान जेल में आए। 1920 की आम रिहाइयों के समय रिहा हुए। मुक्ति तीर्थ पुस्तक में इनके पिता का नाम स्व. जगन्नाथ बैनर्जी लिखा है जबकि सरकारी रिकॉर्ड में मुझे रामनाथ बैनर्जी मिलता है। अंडमान जेल से रिहाई के बाद इन्होंने सबको प्रेरणा दी कि आत्मजागरण करना चाहिए, इसी में सफलता है, हिंसात्मक घटनाओं से नहीं। अंडमान से रिहाई के बाद *बिजली* पत्र में काम करना शुरू कर दिया और मई, 1922 में अमरेन्द्र चैटर्जी के पत्र *आत्मशक्ति* के सम्पादक हो गए। ये अपने यूरोप प्रवास में प्रमुख बोल्शेविक थे। **संदर्भ :** सेलुलर जेल सूची का पृष्ठ नं. 7, संख्या नं. 46–बंगाल। **सरकारी फाईल नं.** –होम 1908 पोल. ए. मई, 104–111, होम 1909 पोलिटिकल डिपोजिट प्रोसीडिंग्ज जुलाई नं. 31 व के. डब्ल्यू., होम 1910 पोल. ए. अप्रैल नं. 81–115, होम 1910 पोल. ए. अक्टूबर, 35–38, होम 1911 पोल. बी. अगस्त 9, होम 1915 पोल. ए. प्रोसीडिंग्ज फरवरी नं. 68–160, होम 1915

बंदी सं.	*बंदी का नाम व पता*	*विशेष टिप्पणी*
		पोल. ए. फरवरी 68–160, होम 1915 पोल. ए. जून 141–142, होम 1915 पोल. ए. जून 141–142, होम 1917 पोल. ए. जुलाई 462–489, होम 1919 पोल. बी. प्रिंटेड, जनवरी 207–206, होम 1919 पोल. ए. अक्टूबर 129–139, 4/27, होम 1920 पोल. ए. नवंबर 318–326 व के. डब्ल्यू. होम 1922 पोल. 339 होम 1925 पोल. फाईल नं. 271, होम 1925 पोल. 249/25, होम 1932 पोल. सीक्रेट के. डब्ल्यू. 31/111/12, होम 1933 पोल. 45/1। **फू.चं.जै. फाईल नं.**–(1/148, 2/742, 4/301, 1/117 से 119, 1/140, 3/286, 3/222, 2/570, 2/225, 1/148, 2/579, 1/6, 1/118, 1/140, 4/339, 4/625, 3/222, 4/415, 3/533, 3/381, 7/461)।
31552	**उल्लासकर दत्त** *सुपुत्र* द्विजादास दत्त, (एम. आर. ए. सी.–क्रेनसेन्टर) प्रोफेसर–शिवपुर कॉलेज, कलियाचल, त्रिपुरा, आयु 22 वर्ष।	अलीपुर–मानिकटोला षड्यंत्र केस–1909 में 6.5.1909 को राजद्रोह के आरोप में धारा 121ए आर्म्स एक्ट में पहले मृत्युदंड अपील पर आजीवन कारावास की सजा। 1910 में अंडमान जेल में आ गए। यातनाओं के कारण मानसिक रोग से पीड़ित हो गए और 1913 में अंडमान जेल से मद्रास जेल भेज दिए गए। 1920 में रिहा कर दिया गया। 1931 में धारा 144 में 18 माह कैद की सजा हुई। **संदर्भ :** सेलुलर जेल की सूची का पृष्ठ नं. 7, संख्या नं. 45–बंगाल। **सरकारी फाईल नं.**–होम, 1909 पोलिटिकल डिपोजिट प्रोसीडिंग्ज जुलाई नं. 31 व के. डब्ल्यू., होम 1910 पोल. ए. अप्रैल नं. 81–115, होम 1912 पोल. बी. दिसम्बर नं. 11–31, होम 1915 पोल. ए. जून 141–142। **फू.चं.जै. फाईल नं.**–(1/29, 1/117–119, 1/140, 3/286)।
38114	**ऊधम सिंह** *सुपुत्र* मेवा सिंह जाट, निवासी कासेल, थाना घारिन्डा, अमृतसर।	प्रथम लाहौर षड्यंत्र केस–1915 में 29.10.1915 को राजद्रोह व फौज में बगावत के आरोप में धारा 121, 121ए, 131 के अंतर्गत आजीवन कारावास। 1921 में इन्हें वापस भारत भेजने के मामले पर विचार किया गया। इन्होंने पिनांग में तैनात भारतीय सैनिकों ने विद्रोह की प्रेरणा ली। तोशामारू जहाज से भारत आते ही नजरबंद कर दिए गए थे।

बंदी सं.	*बंदी का नाम व पता*	*विशेष टिप्पणी*
		संदर्भ : सेलुलर जेल कीं सूची का पृष्ठ नं. 5, संख्या नं. 71–पंजाब। **सरकारी फाईल नं.**–होम 1917 पोल. ए. जुलाई 462–489, होम 1922 पोल. नं. 69 पार्ट नं. 4 सीरियल नं. 1–34 व के. डब्ल्यू., होम 1930 पोल. नं. 410। **फू.चं.जै. फाईल नं.**–(4/302, 3/223, 5/238 से 239 व 241 2/712)।
39528	**कपूर सिंह** *सुपुत्र* मितसिंह, निवासी मोही, लुधियाना।	प्रथम माण्डला बर्मा षड्यंत्र केस–1916 में 27.7.1916 को राजद्रोह/उपद्रव आरोप में धारा 121, 121ए के अंतर्गत आजीवन कारावास की सजा हुई। 6.10.1916 को ये पोर्टब्लेयर अंडमान जेल में आए। 1921 में भारत की जेल में भेजने का आदेश हुआ। **संदर्भ** : सेलुलर जेल की सूची का पृष्ठ नं. 4, संख्या नं. 31, पंजाब। **सरकारी फाईल नं.** –होम 1919 पोल. ए. अक्टूबर 129–139। **फू.चं.जै. फाईल नं.**–(4/269)।
38379	**कृपाल सिंह** (विद्यार्थी) *सुपुत्र* नारायण सिंह, निवासी गांव भूपाराय, थाना रायकोट।	प्रथम लाहौर षड्यंत्र केस–1915 में 13.9.1915 को विद्रोह/राजद्रोह के आरोप में 121, 121ए, 124/109, 395 धारा में 10 वर्ष कैद की सजा हुई (आजीवन कारावास)। 29.10.1915 को अंडमान जेल में आए। प्रथम महायुद्ध की समाप्ति पर आम रिहाइयों में रिहा नहीं किए गए। 1921 में इन्हें भारत की जेल में भेजने का आदेश हुआ। **संदर्भ** : सेलुलर जेल की सूची का पृष्ठ नं. 4, संख्या नं. 37 पंजाब। **सरकारी फाईल नं.** –होम 1917 पोल. ए. जुलाई, 426–430, होम 1919 पोल. ए. अक्टूबर 129– 139। **फू.चं.जै. फाईल नं.**–(4/303, 4/305, 4/272)।
39530	**कृपाराम** (स्कूल मास्टर) *सुपुत्र* ब्रजलाल, गांव मंगत, थाना कुठालाशाही खां, तहसील फटिया, गुजरात–पंजाब।	प्रथम माण्डला बर्मा षड्यंत्र केस–1916 में 27.7.1916 को राजद्रोह/उपद्रव के आरोप में धारा 121, 121ए के अंतर्गत पहले मृत्युदंड और बाद में आजीवन कैद। 6.10.1916 को ये पोर्टब्लेयर अंडमान जेल में थे। 23.11.1920 को अंडमान जेल से भारत की जेल में भेजने का आदेश हुआ। 11.9.1924 की पुनः रिपोर्ट है कि ये माण्डला जेल में सजा काट रहे हैं। फरवरी, 1937 में नया मंत्रिमंडल बन जाने पर इन्हें जेल से रिहा किया गया।

बंदी सं.	*बंदी का नाम व पता*	*विशेष टिप्पणी*
		ये पहले बर्मा मिलिटरी पुलिस पंजाब वे बर्मा में नौकरी करते थे। इस बटालियन के अन्य सैनिकों को भी पुलिस ने गिरफ्तार किया है। **संदर्भ :** सेलुलर जेल की सूची का पृष्ठ नं. 4, संख्या नं. 36–पंजाब। **सरकारी फाईल नं.**–होम 1916 पोल. ए. प्रोसीडिंग्ज मार्च 619–666, होम 1918 जुडिशियल ए. जनवरी 242–248, होम 1919 पोल. ए. अक्टूबर 129 –139, होम 1921 पोल. ए. प्रोसीडिंग्ज जून 64–88, होम 1922 पोल. नं. 69 पार्ट नं. 4, सीरियल नं. 1–34 व के. डब्ल्यू., होम 1924 पोल. नं. 37–3, देहली रिकॉर्ड्स सीरियल नं. 1–8, होम 1936 जेल्स नं. 2/4/36। **फू.चं.जै. फाईल नं.**–(3/252, 3/253, 6/307, 4/272, 3/223, 3/225, 2/1050, 6/284)।
43544	**कर्मचन्द** *सुपुत्र* फकीरचन्द।	अमृतसर नेशनल बैंक मर्डर केस–मार्शल लॉ पंजाब–1919 में 2.6.1919 को राजद्रोह/विद्रोह के आरोप में मार्शल लॉ केस नं. 75, धारा 121 के अंतर्गत पहले मृत्युदंड और बाद में आजीवन कैद की सजा हुई। 20.4.1921 में ये अंडमान जेल में थे, सरकार ने भारत की जेल में भेजने का आदेश दिया। **संदर्भ :** कोर्ट मार्शल पंजाब–1919 में इन्हें सजा हुई, अंडमान बंदी नं. 43544 उपलब्ध है, परन्तु अंडमान की पुस्तक में मार्शल लॉ बंदियों के नाम नहीं हैं, इसलिए इनके नाम की संख्या खाली है। **सरकारी फाईल नं.**–होम 1921 पोल. नं. 389 पार्ट सीरियल नं. 1–5, व के. डब्ल्यू., होम 1921 पोल. डिपोजिट प्रिंट मार्च नं. 123, होम 1922 पोल. फाईल नं. 69 पार्ट नं. 4, सीरियल नं. 1–34 व के. डब्ल्यू.। **फू. चं.जै. फाईल नं.**–(3/680, 4/411, 3/224, 3/679, 5/240)।
—	**करतार सिंह** उर्फ **नरायणसिंह** *सुपुत्र* बिशन सिंह सुनार, निवासी लुधियाना।	सप्लीमेंट्री लाहौर षड्यंत्र केस–1916 में 30.3.1916 को राजद्रोह के आरोप में धारा 121 में आजीवन कैद। ये प्रवासी भारतीय नहीं हैं, फिरोजपुर जेल में सम्मिलित हुए थे। अंडमान जेल का बंदी नं. नहीं मिला है। **संदर्भ :** सेलुलर जेल की सूची का पृष्ठ नं. 4, संख्या नं. 32–पंजाब।

बंदी सं.	*बंदी का नाम व पता*	*विशेष टिप्पणी*
—	**काला सिंह** *सुपुत्र* प्रथम गुलाबसिंह, निवासी अमृतसर।	लाहौर षड्यंत्र केस–1915 में 13.9.1915 को राजद्रोह व डकैती के आरोप में 121, 121ए, 396 धारा में मृत्युदंड की सजा हुई जो बाद में आजीवन कारावास रह गई। इनका अंडमान सूची का पृष्ठ नं. व संख्या नं. उपलब्ध है परन्तु अंडमान जेल का बंदी नं. व इनसे संबंधित घटनाओं का उल्लेख दृष्टिगोचर नहीं हुआ। जनवरी, 1916 में अंडमान आए। **संदर्भ** : सेलुलर जेल की सूची का पृष्ठ नं. 4, संख्या नं. 30, पंजाब।
38512	**काला सिंह** *सुपुत्र* घसीटा सिंह निवासी सूरसिंह, थाना कालरा, लाहौर।	प्रथम लाहौर षड्यंत्र केस–1915 में 13.9.1915 को राजद्रोह के आरोप में 121, 121ए धारा में प्रारंभ में आजीवन कैद हुई जो बाद में 10 वर्ष कैद रह गई। जनवरी, 1916 में अंडमान जेल में पहुंचे। 1921 में भारत की जेल में भेजने का आदेश हुआ। **संदर्भ** : सेलुलर जेल की सूची का पृष्ठ नं. 4, संख्या नं. 29–पंजाब। **सरकारी फाईल नं.** –होम 1917 पोल. ए. जुलाई 462–489। **फू.चं.जै. फाईल नं.**–(4/304)।
32263	**कालीदास घोष** उर्फ **कालीचरण घोष**।	खुलना–जयसौर गैंग केस–1910, में सात वर्ष की कैद हुई। 30 नवम्बर, 1913 को जब नई दिल्ली से होम मेम्बर अंडमान जेल निरीक्षण के लिए ऋषीकेश गए तो कांजीलाल, अंडमान बंदी नं. 31550 ने एक ज्ञापन उन्हें दिया जिसमें बताया गया था कि किस प्रकार उनका एक सहयोगी बंदी कालीचरण घोष उचित चिकित्सा के अभाव में अकाल बुखार का शिकार हो गया और उसकी वहीं मृत्यु हो गई। पीनल सैटलमेंट इन अंडमान– पृष्ठ–205–206। **संदर्भ** : सेलुलर जेल की सूची का पृष्ठ नं. 6, संख्या नं. 21–बंगाल। **सरकारी फाईल नं.**–होम 1910 पोल. बी. सितम्बर 81–82, होम 1911 पोल. डिपोजिट मार्च नं. 1, डायरी ऑफ इवैन्ट्स, होम 1915 पोल. ए. फरवरी 68–160। **फू.चं.जै. फाईल नं.** (3/162, 3/190 से 201 तक, 3/137, 1/117–118, 2/741, 1/492, 3/215)।

बंदी सं.	*बंदी का नाम व पता*	*विशेष टिप्पणी*
	किनूरामपाल उर्फ **प्रियनाथ**।	खुलना–जयसौर गैंग केस में 30.8.1910 को 5 वर्ष की कैद की सजा हुई। 13.9.1910 को अंडमान जेल में भेजने का आदेश। **संदर्भ :** सेलुलर जेल की सूची का पृष्ठ नं. 6, संख्या नं. 23–बंगाल। **सरकारी फाईल नं.**–होम 1910 पोल. डिपोजिट मार्च नं. 1, होम 1910 पोल. बी. सितम्बर, 81–82, होम 1910 पोल. ए. नवंबर 48–69, होम 1911 पोल. डिपोजिट मार्च नं. 1, डायरी ऑफ इवैन्ट्स, होम 1915 पोल. ए. फरवरी 68–160। **फू.चं.जै. फाईल नं.** (3/162, 3/190 से 210 तक, 3/137–138, 1/117–118, 2/741)।
38756	**केण्डू पान**।	देशपल्ला रियासत केस–1915–16 में राजद्रोह व हत्या के आरोप में 121, 302 धारा में आजीवन कारावास। 1916 के प्रारम्भ में ये जेल में 1917 के प्रारम्भ में अंडमान जेल में से इन्हें रिहा कर दिया गया। **संदर्भ :** इनका अंडमान बंदी नं. 38756 है परन्तु अंडमान सूची में पृष्ठ नं. व संख्या नं. नहीं हैं। सम्भवतः यह देशी रियासतों का मामला है। **सरकारी फाईल नं.** –होम 1917 पोल. ए. जुलाई 462–469. **फू.चं.जै. फाईल नं.** –(4/301 से 304 तक)।
38376	**केशरसिंह** *आत्मज* भूपसिंह निवासी टथगढ़, अमृतसर, आयु 45 वर्ष।	प्रथम लाहौर षड्यंत्र केस–1915 में 13.9.1915 को राजद्रोह के आरोप में 121, 121ए, 124ए, 131 धारा में प्रारंभ में फांसी की सजा हुई थी, बाद में आजीवन कैद में तब्दील कर दी गई। प्रथम महायुद्ध की समाप्ति पर आम रिहाइयों में रिहा नहीं किया गया। पुस्तक सूची में नं. 34 पर केहर सिंह आत्मज भान सिंह का नाम छपा है, परन्तु केशर सिंह आत्मज भूप सिंह का नाम नहीं मिला है। ये 16.12.1914 को पोर्टलैण्ड कोरेगन (यू.एस.ए.) से तोशोमारू जहाज द्वारा कलकत्ता आए थे और आते ही इन्हें गांव में ले जाकर नजरबंद किया गया था। इनपर खालसा कॉलेज के प्रोफेसर की हत्या का आरोप था। **संदर्भ :** सेलुलर जेल की सूची का पृष्ठ नं. 4, संख्या नं. 34–पंजाब। **सरकारी फाईल नं.**–होम 1914 पोल. ए. दिसम्बर 155–66, होम 1920 पोल. प्रोसीडिंग्ज मार्च

बंदी सं.	*बंदी का नाम व पता*	*विशेष टिप्पणी*
		156–160 व के. डब्ल्यू. होम 1922 पोल. फाईल नं. 69 पार्ट 4, सीरियल नं. 1–34 व के. डब्ल्यू. होम 1927 पोल. 80/19/27, होम 1930 पोल. 410/30. **फू.चं.जै. फाईल नं.**–(1/135, 3/661, 3/623, 2/713, 3/224, 7/356, 4/272, 2/713, 3/623)।
–	**केहर सिंह** *सुपुत्र* भान सिंह, निवासी रोड बागापुराना, फिरोजपुर, आयु 36 वर्ष।	19.8.1915 को कोमागाटामारू जहाज के भारत पहुंचने पर 29.9.1914 को बजबज बन्दरगाह पर डटकर मुकाबला किया था। शस्त्रों सहित गदर करने के आरोप में आजीवन कैद हुई। प्रथम महायुद्ध की समाप्ति पर आम रिहाइयों में रिहा नहीं किया गया। **संदर्भ :** सेलुलर जेल की सूची का पृष्ठ नं. 4, संख्या नं. 34–पंजाब। **सरकारी फाईल नं.**–होम 1915 पोल. ए. मार्च 1–13, होम 1915 पोल. प्रोसीडिंग्ज मार्च–अप्रैल 1915, होम 1927 पोल. 80/19/27। **फू.चं.जै. फाईल नं.**–2/611, 3/553, 3/662)।
38179	**केहर सिंह** उर्फ **केसरी सिंह** उर्फ **केशर सिंह** *सुपुत्र* भगत सिंह, निवासी दोतियान, सिरहाली, अमृतसर, सैनिक नं. 1528 आयु 27 वर्ष।	23वीं कैवलरी पलटन डगसई में कोर्ट मार्शल–1915 में 9.8.1915 को कोर्ट मार्शल डगसई से आजीवन कैद की सजा हुई। पहले अंबाला जेल फिर अलीपुर जेल और 29.10.1915 को अंडमान जेल आए। प्रथम महायुद्ध की समाप्ति पर आम रिहाइयों की घोषणा पर रिहा नहीं किए गए। **संदर्भ :** सेलुलर जेल की सूची का पृष्ठ नं. 4, संख्या नं. 35–पंजाब। **सरकारी फाईल नं.**–(अंबाला सेंट्रल जेल 1915 कैदी नं.–2721), होम 1917 पोल. ए. जुलाई 462–479। **फू.चं.जै. फाईल नं.**–(4/301 302)।
38515	**केहर सिंह** *सुपुत्र* निहाल सिंह, निवासी मरहाना, थाना सिरहाली, अमृतसर, अभियुक्त नं. 41।	प्रथम लाहौर षड्यंत्र केस–1915 में 13.9.1915 को राजद्रोह के आरोप में 121, 121ए व 122, 131 धारा में आजीवन कारावास व सम्पत्ति जब्ती का आदेश। 1920 में अंडमान जेल में इनकी मृत्यु हो गई–विवरण व कारण का पता नहीं लगा। ये काफी वृद्ध हैं और वृद्ध अवस्था के कारण ही मृत्युदंड से बच गए। परंतु षड्यंत्रकारियों में बहुत ही घनिष्ठ सम्पर्क में थे। **संदर्भ :** सेलुलर जेल की सूची का पृष्ठ नं. 4, संख्या नं. 33–पंजाब। **सरकारी फाईल नं.**–होम–1915 पोल.

बंदी सं.	*बंदी का नाम व पता*	*विशेष टिप्पणी*
		ए. जून 345–369, होम 1917 पोल. ए. जुलाई 462–489, होम 1920 पोल. प्रोसीडिंग्ज मार्च 156–160 के. डब्ल्यू. होम 1921 पोल. नं. 133, होम 1922 पोल. नं. 69 पार्ट नं. 4, सीरियल नं. 1–34 व के. डब्ल्यू., होम 1930 पोल. एफ. 462–489। **फू.चं.जै. फाईल नं.** –(4/304, 5/238, 3/223, 1/197, 3/673, 2/713)।
39397	**उगेन्द्रनाथ चौधरी** उर्फ **सुरेशचन्द्र** *सुपुत्र* त्रिलोकी नाथ चौधरी, बंगला बाजार, ढाका।	बान गौर ढाका आर्म्स केस–1914 में 15.6.1914 को 120बी, 20 आर्म्स एक्ट व 121ए के अंतर्गत 3 वर्ष की कैद हुई। अवधि की समाप्ति पर बरीसल षड्यंत्र की 7 वर्ष की सजा आरम्भ हुई। सेंट्रल जेल बिल्लारी (कैदी सं. 937ए) से अंडमान भेजे गए। 17.8.1916 को अंडमान पहुंचे। प्रथम विश्वयुद्ध के बाद आम रिहाइयों में इन्हें रिहा नहीं किया गया। **संदर्भ** : सेलुलर जेल की सूची का पृष्ठ नं. 6, संख्या नं. 22–बंगाल। **सरकारी फाईल नं.** –होम 1913 पोल. ए. दिसम्बर नं. 25–30, होम 1915 पोल. ए. मई 294–301, होम 1915 पोल. ए. जून 274–276, होम 1920 पोल. ए. मई 416–476, (4/394)। **फू.चं.जै. फाईल नं.**–(5/2, 1/121, 1/124, 5/239)।
38377	**खुशहाल सिंह** *सुपुत्र* सुचेत सिंह, गांव पादरी, अमृतसर, आयु 36 वर्ष।	प्रथम लाहौर षड्यंत्र केस–1915 में 13.9.1915 को राजद्रोह के व डकैती के आरोप में 121, 121ए, 396, 395, 398, 399, 302/109 व 131 धारा में पहले मृत्युदंड की सजा हुई थी, बाद में इसे आजीवन कारावास में तब्दील किया गया। 29.10.1915 को अंडमान आए। प्रथम महायुद्ध के बाद आम रिहाइयों के समय इन्हें रिहा नहीं किया गया। **संदर्भ** : सेलुलर जेल की सूची का पृष्ठ नं. 4, संख्या नं. 38–पंजाब। **सरकारी फाईल नं.**–होम 1917 पोल. ए. जुलाई, 426–430, होम 1919 पोल. ए. अक्टूबर 129–139, होम 1921 पोल. ए. प्रोसीडिंग्ज जून 64–88, होम 1922 पोल. नं. 69 पार्ट नं. 4 सीरियल नं. 1–34 व के. डब्ल्यू. होम 1927 पोल. नं. 80/19/27, **फू.चं.जै. फाईल नं.**–(4/303, 4/305, 4/272, 3/223, 3/662)।

बंदी सं.	*बंदी का नाम व पता*	*विशेष विवरण*
31911	**गणेश दामोदर सावरकर** *सुपुत्र* दामोदर सावरकर, जन्म 1880 ई.।	नासिक षड्यंत्र केस–1910 में 121, 121ए, 124ए धारा में 29.3.1910 को आजीवन कारावास। 7.4.1911 को अंडमान जेल पहुंचे थे। 1920 में भारतीय जेल में भेजने का आदेश हुआ। **संदर्भ** : सेलुलर जेल की सूची का पृष्ठ नं. 3, संख्या नं. 2, में बम्बई। **सरकारी फाईल नं.**–होम 1910 पोल. ए. मई 138 139, होम 1909 पोल. डिपोजिट मार्च नं. 1, होम 1910 पोल. डिपोजिट,मार्च नं. 1, होम 1911 पोल. ए प्रोसीडिंग्ज जनवरी 52–64 कलकत्ता रिकॉर्ड 5, होम 1911 पोल. डिपोजिट, मार्च नं. 1, होम 1913 पोल. ए. सितंबर 3–4, होम 1915 पोल. ए. प्रोसिडिंग्ज फरवरी 68–160, होम 1917 पोल. ए. जुलाई 462–489, होम 1930 पोल. 173/1/30, होम 1933 पोल. नं. 24/13/33। **फू.चं.जै. फाईल नं.**–(2/742, 3/168, 3/183, 3/184, 2/937, 1/48, 4/301, 2/742, 4/368)।
44201	**गिरधारी लाल खत्री** *सुपुत्र* वलीराम, आयु 35 वर्ष।	गुजरांवाला केस नं. 2, मार्शल लॉ पंजाब 1919 में 30.6.1919 को राजद्रोह/विद्रोह के आरोप में मार्शल लॉ केस नं. 68, 121 धारा में पहले मृत्युदंड हुआ था। बाद में, आजीवन कैद की सजा हुई। 1921 में सरकार ने लिखा कि इन्हें भारत की जेल में भेज दिया जाए। **संदर्भ :** कोर्ट मार्शल पंजाब–1919 में इन्हें सजा हुई, अंडमान बंदी नं. 44201 है, परंतु अंडमान की पुस्तक में मार्शल लॉ बंदियों के नाम नहीं हैं, इसलिए इनके नाम की संख्या खाली है। **सरकारी फाईल नं.**–होम 1921 पोल. नं. 389 पार्ट सीरियल नं. 1–5, व के. डब्ल्यू., होम 1922 पोल. नं. 69 पार्ट नं. 4, सीरियल नं. 1–34 व के. डब्ल्यू, होम 1927 पोल. 80/19/27, होम 1930 पोल. नं. 410/30, होम 1938 पोल. नं. 22/4/38। **फू.चं.जै. फाईल नं.**–(3/224, 3/679, 3/660, 2/717, 7/653, 5/240)।
	गुरुदास सिंह	गदर पार्टी आंदोलन 1915 के अभियुक्त। पिता का नाम उपलब्ध न होने के कारण इनका अन्य व अंडमान जेल का बंदी नं. अभी तक नहीं मिल पाया विवरण है।

बंदी सं.	बंदी का नाम व पता	विशेष विवरण
		संदर्भ : सेललर जेल की सूची का पृष्ठ नं. 3, संख्या नं. 14—पंजाब।
38502	**गुरदित्त सिंह** *सुपुत्र* गुरुमुख सिंह।	प्रथम लाहौर षड्यंत्र केस—1915 में 13.9.1915 को राजद्रोह के आरोप में धारा 121, 121ए के अंतर्गत आजीवन कैद। बाद में 10 वर्ष की सजा रह गई। 20.1.1916 में अंडमान आए। 1930 में रिहा किए गए। 1920 की आम रिहाइयों में रिहा नहीं किए गए। **संदर्भ** : सेलुलर जेल की सूची का पृष्ठ नं. 3, संख्या नं. 15—पंजाब। **सरकारी फाईल नं.** —होम 1917 जुलाई 426—430, होम 1920 पोल. प्रोसीडिंग्ज मार्च 156—160 व के. डब्ल्यू., होम 1930 पोल नं. 410—30। **फू.चं.जै. फाईल नं.**—(4/303, 3/673, 2/712)।
—	**गुरुमुख सिंह** *सुपुत्र* कंवल सिंह, गांव दुंगवाल, नयाना, फिरोजपुर।	29.9.1914 को कोमागाटामारू जहाज से ये डमडम भारतीय तट पर आए थे। यात्रियों व पुलिस का मुकाबला हो गया जिसमें 211 व्यक्तियों को गिरफ्तार कर लिया गया और इसमें 18 यात्री मारे गए और बाद में गिरफ्तारों के विरुद्ध कार्यवाही की गई। अंडमान सूची में पिता का नाम उपलब्ध न होने के कारण विवरण अधूरा है। **संदर्भ** : सेलुलर जेल की सूची का पृष्ठ नं. 3, संख्या नं. 17। **सरकारी फाईल नं.** —होम 1915 पोल. ए. मार्च 1—13, होम 1915 पोल. प्रोसीडिंग्ज मार्च—अप्रैल 1915। **फू.चं. जै. फाईल नं.**—(2/611, 3/552)।
38504	**गुरुमुख सिंह** उर्फ **अनूप सिंह** *सुपुत्र* होशनाक सिंह, निवासी गांव लालतू, लुधियाना।	प्रथम लाहौर षड्यंत्र केस—1915 में 13.9.1915 को राजद्रोह के आरोप में धारा 121, 121ए, 131, 396 के अंतर्गत आजीवन कारावास। 1916 में अंडमान जेल में आए थे। 20.4.1921 को इन्हें भारत की जेल में भेजा गया। इन्हें मद्रास की जेल में लाया गया। पहली मई, 1922 को ये त्रिचनापल्ली जेल से निकलकर भाग गए परन्तु कुछ दिन बाद ही इन्हें पुनः गिरफ्तार कर लिया गया। जनवरी, 1923 में जब पुनः जेल से तबादला किया जा रहा था तो ये मनमाड व भुसावल रेलवे स्टेशन के मध्य चलती ट्रेन से कूद पड़े और फरार हो गए और 1923 से 1925 तक फरार रहे। 1936 में इन्हें लाहौर में पुनः पंजाब क्रिमिनल लॉ एमेन्डमेन्ट एक्ट में गिरफ्तार कर लिया गया। 5.2.1937 को फिर अंडमान जेल में भेज दिए

बंदी सं.	बंदी का नाम व पता	विशेष विवरण
		गए। 1923 से 1936 के मध्य मफरूरी के समय इन्होंने भिन्न–भिन्न प्रदेशों में भारत के बाहर के क्रांतिकारियों से भी सम्पर्क बनाए रखा। मफरूरी की अवधि में ये अफगानिस्तान होकर रूस हो आए थे। **संदर्भ :** सेलुलर जेल की स्वतंत्रता सेनानी सूची पृष्ठ नं 3, संख्या नं. 15–पंजाब। **सरकारी फाईल नं.** –होम 1915 पोल. ए. मार्च 1–13, होम 1915 प्रोसीडिंग्ज मार्च–अप्रैल 1915, होम 1916 पोल. डिपोजिट जनवरी 66, होम 1917 पोल. ए. जुलाई 426–430, होम 1918 पोल. डिपोजिट प्रिंटेड जनवरी नं. 27, होम 1919 पोल. ए. अक्टूबर 129–139, होम 1920 पोल. प्रोसीडिंग्ज मार्च 156–160 व के. डब्ल्यू., होम 1920 पोल. ए. नवंबर 318–326 व के. डब्ल्यू., होम 1921 पोल. ए. प्रोसीडिंग्ज जून 64–88, होम 1922 पोल. फाईल नं. 69 पार्ट 4, सीरियल नं. 1–34 व के. डब्ल्यू., होम 1932 जेल के. डब्ल्यू. नं. 70 जेल, होम 1937 पोल. 26/2/37 जेल, होम 1937 जेल. के. डब्ल्यू. नं. 5/9/ए/37 जेल्स। **फू.चं.जै. फाईल नं.**–(2/612, 3/554, 1/452, 4/303, 4/305, 1/438, 4/272, 7/529, 3/673, 4/230, 3/223, 3/224, 7/588, 7/507, 7/508)।
40393	**गुलाम सरवरखां** निवासी सीमा प्रान्त।	23.11.1920 को सरकार ने आदेश दिया कि उन्हें भारत की जेल में भेज दिया जाए। इनके सम्बन्ध में और अधिक जानकारी में उपलब्ध नहीं कर पाया हूं क्योंकि इनमें पिता का नाम साफ न होने से विवरण ढूंढ़ने में कठिनाई रही। मेरे रिकॉर्ड के अनुसार एक नाम मुल्ला गुलाम सरवर आत्मज मोहम्मद आलम, निवासी कलाटी घिरजाई तोरवी मिलता है। चीफ कमिश्नर दिल्ली के 1919 के होम विभाग के फाईल नं. 22, कान्फिडेंशल में जो विवरण है, उससे मालूम होता है कि 15 विद्यार्थी बलूचिस्तान गए थे और सरकार ने उन्हें तुरन्त क्वेटा जेल में नजरबंद कर दिया था। इसी प्रकार 23.2.1944 को गुलाम सरवर नाम के व्यक्ति पंजाब की जेल में नजरबंद रहे और 1945 में उनको जेल से रिहाई का आदेश हुआ। पिता का नाम साफ न होने से कार्य में सफलता नहीं मिली। अंडमान की सूची में बंदियों

बंदी सं.	*बंदी का नाम व पता*	*विशेष विवरण*
		के पृष्ठ पर इनके नाम की कोई क्रम सूची नहीं मिली है। **सरकारी फाईल नं.** –होम 1919 पोल. ए. अक्टूबर 129–139, चीफ कमिश्नर दिल्ली रिकॉर्ड्स, होम फाईल 1919 नं. 22 कान्फिडेन्शल, होम 1921 पोल. ए. प्रोसीडिंग्ज जून 64–88, होम 1945 पोल. आई. 21/8/45। **फू.चं.जै. फाईल नं.**–(4/272, 3/223, 8/88)।
38075	**गोपेन्द्रलाल राय** *सुपुत्र* ब्रजेन्द्र, लाल राय, निवासी मोहम्मदपुर, नबीगंज, सिल्हट, आयु 20 वर्ष।	ईस्टर्न बंगाल–गोपालपुर डकैती केस–1915 में 1.8.1915 को 397, 120बी, 307, 147, 402 धारा में 8 वर्ष कैद की सजा हुई। 17.9.1915 को अंडमान जेल में पहुंचे। 1922 में जेल से रिहा हुए। अंडमान जेल की सूची पुस्तिका में ये नाम गोविन्दालाल राय छपा है, जबकि रिकॉर्ड में ये नाम गोपेन्द्रलाल राय है। **संदर्भ** : सेलुलर जेल की सूची का पृष्ठ नं. 6, संख्या नं. 14–बंगाल। **सरकारी फाईल नं.**–होम 1917 पोल. ए. जुलाई 462–489, होम 1919 पोल. बी. प्रिंटेड जनवरी 207–206, होम 1919 पोल. ए. अक्टूबर 129–139, होम 1924 पोल. 339, होम 1925 पोल. फाईल नं. 271, होम 1928 पोल. 1/28, होम 1933 पोल. 45/1। **फू.चं.जै. फाईल नं.**–(4/301, 4/270, 4/625, 4/415, 3/325, 3/623, 7/460)।
41827	**गोविन्दचन्द्र कार** *सुपुत्र* चन्द्रनाथ।	बंगाल आर्म्स एक्ट केस– 1918–19 में 17.8.1918 को 7 वर्ष सख्त कैद की सजा हुई। 12.8.1918 को आर्म्स एक्ट में 7 वर्ष की सजा होने के बाद गोविन्द्र चंद्र कार उर्फ बी. एन. चौधरी ने अपनी सजा के 3 वर्ष अंडमान जेल में काटे थे। अब उसके बाद उन्हें काकोरी षड्यंत्र केस में विष्णुचरण दुब्लिश के साथ 6.4.1927 को पुनः सजा हो गई। इन्होंने जो पत्र 10.8.1935 को विष्णुशरण दुब्लिश को अंडमान लिखा। वह सरकार ने पकड़ लिया और ये पत्र होम 1935 जेल 104/35 जेल फाईल में उपलब्ध हैं (7/559)। 1932 में गोविन्दचन्द्र कार उर्फ गोविन्दालाल कार आत्मज चन्द्रनाथ पी. आई. नं. 108, अंडमान आए थे, वह एक अन्य व्यक्ति हैं। **संदर्भ** : सेलुलर जेल की सूची का पृष्ठ नं. 6, संख्या

बंदी सं.	*बंदी का नाम व पता*	*विशेष विवरण*
		नं. 13—बंगाल। **सरकारी फाईल नं.**—होम 1918 पोल. डिपोजिट अप्रैल 58, होम 1918 पोल. डिपोजिट नवम्बर 18, होम 1932 जेल. के. डब्ल्यू. 70 जेल, होम 1932 जेल नं. 70। **फू.चं.जै. फाईल नं.**—(4/591, 7/578, 7/554, 6/254)।
–	**गोविन्द राम**।	इन्हें 1908–1909 में उत्तेजनात्मक प्रचार के लिए सजा हुई थी। इनके पिता का नाम व अंडमान जेल का बंदी नं. उपलब्ध न होने के कारण पूरा विवरण नहीं निकाला जा सका, केस अपूर्ण है। **संदर्भ** : सेलुलर जेल की सूची का पृष्ठ नं. 5, संख्या नं. 1—उत्तर प्रदेश।
–	**गोविन्दालाल राय**।	इनके पिता का नाम व अंडमान जेल का बंदी नं. न होने के कारण कोई विवरण अभी नहीं मिल पाया है, केस अपूर्ण है। **संदर्भ** : सेलुलर जेल की सूची का पृष्ठ नं. 6,संख्या नं. 14—बंगाल।
38755	**चरित्र नायक,** निवासी देशपल्ला रियासत।	देशपल्ला रियासत केस— 1915–16 में राजद्रोह व हत्या के आरोप में धारा 121, 302 में आजीवन कारावास। 1916 के प्रारम्भ में ये जेल में आए। **संदर्भ** : इनका अंडमान बंदी नं. 38755 है परन्तु अंडमान सूची में पृष्ठ नं. व संख्या नं. नहीं है। सम्भवतः यह देशी रियासतों का मामला है। **सरकारी फाईल नं.** —होम 1917 पोल. ए. जुलाई 462–469। **फू.चं.जै. फाईल नं.**—(4/301 से 304 तक)।
38178	**चानन सिंह** *सुपुत्र* नत्था सिंह, निवासी जुण्ड, अमृतसर, सैनिक नं. 1775. आयु 24 वर्ष।	23 वीं कैलटरी पलटन—डगसई में कोर्ट मार्शल—1915 में धारा 131 से कोर्ट मार्शल द्वारा आजीवन कैद की सजा। 30.8.1915 को अम्बाला जेल में आए। अम्बाला सेंट्रल जेल कैदी नं. 2720। 3.10.1915 को अम्बाला से अलीपुर सेंट्रल जेल में भेजे गए। 29 अक्टूबर, 1915 में अंडमान जेल आए। गदर पार्टी वालों से प्रभावित थे, प्रथम विश्वयुद्ध की समाप्ति पर आम रिहाइयों में रिहा नहीं किया गया। **संदर्भ** : सेलुलर जेल की सूची का पृष्ठ नं. 3, संख्या नं. 9—पंजाब। **सरकारी फाईल नं.** —होम 1917 पोल. ए. जुलाई 462–479, होम 1922 पोल. नं. 69 पार्ट नं. 4, सीरियल नं. 1–34, व के. डब्ल्यू., होम 1927 पोल.

बंदी सं.	*बंदी का नाम व पता*	*विशेष विवरण*
		80/1927। **फू.चं.जै. फाईल नं.**–(4/301, 302, 3/225, 3/661)।
38825	**चूहड़ सिंह** *सुपुत्र* बूटा सिंह निवासी गांव लीलान, थाना, रायकोट, आयु 40 वर्ष।	प्रथम लाहौर षड्यंत्र केस–1915 में 13.9.1915 को राजद्रोह व डकैती के आरोप में धारा 121, 121ए, 122, 395, 397, 398 के अंतर्गत आजीवन कारावास। जनवरी, 1915 में अंडमान जेल में आए। 23.11.1920 को भारत की जेल में भेजने का आदेश हुआ। 24.11.1922 को इन्हें रायपुर जेल में भेज दिया गया। अनारकली लाहौर हत्या केस में भी ये सहयोगी थे। 1933 में इन्होंने जेल में भूख–हड़ताल की, इसपर सरकार ने इन्हें बिना शर्त रिहा कर दिया। 26.5.1933 को कैदी छुड़ाव कमेटी ने प्रिजनर्स डे मनाया और दिल्ली व पंजाब के अनेक भागों में जुलूस व जलसे हुए, जिसमें बंदियों की रिहाई की मांग की गई। **संदर्भ :** सेलुलर जेल की सूची का पृष्ठ नं. 3, संख्या नं. 13–पंजाब। **सरकारी फाईल नं.** –होम 1917 पोल. ए. जुलाई 432&489, होम 1919 पोल. ए. अक्टूबर 129–139, होम 1920 पोल. प्रोसीडिंग्ज मार्च 156–160 व के. डब्ल्यू, होम 1920 पोल. ए. नवम्बर 318–326 व के. डब्ल्यू., होम 1921 पोल. ए. प्रोसीडिंग्ज जून 64–88, होम 1922 पोल. नं. 69, पार्ट नं. 4 सीरियल नं. 1–34 व के. डब्ल्यू., होम 1925 पोल. 394/25 कान्फिडेंशल शिमला रिकॉर्ड नं. 2, होम 1927 पोल. 80/19/27, होम 1930 पोल. नं. 410–30, होम 1933 पोल. 18/5/33 फोर्टनाइटली, अप्रैल, 1933। **फू.चं.जै. फाईल नं.** –(4/304, 4/271, 3/623, 4/230, 3/223, 2/224, 2/957, 3/562, 2/712, 3/718)।
39526	**चेतराम** *सुपुत्र* बिशन दास अरोड़ा निवासी वैरोवाल, सामबरीयाल, स्यालकोट।	प्रथम माण्डले षड्यंत्र केस–1916 में 27.7.1916 को धारा 121, 121ए के अंतर्गत आजीवन कैद जो बाद में 7 वर्ष कर दी गई। 1921 में इन्हें जेल से रिहा कर दिया गया। **संदर्भ :** सेलुलर जेल की सूची का पृष्ठ नं. 3, संख्या नं. 12–पंजाब। **सरकारी फाईल नं.** –होम 1915 पोल. बी. दिसंबर 428, होम 1915 पोल. बी. अक्टूबर 242–247, होम 1916 पोल. ए. प्रोसीडिंग्ज मार्च 619–660, होम 1919 पोल. ए. अक्टूबर 129–139, होम

बंदी सं.	***बंदी का नाम व पता***	***विशेष विवरण***
		1920 पोल. ए. जून 469–470, होम 1921 पोल. ए. प्रोसीडिंग्ज जून 64–88। **फू.चं.जै. फाईल नं.**–(1/411, 4/277, 1/296, 3/252–253, 4/440, 3/223)।
38360	**छतर सिंह** *सुपुत्र* बूटासिंह, गांव निलान, लुधियाना।	17.12.1914 को खालसा कॉलेज के प्रोफेसर पर घातक आक्रमण के आरोप में आजीवन कैद की सजा हुई। 1922 में इन्हें भारत में वापस भेजने का विचार किया गया। **संदर्भ :** सेलुलर जेल की सूची का पृष्ठ नं. 3, संख्या नं. 10–पंजाब। **सरकारी फाईल नं.** –होम 1922 पोल. नं. 69 पार्ट नं. 4, सीरियल नं. 1–34 व के. डब्ल्यू.। **फू. चं.जै. फाईल नं.**–(3/223)।
–	**छतर सिंह** नं. 2.	गदर आंदोलन 1915 के अभियुक्त। विवरण अधूरा। **संदर्भ** : सेलुलर जेल की सूची का पृष्ठ नं. 3, संख्या नं. 11–पंजाब।
38239	**छुटा** उर्फ **छोटे सिंह** उर्फ **छोटन सिंह**।	उड़ीसा षड्यंत्र केस–1915 में विद्रोह व हत्या के आरोप में 121, 120बी, 302, 121ए व 122 धारा में आजीवन कैद। 29.10.1915 को अंडमान आए। प्रथम महायुद्ध की समाप्ति पर आम रिहाइयों में बिहार व उड़ीसा सरकार ने इन्हें छोड़ने का आदेश दे दिया है उस समय ये 23.12.1919 को जेल में पाबंद थे। **संदर्भ :** अंडमान पुस्तक में यह नाम नहीं मिला है। इनका अंडमान जेल का बंदी नं. 38239 मिलता है। सम्भव है कि उड़ीसा में जो छोटी–छोटी देशी रियासतें थी, वहीं से इन्हें वहीं दंडित किया गया है। **सरकारी फाईल नं.**–होम 1917 पोल. ए. जुलाई 462–489, होम 1920 पोल. ए. मई, 416–476, होम 1920 पोल. ए. नवंबर 318–326 व के. डब्ल्यू.। **फू.चं. जै. फाईल नं.**–(4/397, 4/228, 4/302)।
38077	**क्षितिजचन्द्र सान्याल** *सुपुत्र* गिरिशचन्द्र सान्याल।	नाडिया षड्यंत्र केस–1915 में पोलिटिकल डकैती के आरोप में धारा 307, 120बी, 149, 402 में 17.9.1915 को 10 वर्ष की कैद हुई। 13 सितम्बर, 1915 में अंडमान जेल आए। 1919 में भारत जेल में वापस चले गए। ये कॉलेज के विद्यार्थी थे और 1908 में पार्टी के कार्यों में रुचि लेने लगे। मार्च, 1915 में भारत रक्षा कानून में हरताकी बागान लेन से गिरफ्तार कर लिए गए और नाडिया षड्यंत्र केस में इनपर मुकदमा चलाया गया। 10

बंदी सं.	*बंदी का नाम व पता*	*विशेष विवरण*
		वर्ष आजीवन कैद की सजा हो गई। इस केस के दूसरे अभियुक्त श्री नरेन्द्रनाथ चक्रवर्ती को अदालत ने छोड़ दिया और अन्य तीन सहयोगी अभियुक्तों में आशुतोष लहरी, फणीभूषणराय व गोपेन्द्र लाल राय हैं। 8.9.1922 को गुजरात जेल से रिहा किए गए, 27.1.1969 को इनका स्वर्गवास हो गया। **संदर्भ** : सेलुलर जेल की सूची का पृष्ठ नं. 6, संख्या नं. 24–बंगाल। **सरकारी फाईल नं.**–होम 1917 पोल. ए. जुलाई 462–479, होम 1918 पोल. बी. अगस्त नं. 6 7 **फू.चं.जै. फाईल नं.**–(4/301, 4/187)।
38380	**पं. जगत राम** *सुपुत्र* दित्तू मल ब्राह्मण, निवासी गांव हरियाणा, होशियारपुर, आयु 52 वर्ष।	प्रथम लाहौर षड्यंत्र केस–1915 में विद्रोह/राजद्रोह के आरोप में धारा 121, 121ए, 131, 122, 124ए में 13.9.1915 को मृत्युदंड की सजा हुई, जिसे बाद में आजीवन कैद में तब्दील किया गया। 29.10.1915 को अंडमान जेल में आए। 23.11.1920 को सरकार ने आदेश दिया कि इन्हें भारत के लिए भेज दिया जाए। 2.12.1922 को राजमुदंरी जेल से जबलपुर जेल में भेजे गए। ये शिक्षित और विद्वान है। सेन फ्रांसिस्को में *गदर* पत्र के प्रकाशन में सहयोग देते थे। तोशामारू जहाज से भारत आए और फौजों में बगावत का प्रचार किया। **संदर्भ** : सेलुलर जेल की सूची का पृष्ठ नं. 4, संख्या नं. 25–पंजाब। **सरकारी फाईल नं.** –होम 1917 पोल. ए. जुलाई 426–430, होम 1919 पोल. ए. अक्टूबर 129–139, होम 1920 पोल. ए. नवम्बर 318–326 व के. डब्ल्यू., होम 1921 पोल. ए. प्रोसीडिंग्ज जून 64–88, होम 1922 पोल. नं. 69 पार्ट नं. 4 सीरियल नं. 1–34 व के. डब्ल्यू., होम 1925 पोल. 394–25, कान्फिडेंशल शिमला रिकॉर्ड्स नं. 2, होम 1927 पोल. 80/19/27, होम 1930 पोल. नं. 410/30, होम 1931 पोल. 199/30, 31 पोल. । **फू.चं.जै. फाईल नं.**–(4/303, 4/305, 4/272, 4/230, 3/223, 3/224, 2/957, 3/662, 2/713, 8/480)।
38734	**जतिन्द्र मोहन** उर्फ **चन्द्र घोष** उर्फ **नसा** *सुपुत्र* रामकिशोर घोष, निवासी ढाकेन, पईक्शा,	बरीसल षड्यंत्र केस–1913 में डकैती के आरोप में धारा 396 में जनवरी, 1914 को 10 वर्ष सख्त कैद की सजा हुई। 1919 में ये अंडमान जेल में कैद काट रहे थे।

बंदी सं.	*बंदी का नाम व पता*	*विशेष विवरण*
	थाना श्रीनगर, ढाका।	**संदर्भ** : इनका नाम अंडमान बंगाल की सूची में पृष्ठ 6 पर नहीं है। सरकारी फाईल में बंदी नं. 38734 जतिन्द्र नाथ बंदी के नाम पर मिलता है, परन्तु जतिन्द्रनाथ बंदी के पिता का नाम न मिलने के कारण यह निर्णय करना कठिन हो गया कि ये क्रांतिकारी दोनों एक ही व्यक्ति हैं या अलग–अलग हैं। इसलिए फिलहाल बंदी नं. 38734 इसपर दे दिया गया है। **सरकारी फाईल नं.** –होम 1913 पोल. ए. जून 31–33, होम 1914 पोल. ए. मार्च 171–174, होम 1919 पोल. ए. जुलाई 462–479। **फू.चं.जै. फाईल नं.**–(1/37, 1/55, 4/304)।
38734	**जतिन्द्र मोहन नन्दी** उर्फ **जतिन्द्रनाथ नन्दी।**	पोलिटिकल डकैती केस में डकैती के आरोप में धारा 396 में 10 वर्ष कैद की सजा हुई। 23.11.1920 को आदेश हुआ कि इन्हें भारत की जेल में भेज दिया जाए। इनके पिता इत्यादि का नाम नहीं मिल पाया है। एक और क्रांतिकारी जतिन्द्र मोहन उर्फ चन्द्र घोष उर्फ नसा आत्मज रामकिशोर घोष मिलता है और उनके नाम के सामने भी 38734 अंकित कर रहा हूं। निर्णायक दृष्टि से नहीं कहा जा सकता है कि ये दोनों नाम एक ही क्रांतिकारी के हैं, या अलग–अलग बंदी के हैं। **संदर्भ** : सेलुलर जेल की सूची का पृष्ठ नं. 6, संख्या नं. 19–बंगाल। **सरकारी फाईल नं.** –होम 1919 पोल. ए. अक्टूबर 129–139, होम 1921 पोल. ए. प्रोसीडिंग्ज जून 64–88। **फू.चं.जै. फाईल नं.**–(4/272, 3/223)।
38510	**जवन्द सिंह** *सुपुत्र* उत्तम सिंह जाट।	प्रथम लाहौर षड्यंत्र केस–1915 में राजद्रोह के आरोप में धारा 121, 121ए में 13.9.1915 को आजीवन कारावास की सजा हुई थी जो बाद में 10 वर्ष कैद रह गई। जनवरी, 1916 में अंडमान जेल में पहुंचे। 1920 में भारत की जेल में भेजने का आदेश हुआ। (मुक्ति तीर्थ पुस्तक के अनुसार इनका नाम जवन्द सिंह मरहाना है, निवासी सूरसिंह–लाहौर वाले हैं।) **संदर्भ** : सेलुलर जेल की सूची का पृष्ठ नं. 4, संख्या नं. 26–पंजाब। **सरकारी फाईल नं.** –होम 1917 पोल. ए. जुलाई 462 489, होम 1919 पोल. ए. अक्टूबर 129–139। **फू.चं.जै. फाईल नं.**–(4/271)।

बंदी सं.	*बंदी का नाम व पता*	*विशेष विवरण*
38520	**ज्वाला सिंह** उर्फ **सन्तासिंह** *सुपुत्र* कन्हैया सिंह, निवासी थांतिया, थाना व्यास, अमृतसर, आयु 45 वर्ष।	प्रथम लाहौर षड्यंत्र केस—1915 में राजद्रोह, फौज में बगावत की प्रेरणा देने में धारा 121, 121ए, 131,121ए में 13.9.1915 को आजीवन कारावास की सजा हुई। 1916 के प्रारम्भ में अंडमान जेल आए। 1932 में मुलतान न्यू सेंट्रल जेल में सजा काट रहे थे। 24.11.1922 को रायपुर जेल में भेजे गए। 29.10.1914 को ये अमेरिका से आए थे। कैलिफोर्निया में ये गदर पार्टी के प्रमुख सदस्य थे। तोशामारू जहाज से भारत आए थे। अमेरिका में ये विद्यार्थियों को वजीफा देते थे और तोशामारू जहाज पर लीडर थे। लाहौर षड्यंत्र केस में जब इनके विरुद्ध मुकदमा चल रहा था और इनका केस विचाराधीन था, तभी जेल अधिकारियों से टकराव हो गया और इन्हें बेंतों की सजा हुई। जिसे इन्होंने साहस और वीरता के साथ सहन किया। **संदर्भ** : सेलुलर जेल की सूची का पृष्ठ नं. 4, संख्या नं. 27—बंगाल। **सरकारी फाईल नं.** —होम 1917 पोल. नं. 410/30, होम 1918 पोल. डिपोजिट प्रिंटेड जनवरी नं. 27, होम 1919 पोल. ए. अक्टूबर नं. 129—139, होम 1922 पोल. नं. 69 पार्ट नं. 4 सीरियल नं. 1—34 व के. डब्ल्यू., होम 1925 पोल. 394/25 कान्फिडेंशल शिमला रिकॉर्ड नं. 2, होम 1927 पोल. 80/19/ 1927, होम 1930 पोल. नं. 410/30। **फू.चं.जै. फाईल नं.** —(1/439, 4/271, 3/224, 2/957, 3/662, 2/713, 4/304, 4/305)।
43634	**जयराम सिंह** *सुपुत्र* आत्मा सिंह, आयु 27 वर्ष।	सप्लीमेंट्री अमृतसर नेशनल बैंक मर्डर केस—1919 में राजद्रोह/विद्रोह के आरोप में धारा 121ए में 18.6.1919 को मार्शल लॉ नं. 75, 110 में मृत्युदंड की सजा हुई जो बाद में आजीवन कैद कर दी गई। 20.4.1921 को सरकार ने लिखा कि अंडमान जेल से वापस भारत की जेल में भेज दिया जाए। **संदर्भ** : कोर्ट मार्शल पंजाब—1919 में इन्हें सजा हुई। अंडमान बंदी नं. 43634 है, परंतु अंडमान की पुस्तक में मार्शल लॉ बंदियों के नाम नहीं हैं, इसलिए इनके नाम की संख्या खाली है।

बंदी सं.	*बंदी का नाम व पता*	*विशेष विवरण*
		सरकारी फाईल नं. –होम 1921 पोल. नं. 389 पार्ट सीरियल नं. 1–4 के. डब्ल्यू., होम 1921 पोल. डिपोजिट प्रिंट मार्च 123, होम 1922 पोल. फाईल नं. 69 पार्ट नं. 4 सीरियल नं. 1–34 व के. डब्ल्यू., होम 1927 पोल. 80/19/27। **फू.चं.जै. फाईल नं.**–(3/681, 4/411, 3/224, 3/660, 5/240)।
34104	**ज्योतिर्मय राय** उर्फ **बेंगा।**	ढाका षड्यंत्र केस–1910 में राजद्रोह के आरोप में धारा 121 में 22.11.1910 को 6 वर्ष कैद की सजा हुई। 1911 में अंडमान आए। 1915 में अम्बाला जेल में भेजा गया। **संदर्भ** : अंडमान की छपी हुई पुस्तक में नाम नहीं मिला। परन्तु इनका बंदी नं. 34104, अंडमान जेल का था। **सरकारी फाईल नं.** –होम 1915 पोल. ए. फरवरी 68–160। **फू.चं.जै. फाईल नं.** (1/117 118, 2/741)।
38754	**ज्योतिषचन्द्र पाल** निवासी कोखसिया, नाडिया।	बालासौर काण्ड–1915 में 16.10.1915 को आजीवन कारावास की सजा हुई। 1916 के प्रारम्भ में अंडमान आए। 1921 में भारत की जेल में भेज दिए गए। अंडमान जेल में ज्योतिषचन्द्र पाल के विक्षिप्त हो जाने के कारण इन्हें अंडमान जेल से भारत की बहरामपुर जेल में भेजा गया। वहां चिकित्सा से कुछ लाभ हुआ। परन्तु कुछ समय बाद रोग उग्र रूप धारण करने लगा और 4.12.1924 को अचानक दुःख समाचार मिला कि बहरामपुर जेल में ज्योतिषचन्द्र पाल स्वर्गवासी हो गए हैं। जिस अवस्था में समाचार मिला वह बहुत ही संदिग्ध है। सही तथ्यों की जानकारी नहीं मिली। (मुक्ति तीर्थ से उद्धृत)। **संदर्भ** : सेलुलर जेल की सूची का पृष्ठ नं. 6, संख्या नं. 20–बंगाल। **सरकारी फाईल नं.**–होम 1915 पोल. बी. अक्टूबर 629–631, होम 1915 पोल. ए. प्रोसीडिंग्ज नं. 48–61, होम 1915 पोल. ए. प्रोसीडिंग्ज अक्टूबर 48–61, होम 1915 पोल. बी. अप्रैल 412–417 प्रिंटेड, होम 1915 पोल. ए. सितम्बर 484–503 व के. डब्ल्यू. **फू.चं.जै. फाईल नं.**–(1/246, 3/255, 3/254, 2/987)।
43340	**जलालदीन** *सुपुत्र* सावन लुहार।	अमृतसर अलाइन्स बैंक मर्डर केस–1919 में राजद्रोह के आरोप में धारा 121 के अंतर्गत 12.6.1919 को आजीवन कारावास की सजा हुई। 20.4.1921 को सरकार ने लिखा कि इनको भारत की जेल में वापस भेज दिया जाए।

बंदी सं.	बंदी का नाम व पता	विशेष विवरण
		संदर्भ : अंडमान का बंदी नं. 43340 उपलब्ध है परन्तु अंडमान जेल की सूची के पंजाब पृष्ठ नं. 4 व 5 पर ये नाम उपलब्ध नहीं है। **सरकारी फाईल नं.** –होम 1921 पोल. 489 पार्ट. सीरियल नं. 1–4, व के. डब्ल्यू., होम 1922 पोल. फाईल नं. 69 पार्ट नं. 4 सीरियल नं. 1–34 व के. डब्ल्यू., होम 1930 पोल. नं. 410/30। **फू.चं.जै. फाईल नं.**–(3/680, 3/224, 2/716, 5/240)।
39527	**जीवन सिंह** *सुपुत्र* ईश्वर सिंह ब्राह्मण, गांव फिल्लौके, थाना किलादीदारसिंह, गुजरांवाला।	प्रथम माण्डले बर्मा षड्यंत्र केस–1915 में राजद्रोह/उपद्रव के आरोप में धारा 121, 121ए में 27.7.1916 को आजीवन कारावास की सजा हुई। 16.10.1916 को अंडमान में आए। 23.11.1920 को अंडमान जेल से वापस भारत की जेल में भेजने का आदेश हुआ। **संदर्भ :** सेलुलर जेल की सूची का पृष्ठ नं. 4, संख्या नं. 28–पंजाब। **सरकारी फाईल नं.**–होम 1919 पोल. ए. अक्टूबर 129–139, होम 1920 पोल. ए. जून 469–470, होम 1921 पोल. ए. प्रोसीडिंग्ज जून 64–88। **फू.चं.जै. फाईल नं.**–(4/272, 4/440, 3/223)।
38240	**जोगिया जानी।**	उड़ीसा षड्यंत्र केस–1915 में विद्रोह व हत्या के आरोप में धारा 121, 120बी, 302, 121ए व 122 में आजीवन कैद की सजा हुई। 29.10.1915 को अंडमान आए। प्रथम महायुद्ध की समाप्ति पर आम रिहाइयों में बिहार व उड़ीसा सरकार ने इन्हें छोड़ने का आदेश दे दिया। **संदर्भ :** पुस्तक में ये नाम नहीं मिला है, इनका अंडमान जेल का बंदी नं. 38240 मिलता है। सम्भावना ये है कि उड़ीसा में जो छोटी–छोटी देशी रियासतें थीं, वहां से इन्हें दंडित किया गया है। **सरकारी फाईल नं.** –होम 1917 पोल. ए. जुलाई 462–489, होम 1920 पोल. ए. मई 416–476, होम 1920 पोल. ए. नवम्बर 318–326 व के. डब्ल्यू.। **फू.चं.जै. फाईल नं.**–(4/397, 4/228, 4/302)।
–	**ठाकुर सिंह** *सुपुत्र* सूबा सिंह, निवासी थाना सिरहाली, अमृतसर।	सप्लीमेंट्री लाहौर षड्यंत्र केस–1915–16 में राजद्रोह के आरोप में धारा 121 में 30.3.1916 को आजीवन कारावास की सजा हुई। बंदी नं. न होने के कारण परिचय अधूरा है।

बंदी सं.	*बंदी का नाम व पता*	*विशेष विवरण*
		संदर्भ : सेलुलर जेल की सूची का पृष्ठ नं. 5, संख्या नं. 70—पंजाब।
39401	**त्रिलोक्यनाथ चक्रवर्ती** उर्फ **कालीचरण** उर्फ **ब्रजकान्त चौधरी** उर्फ **महाराज** *सुपुत्र* दुर्गा दास चक्रवर्ती, निवासी कपासटीया, थाना बाजीतपुर, मैमनसिंह।	सप्लीमेंट्री बरीसल षड्यंत्र केस— 1913—1915 में डकैती/विद्रोह के आरोप में धारा 121, 121ए में 29.11.1915 को 15 वर्ष कैद की सजा हुई बाद में 10 वर्ष कर दी। 23.11.1920 को अंडमान जेल से भारत की जेल में भेजने का आदेश हुआ। बरीसल षड्यंत्र केस के प्रारम्भ में ये मफरूर थे और 1915 में इनको गिरफ्तार करने के बाद 25.3.1915 को इन्हें सेशन के सुपुर्द किया गया और 29.11.1915 को फैसला सुनाते हुए 15 वर्ष आजीवन कैद की सजा हुई। 1947 में ये मैमनसिंह में ही रहे और देश—विभाजन के बाद ईस्ट पाकिस्तान एसेम्बली के सदस्य चुने गए। सद्भावना और मैत्री यात्रा के लिए 1971 में भारत आए और वापसी पर 9 अगस्त, 1971 को कलकत्ता पहुंचने पर स्वर्गवास हो गया। **संदर्भ** : सेलुलर जेल की सूची का पृष्ठ नं. 7, संख्या नं. 44—बंगाल। **सरकारी फाईल नं.** —होम 1909 पोल. ए. जनवरी 17, होम 1912 पोल. ए. अगस्त 2—23, होम 1913 पोल. बी. जनवरी 73—74, होम 1913 पोल. ए. जून 31 35, होम 1914 पोल. ए. नवम्बर 39—48, 43, होंम 1914 पोल. बी. दिसंबर 227—229, होम 1915 पोल. ए. मई 294—301, होम 1915 पोल. बी. नवम्बर 538—542, होम 1916 पोल. डिपोजिट नं. 28, होम 1916 पोल. ए. फरवरी 258/260, होम 1916 पोल. डिपोजिट मार्च 48, होम 1916 पोल. ए. अप्रैल 472—474, होम 1916 पोल. बी. जुलाई 441—445, होम 1916 पोल. ए. अगस्त 202—205 व के. डब्ल्यू., होम 1916 पोल. ए. सितंबर 264—265, होम 1917 पोल. ए. दिसंबर 336—340, होम 1919 पोल. ए. अक्टूबर 129—139, होम 1920 पोल. ए. मई 416—476, होम 1920 पोल. ए. नवम्बर 318—326 व के. डब्ल्यू., होम 1921 पोल. ए. प्रोसीडिंग्ज जून 64—88, होम 1925 पोल. 253/25, होम 1927 पोल 82/2/27, होम 1928 पोल. 1/28, होम 1932 पोल. 31/38, होम 1933 पोल. 45/2, होम 1937 पोल. 44/47/37, होम 1937 पोल.44/52/37। **फू.चं.जै. फाईल नं.**—(1/355, 3/444, 1/18, 2/532, 1/88, 2/514, 2/511,

बंदी सं.	बंदी का नाम व पता	विशेष विवरण
		1/101, 1/249, 1/121, 1/124, 1/37, 1/115, 1/269, 1/167, 1/278, 1/493, 1/498, 1/288, 4/272, 3/223, 4/394, 4/236, 3/522, 3/530, 3/510, 3/627, 1/499, 6/294, 7/457, 7/436, 7/430)।
	तेजा सिंह *सुपुत्र* दयाल सिंह, बिकविण्ड, थाना कालरा, लाहौर, आयु 25 वर्ष।	सप्लीमेंट्री लाहौर षड्यंत्र केस–1915 में राजद्रोह के आरोप में धारा 121 को 30.3.1916 को आजीवन कैद हुई, बाद में अपील में 10 वर्ष कैद रह गई। मार्च, 1918 में ये हजारीबाग जेल से मफरूर हुए थे। इस आंदोलन में तेजा सिंह नाम के अन्य व्यक्ति भी हैं। अंडमान जेल का नं. व पिता का नाम उपलब्ध न होने के कारण निर्णय नहीं किया जा सकता कि अंडमान जेल में इनमें से कौन–सा व्यक्ति गया था। **संदर्भ :** सेलुलर जेल की सूची का पृष्ठ नं. 5, संख्या नं. 69–पंजाब।
32556	**दाजी नारायण जोशी** उर्फ **वामन** *सुपुत्र* नारायण जोशी।	नासिक षड्यंत्र केस–1910 में नासिक के डिस्ट्रिक्ट मैजिस्ट्रेट मिस्टर जैक्शन की हत्या के संबंध में धारा 302/109, 121, 124 में 29.3.1910 को आजीवन कैद की सजा हुई। 7.4.1911 को अंडमान जेल में पहुंच गए। 1920 में भारत की जेल में भेजने का आदेश हुआ। **संदर्भ :** सेलुलर जेल की सूची का पृष्ठ नं. 3, संख्या नं. 1–बम्बई। **सरकारी फाईल नं.** –होम 1911 पोल. ए. प्रोसीडिग्ंज अप्रैल 1911 नं. 21–67 शिमला रिकॉर्ड्स नं. 4, होम 1915 पोल. ए. फरवरी 68–160, होम 1915 पोल. ए. जून 141–14, होम 1915 पोल. ए. जून 141–142, होम 1919 पोल. बी. प्रिंटेड जनवरी 205–206। **फू.चं.जै. फाईल नं.**–(2/971, 1/118, 1/140, 4/339)।
44203	**दीना** *सुपुत्र* वजीरा कस्साब, आयु 25 वर्ष।	अमृतसर एलाइन्स बैंक मर्डर केस, मार्शल लॉ पंजाब–1919 में राजद्रोह के आरोप में धारा 121 में 12.6.1919 को मार्शल लॉ नं. 76, में आजीवन कारावास की सजा हुई। 20.4.1921 को सरकार ने लिखा है कि इन्हें भारत की जेल में भेज दिया जाए। **संदर्भ :** सेलुलर जेल की सूची का पृष्ठ नं. कोर्ट मार्शल पंजाब–1919 में इन्हें सजा हुई। अंडमान बंदी नं. 44203

बंदी सं.	*बंदी का नाम व पता*	*विशेष विवरण*
		था, परन्तु अंडमान की पुस्तक में मार्शल लॉ बंदियों के नाम नहीं हैं, इसलिए इनके नाम की संख्या खाली है। **सरकारी फाईल नं.** –होम 1921 पोल. नं. 389 पार्ट सीरियल नं. 1–4 व के. डब्ल्यू., होम 1921 पोल. डिपोजिट प्रिंट मार्च नं. 123, होम 1922 पोल. नं. 69 पार्ट नं. 4 सीरियल नं. 1–34, व के. डब्ल्यू., होम 1927 पोल. 80/19/27 होम 1930 पोल. नं. 410/30। **फू.चं.जै. फाईल नं.**–(3/680, 4/411, 3/224, 3/660, 2/718, 5/240)।
38181	**नत्था सिंह** उर्फ **नथुवा सिंह** *सुपुत्र* सदा सिंह, सैनिक नं. 1393, निवासी सिरहाली, अमृतसर, आयु 29 वर्ष।	23 वीं कैवलरी पलटन में विद्रोह–1915 में कोर्ट मार्शल द्वारा धारा 121 में 19.8.1915 को मृत्युदंड की सजा हुई, बाद में 10 वर्ष आजीवन कैद रह गई। 20.10.1915 को अंडमान आए। 1919 में भारत की जेल में भेजने का निर्णय किया गया। 30.8.1915 को अम्बाला जेल में आए, 3.10.1915 को अम्बाला से अलीपुर सेंट्रल जेल में भेजे गए। अम्बाला सेंट्रल जेल 1915 कैदी नं. 2723 है। **संदर्भ :** सेलुलर जेल की सूची का पृष्ठ नं. 4, संख्या नं. 48–पंजाब। **सरकारी फाईल नं.** –होम 1915 जुडिशियल ए. दिसम्बर 101–149, होम 1916 पोल. ए. मार्च 469–491, होम 1917 पोल. ए. जुलाई 462–489, होम 1919 पोल. बी. प्रिंटेड जनवरी 207–206, होम 1927 पोल. 80/19/27। **फू.चं.जै. नं.**–(4/301–302, 4/304, 3/611, 3/270 से 280 तक, 4/625)।
33240	**नन्दगोपाल चोपड़ा** (बार. एट. लॉ.) (सम्पादक *स्वराज* अखबार) *सुपुत्र* बुलाकीराम बैरिस्टर, निवासी हाफीजाबाद, गुजरांवाला, आयु 25 वर्ष।	*स्वराज* अखबार, इलाहाबाद के लेख पर धारा 121ए में 19.3.1910 को 10–10 वर्ष कैद–3 केसों में हुई, सजाएं साथ साथ चलीं। 24.10.1910 को अंडमान जेल में भेजे गए। 3 माह के लिए वाइपर जेल भेजे गए। 1915 में कराची सेंट्रल जेल भेजने का आदेश हुआ। वाइपर जेल से सेलुलर जेल में आ गए थे। ये लाहौर में *इन्कलाब* अखबार के सम्पादक थे, उत्तेजनात्मक लेख लिखने के आरोप में 5 वर्ष कैद की सजा हुई थी और बाद में जमानत पर छूट कर आए थे। इलाहाबाद में जाकर उर्दू में प्रकाशित होने वाले साप्ताहिक पत्र *स्वराज* अखबार का सम्पादन करने लगे और लगभग 10–12 अंकों का ही सम्पादन किया था कि

बंदी सं.	*बंदी का नाम व पता*	*विशेष विवरण*
		भिन्न–भिन्न धाराओं में कई मुकदमे उनके खिलाफ चालू कर दिए गए और समस्त धाराओं की सजा कुल मिलाकर 30 वर्ष थी। **संदर्भ** : सेलुलर जेल की सूची का पृष्ठ नं. 5, संख्या नं. 6–उत्तर प्रदेश। **सरकारी फाईल नं.** –होम 1909 पोल. ए. अक्टूबर 154–156, होम 1910 पोल. डिपोजिट मार्च नं. 1, होम 1910 पोल. ए. अगस्त 81–95, होम 1911 पोल. डिपोजिट मार्च नं. 1, होम 1912 पोल. ए. जनवरी 15–18, होम 1915 पोल. ए. फरवरी 68–160। **फू.चं.जै. फाईल नं.**–(1/361, 1/350, 3/189, 3/192, 1/29, 1/118, 2/741)।
38180	**नन्द सिंह** *सुपुत्र* पंजाब सिंह, सैनिक नं. 1327, निवासी बुर्जचक नं. 55, लायलपुर, आयु 37 वर्ष।	23 वीं कैवलरी पलटन का सैनिक विद्रोह डगसई कोर्ट मार्शल–1915 में सैनिक विद्रोह के आरोप में मिलिटरी कोर्ट मार्शल में 19.8.1915 को आजीवन कैद की सजा हुई। 29.10.1915 को अंडमान आए। 30.8.1915 को इन्हें डगसई से अंबाला जेल में भेजा गया और 3.10.1915 को अम्बाला जेल से अलीपुर जेल भेजा गया। अम्बाला सेंट्रल जेल बंदी रजिस्टर नं. 1915, इनका बंदी नं. 2724 था। क्रम नं. 46 व क्रम नं. 47 पर दोनों स्थानों पर नन्दसिंह का नाम है। मैंने इनमें से एक नं. चुना है। **संदर्भ** : सेलुलर जेल की सूची का पृष्ठ नं. 4, संख्या नं. 47–पंजाब। **सरकारी फाईल नं.** –होम 1917 पोल. ए. जुलाई 462–479, होम 1919 पोल. बी. प्रिंटेड जनवरी 207–206। **फू.चं.जै. फाईल नं.**–(4/301–302)।
38375	**नन्द सिंह** *सुपुत्र* राम सिंह जाट, निवासी कैला, थाना रायकोट, लुधियाना।	प्रथम लाहौर षड्यंत्र केस–1915 में राजद्रोह के आरोप में धारा 121, 121ए, 122, 396, 398 में 13.9.1915 को मृत्युदंड की सजा हुई, बाद में आजीवन कैद में सजा तब्दील कर दी गई। जनवरी, 1916 में अंडमान जेल में आए। 1921 में इनको भारत की जेल में भेजा गया। 8.6.1923 को धारा 214 में इन्हें फिर 6 माह कैद की सजा हुई और 22.11.1923 को रायपुर जेल में भेज दिया गया। क्रम नं. 46 व 47 पर दोनों स्थानों पर नन्द सिंह का नाम है। मैंने एक नंबर चुना है।

बंदी सं.	*बंदी का नाम व पता*	*विशेष विवरण*
		संदर्भ : सेलुलर जेल की सूची का पृष्ठ नं. 4, संख्या नं. 46—पंजाब। **सरकारी फाईल नं.** —होम 1915 पोल. बी. अप्रैल 412—415 प्रिंटेड, होम 1915 पोल. बी. अप्रैल 416—419 प्रिंटेड, होम 1917 पोल. ए. जुलाई 426—430, होम 1919 पोल. ए. अक्टूबर 129—139, होम 1920 पोल. ए. नवम्बर 318—326, व के. डब्ल्यू., होम 1921 पोल. ए. प्रोसीडिंग्ज, जून 64—88, होम 1922 पोल. नं. 69 पार्ट नं. 4, सीरियल नं. 1—34 व के. डब्ल्यू., होम 1925 पोल. 394/25 कान्फिडेंशल शिमला रिकॉर्ड नं. 2, होम 1930 पोल. नं. 410—30। **फू.चं.जै. फाईल नं.**—(2/704, 1/232, 2/699, 4/303, 4/272, 4/230, 3/223, 3/224, 2/975, 2/713)।
38738	**नरेन्द्र मोहन घोष चौधरी** उर्फ **नरेन घोष चौधरी**, निवासी 77 सरपन्टाईन लेन।	शिवपुर पोलिटिकल डकैती—1916 के आरोप में धारा 396 में 15.2.1916 को आजीवन कैद की सजा हुई। 1916 में अंडमान जेल आए। 1921 में भारत की जेल में भेजने का आदेश हुआ 1926 में इन्हें जेल से रिहा किया गया। **संदर्भ** : सेलुलर जेल की सूची का पृष्ठ नं. 7, संख्या नं. 29—बंगाल। सूची में इनका नाम (नरेन घोष चौधरी लिखा है)। **सरकारी फाईल नं.** —होम 1915 पोल. बी. दिसम्बर 709— 711, होम 1916 पोल. ए. फरवरी 386—389, होम 1916 पोल. डिपोजिट मार्च 448, होम 1916 पोल. ए. अक्टूबर 234—240 व के. डब्ल्यू., होम 1917 पोल. ए. जुलाई 462—489, होम 1917 पोल. ए. नवम्बर 12—20, होम 1918 पोल. डिपोजिट प्रिंटेड जनवरी 27, होम 1918 पोल. ए. फरवरी 57—83ए, होम 1919 पोल. ए. अक्टूबर 129—139, होम 1932 पोल. सीक्रेट के. डब्ल्यू. नं. 31/27/32, होम 1933 पोल. 45/1/33। **फू.चं.जै. फाईल नं.**—(1/249, 1/321, 1/124, 1/115, 1/282, 4/304, 1/338, 1/449, 4/272, 3/381, 7/458)।
—	**नागेन्द्रनाथ सरकार।**	खुलना जयसौर षड्यंत्र केस—1910 में प्रारम्भिक कोर्ट से 27.6.1910 व हाई कोर्ट से 30.8.1910 को 5 वर्ष सख्त कैद की सजा हुई। 13.9.1910 को अंडमान जेल में भेजने का आदेश हुआ। केस पूर्ण है। केवल अंडमान जेल का बंदी नं. व पिता का नाम उपलब्ध नहीं है।

बंदी सं.	*बंदी का नाम व पता*	*विशेष विवरण*
		संदर्भ : सेलुलर जेल की स्वतंत्रता सेनानी सूची का पृ. नं. 6, संख्या नं. 27—बंगाल। **सरकारी फाईल नं.** –होम 1910 पोल. डिपोजिट मार्च नं. 1, होम 1910 पोल. बी. सितंबर 81–82, होम 1910 पोल. ए. नवम्बर 48–69, होम 1911 पोल. डिपोजिट मार्च नं. 1, डायरी ऑफ इवैन्ट्स, होम 1915 पोल. ए. फरवरी 68–160। **फू.चं.जै. फाईल नं.**–(3/198, 3/162, 3/137, 1/117–118, 2/741)।
44200	**नादिर अली शाह** *सुपुत्र* कायम अली शाह, आयु 32 वर्ष।	कसूर सप्लीमेंट्री केस, मार्शल लॉ पंजाब–1919 में राजद्रोह/विद्रोह के आरोप में धारा 121 में 28.5.1919 में मार्शल लॉ केस नं. 77, आजीवन कैद की सजा हुई। 20.4.1921 को सरकार ने लिखा है कि अंडमान की जेल में से भारत की जेल में भेज दिया जाए। **संदर्भ :** कोर्ट मार्शल पंजाब–1919 में इन्हें सजा हुई अंडमान बंदी नं. 44200 है, परन्तु अंडमान की पुस्तक में मार्शल लॉ बंदियों के नाम नहीं हैं, इसलिए इनके नाम की संख्या खाली है। **सरकारी फाईल नं.** –होम 1921 पोल. 389 पार्ट सीरियल नं. 1–4 व के. डब्ल्यू., होम 1921 पोल. डिपोजिट प्रिंट मार्च नं. 123, होम 1922 पोल. नं. 69 पार्ट नं. 4 सीरियल नं. 1–34 व के. डब्ल्यू., होम 1927 पोल. 80/19/27, होम 1930 पोल. नं. 410/30। **फू.चं.जै. फाईल नं.** –(3/680, 4/411, 3/224, 3/660, 2/718, 5/241)।
42038	**निकुंज बिहारीपाल** *सुपुत्र* बसन्तपाल, निवासी रसूलाबाद, नबीनगर, त्रिपरा।	बंगाल आर्म्स एक्ट केस–1918–19 में घातक आक्रमण के आरोप में धारा 307 में 7 वर्ष सख्त कैद व आर्म्स एक्ट में भी 7 वर्ष सख्त कैद की सजा हुई, यानी 14 साल। 23.11.1920 को अंडमान जेल से भारत की जेल में भेजने का आदेश हुआ। **संदर्भ :** सेलुलर जेल की सूची का पृष्ठ नं. 7, संख्या नं. 31–बंगाल। **सरकारी फाईल नं.** –होम 1917 पोल. ए. अप्रैल 316–317, होम 1918 पोल. डिपोजिट अप्रैल 58, होम 1918 पोल. डिपोजिट नवम्बर 18, होम 1918 पोल. बी. प्रिंटेड अगस्त 208–213, होम 1918 पोल. ए. सितम्बर के. डब्ल्यू. 144–148, होम 1918 पोल. ए. दिसंबर 137–139, होम 1919 पोल. डिपोजिट प्रिंट अप्रैल 35, होम 1919 पोल. ए. अक्टूबर 129–139, होम

बंदी सं.	*बंदी का नाम व पता*	*विशेष विवरण*
		1921 पोल. ए. प्रोसीडिंग्ज जून 64–88, होम 1932 पोल. 31/38/32। **फू.चं.जै. फाईल नं.**–(1/402, 4/590, 4/261, 1/382, 1/334, 4/114, 4/272, 3/223, 6/241)।
38733 पी. आई. नं. 72	**निखिल रंजन गुहा रे** *सुपुत्र* राजकुमार गुहा राय, निवासी कृष्णनगर।	1915–16 में शिवपुर पोलिटिकल डकैती केस में आजीवन कारावास की सजा। 1932 में पुनः कांडी बम केस में 12 वर्ष की सजा हुई। 1945 तक जेलों में रहे। देश के स्वतंत्र होने के लगभग 25 वर्ष बाद उनका देहावसान हुआ। **संदर्भ** : सेलुलर जेल की सूची का पृष्ठ नं. 7, संख्या नं. 30–बंगाल। **सरकारी फाईल नं.** –होम 1917 पोल. ए. जुलाई 462–489, होम 1919 पोल. बी. प्रिंटेड जनवरी **207–206**। **फू.चं.जै. फाईल नं.**–(4/304, 4/625)।
38374	**निथान सिंह–नन्दन सिंह** *सुपुत्र* सुन्दर सिंह चुगा, धर्मकोट, फिरोजपुर।	प्रथम लाहौर षड्यंत्र केस–1915 में राजद्रोह, डकैती व फौजी सैनिकों में विद्रोह के आरोप में धारा 121, 121ए, 122, 124ए, 395, 131 में 13.9.1915 को मृत्युदंड की सजा हुई। बाद में सजा को आजीवन कारावास बदल दिया गया। जनवरी, 1916 में अंडमान आए। 23.11.1920 में इन्हें वापस भारत की जेल में भेजने का आदेश दिया गया। 26.11.1922 को वैल्लोर जेल से जबलपुर जेल में भेजे गए। करतार सिंह सराबा के घनिष्ट सम्पर्क में थे। मुक्ति तीर्थ प्रकाशन में ये नाम नन्दन सिंह छपा है जो कि भूल मालूम होती है। वास्तव में ये नाम निधान सिंह आत्मज सुन्दरसिंह मालूम होता है। **संदर्भ** : सेलुलर जेल की सूची का पृष्ठ नं. 4, संख्या नं. 50–पंजाब। **सरकारी फाईल नं.** –होम 1915 पोल. डिपोजिट मई 49, होम 1917 पोल. ए. जुलाई 426–430, होम 1919 पोल. ए. अक्टूबर 129–139, होम 1920 पोल. ए. नवम्बर 318–326 व के. डब्ल्यू., होम 1921 पोल. ए. प्रोसीडिंग्ज जून 64–88, होम 1922 पोल. नं. 69 पार्ट नं. 4 सीरियल नं. 1–34 व के. डब्ल्यू., होम 1925 पोल. 394/25 कान्फिडेंशल शिमला रिकॉर्ड्स नं. 2, होम 1927 पोल. 80/19/27, होम 1930 पोल. 410–30। **फू.चं.जै. फाईल नं.**–(2/957, 3/662, 2/713, 1/300, 4/303, 4/272, 4/230, 3/223, 3/224)।

बंदी सं.	*बंदी का नाम व पता*	*विशेष विवरण*
–	**निरपद राय**।	सप्लीमेंट्री अलीपुर बम षड्यंत्र केस–1910 में 30.7.1910 को 10 वर्ष की सजा हुई, बाद में हाईकोर्ट से 5 वर्ष कैद रह गई। अंडमान का बंदी नं. व पिता का नाम नहीं मिला है, अन्यथा केस पूर्ण है। **संदर्भ :** सेलुलर जेल की सूची का पृष्ठ नं. 7, संख्या नं. 32–पंजाब। **सरकारी फाईल नं.** –होम 1910 पोल. ए. अक्टूबर 35 38, होम 1910 पोल. ए. अप्रैल 81–115। **फू.चं.जै. फाईल नं.**–(2/579, 2/570)।
32262	**नोगेन्द्रचन्द्र चन्द्र** उर्फ **नगेन्द्रनाथ चन्द्र**।	खुलना गैंग केस–1910 में डकैती व षड्यंत्र के आरोप में हाई कोर्ट से 30.8.1910 व प्रारम्भिक कोर्ट से 27.6.1910 को 7 वर्ष कैद हुई। सितम्बर, 1910 में अंडमान भेजने का आदेश हुआ। 1915 में मुलतान सेंट्रल जेल में भेजने का आदेश हुआ। **संदर्भ :** सेलुलर जेल की सूची का पृष्ठ नं. 6, संख्या नं. 26–बंगाल। अंडमान की सूची में इस क्रम पर नाम–नगेन्द्रनाथ चन्द्र छपा है। **सरकारी फाईल नं.** –होम 1910 पोल. डिपोजिट मार्च नं. 1, डायरी ऑफ इवैन्ट्स, होम 1910 पोल. बी. सितंबर 81–82, होम 1910 पोल. ए. नवम्बर 48–69, होम 1911 पोल. डिपोजिट मार्च नं. 1, होम 1915 पोल. ए. फरवरी 68–160। **फू.चं.जै. फाईल नं.**–(3/198, 1/117–118, 3/162, 2/741)।
32991	**नोनी गोपाल मुकर्जी** उर्फ **जोगेन्द्रनाथ मुकर्जी** उर्फ **नोनी गोपाल मुखोपाध्याय** *सुपुत्र* अनन्दचरण मुकर्जी।	डलहौजी स्कवेयर बम केस में 2.3.1911 को डलहौजी स्कवेयर में एफ. ए. कावले सुपरिंटेंडेंट इन्स्पेक्टर पब्लिक डिपार्टमेन्ट पी. डब्ल्यू. डी. की कार पर बम फेंकने के आरोप में धारा 307 व 4 विस्फोटक एक्ट में 27.4.1911 को 14 वर्ष कैद हुई। 1911 में अंडमान जेल में भेजे गए। अंडमान जेल में एक वर्ष कैद और बढ़ी। रायपुर सेंट्रल जेल में भेजने का आदेश हुआ। रिहाई के बाद मजदूरों के कार्य में सक्रिय रहे और इनकी आपत्तिजनक गतिविधियों को देखकर जमशेदपुर–स्टील टाऊन से निर्वासित कर दिए गए, फिर हुगली में इनका कार्यक्षेत्र चलता रहा। 21.4.1944 को स्वर्गवास हो गया।

बंदी सं.	बंदी का नाम व पता	विशेष विवरण
		संदर्भ : सेलुलर जेल की सूची का पृष्ठ नं. 6, संख्या नं. 28—बंगाल। **सरकारी फाईल नं.** —होम 1911 पोल. ए. जुलाई 48/50, होम 1911 पोल. ए. जुलाई 31—40, होम 1915 पोल. ए. प्रोसीडिंग्ज फरवरी 68—160। **फू.चं.जै. फाईल नं.**—(2/741, 1/118, 2/536, 1/117—119 तक, 1/9)।
38518	**प्यारा सिंह** उर्फ **कर्मसिंह** *सुपुत्र* लक्खा सिंह, निवासी गांवतगेड़ी, थाना महिलपुर, होशियारपुर।	प्रथम लाहौर षड्यंत्र केस—1915 में राजद्रोह के आरोप में धारा 121, 121ए, 126 में 13.9.1915 को आजीवन कारावास की सजा हुई। जनवरी, 1916 के प्रारम्भ में अंडमान जेल आए। 1921 में इन्हें भारत में भेजने का आदेश हुआ और मार्च, 1930 में जेल से इन्हें कुछ शर्तों के साथ रिहा किया। लाहौर षड्यंत्र केस में गिरफ्तारी के समय ये साधु के वेश में थे और इनपर इन्स्पेक्टर तनवीर अहमद को मारने के प्रयत्न का आरोप था। **संदर्भ** : सेलुलर जेल की सूची का पृष्ठ नं. 4, संख्या नं. 51—पंजाब। **सरकारी फाईल नं.** —होम 1917 पोल. ए. जुलाई 462—489, होम 1919 पोल. ए. अक्टूबर 129—139, होम 1920 पोल. प्रोसीडिंग्ज मार्च 156—160 व के. डब्ल्यू., होम 1920 पोल. ए. नवम्बर 318—326 व के. डब्ल्यू., होम 1930 पोल. नं. 410/30। **फू.चं.जै. फाईल नं.**—(4/304, 4/271, 3/673, 4/230, 2/713)।
38373	**भाई परमानन्द** *सुपुत्र* ताराचन्द ब्राह्मण, निवासी करयाला, झेलम।	प्रथम लाहौर षड्यंत्र केस—1915 में राजद्रोह के आरोप में धारा 121, 121ए, 124ए में 13.9.1915 को पहले मृत्युदंड की सजा हुई, बाद में आजीवन कारावास कर दिया गया। 10.12.1915 को अंडमान जेल आए। 1930 में इन्हें कुछ शर्तों के साथ जेल से रिहा किया गया। ये डी. ए. वी. कॉलेज लाहौर में प्रोफेसर थे और 1920 की आम रिहाइयों में रिहा नहीं किए गए। ये आर्य समाजी विचारधारा के उपदेशक थे। लाला लाजपतराय व लाला हरदयाल से प्रभावित थे, विदेशों में इन्होंने भ्रमण किया था, 1910 में इनके मकान से आपत्तिजनक कागज बरामद हुए थे, इसलिए धारा 110 में 18.4.1910 को पांच हजार की जमानत ली।

बंदी सं.	*बंदी का नाम व पता*	*विशेष विवरण*
		संदर्भ : सेलुलर जेल की सूची का पृष्ठ नं. 3, संख्या नं. 3–पंजाब। **सरकारी फाईल नं.** –होम 1910 पोल. बी. मई 160 161, होम 1915 पोल. ए. जनवरी 8, होम 1917 पोल. ए. जुलाई 426–430, होम 1920 पोल. प्रोसीडिंग्ज मार्च 156–160 व के. डब्ल्यू., होम 1920 पोल. ए. नवम्बर 318–326 व के. डब्ल्यू., होम 1930 पोल. नं. 410/30। **फू.चं.जै. फाईल नं.**–(4/303, 3/675, 1/102, 4/230, 3/164, 2/716)।
38372	**पं. परमानन्द** *सुपुत्र* गया प्रशाद कायस्थ झांसी वाले उर्फ गयादीन, निवासी रथ, जिला हमीरपुर, उत्तरप्रदेश, आयु 40 वर्ष।	प्रथम लाहौर षड्यंत्र केस–1915 में धारा 121, 121ए, 122, 124ए में 13.9.1915 को पहले इन्हें मृत्युदंड की सजा हुई थी जिसे बाद में आजीवन कारावास में तब्दील कर दिया गया। 29.10.1915 को अंडमान जेल में आए। 27.5.1916 को इन्हें पुनः भारत भेजने का आदेश दिया गया। 1937 में कांग्रेस का मंत्रिमंडल बनने पर उत्तर प्रदेश सरकार ने इनको रिहा कर दिया और रिहाई के बाद 2.12.1937 को अन्य राजनैतिक बंदियों के साथ जब ये दिल्ली आए तो स्टेशन पर से ही दिल्ली से निर्वासन का आदेश दे दिया गया। आज्ञा न मानने पर गिरफ्तार कर लिए गए और मुकदमे के फैसले तक जमानत पर छोड़ दिए गए तथा दिल्ली में पाबंद कर दिए गए। 13.4.1982 को नई दिल्ली में इनका स्वर्गवास हो गया। **संदर्भ** : सेलुलर जेल की सूची का पृष्ठ नं. 5, संख्या नं. 7–उत्तर प्रदेश। **सरकारी फाईल नं.**–होम 1917 पोल. ए. जुलाई 426–430, होम 1919 पोल. ए. अक्टूबर 129–139, होम 1920 पोल. ए. नवम्बर 318–326 व के. डब्ल्यू., होम 1922 पोल. फाईल नं. 69 पार्ट नं. 4, सीरियल नं. 1–34, व के.डब्ल्यू, होम 1927 पोल. 80/19/27, होम 1930 पोल. 410/30,–होम 1938 पोल. 45/3/38। **फू.चं.जै. फाईल नं.**–(4/303, 3/224, 4/272, 4/230, 3/661, 2/716, 6/13)।
38371	**पृथ्वी सिंह आजाद** *सुपुत्र* शादी राम राजपूत, निवासी साबु, रियासत पटियाला, –	प्रथम लाहौर षड्यंत्र केस–1915 में राजद्रोह के आरोप में धारा 121, 121ए, 124ए में 13.9.1915 को मृत्युदंड की सजा हुई थी, बाद में इसे आजीवन कारावास में तब्दील किया गया। जनवरी, 1916 में अंडमान पहुंचे। 1921 में भारत की जेलों में हस्तांतरण करने का आदेश हुआ। अंडमान से वापसी

बंदी सं.	*बंदी का नाम व पता*	*विशेष विवरण*
	वर्तमान पता गृह नं. 23, सेक्टर 3–ए, चंडीगढ़ 160003, जन्म–15 सितम्बर, 1892।	पर भारत की जेलों में हस्तांतरण के समय दो चार पुलिस हिरासत से निकल कर भाग गए। 1921 में अंडमान से भारत वापस आए और उसी दिन अन्य जेल में भेजने के लिए जब पुलिस ले जा रही थी तो रेल से कूद पड़े। परन्तु दूसरे दिन पुलिस ने गिरफ्तार कर लिया और राजमुंदरी जेल में रहे। इसी प्रकार दूसरी बार 29.11.1922 को जब इन्हें फिर दूसरी जेल में ले जाया जा रहा था तो रात्रि को रेलवे के शौचालय में से ऊपर की खिड़की से फरार हो गए और अमरावती पहुंच गए। डॉ. नारायण दामोदर सावरकर ने गणेश रघुनाथ वैशयम्पायन के पास भेज दिया। भगत सिंह की फांसी के समाचार के बाद चन्द्रशेखर आजाद की योजना के अनुसार, 9 सितम्बर, 1930 को लेमिंगटन रोड, बम्बई में एक पुलिस सार्जेन्ट पर आक्रमण कर दिया। बाद में महात्मा गांधी जी के परामर्श पर इन्होंने पुलिस को आत्मसमर्पण किया। **संदर्भ** : सेलुलर जेल की सूची का पृष्ठ नं. 4, संख्या नं. 52–पंजाब। **सरकारी फाईल नं.** –होम 1917 पोल. ए. जुलाई 426 430, होम 1919 पोल. ए. अक्टूबर 129–139, होम 1920 पोल. प्रोसीडिंग्ज मार्च 156–160, होम 1920 पोल. ए. नवम्बर 318–326, व के. डब्ल्यू., होम 1921 पोल. ए. प्रोसीडिंग्ज जून 64–88, होम 1922 पोल. नं. 69 व के. डब्ल्यू. पार्ट नं. 4 सीरियल नं. 1–34, व के. डब्ल्यू., होम 1930 पोल. 410–30, होम 1938 पोल. 18/5/38। **फू.चं.जै. फाईल नं.**–(4/271, 4/303, 3/674, 4/230, 3/223, 3/224, 2/713, 6/45)।
34103	**पुलिन बिहारी दास** *सुपुत्र* नवा कुमार दास, निवासी लोनसिंह, थाना पालौंग, फरीदपुर, आयु 32 वर्ष। (जन्म 1877 स्वर्गवास 1949)	ढाका षड्यंत्र केस–1910 में राजद्रोह के आरोप में धारा 121, 122 व 123 में 21.11.1910 व 2.4.1912 को आजीवन कारावास–7 वर्ष कैद। इससे पूर्व शाही नजरबंद भी रहे। 7.8.1912 में अंडमान जेल आए। 22.3.1919 को कैद की अवधि पूरी होने वाली थी, इसलिए 1919 के प्रारम्भ में ही इनको बंगाल की जेल वापस भेज दिया गया। 1906 में अनुशीलन पार्टी की स्थापना करने वालों में थे। पुलिस बिहारी दास उन 80 व्यक्तियों में थे जिन्होंने विपिन चन्द्र पाल की अपील पर जीवन बलिदान के लिए अपने को प्रस्तुत किया था। मंशा चक्रवर्ती उर्फ सुकुमार

बंदी सं.	*बंदी का नाम व पता*	***विशेष विवरण***
		चक्रवर्ती के अपहरण के आरोप में इनका गिरफ्तार किया गया था। मंशा चक्रवर्ती भी पुलिन बिहारी दास के साथ 10.11.1908 को गिरफ्तार किए गए। परन्तु उसी दिन मंशा चक्रवर्ती को पुलिस ने घर जाने की आज्ञा दे दी। पार्टीवालों को संदेह हो गया और अगले दिन मंशा चक्रवर्ती का शव, धड़ से अलग, खेत में पड़ा हुआ मिला। **संदर्भ :** सेलुलर जेल की सूची का पृष्ठ नं. 6, संख्या नं. 34—बंगाल। अंडमान जेल की सूची में इनका संख्या नं. 34 है, परंतु भूल से ये 43 छपा हुआ है। **सरकारी फाईल नं.** —होम 1909 पोल. ए. फरवरी 113 136, होम 1910 पोल. प्रोसीडिंग्ज मार्च 33—40, होम 1915 पोल. ए. प्रोसीडिंग्ज फरवरी 68— 160, होम 1917 पोल. ए. जुलाई 462—489, होम 1924 पोल. 379/1 व के. डब्ल्यू. शिमला रिकॉर्ड्स पार्ट 1, नं. 1, 24। **फू.चं.जै. फाईल नं.** —(2/560, 2/551, 2/741, 4/301, 2/1018)।
38078	**फणिन्द्रभूषण राय**।	ईस्टर्न बंगाल डकैती केस—1915 में धारा 307, 120बी, 149, 402 में 17.9.1915 को 10 वर्ष कैद की सजा हुई। 23.11.1920 को अंडमान जेल से भारत की जेल में भेजने का आदेश हुआ। **संदर्भ** : सेलुलर जेल की सूची का पृष्ठ नं. 7, संख्या नं. 33—बंगाल। **सरकारी फाईल नं.** —होम 1917 पोल. ए. जुलाई 462 489, होम 1919 पोल. ए. अक्टूबर 129—139, होम 1921 पोल. ए. प्रोसीडिंग्ज जून 64—88। **फू.चं.जै. फाईल नं.**—(4/307, 4/271, 3/223)।

अध्याय-3

अंडमान मध्य सेलुलर जेल के स्वतंत्रता सेनानी (1922-32)

पी.आई.नं.	*बंदी का नाम व पता*	*विशेष टिप्पणी*
–	**द्वारका प्रसाद पाण्डे** *सुपुत्र* स्वर्गीय नेपाल प्रसाद पाण्डे, निवासी जिन्दापुर, जंगलकोडिया, गोरखपुर।	चौरी चौरा में पुलिस अधिकारियों सहित पुलिस थाने को आग लगाने के आरोप में 1922 को आजीवन कारावास की सजा हुई। **संदर्भ** : अंडमान जेल की पुस्तक में इनका नाम व इनके अन्य साथियों का नाम छपा हुआ नहीं है।
105	**अच्युतनाथ घटक** *सुपुत्र* अनाथबंधु घाटक, निवासी सिनापाड़ा, थाना श्रीनगर, ढाका, आयु 22 वर्ष। (जन्म तिथि 31.8.1908)	ढाका में बम विस्फोटक के संग्रह के आरोप में 1932 में धारा 4 विस्फोटक एक्ट के अधीन 2.5.1932 को 5 वर्ष कैद की सजा हुई। फरवरी, 1933 में अंडमान जेल में भेजने का आदेश हुआ। ढाका सेंट्रल जेल का बंदी नं. 3511 है। व्योमकेश भट्टाचार्य व अच्युत घटक के विरुद्ध बंगाल सरकार ने धारा 4 एक्सप्लोसिव एक्ट के अंतर्गत केस चलाने की स्वीकृति दी थी। ये युगान्तर पार्टी के सदस्य थे, मुंशीगंज व ढाका में पार्टी की गतिविधियों में सहयोग देते थे। मई, 1933 की अंडमान जेल की भूख–हड़ताल में 45 दिन की भूख–हड़ताल की। सजा के समाप्त होने से पूर्व इन्हें वापस भारत की जेल में भेज दिया गया और जेल से रिहा होने पर बंगाल क्रिमिनल लॉ एक्ट में नजरबन्द कर दिए गए और बाद में घर में पाबंद कर दिए गए। (मुक्ति तीर्थ से उद्धृत) **संदर्भ** : सेलुलर जेल में सूची का पृष्ठ नं. 9, संख्या नं. 5–बंगाल। **सरकारी फाईल नं.**–होम 1931 पोल. 18/2/31 फोर्टनाइटली, फरवरी, 1931, होम 1932 जेल. के. डब्ल्यू. 70 जेल. **फू.चं.जै. फाईल नं.**–(3/441, 7/553, 7/505, 6/254)।
–	**अक्षय कुमार चौधरी** *सुपुत्र*	दिनाजपुर डकैती षड्यंत्र केस–1934 में डकैती के लिए

पी. आई नं.	बंदी का नाम व पता	विशेष टिप्पणी
	प्रतापचन्द चौधरी, निवासी काईपाड़ा, कुमारगंज, दिनाजपुर, आयु 23 वर्ष।	षड्यंत्र करने के आरोप में धारा 120बी 395 में 12.2.1935 को 6 वर्ष सख्त कैद की सजा हुई। 1937–38 में अंडमान जेल से भारत की जेल में भेजने का आदेश हुआ। इनका मिदनापुर सेंट्रल जेल का बंदी नं. 9650 था। ये युगान्तर पार्टी के सदस्य थे। अंडमान जेल में जुलाई, 1937 में 37 दिन की भूख–हड़ताल की। 1938 के प्रारम्भ में अंडमान जेल से भारत की जेल में भेज दिए गए और जेल से रिहा कर दिए गए। (मुक्ति तीर्थ से उद्धृत) **संदर्भ** : सेलुलर जेल की सूची का पृष्ठ नं. 9, संख्या नं. 10–बंगाल। **सरकारी फाईल नं.**–होम 1932 जेल. के. डब्ल्यू. 70 जेल., होम 1935 जेल. 5/35 जेल। **फू.चं.जै. फाईल नं.**–(7/585, 7/505, 7/457, 7/592)।
251	**अजय सिन्हा** उर्फ **जोगी अजयचन्द्र सिंह–विद्यार्थी** *सुपुत्र* स्वर्गीय रमेशचन्द्र सिंह, डिप्टी मैजिस्ट्रेट, निवासी कटेलगंज, रोहितगंज, चिटागांग, आयु 20 वर्ष।	कलकत्ता रिवॉल्वर केस–1933 में बिना लाइसेन्स रिवॉल्वर रखने के आरोप में धारा 19ए, आर्म्स एक्ट, 19एफ व 20 में 2.2.1934 को 10 वर्ष कैद की सजा हुई। जेल में अस्थमा (दमे) की शिकायत हो गई। 1937 में अंडमान जेल से भारत की जेल में आए। इनका अलीपुर सेंट्रल जेल कैदी नं. 6799 था। 1929 से अनुशीलन पार्टी में काम करते थे। इनका सम्पर्क युगान्तर पार्टी व श्रीसंघा से भी था, 1933 में कलकत्ता में गिरफ्तार किए गए। दूसरा महायुद्ध छिड़ने पर 1940 में भद्रेश्वर, जिला हुगली, में पुनः गिरफ्तार कर लिए गए और 2 वर्ष कैद की सजा हुई। 22.11.1933 को रेस्टोरेन्ट के बाहर रिवॉल्वर व 25 कारतूसों सहित पकड़े गए थे और मकान की तलाशी में एक और रिवॉल्वर व कारतूस बरामद हुए। भद्रेश्वर में ये आपत्तिजनक पर्चों का वितरण कर रहे थे। अंडमान जेल में 1937 की भूख–हड़ताल में 37 दिन की भूख–हड़ताल की और 1937 के अन्त में अंडमान जेल से भारत की जेल में भेज दिए गए और 1939 में जेल से रिहा कर दिए गए। मुक्ति तीर्थ प्रकाशन के अनुसार 1977 में स्वर्गवासी हो गए। **संदर्भ** : सेलुलर जेल की सूची का पृष्ठ नं. 9, संख्या नं. 8–बंगाल। अंडमान जेल की पुस्तक सूची में ये नाम अजय सिन्हा छपा हुआ है। **सरकारी फाईल नं.** –होम 1932 जेल. के. डब्ल्यू. 70 जेल, होम 1934 पोल. 18/1/34, होम 1934 पोल.18/2/34,

पी. आई न.	*बंदी का नाम व पता*	*विशेष टिप्पणी*
		होम 1934 पोल. 18/8/34, होम 1934 पोल. 15/10/34, होम 1934 पोल. 45/10/34, होम 1935 जेल. 5/35 जेल। **फू.चं.जै. फाईल नं.**–(7/583, 3/82, 85, 98, 116, 7/486)।
239	**अजीत कुमार मित्रा** *सुपुत्र* प्रबोधचन्द्र मित्रा, निवासी 15 देवी एनटल्ली रोड, कलकत्ता, आयु 25 वर्ष।	कलकत्ता रिवॉल्वर केस–1933 में बिना लाइसेंस शस्त्र रखने के आरोप में 20 आर्म्स एक्ट तथा 52 प्रिजनर्स एक्ट में 31.1.1934 को 5 वर्ष सख्त कैद और 28.8.1934 को 4 माह कैद की सजा हुई। 1937 में अंडमान जेल से भारत की जेल में भेजने का आदेश। युगान्तर पार्टी के सदस्य थे। सोसायटी ऑफ इंजीनियर, (इंडिया) के डिप्लोमा होल्डर थे। अंडमान जेल में 1937 की भूख–हड़ताल में, 37 दिन की भूख–हड़ताल की और 1937 के अन्त में अंडमान जेल से भारत की जेल में भेज दिए गए। 1939 में जेल से रिहा कर दिए गए। मुक्ति तीर्थ प्रकाशन के अनुसार 3.3.1973 को स्वर्गवासी हो गए। इनका अलीपुर सेंट्रल जेल का कैदी नं. 6763 था। **संदर्भ** : सेलुलर जेल की सूची का पृष्ठ नं. 9, संख्या नं. 9–बंगाल। **सरकारी फाईल नं.** –होम 1927 पोल. 10/43/27, होम 1932 जेल. के. डब्ल्यू. 70 जेल, होम 1933 पोल. 18/14/33 फोर्टनाइटली, दिसम्बर, 1933, होम 1934 पोल. 18/2/34, होम 1935 जेल. 5/35 जेल, होम 1940 पोल. आई. के. डब्ल्यू. 45/1/40। **फू.चं.जै. फाईल नं.** –(2/1004, 7/582, 5/582, 3/85, 3/480, 7/487 8/116)।
389	**अतुलचन्द्र दत्ता** उर्फ **मेघू** *सुपुत्र* अरिन्द्र मोहन दत्ता, निवासी दत्ता कुंडा, मदारीपुर फरीदपुर, आयु 25 वर्ष।	फरीदपुर में शस्त्र डकैती षड्यंत्र केस–1935 में 19 आर्म्स एक्ट/120बी., 380/120बी, 392/120बी. में 23.11.1935 को 5 वर्ष कैद की सजा हुई। 16.8.1936 को अंडमान जेल में भेजने का आदेश हुआ। 1937 में अंडमान जेल से वापस भारत की जेल में भेजने का आदेश हुआ। इनका मिदनापुर सेंट्रल जेल का बंदी नं. 1636 था। **संदर्भ** : सेलुलर जेल की सूची का पृष्ठ नं. 10, संख्या नं. 30–बंगाल। **सरकारी फाईल नं.**–होम 1932 जेल. के. डब्ल्यू. 70 जेल, होम 1937 जेल. के. डब्ल्यू. 5/9.ए./37 जेल, होम 1936 जेल. 5/36 जेल। **फू.चं.जै. फाईल नं.** –(7/588, 7/528, 7/709, 7/661)।

पी. आई. नं.	बंदी का नाम व पता	विशेष टिप्पणी
106	**अधीरचन्द्र सिंह** उर्फ **मधु सिंह** *सुपुत्र* अभयचरण सिंह निवासी सिंगर बंगला, नेत्रकोना, मैमनसिंह, आयु 25 वर्ष।	नेत्रकोना में पोलिटिकल डकैती के षड्यंत्र के आरोप में 1932 में धारा 395, 120बी, 395 में 31.5.1932 को 7 वर्ष + 5 वर्ष कैद की सजा हुई। सजाएं साथ साथ चलेंगी, कुल सजा 7 वर्ष हुई। फरवरी, 1933 में अंडमान जेल में भेजने का आदेश हुआ। इनका राजशाही सेंट्रल जेल का बंदी नं. 7931 था। **संदर्भ :** सेलुलर जेल की सूची का पृष्ठ नं. 9, संख्या नं. 7–बंगाल। अंडमान पुस्तक में नाम अधीरचन्द्र सिंह छपा है। **सरकारी फाईल नं.**–होम 1932 जेल. के. डब्ल्यू. 70 जेल. होम 1932 जेल. 70 व के. डब्ल्यू.। **फू.चं.जै. फाईल नं.**–(6/254, 7/570, 7/554, 7/506)।
348	**अधीररंजन नाग–विद्यार्थी** *सुपुत्र* मोहिनी मोहन नाग कायस्थ, निवासी सरालिया, सबहार, ढाका। वर्तमान–बसु बाजार, सुलियापुर, ढाका, आयु 16 वर्ष।	ढाका स्पेशल रॉबरी केस–1932 में धारा 394, 397, 19एफ, आर्म्स एक्ट में 30.11.1932 को 7 वर्ष कैद की सजा हुई। 28.5.1935 का अंडमान जेल में भेजने का आदेश हुआ। 1937–38 में भारत की जेल में वापस भेजने का आदेश हुआ। इनका अलीपुर सेंट्रल जेल का बंदी नं. 7707 था। ये अनुशीलन समिति के मेम्बर थे। अंडमान जेल में 1937 में भूख–हड़ताल में 37 दिन की भूख–हड़ताल की। 1937 के अन्त में अंडमान जेल से भारत की जेल में आए। 1939 में अंडमान जेल से रिहा कर दिए गए। 1940 में भारत रक्षा कानून के अन्तर्गत 6 माह कैद की सजा हुई। (मुक्ति तीर्थ से उद्धृत) **संदर्भ :** सेलुलर जेल की सूची का पृष्ठ नं. 9, संख्या नं. 6–बंगाल। **सरकारी फाईल नं.**–होम 1932 जेल. के. डब्ल्यू. 70 जेल, होम 1932 पोल. 18/15/32, फोर्टनाइटली दिसम्बर 1932, होम 1936 जेल. 5/36 जेल. होम 1937 पोल. आई. 24/14/37। **फू.चं.जै. फाईल नं.**–(7/586, 7/590, 3/407, 7/700, 7/652, 7/382)।
113	**अनन्त चक्रवर्ती** उर्फ **भोला डा.** उर्फ **अनन्त हरि मित्र** *सुपुत्र* चन्द्रमणि चक्रवर्ती,	अलीपुर मर्डर केस व दक्षिणेश्वर बम केस–1926 में 9.6.1926 व 21.6.1926 में आजीवन कारावास की सजा और 5 वर्ष की सजा हुई। 1938 में अंडमान जेल

पी. आई. नं.	*बंदी का नाम व पता*	*विशेष टिप्पणी*
	निवासी स्कूडिया, बाकरगंज, बरीसल, (राकूडिया), जन्म 6.4.1901।	से वापस भारत की जेल में भेजे गए और रिहा कर दिए गए। भूपेन्द्र चैटर्जी की अलीपुर सेंट्रल जेल में हत्या के बाद इनपर मुकदमा चला और 28.5.1926 से इस आरोप में इन्हें आजीवन कैद हुई और बर्मा जेल भेज दिए गए। 1933 में बर्मा से अंडमान जेल भेजे गए। 26.5.1926 को पुलिस ऑफिसर रायबहादुर भूपेन्द्रनाथ चैटर्जी अलीपुर जेल में दक्षिणेश्वर षड्यंत्र केस के अभियुक्तों से मिलने गए थे। अभियुक्तों ने देखते ही आक्रमण किया और राय बहादुर भूपेन्द्रनाथ चैटर्जी की घटनास्थल पर मृत्यु हो गई। हत्या के आरोप में अनन्तहार व प्रमोद रंजन चौधरी को फांसी की सजा हुई और 28.11.1926 को दोनों को फांसी पर लटका दिया गया। **संदर्भ** : अंडमान पुस्तक में अनन्त (भोला) चक्रवर्ती नाम छपा है। सेलुलर जेल की सूची का पृष्ठ नं. 10, संख्या नं. 21, बंगाल। **सरकारी फाईल नं.**–होम 1932 जेल. के. डब्ल्यू. 70, जेल, होम 1937 पोल. आई. 45/3/37। **फू.चं.जै. फाईल नं.** (6/370, 7/546, 7/498)।
278	**अनन्त कुमार चक्रवर्ती** उर्फ **मेघा** विद्यार्थी *सुपुत्र* दुर्गा मोहन चक्रवर्ती, निवासी भोवालबाड़िया, कालीगंज, ढाका, आयु 22 वर्ष।	सुपरिन्टेंडेंट पुलिस के आदेश का उल्लंघन करने पर धारा 6–3, बंगाल क्रिमिनल लॉ एक्ट के अधीन 1.10.1934 को 5 वर्ष कैद, 500 रुपये जुर्माना या 3 माह और कैद की सजा हुई। 1937–38 में अंडमान जेल से भारत की जेल में भेजने का आदेश हुआ। इनका ढाका सेंट्रल जेल का बंदी नं. 9367 था। 15 वर्ष की आयु में अनुशीलन समिति के सदस्य बन गए और भूमिगत रह कर पार्टी के कार्य का संचालन करते रहे। अंडमान जेल में 1937 की भूख–हड़ताल में 37 दिन की भूख–हड़ताल की और 1938 के प्रारंभ में अंडमान जेल से भारत की जेल में भेज दिए गए। 1939 में जेल में रिहा कर दिए गए। (मुक्ति तीर्थ से उद्धृत) **संदर्भ** : सेलुलर जेल की सूची का पृष्ठ नं. 10, संख्या नं. 21–बंगाल। **सरकारी फाईल नं.**–होम 1932 जेल. के. डब्ल्यू. नं. 70 जेल. होम 1934 पोल. 18/10/34, होम 1935 जेल. 5/35 जेल.। **फू.चं.जै. फाईल नं.**–(7/584, 7/497, 7/494, 3/100)।

पी. आई. नं.	बंदी का नाम व पता	विशेष टिप्पणी
354	**अनन्तकुमार भट्टाचार्य** विद्यार्थी *सुपुत्र* गंगानारायण भट्टाचार्य, निवासी सैदाबाद, ब्रह्मपुर, मुर्शिदाबाद, आयु 24 वर्ष।	नजरबंदी के सरकारी आदेशों का उल्लंघन करने पर 1935 में धारा 6, बंगाल क्रिमिनल लॉ एक्ट के अधीन 506, 332, 52, में पहली सजा 12.6.1933, दूसरी सजा 19.3.1934, तीसरी सजा 8.3.1934, चौथी सजा 27.10.1934, पांचवीं सजा 14.1.1935, छठी सजा 14.2.1935 को–कुल 6 वर्ष 9 माह की कैद हुई। 28.5.1935 को अंडमान जेल में भेजने का आदेश हुआ। 1937–38 में अंडमान जेल से वापस भारत की जेल में भेजने का आदेश हुआ। अंडमान जेल में डाक्टरों की रिपोर्ट पर सजा की समाप्ति से पूर्व ही अंडमान जेल से भारत की जेल में भेज दिए गए, जेल से रिहा होने के बाद विद्यार्थी और किसानों के संगठन में उनकी रुचि थी। इनका मिदनापुर सेंट्रल जेल का बंदी नं. 616 है। **संदर्भ :** सेलुलर जेल की सूची (मुक्ति तीर्थ से उद्धृत) का पृष्ठ नं. 10, संख्या नं. 19–बंगाल। **सरकारी फाईल नं.** –होम 1932 जेल. के. डब्ल्यू. 70 जेल. होम 1936 जेल. 5/36 होम 1940 पोल. आई. के. डब्ल्यू. 7/1/40, **फू.चं.जै. फाईल नं.** (7/597, 7/700, 7/652, 7/58)।
–	**अनन्त कुमार मुकर्जी** उर्फ **हलदर** *सुपुत्र* भगवान चन्द्र मुकर्जी, निवासी सलबानी, मिदनापुर या 36, ब्रजनाथदत्त स्ट्रीट, आयु 40 वर्ष।	कलकत्ता में अवैध शस्त्र बरामद होने के आरोप में 19एफ और 20 आर्म्स एक्ट में 30.9.1932 को 5 वर्ष की कैद। 3.8.1933 को अडमान जेल में भेजने का आदेश तथा 3.9.1933 को अंडमान जेल में भेजा। इनका अलीपुर सेंट्रल जेल का बंदी नं. 6445 था। **संदर्भ :** सेलुलर जेल की सूची का पृष्ठ नं. 10, संख्या नं. 23–बंगाल। **सरकारी फाईल नं.**–होम 1916 पोल. डिपोजिट अगस्त 24, होम 1916 पोल. ए. नवम्बर 198–201 व के. डब्ल्यू. होम 1917 पोल. ए. अप्रैल 316/317, होम 1917 पोल. ए. अगस्त 201–207 व के डब्ल्यू. होम 1917 पोल. ए. नवम्बर 639–661, होम 1918 पोल. डिपोजिट प्रिंटेड जनवरी 1927, होम 1918 पोल. 1 सित. के. डब्ल्यू. 149–151, होम 1920 पोल. ए. मई 204–212, होम 1920 पोल. ए. नवम्बर 318–326 व के. डब्ल्यू. होम 1925 पोल. 135/25, होम 1927 पोल. 32/27, होम 1928 पोल. 1/28 फोर्टनाइटली, जनवरी, 1928, होम 1932 पोल. सीक्रेट के. डब्ल्यू. 31/27,

पी. आई. नं.	*बंदी का नाम व पता*	*विशेष टिप्पणी*
		होम 1935 पोल. 24/9/35 के. डब्ल्यू. होम 1940 पोल. आई. के. डब्ल्यू. 7/1/40,। **फू.च.जै. फाईल नं.** –(1/459, 1/129, 1/307, 4/83, 4/310, 4/317, 1/447, 4/242, 4/438, 4/80, 4/232, 3/525, 3/650, 3/497, 3/378, 7/447, 7/567, 7/519, 7/60)।
140	**अनन्त लाल डे/अनन्त डे** *सुपुत्र* बिहारी लाल डे, निवासी महतगांव, लोहागंज, ढाका, आयु 20 वर्ष।	कोमिला आर्म्स एक्ट केस–1932 में धारा 19एफ, आर्म्स एक्ट व 411 में 19.11.1932 को 3–3 वर्ष यानी 6 वर्ष कैद की सजा हुई। 3.9.1933 को अंडमान जेल में भेजने का आदेश हुआ। इनका ढाका सेंट्रल जेल का बंदी नं. 5073 था। **संदर्भ :** सेलुलर जेल की सूची का पृष्ठ नं. 10, संख्या नं. 22–बंगाल। अंडमान पुस्तक सूची में नाम अनन्त डे छपा है। **सरकारी फाईल नं.**–होम 1932 जेल. के. डब्ल्यू. 70 जेल. **फू.चं.जै. फाईल नं.**–(7/579, 7/566, 7/518)।
24	**अनन्त लाल सिंह** *सुपुत्र* गोलक सिंह/गोलपसिंह, निवासी टोमाकरे मंडी, कोतवाली, चिटागांग, निवासी नंदनकाना, चिटागांग, आयु 25 वर्ष।	चिटागांग आर्मरी रेड केस में धारा 120बी, 302, 395, 396, 436, 126 रेलवे एक्ट, 25 टेलीग्राफ एक्ट, 19एफ आर्म्स एक्ट व 4 विस्फोटक एक्ट में विभिन्न अवधि की कैद और फिर आजीवन कैद की सजा हुई। 22.7.1932 को अंडमान जेल में भेजने का आदेश हुआ। इनका अलीपुर सेंट्रल जेल का बंदी नं. 685 था। 1937–38 में अंडमान जेल से भारत की जेल में वापस भेजने का आदेश हुआ। 31.4.1946 को जेल से रिहा हुए। अंडमान जेल में 1937 में 37 दिन की भूख–हड़ताल की। अंडमान से वापसी पर 1939 में अलीपुर सेंट्रल जेल में 36 दिन की भूख–हड़ताल की। **संदर्भ :** सेलुलर जेल की सूची का पृष्ठ नं. 10, संख्या नं. 24–बंगाल। **सरकारी फाईल नं.** होम 1925 पोल. 235/25, होम 1927 पोल. 32/27 अक्टूबर, होम 1932 जेल. के. डब्ल्यू. 70 जेल., होम 1933 पोल. 42/3/33, होम 1933 पोल. 42/7/33, होम 1937 जेल. के. डब्ल्यू. 5/9ए/37 जेल., होम 1942 पोल. आई. 7/13/42, होम 1945 पोल. आई. 44/13ए/45.

पी. आई. नं.	बंदी का नाम व पता	विशेष टिप्पणी
		फू.चं.जै. फाईल नं.–(3/524, 3/656, 7/576 7/592, 7/558, 7/510, 2/747, 750, 7/527, 6/691, 6/571)।
175	**आनन्दचरण पाल** *सुपुत्र* जगबंधु पाल, निवासी चल्लालेरचार, थाना मनोहरडी ढाका, चल्लाकचार, आयु 33 वर्ष।	जमालपुर डकैती व शस्त्रों के षड्यंत्र–1932 में धारा 19एफ आर्म्स एक्ट, 120बी, 402 में पहली सजा 22.6.1933 को 5+2 वर्ष कैद व दूसरी सजा 5 वर्ष की हुई। कुल सजा 7 वर्ष रही। 27.1.1935 को अंडमान जेल में आए। 1937–38 में अंडमान जेल से भारत की जेल में भेजने का आदेश हुआ। इनका ढाका सेंट्रल जेल का बंदी नं. 6812 था। **17 वर्ष की आयु में युगान्तर पार्टी के सदस्य हो गए। 3 वर्ष तक मफरूरी का जीवन बिताने के बाद 1933 में आर्म्स एक्ट में गिरफ्तार किए गए और स्पेशल ट्रिब्यूनल के सामने 2 पृथक–पृथक मुकदमों में इनका चालान** हुआ। कुल सजा 7 वर्ष हुई और अंडमान जेल में भेज दिए गए। अंडमान जेल में 1937 की भूख–हड़ताल में 37 दिन की भूख–हड़ताल की। 1937 के अन्त में अंडमान जेल से भारत की जेल में भेज दिए गए और जेल से रिहा होने के बाद बंगाल क्रिमिनल लॉ एक्ट में लगभग एक साल तक नजरबंद रहे। मुक्ति तीर्थ प्रकाशन के अनुसार जुलाई, 1981 में ये स्वर्गवासी हो गए। (मुक़्ति तीर्थ से उद्धृत) **संदर्भ :** सेलुलर जेल की सूची का पृष्ठ नं. 10, संख्या नं. 27, बंगाल। **सरकारी फाईल नं.**–होम 1932 जेल. के. डब्ल्यू. 70 जेल., होम 1933 पोल. 18/7/33 फोर्टनाइटली जून 1933, होम 1934 जेल. 5/5/34 जेल.। **फू.चं.जै. फाईल नं.**–(7/580, 7/521, 7/473, 7/592, 3/427)।
63	**आनन्द प्रसाद गुप्ता** *सुपुत्र* जोगेन्द्र मोहन गुप्ता, निवासी कॉलेज रोड, कोतवाली चिटागांग, आयु 17 वर्ष।	**चिटागांग आर्मरी रेड केस–1930 में धारा 120बी, 302, 395, 396, 436, 126 रेलवे एक्ट, 25 टेलीग्राफ एक्ट, 19 आर्म्स एक्ट व 4 एक्सप्लोसिव एक्ट में 1.3.1932 को आजीवन कैद की सजा हुई। 27.7.1932 को अंडमान जेल में भेजने का आदेश हुआ। 1937–38 में अंडमान** जेल से वापस भारत की जेल में भेजने का आदेश हुआ।

पी. आई. नं.	*बंदी का नाम व पता*	*विशेष टिप्पणी*
		इनका मिदनापुर सेंट्रल जेल का बंदी नं. 2615 था। ये व्यापारिक परिवार से थे। 1927 में प्रमुख क्रान्तिकारी नेता मस्टर्डा, सूर्यसेन के प्रभाव से प्रेरित हुए और चिटागांग आर्मरी रेड केस में टेलीग्राफ ऑफिस के आक्रमण में भाग लिया। 1.9.1930 को चन्द्रनगर में गणेश घोष व लोकनाथबाल के साथ गिरफ्तार किए गए। 1933 की भूख–हड़ताल 45 दिन की तथा 1937 की 37 दिन की भूख–हड़ताल में सम्मिलित हुए। 1938 में भारत की जेल में वापस आए और 1943 में जेल से रिहा कर दिए गए। (मुक्ति तीर्थ से उद्धृत) **संदर्भ :** सेलुलर जेल में सूची का पृष्ठ नं. 10, संख्या नं. 18 बंगाल। **सरकारी फाईल नं.**–होम 1932 जेल. के. डब्ल्यू. 70 जेल.–होम 1937 जेल. के. डब्ल्यू. 5/9ए/37 जेल. **फू.चं.जै. फाईल नं.**–(7/507, 7/512, 7/529, 5/577)।
347	**अनाथ बन्धु शाह** *सुपुत्र* बलराम शाह, निवासी पतिरम, बालूरघाट, दिनाजपुर, आयु 23 वर्ष।	दिनाजपुर पोलिटिकल डकैती षड्यंत्र केस–1934 में धारा 395, 120बी, में 12.2.1935 को 10 वर्ष की कैद हुई। 1937–38 में अंडमान जेल से भारत की जेल में भेजने का आदेश हुआ। इनका राजशाही सेंट्रल जेल का बंदी नं. 970 था। **संदर्भ :** सेलुलर जेल की सूची का पृष्ठ नं. 10, संख्या नं. 25, बंगाल। **सरकारी फाईल नं.** –होम 1932 जेल. के. डब्ल्यू. 70 जेल. –होम 1935 जेल. 5/35 जेल.। **फू.चं.जै. फाईल नं.**–(7/452, 7/586)।
393	**अनिलचन्द्र मुकर्जी** *सुपुत्र* अविनाशचन्द्र मुकर्जी, निवासी मलापदिया, शिवनघांखल, ढाका, आयु 22 वर्ष। (जन्म 10.10.1912)	ढाका में क्रान्तिकारी ने सरकारी पाबंदियों आदेशों का उल्लंघन के केस–1936 में धारा 6–1 बंगाल क्रिमिनल लॉ एक्ट, 52 प्रिजन एक्ट में कुल 5 वर्ष 9 माह की कैद हुई। 20.12.1936 को अंडमान जेल में भेजने का आदेश। 1937 में अंडमान जेल से वापस भारत की जेल में भेजने का आदेश हुआ। अनुशीलन पार्टी के सदस्य थे। 1930 के सत्याग्रह आंदोलन में जेल गए। कोमिला में हरीकुमार चक्रवर्ती के साथ पुलिस के मुकाबले में जख्मी हुए। 1937 की अंडमान जेल की भूख–हड़ताल में 37 दिन की भूख–हड़ताल की। 1938 के प्रारम्भ में अंडमान जेल से भारत की जेल में आए और रिहा कर दिए गए। 1946

पी. आई. नं.	बंदी का नाम व पता	विशेष टिप्पणी
		में भी नरायणगंज में मजदूरों की हड़ताल कराने के आरोप में पुलिस इनकी खोज में रही, इन्होंने राष्ट्रीय विषयों पर कई पुस्तकें लिखी। मिदनापुर सेंट्रल जेल का बंदी नं. 534 था। स्वर्गवासी हो गए। **संदर्भ :** सेलुलर जेल की सूची का पृष्ठ नं. 10, संख्या नं. 26–बंगाल। **सरकारी फाईल नं.**–होम 1932 जेल. के. डब्ल्यू. 70 जेल. होम 1934 पोल. 18/6/34, होम 1936 जेल. 5/36 जेल. होम 1937 जेल. के. डब्ल्यू. 5/9ए/37 जेल. होम 1942 पोल. आई. 7/13/42, होम 1942 पोल. आई. 7/13/42. **फू.चं.जै. फाईल नं.**–(7/588, 7/593, 3/96, 7/711, 7/663, 7/530, 6/695, 6/689)।
78	**अनुकूलचन्द्र चैटर्जी** उर्फ **इन्दू** *सुपुत्र* शरतचन्द्र चैटर्जी, निवासी भिगरी, नरिया, फरीदपुर, आयु 23 वर्ष। (जन्म 11.1.1908)	फरीदपुर डकैती केस–1932 में धारा 394 में 12.7.1932 को 10 वर्ष सख्त कैद की सजा हुई। फरवरी, 1933 में अंडमान जेल में भेजने का आदेश हुआ। 1937–38 में अंडमान जेल से भारत की जेल में भेजने का आदेश हुआ। 1937 में अंडमान जेल की भूख–हड़ताल में 37 दिन की भूख–हड़ताल की। द्वितीय महायुद्ध छिड़ने पर 1940 में पुनः नजरबंद कर दिए गए और 1946 में नजरबंदी से रिहा हुए। इनका मदारीपुर सेंट्रल जेल का बंदी नं. 3925 है। **संदर्भ :** सेलुलर जेल में सूची का पृष्ठ नं. 10, संख्या नं 28–बंगाल। **सरकारी फाईल नं.** –होम 1932 जेल. के. डब्ल्यू. 70 जेल., होम 1932 पोल. 18/10/32 फोर्टनाइटली 1932 देहली रिकॉर्ड्स नं. 2, कान्फिडेंशल, जुलाई 1932, होम 1937 जेल. के. डब्ल्यू. 5/9ए/37 जेल., होम 1942 पोल. आई. 18/4/42 फोर्टनाइटली अप्रैल होम 1942 पोल. आई. 7/13/42। **फू.चं.जै. फाईल नं.**–(7/577, 7/549, 7/501, 7/394, 3/393, 7/527, 8/498, 6/694)।
216	**अब्दुल्ल कादिर चौधरी** *सुपुत्र* मौलवी अब्दुल लतीफ चौधरी, निवासी कंटाहार, खेतलाल, बोगरा, आयु 33	हिल्ली डकैती केस–1934 में डकैती के लिए षड्यंत्र की योजना में धारा 395/120बी में 27.2.1934 को आजीवन कैद की सजा हुई। बाद में अपील पर 7 वर्ष कैद की सजा रह गई। 27.1.1935 को 10वें जत्थे में

पी. आई. नं.	*बंदी का नाम व पता*	*विशेष टिप्पणी*
	वर्ष। (जन्म 10.11.1901)	इन्हें भेजने का आदेश हुआ। 1937 में भारत की जेल में आए। 1921 के असहयोग आंदोलन में और 1931 में सत्याग्रह आंदोलन में भी जेल में गए। उस समय सत्याग्रह आंदोलन में 300 रुपये जुर्माना भी हुआ था। जुर्माना न देने पर इनकी एलोपैथी डिस्पेंसरी को सरकार ने जब्त कर लिया। इनका मिदनापुर सेंट्रल जेल का बंदी नं. 7865 था। इनपर 26.10.1933 को हिल्ली रेलवे स्टेशन पर रिवॉल्वरों का बंडल गायब कर देने का आरोप था। ये अनुशीलन पार्टी में काम करते रहे। जुलाई, 1937 में **37 दिन की भूख–हड़ताल अंडमान जेल में की और जनवरी, 1938 में अंडमान जेल से भारत की जेल में भेजे गए और 1939 में जेल से रिहा किए गए। जेल से रिहाई के बाद भी बोगरा जिले के नागरिकों में ये सेवा** और जागृति का कार्य करते रहे। **संदर्भ :** सेलुलर जेल की सूची का पृष्ठ नं. 9, संख्या नं. 3–बंगाल। **सरकारी फाईल नं.**–होम 1934 पोल. 45/49/34 पोल., होम 1935 पोल. 5/35 जेल्स। **फू.चं.जै. फाईल नं.**–(3/115, 3/99, 7/434)।
311	**अवनि कुमार मुकर्जी** विद्यार्थी *सुपुत्र* क्रिस्टाधन मुकर्जी, शिवपुर–हावड़ा, आयु 24 वर्ष।	शिवपुर विस्फोटक षड्यंत्र–1934 में धारा 4ए, 4बी, विस्फोटक एक्ट में 24.9.1934 को 6 वर्ष कैद की सजा हुई। 1937–38 के मध्य अंडमान जेल से भारत की जेल में भेजने का आदेश हुआ। अलीपुर सेंट्रल जेल का कैदी नं. 1937 है। **संदर्भ :** सेलुलर जेल की सूची का पृष्ठ नं. 9, संख्या नं. 2–बंगाल। **सरकारी फाईल नं.**–होम 1932 जेल. के. डब्ल्यू. 70 जेल., होम 1935 जेल. 5/35 जेल.। **फू.चं.जै. फाईल नं.**–(7/585, 7/501, 7/453)।
59	**अवनि रंजन घोष** *सुपुत्र* मनोरंजन घोष, निवासी मैमनसिंह टाऊन, आयु 28 वर्ष।	अलीपुर षड्यंत्र केस--1930 में धारा 4 व 5 विस्फोटक एक्ट व 120बी में 3.11.1930 को 5 वर्ष कैद की सजा हुई। 17.11.1932 को अंडमान जेल में भेजने का आदेश हुआ। इनका ढाका सेंट्रल जेल का बंदी नं. 3264 था। मई, 1933 में सुरेशबाडी बम केस के सम्बन्ध में कलकत्ता पुलिस ने इन्हें गिरफ्तार किया। सजा के बाद अंडमान

पी. आई. नं.	बंदी का नाम व पता	विशेष टिप्पणी
		जेल में भेज दिए गए। अंडमान जेल में मई, 1933 की भूख–हड़ताल में 45 दिन की भूख–हड़ताल की। सजा की समाप्ति से पूर्व भारत की जेल में भेज दिए गए और 1935 में भारत की जेल से रिहा हुए। तुरन्त बंगाल क्रिमिनल लॉ एक्ट में नजरबंद कर दिए गए। 1938 में नजरबंदी से रिहा किए गए। (मुक्ति तीर्थ से उद्धृत) **संदर्भ :** सेलुलर जेल की सूची का पृष्ठ नं. 9, संख्या नं. 1–बंगाल। **सरकारी फाईल नं.** –होम 1932 जेल. के. डब्ल्यू. 70 जेल., होम 1932 पोल. 176/32, होम 1937 पोल. 22/34/37. **फू.चं.जै. फाईल नं.**–(7/545, 7/497, 2/932–933, 6/395)।
121	**अभय पद मुकर्जी–घोड़ामारा** *सुपुत्र* रामपद मुकर्जी, निवासी बाओलिया, राजशाही। आयु 19 वर्ष।	कलकत्ता में बम विस्फोटक सामग्री–1931 में पकड़े जाने के आरोप में धारा 3 व 4 विस्फोटक एक्ट में 15.12.1931 को 7 वर्ष कैद की सजा हुई। 3.9.1933 को अंडमान जेल में भेजने का आदेश हुआ। इनका अलीपुर सेंट्रल जेल का बंदी नं. 4130 था। अनुशीलन पार्टी के सदस्य थे और कई वर्ष से समिति का कार्य कर रहे थे। अंडमान में मई, 1933 में 45 दिनों की और जुलाई, 1937 में 37 दिनों की भूख–हड़ताल की। 1938 के प्रारम्भ में अंडमान जेल से भारत की जेल में भेजे गए और 1939 में रिहा कर दिए गए। (मुक्ति तीर्थ से उद्धृत) **संदर्भ :** सेलुलर जेल की सूची का पृष्ठ नं. 9, संख्या नं. 4–बंगाल। **सरकारी फाईल नं.** होम 1932 जेल. के. डब्ल्यू. 70 जेल. **फू.चं.जै. फाईल नं.**–(7/567, 7/519, 7/578, 7/591)।
137	**अमरचन्द्र सूत्राधार** *सुपुत्र* विष्णुराम सूत्राधार/विश्वराम सूत्राधार, निवासी पतयार, किशोरगंज, मैमनसिंह, आयु 35 वर्ष।	किशोरगंज, मैमनसिंह में डकैती–1932 के केस में धारा 397 में 22.12.1932 को 8 वर्ष कैद की सजा हुई। 3.9.1933 को अंडमान जेल में भेजने का आदेश हुआ। 1937 में अंडमान जेल से वापस भारत की जेल में भेजने का आदेश हुआ। अजीर्ण–मंदाग्नि रोग से पीड़ित हो गए थे। इनका मिदनापुर सेंट्रल जेल का बंदी नं. 5054 था। अंडमान जेल की पुस्तक में नाम अमर सूत्राधार छपा है।

पी. आई. नं.	*बंदी का नाम व पता*	*विशेष टिप्पणी*
		संदर्भ : सेलुलर जेल की सूची का पृष्ठ नं. 9, संख्या नं. 13, बंगाल। **सरकारी फाईल नं.** –होम 1932 जेल. के. डब्ल्यू. 70 जेल. होम 1933 पोल. 18/1/1933 फोर्टनाइटली जनवरी 1933, देहली रिकॉर्ड्स नं. 1, कान्फिडेंशल। **फू.चं.जै. फाईल नं.**–(3/401, 7/596, 1/597, 7/568, 7/520)।
312	**अमृतेन्दु मुकर्जी** *सुपुत्र* स्वर्गीय पंचानन मुकर्जी, निवासी कोतवाली, कृशनगर, आयु 26 वर्ष।	अवैध शस्त्र संग्रह केस–1934 के आरोप में धारा 19 एफ, आर्म्स एक्ट में 9.10.1934 को 5 वर्ष सख्त कैद हुई। 1937–38 में अंडमान जेल से भारत की जेल भेजने का आदेश हुआ। जुलाई, 1937 की अंडमान जेल की भूख–हड़ताल में **37 दिन की भूख–हड़ताल की। 1933 में अंडमान जेल से भारत की जेल में भेजे गए और 1939 में रिहा कर दिए गए। 1940 में पुनः गिरफ्तार किए गए व 6 माह व 3 माह कैद की सजाएं हुई। ये 2.11.1934 को कृशनगर** जेल से अलीपुर सेंट्रल जेल में आए थे। इनका अलीपुर सेंट्रल जेल का बंदी नं. 2742 था। **संदर्भ :** सेलुलर जेल की सूची का पृष्ठ नं. 9, संख्या नं. 14–बंगाल। **सरकारी फाईल नं.**–होम 1935 जेल. 5/35 जेल. **फू.चं.जै. फाईल नं.**–(7/502, 7/454)।
117	**अमरेन्द्रनाथ मुकर्जी** *सुपुत्र* जोगेन्द्रनाथ मुकर्जी, निवासी बहादुरपुर, थाना आसासुवारी, खुलना, आयु 28 वर्ष।	कलकत्ता में बम के खोल पकड़े जाने के आरोप में 1932 में धारा 4बी विस्फोटक एक्ट में 16.7.1932 को 5 वर्ष कैद की सजा हुई। फरवरी, 1933 में अंडमान जेल में भेजने का आदेश हुआ। इनका अलीपुर सेंट्रल जेल का बंदी नं. 4034 था। अंडमान पुस्तक में नाम अमर मुकर्जी छपा है। 1924 में विपिन गांगुली की युगान्तर पार्टी में सम्मिलित हो गए। 1921 को असहयोग आंदोलन में भाग लिया और पढ़ाई **छोड़ दी। 25.4.1932 को विस्फोटक एक्ट में गिरफ्तार कर लिए गए। सजा के बाद अंडमान जेल में भेज दिए गए, और जुलाई, 1937 की भूख–हड़ताल में 37 दिन की भूख–हड़ताल की। 1938 के प्रारम्भ में अंडमान जेल से भारत की जेल में भेज दिए और 1939 में रिहा हुए।** दूसरा महायुद्ध छिड़ने पर 1940 में भारत रक्षा कानून में पुनः 2 बार गिरफ्तार हुए व 6 माह व 3 माह कैद की सजाएं हुई। (मुक्ति तीर्थ से उद्धृत)

पी. आई. नं.	बंदी का नाम व पता	विशेष टिप्पणी
		संदर्भ : सेलुलर जेल की सूची का पृष्ठ नं. 9, संख्या नं. 12 बंगाल। **सरकारी फाईल नं.** –होम 1932 जेल. 70 व के. डब्ल्यू., होम 1932 पोल. 18/7/32 फोर्टनाइटली 1932, होम 1932 पोल. 18/10/32 फोर्टनाइटली जुलाई देहली रिकॉर्ड्स नं. 2, कान्फिडेंशल, होम 1932 पोल. 18/15/32 फोर्टनाइटली, दिसम्बर 1932. **फू.चं.जै. फाईल नं.**–(6/254, 3/363, 3/395, 3/409, 7/554, 7/506, 7/502, 7/508)।
326	**अमूल्य कुमार राय** विद्यार्थी सुपुत्र राजेन्द्र कुमार राय, निवासी पलास, थाना कैलानीगंज ढाका, आयु 21 वर्ष।	हत्या के प्रयास में–1934 में धारा 302/34 में 10.9.1935 को मृत्युदंड की सजा हुई, परन्तु हाईकोर्ट ने सज़ा आजीवन कारावास कर दी। 16.9.1935 को अंडमान जेल में भेजने का आदेश हुआ। इनका ढाका सेंट्रल जेल का बंदी नं. 1790 है। अंडमान सूची पुस्तक में नाम अमूल्य राय छपा है। **संदर्भ :** सेलुलर जेल की सूची का पृष्ठ नं. 10, संख्या नं. 16, बंगाल। **सरकारी फाईल नं.**–होम 1935 जेल. 5/35 जेल. होम 1936 जेल. 5/36 जेल. **फू.चं.जै. फाईल नं.**–(7/482, 7/697, 7/649, 7/585)।
182	**अमूल्य चरण मित्रा** उर्फ **नानी** उर्फ **अमूल्य कुमार मित्रा** सुपुत्र आनन्द चरण मित्रा, निवासी कागडी, थाना नगरकांडी, फरीदपुर, आयु 23 वर्ष।	फरीदपुर अवैध शस्त्र केस–1933 में 20 आर्म्स एक्ट व 411 में 20.3.1933 को 6 वर्ष कैद की सजा हुई। 27.1.1935 को अंडमान जेल में भेजने का आदेश हुआ। 1937–38 में अंडमान जेल से भारत की जेल में भेजने का आदेश हुआ। इनका ढाका सेंट्रल जेल का बंदी नं. 6199 था। अंडमान पुस्तक सूची में नाम अमूल्य कुमार मित्रा छपा है। अमूल्य चरण मित्रा के विरुद्ध एक और मुकदमा पॉपुलर बैंक लिमिटेड फरीदपुर की बंदूक चुरा लेने के अपराध में धारा 380 व 19एफ आर्म्स एक्ट में पुलिस ने कायम किया हुआ था। स्कूल में पढ़ते समय अनुशीलन समिति के सदस्य बन गए और 1930 के सविनय अवज्ञा आंदोलन में तीन माह की कैद की सजा हुई। अवैध शस्त्र पकड़े जाने के बाद 6 माह तक विचाराधीन अवस्था में रहे और 6 वर्ष तक की कैद होने के बाद अंडमान जेल में। 1937 की भूख–हड़ताल में 37 दिन की भूख–हड़ताल की। अंडमान जेल से भारत की जेल में भेज दिए गए और 1938 में रिहा कर दिए गए।

पी. आई. नं.	*बंदी का नाम व पता*	*विशेष टिप्पणी*
		रिहा होने के बाद अधिकारियों ने फरीदपुर जिले से निर्वासित कर दिया। 1942 के 'भारत छोड़ो' आंदोलन में 6 माह कैद की सजा हुई। (मुक्ति तीर्थ से उद्धृत) **संदर्भ** : सेलुलर जेल की सूची का पृष्ठ नं. 9, संख्या नं. 15, बंगाल। **सरकारी फाईल नं.** –होम 1933 पोल. 18/4/33 फोर्टनाइटली, मार्च, 1933, होम 1934 जेल. 5/5/34 जेल.। **फू.चं.जै. फाईल नं.**–(3/414, 7/521, 7/473)।
379	**अमूल्य चरण सेन गुप्ता** *सुपुत्र* बसन्त कुमार सेन गुप्ता, निवासी सोनारंग, तंगीबाड़ी, ढाका, आयु 23 वर्ष। (जन्म मई, 1910)	अंतरप्रान्तीय इंटर प्रोविंशल षड्यंत्र केस–1935 में सम्राट की सरकार के विरुद्ध विद्रोह के आरोप में धारा 143/353, 121ए, 147, 353, 149/325, 52 प्रिजनर्स एक्ट के अंतर्गत कुल 9 वर्ष 3 माह की कैद हुई। 16.8.1936 को अंडमान भेजा गया। 1937 में वापस भारत भेजा गया। इनका मिदनापुर सेंट्रल जेल का बंदी नं. 190 था। **संदर्भ :** सेलुलर जेल की सूची का पृष्ठ नं. 10, संख्या नं. 17 बंगाल। **सरकारी फाईल नं.** –होम 1932 जेल. के. डब्ल्यू. 70 जेल., होम 1936 जेल. 5/36 जेल., होम, 1937 जेल. के. डब्ल्यू. 5/9ए/37 जेल. **फू.चं.जै. फाईल नं.**–(7/587, 7/593, 7/653, 7/653, 7/705, 7/530)।
36	**अमलेन्दु बागची** *सुपुत्र* बटा कृष्ण बागची, (ये लॉ स्टूडेन्ट थे) निवासी सागरपुरा, बोआलिया, राजशाही, आयु 24 वर्ष। जन्म : (1 मई, 1907)	राजशाही में पोलिटिकल डकैती 1932 के आरोप में धारा 392/397 व 19 आर्म्स एक्ट में 28.1.1932 को 7 वर्ष सख्त कैद की सजा हुई। 17.11.1932 को अंडमान जेल में भेजने का आदेश। इनका मिदनापुर सेंट्रल जेल का बंदी नं. 2563 था। अनुशीलन समिति के सदस्य थे, अंडमान जेल में 1933 की भूख–हड़ताल में 45 दिन की भूख–हड़ताल की व 1937 में 37 दिन की भूख–हड़ताल की। 1937 के अन्त में अंडमान जेल से भारत की जेल में आए और 1938 में रिहा कर दिए गए। इनके सहयोगी बिजन सेन 1947 के देश विभाजन के बाद अपने निवास राजशाही में ही रहे और बाद में बंगला देश सरकार ने उन्हें गिरफ्तार कर लिया। पाकिस्तान शासकों के आदेश से राजशाही सेंट्रल जेल में भेज दिए गए जहां जेल के

पी. आई. नं.	*बंदी का नाम व पता*	*विशेष टिप्पणी*
		सिपाहियों ने अमानुषिक व्यवहार किया जिसके कारण राजशाही जेल में ही इनका स्वर्गवास हो गया। **संदर्भ :** सेलुलर जेल की सूची का पृष्ठ नं. 9, संख्या नं. 11, बंगाल। **सरकारी फाईल नं.**–होम 1932 पोल. 4/52/32 सीरियल नं. 1–6, होम 1932 जेल. के. डब्ल्यू. 70, होम 1937 पोल. आई. 24/14/37. **फू.चं. जै. फाईल नं.**–(6/268, 6/59, 7/577, 7/543, 7/380)।
289	**अरविन्द डे** *सुपुत्र* श्रीमन्त राम डे, निवासी राशनगिरी, पटीकवारी, चिटागांग, आयु 22 वर्ष। (जन्म : 19.6.1916)	बधुवा डकैती केस–1934 में पोलिटिकल डकैती के आरोप में धारा 395 में 27.8.1934 को 10 वर्ष की सजा हुई। 1937–38 में अंडमान जेल से भारत की जेल में भेजने का आदेश हुआ। ये अनुशीलन समिति के सदस्य थे। अंडमान जेल में जुलाई, 1937 की भूख–हड़ताल में 37 दिन की भूख–हड़ताल की। जनवरी, 1938 में अंडमान जेल से वापस भारत की जेल में भेजे गए और 1939 में भारत की जेल से रिहा कर दिए गए। (मुक्ति तीर्थ से उद्धृत) **संदर्भ :** सेलुलर जेल की सूची का पृष्ठ नं. 10, संख्या नं. 29 बंगाल। **सरकारी फाईल नं.** –होम 1932 जेल. के. डब्ल्यू. 70, होम 1934 पोल. 45/43/34, होम 1935 जेल. 5/35 जेल., होम 1937 पोल. आई. 24/4/37, **फू.चं.जै. फाईल नं.**–(7/584, 7/494, 3/70, 7/385)।
168	**इन्दू भूषण दास** *सुपुत्र* इयाशिम चरण दास, निवासी चन्द्र ग्राम, बाजीतपुर, मैमनसिंह, आयु 25 वर्ष।	कमालपुर डकैती केस में हत्या के प्रयास, 1933 में डकैती के लिए बमों व गोलियों का प्रयोग करने के आरोप में धारा 395, 120बी में 19.4.1933 को 7 वर्ष कैद की सजा हुई। 31.12.1933 को छठे बैच में अंडमान जेल भेजने का आदेश हुआ। 1937 में अंडमान जेल से भारत की जेल में भेजने का आदेश हुआ। इनका मिदनापुर सेंट्रल जेल का बंदी नं. 6508 था। 1939 में जेल से रिहा होने के बाद चन्द्र ग्राम में जो ईस्ट पाकिस्तान का भाग बन गया था, रह रहे थे। ईस्ट पाकिस्तान में जब याहिया की सरकार बनी तो पुलिस फौज ने इनको पकड़ लिया और उसके बाद कोई सूचना नहीं है। क्या ये अत्याचारों की बलिवेदी पर चढ़ गए?

पी. आई. नं.	बंदी का नाम व पता	विशेष टिप्पणी
		संदर्भ : सेलुलर जेल की सूची का पृष्ठ नं. 13, संख्या नं. 126, बंगाल। **सरकारी फाईल नं.** –होम 1932 जेल. के. डब्ल्यू. 70 जेल. होम 1933 पोल. 42/2/33, होम 1937 पोल. आई. 24/4/37, **फू.चं.जै. फाईल नं.** (7/580, 7/523, 7/571, 6/287)।
388	**इलाही बक्श–शेख** *सुपुत्र* मगन बेपारी,, निवासी समादुल्ला, ननडियाल, मैमनसिंह, आयु 32 वर्ष।	मैमनसिंह डकैती षड्यंत्र केस–1935 में धारा 395, 120बी, में 2.3.1935 को 7 वर्ष कैद की सजा हुई। 28.10.1936 को अंडमान जेल में भेजने का आदेश हुआ। 1937 में अंडमान जेल से वापस भारत की जेल में भेजने का आदेश हुआ। मिदनापुर सेंट्रल जेल का बंदी नं. 9873 था। **संदर्भ** : अंडमान जेल की पुस्तक सूची में इनका नाम नहीं मिला पी. आई. नं. 388 मिलता है। **सरकारी फाईल नं.** –होम 1932 के. डब्ल्यू. 70 जेल., होम 1936 जेल. 5/36 जेल. **फू.चं.जै. फाईल नं.**–(7/588, 7/594, 7/709, 7/611)।
94	**उपेन्द्रनाथ शाह** *सुपुत्र* लोकनाथ शाह, निवासी गुरुवाड़ी नेत्रकोना, मैमनसिंह आयु 24 वर्ष।	नेत्रकोना राजनैतिक डकैती केस–1932 में धारा 120 बी, 395 में 31.5.1932 को 7 और 5 वर्ष की सजा। फरवरी, 1933 में अंडमान जेल भेजने का आदेश हुआ। इनका मिदनापुर सेंट्रल जेल का बंदी नं. 3829 था। अंडमान जेल की सूची में इनका नाम उपेन शाह था। 6.7.1933 में इन्हें मैमनसिंह की अदालत से 19 आर्म्स एक्ट में चार वर्ष कैद की सजा हुई व हेमचन्द्र देव नानू मियां को भी चार–चार वर्ष कैद की सजाएं हुईं। **संदर्भ** : सेलुलर जेल की सूची पृष्ठ नं. 20, संख्या नं. 136, बंगाल। **सरकारी फाईल नं.** –होम 1911 पोल. ए. अगस्त 23–26, होम 1932 जेल. के. डब्ल्यू. 70 जेल. **फू.चं.जै. फाईल नं.**–(1/364–68, 7/577, 7/549, 7/500, 3/428)।
352	**उपेन्द्र मण्डल** *सुपुत्र* नारायण चन्द्र मण्डल, निवासी गोविन्दपुर, दिनाजपुर, जन्म 11.11.1911।	दिनाजपुर डकैती षड्यंत्र केस–1935 में स्पेशल ट्रिब्यूनल द्वारा 120बी/395 के अंतर्गत 6 वर्ष की कैद। 11.5.1935 को अंडमान भेजने का आदेश हुआ। इनका मिदनापुर सेंट्रल जेल का बंदी नं. 9732 था। बिल्ला तिलनी व काकना में 1934 में बम व पिस्तौल संग्रहित करने के लिए तीन पोलिटिकल डकैतियां

पी. आई. नं.	बंदी का नाम व पता	विशेष टिप्पणी
		डालीं गई, इनमें 17 अभियुक्तों को लम्बी–लम्बी सजाएं हुई। गिरफ्तारी से पूर्व इनका विवाह हो चुका था। 18 जून, 1934 को इनकी गिरफ्तारी हुई। अंडमान जेल की 1937 की भूख–हड़ताल में 37 दिन की भूख–हड़ताल की और 1937 के अन्त में अंडमान की जेल से भारत की जेल में भेज दिए गए और 1939 में रिहा कर दिए गए। ये युगान्तर पार्टी के सदस्य थे। (मुक्ति तीर्थ से उद्धृत) **संदर्भ :** सेलुलर जेल की सूची का पृष्ठ नं. 20, संख्या नं. 335–बंगाल। **सरकारी फाईल नं.**–होम 1936 पोल. 45/8/36, होम 1936 जेल. 5/36/जेल. **फू.चं.जै. फाईल नं.**–(7/698, 7/650, 6/411)।
319	**उमाशंकर केओर** *सुपुत्र* आदित्य प्रसन्न केओर, बहारीबोलपुर, वीरभूम, आयु 25 वर्ष।	वीरभूम षड्यंत्र केस–1934 में 24.9.1934 व 10.11.1934 को राजद्रोह तथा उपद्रव व सरकारी कर्मचारियों पर आक्रमण करने के आरोप में धारा 121ए व 147/353 में 6½ वर्ष कैद की सजा हुई। श्रीरामपुर कॉलेज के विद्यार्थी थे, अंडमान जेल में 1937 की भूख–हड़ताल में 37 दिन की भूख–हड़ताल की। 1930 के नमक सत्याग्रह में 6 माह कैद की सजा हुई। दूसरा महायुद्ध छिड़ने पर नजरबंद कर दिया गया। (मुक्ति तीर्थ से उद्धृत) इनका राजशाही सेंट्रल जेल का बंदी नं. 625 था। **संदर्भ :** अंडमान जेल की पुस्तक सूची में ये नाम उमाशंकर कोना छपा है। सेलुलर जेल की सूची का पृष्ठ नं. 20, संख्या नं. 333, बंगाल। **सरकारी फाईल नं.** –होम 1932 जेल. के. डब्ल्यू. 70 जेल., होम 1934 पोल. नं. 45/46/34, होम 1935 जेल. 5/35 जेल. **फू.चं.जै. फाईल नं.** –(7/585, 7/452, 7/592, 7/500, 3/106)।
397	**उषा रंजन डे** विद्यार्थी *सुपुत्री* पूर्ण चन्द्र डे, निवासी सलडाह, नरिया, फरीदपुर, आयु 23 वर्ष।	23.3.1936 व 17.8.1936 को अलीपुर शस्त्र के षड्यंत्र केस–1936 में धारा 120बी/ 19एफ आर्म्स एक्ट व 52 प्रिजन एक्ट में 5½ वर्ष कैद की सजा हुई। 28.10.1936 को अंडमान जेल में भेजने का आदेश हुआ। इनका अलीपुर सेंट्रल जेल का बंदी नं. 5651 था।

पी. आई. नं.	*बंदी का नाम व पता*	*विशेष टिप्पणी*
		अनुशीलन समिति के सदस्य थे। मानिकटोला में जो शस्त्र बरामद हुए थे, उस षड्यंत्र योजना में गिरफ्तार किए गए। अंडमान जेल में 1937 की भूख–हड़ताल में 37 दिन की भूख–हड़ताल की, और 1937 के अन्त में अंडमान जेल से भारत की जेल में भेज दिए गए। 1938 में जेल से रिहा कर दिए गए। (मुक्ति तीर्थ से उद्धृत) **संदर्भ :** सेलुलर जेल की सूची का पृष्ठ नं. 20, संख्या नं. 337, बंगाल। **सरकारी फाईल नं.** –होम 1932 जेल. के. डब्ल्यू. 70 जेल. होम 1936 जेल. 5/36 जेल होम 1937 जेल. के. डब्ल्यू. 5/9ए/37 जेल. **फू.चं.जै. फाईल नं.** –(7/588, 7/593, 7/707, 7/659, 7/530)।
298	**कन्हाई लाल मिश्रा** *सुपुत्र* नेभू लाल मिश्रा, निवासी नई सड़क, चौंक पटना, आयु 32 वर्ष।	पटना षड्यंत्र केस –1932 में 18.4.1932 को डकैती, हत्या, विस्फोटक बम केस में धारा 121, 302/120बी, 120बी/395, 4 व 5 विस्फोटक एक्ट 392, 19ई, आर्म्स एक्ट में आजीवन कारावास की सजा हुई। 19 मई, 1935 को अंडमान जेल में भेजे गए। 1937 में भारत जेल भेजा गया और कांग्रेस मंत्रिमण्डल बनने पर रिहा किए गए। इनका हजारीबाग जेल का बंदी नं. 10655 था। **संदर्भ :** सेलुलर जेल की सूची का पृष्ठ नं. 9, संख्या नं. 7, बिहार। **सरकारी फाईल नं.** –होम 1935 पोल. 5/3/35 जेल्स. **फू.चं.जै. फाईल नं.**–(7/428)।
69	**कमलनाथ तिवारी** उर्फ **कंवलनाथ त्रिवेदी** *सुपुत्र* सूरजनाथ तिवारी, निवासी चम्पारन बिहार, गांव सरियाथाना गोविंदगंज, विद्यार्थी विजयसागर कॉलेज, कलकत्ता, आयु 22 वर्ष।	लाहौर षड्यंत्र केस–1930 में 7.10.1930 को सरकार के विरुद्ध विद्रोह के षड्यंत्र में धारा 121, 120बी में आजीवन कारावास की सजा हुई। 20.1.1933 को अंडमान जेल में भेजने का आदेश। इनका वेल्लौर सेंट्रल जेल का बंदी नं. 5690 था। 1960 में ये बिहार से संसद सदस्य चुनकर दिल्ली आए और नई दिल्ली में ही 17.1.1974 को इनका स्वर्गवास हो गया। विद्यासागर सिंह कॉलेज के विनोद वैद्यनाथ सिंह ने कमलनाथ तिवारी को बम बनाना सिखाया था। बिहार ग्रुप के लीडर कमलनाथ तिवारी के साथ मतभेद हो जाने के कारण निम्न कम्युनिस्ट दल से अलग हो गए थे। सूरजनाथ चौबे, नानकू सिंह,

पी. आई. नं.	बंदी का नाम व पता	विशेष टिप्पणी
		जोगेन्द्र शुक्ला, महावीर मिश्र, कन्ही मिश्र, श्यामाचरण भरतुआर, प्रेमप्रकाश व गुलाबचन्द गुप्ता। अंडमान जेल में अब्दुल हलीम बंदी का कलकत्ता जेल से पत्र आने पर डाक्टर नारायण राव निरंजन सेन गुप्ता, धन्वंन्तरी, बटुकेश्वर दत्त, कमलनाथ तिवारी ने मिलकर अंडमान जेल में कम्युनिस्ट कंसोलिडेश बनाया था। **संदर्भ** : सेलुलर जेल की सूची का पृष्ठ नं. 9, संख्या नं. 6, बिहार। **सरकारी फाईल नं.** –होम 1932 जेल. 70/4/32, होम 1932 जेल. के. डब्ल्यू. 70 जेल. होम 1937 जेल. के. डब्ल्यू. 5/9ए/37 जेल. **फू.चं.जै. फाईल नं.**–(7/623, 7/575, 7/577, 7/529, 7/527)।
241	**कमलकान्त श्रीमणी** *सुपुत्र* उदय नारायण श्रीमणी, निवासी मकरडाहा, डोमजूर, हावड़ा, कलकत्ता, आयु 23 वर्ष।	16.3.1934 व 27.8.1934 को जेल में उपद्रव व अवैध शस्त्र रखने के आरोप में धारा 19एफ आर्म्स एक्ट व 52 प्रिजनर्स में 5 वर्ष 9 माह कैद की सजा हुई। गुर्दे में पत्थरी के कारण आप्रेशन के लिए 1936 में भारत भेजा। इनका अलीपुर सेंट्रल जेल का कैदी नं. 7673 था। **संदर्भ** : सेलुलर जेल की सूची का पृष्ठ नं. 14, संख्या नं. 156, बंगाल। **सरकारी फाईल नं.** –होम 1935 जेल. 5/34 जेल. **फू.चं.जै. फाईल नं.** (7/487, 7/439)।
385	**कृपानाथ डे** उर्फ **हारेन** *सुपुत्र* हरिनाथ डे, निवासी सिरनेल, शिवचार, फरीदपुर, आयु 24 वर्ष।	फरीदपुर शस्त्र व डकैती केस–1935 में 23.11.1935 को डकैती व शस्त्रों के षड्यंत्र केस में धारा 120बी, 19एफ आर्म्स एक्ट, 395, 120बी, 380 में 5 वर्ष कैद की सजा हुई। 16.8.1936 को अंडमान जेल में भेजने का आदेश। इनका राजशाही सेंट्रल जेल का बंदी नं. 2153 था। 1934 में गिरफ्तार किए गए। 1937 की अंडमान जेल की भूख–हड़ताल में 37 दिन की भूख–हड़ताल की। जनवरी, 1938 में अंडमान जेल से वापस भारत की जेल में आए, और रिहा कर दिए गए। 1942 के 'भारत छोड़ो' आंदोलन में लोकनायक जयप्रकाश नारायण व अरुणा आसफअली के निर्धारित कार्यक्रमों में भाग लिया। ये गिरफ्तार कर लिए गए और 1945 तक जेल में नजरबंद रहे। 26.12.1981 को स्वर्गवास हो गया। (मुक्ति तीर्थ से उद्धृत) **संदर्भ** : सेलुलर जेल की सूची का पृष्ठ नं. 14, संख्या

पी. आई. नं.	*बंदी का नाम व पता*	*विशेष टिप्पणी*
		नं. 166, बंगाल। **सरकारी फाईल नं.** –होम 1936 जेल. नं. 5/36 जेल., होम 1937 जेल. के. डब्ल्यू. 5/9ए/37 जेल. **फू.चं.जै. फाईल नं.**–(7/704, 7/656, 7/528)।
–	**कृष्ण चन्द्र राय**।	इनका पी. आई. नं. व अन्य विवरण अभी नहीं मिला है। **संदर्भ** : सेलुलर जेल की सूची का पृष्ठ नं. 15, संख्या नं. 170, बंगाल।
224	**कृष्णपद चक्रवर्ती** *सुपुत्र* राजकुमार चक्रवर्ती, मेडिकल स्टूडेन्ट, निवासी तंगीबाड़ ढाका (औउसंठाई), आयु 28 वर्ष।	तिपरा आर्म्स एक्ट केस–1932 में 13.9.1932 व 8.11.1932 को डकैती की योजना और बिना लाइसेंस शस्त्र इकट्ठे करने के आरोप में 395, 40–डी. तथा 6 बंगाल एक्ट में 10 वर्ष कैद की सजा हुई। 23.2.1935 को अंडमान जेल भेजने का आदेश हुआ। 1937 को अंडमान जेल से भारत भेजने का आदेश हुआ। इनका राजशाही सेंट्रल जेल का बंदी नं. 9540 था। 19 वर्ष की आयु में अनुशीलन समिति के सदस्य बन गए थे। 1930 में बंगाल क्रिमिनल लॉ अमेन्डमेन्ट एक्ट में गिरफ्तार कर बक्सा फोर्ट में नजरबंद कर दिए गए थे। उस समय ये मिटफोर्ड मेडिकल स्कूल, ढाका के विद्यार्थी थे। 14.2.1932 को बक्सा नजरबंद कैंप से कृष्णपद चक्रवर्ती व जितेन गुप्ता फरार हो गए। 13.9.1932 को ये पुनः अगरटोला केस के संबंध में त्रिपुरा में गिरफ्तार कर लिए गए। टलटोला (ढाका) में जो डाक हलकारे का केस हुआ था उसमें भी ये सम्मिलित थे। अंडमान जेल में 1937 की भूख–हड़ताल में 37 दिन की भूख–हड़ताल की। जनवरी, 1938 में अंडमान जेल से भारत की जेल में डमडम सेंट्रल आए और 1939 में सजा की अवधि पूरी कर डमडम सेंट्रल जेल से रिहा कर दिए गए। **संदर्भ** : सेलुलर जेल की सूची का पृष्ठ नं. 14, संख्या नं. 168, बंगाल। **सरकारी फाईल नं.** –होम 1935 जेल्स 5/35 जेल. **फू.चं.जै. फाईल नं.**–(7/483)।
	कृष्ण विश्वास।	विस्तृत विवरण उपलब्ध नहीं है। **संदर्भ** : सेलुलर जेल की सूची का पृष्ठ नं. 14, संख्या नं. 167, बंगाल।

पी. आई. नं.	बंदी का नाम व पता	विशेष टिप्पणी
396	**कलाचन्द** उर्फ **मक्खन लाल चक्रवर्ती** *सुपुत्र* हरीचरण चक्रवर्ती, निवासी सोलक, उजीरपुर, बाकरगंज, आयु 21 वर्ष।	23.9.1936 को फरीदपुर में विस्फोटक पदार्थ केस में धारा 4 व 5 विस्फोट एक्ट में 5–5 वर्ष कैद की सजाएं दी, सजाएं साथ–साथ चलेंगी। 8.2.1937 को अंडमान जेल में भेजने का आदेश। इनका अलीपुर सेंट्रल जेल का बंदी नं. 3660 था। यह अनुशीलन पार्टी के सदस्य थे। इन्हें प्रारम्भ में इंटर प्रौविन्शल षड्यंत्र केस में 1933 में गिरफ्तार किया गया था। परन्तु बाद में फरीदपुर में विस्फोटक एक्ट के अंतर्गत बम बनाने के आरोप में जीवनमोल्ला के साथ मुकदमा चला। सजा होने के बाद अंडमान जेल में जुलाई, 1937 की 37 दिन की भूख–हड़ताल की। 1938 के प्रारम्भ में अंडमान जेल से भारत की जेल में भेज दिए गए और जेल से रिहा कर दिए गए। 1940 में इन्हें ग्रेटर कलकत्ता इंडस्ट्रियल क्षेत्र से निर्वासित कर दिया गया। पुलिस पार्टी जब इन्हें बरीसल लेकर जा रही थी तो फरार हो गए। (मुक्ति तीर्थ से उद्धृत) **संदर्भ** : सेलुलर जेल की सूची का पृष्ठ नं. 14, संख्या नं. 148, बंगाल। **सरकारी फाईल नं.** –होम 1932 जेल. के. डब्ल्यू. 70 जेल., होम 1937 जेल. 5/37 जेल. **फू.चं.जै. फाईल नं.** –(7/639, 7/591, 7/588, 7/593)।
235	**कामाख्या चरण घोष** *सुपुत्र* जादूनाथ घोष, आयु 18 वर्ष। (जन्म अप्रैल 1914)।	बुर्ज हत्या केस में हत्या के षड्यंत्र की योजना–1934 में धारा 120बी, 302 में 10.2.1934 को आजीवन कारावास की सजा। 11.4.1935 को अंडमान जेल में भेजने का आदेश हुआ। इनका ढाका सेंट्रल जेल कैदी नं. 8686 था। बी.बी. ग्रुप के 12 कैदी टेरेरिज़्म के समर्थक थे। बुर्ज हत्या केस में सुकुमार सेन व कामाख्या घोष को आजीवन कैद की सजा हुई थी। 1942 में वह ढाका जेल में नजरबंद थे। 2.9.1933 को टाऊन क्लब व मोहमडन स्पोर्ट क्लब के बीच मैच हो रहा था। इसमें क्लब के प्रेसीडेंट के रूप में बी. इम्बुर्ज भी सम्मिलित हुए थे, और वहां पर क्रांतिकारियों ने गोली मार दी थी। एक क्रांतिकारी नगेन्द्र कुमार को गोली मारकर पकड़ लिया और अनाथ बन्धु पंजाब गोली से मारा गया। 3.9.1933 को नगेन्द्र कुमार भी मारा गया। इस केस में कामाख्या चरण घोष,

पी. आई. नं.	*बंदी का नाम व पता*	*विशेष टिप्पणी*
		सनातन राय, नन्दलाल सिंह व सुकुमार सेन गुप्ता चारों को आजीवन कैद की सजा हुई। निर्मल जीवन घोष को 26.10.1934 को व ब्रजकिशोर चक्रवर्ती व रामकृष्ण रे को 25.10.1934 को मिदनापुर जेल में फांसी पर लटका दिया। अंडमान जेल में जुलाई, 1937 की भूख–हड़ताल में 37 दिन की भूख–हड़ताल की। जनवरी, 1938 में अंडमान जेल से भारत की जेल में आए और जुलाई, 1939 में अलीपुर जेल में 36 दिन की भूख–हड़ताल की। 31.8.1946 को जेल से रिहा कर दिए गए। (मुक्ति तीर्थ से उद्धृत)। **संदर्भ** : सेलुलर जेल की सूची का पृष्ठ नं. 14, संख्या नं. 155, बंगाल। **सरकारी फाईल नं.** –होम 1935 जेल. 5/35. **फू.चं.जै. फाईल नं.**–(7/485)।
66	**कामिनी कुमार डे** *सुपुत्र* नवीन चन्द डे, निवासी नटघर, नलवियागर, तिप्परा, आयु 45 वर्ष।	ब्रहमनबारिया आर्म्स एक्ट केस–1932 में धारा 19ए. पी–20 आर्म्स एक्ट में 25.6.1932 को 5 वर्ष कैद की सजा। फरवरी, 1933 में अंडमान जेल में भेजने का आदेश हुआ। इनका मिदनापुर सेंट्रल जेल का बंदी नं. 2954 था। अंडमान पुस्तक सूची में नाम कामिनी डे छपा हुआ है। **संदर्भ** : सेलुलर जेल की सूची का पृष्ठ नं. 14, संख्या नं. 157, बंगाल। **सरकारी फाईल नं.** –होम 1924 पोल. 379/1 व के. डब्ल्यू. शिमला रिकॉर्ड्स नं. 1–24, होम 1932 जेल. के. डब्ल्यू. 70/32 जेल. **फू.चं.जै. फाईल नं.**–(2/1019, 7/502, 7/550)।
76	**कार्तिकचन्द्र दास** उर्फ **हरेन्द्र कुमार चक्रवर्ती** *सुपुत्र* फणीन्द्र कुमार चक्रवर्ती।	हरीपाल आर्म्स एक्ट केस–1932 में 19.5.1932 को धारा 395/120बी/402 19एफ, आर्म्स एक्ट में 5 वर्ष सख्त कैद की सजा हुई। फरवरी, 1933 में अंडमान जेल में भेजने का आदेश हुआ। अलीपुर सेंट्रल जेल का बंदी नं. 2981 था। मुक्ति तीर्थ प्रकाशन के अनुसार अक्टूबर, 1976 में स्वर्गवासी हो गए। **सन्दर्भ** : सेलुलर जेल की सूची का पृष्ठ नं. 14 क्रम सं. 158 पर कार्तिक (परेश) चन्द्र डे नाम मिलता है परन्तु विवरण पूरा नहीं है।

पी. आई. नं.	*बंदी का नाम व पता*	*विशेष टिप्पणी*
314	**कार्तिकचन्द्र सरकार** *सुपुत्र* महेन्द्रचन्द्र सरकार, निवासी राधा नगर, पबना, तारास, आयु 17 वर्ष।	1934 में आतंकपूर्वक धमकाने में धारा 506, 121, 506–2 में 12 वर्ष की सजा हुई। विद्यार्थी जीवन से ही अनुशीलन समिति का कार्य कर रहे थे। 1930 के सत्याग्रह आंदोलन में ही जेल गए थे, 1937 में अंडमान जेल से भारत की जेल में भेजे गए, और 1938 में जेल से रिहा कर दिए गए। इनका ढाका सेंट्रल जेल का बंदी नं. 159 था। अंडमान पुस्तक सूची में इनका नाम कार्तिक सरकार लिखा है। इन्होंने 500 अफसरों को आतंक भरी चिट्ठियां भेजी थी कि क्रान्तिकारी व्यक्तियों की सहायता करो। मिदनापुर के अधिकारियों ने धमकी भरे पत्र लिखने के आरोप में इनके विरुद्ध मुकदमा कायम किया था। **संदर्भ :** सेलुलर जेल की सूची का पृष्ठ नं. 14, संख्या नं. 159, बंगाल। **सरकारी फाईल नं.**–होम 1932 जेल. के. डब्ल्यू. 70, जेल., होम 1933 पोल. 18/14/33 फोर्टनाइटली, दिसम्बर, 1933, होम 1934 पोल. 18/4/34, होम 1935 जेल. 5/35 जेल. **फू.चं.जै. फाईल नं.**–(7/504, 7/456, 7/597, 3/92)।
322	**काली किंकर डे** उर्फ **काली कुमार डे** *सुपुत्र* दीनबन्धु दास, निवासी डंगा, चिटागांग, आयु 20 वर्ष। (जन्म 4.5.1910)।	30.6.1934 को 10 वर्ष कैद की सजा हुई। इन्होंने 18.4.1930 को चिटागांग आर्मरी केस में भाग लिया था। अंडमान जेल से वापस आने के बाद 1939 में डमडम जेल में 36 दिन की भूख–हड़ताल की। अंडमान जेल में भी दो बार भूख–हड़ताल कर चुके थे यह चिटागांग जेल से 16.7.1934 को अलीपुर सेंट्रल जेल में आए। अलीपुर सेंट्रल जेल का बंदी नं. 190 था। मुक्ति तीर्थ प्रकाशन के अनुसार 1945 में जेल से रिहा किए गए। **संदर्भ** : सेलुलर जेल में सूची का पृष्ठ नं. 14, संख्या नं. 151, बंगाल। **सरकारी फाईल नं.** –होम 1932 जेल. के. डब्ल्यू. 70 जेल. होम 1933 पोल. 18/14/33 फोर्टनाइटली दिसम्बर 33, होम 1935 जेल. 5/35 जेल. **फू.चं.जै. फाईल नं.**–7/585, 7/592, 7/505, 7/457, 3/439)।
11	**कालीपद चक्रवर्ती** विद्यार्थी सुपुत्र श्यामाचरण चक्रवर्ती, निवासी सरवाटाली, थाना बोआखाली, चिटागांग,	24.1.1931 को सब–इन्स्पेक्टर पुलिस तरणी मुकर्जी की हत्या के आरोप में धारा 302 के अंतर्गत आजीवन कैद की सजा हुई। 22.7.1932 को अंडमान जेल भेजने का आदेश हुआ।

पी. आई. नं.	***बंदी का नाम व पता***	***विशेष टिप्पणी***
	आयु 21 वर्ष।	इनका अलीपुर सेंट्रल जेल का बंदी नं. 3773 था। 18.4.1930 के चिटागांग आर्मरी रेड केस के बाद षड्यंत्रकारियों का कई स्थानों पर फौजों व पुलिस की टुकड़ियों से सशस्त्र मुकाबला हुआ। इसी प्रकार 1.12.1930 को चांदपुर रेलवे स्टेशन पर रामकिशन विश्वास और कालीपद चक्रवर्ती ने इन्स्पेक्टर जनरल पुलिस को गोली मारी परन्तु गोली उनको न लगकर उनके सहायक इन्स्पेक्टर तरिणी मुकर्जी को लगी और तरिणी मुकर्जी मारे गए। इस केस में रामकृष्ण विश्वास को फांसी की सजा हुई व कालीपद चक्रवर्ती को आजीवन कैद की सजा हुई। चिटागांग आर्मरी रेड केस के समय 18.4.1930 का टैलीग्राफ ऑफिस विध्वंस करने में थे 22.4.1930 को जलालाबाद पहाड़ी पर जब पुलिस व फौज के साथ भयंकर संघर्ष हुआ था तो उसमें भाग लेने के बाद वहां से निकल गए और 1.12.1930 को चांदपुर रेलवे स्टेशन पर रामकृष्ण विश्वास के साथ इन्स्पेक्टर तारिणी मुकर्जी की हत्या के समय गिरफ्तार हुए। अंडमान जेल की 1933 व 1937 की दोनों भूख–हड़तालों में भाग लिया और 1938 में अंडमान जेल से भारत की जेल में आने पर 1939 में सेंट्रल जेल अलीपुर में फिर 36 दिन की भूख–हड़ताल की। अगस्त, 1946 में जेल से रिहा हुए। **संदर्भ :** सेलुलर जेल की सूची का पृष्ठ नं. 14, संख्या नं. 152, बंगाल। **सरकारी फाईल नं.** –होम 1933 पोल. 42/7/33, होम 1932 जेल. के. डब्ल्यू. 70 जेल., होम 1937 जेल. के. डब्ल्यू. 5/9ए/37 जेल., होम 1942 पोल. आई. 7/13/42, **फू.चं.जै. फाईल नं.** (2/748, 7/576, 7/559, 7/511, 7/590, 7/529, 7/532, 6/691)।
133	**कालीपद चक्रवर्ती** उर्फ **काली भट्टाचार्य** *सुपुत्र* रामचन्द्र चक्रवर्ती, निवासी उनासिया, फरीदपुर, आयु 27 वर्ष।	कलकत्ता के अवैध शस्त्र केस के आरोप में 1.7.1932 व 30.3.1933 को धारा 20 आर्म्स एक्ट व 120बी, 393/395 में 6 वर्ष व 4½ वर्ष कैद की सजा हुई। 30.9.1933 को अंडमान जेल भेजने का आदेश हुआ। इनका मिदनापुर सेंट्रल जेल का बंदी नं. 5757 था। **संदर्भ :** सेलुलर जेल की सूची का पृष्ठ नं. 14, संख्या नं. 150, बंगाल। **सरकारी फाईल नं.** –होम 1932

पी. आई. नं.	*बंदी का नाम व पता*	*विशेष टिप्पणी*
		पोल. 18/10/32 फोर्टनाइटली जुलाई 1932 देहली रिकॉर्डस नं. 2 कान्फिडेंशयल, होम 1932 जेल. के. डब्ल्यू. 70 जेल. होम 1933 पोल. 18/2/33 फोर्टनाइटली फरवरी 1933, शिमला रिकॉर्डस नं. 1/1933. **फू.चं.जै. फाईल नं.**– (3/393, 7/579, 7/590, 7/596, 7/568, 7/520, 3/413)।
28	**कालीपद राय** *सुपुत्र* शशेधर राय, निवासी कोमिला, तिप्परा, वर्तमान–नं. 34, लैन डाउन रोड, कलकत्ता, आयु 22 वर्ष।	मानिकटोला पोलिटिक्ल डकैती केस 1931 में 14.12.1931 में धारा 395 में 5 वर्ष कैद की सजा हुई। 17.11.1932 को अंडमान जेल में भेजने का आदेश हुआ। इनका अलीपुर सेंट्रल जेल का बंदी नं. 8201 था। बी.ई. रेलवे ऑफिस में क्लर्क के पद पर कार्य करते थे। इस केस में अभियुक्तों के विरुद्ध आरोप था कि 2.10.1931 को मोतीलाल कुन्डू नं. 23/4 केनाल वैस्ट रोड के मकान पर डकैती डाली थी। कालीपद राय के अलावा धीरेन राय चौधरी व नरहरी सेन को 3 वर्ष से 5 वर्ष तक की सजाएं हुई। श्रीमती विमला प्रतिमा देवी व प्रफुल्ल भाटिया को अदालत ने बरी कर दिया। इस केस के प्रमुख सरकारी गवाह आशुतोष न्योगी को 31.12.1931 को घर से बुलाया गया और गोली मारकर हत्या कर दी। केस का सुराग नहीं मिला। युगान्तर के संदेह में सुबोधचन्द्र मित्रा को 14.1.1932 को गिरफ्तार करके देवली कैम्प जेल में नजरबंद कर दिया गया। शस्त्र रखने के आरोप में व इनकी मदद करने के अपराध में मिस कमला चैटर्जी को भी नजरबंद कर दिया गया। **संदर्भ** : सेलुलर जेल की सूची का पृष्ठ नं. 14, संख्या नं. 153, बंगाल। **सरकारी फाईल नं.** –होम 1932 पोल. 4/5/32, होम 1932 जेल. 70 के. डब्ल्यू होम 1932 जेल. के. डब्ल्य. 70 जेल. होम 1934 पोल. 43/14/34. **फू.चं.जै. फाईल नं.**–(7/540, 7/492, 2/940, 6/253, 3/120)।
327	**कालीप्रसन्न राय चौधरी** उर्फ **कालीप्रसन्न भट्टाचार्य** *सुपुत्र* रखालदास राय चौधरी, निवासी बबुआ लाखपुर, वीरभूम,	वीरभूम षड्यंत्र केस–1934 राजद्रोह के आरोप में 24.9. 1934 को तथा उपद्रव करने के आरोप में 10.11.1934 को धारा 121ए व 147/357, 353 के अंतर्गत कुल 5 वर्ष कैद की सजा हुई।

पी. आई. नं.	*बंदी का नाम व पता*	*विशेष टिप्पणी*
	आयु 30 वर्ष।	इनका राजशाही सेंट्रल जेल का बंदी नं. 624 था। **संदर्भ :** सेलुलर जेल की सूची का पृष्ठ नं. 14, संख्या नं. 154, बंगाल। **सरकारी फाईल नं.** –होम 1932 जेल. के. डब्ल्यू. 70 जेल. होम 1935 जेल., 5/35 जेल. **फू.चं.जै. फाईल नं.** (7/585, 7/506, 7/458)।
387	**काली मोहन बैनर्जी**–विद्यार्थी *सुपुत्र* माबेन्द्रनाथ बैनर्जी, निवासी 37, सर्पनटाइन लेन, मुचीपाड़ा, कलकत्ता, आयु 19 वर्ष।	सरकारी आदेशों व पाबंदियों के उल्लंघन करने पर 29.4.1935; 23.10.1935; 25.6.1936 व 17.8.1936 को चार बार धारा 6–1, बगांल क्रिमी० लॉ एक्ट 147, 353/149, 325, 52 प्रिजन एक्ट के अंतर्गत 5 वर्ष कैद की सजा हुई। 16.8.1936 को अंडमान जेल भेजने का आदेश हुआ। इनका मिदनापुर सेंट्रल जेल का बंदी नं. 35 था। **संदर्भ :** सेलुलर जेल की सूची का पृष्ठ नं. 14, संख्या नं. 149, बंगाल। **सरकारी फाईल नं.** –होम 1932 जेल. के. डब्ल्यू. 70 जेल., होम 1936 जेल. 5/36 जेल. **फू.चं.जै. फाईल नं.**– (7/588, 7/593, 7/510, 7/662)।
243	**किरणचन्द्र डे** *सुपुत्र* नभ द्वीप चंद्र, डे। निवासी बीरमपुर, फुलवाड़ी, दिनाजपुर। आयु 24 वर्ष।	हिल्ली रेलवे स्टेशन डकैती के षड्यंत्र के आरोप में 27.2.1934 को धारा 395/120 बी, 216ए व 201 में 5 वर्ष की सजा हुई। 28.5.1935 को अंडमान जेल भेजने का आदेश हुआ। इनका अलीपुर सेंट्रल जेल का बंदी नं. 3492 था। ये 2.12.1934 को राजशाही सेंट्रल जेल से अलीपुर जेल में आए थे, क्योंकि इन्होंने जेल का खाना लेने से इंकार कर दिया था और भूख–हड़ताल पर थे। 28.10.1933 को हिल्ली रेलवे स्टेशन पर डकैती के समय कालीचरण माहली डाक हलकारा गोली से मारा गया था, स्पेशल ट्रिब्यूनल की अदालत से 4 अभियुक्तों को मृत्युदंड की सजा हुई थी और 3 को आजीवन कारावास की सजा हुई थी व 3 को 10–10 वर्ष कैद हुई थी। **संदर्भ :** सेलुलर जेल की सूची का पृष्ठ नं. 14, संख्या नं. 163, बंगाल। **सरकारी फाईल नं.** –होम 1932 जेल. के. डब्ल्यू. 70 जेल. होम 1934 पोल. 18/9/34 फोर्टनाइटली, सित. 34, होम 1935 जेल्स 5/35 जेल्स.

पी. आई. नं.	बंदी का नाम व पता	विशेष टिप्पणी
		फू.चं.जै. फाईल नं.– (7/582, 7/488, 1/591, 3/99, 3/115, 7/488)।
309	**कीर्ति मजूमदार** उर्फ **कीर्तिभूषण मजूमदार** उर्फ **कीर्ति भुवन के. मजूमदार**–विद्यार्थी *सुपुत्र* रमणी मूजमदार, निवासी कोढेरखिल, बोआलखाली, (कदूरखिल) चिटागांग, आयु 18 वर्ष।	27.8.1934 को बधुवा पोलिटिकल डकैती केस में धारा 395 में 7 वर्ष कैद की सजा हुई। चिटागांग जेल से 23.9.1934 को अलीपुर सेंट्रल जेल में आए। इनका अलीपुर सेंट्रल जेल का बंदी नं. 1919 था। 24.2.1934 को 15–16 सशस्त्र युवकों ने बधुवा गांव पर पोलिटिकल डकैती में 3 हजार रुपये लूटे। एक क्रांतिकारी के हाथ में छुरी का जख्म हो गया। पुलिस ने 14 अभियुक्तों के विरुद्ध मुकदमा कायम किया और 27.8.1934 को अदालत ने सजाएं सुना दी। ये अनुशीलन समिति के सदस्य थे, अंडमान जेल में 1937 की भूख–हड़ताल में 37 दिन की भूख–हड़ताल की, जनवरी, 1938 में अंडमान जेल से भारत की जेल में वापस आए और 1939 में जेल से रिहा कर दिए गए। (मुक्ति तीर्थ से उद्धृत) **संदर्भ :** सेलुलर जेल की सूची का पृष्ठ नं. 14, संख्या नं. 164, बंगाल। अंडमान पुस्तक सूची में कीर्तिभूषण मजूमदार छपा है। **सरकारी फाईल नं.** –होम 1932 जेल. के. डब्ल्यू. 70 जेल., होम 1934 पोल. 45/43/34, होम 1935 जेल. 5/35 जेल. **फू.चं.जै. फाईल नं.**– (7/585, 7/502, 7/454, 3/70)।
91	**कुन्दन लाल** उर्फ **प्रताप गुप्ता** निवासी फैजाबाद, आयु 27 वर्ष।	लाहौर षड्यंत्र केस–1930 में सरकार के विरुद्ध विद्रोह का षड्यंत्र के आरोप में 7.10.1930 को धारा 121ए में 7 वर्ष की कैद हुई। 20.1.1933 को अंडमान जेल भेजने का आदेश हुआ। इनका त्रिची सेंट्रल जेल का बंदी नं. 7903 था। कुन्दन लाल को 14.11.1929 को गिरफ्तार किया गया था और गिरफ्तारी के समय अप–अप विद रेवोल्यूशन के नारे लगाए थे। सितम्बर, 1928 की कोटला फिरोजशाह दिल्ली की क्रान्तिकारियों की ऐतिहासिक मीटिंग में ये भी सम्मिलित हुए थे। नाई की मंडी आगरा में जो दिल्ली लाहौर षड्यंत्रकारियों का केन्द्र बना हुआ था, उसमें भी ये जाते थे। 1933 व 1937 की अंडमान जेलों की भूख–हड़तालों में भाग लिया और 1937 में अंडमान जेल से वापस भारत

पी. आई. नं.	बंदी का नाम व पता	विशेष टिप्पणी
		की जेल में भेजे गए और बाद में जेल से रिहा कर दिए गए, द्वितीय महायुद्ध छिड़ने पर नजरबंद कर दिए गए और 1945 तक जेल में रहे। मुक्ति तीर्थ के अनुसार इनका स्वर्गवास 1978 के अन्त में हुआ। **संदर्भ**—सेलुलर जेल की सूची का पृष्ठ नं. 8, संख्या नं. 6, उत्तर प्रदेश। **सरकारी फाईल नं.** —होम 1932 जेल. 70/4/32, होम 1930 पोल. 172/30, **फू.चं.जै. फाईल नं.**— (7/623, 7/575, 3/87)।
340	**कुमुदनाथ घोष** *सुपुत्र* रजनीकान्त घोष, निवासी कंडियालची, खासपुर, बलूरघाट, दिनाजपुर, आयु 26 वर्ष।	दिनाजपुर डकैती षड्यंत्र केस—1934 में डकैती के षड्यंत्र में 19.2.1935 को धारा 120बी/395 में 10 वर्ष कैद की सजा हुई। 1932 के सत्याग्रह आंदोलन में 6 माह कैद की सजा हुई। 15.4.1934 को गिरफ्तार किए गए। 1937 में अंडमान जेल की भूख—हड़ताल में 37 दिन की भूख—हड़ताल की। सजा की समाप्ति से पूर्व 1938 के प्रारम्भ में अंडमान जेल से भारत की जेल में भेज दिए गए। इनका राजशाही सेंट्रल जेल का बंदी नं. 1018 था। अंडमान की पुस्तक सूची में ये नाम कुमुदिनी घोष छपा है। (मुक्ति तीर्थ से उद्धृत) **संदर्भ**—सेलुलर जेल की सूची का पृष्ठ नं. 15, संख्या नं. 172, बंगाल। **सरकारी फाईल नं.** —होम 1932 जेल. के. डब्ल्यू. 70 जेल, होम 1935 जेल. 5/35 जेल. **फू.चं.जै. फाईल नं.**— (7/486, 7/452, 7/594, 7/500)।
192	**कुमुदबिहारी मुकर्जी**—विद्यार्थी *सुपुत्र* विपिनबिहारी मुकर्जी, निवासी कुरीग्राम, रंगपुर, आयु 24 वर्ष।	कुरीग्राम केस — 1933-34 में डकैती व लूटमार के आरोप में 8.1.1934 को धारा 392/397 में 10 वर्ष कैद की सजा हुई। 27.1.1935 को अंडमान जेल में भेजने का आदेश हुआ। इनका राजशाही सेंट्रल जेल का बंदी नं. 9686 था। कुरीग्राम केस में—राजमोहन करंजी, नरेन्द्रनाथ दास व कुमुदबिहारी मुकर्जी भी पकड़े गए। अंडमान पुस्तक सूची में यह नाम कुमुद मुकर्जी छपा है। **संदर्भ** : सेलुलर जेल की सूची का पृष्ठं नं. 15, संख्या नं. 171, बंगाल। **सरकारी फाईल नं.** —होम 1932

पी. आई. नं.	बंदी का नाम व पता	विशेष टिप्पणी
		जेल. के. डब्ल्यू. 70, होम 1934 जेल. 5/5/34 जेल. होम 1937 पोल. आई. 24/4/37, होम 1937 जेल. के. डब्ल्यू. 85/9ए/37 जेल. **फू.चं.जै. फाईल नं.**– (7/581, 7/475, 7/523, 7/384, 7/528)।
25	**केदारमनी शुक्ल** *सुपुत्र* भारत शुक्ल, निवासी मलकोआली, थाना बेथिया, जिला चम्पारन, आयु 26 वर्ष।	मोलानिया डकैती-1931 में डकैती के साथ हत्या के आरोप में 5.10.1931 को धारा 396 में 10 वर्ष कैद की सजा हुई। अंडमान जेल में भेजने का आदेश। इनका गया जेल का बंदी नं. 5488 था। ये क्रान्तिकारी पार्टी के सदस्य थे और फणीघोष के व मनरोह बैनर्जी के सहयोगी थे जो बाद में लाहौर षड्यंत्र केस में सरकारी अप्रूवर बन गए। केदारमनी ने बेथिया में चन्द्रशेखर आजाद व भगत सिंह को आश्रय दिया था। मोलानिया डकैती के बाद से ये फरार हो गए थे और बाद में उत्तर प्रदेश में गिरफ्तार कर लिए गए। 8.6.1929 को मोलानिया डकैती के समय एक व्यक्ति की हत्या हो गई थी और उस समय 3 मफरूर थे। परन्तु बाद में उत्तर प्रदेश पुलिस ने इन्हें गिरफ्तार कर लिया और 5.10.1931 को मोतीहारी जज की अदालत से धारा 396 मोलानिया डकैती के आरोप में 10 वर्ष कैद की सजा हुई। अंडमान की 1933 व 1937 की भूख–हड़तालों में भाग लिया। अंडमान जेल से वापस भारत की जेल में आने के बाद कांग्रेस मंत्रिमंडल ने रिहा कर दिया। महायुद्ध छिड़ जाने के बाद 1940 में पुनः गिरफ्तार कर लिए गए और भारत रक्षा कानून के अधीन 2 वर्ष कैद की सजा हुई फिर इनको नजरबंद रखा गया और दिसम्बर, 1945 में जेल से रिहा हुए। **संदर्भ :** सेलुलर जेल की सूची का पृष्ठ नं. 9, संख्या नं. 8, बिहार। **सरकारी फाईल नं.** –होम 1932 पोल. 4/64/32, होम 1932 जेल. 70/3/32 जेल., होम 1932 जेल. के. डब्ल्यू. 70 जेल. **फू.चं.जै. फाईल नं.**– (6/209, 7/536, 7/490, 7/577)।
341	**केशवचन्द्र समझदार**–विद्यार्थी *सुपुत्र* गंगाचरण समझदार, निवासी नं. 14, काली लेन, कालीघाट, कलकत्ता, आयु 19 वर्ष।	कलकत्ता बम विस्फोट का केस–1935 में कलकत्ता में बम विस्फोट के केस में 19.3.1934 व 26.1.1935 को धारा 147/353 में 5½ वर्ष कैद की सजा हुई। इनका अलीपुर जेल का बंदी नं. 7707 था। फरवरी, 1934 को केशवचन्द्र समझदार से दो बम बरामद

पी. आई. नं.	बंदी का नाम व पता	विशेष टिप्पणी
		हुए थे और इस आरोप में 5 एक्सप्लोसिव एक्ट में मुकदमा चलाने की अनुमति सरकार ने दी था। **संदर्भ** : सेलुलर जेल की सूची का पृष्ठ नं. 14, संख्या नं. 162, बंगाल। **सरकारी फाईल नं.** –होम 1932 जेल. के. डब्ल्यू. 70 जेल., होम 1934 पोल. 18/2/34, होम 1936 जेल. 5/36/जेल. **फू.चं.जै. फाईल नं.**– (3/86, 7/586, 7/594, 7/700 7/652)।
31	**केशबलाल चैटर्जी** *सुपुत्र* भोलानाथ चैटर्जी, निवासी नथुल्लाबाद, नलचिट्टी, बरीसल, आयु 24 वर्ष।	बरीसल पोलिटिकल डकैती केस– 1932 में 20.5.1932 धारा 394 में 5 वर्ष सख्त कैद हुई। 17.11.1932 को अंडमान जेल में भेजने का आदेश। इनका अलीपुर सेंट्रल जेल का बंदी नं. 3812 था। अंडमान जेल में मई, 1933 की भूख–हड़ताल में 45 दिन की भूख–हड़ताल की। सजा की अवधि समाप्त होने से पूर्व अंडमान जेल से भारत की जेल में भेज दिए गए। (मुक्ति तीर्थ से उद्धृत) **संदर्भ** : सेलुलर जेल की सूची का पृष्ठ नं. 14, संख्या नं. 161, बंगाल। **सरकारी फाईल नं.** –होम 1932 पोल. 31/38/32, होम 1932 जेल. के. डब्ल्यू. 70, **फू.चं.जै. फाईल नं.**– (7/493, 7/541, 6/235, 6/253)।
201	**डॉ. केशो प्रशाद** *सुपुत्र* अयुध्या प्रशाद, निवासी मोहल्ला पासी, गया, आयु 28 वर्ष।	गया पोस्टल डकैती– 1934 में डाक हलकारे को लूटने के आरोप में 12.9.1933 को धारा 121ए में 7 वर्ष सख्त कैद की सजा हुई। इनका सेंट्रल जेल हजारीबाग का बंदी नं. 12299 था। 1930 में सत्याग्रह आंदोलन में भी जेल गए। ये हिन्दुस्तान सोशलिस्ट रिपब्लिकन आर्मी के सदस्य थे। अंडमान जेल में जुलाई, 1937 में 37 दिन की भूख–हड़ताल की और 1937 के अन्त में अंडमान जेल से भारत की जेल में भेज दिए गए, और 1938 में जेल से रिहा कर दिए गए। 1942 में 'भारत छोड़ो' आंदोलन के समय इन्हें पुनः गिरफ्तार कर नजरबंद बना दिया गया। 1970 में इन्होंने वृन्दावन में जाकर संयासी बन गए और वहां पर आश्रम की स्थापना कर ली। (मुक्ति तीर्थ से उद्धृत) पहले पुलिस द्वारा गिरफ्तार होने पर वे सरकारी गवाह बन गए और सरकार के पक्ष में बयान देना मंजूर किया

पी. आई. नं.	बंदी का नाम व पता	विशेष टिप्पणी
		किंतु बाद में वे बदल गए और सरकार द्वारा सजा दी गयी। **संदर्भ :** सेलुलर जेल की सूची का पृष्ठ नं. 9, संख्या नं. 9, बिहार। **सरकारी फाईल नं.** –होम 1932 जेल. के. डब्ल्यू. 70 जेल., होम 1934 जेल. 5/14/34 जेल. **फू.चं.जै. फाईल नं.**– (7/517, 7/470, 7/581)।
33	**कौमुदीकान्त भट्टाचार्य** *सुपुत्र* भोलानाथ चैटर्जी, निवासी नथुल्लाबाद, नलचिट्टी, बरीसल, (पराताउल), आयु 24 वर्ष।	बरीसल पोलिटिकल डकैती केस– 1932 में 20.5.1932 को धारा 394 में 5 वर्ष कैद की सजा हुई। 17.11.1932 को अंडमान जेल में भेजने का आदेश। इनका अलीपुर सेंट्रल जेल का बंदी नं. 3812 था। ये युगान्तर पार्टी के सदस्य थे। धारा 107 में 6 माह कैद की सजा हुई थी। बाद में बरीसल पोलिटिकल मेल डकैती में गिरफ्तार कर लिए गए। अंडमान जेल की मई, 1933 की भूख–हड़ताल में 45 दिन की भूख–हड़ताल की। दिसम्बर, 1932 में ये अंडमान जेल में आए थे। सजा की समाप्ति से पूर्व अंडमान जेल से वापस भारत की जेल में भेज दिए गए और बाद रिहा कर दिए गए। रिहाई के साथ इन्हें अपने घर में पाबंदी का आदेश दे दिया गया। (मुक्ति तीर्थ से उद्धृत) **संदर्भ** : सेलुलर जेल की सूची का पृष्ठ नं. 14, संख्या नं. 160, बंगाल। **सरकारी फाईल नं.** –होम 1932 जेल. के. डब्ल्यू. 70. **फू.चं.जै. फाईल नं.**– (4/541, 4/493, 6/253)।
360	**खुदीराम भट्टाचार्य/ उमेशचन्द्र भट्टाचार्य** *सुपुत्र* केदार नाथ भट्टाचार्य, निवासी नवाद्वीप, जिला नाडिया।	नवाद्वीप नाडिया शस्त्र षड्यंत्र केस में 2.8.1935 को धारा 19एफ, 120बी में 5 वर्ष सख्त कैद की सजा हुई। 28.5.1935 को अंडमान जेल में भेजने का आदेश हुआ। इनका अलीपुर सेंट्रल जेल का बंदी नं. 568 था। नवाद्वीप में 1933 में शस्त्र पकड़े गए थे, और इस केस में इन्हें सजा हुई। अंडमान जेल में जुलाई, 1933 की भूख–हड़ताल की और 1937 के अन्त में अंडमान जेल से भारत की जेल में भेज दिए गए। सितम्बर, 1939 में जेल से रिहा कर दिए गए। (मुक्ति तीर्थ से उद्धृत) **संदर्भ :** अंडमान पुस्तक सूची की पृष्ठ 14 व 15 पर खुदीराम भट्टाचार्य का नाम दृष्टिगोचर नहीं हुआ, इनका अंडमान जेल का पी. आई. नं. 360 अवश्य मिलता है। परन्तु अंडमान पुस्तक के पृष्ठ नं. 20 पर क्रम संख्या

पी. आई. नं.	*बंदी का नाम व पता*	*विशेष टिप्पणी*
		334 पर उमेश (खुदीराम भट्टाचार्य जी) नाम मिलता है जो इन्हीं का प्रतीत होता है। **सरकारी फाईल नं.** –होम 1932 जेल. के. डब्ल्यू. 70 जेल. होम 1936 जेल. 5/36 जेल. **फू.चं.जै. फाईल नं.**– (7/701, 7/653, 7/587, 7/591)।
188	**खुशीराम मेहता** (विद्यार्थी) *सुपुत्र* लभ्भू राम मेहता, निवासी होशियारपुर, पंजाब, आयु 21 वर्ष।	7.7.1933 को ऊटी बैंक डकैती केस के आरोप में धारा 4, 5 विफोटक एक्ट में 10 वर्ष व 2 वर्ष कैद तथा धारा 395/397 में हाई कोर्ट ने आजीवन कैद की सजा दी। 21.5.1934 को अंडमान जेल में आए। इनका वैल्लोर सेंट्रल जेल मद्रास का कैदी नं. 8421 था। अलीपुर सेंट्रल जेल का नं. 8518 था। खुशीराम मेहता का 16–17 अक्टूबर, 1972 की मध्यरात्रि को नई दिल्ली में हृदयरोग के कारण स्वर्गवास हो गया। अंडमान जेल में 1937 की भूख–हड़ताल में 37 दिन की भूख–हड़ताल की। **संदर्भ :** सेलुलर जेल की सूची का पृष्ठ नं. 8, संख्या नं. 2, पंजाब। **सरकारी फाईल नं.** –होम 1932 जेल. के. डब्ल्यू. 70 जेल. होम 1934 जेल. 5/4/34 जेल. होम 1940 पोल. आई. 216/40. **फू.चं.जै. फाईल नं.**– (7/580, 7/425, 8/137, 7/437)।
279	**गगनचन्द्र डे** *सुपुत्र* चण्डी चरण डे, निवासी रामगुनियां, वर्तमान निवास शिकारपुर, हाथाजारी, चिटागांग। आयु 32 वर्ष।	बधुवा डकैती–1934 में डकैती के आरोप में 27.8.1934 को धारा 395 में आजीवन कारावास की सजा हुई। इनका ढाका सेंट्रल जेल का कैदी नं. 9317 था। 24.2.1934 को 15–16 सशस्त्र युवकों ने बधुवा गांव पर पोलिटिकल डकैती में 3,000 रुपया लूटा। एक क्रान्तिकारी के हाथ में छुरी का जख्म हो गया। पुलिस ने 14 अभियुक्तों के विरुद्ध मुकदमा कायम किया और 27.8.1934 को अदालत ने सजाएं सुना दीं। **संदर्भ** : सेलुलर जेल की सूची का पृष्ठ नं. 12, संख्या नं. 96, बंगाल। **सरकारी फाईल नं.** –होम 1935 जेल. 5/35 जेल., होम 1937 पोल. आई. 24/4/37. **फू.चं. जै. फाईल नं.** (7/497, 7/449, 7/385)।
23	**गणेश घोष** उर्फ **गणेश चन्द घोष** *सुपुत्र* विपिन बिहारी घोष, निवासी सौदरगढ़ रोड, थाना कोतवाली, चिटागांग	चिटागांग आर्मरी रेड केस–1932 में 1.3.1932 को धारा 120बी, 302, 395, 398, 436, 126, रेलवे एक्ट, 4 विस्फोटक एक्ट में आजीवन कारावास की सजा हुई। 22.7.1932 को अंडमान जेल में भेजने का आदेश हुआ।

पी. आई. नं.	बंदी का नाम व पता	विशेष टिप्पणी
	या विनोदपुर, जयसौर, आयु 26 वर्ष।	इनका अलीपुर सेंट्रल जेल का बंदी नं. 689 था। गणेश चन्द्र घोष ने चिटागांग आर्मरी रेड केस में प्रमुख रूप से भाग लिया था। पुलिस ने 4.9.1930 को चन्द्रनगरं में जो कि फ्रेंच सीमा में है, छापा मारा और पुलिस व फौज की टुकड़ियों से मुकाबले के बाद लोकनाथबाल, गणेशघोष व आनन्द गुप्ता गिरफ्तार कर लिए गए और जीवन घोषाल वहीं पर शहीद हो गए। 1921 के राष्ट्रीय आंदोलन में रेलवे की नौकरी से इस्तीफा दे दिया था और कपड़े का कार्य चिटागांग में शुरू किया था। असहयोग आंदोलन के दिनों में नेशनल एजुकेशन सोसायटी के अन्तर्गत इंजीनियरिंग के तृतीय वर्ष में पढ़ रहे थे। अंडमान जेल में 1933 में 45 दिन की व 1937 में 37 दिन की भूख–हड़ताल की। अंडमान से आने पर अलीपुर सेंट्रल जेल में 1939 में 36 दिन की भूख–हड़ताल की। 31 अगस्त, 1946 को जेल से रिहा किए गए। **संदर्भ** : सेलुलर जेल की सूची का पृष्ठ नं. 12, संख्या नं. 97 बंगाल। **सरकारी फाईल नं.** –होम 1927 पोल. 10/43/27. **फू.चं.जै. फाईल नं.**– (2/1005)।
346	**गमीर शेख** उर्फ **गमीरूद्दीन सरकार** *सुपुत्र* वजीरूद्दीन सरकार, निवासी बोलला, बल्लूरघाट, दिनाजपुर, आयु 22 वर्ष।	दिनाजपुर डकैती षड्यंत्र केस– 1934 में डकैती षड्यंत्र के आरोप में 12.2.1935 को धारा 395/120बी में 6 वर्ष सख्त कैद की सजा हुई। इनका राजशाही सेंट्रल जेल का बंदी नं. 969 था। अंडमान की पुस्तक सूची में गोमिरूद्दीन सरकार नाम छपा है। ये युगान्तर पार्टी के सदस्य थे। 1930–31 के सत्याग्रह में 2 बार 6-6 माह कैद की सजा हुई। अंडमान जेल की 1937 की भूख–हड़ताल में 37 दिन की भूख–हड़ताल की। 1937 के अन्त में अंडमान जेल से भारत की जेल में भेजे गए। (मुक्ति तीर्थ से उद्धृत) **संदर्भ** : सेलुलर जेल की सूची का पृष्ठ नं. 12, संख्या नं. 100. **सरकारी फाईल नं.** –होम 1932 जेल. के. डब्ल्यू. 70 जेल., होम 1935 जेल. 5/35 जेल. **फू.चं. जै. फाईल नं.**– (7/500, 7/586, 7/452)।
70	**डॉ. गया प्रशाद** उर्फ **बी.एस. निगम** उर्फ **रामलाल,** उर्फ **रामनाथ** उर्फ **देश**	लाहौर षड्यंत्र केस– 1930 में सरकार के विरुद्ध विद्रोह के आरोप में 7.10.1930 को धारा 121, 486 विस्फोटक एक्ट में 120बी में आजीवन कारावास की सजा हुई।

पी. आई. नं.	*बंदी का नाम व पता*	*विशेष टिप्पणी*
	भक्त उर्फ **डॉक्टर** *सुपुत्र* मौजीराम, निवासी खजूरी खुर्द, बिल्लौहर, कानपुर, आयु 26 वर्ष।	20.1.1933 को अंडमान जेल में भेजने का आदेश हुआ। बिल्लारी सेंट्रल जेल में इनका बंदी नं. 1130 था। डॉ. गया प्रशाद 15 मई, 1929 को मोहल्ला चौब फरोशान के एक मकान (सहारनपुर) में पकड़े गए। दो दिन पूर्व पुलिस ने छापा मारकर यहां से शिव वर्मा को गिरफ्तार किया था। पुलिस सादे कपड़ों में मकान में छुपी हुई बैठी रहीं और 15 मई, 1929 को जब डॉ. गया प्रशाद आकर मकान में ही बनी बम फैक्टरी में घुसने लगे तो पुलिस ने उन्हें तुरन्त गिरफ्तार कर लिया। डॉ. गया प्रशाद फरवरी, 1929 में फिरोजपुर से नाई की मण्डी आगरा में आए और पार्टी के केन्द्र में रहने लगे। बम बनाने का कार्य आगरा में हींग की मण्डी में होता था। डॉ. गया प्रशाद ने रामलाल से वह मकान किराये पर लिया था। विजय कुमार सिन्हा भी इनके साथ ठहरे हुए थे। नूरी गेट आगरा वाले मकान को नाई की मण्डी आगरा वाला मकान लेने के बाद, खाली कर दिया था। विजय कुमार सिन्हा ने आगरा के गया प्रशाद को सहारनपुर भेजा था कि वहां पर वह कोई मकान किराये पर देखे। डॉ प्रशाद ने पहले रानी बाजार में एक मकान देखा। यह मकान रामचन्द्र का था। मोहल्ला चौब फरोशान सहारनपुर वाले मकान को शिव वर्मा व गया प्रशाद ने मिलकर पसन्द किया और बम फैक्टरी आगरा से यहां पर लाई गई। लाहौर षड्यंत्र केस में विचाराधीन अवस्था में जतिन नाथ दास आदि की भूख–हड़ताल के समय इन्होंने भी भूख–हड़ताल की थी। अंडमान जेल में आने के बाद मई, 1933 में 45 दिन की भूख–हड़ताल की। 1937 में 37 दिन की भूख–हड़ताल की। 1937 में अंडमान से भारत की जेल में आए और बाद में रिहा कर दिए गए, परंतु दूसरे महायुद्ध के अवसर पर 1940 से 1946 तक पुनः जेल में नजरबंद रहे। **संदर्भ** : सेलुलर जेल की सूची का पृष्ठ नं. 8, संख्या नं. 4, उत्तर प्रदेश। **सरकारी फाईल नं.** होम 1930 पोल. 172/30, होम 1932 जेल. 70/4/32, होम 1932 जेल. के. डब्ल्यू. 70 जेल. होम 1945 पोल. आई. 44/13ए/45. **फू.चं.जै. फाईल नं.**– (7/624, 7/576, 7/577, 6/570, 3/87)।

पी. आई. नं.	बंदी का नाम व पता	विशेष टिप्पणी
228	**ज्ञानन गोविन्द गुप्ता** *सुपुत्र* बड़ौदा गोविन्द गुप्ता, निवासी गयबंदा, जिला रंगपुर मालोगनिती, शिराजगंज, पबना, आयु 25 वर्ष।	नलडंगा रंगपुर डकैती केस– 1933–34 में डकैती के आरोप में 8.1.1934 को धारा 19बी, आर्म्स एक्ट में 10 वर्ष कैद की सजा हुई। 23.2.1935 को अंडमान जेल भेजने का आदेश दिया। इनका राजशाही सेंट्रल जेल में बंदी नं. 9691 था। 20.11.1933 को 10 युवकों ने नलडंगा गांव में थाना सादुल्लापुर, जिला रंगपुर में एक मकान पर डाका डाला व बंदूक लूट ली थी। ये युगान्तर पार्टी के सदस्य थे। 1930 के सत्यांग्रह आंदोलन में 6 माह कैद की सजा काटी, 20.10.1933 को इनकी गिरफ्तारी हुई, सन् 1937 की अंडमान जेल की भूख–हड़ताल में 37 दिन की भूख–हड़ताल की। जनवरी, 1938 के प्रारम्भ में अंडमान जेल से वापस भारत की जेल में भेज दिए गए। (मुक्ति तीर्थ से उद्धृत) **संदर्भ** : सेलुलर जेल की सूची का पृष्ठ नं. 14, संख्या नं. 141, बंगाल। **सरकारी फाईल नं.** –होम 1937 पोल. आई. 24/4/37. फू.चं.जै. फाईल नं. (7/384)।
400	**गुरुमुख सिंह** उर्फ **अनूप सिंह** *सुपुत्र* होशनाक सिंह, निवासी गांव लालतू, लुधियाना।	लाहौर षड्यंत्र केस 1915 में 13.9.1915 को राजद्रोह व डकैती के आरोप में धारा 21, 121ए, 131, 396 में आजीवन कारावास की सजा हुई। पहली बार 1916 में अंडमान जेल में आए थे और पुनः 5.2.1937 को अंडमान जेल में आए 1921 में अंडमान जेल से मद्रास प्रेसीडेंसी जेल में लाया गया और त्रिचनापल्ली जेल में भेज दिया गया। मई 1922 में त्रिचनापल्ली जेल से ये भाग निकले परन्तु कुछ दिनों के बाद पकड़े गए। जनवरी, 1923 में जब पुनः जेल से तबादला किया जा रहा था तो रास्ते में मनमाड और भुसावल रेलवे स्टेशनों के मध्य में चलती ट्रेन से कूद कर ये फरार हो गए थे और 1936 तक ये फरार रहे। 1936 में लाहौर में धारा 2 पंजाब क्रिमिनल लॉ एमेन्डमेन्ट एक्ट में गिरफ्तार किए गए और 5.2.1937 को शेष काटने के लिए अंडमान जेल में भेज दिए गए। **संदर्भ** : सेलुलर जेल की सूची का पृष्ठ नं. 3, संख्या नं. 16, पंजाब। **सरकारी फाईल नं.** –सरकारी फाईलों का पूर्व विवरण 1916 वाले केस पर पर है। होम 1932

पी. आई. नं.	*बंदी का नाम व पता*	*विशेष टिप्पणी*
		जेल. के. डब्ल्यू. नं. 70 जेल., होम 1937 पोल. **26–2/37** जेल, होम 1937 जेल. के. डब्ल्यू. नं. 5/9ए/37 जेल्स, **फू.चं.जै. फाईल नं.–** (7/507, 7/508, 7/529, 7/588)।
209	**गुलाबचन्द गुप्ता** उर्फ **गुलाली सुनार** *सुपुत्र* रामफल राम, निवासी चमपाटिया, बेथिया, चम्पारन। आयु 25 वर्ष।	मोतीहारी षड्यंत्र केस– 1929 में डकैती व हत्या के आरोप में 16.12.1929 को धारा 396 में 10 वर्ष कैद की सजा हुई। इनका हजारीबाग सेंट्रल जेल का बंदी नं. 6527 था। अंडमान जेल की पुस्तक सूची में गुलाबचन्द गुप्ता छपा है। 1929 में लाहौर षड्यंत्र केस के सम्बंध में गिरफ्तार किए गए थे, परन्तु छोड़ दिए गए। अंडमान जेल में 1937 की 37 दिन की भूख हड़ताल में सम्मिलित हुए थे। 1938 में अंडमान जेल से वापस भारत की जेल में आने के बाद नए विधान के अनुसार मंत्रीमण्डल बनने पर जेल से रिहा कर दिए गए। द्वितीय महायुद्ध प्रारम्भ होने पर पुनः गिरफ्तार कर लिए गए और नवम्बर, 1942 में लोकनायक जयप्रकाश नारायण व अन्यों के साथ हजारीबाग जेल से फरार हो गए। हजारीबाग जेल से फरारी के बाद जयप्रकाश नारायण जी को नेपाल के बोर्डर पर गिरफ्तार कर हनुमान नगर की हवालात में बंद कर दिया। हनुमान नगर की जेल पर गुलाबचन्द्र गुप्ता आदि ने छापा मारा और जयप्रकाश नारायण जी को छुड़ा लिया। 1944 में बनारस से पकड़े गए और मृत्युदंड की सजा हुई परन्तु 1945 में पटना हाईकोर्ट ने छोड़ दिया। **संदर्भ** : सेलुलर जेल की सूची का पृष्ठ नं. 8, संख्या नं. 4, बिहार। **सरकारी फाईल नं.** –होम 1937 जेल. के. डब्ल्यू. 5/9ए/37 जेल. **फू.चं.जै. फाईल नं.** (7/529)।
120	**गौड गोपाल दत्ता** *सुपुत्र* शरतचन्द्र दत्ता, निवासी तोरा मोरा, बोआलिया राजशाही, आयु 19 वर्ष।	राजशाही बम विस्फोट–1931 में बम विस्फोट करने के आरोप में 15.12.1931 को धारा 3 व 4 विस्फोटक एक्ट में 7 वर्ष कैद की सजा हुई। 3.9.1933 को अंडमान जेल में भेजने का आदेश हुआ। इनका अलीपुर सेंट्रल जेल का बंदी नं. 4129 था। **संदर्भ** : सेलुलर जेल की सूची का पृष्ठ नं. 12, संख्या

पी. आई. नं.	*बंदी का नाम व पता*	*विशेष टिप्पणी*
		नं. 104, बंगाल। **सरकारी फाईल नं.** –होम 1932 जेल. के. डब्ल्यू. 70 जेल. **फू.चं.जै. फाईल नं.**– (7/564, 7/516, 7/578)।
50	**गोपालचन्द्र अचर्जी** *सुपुत्र* अम्बिका कान्त अचर्जी, निवासी लस्ठी, (अस्ठी) गब्बारगांव, मैमनसिंह, आयु 22 वर्ष।	30.4.1931 को मैमन सिंह में पोलिटिकल डकैती केस में धारा 397 व 19 आर्म्स एक्ट में 7 वर्ष कैद की सजा। 17.11.1932 को अंडमान जेल में भेजने का आदेश। इनका मिदनापुर सेंट्रल जेल का बंदी नं. 937 था। ये अनुशीलन पार्टी के सदस्य थे और पढ़ाई में बहुत ही प्रतिभाशाली विद्यार्थी थे, अरधाराबारी में डाक हलकारे को लूटने के आरोप में सितम्बर, 1931 में गिरफ्तार किए गए और 7 वर्ष कैद की सजा हुई। अंडमान जेल में मई, 1933 की भूख–हड़ताल में 45 दिन की भूख–हड़ताल की और 1937 की भूख–हड़ताल में 37 दिन की भूख–हड़ताल की 1937 के अन्त में अंडमान जेल से भारत की जेल में भेज दिए गए और रिहा कर दिए गए। 1940 में इन्हें कलकत्ता से निर्वासित कर दिया गया और जुलाई, 1940 में इन्हें पुनः भारत रक्षा कानून में गिरफ्तार कर नजरबंद कर दिया गया और जुलाई, 1942 तक ये नजरबंद रहे (मुक्ति तीर्थ से उद्धृत)। **संदर्भ** : सेलुलर जेल की सूची का पृष्ठ नं. 12, संख्या नं. 101, बंगाल। **सरकारी फाईल नं.** –होम 1932 पोल. के. डब्ल्यू. 70 जेल., होम 1940 पोल. आई. 7/1/40. **फू.चं.जै. फाईल नं.**– (7/543, 7/495, 7/592), 7/58, 7/577)।
141	**गोपाल चन्द्र डे/गोपालचन्द्र देव** *सुपुत्र* भुवन मोहन डे, निवासी श्रीघुर थाना, नबीनगर, तिप्परा, आयु 19 वर्ष।	20.9.1932 को मुरादनगर–तिप्परा में डाक लूटने के आरोप में धारा 392/120बी/392/394, 334, 324 के अंतर्गत 8 वर्ष कैद की सजा हुई। 3.9.1933 को अंडमान जेल में भेजने का आदेश हुआ। इनका ढाका सेंट्रल जेल का बंदी नं. 4659 था। मुरादनगर, जिला तिप्परा में मेल रॉबरी केस में सितम्बर, 1932 में तीन अभियुक्तों को सजाएं सुनाई गईं। शारदा प्रसन्न बोस व चन्द्रनाथ भट्टाचार्य को धारा 394, 19एफ आर्म्स एक्ट में 8–8 वर्ष कैद व 3–3 वर्ष कैद की सजाएं हुईं। सजाएं साथ–साथ चलेंगी। गोपालचन्द्र डे

पी. आई. नं.	*बंदी का नाम व पता*	*विशेष टिप्पणी*
		को 8 वर्ष कैद की सजा हुई। **संदर्भ** : सेलुलर जेल की सूची का पृष्ठ नं. 12, संख्या नं. 102, बंगाल। **सरकारी फाईल नं.** –होम 1932 जेल. के. डब्ल्यू. 70 जेल., होम 1932 पोल. 18/12/32 फोर्टनाइटली सितम्बर, 1932. **फू.चं.जै. फाईल नं.**– (7/579, 7/594, 3/398, 7/565, 7/517)।
129	**गोपीमोहन शाह** *सुपुत्र* प्यारी मोहन शाह, निवासी पायपपाड़ा ब्रहमनबारिया, तिप्परा, आयु 23 वर्ष।	कोमिला डकैती केस– 1932 में 7.3.1933 को डकैती षड्यंत्र के आरोप में धारा 120बी/395 में 5 वर्ष की कैद की सजा हुई। 3.9.1933 को अंडमान जेल में भेजने का आदेश हुआ। इनका ढाका सेंट्रल जेल का बंदी नं. 6012 था। इनपर आरोप था कि 1 नवम्बर, 1932 को इन्होंने कुछ अन्य क्रांतिकारियों के साथ प्रकाशचन्द बानिकिया के मकान मेढा, थाना ब्रहमनबारिया पर डकैती डाली और 1,902 रुपये लूटे। महिलाओं के ज़ेवर भी छीन लिए। **संदर्भ** : सेलुलर जेल की सूची का पृष्ठ नं. 12, संख्या नं. 103, बंगाल। **सरकारी फाईल नं.** –होम 1932 जेल. के. डब्ल्यू. 70 जेल., होम 1933 पोल. 18/4/33 फोर्टनाइटली मार्च, 1933. **फू.चं.जै. फाईल नं.**– (3/416, 7/569, 7/521)।
296	**गोपेन्द्र लाल राय** उर्फ **गोपेन राय** *सुपुत्र* गुरुथर राय, निवासी मोहम्मदपुर, नबीगंज, सिल्हट, आयु 20 वर्ष।	उम्मेद नगर मेल रॉबरी केस– 1934 में लूटमार के आरोप में 21.7.1934 को धारा 392 में 6 वर्ष की कैद की सजा हुई। 1935 में अंडमान जेल भेजे गए। इनका सिल्हट जेल का बंदी नं. 2399 था। वहां भूख–हड़ताल में शामिल हुए। 1937 में भारत वापस आए। **संदर्भ** : सेलुलर जेल की सूची का पृष्ठ नं. 20, संख्या नं. 2, आसाम। **सरकारी फाईल नं.** –होम 1932 जेल. के. डब्ल्यू. नं. 70 जेल., होम 1935 जेल. 5/2/1935 जेल. **फू.चं.जै. फाईल नं.**– (7/584, 7/625, 7/440)।
108	**गोविन्दचन्द्र कार** उर्फ **गविन्दकार** उर्फ **गोविन्द लाल कार** *सुपुत्र* चन्द्रनाथ कार, निवासी सरादीचार,	26.1.1933 को मैमनसिंह पोलिटिकल डकैती के षड्यंत्र में धारा 395, 395/120बी में 6 वर्ष कैद की सजा हुई। फरवरी, 1933 में अंडमान जेल में भेजने का आदेश हुआ।

पी. आई. नं.	बंदी का नाम व पता	विशेष टिप्पणी
	बाजीतपुर, मैमनसिंह, आयु 23 वर्ष।	इनका ढाका सेंट्रल जेल का बंदी नं. 5606 था। अंडमान पुस्तक में इनका नाम गोविन्द कार छपा है। **संदर्भ** : सेलुलर जेल की सूची का पृष्ठ नं. 12, संख्या नं. 98, **सरकारी फाईल नं.** –होम 1932 जेल. के. डब्ल्यू. 70 जेल. **फू.चं.जै. फाईल नं.**– (7/578, 7/591, 7/554, 7/506, 6/254)।
331	**गोविन्द बेरा** उर्फ **गोविन्द प्रशाद बेरा** *सुपुत्र* ईश्वरचन्द बेरा, निवासी उरबादोबंदी, पतना, थाना मयाना, मिदनापुर, आयु 26 वर्ष।	मोयाना पोलिटिकल डकैती केस 1933 में 29.8.1933, 22.3.1935 और 6.4.1935 को डकैती का प्रयास करने के आरोप में तथा जेलों में भूख–हड़ताल के आरोप में कुल सजा 5½ वर्ष हुई। इनका मिदनापुर सेंट्रल जेल का बंदी नं. 6775 था। **संदर्भ** : अंडमान की पुस्तक सूची में इनका नाम गोविन्दा प्रशाद बेरा छपा है। सेलुलर जेल की सूची का पृष्ठ नं. 12, संख्या नं. 99 बंगाल। **सरकारी फाईल नं.** –होम 1932 जेल. के. डब्ल्यू. 70, जेल., होम 1933 पोल. 18/10/33, फोर्टनाइटली सितम्बर 1933, होम 1935 पोल. 24/9/35 व के. डब्ल्यू., होम 1935 जेल. 5/35 जेल. **फू.चं.जै. फाईल नं.**– (7/506, 7/458, 7/594, 4/433, 7/448)।
268	**गौरंग दास** उर्फ **गौरंग मोहन दास** *सुपुत्र* रजनीकान्त, दास, निवासी बक्सा, थाना मालापुर, सिल्हट, आयु 19 वर्ष।	26.5.1934 को डाक हलकारे का डाक थैला छीनने तथा हत्या के साथ डकैती के आरोप में धारा 396, 120बी/395 में आजीवन कारावास की सजा हुई। इनका सिल्हट जेल का बंदी नं. 2179 था। अंडमान जेल में जुलाई 1937 में 37 दिन की भूख–हड़ताल की 1938 में अंडमान से भारत की जेल में वापस भेजने का आदेश हुआ। अंडमान जेल की सूची पुस्तिका में इनका नाम गौरंग मोहन दास छपा है। **संदर्भ** : सेलुलर जेल की सूची का पृष्ठ नं. 20, संख्या नं. 3, आसाम। **सरकारी फाईल नं.** –होम 1932 जेल. के. डब्ल्यू. 70 जेल., होम 1934 जेल. 5/14/34, जेल. होम 1935 जेल. 5/35 जेल., होम 1937 जेल. के. डब्ल्यू. 5/9ए/37 जेल. **फू.चं.जै. फाईल नं.**– (7/583, 7/517, 7/469, 7/479, 7/528)।
207	**गौरीशंकर दूबे** *सुपुत्र* गैना दूबे, निवासी टेकुलिया,	24.9.1932 को मुजफ्फरपुर पोलिटिकल डकैती के आरोप में धारा 395 में 7 वर्ष क़ैद की सजा हुई।

पी. आई. नं.	*बंदी का नाम व पता*	*विशेष टिप्पणी*
	गोविंदगंज, चंपारन, आयु 24 वर्ष।	28.7.1937 को डॉक्टर की रिपोर्ट पर भारत की जेल भेजे गए। इनका हजारीबाग सेंट्रल जेल का बंदी नं. 10.9.66 था। **संदर्भ** : सेलुलर जेल की सूची का पृष्ठ नं. 8, संख्या नं. 3 बिहार। **सरकारी फाईल नं.** –होम 1932 जेल. के. डब्ल्यू. 67 जेल., होम 1934 जेल. 5/14/34 जेल. **फू.चं.जै. फाईल नं.**– (7/581, 7/519, 7/471, 7/591)।
156	**चन्द्रनाथ भट्टाचार्य** उर्फ **चद्रकांत भट्टाचार्य** *सुपुत्र* वोमेशचन्द्र भट्टाचार्य, निवासी विद्याकोट नबीनगर, तिप्परा। आयु 22 वर्ष।	मुरादनगर–तिप्परा मेल रॉबरी केस– 1932 में मेल राबरी के आरोप में 20.9.1932 को धारा 392/120बी, 324, 332, 392, 394 व 19 एफ आर्म्स एक्ट में 8 वर्ष + 3 वर्ष कैद की सजा हुई। 3.9.1933 को अंडमान जेल में भेजने का आदेश हुआ। इनका ढाका सेंट्रल जेल का बंदी नं. 4658 था। अंडमान पुस्तक सूची में इनका नाम चन्द्रकान्त भट्टाचार्य छपा है। अंडमान जेल में 1937 की 37 दिन की भूख–हड़ताल की और 1937 के अन्त में अंडमान जेल से भारत की जेल में वापस भेज दिए गए और 1938 में इन्हें जेल से रिहा कर दिया गया। अंडमान जेल में इन्हें भी बेतों की सजा हुई थी परन्तु डॉक्टरी रिपोर्ट के आधार पर इन्हें बेतें नहीं लगाई गईं। (मुक्ति तीर्थ से उद्धृत) **संदर्भ** : सेलुलर जेल की सूची का पृष्ठ नं. 11, संख्या नं. 67, बंगाल। **सरकारी फाईल नं.** –होम 1932 जेल. के. डब्ल्यू. 70 जेल., होम 1932 पोल. 18/12/32 फोर्टनाइटली, सितम्बर, 1932, होम 1933 पोल. 6/20/33. **फू.चं.जै. फाईल नं.**– (7/579, 7/565, 7/517, 3/398, 6/282)।
301	**चन्द्रिका सिंह** *सुपुत्र* दरोगा सिंह राजपूत, निवासी ईस्माईला, थाना डिघवारा, जिला सारन, आयु 21 वर्ष।	दरभंगा हत्या केस की योजना 1934 में 16.5.1934 व 29.5.1934 को धारा 307 व 326 में 7 वर्ष कैद की सजा हुई। 11.4.1935 को अंडमान जेल में भेजा गया। 1937 में भारत वापस आए। कांग्रेस मंत्रिमंडल बनने पर रिहा किए गए। चन्द्रिका सिंह का सम्पर्क क्रांतिकारी जोगेन्द्र शुक्ला से था जो बिहार की क्रान्तिकारी पार्टी का नेता था।

पी. आई. नं.	*बंदी का नाम व पता*	*विशेष टिप्पणी*
		15.6.1931 को हाजीपुर स्टेशन डकैती में भी हाथ था। जिसमें स्टेशन मास्टर मारा गया था। उस समय से ये मफरूर रहे और 4.12.1933 को गिरफ्तार किए गए। **संदर्भ** : सेलुलर जेल की सूची का पृष्ठ नं. 8, संख्या नं. 2, बिहार। **सरकारी फाईल नं.** –होम 1933 पोल. 45/17/33, होम 1935 पोल. 5/3/35 जेल्स. **फू.चं. जै. फाईल नं.**– (2/800, 7/475)।
198	**चितरंजन दत्त**–विद्यार्थी *सुपुत्र* कालीप्रसंत्र दत्ता। निवासी सिरमण्डी, नरसिंहडी, ढाका, आयु 19 वर्ष।	कोमिला पोलिटिकल डकैती केस–1933 में डकैती षड्यंत्र के आरोप में 7.3.1933 को धारा 120बी/395 में 6 वर्ष कैद की सजा हुई। 27.1.1935 को अंडमान जेल में भेजने का आदेश। 1937-38 में अंडमान जेल से भारत की जेल भेजने का आदेश हुआ। इनका राजशाही सेंट्रल जेल का बंदी नं. 9096 था। **संदर्भ** : सेलुलर जेल की सूची का पृष्ठ नं. 11, संख्या नं. 69, बंगाल। **सरकारी फाईल नं.** –होम 1932 जेल. के. डब्ल्यू. 70 जेल., होम 1933 पोल. 18/2/33 फोर्टनाइटली फरवरी 1933 शिमला रिकॉर्ड्स नं. 1/1933 होम 1934 जेल. 5/5/34 जेल., होम 1937 पोल. आई. 24/4/1937. **फू.चं.जै. फाईल नं.**– (7/581, 7/523, 7/475, 7/591 7/569, 3/412, 7/383)।
252	**चितरंजन विश्वास** उर्फ **चित्ता विश्वास** विद्यार्थी *सुपुत्र* सुरेन्द्र मोहन विश्वास, निवासी कुलियात, केण्डुवा, मैमनसिंह, आयु 20 वर्ष।	राजशाही मेल रॉबरी केस– 1932 में 28.6.1932, 23.2.1934 व 3.8.1934 को डकैती के षड्यंत्र में धारा 120बी/392 व 52 प्रिजन एक्ट में कुल 6 वर्ष कैद की सजा हुई। 28.5.1935 को अंडमान जेल में भेजने का आदेश हुआ। 1937 में अंडमान जेल से भारत की जेल भेजने का आदेश हुआ। इनका अलीपुर सेंट्रल जेल का कैदी नं. 4128 था। **संदर्भ** : इनका नाम अंडमान की पुस्तक सूची में चित्ता बसु छपा है। सेलुलर जेल की सूची का पृष्ठ नं. 11, संख्या नं. 68, बंगाल। **सरकारी फाईल नं.** –होम 1935 जेल. 5/35 जेल. **फू.चं.जै. फाईल नं.** (7/489)।

पी. आई. नं.	*बंदी का नाम व पता*	*विशेष टिप्पणी*
398	**चिन्ताहरण दास** *सुपुत्र* दीनबन्धु दास, निवासी माऊखान, नरिया, फरीदपुर, आयु 30 वर्ष।	अलीपुर शस्त्र षड्यंत्र केस– 1936 में 23.3.1936 व 17. 8.1936 को अलीपुर में शस्त्रों के षड्यंत्र में धारा 120बी/19ए, 20 आर्म्स एक्ट व 52 प्रिजन एक्ट में 5 वर्ष + 4 वर्ष + 6 माह कैद की सजा हुई। 28.10.1936 को अंडमान जेल में भेजने का आदेश हुआ। इनका अलीपुर सेंट्रल जेल का बंदी नं. 5653 था। 18 वर्ष की आयु से अनुशीलन समिति का कार्य कर रहे थे। मानिकटोला में जो शस्त्र पकड़े गए थे, उसमें इनका भी चालान हुआ था। सजा की अवधि समाप्ति से पूर्व ये अंडमान जेल से भारत की जेल में भेज दिए गए। **संदर्भ** : सेलुलर जेल की सूची का पृष्ठ नं. 11, संख्या नं. 70, बंगाल। **सरकारी फाईल नं.** –होम 1932 जेल. के. डब्ल्यू. 70 जेल. होम 1936 जेल. 5/36 जेल. होम 1937 जेल. के. डब्ल्यू. नं. 5/9ए/37 जेल. **फू.चं.जै. फाईल नं.** (7/588, 7/593, 7/530, 7/708, 7/607)।
134	**चुन्नी लाल देव** *सुपुत्र* भगवान चन्द्र डे, निवासी ब्रहमनबारिया, तिप्परा। आयु 22 वर्ष।	ब्रहमनबारिया पोलिटिकल कोमिला डकैती केस 1932–33 में 16.11.1932 व 7.3.1933 को सरकारी आदेश के उल्लंघन व ब्रहमनबारिया डकैती षड्यंत्र में धारा 4 व 120बी/395 में 2 वर्ष + 7 वर्ष कैद की सजा हुई। 3.9.1933 को अंडमान जेल में भेजने का आदेश हुआ। इनका ढाका सेंट्रल जेल का बंदी नं. 1017 था। 1930–31 से सत्याग्रह आंदोलन में 3 माह व 6 माह कैद की सजाएं काटी। 1937 की अंडमान जेल की भूख–हड़ताल में 37 दिन की भूख–हड़ताल की और सन् 1937 के अन्त में अंडमान जेल से भारत की जेल में भेज दिए गए और 1939 में जेल से रिहा कर दिए गए। (मुक्ति तीर्थ से उद्धृत) **संदर्भ** : सेलुलर जेल की सूची का पृष्ठ नं. 11, संख्या नं. 71, बंगाल। **सरकारी फाईल नं.** –होम 1932 जेल. के. डब्ल्यू. 70 जेल. होम 1933 पोल. 18/4/33 फोर्टनाइटली, मार्च, 1933, **फू.चं.जै. फाईल नं.**– (7/569, 7/521, 7/579, 7/590, 3/416)।
43	**क्षितिजचन्द्र चौधरी** *सुपुत्र* हेमचन्द्र चौधरी, निवासी सिंहडा,	कलकत्ता विस्फोटक षड्यंत्र केस 1932 में 31.11.1932 को विस्फोटक पदार्थ षड्यंत्र केस में धारा 120बी, 4

पी. आई. नं.	बंदी का नाम व पता	विशेष टिप्पणी
	बरबट्टा, मैमनसिंह, आयु 31 वर्ष।	व 5 विस्फोटक एक्ट में 5 वर्ष कैद की सजा हुई। 17.11.1932 को अंडमान जेल में भेजने का आदेश। इनका अलीपुर सेंट्रल जेल का बंदी नं. 1108 था। साइंस के विद्यार्थी थे और युगान्तर पार्टी के सदस्य थे। मई, 1930 में सरीशाबारी बम केस के सम्बन्ध में कलकत्ता पुलिस ने गिरफ्तार किया। अंडमान जेल में मई, 1933 की भूख–हड़ताल में 45 दिन की भूख–हड़ताल की। सजा की समाप्ति से पूर्व अंडमान जेल से भारत की जेल में भेजे गए और बाद में रिहा कर दिए गए, परन्तु रिहाई के तुरन्त बाद बंगाल क्रिमिनल लॉ एक्ट में गिरफ्तार करके नजरबंद कर दिए गए और 1938 में नजरबंदी से रिहा हुए। (मुक्ति तीर्थ से उद्धृत) **संदर्भ**–सेलुलर जेल की सूची का पृष्ठ नं. 14, संख्या नं. 169, बंगाल। **सरकारी फाईल नं.** –होम 1932 जेल. 70 व के. डब्ल्यू., होम 1932 पोल. 31/38/32, **फू.चं.जै. फाईल नं.**– (6/236, 6/253, 7/541, 7/493)।
	क्षितिजचन्द्र राय उर्फ **पूर्णचन्द राय**।	क्षितिजचन्द्र राय के नाम की निम्न प्रविष्टियां रिकॉर्ड में मिलती हैं, परन्तु विवरण व समय की अवधि को देखते हुए सभी एक दूसरे से भिन्न हैं : 1. क्षितिजचन्द्र राय, आत्मज सतीशचन्द्र राय, ठाकुर गांव, दिनाजपुर, 25.10.1924 को नजरबंद किए गए और 19.5.1928 को बंगाल सरकार ने रिहा कर दिया। 2. क्षितिजचन्द्र रे आयु 34 वर्ष, ये 1932 से 1933 में देवली नजरबंद कैंप में रहे हैं। 3. क्षितिजराय उर्फ पूर्णचन्द्र राय, वीरनगर कॉलोनी पोस्ट गड़िया, 24, परगना। 1972 के मुक्ति तीर्थ अंडमान प्रकाशन के पृष्ठ नं. 39 पर उल्लेख है कि 1932 से 1938 के मध्य अंडमान गए। क्षितिजचन्द्र राय को 30.9.1932 को धारा 393/34 में 3 अभियुक्तों के साथ डकैती के आरोप पर मुकदमा चला और 5 वर्ष कैद, 50 रुपये जुर्माना या 6 माह और कैद की सजा हुई। ये 1932–33 में देवली नजरबंद कैंप में बंगाली नजरबंदों में थे। 1932 की (30.9.1932) डकैती केस में अभियुक्त का नाम क्षिरोजचन्द्र राय था। **सरकारी फाईल नं.** –होम 1925 पोल. 235 (3/525),

पी. आई. नं.	*बंदी का नाम व पता*	*विशेष टिप्पणी*
		होम 1928 पोल. 1/28, होम 1932 पोल. 31/38/32, होम 1937 पोल. 22/34/37, होम 1932 पोल. 18/12/32 फोर्टनाइटली अक्टूबर 1932 **फू.चं.जै. फाईल नं.**– (3/400, 3/525, 6/235, 6/390)।
391	**क्षिरोद बैनर्जी** *सुपुत्र* चिन्ताहरण बैनर्जी, निवासी कासमपुर, केतराली, बाकरगंज।	5.7.1935 व 17.8.1936 को अलीपुर शस्त्र षड्यंत्र केस में व सरकारी पाबंदियों और आदेशों के उल्लंघन के आरोप में धारा 6–3 बंगाल क्रिमिनल लॉ एक्ट व 52 प्रिजन एक्ट में 6½ वर्ष कैद की सजा हुई। 28.10.1936 को अंडमान जेल भेजने का आदेश हुआ। 1937 में अंडमान जेल से वापस भारत की जेल भेजने का आदेश हुआ। इनका अलीपुर सेंट्रल जेल का बंदी नं. 2393 था। **संदर्भ** : अंडमान पुस्तक सूची में पृष्ठ नं. 14, 15 पर क्षिरोद बैनर्जी के नाम की कोई प्रविष्टि नहीं मिली। **सरकारी फाईल नं.** होम 1936 जेल. 5/36 जेल **फू.चं.जै. फाईल नं.**– (7/708, 7/607)।
98	**जगतबन्धु बोस** *सुपुत्र* लालबिहारी बोस, निवासी प्रिकुशिया, पुखारिया, थाना मबूरा, जयसौर, आयु 20 वर्ष।	14.3.1932 को मैमनसिंह में शस्त्र और विस्फोटक पदार्थों के षड्यंत्र के आरोप में धारा 411, 19 आर्म्स एक्ट 20, 5 व 120बी में कुल 6 वर्ष कैद की सजा हुई। फरवरी 1933 में अंडमान जेल में भेजने का आदेश हुआ। इनका ढाका सेंट्रल जेल का बंदी नं. 3585 था। अंडमान पुस्तक में नाम जगत बसु छपा था। **संदर्भ** : सेलुलर जेल की सूची का पृष्ठ नं. 13, संख्या नं. 128, बंगाल। **सरकारी फाईल नं.** –होम 1932 जेल. के. डब्ल्यू. 70 जेल. **फू.चं.जै. फाईल नं.** (7/553, 7/505)।
39	**जगतबन्धु राय** उर्फ **जगत राय** *सुपुत्र* रामकिशन राम, निवासी कालीग्राम, खरवा, मालडा, आयु 26 वर्ष।	चिनसूरा पोलिटिकल डकैती का षड्यंत्र–1932 में 19.5.1932 को लूटमार के षड्यंत्र में धारा 395/120बी में कुल 5 वर्ष कैद की सजा हुई। 17.11.1932 को अंडमान जेल में भेजने का आदेश हुआ। 2.4.1935 को टी. बी. हो जाने के कारण अंडमान जेल से भारत की जेल में भेजा वापस गया। इनका मिदनापुर सेंट्रल जेल का बंदी नं. 3557 था। पोलिटिकल उद्देश्यों की पूर्ति के लिए लूटमार की गई थी।

पी. आई. नं.	*बंदी का नाम व पता*	*विशेष टिप्पणी*
		अंडमान की पुस्तक में जगतराय छपा था। **संदर्भ :** सेलुलर जेल की सूची का पृष्ठ नं. 13, संख्या नं. 129, बंगाल। **सरकारी फाईल नं.** –होम 1932 जेल. के. डब्ल्यू. 70 जेल. **फू.चं.जै. फाईल नं.**– (7/542, 7/494, 7/595)।
213	**जगनेश्वर दास** उर्फ **जागेश्वर दास** *सुपुत्र* चण्डीचरण दास, आयु 30 वर्ष।	अंगारिया डाक रॉबरी केस– 1932 में लूटमार करने के आरोप में 12.7.1932 को धारा 394/326, 19एफ आर्म्स एक्ट में आजीवन कैद की सजा हुई। 27.1.1935 को अंडमान जेल में भेजने का आदेश हुआ। 1938-1937 में अंडमान जेल से वापस भारत की जेल भेजने का आदेश हुआ। इनका अलीपुर सेंट्रल जेल का बंदी नं. 4402 था। **संदर्भ** : सेलुलर जेल की सूची का पृष्ठ नं. 13, संख्या नं. 131, बंगाल। **सरकारी फाईल नं.** –होम 1932 जेल. के. डब्ल्यू. 70 जेल. **फू.चं.जै. फाईल नं.**– (7/581, 7/594, 7/550, 7/525, 7/477, 7/502)।
180	**जगदानन्द मुकर्जी**–विद्यार्थी *सुपुत्र* जवाहरलाल मुकर्जी, निवासी दक्षिण जगतडल, थाना, सोनेरपुर, 24 परगना, आयु 25 वर्ष।	कार्नवालिस स्ट्रीट शूटिंग केस– 1933 में घातक आक्रमण करने के आरोप में 10.10.1933 को धारा 307/24 व 6–1, 120 बी, 19 एफ में आजीवन कारावास की सजा हुई। 27.1.1935 को अंडमान जेल में भेजने का आदेश हुआ। 1937-38 में अंडमान जेल से वापस भारत की जेल भेजने का आदेश हुआ। ये युगान्तर पार्टी के सदस्य थे। इनका अलीपुर सेंट्रल जेल का बंदी नं. 4292 था। 22.5.1933 को नं. 136–38 कॉर्नवालिस स्ट्रीट कलकत्ता में जब पुलिस मफरूर क्रान्तिकारी दिनेश मजूमदार व नलनीदास को गिरफ्तार करने लगी तो गोलियों से मुकाबला हुआ। इसमें स्पेशल ब्रान्च का एक अधिकारी जख्मी हो गया। पुलिस से मुकाबले के बाद अन्य के साथ गिरफ्तार हुए। इससे पूर्व एक वर्ष तक भूमिगत रहे। आजीवन कैद की सजा के बाद अंडमान गए और 1937 की अंडमान की भूख–हड़ताल में 37 दिन की भूख–हड़ताल की। 1938 में भारत की जेल में वापस आए। जुलाई, 1939 में बंगाल की जेल में पुनः 36 दिन की भूख–हड़ताल की। 31.8.1946 को जेल से रिहा हुए, इनके साथ गिरफ्तार होने वाले सहयोगी दिनेश मजूमदार

पी. आई. नं.	***बंदी का नाम व पता***	***विशेष टिप्पणी***
		को मृत्युदंड की सजा हुई। मुक्ति तीर्थ प्रकाशन के अनुसार 28.6.1973 को स्वर्गवासी हो गए। **संदर्भ** : सेलुलर जेल की सूची का पृष्ठ नं. 13, संख्या नं. 127, बंगाल। **सरकारी फाईल नं.** –होम 1932 जेल. के. डब्ल्यू. 70 जेल. होम 1934 जेल. 5/5/34 जेल. होम 1945 पोल. आई. 44/15ए/45, **फू.चं.जै. फाईल नं.** (7/580, 7/592, 7/522, 7/474, 6/571, 2/780)।
164	**जानकीदास** उर्फ **जानकी मोहन दास** *सुपुत्र* रामचन्द्र दास, निवासी पतूली, मनोहर डी, ढाका, आयु 24 वर्ष।	19.4.1933 को कमालपुर डकैती केस में डकैती के समय बमों व गोलियों के प्रयोग के आरोप में धारा 395/120बी में 7 वर्ष कैद की सजा हुई। 31.12.1933 को छठे बैच के साथ अंडमान जेल में भेजने का आदेश। इनका अलीपुर सेंट्रल जेल का बंदी नं. 2719 था। **संदर्भ**–सेलुलर जेल की सूची का पृष्ठ नं. 13, संख्या नं. 132, बंगाल। अंडमान पुस्तक में नाम जानकी नाथ दास छपा है। **सरकारी फाईल नं.** –होम 1932 जेल. के. डब्ल्यू. 70 जेल. होम 1933 पोल. 42/2/33, होम 1937 पोल. आई. 24/4/37, **फू.चं.जै. फाईल नं.** (7/574, 7/526, 7/579, 7/594, 7/384, 6/287)।
114	**जयदेव कपूर** उर्फ **हरीश चन्द्र** *सुपुत्र* सालीग्राम कपूर, निवासी हरदोई, आयु 23 वर्ष।	भगत सिंह लाहौर षड्यंत्र केस–1930 में सरकार के विरुद्ध विद्रोह का षड्यंत्र करने के आरोप में 7.10.1930 को धारा 121, 120बी, 4 व 6, 383, 8 व 11 में आजीवन कैद की सजा हुई। 11.6.1933 को अंडमान जेल में भेजने का आदेश हुआ। इनका राजमुंदरी सेंट्रल जेल में बंदी नं. 6609 था। जुलाई, 1925 से अप्रैल, 1927 तक ये डी.ए.वी. कॉलेज कानपुर में पढ़े, शिव वर्मा व महावीर सिंह भी इसी कॉलेज में पढ़ रहे थे। 8 और 9 सितम्बर, 1928 को कोटला फिरोजशाह दिल्ली में क्रान्तिकारियों की जो महत्वपूर्ण मीटिंग हुई थी उसमें ये सम्मिलित हुए थे और एक सेंट्रल पार्टी बनाने का निश्चय किया था। नूरी गेट हाउस आगरा के पार्टी के केन्द्र में भी इन्होंने काम किया। नवम्बर, 1928 से जनवरी, 1929 तक ये वहां पर आते रहते थे। ये हींग की मण्डी आगरा वाले मकान में भी पार्टी के सदस्यों से मिलते रहते थे।

पी. आई. नं.	*बंदी का नाम व पता*	*विशेष टिप्पणी*
		दिल्ली एसेम्बली बम केस के समय जब सरदार भगत सिंह व बटुकेश्वर दत्त ने 8.4.1929 को जब दिल्ली लेजिस्लेटिव एसेम्बली में बम का धमाका किया तो उनके सहयोग व सहायता के लिए दिल्ली में उपस्थित थे। **संदर्भ** : सेलुलर जेल की सूची का पृष्ठ नं. 8, संख्या नं. 5, उत्तर प्रदेश। **सरकारी फाईल नं.** –होम 1932 जेल. के. डब्ल्यू. 70 जेल., होम 1932 जेल. 70/4/32 जेल. होम 1933 पोल. 7/11/33 जेल., होम 1937 जेल. के. डब्ल्यू. 5/9ए/37 जेल., होम 1945 पोल. आई. 44/13ए/45, होम 1930 पोल. 172/30. **फू.चं. जै. फाईल नं.**– (7/578, 7/591, 7/624, 7/576, 6/279, 3/87)।
135	**ज्योतिन्द्र चन्द्र डे** उर्फ **जतिन्द्र डे** *सुपुत्र* रसिकचन्द्र डे, निवासी सराचार, बाजीतपुर, मैमनसिंह, आयु 24 वर्ष।	किशोरगंज में 30.9.1932 को डकैती व लूटमार का षड्यंत्र करने के आरोप में धारा 392, 392/120बी में 6 वर्ष कैद की सजा हुई। 3.9.1933 को अंडमान जेल में भेजने का आदेश हुआ। इनका मिदनापुर सेंट्रल जेल का बंदी नं. 4493 था। अंडमान पुस्तक में नाम जतिन्द्र डे छपा है। **संदर्भ** : सेलुलर जेल की सूची का पृष्ठ नं. 13, संख्या नं. 133, बंगाल। **सरकारी फाईल नं.** –होम 1932 जेल. के. डब्ल्यू. 70 जेल., होम 1932 पोल. 18/12/32 फोर्टनाइटली अक्टूबर 1932. **फू.च.जै. फाईल नं.**– (7/579, 7/566, 7/515, 3/400, 7/592)।
295	**ज्योतिर्मय राय** *सुपुत्र* बंशीधर राय, निवासी नगौरी, थाना सूरी, वीरभूम, आयु 23 वर्ष।	झारिया बम केस–1934 में बम बनाने के आरोप में 4.1.1934 को धारा 120बी/4 विस्फोटक एक्ट में 7 वर्ष कैद की सजा हुई। 23.2.1935 को सरकार ने सेलुलर जेल की भेजने का आदेश दिया। 1937 में भारत जेल वापस भेजा। इनका हजारीबाग जेल का बंदी नं. 12609 था। निल्लूरी पथरा कोलरी, धनबाद में जनवरी, 1933 में पुलिस ने ज्योतिर्मय के मकान से पीतल के बम के खाली खोल बरामद किए थे। कलकत्ता में मायादेवी उर्फ नैनीबाला गुप्ता (जिन्हें सजा हो चुकी थी) ने ज्योतिर्मय को जो पत्र लिखा था, वह पकड़ा गया। दशर्थी दलदार की चिट्ठियां भी बरामद हुई थीं जो माया

पी. आई. नं.	बंदी का नाम व पता	विशेष टिप्पणी
		देवी का सहायक था। ज्योतिर्मय और परमधा ने मिलकर झारिया में षड़यंत्र रचा था। ज्योतिर्मय राय के मकान से 16.3.1933 को 78 डाईनामाईट स्टिक व अन्य सामग्री बरामद हुई थी। वे हिन्दुस्तान सोशलिस्ट रिपब्लिकन आर्मी के सदस्य तथा भगत सिंह आदि के सहयोगी भी रहे। **संदर्भ**: सेलुलर जेल की सूची का पृष्ठ नं. 14, संख्या नं. 146, बंगाल। **सरकारी फाईल नं.** –होम 1934 जेल. 5/14/34 जेल., होम 1935 पोल. 5/3/35 जेल्स. **फू.चं.जै. फाईल नं.**– (7/469, 7/471, 7/429, 7/477)।
372	**ज्योतिष मजूमदार**–विद्यार्थी *सुपुत्र* मोहिनचन्द्र मजूमदार, निवासी खलिसाडाली, चांदपुर, तिप्परा। आयु 22 वर्ष।	इंटर प्रोविंशिल षड्यंत्र केस में 28.2.1933 व 15.1935 को शस्त्रों का षड़यंत्र और सम्राट की सरकार के विरुद्ध विद्रोह के आरोप में धारा 19एफ आर्म्स एक्ट 120बी, 121ए में 10 वर्ष की सजा हुई। 16.8.1936 को अंडमान जेल में भेजने का आदेश हुआ। 1937 में अंडमान जेल से वापस भारत की जेल भेजने का आदेश हुआ। इनका अलीपुर सेंट्रल जेल का बंदी नं. 6590 था। जुलाई 1937 में अंडमान जेल में 37 दिन की भूख–हड़ताल की और 1939 में अलीपुर सेंट्रल जेल में 36 दिन की भूख–हड़ताल की। 1930 के सत्याग्रह में भाग लिया था। 1945 में रिहा हुए। **संदर्भ**–सेलुलर जेल की सूची का पृष्ठ नं. 14, संख्या नं. 147, बंगाल। **सरकारी फाईल नं.** –होम 1932 जेल. के. डब्ल्यू. 70 जेल. होम 1935 पोल. 45/7/35, होम 1936 जेल. 5/36 जेल. होम 1937 पोल. आई. 45/3/37. **फू.चं.जै. फाईल नं.**– (7/587, 7/704, 7/656, 7/590, 5/554, 5/579, 6/363 से 367 तक)।
185	**यामिनी कुमार डे** *सुपुत्र* कैलाश चन्द्र डे, निवासी गांव पतनार, किशोरगंज, मैमनसिंह, आयु 35 वर्ष।	मैमनसिंह डकैती केस–1932 में तेज धार वाले शस्त्रों के साथ डकैती डालने के आरोप में 22.12.1932 को धारा 397 में 8 वर्ष सख्त कैद की सजा हुई। 27.1.1935 को अंडमान भेजने का आदेश हुआ। इनका मैमन सिंह सेंट्रल जेल का बंदी नं. 6346 था। 16.7.1932 को 16–17 युवकों ने जिनमें पेशेवर डकैती भी थे, मिलकर गंगेलपाड़ा, तलियापाड़ा–मैमनसिंह में

पी. आई. नं.	बंदी का नाम व पता	विशेष टिप्पणी
		गौरचन्द्र देवनाथ के मकान पर 1900 रुपये का डाका डाला। मुकाबले में 4 ग्रामीण जख्मी हुए। प्रफुल्ल चन्द्र भौमिक मफरूर हो गए थे और बाद में पकड़े गए। 14.10.1933 को सजा हुई। शेष को 22.12.1932 को स्पेशल जज मैमनसिंह की अदालत से सजाएं हो चुकी थी। इनमें निवारणचन्द्र चक्रवर्ती को 10 वर्ष कैद व जैमिनी कुमार डे को 8 वर्ष कैद की सजा हुई। ये अनुशीलन समिति के सदस्य थे, 19 वर्ष की आयु से ही अनुशीलन का कार्य कर रहे थे, अंडमान जेल में 1937 की भूख–हड़ताल में 37 दिन की भूख–हड़ताल की थी। 1937 के अन्त में अंडमान जेल से भारत की जेल में भेज दिए गए। (मुक्ति तीर्थ से उद्धृत) **संदर्भ :** सेलुलर जेल की सूची का पृष्ठ नं. 13, संख्या नं. 130, बंगाल। **सरकारी फाईल नं.** –होम 1934 जेल. 5/5/34 जेल., होम 1937 पोल. आई. 24/14/37, होम 1932 जेल. के. डब्ल्यू. 70 जेल. **फू. चं.जै. फाईल नं.** (7/522, 7/474, 7/383, 7/580, 7/521, 7/473, 7/592)।
281	**जितेन्द्रचन्द्र डे मजूमदार** उर्फ **जितेन्द्र मजूमदार** *सुपुत्र* पारसनाथ डे मजूमदार, निवासी बालूचारा, थाना पालौंग, फरीदपुर, आयु 27 वर्ष।	कोमिला में पोलिटिकल डकैती –1933 के आरोप में 7.3.1934 को धारा 395 में 7 वर्ष कैद की सजा हुई। 1937 में अंडमान जेल से वापस भारत की जेल भेजने का आदेश हुआ। इनका ढाका सेंट्रल जेल कैदी नं. 8302 था। अंडमान जेल की पुस्तिका में नाम जितेन्द्र मजूमदार है। **संदर्भ**–सेलुलर जेल की सूची का पृष्ठ नं. 14, संख्या नं. 140, बंगाल। **सरकारी फाईल नं.** –होम 1932 जेल. के. डब्ल्यू. नं. 70 जेल. **फू.चं.जै. फाईल नं.**– (7/504, 7/591, 7/444, 7/492)।
374	**जितेन्द्रनाथ गुप्ता** *सुपुत्र* ललित मोहन गुप्ता, निवासी कुरियासी, थाना पालौंग, फरीदपुर, आयु 35 वर्ष।	इंटर प्रोविंशल षड्यंत्र केस में 1.5.1935 को सम्राट सरकार के विरुद्ध विद्रोह का षड्यंत्र करने के आरोप में धारा 121ए में आजीवन कारावास की सजा हुई। 16.8.1936 को अंडमान जेल में भेजने का आदेश हुआ। 1937 में अंडमान जेल से वापस भारत की जेल भेजने का आदेश हुआ। इनका ढाका सेंट्रल जेल का बंदी नं. 1109 था। **संदर्भ :** सेलुलर जेल की सूची का पृष्ठ नं. 14, संख्या

पी. आई. नं.	*बंदी का नाम व पता*	*विशेष टिप्पणी*
		नं. 139, बंगाल। **सरकारी फाईल नं.** –होम 1935 पोल. 45/7/35, होम 1937 पोल. आई. 45/3/37, होम 1932 जेल. के. डब्ल्यू. 70 जेल., होम 1933 पोल. 18/8/33 फोर्टनाइटली जुलाई, 1937, होम 1936 जेल. 5/36. **फू.चं.जै. फाईल नं.** (7/704, 7/656, 7/587, 7/592, 3/428)।
386	**जितेन्द्रनाथ चक्रवर्ती** उर्फ **अवानि भुकर्जी** उर्फ **जीवन** *सुपुत्र* अनाथ बन्धु चक्रवर्ती, निवासी खतरापाड़ा, दाऊदकंडी, तिप्परा, आयु **24** वर्ष।	इंटर प्रोविंशियल षड्यंत्र केस में 1.5.1935 को सम्राट की सरकार के विरुद्ध विद्रोह के आरोप में धारा 121 में 7 वर्ष कैद की सजा हुई। 16.8.1935 को अंडमान जेल में भेजने का आदेश हुआ। 1937 में अंडमान जेल से वापस भारत की जेल भेजने का आदेश हुआ। इनका राजशाही सेंट्रल जेल का बंदी नं. **1342** था। **1930** के सत्याग्रह में भी कैद हुए थे। अंडमान जेल में 37 दिन की और बंगाल में 36 दिन की भूख–हड़ताल की। रिहाई के तुरन्त बाद नजरबंद कर दिए गए और 1946 में जेल से रिहा हुए। इन्होंने सरकारी नौकरी से इस्तीफा दे दिया था और वकालत भी छोड़ दी थी। **संदर्भ** : सेलुलर जेल की सूची का पृष्ठ नं. 13, संख्या नं. 138, बंगाल। **सरकारी फाईल नं.** –होम 1932 जेल. के. डब्ल्यू. 70 जेल., होम 1936 जेल. 5/36 जेल., होम 1935 पोल. 45/7/35, होम 1937 पोल. आई. 45/3/37, **फू.चं.जै. फाईल नं.**– (7/588, 7/593, 7/406, 7/658, 5/554, 5/579, 6/363 से 367 तक)।
394	**जीवन क्रिस्टो गुहा ठाकुर्ता** *सुपुत्र* नागेन्द्रनाथ गुहा ठाकुर्ता, निवासी बनारीपाड़ा, बरीसल, आयु 18 वर्ष।	कृष्ण नगर में सरकारी आदेशों व पाबंदियों का उल्लंघन करने के आरोप में पहली सजा 11.10.1934, दूसरी सजा 17.6.1936, तीसरी सजा 22.8.1936, चौथी सजा 28.9.1936, धारा 6–1, व 52 प्रिजन एक्ट में कुल कैद 5 वर्ष 6 माह हुई। 20.12.1936 को अंडमान जेल में भेजने का आदेश हुआ। इनका मिदनापुर सेंट्रल जेल का बंदी नं. 9749 था। ये अनुशीलन समिति के सदस्य थे। अंडमान जेल में 1937 की भूख–हड़ताल में 37 दिन की भूख–हड़ताल की। 1937 के अन्त में अंडमान जेल से वापस भारत की जेल में आए और रिहा कर दिए गए।

पी. आई. नं.	बंदी का नाम व पता	विशेष टिप्पणी
		अंडमान पुस्तक सूची में नाम जीवन गुहा ठाकुर्टा छपा है। **संदर्भ** : सेलुलर जेल की सूची का पृष्ठ नं. 13, संख्या नं. 135, बंगाल। **सरकारी फाईल नं.** –होम 1936 जेल. के. डब्ल्यू. 70 जेल., होम 1936 जेल. 5/36 जेल. **फू.चं.जै. फाईल नं.**– (7/710, 7/662, 7/588, 7/593)।
395	**जीवन मोल्ला** उर्फ **अब्दुल्ल जब्बार,** *सुपुत्र* कंगाली मोल्ला, निवासी गोविंदापुर, फरीदपुर, आयु 25 वर्ष।	23.9.1936 को फरीदपुर में विस्फोटक पदार्थ केस में धारा 4 व 5 विस्फोटक एक्ट में 5 वर्ष कैद हुई। 8.2.1937 को अंडमान जेल में भेजा गया। 1937 के अंत में अंडमान जेल से वापस भारत की जेल भेजने का आदेश हुआ। इनका अलीपुर सेंट्रल जेल का बंदी नं. 3659 था। **संदर्भ** : सेलुलर जेल की सूची का पृष्ठ नं. 13, संख्या नं. 136, बंगाल। **सरकारी फाईल नं.** –होम 1932 पोल. 18/1/32 दिल्ली रिकॉर्डस नं. 2, होम 1932 जेल. के. डब्ल्यू. 70 जेल., होम 1937 जेल. 5/37 जेल., होम 1937 जेल. 5/37 जेल. **फू.चं.जै. फाईल नं.** (7/591, 7/639, 2/1045, 3/45, 7/588)।
286	**जिबेन्द्र कुमार दास** उर्फ **दुर्गादास/सिकदर** *सुपुत्र* बिशबम्भर दास, निवासी जलडीह, बशखाली, चिटागांग, आयु 23 वर्ष।	बधुआ डकैती 1934 में डकैती के आरोप में 27.8.1934 को धारा 395/59 में 10 वर्ष कैद की सजा हुई। इनका मिदनापुर सेंट्रल जेल का बंदी नं. 8940 था। 1937 में अंडमान जेल से वापस भारत की जेल भेजने का आदेश हुआ। 28.1.1938 को भारत के लिए रवाना हुए। 1939 को रिहा कर दिए गए। अंडमान की पुस्तक सूची में इनका नाम जिवेनरा कुमार दास छपा है। **संदर्भ** : सेलुलर जेल की सूची का पृष्ठ नं. 13, संख्या नं. 137, बंगाल। **सरकारी फाईल नं.** –होम 1934 पोल. 45/43/34, होम 1935 जेल. 5/35 जेल. **फू.चं. जै. फाईल नं.**– (3/70, 7/494, 7/446, 7/613)।
157	**जोगेन्द्रचन्द्र चक्रवर्ती** *सुपुत्र* देवेन्द्रनाथ चक्रवर्ती। निवासी नेत्रकण्डी, बाजीतपुर, मैमनसिंह,	कमालपुर डकैती केस 1933 में डकैती के समय बमों व गोलियों के प्रयोग के आरोप में 19.4.1933 को धारा 395/120बी में 5 वर्ष कैद की सजा हुई। 31.12.1933 को छठे बैच में अंडमान जेल में भेजने का आदेश

पी. आई. नं.	*बंदी का नाम व पता*	*विशेष टिप्पणी*
	आयु 24 वर्ष, (निताब कण्डी)	हुआ। 1937 में अंडमान जेल से वापस भारत की जेल भेजने का आदेश हुआ। इनका मिदनापुर सेंट्रल जेल का बंदी नं. 6510 था। अंडमान पुस्तक सूची में नाम जोगेन्द्र चक्रवर्ती छपा हुआ है। ये 14 वर्ष की आयु से युगान्तर पार्टी में कार्य कर रहे थे। सजा की अवधि समाप्ति से पूर्व अंडमान जेल से भारत की जेल में भेज दिए गए। (मुक्ति तीर्थ से उद्धृत) **संदर्भ** : सेलुलर जेल की सूची का पृष्ठ नं. 14, संख्या नं. 142, बंगाल। **सरकारी फाईल नं.** –होम 1932 जेल. के. डब्ल्यू. 70 जेल., होम 1933 पोल. 18/5/33 फोर्टनाइटली, अप्रैल 1933, होम 1933 पोल. 42/2/33, **फू.चं.जै. फाईल नं.** (7/571, 7/523, 3/419, 6/287)।
88	**जोगेन्द्रनाथ गुहा**–विद्यार्थी *सुपुत्र* अनन्त चरण गुहा, निवासी रघुनाथपुर, कोतवाली, बरीसल, आयु 23 वर्ष।	29.4.1932 को अवैध शस्त्रों के संग्रह के आरोप में धारा 20 आर्म्स एक्ट में 6 वर्ष कैद की सजा हुई। 17.11.1932 को अंडमान जेल में भेजने का आदेश। इनका अलीपुर सेंट्रल जेल का बंदी नं. 2197 था। बी.ए. तक की शिक्षा प्राप्त की। 14 वर्ष की आयु में युगान्तर पार्टी के सदस्य बन गए। 6 वर्ष कैद की सजा हो जाने के बाद सेलुलर जेल अंडमान जेल में भेज दिए गए। अंडमान जेल की मई/1933 की भूख–हड़ताल में 45 दिन की भूख–हड़ताल की। सजा की समाप्ति से पूर्व अंडमान जेल से भारत की जेल में भेज दिए गए और जेल से रिहा कर दिए गए। (मुक्ति तीर्थ से उद्धृत) अंडमान की पुस्तक में जोगेन्द्र मोहन गुहा नाम छपा है। **संदर्भ** : सेलुलर जेल की सूची का पृष्ठ नं. 14, संख्या नं. 143, बंगाल। **सरकारी फाईल नं.** –होम 1932 जेल. के. डब्ल्यू. 70 जेल. **फू.चं.जै. फाईल नं.**– (7/541, 7/530, 7/482, 7/493)।
	जोगेन्द्र नाथ बैनर्जी *सुपुत्र* रामचन्द्र बैनर्जी। टैगोर स्ट्रीट, पथूरियाघटा,	22.3.1934 व 17.8.1938 को कलकत्ता में बम विस्फोटक केस में धारा 4 बी व 52 में कुल 7 वर्ष कैद की सजा हुई। 1936 के अन्त में अंडमान जेल में भेजने का

पी. आई. नं.	बंदी का नाम व पता	विशेष टिप्पणी
	कलकत्ता, आयु 26 वर्ष।	आदेश हुआ। 1937 में अंडमान जेल से वापस भारत की जेल भेजने का आदेश हुआ। इनका अलीपुर सेंट्रल जेल का बंदी नं. 7804 था। **संदर्भ** : सेलुलर जेल की सूची का पृष्ठ नं. 14 (पर इस नाम की कोई प्रविष्टि नहीं है परन्तु क्रम सं. 144 पर जोगेन्द्र चक्रवर्ती छपा हुआ है) **सरकारी फाईल नं.** –होम 1933 पोल. 18/12/33 फोर्टनाइटली दिल्ली रिकॉर्ड नं. 1, अक्टूबर 1933, होम 1934 पोल. 18/3/34, होम 1936 जेल. 5/36 जेल. **फू.चं.जै. फाईल नं.**– (3/437, 3/89, 7/709, 7/611)।
35	**जोगेन्द्र शुक्ल** उर्फ **सोहन सिंह** उर्फ **भाई** उर्फ **राठौड़ जी** उर्फ **जोगेन्द्र प्रशाद शुक्ल** *सुपुत्र* गन्नू शुक्ल, निवासी जलालपुर, थाना लालगंज, मुजफ्फरपुर।	30.3.1931, 5.10.1931 व 22.9.1930 को मोतीहारी–झझरा, हलुहा, मोलानिया डकैती के केस में षड्यंत्र, राजद्रोह विद्रोह के आरोप में धारा 395, 120बी, 396 व 19एफ, आर्म्स एक्ट में 10-10 वर्ष कैद की सजा हुई। सजाएं साथ–साथ चलेंगी। 1933 में अंडमान जेल में भेजने का आदेश हुआ। 1937-38 में अंडमान जेल से वापस भारत की जेल भेजने का आदेश हुआ। इनका हज़ारीबाग जेल का बंदी नं. 10743 था। 26.12.1940 को हजारीबाग जेल से देवली जेल भेज दिए गए। जोगेन्द्र शुक्ला जयप्रकाश जेल से भाग गए थे। 7.12.1942 को पुनः गिरफ्तार किए गए। जोगेन्द्र शुक्ला 1920 तक मुजफ्फरपुर में पढ़े और वहां प्रोफेसर कृपलानी से प्रभावित हुए। फिर इनका कार्यक्षेत्र पंजाब व उत्तर प्रदेश बन गया और वहां से ये अवैध शस्त्रों को एकत्रित करके भोपाल लाते थे। 1928 में तिरूहत के अंदर रेवोल्यूशनरी पार्टी का पुनः संगठन किया और पार्टी के नेता बन गए। उत्तर भारत से आए हुए मफरूरों को आश्रय दिलाने का प्रबंध करते थे। कुन्दनलाल, चन्द्रशेखर आजाद व सरदार भगत सिंह को भी आश्रय दिलाया था। 8.6.1929 के बेथिया थाने के अन्तर्गत मोलानिया डकैती में प्रमुख भाग लिया और मफरूर हो गए। मफरूरी के दिनों में झाझरा व झरूआ डकैतियों में भाग लिया। मोतीहारी जेल में जो विचाराधीन थे, जेल से भागने की योजना बनाई। रस्सी, आरी, कोलोरोफॉम आदि का जेल में प्रबंध किया। भागलपुर

पी. आई. नं.	*बंदी का नाम व पता*	*विशेष टिप्पणी*
		जेल में भी बचकर भागने का प्रयास किया। **संदर्भ** : सेलुलर जेल की सूची का पृष्ठ नं. 9, संख्या नं. 5, बिहार। **सरकारी फाईल नं.** –होम 1932 पोल. 18/15/3 फोर्टनाइटली सितम्बर 1932, होम 1932 जेल., के. डब्ल्यू. 70 जेल. होम 1932 जेल. 70/3/32 जेल., होम 1932 पोल. सीक्रेट, के. डब्ल्यू., 31/27/32, होम 1935 पोल. 5/3/35 जेल. होम 1939 पोल. आई. 43/4/39 के. डब्ल्यू., होम 1942 पोल. आई. बाई वीकली नवम्बर 1942 नं. 3/45/42, **फू.चं.जै. फाईल नं.**– (3/408, 7/577, 7/538, 7/488, 7/534, 3/380, 7/445, 7/362, 8/421ए, 8/446)।
74	**जोगेश चन्द्र चक्रवर्ती** उर्फ **जोगेश चक्रवर्ती** उर्फ **तोफ** विद्यार्थी *सुपुत्र* तारकचन्द्र चक्रवर्ती, निवासी फरीदपुर, मदारीपुर, आयु 20 वर्ष।	12.7.1932 को मदारीपुर मेल रॉबरी केस में धारा 394 में 5 वर्ष कैद की सजा हुई। फरवरी, 1933 में अंडमान जेल में भेजने का आदेश हुआ। इनका अलीपुर सेंट्रल जेल का बंदी नं. 4401 था। जोगेशचन्द्र चक्रवर्ती को बंगाल सरकार ने नजरबंद किया हुआ था, 1.9.1927 को गांव की नजरबंदी से हटाकर घर में पाबंद कर दिया और 24.5.1928 को बंगाल सरकार ने रिहा कर दिया। 12.7.1932 को अंगारिया मेल रॉबरी केस, मदारीपुर में स्पेशल ट्रिब्यूनल ने धारा 394 में निम्न को सजाएं सुना दी। जनेश्वर दास को आजीवन कारावास की सजा व अनुकूल चन्द्र चैटर्जी उर्फ इन्दु को 10 वर्ष कैद, जोगेशचन्द्र चटर्जी उर्फ तुफा/तोफा, को 5 वर्ष कैद की सजा हुई। **संदर्भ** : सेलुलर जेल की सूची का पृष्ठ नं. 14, संख्या नं. 144। अंडमान पुस्तक सूची में पृष्ठ 13 व 14 पर बंगाल के बंदियों में जोगेशचन्द्र चक्रवर्ती उर्फ तोफा के नाम की पुष्टि नहीं हुई। चक्रवर्ती के दो–तीन नाम और हैं मगर ये नाम पूरी तरह मेल नहीं खाते हैं। 145 नं. जोगेशचन्द्र दास भी मेल नहीं खाता। इसलिए संदर्भ अपूर्ण है। परन्तु क्रम नं. 144 पर जोगेन चक्रवर्ती छपा है। अब पूर्ण सम्भावना यही है कि ये इनका ही नाम है। ये प्रविष्टि इनके ही नाम की है। **सरकारी फाईल नं.** –होम 1927 पोल. 32/27 पोल., होम 1928 पोल. 1/28, होम 1932 पोल. 18/10/32

पी. आई. नं.	बंदी का नाम व पता	विशेष टिप्पणी
		फोर्टनाइटली जुलाई, 1932 देहली रिकॉर्डस नं. 2 कान्फिडेंशयल, होम 1932 जेल. के. डब्ल्यू. 70 जेल, **फू.चं.जै. फाईल नं.**– (3/623, 3/654, 3/393, 3/394, 7/550, 7/502)।
339	**जोगेशचन्द्र दास**–विद्यार्थी *सुपुत्र* मोहेन्द्रचन्द्र दास निवासी पठान डांगा, गयबाथा रंगपुर, आयु 23 वर्ष।	रंगपुर शस्त्र षड्यंत्र केस– 1935 में रिवाल्वर संग्रहित करने के षड्यंत्र में 15.5.1935 कोधारा 120बी, 19एफ आर्म्स एक्ट में 7 वर्ष कैद की सजा हुई। 1.3.1936 को अंडमान जेल में भेजने का आदेश। इनका राजशाही सेंट्रल जेल का बंदी नं. 1335 था। **संदर्भ** : सेलुलर जेल की सूची का पृष्ठ नं. 14, संख्या नं. 145–बंगाल। **सरकारी फाईल नं.** –होम 1932 जेल. के. डब्ल्यू. 70 जेल., होम 1936 जेल. 5/36 जेल.। **फू.चं.जै. फाईल नं.**– (7/586, 7/590, 7/697, 7/649)।
199	**जयेशचन्द्र भट्टाचार्य** *सुपुत्र* जोगेशचन्द्र भट्टाचार्य, निवासी अमटोला, तेंदुआ, मैमनसिंह, वर्तमान पता– नेत्रकोना, मैमनसिंह, आयु 21 वर्ष।	13.6.1933 को सरकारी अफसर डी.एम., एच. ग्राह्म की हत्या के प्रयास के आरोप में धारा 120बी/302 में 5 वर्ष कैद की सजा हुई। 27.1.1935 को अंडमान भेजने का आदेश। 1937-38 में अंडमान जेल से वापस भारत की जेल भेजने का आदेश हुआ। इनका राजशाही सेंट्रल जेल का बंदी नं. 9101 था। शशिन्द्र मोहन चक्रवर्ती व 9 अन्यों पर धारा 120बी/302 में मिदनापुर के डिस्ट्रिक्ट मैजिस्ट्रेट एच. ग्राह्म की हत्या की योजना बनाने के आरोप में मुकदमा कायम किया गया था। 13.6.1933 को फैसला सुनाते हुए अदालत ने शशिन्द्र मोहन चक्रवर्ती को 6 वर्ष कैद, शितांशु भूषण दत्ता राय को 6 वर्ष कैद व जयेश चन्द्र भट्टाचार्य को 5 वर्ष कैद की सजाएं हुई थी। **संदर्भ** : सेलुलर जेल की सूची का पृष्ठ नं. 13, संख्या नं. 134, बंगाल। **सरकारी फाईल नं.** होम 1932 जेल. के. डब्ल्यू. 70 जेल. **फू.चं.जै. फाईल नं.**– (7/581, 7/594, 7/524, 7/475)।
190	**टी. सच्चिदानन्द शिवम्** *सुपुत्र* पी. वी. सुब्रमण्या मुदालियर, निवासी पिडाविआर क्वायल, जोर्ज टाउन, मद्रास,	दूसरा मद्रास बम षड्यंत्र केस– 1933 में षड्यंत्र व विद्रोह के आरोप में 3.3.1934 को धारा 120बी, 457, 462/511 में 5 वर्ष, 7 वर्ष व 3 वर्ष कैद की सजाएं हुई। सजाएं साथ–साथ चलेंगी। 13.5.1934 को अंडमान

पी. आई. नं.	*बंदी का नाम व पता*	*विशेष टिप्पणी*
	आयु 24 वर्ष।	जेल के लिए रवाना कर दिए। 21.5.1934 को अंडमान जेल में पहुंचे। ये हिन्दुस्तान सोशलिस्ट रिपब्लिकन आर्मी के सदस्य थे और सिटी बम केस में इनपर बम बनाने का भी आरोप था। 1937 की अंडमान जेल की भूख–हड़ताल में 37 दिन की भूख–हड़ताल की और 1937 के अन्त में भारत की जेल में अंडमान जेल से वापस भेज दिए गए और नए मंत्रिमण्डल के आदेश से मद्रास से रिहा कर दिए गए। (मुक्ति तीर्थ से उद्धृत) **संदर्भ** : सेलुलर जेल की सूची का पृष्ठ नं. 20, संख्या नं. 2, मद्रास। **सरकारी फाईल नं.** –होम 1934 जेल्स. 5/4/34 जेल्स.। **फू.चं.जै. फाईल नं.**– 7/425–426)।
356	**तारापद दास** उर्फ **मोहम्मद इब्राहिम** *सुपुत्र* अब्दुल हुसैन, आयु 28 वर्ष।	कलकत्ता लैटर षड्यंत्र केस–1935 में धारा 109 बंगाल एमेंडमेंट लॉ, 387/120 बी., 353/114 के अंतर्गत 22.1.1934, 28.5.1934, 6.8.1935 व 28.8.1935 को चार आरोपों में कुल 5 वर्ष 9 माह कैद की सजा हुई। इनका प्रेसीडेंसी जेल अलीपुर का बंदी नं. 960 था। **संदर्भ**–सेलुलर जेल की सूची का पृष्ठ नं. 15, संख्या नं. 18। अंडमान जेल की पुस्तक सूची में नाम मोहम्मद इब्राहिम उर्फ तारापद छपा हुआ है। **सरकारी फाईल नं.** –होम 1932 जेल. के. डब्ल्यू. 70 जेल. होम 1932 पोल. 4/52/32 सीरियल नं. 1–6, होम 1936 जेल. 5/36 जेल., होम 1937 जेल. के. डब्ल्यू. नं. 5/9ए/37 जेल. **फू.चं.जै. फाईल नं.** (7/699, 7/651, 7/652, 6/265, 7/528, 7/587, 7/594)।
245	**दिनेशचन्द्र दास गुप्ता**–विद्यार्थी *सुपुत्र* प्रतापचन्द्र दास गुप्ता, निवासी डलघाट, पतिया, चिटागांग, आयु 19 वर्ष।	24.10.1932 व 3.8.1934 को मफरूर क्रांतिकारियों को आश्रय देने के आरोप में धारा 120बी/216, 4/19 इमजेंसी पावर्स एक्ट 52 प्रिजनर्स एक्ट में कुल 6 वर्ष कैद की सजा हुई। 11.4.1935 को अंडमान जेल में भेजने का आदेश। 1937 में अंडमान जेल से भारत की जेल भेजने का आदेश हुआ। 13.6.1932 को डलघाट में जब पुलिस मस्टर्डा सूर्यसेन को गिरफ्तार करने के लिए आई तो क्रांतिकारियों ने डटकर मुकाबला किया और मिलिटरी फोर्स के कैप्टन कैमरिन गोली से मारे गए। निर्मल सेन व अपूर्वासेन ने

पी. आई. नं.	*बंदी का नाम व पता*	*विशेष टिप्पणी*
		भी सूर्यसेन की रक्षा करते हुए अपने प्राण त्याग दिए। पुलिस ने वहां से सावित्री देवी व उनके लड़के रामकिशन चक्रवर्ती व दिनेशदास गुप्ता को गिरफ्तार कर लिया। दूसरे महायुद्ध के समय 1940 से 1946 तक पुनः जेल में नजरबंद रहे। **संदर्भ** : सेलुलर जेल की सूची का पृष्ठ नं. 12, संख्या नं. 89, बंगाल। **सरकारी फाईल नं.** –होम 1933 जेल. के. डब्ल्यू. 104 जेल., होम 1932 जेल. के. डब्ल्यू 70 जेल. होम 1935 जेल. 5/35 जेल., होम 1937 जेल. के. डब्ल्यू. 5/9ए/37 जेल.। **फू.चं.जै. फाईल नं.**– (7/583, 7/488, 7/592, 7/488, 7/527, 7/633)।
265	**दिनेशचन्द्र दास** *सुपुत्र* महेशचन्द्र दास ताल्लुकदार, निवासी लक्ष्मीया, थाना फफुंडिया, काकुंडा, मैमनसिंह।	16.10.1933 को मैमनसिंह डकैती की योजना बनाने के आरोप में धारा 395, 402 में 5 वर्ष सख्त कैद की सजा हुई। 11.4.1935 को अंडमान जेल में भेजने का आदेश। 1937 में अंडमान जेल से भारत की जेल भेजने का आदेश हुआ। इनका ढाका सेंट्रल जेल का बंदी नं. 7431 था। ये युगान्तर पार्टी के सदस्य थे। अक्टूबर, 1931 में गिरफ्तार किए गए। सजा समाप्ति के पूर्व अंडमान जेल से भारत की जेल में भेज दिए गए और रिहाई के बाद एक वर्ष तक घर में पाबंद कर दिए गए। (मुक्ति तीर्थ से उद्धृत) **संदर्भ** : सेलुलर जेल की सूची का पृष्ठ नं. 12, संख्या नं. 87, बंगाल। **सरकारी फाईल नं.** –होम 1932 जेल. के. डब्ल्यू. 70 जेल., होम 1935 जेल. 5/35 जेल. **फू.चं.जै. फाईल नं.** (7/486, 7/438, 7/583)।
335	**दिनेशचन्द्र दास** उर्फ **टैगौर** *सुपुत्र* राज मोहन दास, निवासी दिनाजपुर, कालीटाला, आयु 24 वर्ष।	दिनाजपुर षड्यंत्र केस 1934 में हवालात से भाग जाने व डकैती के षड्यंत्र के आरोप में 24.7.1934 व 19.2.1935 को धारा 224 व 120बी/395 में कुल सजा 12 वर्ष की हुई। 1.3.1936 को अंडमान जेल में भेजने का आदेश हुआ। इनका राजशाही सेंट्रल जेल का बंदी नं. 968 था। ये युगान्तर पार्टी के सदस्य थे। 1930 के सत्याग्रह आंदोलन में 6 माह कैद की सजा काटी। दिसम्बर 1932 में पुनः गिरफ्तार कर लिए गए। जून, 1933 में

पी. आई. नं.	*बंदी का नाम व पता*	*विशेष टिप्पणी*
		हवालात से भाग गए और 30.5.1934 को पुनः गिरफ्तार कर लिए गए। अंडमान जेल में 1937 की भूख–हड़ताल में 37 दिन की भूख–हड़ताल की। 1938 के प्रारम्भ में अंडमान जेल से भारत की जेल में भेज दिए गए। जुलाई, 1939 में भारत की जेल में पुनः 36 दिन की भूख–हड़ताल की। 1946 में जेल से रिहा किए गए। (मुक्ति तीर्थ से उद्धृत) **संदर्भ** : सेलुलर जेल की सूची का पृष्ठ नं. 12, संख्या नं. 88, बंगाल। **सरकारी फाईल नं.** –होम 1932 जेल. के. डब्ल्यू. 70 जेल.। **फू.चं.जै. फाईल नं.**– 7/586)।
53	**दिनेशचन्द्र धर** उर्फ **दिनेश धर** *सुपुत्र* रामचन्द्र धर, निवासी सुखियादा, मैमनसिंह, आयु 30 वर्ष।	14.2.1932 को किशोरगंज आर्म्स एक्ट पोलिटिकल डकैती केस में धारा 19एफ व 20 आर्म्स एक्ट व 120बी व इंडियन प्रेस एक्ट व 395 में 5–5 वर्ष कैद की सजा हुई। सजाएं साथ–साथ चलेंगी। 17.11.1932 को अंडमान जेल में भेजने का आदेश हुआ। इनका मिदनापुर सेंट्रल जेल का बंदी नं. 3399 था। 17.9.1931 को बनियाग्राम, कटियाडी, मैमनसिंह में एक मकान से बंदूक, रिवॉल्वर व कारतूस बरामद होने पर स्पेशल जज की अदालत से 19, 20 आर्म्स एक्ट में 14.2.1932 को अभियुक्तों को निम्न सजाएं हुई, प्रोबीरगोस्वामी–7 वर्ष कैद, पूर्णागोस्वामी–6 वर्ष कैद, मथुरादत्त–5 वर्ष कैद, दिनेशधर–5 वर्ष कैद। **संदर्भ**–सेलुलर जेल की सूची का पृष्ठ नं. 12, संख्या नं. 90, बंगाल। **सरकारी फाईल नं.** –होम 1932 पोल. 4/52/32 सीरियल नं. 1–6, होम 1932 जेल. 70 के. डब्ल्यू. होम 1932 जेल. के. डब्ल्यू. 70. **फू.चं.जै. फाईल नं.**– (6/267, 6/253, 7/495, 7/543)।
160	**दिनेशचन्द्र बानिक** *सुपुत्र* महिमचन्द्र बानिक, निवासी मथोरापुर, बाजीतपुर, मैमनसिंह, आयु 20 वर्ष।	19.4.1933 को कमालपुर डकैती के समय बमों व गोलियों के प्रयोग के आरोप में धारा 395, 120बी में 7 वर्ष कैद की सजा हुई। 31.12.1933 को छठे बैच में अंडमान जेल भेजने का आदेश हुआ। 1937 में अंडमान जेल से भारत की जेल भेजने का आदेश हुआ। इनका मिदनापुर सेंट्रल जेल का बंदी नं. 6509 था। **संदर्भ** : सेलुलर जेल की सूची का पृष्ठ नं. 12, संख्या नं. 86, बंगाल। **सरकारी फाईल नं.** –होम 1932 जेल.

पी. आई. नं.	*बंदी का नाम व पता*	*विशेष टिप्पणी*
		के. डब्ल्यू. 70 जेल. होम 1933 पोल. 42/2/33, होम 1937 पोल. आई. 24/4/37। **फू.चं.जै. फाईल नं.**– (7/571, 7/579, 7/594, 7/523, 6/287, 7/394)।
163	**दिनेशचन्द्र शाह** *सुपुत्र* ईश्वरचन्द्र शाह, निवासी पैलनपुर, बाजीतपुर, मैमनसिंह। आयु 24 वर्ष।	कमालपुर डकैती केस 1933 में डकैती के समय बमों व गोलियों के प्रयोग के आरोप में 19.4.1933 का धारा 395, 120बी में 7 वर्ष कैद की सजा हुई। 31.12.1933 को अंडमान जेल में भेजने का आदेश। 1937 में अंडमान जेल से भारत की जेल भेजने का आदेश हुआ। इनका अलीपुर सेंट्रल जेल का बंदी नं. 2717 था। **संदर्भ**–सेलुलर जेल की सूची का पृष्ठ नं. 12, संख्या नं. 91, बंगाल। **सरकारी फाईल नं.** –होम 1932 जेल. के. डब्ल्यू. 70 जेल., होम 1933 पोल. 42/2/33, होम 1937 पोल. आई. 24/4/37। **फू.चं.जै. फाईल नं.**– (7/384, 7/579, 6/287, 7/576, 7/525)।
382	**द्विजेन्द्रनाथ तलपात्रा**–विद्यार्थी *सुपुत्र* जोगेशचन्द्र तलपात्रा, निवासी ताहर पोर, बगमारा, राजशाही। आयु 24 वर्ष।	1.5.1935 व 1.8.1936 को सम्राट की सरकार के विरुद्ध विद्रोह के आरोप में धारा 121 व 52 में कुल 2 वर्ष कैद की सजा हुई। 16.8.1936 को अंडमान जेल में भेजने का आदेश। 1937 में अंडमान जेल से वापस भारत की जेल भेजने का आदेश हुआ। इनका मिदनापुर सेंट्रल जेल का बंदी नं. 187 था। **संदर्भ**–सेलुलर जेल की सूची का पृष्ठ नं. 12, संख्या नं. 94, बंगाल। **सरकारी फाईल नं.** –होम 1932 जेल. के. डब्ल्यू. 70 जेल. होम 1936 जेल. 5/36 जेल., होम 1937 जेल., के. डब्ल्यू. 5/9ए/37 जेल., होम 1942 पोल. आई. 7/13/42, होम 1942 पोल. आई. 18/4/42 फोर्टनाइटली अप्रैल 1942, होम 1935 पोल. 45/7/35, होम 1937 पोल. आई. 45/3/37। **फू.चं. जै. फाईल नं.**– (7/588, 7/705, 7/657, 7/593, 7/530, 6/690, 8/497, 5/554, 5/579, 6/363 से 367 तक)।
218	**द्विजेन्द्रनाथ नाहा** उर्फ **द्विजेन्द्रचन्द्र नाहा** *सुपुत्र* दीनानाथ नाहा, निवासी पतूली, मोनोहालडी, ढाका, आयु 26 वर्ष।	1.7.1932 को किशोरगंज डकैती के षड्यंत्र योजना के आरोप में धारा 395/120बी में 6 वर्ष कैद की सजा हुई। 27.1.1935 को अंडमान भेजने का आदेश हुआ। 1937 में अंडमान जेल से भारत की जेल भेजने का आदेश हुआ।

पी. आई. नं.	*बंदी का नाम व पता*	*विशेष टिप्पणी*
		16 वर्ष की आयु में ही युगान्तर पार्टी का काम करने लगे थे, कुलियारचार–किशोरगंज केस में गिरफ्तार किए गए थे, सजा की अवधि समाप्त होने से पूर्व अंडमान जेल से भारत की जेल में भेज दिए गए थे। (मुक्ति तीर्थ से उद्धृत) इनका मिदनापुर सेंट्रल जेल का कैदी नं. 4869 था। **संदर्भ** : सेलुलर जेल की सूची का पृष्ठ नं. 12, संख्या नं. 93, बंगाल। **सरकारी फाईल नं.** –होम 1932 जेल. के. डब्ल्यू. नं. 70 जेल। **फू.चं.जै. फाईल नं.** (7/434, 7/533, 7/542)।
125	**दुर्गाशंकर दास** *सुपुत्र* प्रहलादचन्द्र दास, निवासी चौण्डसी, गोरनडी, बरीसल। आयु 22 वर्ष।	8.8.1932 को बमों के खोल संग्रहित करने के आरोप में धारा 4, 5 व 6 विस्फोटक एक्ट में 5 वर्ष सख्त कैद की सजा हुई। 3.3.1933 को अंडमान जेल में भेजने का आदेश हुआ। इनका अलीपुर सेंट्रल जेल का बंदी नं. 4633 था। बमों के खोल बरामद होने पर पुलिस को दुर्गाशंकर दास व हरीपद गुहा के विरुद्ध विस्फोटक एक्ट में मुकदमा चलाने की मंजूरी बंगाल सरकार से मिली। 8.8.1932 को फैसला सुनाते हुए मैजिस्ट्रेट महोदय ने दुर्गाशंकर दास को 5 वर्ष सख्त कैद की सजा सुना दी और संदेह का लाभ देते हुए हरीपद गुहा को बरी कर दिया। 1930 के सत्याग्रह आंदोलन में भाग लिया। पूर्णचन्द्र दास की शांति सेना में सम्मिलित हुए थे। पुलिस ने इन्हें कलकत्ता में गिरफ्तार किया था। सजा की अवधि समाप्ति होने से पूर्व अंडमान जेल से भारत की जेल में भेज दिए गए। (मुक्ति तीर्थ से उद्धृत) **संदर्भ** : सेलुलर जेल की सूची का पृष्ठ नं. 12, संख्या नं. 92 बंगाल। **सरकारी फाईल नं.** –होम 1932 पोल. 18/11/32 फोर्टनाइटली अगस्त 1932, होम 1932 पोल. 18/10/32 फोर्टनाइटली जुलाई 1932, होम 1933 जेल. के. डब्ल्यू. 70 जेल. **फू.चं.जै. फाईल नं.**– (3/395, 3/393, 7/565, 7/517)।
257	**देवकुमार दास** *सुपुत्र* प्रसन्न कुमार दास, निवासी मूगरा ग्राम,	10.6.1932, 23.2.1934, 3.6.1934 व 15.9.1934 को अवैध शस्त्र संग्रह व जेल अपराधों के आरोप में धारा 20, 52 में 6½ वर्ष कैद की सजा हुई। अप्रैल, 1935 को

पी. आई. नं.	*बंदी का नाम व पता*	*विशेष टिप्पणी*
	कंखाली बरीसल। आयु 22 वर्ष।	अंडमान जेल में भेजने का आदेश। अंडमान जेल में जुलाई, 1933 की भूख–हड़ताल में 37 दिन की भूख–हड़ताल की और 1937 के अन्त में अंडमान जेल से भारत की जेल में भेज दिए गए। 1938 में जेल से रिहा कर दिए गए। (मुक्ति तीर्थ से उद्धृत) 11.6.1932 को प्रेसीडेंसी जेल से अलीपुर सेंट्रल जेल में आए। इनका अलीपुर सेंट्रल जेल का बंदी नं. 3153 था। अप्रैल, 1935 में देवकुमार दास के साथ राजनैतिक बंदियों का एक जत्था अंडमान पहुंचा। ये एक चिट्ठी लेकर गए थे जिसमें सब बंदियों से अपील की गई थी कि वे सब थर्ड इंटरनेशनल के आधार पर कम्युनिज्म का अध्ययन करें और प्रचार करें। इसका बंदियों पर प्रभाव पड़ा और अंडमान जेल में कम्युनिज्म का प्रचार बढ़ने लगा। **संदर्भ** : सेलुलर जेल की सूची का पृष्ठ नं. 11, संख्या नं. 72, बंगाल। **सरकारी फाईल नं.** –होम 1932 पोल. 18/9/32 फोर्टनाइटली जून 1932, होम 1935 जेल 5/35 जेल., होम 1937 जेल. के. डब्ल्यू. नं. 5/9ए/37 जेल। **फू.चं.जै. फाईल नं.**– (3/366), 7/490), 7/527), 7/490)।
44	**देवेन्द्रचन्द्र ताल्लुकदार** *सुपुत्र* रामचन्द्र ताल्लुकदार, निवासी निहोरव, गायपुर, थाना मोहनगंज, मैमनसिंह, आयु 27 वर्ष।	31.5.1932 को पोलिटिकल डकैती षड्यंत्र के आरोप में धारा 395/120बी में 7 वर्ष कैद की सजा हुई। 17.11.1932 को अंडमान जेल में भेजने का आदेश हुआ। इनका अलीपुर सेंट्रल जेल का बंदी नं. 4048 था। 14 वर्ष की आयु में अनुशीलन समिति में गए। सोआरा कंडा पाडा में गिरफ्तारी हुई थी। सजा की समाप्ति से पूर्व अंडमान जेल से भारत की जेल में भेज दिए गए। **संदर्भ** : सेलुलर जेल की सूची का पृष्ठ नं. 11, संख्या नं. 73, बंगाल। अंडमान की पुस्तक में देवेन्द्र ताल्लुकदार छपा है। **सरकारी फाईल नं.** –होम 1932 जेल. के. डब्ल्यू. 70 जेल. **फू.चं.जै. फाईल नं.**– (7/542, 7/494, 7/577, 7/594)।
204	**धन्वंतरि** *सुपुत्र* दुर्गादत्त कश्मीरी, निवासी गुरदासपुर।	28.4.1933 को सरकार के विरुद्ध षड्यंत्र रचने और बिना लाइसेंस हथियार रखने के आरोप में धारा 307, 19 आर्म्स एक्ट में 7 वर्ष + 3 वर्ष अर्थात् कुल 7 वर्ष

पी. आई. नं.	बंदी का नाम व पता	विशेष टिप्पणी
		कैद की सजा हुई। 18.6.1934 को अंडमान जेल में भेजने का आदेश। 1937-38 में अंडमान जेल से भारत की जेल भेजने का आदेश हुआ। ये हिन्दुस्तान सोशलिस्ट रिपब्लिकन आर्मी के प्रमुख क्रांतिकारी थे। चन्द्रशेखर आजाद व भगत सिंह के सहयोगी रहे। 23.12.1929 को नई दिल्ली रेलवे स्टेशन के समीप वाइसराय लॉर्ड इर्विन की ट्रेन के नीचे विस्फोट करने पर लाहौर पुलिस ने तुरन्त रामकिशन कम्युनिस्ट, सुखदेव राज, वीरेन्द्र, किरणचन्द्र दास, डॉ. बनारसीदास, एहसान इलाही और मिलखीराम, धन्वंतरि को गिरफ्तार कर लिया। 1.11.1930 को पंजाब पुलिस के सिपाही ने चांदनी चौक घंटाघर, दिल्ली के पास धन्वंतरि को देखकर आक्रमण किया। धन्वंतरि ने भी रिवॉल्वर निकालकर गोली चलाने का प्रयास किया, परन्तु पुलिस की लाठी से धन्वंतरि का सिर फट गया और विख्यात दिल्ली षड्यंत्र केस में इनका चालान कर दिया गया। दिल्ली में लाहौर के बंदियों को छुड़ाने के लिए चन्द्रशेखर आजाद आदि ने मिलकर पहले तो रेलवे क्लियरिंग एकाउन्ट ऑफिस का रुपया लूटने का प्रयास किया। 1.7.1930 को रुपया इम्पीरियल बैंक से आना था, परन्तु उस दिन दिल्ली में हड़ताल थी योजना रह गई। पांच दिन बाद चन्द्रशेखर आजाद, धन्वंतरि, लेखराम, कांशीराम, विशम्भरदयाल आदि ने 14 हजार रुपया गडोडिया स्टोर, कूचा नटवा, दिल्ली का लूट लिया और उन रुपयों से दिल्ली में एक बम फैक्टरी बनाई। प्रत्यक्ष रूप में ये झण्डेवालान में साबुन और सुगन्धित प्रसाधन की फैक्टरी थी। अगस्त, 1930 में लाहौर में गिरफ्तारियां होने पर झण्डेवालान फैक्टरी बंद कर दी गई। नवम्बर, 1930 में कपूरचन्द जैन के मकान से फैक्टरी का सामान बरामद कर लिया गया। विस्फोटक पदार्थों के सम्बन्ध में सरकारी रिपोर्ट है कि 6 हजार बम तैयार करने के लिए पर्याप्त सामग्री थी। नवम्बर, 1930 में कैलाशपति के बयान पर, जो अप्रूवर बन गया, गिरफ्तारियां शुरू हो गई। 24 माह के मुकदमे के बाद भी दिल्ली षड्यंत्र केस को सरकार ने समाप्त

पी. आई. नं.	बंदी का नाम व पता	विशेष टिप्पणी
		कर व्यक्तिगत कार्यवाही की–2 को शाही नजरबंद, 4 को रिहा और 8 के विरुद्ध विशेष धाराओं में मुकदमे चले। इनमें धन्वंतरि को भी 7 वर्ष कैद की सजा हुई। अन्य सजा पाने वालों में सच्चिदानन्द हीरानन्द वात्स्यायन, विमलप्रसाद जैन, डॉ. बाबूराम, प्रो. नन्द किशोर निगम, कपूरचन्द जैन, आदि थे। षड्यंत्र केस का मुकदमा 4.2.1933 को सरकार ने वापस लिया। **संदर्भ** : सेलुलर जेल की सूची का पृष्ठ नं. 8, संख्या नं. 1, दिल्ली। **सरकारी फाईल नं.**–होम 1933 पोल. 24/13/33, होम 1932 के. डब्ल्यू. 70 जेल., होम 1937 पोल. 22/39/37, होम 1940 पोल. आई. के. डब्ल्यू. 7/1/40, होम 1940 पोल. आई. 216/40, होम 1941 पोल. आई. 43/10/41, होम 1934 जेल. 5/5/34 जेल। **फू.चं.जै. फाईल नं.**–(4/383, 7/581, 6/1, 7/74, 8/136, 8/202, 7/504)।
86	**धरणीकान्त चक्रवर्ती** उर्फ **धरणी चक्रवर्ती** *सुपुत्र* जोगेशचन्द्र चक्रवर्ती, निवासी अरनियापाशा, थाना नदियाल, मैमनसिंह, आयु 22 वर्ष।	अरनियापाशा कांसपिरेसी केस–1932 में पोलिटिकल डकैती के लिए शस्त्रों व बम विस्फोट का संग्रह करने के आरोप में 14.3.1932 को धारा 120बी, 411, 5 विस्फोटक एक्ट, 19एफ व 20 आर्म्स एक्ट में कुल 4 वर्ष कैद की सजा हुई। फरवरी, 1933 में अंडमान जेल में भेजने का आदेश हुआ। इनका राजशाही सेंट्रल जेल का बंदी नं. 7664 था। 29.9.1931 धरणी चक्रवर्ती के मकान पर पुलिस ने बम के खोल बरामद किए। वहां उपस्थित सातों व्यक्तियों को पुलिस ने गिरफ्तार कर लिया। आर्म्स व एक्सप्लोसिव एक्ट में सातों व्यक्तियों के विरुद्ध मुकदमा चलाने की अनुमति बंगाल सरकार ने दे दी थी। अंडमान जेल में कम्युनिज्म का प्रचार बढ़ रहा था, कई दल बन गए थे, इनमें धरणी चक्रवर्ती आदि कई बंदी भी टेरेरिज्म के समर्थक थे। **संदर्भ**–सेलुलर जेल की सूची का पृष्ठ नं. 11, संख्या नं. 76, बंगाल। **सरकारी फाईल नं.** –होम 1932 पोल. 18/4/32 फोर्टनाइटली रिपोर्ट फरवरी 1932, देहली रिकॉडर्स, होम 1932 जेल. के. डब्ल्यू. 70 जेल., होम 1932 पोल. 4/52/32 सीरियल नं. 1–6, होम 1937

पी. आई. नं.	बंदी का नाम व पता	विशेष टिप्पणी
		जेल. के. डब्ल्यू. 5/9ए/37 जेल। **फू.चं.जै. फाईल नं.**– (3/361, 7/554, 7/578, 7/528, 7/267)।
55	**धरणीकान्त विश्वास** विद्यार्थी *सुपुत्र* रजनीकान्त विश्वास, निवासी बड़ीपताल, सरीसाबारी, मैमनसिंह, वर्तमान में सेनपाड़ा, कटवाहा, रंगपुर, आयु 24 वर्ष।	21.2.1930 की पुथिया में मेल डकैती केस में धारा 395/375/120बी में 6 वर्ष कैद की सजा हुई। 17.11.1932 को अंडमान जेल में भेजने का आदेश। इनका मिदनापुर सेंट्रल जेल का बंदी नं. 2774 था। धरणीकान्त विश्वास रंगपुर कॉलेज में विद्यार्थी थे, 11.9.1929 को पुथिया मेलवान में डकैती डालने के आरोप में 21.2.1930 को सुशील दास गुप्ता व धरणीकान्ता विश्वास को 6–6 वर्ष कैद व रखाल दास को 7 वर्ष कैद की सजा हुई। मुकुलरंजन सेन गुप्ता व सुरेशचन्द्र दास गुप्ता को बरी कर दिया गया। ये इन्टरमीडिएट साइंस के विद्यार्थी थे, अनुशीलन समिति में काम करते थे, 1921–22 में असहयोग आंदोलन में तीन माह कैद की सजा हुई थी। अंडमान जेल में मई, 1933 की भूख–हड़ताल में 45 दिन की भूख–हड़ताल की थी। 1937 में अंडमान जेल से भारत की जेल में भेज दिए गए और जेल से रिहाई के बाद नजरबंद कर दिए गए। (मुक्ति तीर्थ से उद्धृत) **संदर्भ** : सेलुलर जेल की सूची का पृष्ठ नं. 11, संख्या नं. 75–बंगाल। **सरकारी फाईल नं.** –होम 1930 पोल. 290/30, होम 1932 जेल. के. डब्ल्यू. 70। **फू.चं.जै. फाईल नं.**– (2/1034, 7/496, 7/545, 6/253)।
303	**धरणीधर राय** उर्फ **शियालमारा** *सुपुत्र* ऋषि भूषण राय, निवासी मोललारपुर, थाना मोरेश्वर, वीरभूम, आयु 25 वर्ष।	वीरभूम षड्यंत्र केस, 1934 में विद्रोह, सरकारी कर्मचारी पर आक्रमण व जेल में भूख–हड़ताल के आरोप में 24.9.1934, 20.11.1934 व 27.2.1935 को धारा 121ए, 147/353, 52 प्रिजन एक्ट में 6 वर्ष कैद की सजा हुई। इनका ढाका सेंट्रल जेल का बंदी नं. 9637 था। वीरभूम पोलिटिकल डकैती षड्यंत्र केस में 21 के विरुद्ध आरोपपत्र पेश 24.9.1934 को हुआ। उनमें से निम्न को सजाएं हुई, रजतभूषणदत्ता–आजीवन कैद, समाधीशचन्द्र राय बगमारा–10 वर्ष कैद, प्रभतिकुसुम घोष उर्फ खोखा–7 वर्ष कैद, प्राणगोपाल मुकर्जी आजीवन कैद, व सत्येन्द्रनाथ गुप्ता, हारनचन्द्रखंग विजयघोष

पी. आई. नं.	*बंदी का नाम व पता*	*विशेष टिप्पणी*
		उर्फ खेलाराम, बारेन्दू राय उर्फ स्यालमारा को 6–6 वर्ष कैद व सरकारी चैटर्जी, कालीप्रसन्न चौधरी, बोम बिहारी राय उर्फ उमापति, विनयकृष्णा चौधरी, सत्यगोपाल चन्द्र, हरीपद बैनर्जी, जयगोपालराय व प्रद्योत कुमार चौधरी उर्फ साबु को 4½ वर्ष कैद की सजा हुई। **संदर्भ** : सेलुलर जेल की सूची का पृष्ठ नं. 11, संख्या नं. 77, बंगाल। **सरकारी फाईल नं.** –होम 1932 जेल. के. डब्ल्यू. 70 जेल., होम 1935 जेल. 5/35 जेल., होम 1937 जेल. 5/9ए/37 जेल., होम 1937 पोल. आई. 24/4/37, होम 1934 पोल. 45/46/34. **फू.चं.जै. फाईल नं.**– (7/585, 7/502, 7/454, 7/528, 7/386, 3/106)।
167	**धरणीमोहन बानिक** *सुपुत्र* राधिका बानिक, निवासी नेतोरकण्डी, बाजीतपुर, मैमनसिंह, आयु 27 वर्ष।	कमालपुर डकैती–1933 में डकैती के समय बमों व गोलियों के प्रयोग के आरोप में 19.4.1933 को धारा 395, 120बी में 7 वर्ष कैद की सजा हुई। 31.12.1933 को छठे बैच के साथ अंडमान जेल में भेजने का आदेश हुआ। इनका अलीपुर सेंट्रल जेल का बंदी नं. 2724 था। **संदर्भ** : सेलुलर जेल की सूची का पृष्ठ नं. 11, संख्या नं. 74, बंगाल। **सरकारी फाईल नं.** –होम 1932 जेल. के. डब्ल्यू. 70 जेल. होम 1933 पोल. 42/2/33, **फू.चं.जै. फाईल नं.**– (7/573, 7/525, 7/580, 7/590, 6/287)।
225	**धीरेन्द्र कुमार विश्वास** *सुपुत्र* हरीपद विश्वास, निवासी पंचपाड़ा, मीरपुर, नडिया। आयु 22 वर्ष।	नलडंगा रंगपुर डकैती केस 1933–34 में डकैती के साथ षड्यंत्र व शस्त्र एकत्रित करने के आरोप में 8.1.1934 को धारा 395, 120बी व 19बी आर्म्स एक्ट में 6 वर्ष सख्त कैद की सजा हुई। 23.2.1935 को अंडमान जेल में भेजने का आदेश दिया गया। इनका राजशाही सेंट्रल जेल का बंदी नं. 9688 था। 20.11.1933 को 10 युवकों ने नलडंगा गांव में थाना सादुल्लापुर जिला रंगपुर में एक मकान में 8 हजार का डाका डाला व बंदूक लूट ली थी। **संदर्भ** : सेलुलर जेल की सूची का पृष्ठ नं. 12, संख्या नं. 78, बंगाल। **सरकारी फाईल नं.** : होम 1932 पोल. जेल. के. डब्ल्यू. 70 जेल., होम 1937 पोल. आई.

पी. आई. नं.	*बंदी का नाम व पता*	*विशेष टिप्पणी*
		24/4/37, होम 1935 जेल., 5/35 जेल.। **फू.चं.जै. फाईल नं.–** (7/582, 7/592, 7/484)।
390	**धीरेन्द्र कुमार भट्टाचार्य** उर्फ **धीरेन्द्रनाथ भट्टाचार्य** *सुपुत्र* मनमोहन भट्टाचार्य, निवासी बोआलियाबाड़ी, मलटाली, तिप्परा। आयु 25 वर्ष	इंटर प्राविंशल षड्यंत्र केस में 1.5.1935 व 23.10.1935 को जेल में मार–पिटाई, उपद्रव करने के आरोप में धारा 121ए, 147, 353, 149/305 में 14 वर्ष + 2 वर्ष कैद की सजा हुई। 16.8.1936 को अंडमान जेल में भेजने का आदेश। 1937 में अंडमान जेल से वापस भारत की जेल भेजने का आदेश हुआ। इनका मिदनापुर सेंट्रल जेल का बंदी नं. 188 था। **संदर्भ** : सेलुलर जेल की सूची का पृष्ठ नं. 12, संख्या नं. 81, बंगाल। अंडमान पुस्तक में नाम धीरेन्द्रनाथ भट्टाचार्यजी छपा है। **सरकारी फाईल नं.** –होम 1936 जेल. 5/36 जेल. होम 1937 जेल. के. डब्ल्यू. 5/9ए/37 जेल. होम 1935 पोल. 45/7/35, होम 1937 पोल. आई. 45/3/37, **फू.चं.जै. फाईल नं.–** (7/705, 7/657, 7/527, 5/554, 5/579, 6/363 से 367 तक)।
191	**धीरेन्द्र चक्रवर्ती** *सुपुत्र* कैलाश चक्रवर्ती, निवासी कालीकाचा, थाना सरेल, तिप्परा, आयु 24 वर्ष।	ईटाखोल–सिल्हट मेल रॉबरी केस–1933 में हत्या के षड्यंत्र के आरोप में 24.6.1933 को धारा 302/120बी में 10 वर्ष कैद की सजा हुई। 27.1.1935 को अंडमान जेल में भेजने का आदेश। इनका ढाका सेंट्रल जेल का बंदी नं. 6423 था। 13.3.1933 को जब एक डाक हलकारा मेल की थैले लेकर ईटाखोला पोस्ट ऑफिस से रेलवे स्टेशन जा रहा था तो रास्ते में कुछ युवकों ने हलकारे से डाक के थैले छीन लिए। हलकारे की आवाज सुनकर गांव वालों ने पीछा किया और इन क्रांतिकारी भद्र लोग डाकुओं को पकड़ने का प्रयास किया। उनमें से एक व्यक्ति अशुतभट्टाचार्य ने पिस्तौल निकाल लिया और गांववालों को धमकाकर रोकने का प्रयास किया। परन्तु एक ग्रामीण गोली से मारा गया व दो जख्मी हुए थे। इन क्रांतिकारियों को पुलिस ने गिरफ्तार कर लिया और 25.4.1934 को विद्याधर शाह व गौड़ मोहन दास को आजीवन कारावास की सजाएं हुई। इन षड्यंत्रकारियों को भड़काने व प्रेरणा देने के आरोप में बिराजमोहन देव उर्फ बागा को भी 24.6.1933 को आजीवन कैद की सजा हुई।

पी. आई. नं.	बंदी का नाम व पता	विशेष टिप्पणी
		संदर्भ : सेलुलर जेल की सूची का पृष्ठ नं. 12, संख्या नं. 82, बंगाल। **सरकारी फाईल नं.** –होम 1932 जेल. के. डब्ल्यू. 70 जेल. **फू.चं.जै. फाईल नं.**– (7/581, 7/590, 7/523, 7/475)।
32	**धीरेन्द्रचन्द्र चक्रवर्ती** *सुपुत्र* गौड़चन्द्र चक्रवर्ती, आयु 27 वर्ष।	31.5.1932 को पोलिटिकल डकैती केस के षड्यंत्र के आरोप में धारा 395/120बी में 7 वर्ष सख्त कैद की सजा हुई। 17.11.1932 को अंडमान जेल में भेजने का आदेश हुआ। इनका अलीपुर सेंट्रल जेल का बंदी नं. 4173 था। 18 वर्ष से अनुशीलन समिति के सदस्य थे। सोआरी कंडा पाड़ा एस.एन. केस के सम्बन्ध में जनवरी, 1932 में गिरफ्तार हुए। सजा की अवधि के समाप्ति से पूर्व अंडमान जेल से भारत की जेल में भेज दिए गए। (मुक्ति तीर्थ से उद्धृत) **संदर्भ**–सेलुलर जेल की सूची में पृष्ठ नं. 12, संख्या नं. 83–बंगाल। **सरकारी फाईल नं.** –होम 1932 जेल. के. डब्ल्यू. 70 जेल.। **फ.चं.जै. फाईल नं.**– (7/542, 7/494, 7/591, 7/577)।
128	**धीरेन्द्रचन्द्र दत्ता**–कविराज उर्फ **धीरेन दत्ता** *सुपुत्र* कृष्ण चन्द्र दत्ता, निवासी सोनामोई बदियारबाजार, ढाका, आयु 26 वर्ष।	14.3.1933 को बोगरा में रिवॉल्वर का पार्सल पकड़े जाने के आरोप में धारा 19 एफ में 5 वर्ष सख्त कैद की सजा हुई। 3.9.1933 को अंडमान जेल में भेजने का आदेश हुआ। इनका राजशाही सेंट्रल जेल का बंदी नं. 8681 था। दिसम्बर, 1932 में बोगरा रेलवे स्टेशन पर रिवॉल्वर का एक पार्सल आया था। धीरेन्द्रचन्द्र दत्ता जब रेलवे पार्सल को छुड़ाने लगे तो पुलिस ने गिरफ्तार कर लिया। इस पार्सल में एक रिवॉल्वर था। **संदर्भ** : सेलुलर जेल की सूची का पृष्ठ नं. 12, संख्या नं. 80, बंगाल। अंडमान पुस्तक में पृष्ठ नं. १२ क्रम सं. ८० पर पुस्तक में नाम धीरेन दत्ता छपा है। **सरकारी फाईल नं.** –होम 1932 जेल. के. डब्ल्यू. 70 जेल. होम 1933 पोल. 18/2/33 फोर्टनाइटली फरवरी, 1933, होम 1933 पोल. 18/4/33 फोर्टनाइटली मार्च 1933, शिमला रिकॉर्डस नं. 1/1933, **फू.चं.जै. फाईल नं.**– (3/413, 7/567, 7/519)।

पी. आई. नं.	*बंदी का नाम व पता*	*विशेष टिप्पणी*
401	**धीरेन्द्रचन्द्र दास**–विद्यार्थी *सुपुत्र* नबीनचन्द्र दास, निवासी 10–डी, रामशंकर लेन, भवानीपुर, आयु 22 वर्ष।	11.8.1934 व 17.8.1936 को अलीपुर शस्त्र षड्यंत्र केस के आरोप में धारा 20, 19, आर्म्स एक्ट 52 प्रिजन एक्ट में 6½ वर्ष कैद की सजा हुई। 28.10.1936 को अंडमान जेल में भेजने का आदेश। 1937 में अंडमान जेल से वापस भारत की जेल भेजने का आदेश हुआ। इनका अलीपुर सेंट्रल जेल का बंदी नं. 825 था। 1934 में धीरेन्द्रचन्द्र दास आत्मंज नवीनचन्द्र दास रिवॉल्वर व पिस्तौल के 88 कारतूसों के साथ गिरफ्तार किए गए और 11.8.1934 को दो आरोपों में 6 साल और 3 साल की सजाएं हो गई। **संदर्भ** : अंडमान पुस्तक सूची में पृष्ठ नं. 12 पर धीरेन्द्र चन्द्रा दास आत्मज नवीनचन्द्र दास के नाम की प्रविष्टि नहीं मिलती है। इनका पी. आई. नं. 401 है। अन्य प्रविष्टियां क्रम सं. 84 पर धीरेन्द्रचन्द्र दास, आत्मज जोगेन्द्रकिशोर दास की मिलती हैं इनका पी. आई. नं. 260 है। **सरकारी फाईल नं.** –होम 1934 पोल. 18/8/34, होम 1936 जेल. 5/36 जेल. **फू.चं.जै. फाईल नं.**– 7/708), (3/97), (3/98), 7/708)।
260	**धीरेन्द्रचन्द्र दास** विद्यार्थी उर्फ **नानोगोपाल दास** *सुपुत्र* जोगेन्द्र किशोर दास, निवासी डमडमा, जमालपुर, मैमनसिंह, आयु 23 वर्ष।	6.6.1933 व 30.6.1933 को अवैध शस्त्रों के प्रयोग के आरोप में धारा 19एफ व 5बी में कुल 7 वर्ष कैद की सजा हुई। 28.5.1935 को अंडमान जेल में भेजने का आदेश। 1937 में अंडमान जेल से वापस भारत की जेल भेजने का आदेश हुआ। 1933 में बहरामपुर जेल से निकलकर भाग गए। परन्तु बाद में पकड़े जाने पर भागने के आरोप में 30.6.1933 को सब डिवीजनल ऑफिसर बहरामपुर ने एक वर्ष कैद की सजा दी। ये युगान्तर पार्टी के सदस्य थे और बहरामपुर में शस्त्र संग्रह के आरोप में गिरफ्तार किए गए थे। अंडमान जेल में 1937 की भूख–हड़ताल में 37 दिन की भूख–हड़ताल की थी। इनका अलीपुर जेल बंदी नं. 1719 था। **संदर्भ** : सेलुलर जेल की सूची का पृष्ठ नं. 12, संख्या नं. 84, बंगाल। **सरकारी फाईल नं.** –होम 1933 पोल. 18/7/33 फोर्टनाइटली जून 1933, होम 1932 जेल.

पी. आई. नं.	बंदी का नाम व पता	विशेष टिप्पणी
		के. डब्ल्यू. 70 जेल., **फू.चं.जै. फाईल नं.**– (3/425, 7/583, 7/591)।
47	**धीरेन्द्रनाथ चौधरी** *सुपुत्र* स्व. नवीन चन्द्र चौधरी, निवासी 6 गिरीश मुकर्जी रोड, कलकत्ता। आयु 24 वर्ष।	14.12.1931 को अलीपुर पोलिटिकल डकैती में धारा 395 में 5 वर्ष सख्त कैद की सजा हुई। 17.11.1932 को अंडमान जेल में भेजने का आदेश हुआ। इनका अलीपुर सेंट्रल जेल का बंदी नं. 8200 था। 2.10.1931 को मौनीलाल कुन्डु नं. 23/4, को कैनाल वैश्य रोड के मकान पर पोलिटिकल डकैती का षड्यंत्र करने के आरोप में, धारा 395/120बी में, 14.12.1931 को धीरेन्द्रनाथ चौधरी, कालीपद राय, नरहरी को 3 वर्ष से 5 वर्ष कैद हुई। श्रीमती विमला प्रतिवा देवी व प्रफुल्ल भाटिया को बरी कर दिया। इस केस में सरकार की ओर से गवाही देने वाले आशुतोष न्योगी को घर से बुलाया गया और 30.12.1931 को गोली मारकर उनकी हत्या कर दी गई। हत्या का सुराग नहीं मिला। **संदर्भ** : सेलुलर जेल की सूची का पृष्ठ नं. 12 पर अंडमान की पुस्तक में ये नाम धीरेन चौधरी छपा है। संख्या नं. 79, बंगाल। **सरकारी फाईल नं.** –होम 1932 जेल. के. डब्ल्यू. 70/32 जेल., होम 1932 पोल. 4/5/32, होम 1932 पोल. 4/52/32 सीरियल नं. 1–6, **फू.चं.जै. फाईल नं.**– (7/540, 7/492, 2/940, 6/258, 6/253)।
112	**धुर्बेशचन्द्र चैटर्जी** पता–उत्तरपाड़ा, हुगली।	9.1.1926 व 21.6.1926 को दक्षिणेश्वर बम केस व अलीपुर बम केस में 5 वर्ष + आजीवन कैद की सजा हुई। बर्मा जेल से अंडमान जेल में आए। 1937 में डाक्टरी पर इन्हें अंडमान जेल से भारत की जेल भेजा गया और में इनका स्वर्गवास हो गया। 24.8.1925 तक धुर्बेश अपने चाचा के पास थे और वार बॉण्डस के 11 हजार 2 सौ रुपये बैंक से निकाल कर ये घर से निकल गए। पहले बनारस में राजेन्द्र लहरी के पास गए, जिन्हें काकोरी में सजा हो गई। **संदर्भ** : सेलुलर जेल की सूची का पृष्ठ नं. 12, (अंडमान की पुस्तक में धुर्बेश चैटर्जी छपा है) संख्या नं. 85, बंगाल। **सरकारी फाईल नं.** –होम 1932 जेल. के.

पी. आई. नं.	*बंदी का नाम व पता*	*विशेष टिप्पणी*
		डब्ल्यू. 70 जेल. होम 1925 पोल. 387/25। **फू.चं.जै. नं.**– (7/596, 7/546, 7/498, 6/253)।
65	**नगेन्द्रचन्द्र देव** *सुपुत्र* देवेन्द्र प्रशाद देव, निवासी सिहौर, थाना कोतवाली, मैमनसिंह, आयु 24 वर्ष।	19.5.1932 को घातक आक्रमण करने के प्रयास करने के आरोप में धारा 307 व आर्म्स एक्ट में कुल 5 वर्ष कैद की सजा हुई। फरवरी 1933 में अंडमान जेल में भेजने का आदेश। इनका मिदनापुर सेंट्रल जेल का बंदी नं. 3447 था। **संदर्भ** : सेलुलर जेल की सूची का पृष्ठ नं. 16 पर अंडमान सूची में नाम नगेन्द्रनाथ देव छपा हुआ है। संख्या नं. 204. **सरकारी फाईल नं.** –होम 1932 जेल. के. डब्ल्यू. 70 जेल. **फू.चं.जै. फाईल नं.**– (7/549, 7/501)।
364	**नगेन्द्रनाथ दास गुप्ता** विद्यार्थी *सुपुत्र* विपिनबिहारी दास गुप्ता, निवासी बेलडाखां, थाना झालाकाटी, बरीसल, वर्तमान पता–मुलाटाल, कोतवाली, रंगपुर, आयु 19 वर्ष।	28.1.1935 को शस्त्रों का षड्यंत्र करने के आरोप में धारा 120बी, 19 आर्म्स एक्ट में 5 वर्ष कैद की सजा हुई। 11.5.1935 को अंडमान जेल में भेजने का आदेश हुआ। इनका ढाका सेंट्रल जेल का बंदी नं. 161 था। 15 वर्ष की आयु में युगान्तर पार्टी में काम करने लगे। 1937 की अंडमान जेल की भूख–हड़ताल में 37 दिन की भूख–हड़ताल की और 1938 में अंडमान जेल से भारत की जेल में भेज दिए गए 1939 में जेल से रिहा कर दिए गए। (मुक्ति तीर्थ से उद्धृत) **संदर्भ** : सेलुलर जेल की सूची का पृष्ठ नं. 16, (अंडमान पुस्तक सूची में नाम नगेन दास गुप्ता छपा हुआ है, क्रम 205 पर एक और नाम नगेन्द्रनाथ गुप्ता छपा है, जिनका पी. आई. नं. 195 है, संख्या नं. 202, बंगाल। **सरकारी फाईल नं.** –होम 1932 जेल. के. डब्ल्यू. 70 जेल. होम 1936 जेल. 5/36 जेल.। **फू.चं.जै. फाईल नं.**– (7/587, 7/899, 7/651)।
195	**नगेन्द्रनाथ गुप्ता** *सुपुत्र* गोपालचन्द्र गुप्ता, निवासी सौलाकार, गौरन्डी, बरीसल, आयु 23 वर्ष।	24.6.1933 को अवैध रिवॉल्वर के संग्रह के आरोप में धारा 19एफ व 20 आर्म्स एक्ट में 5 वर्ष कैद की सजा हुई। 27.1.1935 को अंडमान जेल में भेजने का आदेश हुआ। 1937-38 में अंडमान जेल से भारत की जेल भेजने का आदेश हुआ।

पी. आई. नं.	*बंदी का नाम व पता*	*विशेष टिप्पणी*
		इनका राजशाही सेंट्रल जेल का बंदी नं. 9340 था। 1932 में इन्हें बंगाल की सरकार ने नजरबंद किया हुआ था। जून, 1933 में पुलिस ने भरे हुए रिवॉल्वर के साथ नगेन्द्रनाथ गुप्ता को गिरफ्तार कर लिया और 19 एफ आर्म्स एक्ट में केस दर्ज कर दिया। **संदर्भ** : सेलुलर जेल की सूची का पृष्ठ नं. 16, संख्या नं. 205, बंगाल। अंडमान पुस्तक सूची में क्रम संख्या 202 पर नगेन दास गुप्ता छपा हुआ है और अंडमान जेल में पी. आई. नं. 364, पर नगेन्द्रदास गुप्ता का नाम है। क्रम सं. 205 पर नगेन्द्रनाथ गुप्ता छपा है और इसका पी. आई. नं. 195 है। **सरकारी फाईल नं.** –होम 1932 जेल. के. डब्ल्यू. 70 जेल., होम 1932 पोल. 31/38/32, होम 1933 पोल. 18/8/33, होम 1933 पोल. 18/12/33 फोर्टनाइटली देहली रिकॉर्ड नं. 1 अक्टूबर 1933, **फू.चं.जै. फाईल नं.**– (7/581, 7/524, 7/476, 7/595, 6/248, 3/429, 3/436)।
292	**नगेन्द्रलाल डे** *सुपुत्र* महेशचन्द्र डे, निवासी जसखोला, फटीकचारी, चिटागांग, आयु 20 वर्ष।	बधुवा डकैती 1934 में 27.8.1934 को डकैती के आरोप में धारा 395 में 10 वर्ष कैद की सजा हुई। ये अनुशीलन पार्टी के सदस्य थे, 1937 में अंडमान जेल की भूख–हड़ताल में 37 दिन की भूख–हड़ताल की। 1938 के प्रारम्भ में अंडमान जेल से भारत की जेल में भेज दिए गए और 1939 में जेल से रिहा कर दिए गए। इनका मिदनापुर सेंट्रल जेल का बंदी नं. 8944 था। **संदर्भ**–सेलुलर जेल की सूची का पृष्ठ नं. 16, संख्या नं. 203, बंगाल। अंडमान जेल की पुस्तक सूची में यह नाम नगेन्द्रदेव छपा हुआ है। **सरकारी फाईल नं.** –होम 1935 जेल. 5/35 जेल., होम 1937 जेल., के. डब्ल्यू. 78 जेल., होम 1937 पोल. आई. 24/4/37। **फू.चं.जै. फाईल नं.**– (7/584, 7/590, 7/494, 7/385)।
332	**नन्दलाल दास गुप्ता**–विद्यार्थी *सुपुत्र* सुरेन्द्रनाथ दास गुप्ता वैदाचार्य, निवासी बेलडाखा,	29.11.1934 को बरीसल में अवैध शस्त्रों का संग्रह करने के आरोप में 19ई व 19एफ में 5 वर्ष कैद की सजा हुई।

पी. आई. नं.	बंदी का नाम व पता	विशेष टिप्पणी
	झालाकाटी, बरीसल, आयु 19 वर्ष।	14 साल की आयु में युगान्तर पार्टी में सम्मिलित हो गए। जून, 1934 में रिवॉल्वर व कारतूसों के साथ गिरफ्तार हुए और 5 साल की सजा के बाद अंडमान जेल में भेज दिए गए। अंडमान जेल में जुलाई, 1937 की भूख–हड़ताल में 37 दिन की भूख–हड़ताल की और जनवरी, 1938 में अंडमान जेल से भारत की जेल में भेजे गए और 1939 में भारत की जेल से रिहा कर दिए गए। दूसरा महायुद्ध होने पर 1940 में पाबंदी का आदेश भंग करने पर 6 माह कैद की सजा हुई। इनका ढाका सेंट्रल जेल बंदी नं. 9928 था। **संदर्भ**–सेलुलर जेल की सूची का पृष्ठ नं. 16, संख्या नं. 210, बंगाल। **सरकारी फाईल नं.** होम 1932 जेल. के. डब्ल्यू. 70 जेल., होम 1934 पोल. 18/12/34, **फू. चं.जै. फाईल नं.–** (7/589, 7/450, 3/102, 7/798)।
223	**नन्ददुलाल सिंह** *सुपुत्र* मनमोहन सिंह, आयु 19 वर्ष।	बुर्ज हत्या केस–1933–34 में हत्या के षड्यंत्र के आरोप में 10.2.1934 को धारा 302, 120बी में आजीवन कैद की सजा हुई। 23.2.1935 को अंडमान जेल में आए। 1937 में अंडमान जेल से भारत की जेल भेजने का आदेश हुआ। इनका राजशाही सेंट्रल जेल का बंदी नं. 200 था। **संदर्भ** : सेलुलर जेल की सूची का पृष्ठ नं. 16, संख्या नं. 211, बंगाल। **सरकारी फाईल नं.** –होम 1932 जेल. के. डब्ल्यू. 70 जेल. होम 1934 पोल. 18/2/34, होम 1935 जेल. 5/35 जेल्स, **फू.चं.जै. फाईल नं.–** (7/483, 7/582, 3/84)।
193	**नरेन्द्रनाथ दास**–विद्यार्थी *सुपुत्र* नबाद्वीपचन्द्र दास, निवासी मोघोल, बाडिया, कुरीग्राम, रंगपुर, आयु 21 वर्ष।	8.1.1934 को डकैती व लूटमार के आरोप में धारा 392, 395 में 8 वर्ष सख्त कैद की सजा हुई। 27.1.1935 को अंडमान जेल में भेजने का आदेश हुआ। 20.11.1933 को नलडंगा गांव थाना शादुल्लापुर जिला रंगपुर के एक मकान से 10 युवकों ने डांका डालकर 8 हजार रुपये व एक बंदूक लूट ली। इस केस में 8.1.1934 को, स्पेशल ट्रिब्यूनल रंगपुर की अदालत से हेमचन्द्र बक्शी आदि 7 अभियुक्तों को सजाएं हुई।

पी. आई. नं.	*बंदी का नाम व पता*	*विशेष टिप्पणी*
		कुरीग्राम केस में—राजमोहन करंजी, नरेन्द्रनाथ दास व कुमुदबिहारी मुकर्जी भी पकड़े गए थे। इनका राजशाही सेंट्रल जेल का बंदी नं. 9687 था। विद्यार्थी जीवन से ही क्रांतिकारी संगठन बंगाल वालंटियर्स में कार्य करने लगे। अंडमान जेल में 1937 की भूख—हड़ताल में 37 दिन की भूख—हड़ताल की। जनवरी, 1938 में अंडमान जेल से वापस भारत की जेल में भेज दिए गए और 1939 के मध्य में रिहा कर दिए गए। (मुक्ति तीर्थ से उद्धृत) **संदर्भ** : सेलुलर जेल की सूची का पृष्ठ नं. 16, संख्या नं. 215, बंगाल। **सरकारी फाईल नं.** —होम 1932 जेल. के. डब्ल्यू. 70 जेल. होम 1934, 5/5/34 जेल. होम 1937 पोल. आई. 24/4/37 **फू.चं.जै. फाईल नं.**— (7/581, 7/476, 7/524, 7/384)।
232	**नृपेन्द्र दत्ता** *सुपुत्र* जोगेशचन्द्र दत्ता, आयु 18 वर्ष।	7.3.1933 को डकैती के आरोप में धारा 120बी/395 में 5 वर्ष कैद की सजा हुई। 27.1.1935 को अंडमान जेल में भेजने का आदेश। इनका मिदनापुर सेंट्रल जेल का बंदी नं. 6511 था। और ढाका सेंट्रल जेल का बंदी नं. 6014 था। 1934 में नृपेन्द्रचन्द्र दत्ता राय व प्रसन्नता सेन मिदनापुर जेल से निकलकर भाग गए और बाद में पकडे जाने पर भागने के आरोप में 2 वर्ष कैद की सजा हुई। अंडमान जेल में 1937 की भूख—हड़ताल में 37 दिन की भूख—हड़ताल की। अंडमान जेल से भारत की जेल में भेज दिए गए और 1939 में जेल से रिहा कर दिए गए। **संदर्भ**—सेलुलर जेल की सूची का पृष्ठ नं. 16, संख्या नं. 225, (अंडमान पुस्तक में नृपेन्द्र दत्ता राय छपा है) **सरकारी फाईल नं.** —होम 1932 जेल. के. डब्ल्यू. 70 जेल., होम 1933 पोल. 18/4/33 फोर्टनाइटली मार्च 1933, होम 1934 जेल. 5/5/34 जेल. होम 1935 पोल. 5/3/35 जेल., **फू.चं.जै. फाईल नं.**— (7/569, 7/582, 7/569, 7/592, 3/416, 7/524, 7/475, 7/477)।

पी. आई. नं.	*बंदी का नाम व पता*	*विशेष टिप्पणी*
384	**नरेन्द्रचन्द्रा घोष**—विद्यार्थी उर्फ **नानी** उर्फ **सुबोल** *सुपुत्र* दुर्गादास घोष, निवासी बालूबाड़ी, कटुआली, दिनाजपुर, आयु 23 वर्ष।	23.12.1935, 27.1.1936, 23.3.1936 को दिनाजपुर पोलिटिकल डकैती केस में धारा 411, 6–3, 120बी/395, 396 में कुल 15 वर्ष 3 माह कैद की सजा हुई। 16.8.1936 को अंडमान जेल में भेजने का आदेश हुआ। इनका राजशाही सेंट्रल जेल का बंदी नं. 2391 था। बल्ला, तिलनी, काकना डकैती केस के मफरूर अभियुक्त नरेन्द्रचन्द्र घोष को पुलिस ने अगस्त, 1935 में गिरफ्तार कर लिया। 23.3.1936 को धारा 120बी/395 में स्पेशल ट्रिब्यूनल ने आजीवन कैद की सजा सुना दी। इससे पूर्व प्रारम्भिक मुकदमे में 17 अभियुक्तों को सजाएं हो चुकी थी। नरेन्द्र घोष ने बम व पिस्तौल संग्रहित करने के लिए इन डकैतियों की योजनाएं बनाई थीं। ये युगान्तर पार्टी के मेम्बर थे। अंडमान जेल में 1933 की भूख–हड़ताल में 37 दिन की भूख–हड़ताल की। जनवरी, 1938 में अंडमान जेल से भारत की जेल में वापस भेजे गए और अगस्त, 1946 में जेल से रिहा हुए। (मुक्ति तीर्थ से उद्धृत) **संदर्भ** : सेलुलर जेल की सूची का पृष्ठ नं. 16, संख्या नं. 216, बंगाल। **सरकारी फाईल नं.** –होम 1932 जेल. के. डब्ल्यू. 70 जेल. होम 1936 जेल., 5/36 जेल. होम 1936 पोल. 45/8/36। **फू.चं.जै. फाईल नं.**– (6/441, 7/703, 7/655, 7/888, 7/594)।
378	**नरेन्द्रप्रसाद घोष** *सुपुत्र* नीलकान्त घोष, निवासी गोलावीर सिंह, तंगेल, घटेल, मैमनसिंह, आयु 29 वर्ष।	31.3.1933, 1.5.1935 व 1.8.1936 को सम्राट की सरकार के विरुद्ध विद्रोह के आरोप में धारा 395/120बी, 121 व 52 प्रिज़न एक्ट में आजीवन कैद हुई। इसे बाद में 14 वर्ष कैद कर दिया गया। 16.8.1936 को अंडमान जेल में भेजने का आदेश हुआ। 1937 में अंडमान जेल से भारत की जेल भेजने का आदेश हुआ। इनका राजशाही सेंट्रल जेल का बंदी नं. 1345 था। **संदर्भ** : सेलुलर जेल की सूची का पृष्ठ नं. 16, संख्या नं. 217, बंगाल। **सरकारी फाईल नं.** –1932 जेल. के. डब्ल्यू. 70 जेल., होम 1932 पोल. 18/12/32 फोर्ट नाइटली सितम्बर, 1933 पोल. 18/2/33 फोर्टनाइटली

पी. आई. नं.	बंदी का नाम व पता	विशेष टिप्पणी
		फरवरी शिमला रिकॉर्ड नं. 1/1933, होम 1936 जेल. 5/365 जेल., होम 1937 जेल. के. डब्ल्यू. 5/9ए/37 जेल. । **फू.चं.जै. फाईल नं.**– (7/658, 7/706, 7/530, 3/412, 3/418, 3/397, 7/587) ।
172	**नलनीमोहन दास**–विद्यार्थी सुपुत्र दुर्गामोहन दास, निवासी उत्तर सहबासपुर, बरीसल, जन्म 1.1.1910 ।	10.10.1933 को घातक आक्रमण के प्रयास व सरकारी आदेश का उल्लंघन करने के आरोप में धारा 307, 6–1 में आजीवन कारावास की सजा हुई। 12.5.1934 को अंडमान जेल में भेजे गए। 1937–38 में अंडमान जेल से भारत की जेल में भेजने का आदेश हुआ। इनका अलीपुर सेंट्रल जेल का बंदी नं. 4291 था। वे अलीपुर जेल में बंदियों की भूख–हड़ताल में प्रमुख थे। 1921 में नॉनकोऑपरेशन आंदोलन में भोला में गिरफ्तार हुए। युगान्तर पार्टी के सम्पर्क में आए। मछुवा बाजार बम केस के समय, घटना के बाद ये भूमिगत हो गए। उस समय वे इन्टर साइंस क्लास के विद्यार्थी थे। इनकी गिरफ्तारी पर इन्हें बंगाल क्रिमिनल लॉ एक्ट में गिरफ्तार कर हिजली कैम्प में नजरबंद कर दिया गया। दिसम्बर, 1931 को नलनीदास, फणीदास गुप्ता के साथ नजरबंद कैंप से फरार हो गए और बाद में चन्द्रनगर में पुलिस से मुकाबला करते हुए गिरफ्तार हो गए। इस मुकाबले के समय फ्रेंच पुलिस कमिश्नर मिस्टर क्वीन गोली से मारे गए। नलनीदास व दिनेश मजूमदार, दोनों क्रांतिकारी भी जख्मी हुए और बाद में कॉर्नवालिस स्ट्रीट (जहां पर अब विधान सारिणी है) में पुलिस के घेरे को तोड़कर भागने का प्रयत्न करने लगे, परन्तु पुलिस ने दिनेश मजूमदार, जगदानन्द व नलनी दास को गिरफ्तार कर लिया। नलनीदास को आजीवन कैद की सजा हुई। दिनेश मजुमदार को फांसी की सजा हुई। 31.8.1946 को जेल से रिहा हुए। **संदर्भ** : सेलुलर जेल की सूची का पृष्ठ नं. 16, संख्या नं. 208, बंगाल। **सरकारी फाईल नं.** –होम 1932 जेल. के. डब्ल्यू. 70 जेल., होम 1934 जेल. नं. 5/5/34 जेल. **फू.चं.जै. फाईल नं.**– (7/520, 7/472, 7/594) ।

पी. आई. न.	***बंदी का नाम व पता***	***विशेष टिप्पणी***
179	**नलनीरंजन सेन गुप्ता** उर्फ **अखिलचन्द्र सेन गुप्ता** उर्फ **रासबिहारी सेन गुप्ता** उर्फ **नसु** *सुपुत्र* बिरेश्वर सेन गुप्ता, निवासी विक्रमपुर, लोहागंज, ढाका, व 59ए. अपर सक्युलर रोड, कलकत्ता, आयु 20 वर्ष।	13.10.1933 को कलकत्ता में अवैध शस्त्र के मामले में धारा 20 आर्म्स एक्ट में 5 वर्ष कैद की सजा हुई। 1934 में अंडमान जेल में भेजने का आदेश। इनका अलीपुर सेंट्रल जेल का बंदी नं. 4403 था। अंडमान जेल में जुलाई, 1937 की भूख–हड़ताल में 37 दिन की भूख–हड़ताल की। 1937 के अन्त में अंडमान जेल से वापस भारत की जेल में भेज दिए गए और अक्टूबर, 1938 में रिहा कर दिए गए। (मुक्ति तीर्थ से उद्धृत) **संदर्भ** : सेलुलर जेल की सूची का पृष्ठ नं. 16, संख्या नं. 209–बंगाल। **सरकारी फाईल नं. –होम 1933 पोल. 18/10/33 फोर्टनाइटली सितम्बर 1933, होम 1933 पोल. 18/12/33 फोर्टनाइटली अक्टूबर 1933,** देहली रिकॉर्डस नं. 1 होम 1934 जेल. 5/5/34 जेल। **फू.चं.जै. फाईल नं.**–(3/433, 3/437, 7/522, 7/474)।
71	**नागेन्द्रचन्द्र मोदक** *सुपुत्र* राजेन्द्रचन्द्र मोदक, निवासी चन्द्रकोना, नकला, मैमनसिंह, आयु 24 वर्ष।	स्यालदा पोलिटिकल डकैती केस–1931 में अवैध शस्त्रों के डकैती की आरोप में 6.7.1931 को धारा 395, 120बी, 412 व 19एफ में 7 वर्ष कैद की सजा हुई। फरवरी, 1933 में अंडमान जेल में भेजने का आदेश हुआ। इनका राजशाही सेंट्रल जेल का बंदी नं. 6883 था। 31.10.1930 को पीरपुर रेलवे स्टेशन पर मैमनसिंह पुलिस ने नगेन्द्र मोदक व अन्य दो को शस्त्रों सहित गिरफ्तार कर लिया। नगेन्द्र मोदक के सूटकेस से 3 रिवॉल्वर व 14 कारतूस बरामद हुए। 6.7.1931 को 19एफ आर्म्स एक्ट में 2 वर्ष कैद की व डकैती की योजना में 5 वर्ष कैद की सजा हुई। कुल सजा 7 वर्ष कैद कायम रहेगी। **संदर्भ** : सेलुलर जेल की सूची का पृष्ठ नं. 16, संख्या नं. 206, बंगाल। (अंडमान पुस्तक में नाम नगेन मोदक छपा है) **सरकारी फाईल नं. –होम 1932 जेल. के. डब्ल्यू. 70 जेल., होम 1932 पोल. 4/52/32 सीरियल** नं. 1–6। **फू.चं.जै. फाईल नं.**–(7/577, 7/504, 7/552, 6/259, 6/261)।

पी. आई. नं.	बंदी का नाम व पता	विशेष टिप्पणी
338	**नगेन्द्र मोहन मुस्तफी** *सुपुत्र* कृष्णनन्द मोहन मुस्तफी निवासी बबोलागिरी, गोविन्दागंज रंगपुर, बामनपाड़ा, खारिया, जलपाईगुड़ी, आयु 19 वर्ष।	गयबन्धा, रंगपुर षड्यंत्र केस–1935 में रिवॉल्वर संग्रहित करने के षड्यंत्र में 15.5.1935 को धारा 120बी, 19 आर्म्स एक्ट में 7 वर्ष की सजा हुई। 1.3.1936 को अंडमान जेल में भेजने का आदेश। इनका राजशाही सेंट्रल जेल का बंदी नं. 1334 था। ये युगान्तर पार्टी के सदस्य थे। अंडमान जेल में 1937 की भूख–हड़ताल में 37 दिन की भूख–हड़ताल की। 1937 के अन्त में अंडमान जेल से वापस भारत की जेल में भेज दिए गए और जेल से रिहा कर दिए गए। 1942 के 'भारत छोड़ो' आंदोलन में भी इन्होंने भाग लिया। (मुक्ति तीर्थ से उद्धृत) **संदर्भ** : सेलुलर जेल की सूची का पृष्ठ नं. 16, संख्या नं. 207–बंगाल। **सरकारी फाईल नं.**–होम 1936 जेल. 5/36 जेल., होम 1937 जेल. 5/9ए/37 जेल। **फू.चं. जै. फाईल नं.**– (7/528, 7/697, 7/649)।
210	**नानकू सिंह**–अध्यापक *सुपुत्र* गंगा सिंह, निवासी कोरइया, थाना ढिघवाड़ा, जिला सारन, वर्तमान तुनिया, थाना बेथियाचम्पारन, आयु 24 वर्ष।	मोतीहारी षड्यंत्र केस 1929 में 16.12.1929 को डकैती के साथ हत्या के आरोप में धारा 396 में 10 वर्ष कैद की सजा हुई। 1937–38 में अंडमान जेल से भारत की जेल भेजने का आदेश हुआ इनका हजारीबाग सेंट्रल जेल का बंदी नं. 6697 था। 20.6.1934 को हजारीबाग सेंट्रल जेल के एक वार्डर को विद्रोह की प्रेरणा दी और उससे सरिये काटने वाली आरी लाकर देने को कहा जिससे वह अपनी कोठरी के जंगले के सरिये काट कर निकलकर भागें। अधिकारियों ने ये रिपोर्ट मिलते ही उन्हें बी क्लास से हटाकर सी क्लास की श्रेणी में कर दिया। **संदर्भ** : सेलुलर जेल की सूची का पृष्ठ नं. 9, संख्या नं. 13, बिहार। **सरकारी फाईल नं.** –होम 1932 जेल. के. डब्ल्यू. 70 जेल., होम 1934 जेल. 5/14/34 जेल., होम 1937 जेल. के. डब्ल्यू. 5/9ए/37 जेल। **फू.चं.जै. फाईल नं.**–(7/581, 7/514, 7/570, 7/529)।
181	**नानीगोपाल दास गुप्ता** *सुपुत्र* जोगेशचन्द्र दास गुप्ता, बेलडा खान, झालाकाटी, बरीसल, आयु 20 वर्ष।	बरीसल पोलिटिकल डकैती–केस 1933 में 21.2.1933 को डकैती के समय हत्या करने के आरोप में धारा 396/395, 120बी में 10 वर्ष कैद की सजा हुई। 27.1.1935 को अंडमान जेल में भेजने का आदेश।

पी. आई. न.	*बंदी का नाम व पता*	*विशेष टिप्पणी*
		इनका ढाका सेंट्रल जेल का बंदी नं. 5863 था। गिरफ्तारी के समय ये दौलतपुर कॉलेज में डिग्री कोर्स का अध्ययन कर रहे थे। सैलंगा एक्शन में ये भूमिगत हो गए। बाद में इन्हें गिरफ्तार कर लिया गया। 1937 की अंडमान जेल की भूख–हड़ताल में 37 दिन की भूख–हड़ताल की गई। जनवरी, 1938 में भारत की जेल में भेज दिए गए और रिहा कर दिए गए। (मुक्ति तीर्थ से उद्धृत। मुक्ति तीर्थ प्रकाशन के अनुसार 1956 में स्वर्गवास हो गया)। **संदर्भ** : सेलुलर जेल की सूची का पृष्ठ नं. 16, संख्या नं. 213–बंगाल। **सरकारी फाईल नं.**–होम 1932 जेल. के. डब्ल्यू. 70 जेल। **फू.चं.जै. फाईल नं**– (7/580, 7/521, 7/473, 7/591)।
102	**नारायणचन्द्र रे** *सुपुत्र* क्षेत्रनाथ, निवासी कलकत्ता, आयु 20 वर्ष।	27.11.1930 को डलहौजी स्कवेयर बम केस के आरोप में धारा 4 व 5 विस्फोटक एक्ट में आजीवन कारावास की सजा हुई जो बाद में 15 वर्ष कर दी गई। 17.11.1932 को इन्हें अंडमान जेल में भेजने का आदेश हुआ। 1937–38 में अंडमान जेल से वापस भारत की जेल में भेजने का आदेश हुआ। बंगाल जेल से इन्हें यरवदा सेंट्रल जेल में भेज दिया गया था और अब यरवदा सेंट्रल जेल से अंडमान जेल में भेजे गए। डॉक्टर नारायणचन्द्र राय बम बनाने में निपुण थे। डॉक्टर भोपाल चन्द्र बोस ने बम के खोल लाकर दिए थे और डॉक्टर नारायणचन्द्र राय ने विस्फोटक पदार्थ भरकर बम तैयार किए थे। 25.8.1930 को डलहौजी स्क्वेयर बम केस में सर चार्ल्स टैगर्ट पर बम फेंकने का प्रयत्न था। बम की घटना के तुरन्त बाद डॉक्टर नारायणचन्द्र को पुलिस ने उनकी कोठी से 6.9.1930 को गिरफ्तार कर लिया और कुछ कागजात भी बरामद किए। डॉ. नारायणचन्द्र राय, सुभाषचन्द्र बोस के नजदीकी सम्पर्क में थे और बाद में क्रांतिकारियों से काफी सम्पर्क बढ़ गया। अन्त में डलहौजी स्क्वेयर बम केस में डॉ. नारायणचन्द्र राय को सजा हो गई। **संदर्भ** : सेलुलर जेल की सूची का पृष्ठ नं. 16, संख्या नं. 214–बंगाल। **सरकारी फाईल नं.** –होम 1930 पोल. 497/30, होम 1930 पोल. 471/30, होम 1932

पी. आई. नं.	*बंदी का नाम व पता*	*विशेष टिप्पणी*
		जेल. के. डब्ल्यू. 70 जेल., होम 1932 पोल. 4/44/32, **फू.चं.जै. फाईल नं.**–(3/391, 3/369, 7/594, 7/499, 7/547, 7/578, 6/296, 6/253)।
72	**निखिल रंजन गुहा रे** *सुपुत्र* राजकुमार गुहा राय, निवासी कृष्णनगर, आयु 38 वर्ष।	पहली सजा 16.2.1916 को 25 वर्ष आजीवन कैद की सजा हुई। दूसरी सजा विस्फोटक एक्ट व धारा 5/120 बी. में व 440/120बी में 6 वर्ष + 4 वर्ष + 2 वर्ष कैद की सजा हुई। 1932 में अंडमान जेल में आए। इनका राजशाही सेंट्रल जेल का बंदी नं. 7543 था। 1916 में भी आजीवन कैद लेकर अंड़मान जेल में आ चुके थे। **संदर्भ** : सेलुलर जेल की सूची का पृष्ठ नं. 7, संख्या नं. 30–बंगाल। **सरकारी फाईल नं.** –होम 1932 पोल. 18/10/32 फोर्टनाइटली, जुलाई 1932 देहली रिकॉर्ड्स नं. 2 कान्फिडेंशल। **फू.चं.जै. फाईल नं.**–(3/393)।
72	**निखिलचन्द्र गुहा राय**– अध्यापक *सुपुत्र* राजकुमार गुहा राय, निवासी मालगांव बोसियारहट, फरीदपुर, आयु 38 वर्ष।	16.2.1916 व 2.7.1932 को शिवपुर डकैती केस में, डकैती के साथ हत्या तथा खतरनाक विस्फोटक सामग्री के षड्यंत्र करने के आरोप में धारा 395, 396, 440, 120बी में 25 वर्ष आजीवन कारावास की सजा हुई। फरवरी, 1933 में अंडमान जेल में भेजने का आदेश हुआ। इनका राजशाही सेंट्रल जेल का बंदी नं. 7543 था। **संदर्भ** : सेलुलर जेल की सूची का पृष्ठ नं. 16, (अंडमान जेल की पुस्तक में पृष्ठ नं. 16 पर निखिलचन्द्र गुहा राय के नाम की कोई प्रविष्टि छपी हुई नहीं है। **सरकारी फाईल नं.** –होम 1932 जेल. के. डब्ल्यू. 70 जेल। **फू.चं.जै. फाईल नं.**– (7/579, 7/552, 7/504)।
342	**नित्यारंजन चौधरी**–अध्यापक *सुपुत्र* ललित मोहन चौधरी, निवासी सैदपुर, बलूरघाट, दिनाजपुर, आयु 28 वर्ष।	19.2.1935 को दिनाजपुर डकैती के षड्यंत्र में धारा 120बी/395 में 10 वर्ष कैद की सजा हुई। 11.5.1935 को अंडमान जेल में भेजने का आदेश हुआ। इनका ढाका सेंट्रल जेल का बंदी नं. 394 था। बिल्ला तिलनी व काकना में 1934 में बम व पिस्तौल संग्रहित करने के लिए तीन पोलिटिकल डकैतियां डालीं गई। इनमें 17 अभियुक्तों को लम्बी–लम्बी सजाएं हुई थी। विद्यार्थी जीवन से ही युगान्तर पार्टी में कार्य करते थे। गिरफ्तारी से पूर्व विवाह हो चुका था। अंडमान जेल में

पी. आई. न.	***बंदी का नाम व पता***	***विशेष टिप्पणी***
		1937 की भूख–हड़ताल में 37 दिन की भूख–हड़ताल की और जनवरी, 1938 में अंडमान जेल से भारत की जेल में भेज दिए गए। (मुक्ति तीर्थ से उद्धृत) **संदर्भ** : सेलुलर जेल की सूची का पृष्ठ नं. 16, संख्या नं. 224–बंगाल। **सरकारी फाईल नं.** –होम 1932 जेल. के. डब्ल्यू. 70 जेल., होम 1936 पोल. जेल. 5/36 जेल. होम 1936 पोल. 45/8/36. **फू.चं.जै. फाईल नं.**–(7/586, 7/699, 7/591, 6/411)।
136	**निवारणचन्द्र चक्रवर्ती** *सुपुत्र* गिरीशचन्द्र चक्रवर्ती, निवासी पटनायर, किशोरगंज, मैमनसिंह, आयु 32 वर्ष।	22.12.1932 को किशोरगंज मैमनसिंह में डकैती के आरोप में धारा 397 में 10 वर्ष कैद की सजा हुई। 3.9.1933 को अंडमान जेल में भेजने का आदेश हुआ। 1937 में अंडमान जेल से वापस भारत की जेल में भेजने का आदेश हुआ। इनका राजशाही सेंट्रल जेल का बंदी नं. 8503 था। **संदर्भ** : सेलुलर जेल की सूची का पृष्ठ नं. 16, संख्या नं. 219–बंगाल। **सरकारी फाईल नं.**–होम 1932 पोल. 18/15/32 फोर्टनाइटली दिसम्बर 1932, होम 1932 जेल. के. डब्ल्यू. 70 जेल., होम 1937 पोल. आई. 24/14/37, होम 1933 पोल. 18/1/33, फोर्टनाइटली जनवरी 1933 देहली रिकॉर्ड नं. 1, कान्फिडेंशल,। **फू.चं.जै. फाईल नं.**–(3/407, 7/570, 7/522, 7/591, 7/579, 3/401, 7/383)।
363	**निर्मलेन्दु गुहा** उर्फ **हारू** *सुपुत्र* मोहेन्द्र कुमार गुहा, निवासी दोनखाली, सरादपुर, फरीदपुर, आयु 21 वर्ष।	23.11.1935 को फरीदपुर में शस्त्रों के षड्यंत्र के आरोप में धारा 380, 19एफ, 120बी/19एफ में 7 वर्ष + 7 वर्ष + 5 वर्ष कैद की सजा हुई। हाईकोर्ट से अपील में कुल सजा 5 वर्ष रह गई। 28.6.1936 को अंडमान जेल में भेजे गए। 1937–38 में अंडमान जेल वापस भारत की जेल में भेजे गए। इनका अलीपुर सेंट्रल जेल का बंदी नं. 2900 था। **संदर्भ** : सेलुलर जेल की सूची का पृष्ठ नं. 16, संख्या नं. 222–बंगाल। **सरकारी फाईल नं.**–होम 1932 जेल. के. डब्ल्यू. 70 जेल., होम 1936 जेल. 5/36 जेल. **फू. चं.जै. फाईल नं.**–(7/702, 7/654, 7/587, 7/591)।
61	**निरंजन सेन गुप्ता** *सुपुत्र* सरबनन्द सेन गुप्ता।	14.6.1930 को मछुवा बाजार षड्यंत्र केस में धारा 120बी, 4 विस्फोटक एक्ट में 10 वर्ष कैद की सजा

पी. आई. नं.	बंदी का नाम व पता	विशेष टिप्पणी
		हुई। 1932 में अंडमान जेल में भेजने का आदेश हुआ। 7.12.1925 से बंगाल क्रिमिनल लॉ एक्ट में नजरबंद थे। 17.1.1928 को निरंजन सेन गुप्ता को नजरबंदी से रिहा कर गांव में पाबंद कर दिया गया। 24.12.1929 को पुलिस ने कई स्थानों पर मछुवा बाजार केस के सम्बन्ध में छापे मारे और भूतपूर्व नजरबंद सतीश प्रकाशी निरंजन सेन गुप्ता को गिरफ्तार कर लिया। और कुछ दिन बाद रमेन्द्र नारायण विश्वास को भी गिरफ्तार कर लिया। इन क्रांतिकारियों ने सेन्ट एन्ड्यूज के पिछले डिनर के अवसर पर गवर्नर बंगाल पर आक्रमण की योजना बनाई थी। इनकी गिरफ्तारी पर जो कागज बरामद हुए थे उनसे इस घटना पर और प्रकाश पड़ता है। 14.6.1930 को मछुवा बाजार षड्यंत्र केस में स्पेशल ट्रिब्यूनल की अदालत से 10 वर्ष कैद की सजा हुई बाद में। अपील के बाद 24.4.1931 को 7 वर्ष कैद की सजा रह गई। 14.6.1930 को स्पेशल ट्रिब्यूनल ने 17 अभियुक्तों को सजाएं सुना दीं और 8 को बरी कर दिया गया, इसमें निरंजन सेन गुप्ता को 10 वर्ष कैद की सजा हुई थी। मुक्ति तीर्थ प्रकाशन के अनुसार 1969 में स्वर्गवासी हो गया। **संदर्भ** : सेलुलर जेल की सूची का पृष्ठ नं. 16, संख्या नं. 220–बंगाल। **सरकारी फाईल नं.** –होम 1927 पोल. 10/43/27, होम 1928 पोल. 1/28 फोर्टनाइटली जनवरी, 1928, होम 1930 पोल. 290/30, होम 1932 जेल. के. डब्ल्यू. 70 जेल., होम 1937 जेल. के. डब्ल्यू. 5/9ए/37 जेल.। **फू.चं.जै. फाईल नं.**–(3/1005, 3/497, 3/1034, 3/1033, 3/1041, 7/499, 7/527)।
288	**नीरेन्द्रलाल बरूआ** सुपुत्र रामदास महाजन बरूआ, निवासी पंथासाला, सीताकुण्ड चिटागांग, आयु 22 वर्ष।	27.8.1934 को बधुवा पोलिटिकल डकैती के आरोप में धारा 395 में 10 वर्ष कैद की सजा हुई। **संदर्भ** : सेलुलर जेल की सूची का पृष्ठ नं. 16, संख्या नं. 221–बंगाल। **सरकारी फाईल नं.**–होम 1932 जेल. के. डब्ल्यू. 70 जेल., होम 1934 पोल. 45/43/34,। **फू.चं.जै. फाईल नं.**–(7/584, 3/70)।

पी. आई. न.	*बंदी का नाम व पता*	*विशेष टिप्पणी*
3	**निशाकान्ति रे चौधरी**–विद्यार्थी सुपुत्र दुर्गाकान्ति रे चौधरी, निवासी नोवोपारा, जयसौर, आयु 19 वर्ष।	14.6.1930 को अलीपुर में बम बनाने के षड्यंत्र के आरोप में धारा 120बी व 4 विस्फोटक एक्ट में 5 वर्ष कैद की सजा हुई। 22.7.1932 को अंडमान जेल में भेजने का आदेश हुआ। इनका ढाका सेंट्रल जेल का बंदी नं. 9454 था। ये द्वितीय वर्ष इन्टर साइंस के सिटी कॉलेज जयसौर के विद्यार्थी थे। 2.12.1929 को मछुवा बाजार से पकड़े गए। निट्रिक एसिड बरामद हुआ। लीफलेट आदि भी बरामद हुए। 14.6.1930 को मछुवा बाजार बम केस अलीपुर षड्यंत्र केस का फैसला सुनाते हुए 8 को बरी कर दिया और निशाकान्ति राय चौधरी आदि अभियुक्तों को सजाएं सुना दी गई। बड़े भाई मृणालकान्त चौधरी की प्रेरणा से पार्टी में आकर्षित हुए। मई, 1933 की अडमान जेल में 45 दिन की भूख–हड़ताल में सम्मिलित हुए, अंडमान से 1935 में वापसी के बाद जेल से रिहा किए गए और 1938 तक पाबंदी में रहे। 1942 के 'भारत छोड़ो' आंदोलन में भी भाग लिया। **संदर्भ** : सेलुलर जेल की सूची का पृष्ठ नं. 16, संख्या नं. 223–बंगाल। **सरकारी फाईल नं.**–होम 1930 पोल. 290/30, होम 1932 जेल. के. डब्ल्यू. 70 जेल.। **फू.चं. जै. फाईल नं.**–(2/1034, 3/35, 7/555, 7/508)।
249	**नेपालचन्द्र सरकार**–विद्यार्थी उर्फ **उपेन्द्र नारायण सरकार** सुपुत्र पूर्णचन्द्र सरकार, निवासी जोवायश्री, वजीरपुर, बरीसल, आयु 25 वर्ष।	18.12.1932 को सिंगा डकैती के षड्यंत्र के आरोप में धारा 396, 395/120बी में 10 वर्ष कैद की सजा हुई। 3.9.1933 को अंडमान जेल में भेजने का आदेश हुआ। क्षयरोग हो जाने से 19.7.1935 को अंडमान जेल से वापस भारत की जेल में भेजा गया। इनका अलीपुर सेंट्रल जेल का बंदी नं. 8764 था। **संदर्भ** : सेलुलर जेल की सूची का पृष्ठ नं. 16, (अंडमान जेल की पुस्तक सूची में नेपाल सरकार नाम छपा है)। संख्या नं. 218–बंगाल। **सरकारी फाईल नं.**–होम 1932 जेल. के. डब्ल्यू. 70 जेल., होम 1935 जेल. 5/33 जेल। **फू.चं.जै. फाईल नं.**–(7/567, 7/519, 7/595, 7/478)।
351	**नोनीगोपाल दास** सुपुत्र कृष्णदास महन्त,	19.2.1935 को पोलिटिकल डकैती के षड्यंत्र के आरोप में धारा 120बी/395 व 6–2 में 10½ वर्ष कैद की

पी. आई. नं.	बंदी का नाम व पता	विशेष टिप्पणी
	निवासी पतिराम, बालूरघाट, दिनाजपुर, आयु 18 वर्ष।	सजा हुई। 11.5.1936 को अंडमान जेल में भेजने का आदेश हुआ। इनका मिदनापुर सेंट्रल जेल का बंदी नं. 9549 था। बिल्ला तिलनी व काकना में 1934 में बम व पिस्तौल संगृहित करने के लिए तीन पोलिटिकल डकैतियां डाली गई, इनमें 17 अभियुक्तों को लम्बी–लम्बी सजाएं हुईं। 1921 के नॉन कॉपरेशन आंदोलन व 1930 के सत्याग्रह आंदोलन में भाग लिया और गिरफ्तारियां हुई, अनुशीलन समिति के सदस्य हैं, अंडमान जेल में 1937 की भूख–हड़ताल में 37 दिन की भूख–हड़ताल की और सजा की समाप्ति से पूर्व अंडमान जेल से भारत की जेल में भेज दिए गए और 1938 में भारत की जेल में आने के बाद रिहा कर दिए गए। (मुक्ति तीर्थ से उद्धृत) **संदर्भ** : सेलुलर जेल की सूची का पृष्ठ नं. 16, संख्या नं. 212–बंगाल। **सरकारी फाईल नं.**–होम 1932 जेल. के. डब्ल्यू. 70 जेल., होम 1936 पोल. 45/8/36। **फू.चं.जै. फाईल नं.**–(7/586, 7/698, 7/650, 6/411)।
–	**पंडू पाडन बोनानगी** निवासी विशाखापट्नम, दक्षिणभारत।	रम्पा किसान आंदोलन में विद्रोह करने के आरोप में आजीवन कैद की सजा हुई और अंडमान जेल भेंज दिए गए। 1922 में दक्षिण भारत में अललूरी सीतारमाराजू के नेतृत्व में रम्पा किसान आंदोलन बड़े वेग के साथ सर्वत्र क्षेत्र में फैल गया। अललूरी सीतारमाराजू की प्रेरणा बिजली की तरह किसानों को प्रभावित करती थी। एक दिन विशाखापट्टनम में अललूरी सीतारमाराजू का किसान आंदोलन पर भाषण हुआ। पंडू पाडन बोनानगी अपने अन्य सहयोगियों के साथ इस आंदोलन में सम्मिलित हो गया और अललूरी सीतारमाराजू का विश्वसनीय सहयोगी बन गया। अधिकारी और फौजी सैनिक इस आंदोलन के दमन में बड़ी निर्दयता के साथ सक्रिय हो गए और आंदोलन के प्रमुख अललूरी सीतारमाराजू फौजी गोली से शहीद हो गए। अललूरी सीतारमाराजू की गिरफ्तारी पर सरकार ने बहुत बड़े इनाम की घोषणा की हुई थी। उनके शहीद हो जाने के बाद

पी. आई. न.	बंदी का नाम व पता	विशेष टिप्पणी
		अधिकारियों को शेष अनुयायियों की गिरफ्तारी में सफलता मिलती चली गई। पंडू पाडन बोनानगी को न्यायालय से आजीवन कैद की सजा अन्य सहयोगियों के साथ हुई और अंडमान जेल में भेज दिए गए। अंडमान जेल में रिहाई के बाद ये वहीं के निवासी बन गए। इनके अन्य सहयोगियों में कोटायाकोरब्बू, सन्यासिया गोलीविल्ली सन्यासी कुनचट्टी, सत्यारंजनराजू व विरइयाडोरा टगी भी थे और सजा के बाद अंडमान जेल भेज दिए गए। (मुक्ति तीर्थ से उद्धृत) **संदर्भ** : सेलुलर जेल की सूची का पृष्ठ नं. 7, संख्या नं. 2—मद्रास।
166	**प्रकाशचन्द शील** *सुपुत्र* राजगोविन्द शील, निवासी नेत्र कुन्डी, बाजीतपुर, मैमनसिंह, आयु 46 वर्ष।	कमालपुर डकैती केस—1933 में डकैती के समय बमों व गोलियों का प्रयोग करने के आरोप में 19.4.1933 को धारा 395, 120बी में 7 वर्ष कैद की सजा हुई। 31.12.1933 को अंडमान जेल में भेजने का आदेश। इनका अलीपुर सेंट्रल जेल का बंदी नं. 2728 था। **संदर्भ** : सेलुलर जेल की सूची का पृष्ठ नं. 17, अंडमान जेल की पुस्तक सूची में प्रकाशचन्द से छपा है। संख्या नं. 236—बंगाल। **सरकारी फाईल नं.**—होम 1933 पोल. 42/2/33, होम 1937 पोल. आई. 24/4/37, होम 1937 जेल. के. डब्ल्यू. 5/9ए/37 जेल। **फू.चं.जै. फाईल नं.**——(6/287, 7/384, 7/526, 7/574, 7/528)।
323	**प्रतिवादी भयंकर वैंकटेश्वर राव।**	कोकोनाडा षड्यंत्र केस—1934 में 21.4.1934 को सरकार के विरुद्ध विद्रोह की योजना, अवैध शस्त्र रखना विस्फोटक एक्ट के आरोप में धारा 19, 20, आर्म्स एक्ट, 120बी, 4, 5 विस्फोटक एक्ट में 14 वर्ष सख्त कैद की सजा हुई। 1934 में अंडमान जेल में भेजने का आदेश। कोकोनाडा बम केस में प्रतिवादी भयंकर वेंकटेश्वर राव को 14 वर्ष कैद व 8 अन्य अभियुक्तों को 3 वर्ष से 7 वर्ष तक की कैद की सजाएं हुई। इसे पूर्व 11 सितम्बर, 1933, को काजीपैठ रेलवे स्टेशन पर मद्रास सी.आई.डी. पुलिस ने कोकोनाडा बम केस के मफरूर अभियुक्त पर्थी वाडलू भयंकर वेंकटाचार्य को गिरफ्तार कर लिया।

पी. आई. नं.	बंदी का नाम व पता	विशेष टिप्पणी
		इनके कब्जे से 45 बोर का एक रिवॉल्वर बरामद हुआ, इनके अलावा दो और भी रिवॉल्वर व 50 कारतूस इनके सामान में से मिले। कोकोनाडा–मद्रास बम केस के सम्बन्ध में 15.4.1933 को पुलिस ने एक नाव में से 6 बम बरामद किए और 9 अभियुक्तों के विरुद्ध 1.8.1933 को धारा 120बी, 19 आर्म्स एक्ट व 4 व 5 विस्फोटक एक्ट में मुकदमा कायम कर दिया। इसी प्रकार 21 अभियुक्तों के विरुद्ध धारा 120बी में 11.9.1933 को स्पेशल प्रेसीडेंसी मजिस्ट्रेट मद्रास की अदालत में आरोप पत्र प्रस्तुत हुआ। इसमें गिरफ्तार अभियुक्तों में से बहुत से पहले कांग्रेस आंदोलन में जेल भुगत चुके थे और जेल में ही इन्होंने हिन्दुस्तान सोशलिस्ट रिपब्लिकन आर्मी की शाखा कायम करने की योजना और पोलिटिकल डकैतियां व अफसरों को मारने की योजना भी बनाई थी। पुलिस ने षड्यंत्र केस, आर्म्स एक्ट केस व विस्फोटक एक्ट केस में मुकदमा कायम किया। **संदर्भ** : सेलुलर जेल की सूची का पृष्ठ नं. 20, संख्या नं. 1–मद्रास। **सरकारी फाईल नं.**–होम 1933 पोल. 18/6/33 फोर्टनाइटली मई 1933, होम 1938 पोल. 18/7/38 फोर्टनाइटली जुलाई 1938, होम 1935 पोल. 45/7/35, होम 1933 पोल. 18/14/33 फोर्टनाइटली दिसम्बर 1933, होम 1933 पोल. 18/7/33 फोर्टनाइटली जून 1933, होम 1934 पोल. 44/21/34 पोल.। **फू.चं.जै. फाईल नं.**–(3/420, 7/339 से 341 तक, 6/46, 5/554 से 579 तक, 3/435, 3/424, 5/520 से 523 तक, 3/91)।
304	**प्रद्योत कुमार चौधरी** उर्फ **प्रद्योत राय चौधरी** *सुपुत्र* सुरेश चन्द्र राय चौधरी, निवासी मलिहाटी, भरतपुर, जिला मुर्शिदाबाद, आयु 18 वर्ष।	वीरभूम डकैती षड्यंत्र केस में 24.9.1934 व 10.11.1934 को सरकार के विरुद्ध विद्रोह करने, सरकारी कर्मचारी पर आक्रमण व उपद्रव करने के आरोप में धारा 121ए, 147 व 353 में कुल 5 वर्ष कैद की सजा हुई। 1935 में अंडमान जेल में भेजे गए। 1937 की अंडमान जेल की भूख–हड़ताल में, 37 दिन की भूख–हड़ताल की। अंडमान जेल से वापस भारत आने के बाद सितम्बर, 1938 में जेल से रिहा किए गए। मुक्ति तीर्थ प्रकाशन के अनुसार ये एक बंगाली

पी. आई. न.	*बंदी का नाम व पता*	*विशेष टिप्पणी*
		भाषा के अच्छे लेखक थे और 18 मई, 1977 को स्वर्गवास हो गया। इनका ढाका सेंट्रल जेल का बंदी नं. 9636 था। **संदर्भ** : सेलुलर जेल की सूची का पृष्ठ नं. 17, संख्या नं. 244, बंगाल। **सरकारी फाईल नं.**–होम 1937 जेल. के. डब्ल्यू. 5/9ए/37 जेल., होम 1934 पोल. 45/46/34. **फू.चं.जै. फाईल नं.**–(7/529, 3/105–106)।
383	**प्रफुल्लकुमार विश्वास**–विद्यार्थी *सुपुत्र* उमेशचन्द्र विश्वास, निवासी सलधा, लाउजिंग, फरीदपुर, आयु 24 वर्ष।	23.3.1936 को मानिकटोला शस्त्र षड्यंत्र केस में धारा 120बी/19, 20 आर्म्स एक्ट में 6 वर्ष 6 माह कैद की सजा हुई। 16.8.1936 को अंडमान जेल में भेजने का आदेश हुआ। इनका अलीपुर सेंट्रल जेल का बंदी नं. 5649 था। 1930 के सत्याग्रह आंदोलन में सजा 6 माह कैद हुई। मानिकटोला में संगृहित शस्त्रों के षड्यंत्र में गिरफ्तार हुए। अंडमान जेल में जुलाई, 1937 की भूख–हड़ताल में 37 दिन की भूख–हड़ताल की। 1937 के अन्त में अंडमान जेल से भारत में भेज दिए गए और 1938 में जेल से रिहा कर दिए गए। **संदर्भ** : सेलुलर जेल की सूची का पृष्ठ नं. 17, संख्या नं. 232–बंगाल। **सरकारी फाईल नं.**–होम 1932 जेल. के. डब्ल्यू. 70 जेल., होम 1936 जेल. 5/36 जेल. **फू. चं.जै. फाईल नं.**–(7/703, 7/655, 7/588, 7/593)।
38	**प्रफुल्ल कुमार मजूमदार** *सुपुत्र* पीताम्बर मजूमदार निवासी भादोनपुर, मनोहरडी, चन्दनपुर, ढाका, आयु 25 वर्ष।	अरनियापाशा षड्यंत्र केस–1932 में विस्फोटक षड्यंत्र केस के आरोप में 14.3.1932 को धारा 411, 120बी, 19एफ, 20 आर्म्स एक्ट, 5 एक्सप्लोसिव एक्ट में 7 वर्ष कैद की सजा हुई। 17.11.1932 को अंडमान जेल में भेजने का आदेश हुआ। बीमारी के कारण अंडमान से वापस भारत की जेल में भेजने का आदेश हुआ। इनका अलीपुर सेंट्रल जेल का बंदी नं. 2423 था। **संदर्भ** : सेलुलर जेल की सूची का पृष्ठ नं. 17, संख्या नं. 234–बंगाल। **सरकारी फाईल नं.**–होम 1932 जेल. के. डब्ल्यू. 70. **फू.चं.जै. फाईल नं.**–(7/541, 7/494)।
174	**प्रफुल्लचन्द्र भौमिक** *सुपुत्र* गोविन्दचन्द्र भौमिक, निवासी पथोर, किशोरगंज,	14.10.1933 को डकैती के आरोप में धारा 395 में 5 वर्ष कैद की सजा हुई। 27.12.1933 में अंडमान भेजने का आदेश।

पी. आई. नं.	*बंदी का नाम व पता*	*विशेष टिप्पणी*
	मैमनसिंह, आयु 20 वर्ष।	ये युगान्तर पार्टी के सदस्य थे। 2 वर्ष तक भूमिगत रहकर कार्य किया। जुलाई, 1937 की भूख–हड़ताल में अंडमान जेल में 37 दिन की भूख–हड़ताल की और 1937 के अन्त में अंडमान जेल से भारत की जेल में भेज दिए गए। (मुक्ति तीर्थ से उद्धृत) इनका ढाका सेंट्रल जेल का बंदी नं. 7439 था। **संदर्भ** : सेलुलर जेल की सूची का पृष्ठ नं. 17, संख्या नं. 233–बंगाल। इनका नाम अंडमान पुस्तक सूची में प्रफुल्ल भौमिक छपा है। **सरकारी फाईल नं.**–होम 1932 जेल. के. डब्ल्यू. 70 जेल., होम 1934 जेल. 5/5/34 जेल., होम 1937 पोल. आई. 24/14/37, **फू.चं.जै. फाईल नं.–**(7/580, 7/521, 7/473, 7/592, 7/383)।
293	**प्रफुल्ल नारायण सान्याल** *सुपुत्र* करूणाकान्त सान्याल, निवासी बिलासखां, पालौंग, फरीदपुर, आयु 24 वर्ष।	हिल्ली रेलवे स्टेशन पोलिटिकल डकैती केस–1933 में 27.2.1934 को डकैती का षड्यंत्र रचना व डकैती के समय हत्या के आरोप में स्पेशल ट्रिब्यूनल दिनाजपुर की अदालत से धारा 395/120बी व 395/396 में आजीवन कारावास की सजा हुई जो बाद में 10 वर्ष कैद की सजा रह गई। 28.10.1933 को हिल्ली रेलवे स्टेशन पर पोलिटिकल डकैती के समय कालीचरण माहली डाक हलकारा गोलियों से मारा गया। अदालत ने 27.2.1934 को अभियुक्तों को सजाएं सुना दीं और बाद में अपील में कुछ सजाओं में परिवर्तन हुआ। प्राणक्रिष्टो चक्रवर्ती, ऋषीकेश भट्टाचार्य को मृत्युदंड की सजाओं से आजीवन कैद की सजा दी। सत्यव्रत चक्रवर्ती को मृत्युदंड से 10 वर्ष कैद कर दी, सरोज कुमार बोस को मृत्युदंड से 10 वर्ष कैद कर दी। प्रफुल्ल सान्याल को आजीवन कैद से 7 वर्ष कैद कर दी, अब्दुल केदार चौधरी को आजीवन से 7 वर्ष कैद कर दी। हरीपद बोस व रामक्रिष्टो मण्डोल को 10–10 वर्ष से 7–7 वर्ष कैद कर दी, क्रियान डे को आजीवन कैद से 5 वर्ष कैद कर दी। कालीपद सरकार को 10 वर्ष कैद को तोड़कर बरी कर दिया। इनका मिदनापुर सेंट्रल जेल का बंदी नं. 7864 था। अंडमान जेल में 1937 की भूख–हड़ताल में 37 दिन की भूख–हड़ताल की। जनवरी, 1938 में अंडमान जेल

पी. आई. न.	*बंदी का नाम व पता*	*विशेष टिप्पणी*
		से भारत की जेल में भेज दिए गए। जुलाई, 1939 में डमडम सेंट्रल जेल में 36 दिन की पुनः भूख–हड़ताल की। जेल से रिहाई के बाद तुरन्त भारत रक्षा कानून में नजरबंद कर दिए गए और 1945 में जेल से रिहा हुए। (मुक्ति तीर्थ से उद्धृत) **संदर्भ** : सेलुलर जेल की सूची का पृष्ठ नं. 17, संख्या नं. 235–बंगाल। **सरकारी फाईल नं.**–होम 1934 पोल. 18/9/34 फोर्टनाइटली, सितम्बर 1934, होम 1932 जेल. के. डब्ल्यू. 70 जेल., होम 1934 पोल. 18/9/34, होम 1935 जेल., 5/35 जेल.। **फू.चं.जै. फाईल नं.**–(3/82, 86, 115, 3/98, 3/99, 7/493, 7/590, 7/584, 3/99, 3/115)।
370	**प्रवत कुमार मित्रा**–विद्यार्थी *सुपुत्र* हरदरचन्द्र मित्रा, निवासी विद्यावती, श्रीरामपुर, हुगली या अकरूल दत्ता लेन, कलकत्ता, आयु 24 वर्ष।	1.5.1935 को सम्राट की सरकार के विरुद्ध विद्रोह के आरोप में धारा 121ए में 7 वर्ष कैद की सजा हुई। 16.8.1936 को अंडमान जेल में भेजने का आदेश। 1937 में अंडमान जेल से वापस भारत की जेल में भेजने का आदेश। इनका राजशाही सेंट्रल जेल का बंदी नं. 339 था। अनुशीलन पार्टी के सदस्य थे। अंडमान जेल में 37 दिन की भूख–हड़ताल की। जेल से रिहा होने पर नजरबंद कर दिए गए, और 1945 में जेल से रिहा हुए। **संदर्भ** : सेलुलर जेल की सूची का पृष्ठ नं. 7, अंडमान पुस्तक में नाम प्रवत मित्रा छपा है। संख्या नं.–249, बंगाल। **सरकारी फाईल नं.** –होम 1932 जेल. के. डब्ल्यू. 70 जेल., होम 1935 पोल. 45/7/35, होम 1936 जेल. 5/36 जेल., होम 1937 जेल. के. डब्ल्यू. 5/9ए/37 जेल., होम 1937 पोल. आई. 45/3/37, होम 1942 पोल. आई. 7/13/42। **फू.चं.जै. फाईल नं.**–(7/587, 7/706, 7/658, 7/530, 6/690, 5/554, 5/579, 6/363 से 367 तक)।
375	**प्रवतचन्द्र चक्रवर्ती** *सुपुत्र* राजमोहन चक्रवर्ती, बर्डिल मथाभागा, तिप्परा, आयु 25 वर्ष।	18.5.1933 व 1.5.1935 को सम्राट की सरकार के विरुद्ध विद्रोह के षड्यंत्र में धारा 121ए, 19एफ में कुल 30 वर्ष कैद की सजा हुई। 16.8.1936 को अंडमान जेल में भेजने का आदेश हुआ। 1937 में अंडमान जेल से वापस भारत की जेल में भेजने का आदेश हुआ। 31 अगस्त, 1946 को जेल से रिहा हए। इनका अलीपुर

पी. आई. नं.	*बंदी का नाम व पता*	*विशेष टिप्पणी*
		सेंट्रल जेल का बंदी नं. 1273 था। 1918 से अनुशीलन समिति के सदस्य थे। इन्होंने ईस्ट और नोर्थ बंगाल व गोपालपाडा, गोहाटी और आसाम का दौरा किया। जब नजरबंदियां चल रही थीं तो 1925 से 1928 तक भूमिगत हो गए। 21 अप्रैल, 1930 को बंगाल क्रिमिनल लॉ एक्ट में पकड़े गए। गांव में नजरबंद किए गए परन्तु फरार हो गए। जनवरी, 1933 में पुनः पकड़े गए। **संदर्भ** : सेलुलर जेल की सूची का पृष्ठ नं. 17, संख्या नं. 247—बंगाल। **सरकारी फाईल नं.** —होम 1932 जेल. के. डब्ल्यू. 70 जेल., होम 1933 पोल. 24/13/33, होम 1937 जेल. के. डब्ल्यू. 5/9ए/37 जेल., होम 1942 पोल. आई. 7/13/42, होम 1935 पोल. 45/7/35, होम 1937 पोल. आई. 45/3/37. **फू.चं. जै. फाईल नं.**—(7/704, 7/656, 7/587, 7/593, 7/530, 4/365, 6/691, 5/554, 5/579, 6/363 से 367 तक)।
329	**प्रवासचन्द राय** *सुपुत्र* कालीकृष्ण राय, निवासी बना ग्राम, थाना नंदौर, वीरभूम, आयु 26 वर्ष।	13.12.1933 को वीरभूम अवैध शस्त्रों के संग्रह के आरोप में धारा 19एफ, 19ए में 5 वर्ष 2 दिन कैद की सजा हुई। 1937–38 में अंडमान जेल से भारत की जेल में भेजने का आदेश हुआ। इनका मिदनापुर सेंट्रल जेल का बंदी नं. 7392 था। **संदर्भ** : सेलुलर जेल की सूची का पृष्ठ नं. 17, संख्या नं. 241—बंगाल। अंडमान पुस्तक की सूची में ये नाम प्रवास कुमार राय छपा हुआ है। **सरकारी फाईल नं.** —होम 1933 पोल. 18/4/33 फोर्टनाइटली, दिसम्बर 1933, होम 1935 जेल. 5/35 जेल. **फू.चं.जै. फाईल. नं.**—(3/439, 7/505, 7/457)।
5	**प्रबोध कुमार राय** (एम.ए. विद्यार्थी) *सुपुत्र* रसिकचन्द्र राय/रसिकरंजन राय, निवासी पुतिगना, फुलवाड़िया, मैमनसिंह, पुतयाना, आयु 24 वर्ष।	10.9.1931 को डकैती के षड्यंत्र के आरोप में धारा 395, 395/120बी में 7 वर्ष कैद की सजा हुई। 22.7.1932 को अंडमान जेल में भेजने का आदेश। इनका अलीपुर सेंट्रल जेल का बंदी नं. 2419 था। सदरघाट ढाका में सविनय अवज्ञा आंदोलन में भाग लिया था। जून, 1930 से इनकी गतिविधियां भूमिगत हो गईं और स्यालदा में 31.10.1930 को षड्यंत्र योजना में गिरफ्तार कर लिए गए और 10.9.1931 को 7 वर्ष

पी. आई. न.	बंदी का नाम व पता	विशेष टिप्पणी
		कैद की सजा हो जाने के बाद अगस्त, 1932 में अंडमान जेल में भेज दिए गए। मई, 1933 को अंडमान जेल की भूख–हड़ताल में 45 दिन की भूख–हड़ताल की, सजा की समाप्ति से पूर्व अंडमान से भारत की जेल में भेज दिए गए और जेल से रिहा कर दिए गए। (मुक्ति तीर्थ से उद्धृत) **संदर्भ** : सेलुलर जेल की सूची का पृष्ठ नं. 17, संख्या नं. 243–बंगाल। **सरकारी फाईल नं.** –होम 1932 पोल. के. डब्ल्यू. 70 जेल.। **फू.चं.जै. फाईल नं.** –(7/507, 7/576, 7/557)।
294	**प्रमथनाथ घोष** *सुपुत्र* अनन्तलाल घोष, निवासी नाईवाला, सोनामुखी, वंकुरा, आयु 36 वर्ष।	झारिया षड्यंत्र केस–1934 में बम विस्फोटक पदार्थ षड्यंत्र करने के आरोप में 4.1.1934 को धारा 120बी, 4 विस्फोटक एक्ट में 7 वर्ष सख्त कैद की सजा हुई। 23.2.1935 को अंडमान जेल में भेजने का आदेश। ज्योतिर्मय राय के मकान से 16.3.1933 को 78 डाईनामाईट स्ट्रिकस व अन्य सामग्री बरामद हुई थी। इस मकान में मायादेवी उर्फ नैनीबाला गुप्ता ठहरी हुई थी जिन्हें कलकत्ता में सजा हो चुकी थी। ज्योतिर्मय की एक चिट्ठी जो प्रमथनाथ घोष के नाम थी, पकड़ी गई थी। निल्लूरी पठारा कोल्लरी धनबाद से जनवरी, 1933 में बम के तीन खाली पीतल के खोल बरामद हुए थे। इनका हजारीबाग सेंट्रल जेल का बंदी नं. 12608 था। **संदर्भ** : सेलुलर जेल की सूची का पृष्ठ नं. 9, संख्या नं. 14–बिहार। **सरकारी फाईल नं.** –होम 1934 जेल. 5/14/34 जेल्स., होम 1937 जेल. के. डब्ल्यू. नं. 5/12/37 जेल., होम 1932 जेल. के. डब्ल्यू. नं. 70 जेल., होम 1935 पोल. 5/3/35 जेल.। **फू.चं.जै. फाईल नं.**–(7/471–472, 7/527 से 7/540 तक, 7/477, 7/584, 7/593, 7/477)।
118	**प्रमोदरंजन बोस** *सुपुत्र* जैमिनीकुमार बोस/ जैमिनीकान्त बसु, निवासी चकडाह, नरिया, फरीदपुर, व 90/3, मछुवा बाजार स्ट्रीट, कलकत्ता, आयु 26 वर्ष।	17.11.1932 को सर एल्फ्रेड वाटसन पर घातक आक्रमण का प्रयास व मफरूरों को आश्रय देने के अभियोग में धारा 120बी, 302, 212, 107/307 में 10 वर्ष कैद की सजा हुई। 3.9.1933 को अंडमान जेल में भेजने का आदेश हुआ। अंडमान जेल में 1937 में 37 दिन की भूख–हड़ताल की और अंडमान जेल से भारत की जेल में भेज दिए गए, 1938 में रिहा हुए।

पी. आई. नं.	*बंदी का नाम व पता*	*विशेष टिप्पणी*
		इनका अलीपुर सेंट्रल जेल का बंदी नं. 7398 था। *स्टेट्स मैन* अखबार के एडीटर सर एल्फ्रेड वाटसन पर घातक आक्रमण करने के प्रयास में बंगाल की पुलिस ने मफरूर अभियुक्तों की तलाश में कलकत्ता में छापा मारा और तीन युवकों को सुनील चैटर्जी, प्रमोदरंजन बोस, व अमरचन्द घोष को गिरफ्तार कर लिया। 17.11.1932 को टी.एच. एलिश स्पेशल जज अलीपुर ने फैसला सुनाते हुए सुनील चैटर्जी को आजीवन कारावास की सजा, प्रमोदरंजन बोस को 10 वर्ष कैद की सजा व अमरचन्द घोष को धारा 212 में मफरूरों को आश्रय देने के आरोप में 2 वर्ष कैद की सजा सुना दी। 3 अन्य अभियुक्तों को बरी कर दिया। सर एल्फ्रेड वाटसन पर पहला असफल आक्रमण 5.8.1932 को हुआ, निशाना चूक जाने पर अतुलचन्द्र सेन ने घटनास्थल पर ही विष खाकर आत्मबलिदान कर दिया, दूसरा असफल आक्रमण 28.9.1932 को हुआ और इस असफलता पर मनी लहरी व अनिल भादुड़ी अंगरक्षक की गोलियों से जख्मी हुए और घटनास्थल पर ही विष खाकर आत्मबलिदानी हो गए। **संदर्भ** : सेलुलर जेल की सूची का पृष्ठ नं. 17, संख्या नं. 245—बंगाल। **सरकारी फाईल नं.** —होम 1932 पोल. 18/14/32 फोर्टनाइटली नवम्बर 1932, होम 1932 जेल. के. डब्ल्यू. 70 जेल., होम 1933 पोल. 22/86/33, होम 1933 पोल. 33/3/33. **फू.चं.जै. फाईल नं.**—(2/743, 3/406, 7/578, 7/590, 7/565, 7/517, 2/773)।
82	**परिमल घोष** उर्फ **परिमलचन्द्र घोष** *सुपुत्र* हेमेन्द्र किशोर घोष, निवासी मुंशीगंज टाऊन, ढाका, आयु 22 वर्ष।	30.5.1932 को ढाका पोलिटिकल डकैती के आरोप में धारा 395 में 5 वर्ष कैद की सजा हुई। फरवरी, 1933 में अंडमान जेल में भेजने का आदेश हुआ। इनका ढाका सेंट्रल जेल का बंदी नं. 3774 था। परिमल घोष आत्मज स्वर्गीय हेमेन्द्र किशोर घोष, मेडीकल प्रैक्टीशनर, जीवनलाल चैटर्जी के दल में युगान्तर पार्टी के सदस्य बने। उस समय वे कॉलेज के विद्यार्थी थे। दिसम्बर, 1931 को तैलिरबाग एक्शन के सम्बन्ध में पुलिस ने गिरफ्तार कर लिया और अन्त में 5 वर्ष कैद की सजा होने के बाद अंडमान जेल में भेज दिए गए।

पी. आई. न.	*बंदी का नाम व पता*	*विशेष टिप्पणी*
		मई, 1933 की अंडमान जेल की भूख–हड़ताल में 45 दिन की भूख–हड़ताल की, सजा की समाप्ति से पूर्व अंडमान जेल से वापस भारत की जेल में भेज दिए गए। सजा की समाप्ति पर जेल से रिहाई के समय बंगाल क्रिमिनल लॉ एक्ट में नजरबंद कर दिए गए और कुछ समय के बाद नजरबंद कैंप से ले जाकर उनको उनके घर में नजरबंद कर दिया गया। पुस्तक में परिमल चन्द्र घोष छपा है। (मुक्ति तीर्थ से उद्धृत) **संदर्भ** : सेलुलर जेल की सूची का पृष्ठ नं. 16, संख्या नं. 228–बंगाल। **सरकारी फाईल नं.** –होम 1932 पोल. 18/9/32 फोर्टनाइटली जून 1932, **फू.चं.जै. फाईल नं.**–(7/553, 7/505, 3/366)।
380	**परेशचन्द्र गुहा**–विद्यार्थी *सुपुत्र* सुरेशचन्द्र गुहा, निवासी कुकुटिया, श्रीनगर, ढाका, आयु 27 वर्ष।	इंटर प्राविंशल षड्यंत्र केस–1935 में 1.5.1935 को सम्राट की सरकार के विरुद्ध विद्रोह के आरोप में धारा 121ए में 10 वर्ष कैद की सजा हुई। 16.8.1936 को अंडमान भेजने का आदेश। 1937 में अंडमान जेल से वापस भारत की जेल में भेजने का आदेश हुआ। इनका मिदनापुर सेंट्रल जेल का बंदी नं. 189 था। 1930 में पाबंद कर दिए गए, परन्तु पाबंदी छोड़कर (तोड़कर) फरार हो गए, 1932 में पुनः गिरफ्तार किए गए। 1937 में 37 दिन की भूख–हड़ताल। जेल से रिहा होते ही पुनः नजरबंद कर दिए गए और जनवरी, 1946 में रिहा हुए। **संदर्भ** : सेलुलर जेल की सूची का पृष्ठ नं. 16, संख्या नं. 227–बंगाल। **सरकारी फाईल नं.** –होम 1932 जेल. के. डब्ल्यू. 70 जेल., होम 1932 पोल. 31/88/32, होम 1936 जेल. 5/36 जेल., होम 1937 जेल. के. डब्ल्यू. 5/9ए/37 जेल., होम 1935 पोल. 45/7/35, होम 1937 पोल. आई. 45/3/37। **फू.चं.जै. फाईल नं.**–(5/554, 7/587, 7/593, 6/235, 7/705, 5/579, 7/667, 7/530, 6/363 से 367 तक)।
337	**परेशचन्द्र चौधरी** *सुपुत्र* गिरिशचन्द्र चौधरी, निवासी दमदारपुर, सादुल्लापुर, रंगपुर,	15.5.1935 को रिवॉल्वर संगृहित करने के षड्यंत्र में धारा 120बी/19एफ में 7 वर्ष कैद की सजा हुई। 1.3.1936 को अंडमान जेल में भेजने का आदेश। इनका राजशाही सेंट्रल जेल का बंदी नं. 1333 था।

पी. आई. नं.	बंदी का नाम व पता	विशेष टिप्पणी
	आयु 18 वर्ष।	**संदर्भ** : सेलुलर जेल की सूची का पृष्ठ नं. 16, संख्या नं. 226–बंगाल। **सरकारी फाईल नं.**–होम 1932 जेल. के. डब्ल्यू. 70 जेल., होम 1936 जेल. 5/36 जेल. **फू. चं.जै. फाईल नं.**–(7/596, 7/697, 7/649)।
234	**प्रसन्नताकुमार सेन गुप्ता** विद्यार्थी *सुपुत्र* अक्षयकुमार सेन गुप्ता, निवासी बलटाला, गिरिनगर, ढाका, व जोरपुर सुतरापुर, ढाका, आयु 18 वर्ष।	30.11.1932 को ढाका रेलवे स्टेशन पर लूटमार का प्रयास करने के आरोप में धारा 394, 397 व 19एफ में 7 वर्ष सख्त कैद की सजा हुई। 27.1.1935 को अंडमान जेल में भेजने का आदेश हुआ। 1937–38 में अंडमान जेल से भारत की जेल में भेजने का आदेश हआ। हृदयगति से संबंधित रोग था। इनका मिदनापुर सेंट्रल जेल का बंदी नं. 4996 था। 7.9.1932 को फुलवाड़िया स्टेशन रोड पर घर लौटते समय बड़ौदाकान्ता चौधरी को घेर लिया और रिवॉल्वर से गोली चलाकर 43 रुपये लूट लिए। राहगीरों ने भागकर तीनों को पकड़ लिया और उनके कब्जे से कोल्डस पिस्तौल भी बरामद की। 30.11.1932 को स्पेशल जज ढाका की अदालत से भूपेश बैनर्जी को धारा 394 में 10 वर्ष कैद की सजा व प्रसन्नता कुमार सेन गुप्ता को और अधीररंजन नाग को 7–7 वर्ष कैद की सजाएं सुना दीं। अंडमान जेल में 1937 में 33 दिन की भूख–हड़ताल की। 1934 में मिदनापुर जेल से नृपेन दत्ता राय के साथ मफरूर हो गए थे। पुनः पकड़े जाने पर 2 वर्ष कैद की सजा जेल से भागने के आरोप में हुई। **संदर्भ** : सेलुलर जेल की सूची का पृष्ठ नं. 17, संख्या नं. 240–बंगाल। **सरकारी फाईल नं.** –होम 1932 पोल. 18/15/32 फोर्टनाइटली, दिसम्बर 1932, होम 1932 जेल. के. डब्ल्यू. 70 जेल., होम 1937 पोल. आई. 24/14/37। **फू.चं.जै. फाईल नं.**–(3/407, 7/582, 7/524, 7/476, 7/591)।
272	**प्राणकृष्ण चक्रवर्ती** उर्फ **पारन** उर्फ **कैलादा** उर्फ **महेन्द्र** उर्फ **सुरेशचन्द्र डे** विद्यार्थी *सुपुत्र* जानकी नाथ चक्रवर्ती, निवासी रुद्राकार, पालौंग,	हिल्ली डकैती केस–1934 में अवैध शस्त्र रखने आरोप में 2.1.1932 व 27.2.1934 को धारा 395, 396/120बी, 19एफ, 20 आर्म्स एक्ट में 7 वर्ष व आजीवन कारावास की सजा हुई। हाई कोर्ट के निर्णय के बाद 32 वर्ष कैद रही। 1937–38 में अंडमान जेल से भारत की जेल में भेजने का आदेश हुआ।

पी. आई. न.	*बंदी का नाम व पता*	*विशेष टिप्पणी*
	फरीदपुर, आयु 25 वर्ष।	मिंटफोर्ड मेडीकल स्कूल ढाका के थर्ड ईयर के विद्यार्थी थे। जलपाईगुडी जेल से जब पुलिस कलकत्ता जेल में ले जा रही थी तो हिरासत से फरार हो गए। दोनों हाथों में हथकड़ियां लगी थी और जेल–बंदी के कपड़े पहने हुए थे। बाद में 29.10.1933 को हिल्ली रेलवे स्टेशन सूटिंग केस में पकड़े गए। मृत्युदंड की सजा हुई जिसे 25 वर्ष कैद कर दिया गया। अंडमान में 37 दिन की भूख–हड़ताल में भाग लिया और अंडमान जेल में बेंतों की सजा हुई। बंगाल की जेल में 36 दिन की भूख–हड़ताल में भाग लिया। अगस्त, 1946 को रिहा हुए। 10.2.1934 को प्रेसीडेंसी जेल से अलीपुर सेंट्रल जेल में आए, इनका अलीपुर सेंट्रल जेल का बंदी नं. 1547 था। **संदर्भ** : सेलुलर जेल की सूची का पृष्ठ नं. 17, संख्या नं. 238–बंगाल। **सरकारी फाईल नं.**–होम 1932 जेल. के. डब्ल्यू. नं. 70 जेल., होम 1935 जेल. नं. 5/35 जेल.। **फू.चं.जै. फाईल नं.**–(7/583, 7/495, 7/447)।
334	**प्राणकृष्ण चौधरी** उर्फ **प्राणक्रिस्टो चौधरी** सुपुत्र प्रताप चन्द्र चौधरी। निवासी कैतोड़ा, थाना कुमारंगा, जिला दिनाजपुर, आयु 26 वर्ष।	दिनाजपुर डकैती षड्यंत्र केस–1935 में डकैती का षड्यंत्र करने के आरोप में 19.2.1935 को धारा 120बी/395 में 10 वर्ष कैद की सजा हुई। 1.3.1936 में अंडमान जेल में भेजने का आदेश। इनका दिनाजपुर सेंट्रल जेल का बंदी नं. 6636 था। बल्ला तिलनी व काकना में 1934 में बम व पिस्तौल संगृहित करने के लिए तीन पोलिटिकल डकैतियां डालीं गई। इनमें 17 अभियुक्तों को लम्बी–लम्बी सजाएं हुई थी। **संदर्भ** : सेलुलर जेल की सूची का पृष्ठ नं. 17, संख्या नं. 239–बंगाल। **सरकारी फाईल नं.**–होम 1932 जेल. के. डब्ल्यू. 70 जेल., होम 1936 पोल. 45/8/36,। **फू.चं.जै. फाईल नं.**–(7/586, 7/698, 7/650, 6/410, 6/411)।
317	**प्राणगोपाल मुकर्जी**–विद्यार्थी सुपुत्र भूपति मुकर्जी, निवासी बनवारी बाद, भरतपुर, मुर्शिदाबाद,	वीरभूम षड्यंत्र केस–1934 में 24.9.1934 व 10.11.1934 को सरकार के विरुद्ध विद्रोह व झगड़ा या उपद्रव करने के लिए धारा 121, 147/153 में 12½ वर्ष सख्त कैद की सजा हुई। 1937–38 में अंडमान

पी. आई. नं.	*बंदी का नाम व पता*	*विशेष टिप्पणी*
	आयु 30 वर्ष।	जेल से भारत की जेल में भेजने का आदेश हुआ। 12.11.1934 को सूरी जेल से अलीपुर सेंट्रल जेल में पहुंचे। अलीपुर सेंट्रल जेल में इनका बंदी नं. 2988 था। **संदर्भ** : सेलुलर जेल की सूची का पृष्ठ नं. 17, संख्या नं. 237–बंगाल। **सरकारी फाईल नं.**–होम 1932 जेल. के. डब्ल्यू. 70 जेल., होम 1935 जेल. 5/35 जेल.। **फू. चं.जै. फाईल नं.**–(7/585, 7/505, 7/457, 7/492)।
283	**प्रियदा नन्दन चक्रवर्ती** *सुपुत्र* दुर्गाचरण चक्रवर्ती, फतियाबाद, चिटागांग, आयु 20 वर्ष।	बधुवा डकैती केस–1934 में डकैती के आरोप में 27.8.1934 को धारा 395 में आजीवन कैद की सजा हुई। अनुशीलन समिति के सदस्य हैं। 1937 की अंडमान जेल की भूख–हड़ताल में 37 दिन की भूख–हड़ताल की। जनवरी, 1938 में अंडमान से अलीपुर सेंट्रल जेल भेजे गए। अलीपुर सेंट्रल जेल में जुलाई, 1939 में पुनः 36 दिन की भूख–हड़ताल की। अगस्त, 1946 में ये जेल से रिहा कर दिए गए। (मुक्ति तीर्थ से उद्धृत) इनका राजशाही सेंट्रल जेल का बंदी नं. 464 था। प्रियदा रंजन चक्रवर्ती के बड़े भाई मोक्षदा रंजन चक्रवर्ती आयु 28 वर्ष को भी आजीवन कैद की सजा हुई। इनका पी. आई नं. 284 था। **संदर्भ** : सेलुलर जेल की सूची का पृष्ठ नं. 17, संख्या नं. 242–बंगाल। **सरकारी फाईल नं.**–होम 1932 जेल. के. डब्ल्यू. 70 जेल., होम 1935 जेल. 5/35 जेल., **फू. चं.जै. फाईल नं.**–(7/584, 7/498, 7/450)।
52	**पूर्णचन्द्र गोस्वामी** *सुपुत्र* ईश्वरचन्द्र गोस्वामी, अचिन्ता, कटियाडी, मैमनसिंह, आयु 28 वर्ष।	14.2.1932 को अवैध शस्त्र रखने के आरोप में धारा 120बी, 395, 19एफ 20 आर्म्स एक्ट में 6 वर्ष कैद की सजा हुई। 17.11.1932 को अंडमान जेल में भेजने का आदेश हुआ। इनका मिदनापुर सेंट्रल जेल का बंदी नं. 3398 था। **संदर्भ** : सेलुलर जेल की सूची का पृष्ठ नं. 17, संख्या नं. 250–बंगाल। **सरकारी फाईल नं.**–होम 1932 पोल. 4/52/32 सीरियल नं. 1–6, होम 1932 पोल. 18/1/32, देहली रिकॉर्ड्स नं. 2। **फू.चं.जै. फाईल नं.**–(6/267, 7/495, 7/543, 2/1045)।

पी. आई. न.	*बंदी का नाम व पता*	*विशेष टिप्पणी*
176	**पूर्णचन्द्र राय** उर्फ **क्षितिज राय** *सुपुत्र* सतीश राय, निवासी सराचर, बाजीतपुर, मैमनसिंह, आयु 20 वर्ष।	30.9.1932 को लूटने का षड़्यंत्र करने के आरोप में धारा 392/120बी में 6 वर्ष सख्त कैद व 100 जुर्माना अन्यथा एक वर्ष और कैद की सजा हुई। 27.1.1935 को अंडमान जेल में भेजने का आदेश हुआ। 1937–38 में अंडमान जेल से भारत की जेल में भेजने का आदेश हुआ। इनका अलीपुर सेंट्रल जेल का बंदी नं. 6534 था। स्पेशल मैजिस्ट्रेट किशोरगंज की अदालत से धारा 302/120बी, व धारा 393/34 व धारा 392/120बी पूर्णचन्द्र राय, जतिन्द्रचन्द्र रे उर्फ छुटा को 6–6 वर्ष कैद की सजा व 100, 100 रुपये जुर्माना या 6–6 माह और कैद की सजा हुई थी। **संदर्भ** : सेलुलर जेल की सूची का पृष्ठ नं. अंडमान पुस्तक सूची में पृष्ठ नं. 16–17 पर यह नाम नहीं मिला अन्यथा सब प्रकार से केस पूर्ण है। **सरकारी फाईल नं.**–होम 1932 जेल. के. डब्ल्यू. 70 जेल. होम 1932 पोल. 18/12/32 फोर्टनाइटली, अक्टूबर 1932, । **फू.चं.जै. फाईल नं.**–(7/580, 7/522, 7/474, 3/400)।
357	**पुरेन्द्र शेखर गुहा** *सुपुत्र* लालबिहारी गुहा, कॉलेज स्टूडेन्ट, निवासी भभाडिया, राजबारी, फरीदपुर, वर्तमान माहीगंज, कोतवाली, रंगपुर, आयु 24 वर्ष।	28.1.1935, 29.3.1935, 3.4.1935, 23.10.1935 को रंगपुर षड़्यंत्र केस में धारा 120बी/19 आर्म्स एक्ट, 120बी/20 आर्म्स एक्ट 411, 322, 147/353, 149/325 में कुल 11½ वर्ष कैद की सजा हुई। 28.5.1935 को अंडमान जेल में भेजने का आदेश हुआ। 1937–38 में अंडमान जेल से वापस भारत की जेल में भेजने का आदेश हुआ। इनका मिदनापुर सेंट्रल जेल का बंदी नं. 9914 था। **संदर्भ** : सेलुलर जेल की सूची का पृष्ठ नं. 17, संख्या नं. 251–बंगाल। **सरकारी फाईल नं.**–होम 1932 जेल. के. डब्ल्यू. 70 जेल., होम 1936 जेल. 5/36 जेल.। **फू. चं.जै. फाईल नं.**–(7/587, 7/596, 7/701, 7/653)।
171	**प्रेमप्रकाश** उर्फ **देवानब** उर्फ **रुद्रा सिंह** उर्फ **इन्द्र सिंह गढ़वाली** *सुपुत्र* माधो सिंह, लारगू, टीहरी गढ़वाल।	19.8.1933 को उटाकमाण्ड बैंक डकैती केस में धारा 109, 395, 397 में आजीवन कैद की सजा हुई। 1934 में अंडमान जेल में भेजने का आदेश हुआ। 1937 में वापस अंडमान जेल से भारत की जेल में भेजने का आदेश हुआ।

पी. आई. नं.	बंदी का नाम व पता	विशेष टिप्पणी
		प्रेमप्रकाश को मद्रास सिटी बम केस में आजीवन कारावास की सजा व 7 वर्ष कैद की सजा हुई, इस पार्टी के नेता शम्भूनाथ आजाद आत्मज शंकर लाल थे, जिन्होंने उटाकमाण्ड में नेशनल बैंक में डकैती डाली थी। 3.10.1933 को प्रातःकाल मद्रास सिटी बम केस के व उटाकमाण्ड बैंक डकैती केस के अभियुक्त प्रेमप्रकाश उर्फ देवानब उर्फ रुद्रा सिंह व हजारा सिंह उर्फ बन्ता सिंह उर्फ करियालदेव जेल वॉर्डरों से सांठगांठ करके बिल्लारी सेंट्रल जेल से फरार हो गए थे। परन्तु दूसरे दिन 25 मील की दूरी पर रेलवे स्टेशन की ओर जाते हुए उन्हें पुलिस ने पुनः गिरफ्तार कर लिया था। इससे पूर्व वे 7.12.1930 को आर्म्स एक्ट में सजा हुई थी और 1931 में रिहा हुए थे। इनका दिल्ली जेल बंदी नं. 1818 था। **संदर्भ** : सेलुलर जेल की सूची का पृष्ठ नं. 8, संख्या नं. 8—उत्तर प्रदेश। **सरकारी फाईल नं.**—होम 1932 जेल. के. डब्ल्यू. 70 जेल., होम 1933 पोल. 18/9/33 फोर्टनाइटली, अगस्त, 1933, होम 1933 पोल. 18/12/33 फोर्टनाइटली, अक्टूबर, 1933, दिल्ली रिकॉर्ड नं. 1, होम 1937 जेल. के. डब्ल्यू. 5/9ए/37 जेल.। **फू.चं.जै. फाईल नं.**—(7/580, 7/591, 3/431, 3/435, 7/529)।
320	**प्रवत कुमार घोष** उर्फ **प्रशांतकुसुम घोष** उर्फ **खोखा** विद्यार्थी *सुपुत्र* जगदीश घोष, निवासी भिलास, लाभपुर, वीरभूम, आयु 29 वर्ष।	24.9.1934 को राजद्रोह के आरोप में धारा 121 में 7 वर्ष कैद की सजा हुई। सूरी जेल से 15.10.1934 को अलीपुर सेंट्रल जेल आए, इनका अलीपुर सेंट्रल जेल का बंदी नं. 2472 था। कलकत्ता विश्वविद्यालय से स्नातक थे। एक वर्ष तक भूमिगत रहकर पार्टी का कार्य करते रहे। वीरभूम षड्यंत्र केस में सजा के बाद अंडमान जेल में पहुंचे और अंडमान जेल में 1937 की भूख—हड़ताल में 37 दिन की भूख—हड़ताल की। 1937 के अन्त में अंडमान से भारत की जेल में आए और 1939 में जेल से रिहा कर दिए गए। सुबालपुर डकैती सितम्बर, 1932 के मामले में सतकोरी चैटर्जी, नित्यगोपाल भौमिक उर्फ भीम व सत्यनारायण

पी. आई. न.	*बंदी का नाम व पता*	*विशेष टिप्पणी*
		चण्डी को 4–4 वर्ष कैद की सजाएं हो गई थीं परन्तु प्रवत कुमार घोष उर्फ खोखा व रजतभूषण दत्त, दोनों उस केस में मफरूर रहे। जयगोपाल चक्रवर्ती भी केस में मफरूर था। **संदर्भ** : सेलुलर जेल की सूची का पृष्ठ नं. 17, संख्या नं. 248–बंगाल। **सरकारी फाईल नं.**–होम 1933 पोल. 18/10/33 फोर्टनाइटली, सितम्बर 1933, होम 1937 पोल. आई. 24/4/37। **फू.चं.जै. फाईल नं.**– (3/434, 7/504, 7/456)।
290	**प्रभाकर बैरूनी** *सुपुत्र* शशीभूषण बैरूनी, निवासी मलियारा, बरजोड़ा, बंकूरा, आयु 29 वर्ष।	22.12.1934 को अवैध शस्त्र रखने के आरोप में धारा 19 आर्म्स एक्ट में 5 वर्ष कैद की सजा हुई। 1930 के नमक सत्याग्रह में भाग लिया और जेल की सजा हुई। ये अनुशीलन समिति के सदस्य थे। 28.8.1934 को अवैध शस्त्रों के संग्रह के आरोप में गिरफ्तार किए गए। इसमें 5 वर्ष कैद की सजा हुई और अंडमान जेल में भेज दिए गए। जुलाई, 1937 की अंडमान जेल की दूसरी भूख–हड़ताल में 37 दिन की भूख–हड़ताल की। जनवरी, 1938 में अंडमान जेल से भारत की जेल में भेज दिए गए और 1939 में जेल से रिहा कर दिए गए। मुक्ति तीर्थ प्रकाशन के अनुसार 1976 में ये स्वर्गवासी हो गए। इनका मिदनापुर सेंट्रल जेल का कैदी नं. 9418 था। **संदर्भ** : सेलुलर जेल की सूची का पृष्ठ नं. 17, संख्या नं. 246–बंगाल। अंडमान की पुस्तक सूची में प्रवत बीरूनी नाम छपा है। **सरकारी फाईल नं.**–होम 1935 जेल. 5/35 जेल.। **फू.चं.जै. फाईल नं.**–(7/493, 7/445)।
10	**प्रवीर कुमार गोस्वामी** *सुपुत्र* सुरेन्द्र किशोर गोस्वामी, निवासी बेनीग्राम, कोव्याडी, मैमनसिंह, आयु 22 वर्ष।	किशोर गंज मैमनसिंह केस–1932 में मकान में घुसकर आतंकवादी धमकी देने, अवैध शस्त्रों का संग्रह व डकैती की योजना डाक के थैले लूटने के आरोप में 9.1.1932, 14.2.1932, 30.5.1932 को धारा 451/501, 506, 395, 19एफ आर्म्स एक्ट, 20 आर्म्स एक्ट 392/397 में कुल 16½ वर्ष कैद की सजा हुई। इनका अलीपुर सेंट्रल जेल का बंदी नं. 2425 था। अंडमान जेल में चीफ जेलर को मारने के आरोप में प्रवीर गोस्वामी को 20 बेंतों की सजा दी गई थी।

पी. आई. नं.	*बंदी का नाम व पता*	*विशेष टिप्पणी*
		अंडमान जेल में मई, 1933 में 45 दिन की भूख–हड़ताल की और जुलाई, 1937 में 37 दिन की भूख–हड़ताल की। जनवरी, 1938 में अंडमान जेल से भारत की जेल में वापस भेजे गए। **संदर्भ** : सेलुलर जेल की सूची का पृष्ठ नं. 16, संख्या नं. 231–बंगाल। **सरकारी फाईल नं.**–होम 1932 जेल. के. डब्ल्यू. 70 जेल., होम 1935 जेल. 1935 जेल. 6/20/35। **फू.चं.जै. फाईल नं.**– (7/509, 7/557, 7/592, 7/576, 6/282)।
21	**फकीरचन्द सेन** उर्फ **फकीरचन्द सेनगुप्ता** *सुपुत्र* माधवचन्द्र सेनगुप्ता, निवासी फतियाबाद, हाटबाजारी, चिटागांग, आयु 15 वर्ष।	1.3.1932 को चिटागांग आर्मरी रेड केस में धारा 120बी, 302, 395, 396, 436, 126 रेलवे एक्ट, 25 टेलीग्राफ एक्ट, 19एफ आर्म्स एक्ट व 4 विस्फोटक एक्ट में आजीवन कारावास की सजा हुई। 22.7.1932 को अंडमान जेल में भेजने का आदेश। इनका मिदनापुर सेंट्रल जेल का बंदी नं. 2617 था। सितम्बर, 1937 में अंडमान से भारत की जेल में आए और रिहा कर दिए गए, 1940 से 1941 तक ये पुनः गिरफ्तार कर नजरबंद कर दिए गए। दूसरा महायुद्ध छिड़ चुका था। अंडमान जेल की भूख–हड़ताल 1937 में 37 दिन की भूख–हड़ताल की थी। (मुक्ति तीर्थ से उद्धृत) **संदर्भ** : सेलुलर जेल की सूची का पृष्ठ नं. 12, संख्या नं. 95–बंगाल। अंडमान पुस्तक सूची में नाम फकीरचन्द सेन गुप्ता छपा है। **सरकारी फाईल नं.**–होम 1932 जेल. के. डब्ल्यू. 70 जेल., होम 1937 जेल. के. डब्ल्यू. 5/9ए/37 जेल., होम 1937 पोल. 18/10/37। **फू.चं.जै. फाईल नं.** –(7/560, 7/512, 7/576, 7/590, 7/529, 8/27)।
104	**फणीभूषण दास गुप्ता** *सुपुत्र* अक्षयकुमार दास गुप्ता, (भूतपूर्व नजरबंद हैं) निवासी खालीशाह कोटा, बनौरीपुर, बरीसल, आयु 26 वर्ष।	8.12.1932, 13.12.1932, 11.3.1933 को डकैती के समय हत्या के आरोप में, अवैध शस्त्रों का संग्रह करने का आरोप, जेल से भाग जाने के आरोप में धारा 396, 395/120बी, 19एफ व 20 आर्म्स एक्ट 224 में आजीवन कारावास यानी 25 वर्ष कैद की सजा हुई। अप्रैल, 1933 में अंडमान जेल में भेजने का आदेश हुआ। इनका अलीपुर सेंट्रल जेल का बंदी नं. 8765 था। श्यामबाजार कलकत्ता में जो बम बरामद हुआ था,

पी. आई. न.	*बंदी का नाम व पता*	*विशेष टिप्पणी*
		उसमें फणीभूषण दास गुप्ता व 5 अन्यों को एक–एक वर्ष कैद की सजा हुई। सातवां अभियुक्त राजकुमार बैनर्जी छोड़ दिया गया था। बरीसल में युगान्तर पार्टी के सदस्य थे, *स्वाधीनता* साप्ताहिक पत्र के सम्पादक के नाते 1928 में गिरफ्तार किए गए थे, परन्तु उस समय छोड़ दिए गए और 1930 में मछुवा बाजार बम केस में गिरफ्तार किए गए। फिर हिल्ली नजरबंद कैंप में नजरबंद कर दिए गए परन्तु नजरबंद कैंप से बचकर निकल गए और सिंघा डकैती के समय 1934 में गिरफ्तार किए गए। अंडमान जेल की 1937 की भूख–हड़ताल में 37 दिन की भूख–हड़ताल की और डॉक्टरों के परामर्श से अंडमान जेल से भारत की जेल में भेज दिए गए और इन्हें जेल से रिहा कर दिया गया। 12.2.1943 को स्वर्गवासी हो गए। (मुक्ति तीर्थ प्रकाशन के अनुसार) **संदर्भ** : सेलुलर जेल की सूची का पृष्ठ नं. 16, संख्या नं. 229–बंगाल। **सरकारी फाईल नं.** –होम 1931 पोल. 18/11/31 फोर्टनाइटली, नवम्बर 1931, होम 1932 पोल. 18/15/32 फोर्टनाइटली, दिसम्बर 1932, होम 1932 जेल. के. डब्ल्यू. 70 जेल.। **फू.चं.जै. फाईल नं.**–(3/468, 3/408, 7/577, 7/594, 7/505, 7/507, 6/254)।
16	**फणीन्द्रलाल नन्दी** सुपुत्र बंगाचन्द्र नन्दी, निवासी पतिया चिटागांग, आयु 22 वर्ष।	1.3.1932 को चिटागांग आर्मरी रेड केस में धारा 120बी, 302, 395, 396, 436, 126 रेलवे एक्ट 25 टेलीग्राफ एक्ट, 4 विस्फोटक एक्ट व 19एफ आर्म्स एक्ट में आजीवन कारावास की सजा हुई। 22.7.1932 को अंडमान जेल में भेजने का आदेश। क्षय रोग हो जाने पर अंडमान जेल से भारत की जेल में वापस भेजा गया। इनका ढाका सेंट्रल जेल का बंदी नं. 3229 था। **संदर्भ** : सेलुलर जेल की सूची का पृष्ठ नं. 16, संख्या नं. 230–बंगाल। अंडमान पुस्तक में नाम फणी नन्दी छपा है। **सरकारी फाईल नं.** –होम 1932 जेल. के. डब्ल्यू. 70 जेल। **फू.चं.जै. फाईल नं.**–(7/597, 7/508, 7/556)।
170	**बच्चूलाल** उर्फ **बच्चूराम** करमाड्योढ़ी, अमृतसर।	7.3.1933 को उटाकमाण्ड बैंक डकैती केस में धारा 109, 395, 397 में आजीवन कारावास की सजा हुई।

पी. आई. नं.	*बंदी का नाम व पता*	*विशेष टिप्पणी*
		1934 में अंडमान जेल में भेजने का आदेश हुआ। 1937 में वापस अंडमान जेल से भारत की जेल में भेजने का आदेश हुआ। हिन्दुस्तान सोशलिस्ट रिपब्लिकन आर्मी के क्रांतिकारी बंगाल के क्रांतिकारी नेता सीतानाथ डे के निर्देशन में दक्षिण भारत आकर पार्टी का संगठन करना चाहते थे। पार्टी के लिए रुपया एकत्रित करने के वास्ते 28.4.1933 को ट्रावनकोर नेशनल बैंक, ऊटी पर छापा मारा और कुछ मिनटों में ही रुपया लूटकर मोटर में रवाना हो गए, हजारा सिंह गाड़ी का ड्राईवर था। इनके दो साथी खुशीराम मेहता और नित्यानन्द वात्स्यायन को ईरोड रेलवे स्टेशन पर पुलिस ने गिरफ्तार कर लिया और बैंक का काफी रुपया उनके कब्जे से बरामद कर लिया। बाकी साथी मद्रास में जाकर मद्रास सिटी बम केस की योजना में लगे हुए थे। 1.5.1933 को रोशनलाल मेहरा बम फैक्टरी से एक बम लेकर परीक्षण करने समुद्र तट पर गए और वहीं बम विस्फोट हो जाने से शहीद हो गए। गोविन्दराम गिरफ्तारी के समय पुलिस से मुकाबला करते हुए मारे गए। बच्चूलाल आदि साथियों को पुलिस ने 4, मई 1933 को लिंगीचैट्टी स्ट्रीट के एक मकान से गिरफ्तार कर लिया था और बाद में कोयम्बटूर की अदालत से इन्हें लम्बी सजाएं हो गईं। अंडमान जेल में ये मस्तिष्क रोग से पीड़ित हो गए और भारत में वापस आने पर पागलखाने में भेज दिए गए। उत्तर प्रदेश में कांग्रेस मंत्रिमण्डल बनने पर उनके माध्यम से काफी प्रयास किए गए परन्तु इतना ही पता चला कि पूना के पागलखाने में उनको दाखिल किया गया था। परन्तु बाद में क्या हुआ यह जानकारी नहीं मिली। **संदर्भ** : सेलुलर जेल की सूची का पृष्ठ नं. 8, संख्या नं. 1–उत्तर प्रदेश। **सरकारी फाईल नं.**–होम 1932 जेल. के. डब्ल्यू. 70 जेल.। **फू.चं.जै. फाईल नं.** –(7/580)।
67	**बटुकेश्वर दत्त–बी.के. दत्त** उर्फ **बट्टु** उर्फ **मोहन** *सुपुत्र* गोस्टा बिहारी दत्त, निवासी गांव ओआरी, खण्डा,	12.6.1929 को नई दिल्ली लेजिस्लेटिव एसेम्बली में भगत सिंह के साथ बम का धमाका करने के लिए धारा 307, 4 विस्फोटक एक्ट में आजीवन कारावास की सजा हुई।

पी. आई. न.	*बंदी का नाम व पता*	*विशेष टिप्पणी*
	माऊसू, जिला बर्दवान।	हिन्दुस्तान सोशलिस्ट रिपब्लिकन आर्मी के प्रमुख सदस्य थे। पं. चन्द्रशेखर आजाद, सरदार भगत सिंह के सहयोगी थे। गिरफ्तारी से पूर्व ये कानपुर में काम करते थे। इनकी मां इन्हें कानपुर से बनारस भी ले गई, परन्तु क्रांतिकारियों से सम्पर्क बना रहा। आगरा में भी अन्य क्रांतिकारियों के साथ बम फैक्टरी में बम बनाए। सरदार भगत सिंह के साथ एसेम्बली में जाने से पूर्व विशेष बम बनाए और गिरफ्तारी से पूर्व पंजाब व यू.पी. का ग्रुप संगठित करने में सक्रिय थे। लाहौर षड़यंत्र केस में भी इनका चालान हुआ। सेंट्रल जेल मुल्तान से इन्हें मद्रास भेजने का आदेश हुआ। त्रिचनापल्ली जेल में कैदी नं. 860 था और वहां से अंडमान के लिए भेजे गए। भारत में वापस आने पर महात्मा गांधीजी ने भी वाइसराय को वर्धा आश्रम से 1.9.1938 को इनकी रिहाई के सम्बन्ध में पत्र लिखा था और 3.9.1938 को भारत सरकार ने इनकी रिहाई का आदेश दे दिया। 18.9.1938 को बांकीपुर जेल से रिहा कर दिए गए। रिहाई के समय यह आदेश दिया कि वे पंजाब, बंगाल व दिल्ली में बिना आज्ञा के प्रवेश न करें। **संदर्भ** : सेलुलर जेल की सूची का पृष्ठ नं. 8, संख्या नं. 2–उत्तर प्रदेश। **सरकारी फाईल नं.**–होम 1930 जेल. 7/13 जेल. होम 1932 जेल. 70/4/32 जेल., होम 1937 जेल. 5/27/37 जेल., होम 1937 जेल. के. डब्ल्यू. 5/9ए/37 जेल., होम 1937 पोल. 22/39/37, होम 1938 पोल. 18/9/38, होम 1940 पोल. आई. के. डब्ल्यू. 45/1/40, होम 1932 जेल. के. डब्ल्यू. 70 जेल.। **फू.चं.जै. फाईल नं.**–(7/342, 7/390, 7/677, 7/623, 7/640, 7/642, 7/527, 6/1, 6/48, 8/115, 7/577, 7/592)।
97	**बंकिमचन्द्र चक्रवर्ती** उर्फ **प्रबोधचन्द्र चक्रवर्ती** उर्फ **खोखा** *सुपुत्र* प्रताप चन्द्र चक्रवर्ती, अगरतला, तिरूपुरा, आयु 19 वर्ष।	25.6.1932 को ब्राहमनबारिया में अवैध शस्त्र रखने के आरोप में धारा 19एफ आर्म्स एक्ट में 5 वर्ष कैद की सजा हुई। 1933, फरवरी में इन्हें अंडमान जेल में भेजने का आदेश हुआ। इनका अलीपुर सेंट्रल जेल का बंदी नं. 4617 था। ये युगान्तर पार्टी के सदस्य थे और कई वर्ष तक पार्टी का कार्य करते रहे, 6.5.1932 को अवैध शस्त्रों के साथ पकड़े गए और 5 वर्ष कैद की सजा हो गई। इनके

पी. आई. नं.	*बंदी का नाम व पता*	*विशेष टिप्पणी*
		सहयोगी कामिनी डे को भी 5 वर्ष कैद की सजा हुई। 1933 की अंडमान जेल की 45 दिन की भूख–हड़ताल की, सजा की अवधि से पूर्व अंडमान जेल से भारत की जेल में भेजे गए और 1937 में जेल से रिहाई के बाद नारायणगढ़, मिदनापुर में 2 वर्ष तक नजरबंद पाबंद कर दिए गए। (मुक्ति तीर्थ से उद्धृत) **संदर्भ** : सेलुलर जेल की सूची का पृष्ठ नं. 10, संख्या नं. 32–बंगाल। अंडमान की पुस्तक में बंकिमचन्द्र चक्रवर्ती छपा है। **सरकारी फाईल नं.** –होम 1932 जेल. के. डब्ल्यू. 70/3/32 जेल। **फू.चं.जै. फाईल नं.**–(7/551, 7/503, 7/551)।
46	**बंगेश्वर राय**–विद्यार्थी *सुपुत्र* बानेश्वर राय, निवासी गैबिनपुर, नवाबगंज, ढाका, वर्तमान–गुंडारिल, सत्तरापुर, ढाका, गंडारिया, जन्म 8.12.1911।	इंपीरियल बैंक रॉबरी केस–1933 में सरकारी रुपया लूटने के आरोप में 10.12.1931 को धारा 394/398 में 10 वर्ष सख्त कैद की सजा हुई। 17.11.1932 को अंडमान जेल में भेजने का आदेश। 1937–38 में अंडमान जेल से भारत की जेल में भेजने का आदेश दिया। इनका मिदनापुर सेंट्रल जेल का बंदी नं. 2864 था। 13.10.1931 को गयबाड़ा के नन्दलाल बासक ढाका पोस्ट ऑफिस में खजांची थे और ये 6 हजार रुपये के चांदी के सिक्के व 24 हजार रुपये के नोट लेकर जा रहे थे। ये रुपया इम्पीरियल बैंक से लेकर पोस्ट ऑफिस जा रहे थे। दो सिपाही नन्दलाल बासक खजांची के साथ अंगरक्षक थे। रिवॉल्वरों से सुसज्जित तीन–चार युवकों ने उन्हें घेर लिया और गोलियां चलाईं, दोनों सिपाही गोली से जख्मी हो गए। उन युवकों में से बंगेश्वर राय ने एक थैला जिसमें 24 हजार रुपये थे, छीन लिया और भागने लगा। बंगेश्वर राय के साथ एक युवक विनयकुमार बोस आत्मज हेमन्गाकुमार थाना सुत्तरापुर ढाका का था और यह व्यक्ति साईकिल पर था। इन दोनों ने भागते समय भी गोलियां चलाईं और पब्लिक के आदमी जख्मी हो गए। लेकिन पीछा करने वालों ने इनको पकड़ लिया और पुलिस नं 392, 394, 392/398 व 19 आर्म्स एक्ट में चालान कर दिया और 10–10 वर्ष कैद की सजाएं हुईं। ये क्रांतिकारी संगठन श्रीसंघा के सदस्य थे, अंडमान जेल में 1933 व 1937 में व डमडम जेल में 1939 में भूख–हड़ताल की। 29.9.1939 को जेल से रिहा हुए।

पी. आई. न.	*बंदी का नाम व पता*	*विशेष टिप्पणी*
		संदर्भ : सेलुलर जेल की सूची का पृष्ठ नं. 10 संख्या नं. 31–बंगाल। **सरकारी फाईल नं.**–होम 1931 पोल. 18.11.31 फोर्टनाइटली, नवम्बर 1931, होम 1932 पोल. 4/52/32 सीरियल नं.–1–6;, होम 1932 जेल. के. डब्ल्यू. 70 जेल., होम 1937 जेल.के. डब्ल्यू. 5/9ए/37 जेल। **फू. चं. फाईल नं.**–(3/469, 6/259, 7/542, 7/577, 5/729, 7/331)।
26	**बरिन्द्र कुमार घोष** *सुपुत्र* मुरारीमोहन घोष, निवासी जीपुर, तंगीवाड़ी, ढाका व 24बी. कॉलेज रोड, कलकत्ता, आयु 19 वर्ष।	25.1.1932 को बिना लाइसेंस के शस्त्रों का संग्रह करने के आरोप में धारा 19एफ, 20 आर्म्स एक्ट में 4 वर्ष कैद की सज़ा हुई। 17.11.1932 को अंडमान जेल में भेजने का आदेश हुआ। इनका अलीपुर सेंट्रल जेल का बंदी नं. 9124 था। मई, 1933 की अंडमान जेल में 45 दिन की भूख–हड़ताल में ये सम्मिलित हुए, रिहाई से पूर्व अंडमान से भारत की जेल में भेज दिए गए और 1937 में जेल से रिहा हुए, परन्तु तुरन्त ही इन्हें बंगाल क्रिमिनल लॉ एक्ट में नजरबंद कर दिया गया और 1938 में नजरबंदी से रिहा हुए। (मुक्ति तीर्थ से उद्धृत) **संदर्भ** : सेलुलर जेल की सूची का पृष्ठ नं. 10, संख्या नं. 33–बंगाल। **सरकारी फाईल नं.** –होम 1932 पोल. 18/1/32 देहली रिकॉड्स नं. 2, होम 1932 जेल. 70 व के. डब्ल्यू. होम 1932 जेल. के. डब्ल्यू. 70। **फू.चं.जै. फाईल नं.**–(2/1045, 7/492, 6/253, 7/561, 7/540)।
116	**विजय कुमार सिन्हा** उर्फ **बच्चू पत्रकार** *सुपुत्र* मार्कंड दास सिन्हा, निवासी कानपुर, वर्तमान पताः 3ए, एंट्रेंचमेंट रोड, ईस्ट मेरियापल्ली, सिकंदराबाद, आयु 23 वर्ष।	भगत सिंह लाहौर षड्यंत्र केस 7.10.1930 को सरकार के विरुद्ध विद्रोह के षड्यंत्र में धारा 121, 302/109, 120बी, 4 विस्फोटक एक्ट व 6 विस्फोटक एक्ट/120बी में आजीवन कारावास की सजा हुई। राजमुंदरी सेंट्रल जेल में इनका बंदी नं. 3388 था। षड्यंत्र केस में इनपर आरोप था कि दिल्ली के फिरोजशाह कोटला मैदान में 8–9 सितम्बर, 1928 की जो प्रमुख क्रांतिकारियों की मीटिंग हुई थी उसका आयोजन इन्होंने किया था और इसमें निश्चय किया गया था कि भिन्न–भिन्न क्रांतिकारियों पार्टियों को एक साथ मिलाकर हिन्दुस्तान सोशलिस्ट रिपब्लिकन आर्मी के नाम से एक संगठन बनाया जाए। गिरफ्तारी से पूर्व

पी. आई. नं.	बंदी का नाम व पता	विशेष टिप्पणी
		मार्च, 1928 में शिव वर्मा के साथ विजय कुमार सिन्हा फतेहगढ़ जेल में काकोरी षड्यंत्र केस के जोगेशचन्द्र चैटर्जी से मिलने गए थे। दिसम्बर, 1928 में स्काट/मर्डर केस के समय ये लाहौर में थे। **संदर्भ** : सेलुलर जेल की सूची का पृष्ठ नं. 8, संख्या नं. 3–उत्तर प्रदेश। **सरकारी फाईल नं.**–होम 1932 जेल. के. डब्ल्यू. 70 जेल., होम 1932 जेल., 70/4/32 जेल., होम 1933 पोल. 7/11/33,। **फू.चं.जै. फाईल नं.**– (7/578, 7/591, 7/624, 7/573, 6/279, 7/624, 7/625)।
16	**विजय कुमार घोष** उर्फ **खेला** *सुपुत्र* तिनकौरी घोष, निवासी नाओग्राम, लाभपुर, वीरभूम, आयु 34 वर्ष।	वीरभूम षड्यंत्र केस– 1934 में सरकार के विरुद्ध षड्यंत्र के आरोप में, सरकारी कर्मचारियों पर आक्रमण व विद्रोह के आरोप में 24.9.1934 व 10.11.1934 धारा 121, 147/353 में 6½ वर्ष कैद की सजा हुई। इनका राजशाही सेंट्रल जेल का बंदी नं. 831 था। अंडमान जेल में 1937 की भूख–हड़ताल में 37 दिन की भूख–हड़ताल हुई। सजा की अवधि के समाप्ति से पूर्व अंडमान जेल से भारत की जेल में भेज दिए गए। (मुक्ति तीर्थ से उद्धृत) **संदर्भ** : सेलुलर जेल की सूची का पृष्ठ नं. 11, संख्या नं. 55–बंगाल। **सरकारी फाईल नं.**–होम 1932 जेल. के. डब्ल्यू. 70 जेल., होम 1935 जेल. 5/35 जेल. **फू.चं.जै. फाईल नं.**–(7/499, 7/451, 7/591, 7/585)।
15	**विजयकृष्ण चक्रवर्ती/विजय बैनर्जी** *सुपुत्र* मथुरानाथ चक्रती, निवासी डिघाली लाहागंज, ढाका आयु 24 वर्ष।	हिल्ली डकैती केस–1933 में डकैती के आरोप में 4.12.1934 को धारा 395 में 10 वर्ष कैद की सज़ा हुई। इनका मिदनापुर सेंट्रल जेल का बंदी नं. 9439 था। 27.10.1933 को 4,624 रुपये डाक के कर्मचारी से लूटते समय कर्मचारी मारा गया। मुख्य केस के समय विजयकृष्ण चक्रवर्ती मफरूर थे और बाद में पकड़े जाने पर स्पेशल ट्रिब्यूनल की अदालत से 4.12.1934 को यह सजा हुई। 1930 के सत्याग्रह आंदोलन में भी जेल गए, जुलाई, 1937 में अंडमान जेल की भूख–हड़ताल में 37 दिन की भूख–हड़ताल की। जनवरी, 1938 में अंडमान जेल से भारत की जेल में वापस आए और 1940 के प्रारंभ में डॉक्टरी परामर्श पर जेल से रिहा कर दिए गए।

पी. आई. न.	*बंदी का नाम व पता*	*विशेष टिप्पणी*
		(मुक्ति तीर्थ से उद्धृत) **संदर्भ** : सेलुलर जेल की सूची का पृष्ठ नं. 11, (अंडमान पुस्तक सूची में नाम विजयकृष्ण बैनर्जी छपा है)। संख्या नं. 56, बंगाल। **सरकारी फाईल नं.** –होम 1932 जेल. के. डब्ल्यू. 70 जेल. होम 1934 पोल. 27/7/34, होम 1935 जेल. 5/35 जेल.। **फू.चं.जै. फाईल नं.**–(7/585, 7/503, 7/455, 7/593, 3/67)।
83	**बिजन कुमार सेनगुप्ता** *सुपुत्र* अतुलचन्द्र सेन, निवासी रानीबाजार, बोआली, राजशाही, आयु 19 वर्ष।	पुथिया डाक रॉबरी केस–1932 में डाक हलकारे को लूटने के आरोप में 25.1.1932 को धारा 392 व 19सी आर्म्स एक्ट में 7 वर्ष + 2 वर्ष कैद की सज़ा हुई। फरवरी, 1933 में अंडमान जेल में भेजने का आदेश हुआ। इनका मिदनापुर सेंट्रल जेल का बंदी नं. 4544 था। **संदर्भ** : सेलुलर जेल की सूची का पृष्ठ नं. 11, संख्या नं. 54, बंगाल। **सरकारी फाईल नं.** –होम 1932 पोल. 4/52/32 सीरियल नं. 1–6, होम 1932 जेल. के. डब्ल्यू. 70 जेल., होम 1937 पोल. आई. 24/14/37.। **फू.चं.जै. फाईल नं.**– (6/259, 6/268, 7/548, 7/380)।
267	**विद्याधर शाह** *सुपुत्र* रामकृष्णा शाह, निवासी तेलीकुआं, थाना कोमिला, तिप्परा, आयु 22 वर्ष।	ईटाखोला मेल रॉबरी केस–1934 में हत्या के साथ डकैती व भागने का प्रयास के आरोप में 26.5.1934 को धारा 396/120बी में आजीवन कारावास की सजा हुई। 1937–38 में अंडमान जेल से भारत की जेल में भेजने का आदेश हुआ। इनका सिल्हट जेल का बंदी नं. 2178 था। **संदर्भ** : सेलुलर जेल की सूची का पृष्ठ नं. 11, संख्या नं. 53, बंगाल। **सरकारी फाईल नं.** –होम 1932 जेल. के. डब्ल्यू. 70 जेल., होम 1935 जेल. 5/35 जेल. होम 1934 जेल. 5/14/34 जेल., होम 1937 पोल. आई. 24/14/37, होम 1933 पोल. 18/6/33 फोर्टनाइटली, मई 1933। **फू.चं.जै. फाईल नं.** (7/583, 7/479, 7/517, 7/469, 7/590, 7/392, 7/438, 3/422)।
6	**विधुभूषण गुहा** उर्फ **मुकुल राय** उर्फ **विधुभूषण गुहा विश्वास** *सुपुत्र* जोगेशचन्द्र गुहा–विश्वास, आयु 22 वर्ष।	25.1.1932 को सबइन्स्पेक्टर पुलिस के रिवॉल्वर की चोरी के आरोप में धारा 380, 411 में 5 वर्ष कैद की सज़ा हुई। 23.5.1931 को सबइन्स्पेक्टर शशधर विश्वास ढाका वाले का रिवॉल्वर चोरी हो गया था। बाद में इंटैलीजेन्स

पी. आई. नं.	*बंदी का नाम व पता*	*विशेष टिप्पणी*
		डिपार्टमेन्ट के अधिकारियों ने ध्रुब भट्टाचार्य से बरामद किया और सुबोध राय उर्फ पी.पी. के विरुद्ध धारा 380, 19 आर्म्स एक्ट व 411 में मुकदमा कायम कर दिया। परन्तु अदालत ने नेकचलनी की जमानत पर छोड़ दिया। यह रिवॉल्वर विधुभूषण गुहा से बरामद होने के बाद 25.1.1932 को 5 वर्ष की कैद विधुभूषण गुहा उर्फ मुकुल राय को हो गई। **संदर्भ** : सेलुलर जेल की सूची का पृष्ठ नं. 11, संख्या नं. 51, बंगाल। **सरकारी फाईल नं.** –होम 1932 पोल. 4/52/32 सीरियल नं. 1–6, **फू.चं.जै. फाईल नं.** –(6/266)।
87	**विधुभूषण सेन** *सुपुत्र* गुरुचरण सेन, निवासी पंचकोहेना, कोतवाली मैमनसिंह, आयु 23 वर्ष।	16.5.1932 को घातक आक्रमण करने और गिरफ्तारी से भाग जाने के आरोप में धारा 307, 323, 19एफ में कुल 5 वर्ष कैद की सजा हुई। फरवरी, 1933 में अंडमान जेल में भेजने का आदेश हुआ। इनका राजशाही सेंट्रल जेल का बंदी नं. 7975 था। मैमनसिंह के वेयरहाउस लूटिंग केस में विधुभूषण सेन मफरूर थे। जब पुलिस इन्हें गिरफ्तार करने लगी तो 2.8.1930 को दो गोलियां पुलिस की ओर चलाकर पिस्तौल सहित भाग गए, परन्तु बाद में 13.7.1931 को गिरफ्तार कर लिए गए। अंडमान जेल में पहुंचते ही क्षय रोग हो जाने के कारण इन्हें वापस भारत की जेल में भेजने का आदेश हुआ। अप्रैल, 1938 तक ये पाबंदी के आदेश में रहे। दूसरा महायुद्ध छिड़ने पर 1941 में गिरफ्तार कर लिए गए और जेल में नजरबंद कर दिए गए। और 1946 में जेल की नजरबंदी से रिहा हुए। (मुक्ति तीर्थ से उद्धृत) **संदर्भ** : सेलुलर जेल की सूची का पृष्ठ नं. 11, संख्या नं. 52, बंगाल। **सरकारी फाईल नं.** –होम 1932 पोल. 4/52/32 सीरियल नं. 1–6, होम 1932 जेल. के. डब्ल्यू. 70 जेल., **फू.चं.जै. फाईल नं.**–(6/260, 7/553, 7/505, 7/595)।
336	**विनयकुमार तरफदार**–विद्यार्थी *सुपुत्र* जागीनकान्त तरफदार, निवासी मझीरा, बोगरा, आयु 18 वर्ष।	15.5.1935 को रिवॉल्वर संगृहित करने के षड्यंत्र में धारा 120बी, 19एफ आर्म्स एक्ट में 5 वर्ष कैद की सज़ा हुई। 1.3. 1936 को अंडमान जेल में भेजने का आदेश।

पी. आई. न.	*बंदी का नाम व पता*	*विशेष टिप्पणी*
		इनका राजशाही सेंट्रल जेल का बंदी नं. 1332 था। अंडमान जेल में 1937 की भूख–हड़ताल में 37 दिन की भूख–हड़ताल की और 1937 के अन्त में अंडमान जेल से वापस भारत की जेल में भेज दिए गए। (मुक्ति तीर्थ से उद्धृत) **संदर्भ** : सेलुलर जेल की सूची का पृष्ठ नं. 10, अंडमान जेल की पुस्तक में नाम विनय तरफदार छपा है। संख्या नं. 36, बंगाल। **सरकारी फाईल नं.**–होम 1932 जेल. के. डब्ल्यू. 70 जेल. होम 1936 जेल. 5/35 जेल. **फू.चं.जै. फाईल नं.**–(7/697, 7/649, 7/586, 7/590)।
57	**विनयकुमार बोस**–विद्यार्थी सुपुत्र हेमन्ताकुमार बोस, निवासी रौशोनिया थाना सिराजडीखां, ढाका, वर्तमान–डिगबाजार सुतरापुर, ढाका।	10.12.1931 को ढाका पोस्ट ऑफिस का रुपया लूटने के आरोप में धारा 394, 495, 398 व 19एफ आर्म्स एक्ट में 10 वर्ष कैद की सज़ा हुई। 17.11.1932 को अंडमान जेल में भेजने का आदेश हुआ। 1937–38 में अंडमान जेल से वापस भारत की जेल में भेजने का आदेश हुआ। इनका राजशाही सेंट्रल जेल का बंदी नं. 7442 था। विनयकुमार बोस की मृत्यु 19 जनवरी, 1978 की लम्बी बीमारी के बाद कलकत्ता के अस्पताल में हुई। **संदर्भ** : सेलुलर जेल की सूची का पृष्ठ नं. 10, संख्या नं. 34–बंगाल। **सरकारी फाईल नं.** –होम 1931 पोल. 18/11/31 फोर्टनाइटली, नवम्बर 1931, होम 1932 जेल. के. डब्ल्यू. 70/जेल. होम 1932 पोल. 4/52/32 सीरियल नं. 1–6, होम 1937 पोल. आई. 24/14/37,। **फू.चं.जै. फाईल नं.**–(3/469, 7/577, 7/545, 7/497, 7/592, 6/259, 7/379, 7/380)।
127	**विनयभूषण डे राय**–विद्यार्थी सुपुत्र शशीभूषण डे राय, निवासी शोलाघर, श्रीनगर, ढाका। वर्तमान–कायटुली, कोतवाली ढाका, आयु 18 वर्ष।	कामख्या सेन की हत्या व ग्रासडी पर घातक आक्रमण करने के प्रयास में 18.11.1932 को 19एफ आर्म्स एक्ट में व 307 में आजीवन कारावास की सज़ा हुई। 3.9.1933 को अंडमान जेल भेजने का आदेश हुआ। इनका अलीपुर सेंट्रल जेल का बंदी नं. 7632 था। 1937–38 में अंडमान जेल से वापस भारत की जेल में भेजने का आदेश हुआ। 22.8.1932 को मिस्टर सी.जी. ग्रासडी एडिशनल सुपरिन्टेन्डेन्ट पुलिस ढाका पर घातक आक्रमण करने

पी. आई. नं.	*बंदी का नाम व पता*	*विशेष टिप्पणी*
		का प्रयत्न करने और उनपर गोली चलाने का प्रयास किया। ग्रासडी बच गए। ग्रासडी के अंगरक्षक ने एक आक्रमणकारी पर गोली चलाई और उसे पकड़ लिया। दूसरा आक्रमणकारी बचकर निकल गया। बाद में विनय भूषण डे राय के विरुद्ध अदालत में चालान प्रस्तुत हुआ। नवम्बर,, 1981 को स्वर्गवासी हो गए। **संदर्भ** : सेलुलर जेल की सूची का पृष्ठ नं. 10, (अंडमान पुस्तक सूची में विनयभूषण राय छपा है), संख्या नं. 35–बंगाल। **सरकारी फाईल नं.** –होम 1932 पोल. 18/14/32 फोर्टनाइटली, नवम्बर 1932, होम 1932 पोल. 18/11/32 फोर्टनाइटली, अगस्त, 1932, होम 1932 जेल. के. डब्ल्यू. 70 जेल., होम 1945 पोल. आई. 44/13ए/45, I **फू.चं.जै. फाईल नं.**–(3/406, 6/126, 3/396, 7/578, 7/592, 7/564, 7/516, 6/571)।
324	**विनयभूषण लश्कर** *सुपुत्र* बैकुण्ठचन्द्र लश्कर, निवासी दरियापाड़ा, सिल्हट, आयु 30 वर्ष।	9.8.1934 को लूटमार के षड्यंत्र में धारा 392/120बी में 7 वर्ष कैद की सज़ा हुई। 1.1.3.1936 को अंडमान जेल में भेजने का आदेश हुआ। इनका सिल्हट जेल का बंदी नं. 591 था। **संदर्भ** : सेलुलर जेल की सूची का पृष्ठ नं. 20, अंडमान पुस्तक सूची में नाम विनय लश्कर छपा है। संख्या नं. 1, आसाम। **सरकारी फाईल नं.** –होम 1932 जेल. के. डब्ल्यू. 70 जेल., होम 1935 जेल. 5/2/35 जेल. होम 1937 जेल. के. डब्ल्यू. 5/9ए/37 जेल.। **फू.चं.जै. फाईल नं.**– (7/585, 6/620, 7/578, 7/528)।
177	**विभूतिभूषण बैनर्जी** *सुपुत्र* ललितमोहन बैनर्जी, निवासी 51बी, मछुवा बाजार, स्ट्रीट व ताजपुर सराजडीधा, ढाका, आयु 23 वर्ष।	26.6.1933 को अनुशीलन समिति के लिए अवैध शस्त्रों का संग्रह करने के आरोप में धारा 20 आर्म्स एक्ट में ,5 वर्ष सख्त कैद की सज़ा हुई। 27.1.1935 में अंडमान व ताजपुर सराजडीघा, ढाका जेल में भेजने का आदेश हुआ। इनका मिदनापुर सेंट्रल जेल का बंदी नं. 2143 था। **संदर्भ** : सेलुलर जेल की सूची का पृष्ठ नं. 11, संख्या नं. 50–बंगाल। 1937–38 में अंडमान जेल से भारत की जेल में भेजने का आदेश हुआ। **सरकारी फाईल नं.**–होम 1932 जेल. के. डब्ल्यू. 70 जेल., होम 1934 जेल. 5/5/34 जेल., होम 1933 पोल. 18/8/33

पी. आई. न.	*बंदी का नाम व पता*	*विशेष टिप्पणी*
		फोर्टनाइटली, जुलाई 1933। **फू.चं.जै. फाईल नं.** –(7/580, 7/474, 7/522, 7/594, 3/428)।
9	**विमलकुमार दास गुप्ता** उर्फ **माक्खन** *सुपुत्र* अक्षय कुमार दास गुप्ता, निवासी बसौडा, झालाकोटी, बाकरगंज व मिदनापुर टाऊन, आयु 19 वर्ष।	12.11.1931 को मिस्टर विलियर्स पर घातक आक्रमण के आरोप में धारा 307 में 10 वर्ष कैद की सज़ा हुई। 22.7.1932 को अंडमान जेल में भेजने का आदेश हुआ। इनका अलीपुर सेंट्रल जेल का बंदी नं. 7735 था। अंडमान जेल में मई, 1933 की भूख–हड़ताल में 45 दिन की भूख–हड़ताल की। जुलाई, 1937 में पुनः अंडमान जेल में 37 दिन की भूख–हड़ताल की। अंडमान जेल से वापस डमडम सेंट्रल जेल भारत में आ जाने के बाद पुनः 36 दिन की भूख–हड़ताल की। जनवरी, 1938 में ये अंडमान जेल से रिहा कर दिए गए। 17 वर्ष की आयु में ही ये क्रांतिकारी संगठन श्रीसंघा के सदस्य बन गए थे। (मुक्ति तीर्थ से उद्धृत) **संदर्भ** : सेलुलर जेल की सूची का पृष्ठ नं. 11, अंडमान पुस्तक सूची में नाम विमलदास गुप्ता छपा है संख्या नं. 59 बंगाल। **सरकारी फाईल नं.**–होम 1931 पोल. 18/11/1931 फोर्टनाइटली, नवम्बर, 1931, होम 1932 जेल. के. डब्ल्यू. 70,। **फू.चं.जै. फाईल नं.** –(3/467, 7/507, 7/576, 7/555)।
291	**बिमलकुमार सरकार**– विद्यार्थी *सुपुत्र* सतीशचन्द्र सरकार, निवासी विष्णुपुर, बंकुरा, आयु 20 वर्ष।	30.4.1934 को बंकुरा में पोलिटिकल डकैती के षड्यंत्र के आरोप में धारा 392/120बी. में 5 वर्ष सख्त कैद की सज़ा हुई। इनका मिदनापुर सेंट्रल जेल का बंदी नं. 8157 था। युगान्तर पार्टी के सदस्य थे। 1937 में मृत्युंजय बैनर्जी के साथ विष्णुपुर मेल डकैती केस में गिरफ्तार किए गए। अंडमान जेल में जुलाई, 1937 की भूख–हड़ताल में 37 दिन की भूख–हड़ताल की और जुलाई, 1937 के अन्त में अंडमान जेल से भारत की जेल में भेज दिए गए। 1939 में जेल से रिहा कर दिए गए। (मुक्ति तीर्थ से उद्धृत) **संदर्भ** : सेलुलर जेल की सूची का पृष्ठ नं. 11, संख्या नं. 60–बंगाल। **सरकारी फाईल नं.**–होम 1932 जेल. के. डब्ल्यू. नं. 70 जेल., होम 1935 जेल. 5/35 जेल. **फू.चं.जै. फाईल नं.**– (7/584, 7/592, 7/493, 7/445)।

पी.आई.नं.	बंदी का नाम व पता	विशेष टिप्पणी
376	**बिमलचन्द्र भट्टाचार्य**–विद्यार्थी *सुपुत्र* विपिनचन्द्र भट्टाचार्य, निवासी बोकुलजोड़ा, दुर्गापुर, मैमनसिंह, (बाकलजोड़ा, सुसांग, दुर्गापुर, नेत्रकोना, मैमनसिंह) आयु 22 वर्ष।	28.2.1933 व 1.5.1935 को शस्त्र षड्यंत्र व सम्राट की सरकार के विरुद्ध विद्रोह करने के आरोप में धारा 121ए, 120/19ए आर्म्स एक्ट में कुल 10 वर्ष कैद की सज़ा हुई। 16.8.1936 को अंडमान जेल में भेजने का आदेश हुआ। 1937 में अंडमान जेल से वापस भारत की जेल में भेजने का आदेश हुआ। इनका ढाका सेंट्रल जेल का बंदी नं. 1108 था। अंडमान जेल में 37 दिन की व अलीपुर में 36 दिन की भूख–हड़ताल की। द्वितीय महायुद्ध छिड़ने पर भारत कानून में नजरबंद। 1945 में नजरबंदी से रिहा किए गए। **संदर्भ** : सेलुलर जेल की सूची का पृष्ठ नं. 11, संख्या नं. 11–बंगाल। **सरकारी फाईल नं.**–होम 1932 जेल के. डब्ल्यू. 70 जेल, होम 1936 जेल 5/36 जेल., होम 1942 पोल. आई 7/13/42। **फू.चं.जै. फाईल नं.**–(7/587, 7/593, 7/705, 7/657, 6/690)।
197	**बिमल रंजन डे भौमिक** *सुपुत्र* अबाल मोहन डे भौमिक, निवासी पनिया, सिराजडिघी, ढाका, वर्तमान पता–नीलखामरी, निलफामड़ी, रंगपुर, आयु 24 वर्ष।	12.3.1934 को रंगपुर षड्यंत्र केस–1934 में अवैध शस्त्र रखने और चोरी हुई सम्पत्ति को छुपाकर रखने के आरोप में धारा 411, 120बी आर्म्स एक्ट, 20 व 4 आर्म्स एक्ट में कुल 6 साल 3 माह कैद की सजा हुई। 27.1.1935 को अंडमान जेल में भेजने का आदेश हुआ। इनका राजशाही सेंट्रल जेल का बंदी नं. 9966 था। युगान्तर पार्टी के सदस्य थे, इनकी गिरफ्तारी के साथ ही पुलिस ने इनके पिताजी को हिरासत में ले लिया और परिवार के अन्य सदस्यों को भी तहकीकात के मध्य काफी परेशान किया और मकान को भी काफी क्षति पहुंचाई। अंडमान जेल की 1937 की भूख–हड़ताल में 37 दिन की भूख–हड़ताल की और 1938 के प्रारम्भ में अंडमान जेल से भारत की जेल में भेज दिए गए। 1939 में जेल से रिहा कर दिए गए। (मुक्ति तीर्थ से उद्धृत) **संदर्भ** : सेलुलर जेल की सूची का पृष्ठ नं. 11, (अंडमान जेल की पुस्तक सूची में बिमल भौमिक नाम छपा है), संख्या नं. 58–बंगाल। **सरकारी फाईल नं.**–होम 1932 जेल. के. डब्ल्यू. 70 जेल., होम 1934 पोल. 18/2/34, होम 1934 जेल. 5/5/34 जेल.। **फू.चं.जै. फाईल नं.**

पी.आई.नं.	*बंदी का नाम व पता*	*विशेष टिप्पणी*
		(3/85, 7/524, 7/477, 7/581, 7/591)।
34	**बिमलेन्दू चक्रवर्ती** *सुपुत्र* हेमचन्द्र चक्रवर्ती, निवासी अमाहत गंज, कोतवाली बरीसल, व बजराजोगनी, अटपारा, ढाका, आयु 18 वर्ष।	15.2.1932 को लूटने के आरोप में धारा 394 में 7 वर्ष कैद की सजा हुई। 17.11.1932 को अंडमान जेल भेजने का आदेश। इनका अलीपुर जेल का बंदी नं. 620 था। आरोप था कि 1.5.1931 को बरीसल जिला स्कूल के चपरासी को लूटते हुए उसे गोली से जख्मी कर दिया था। ये अनुशीलन समिति के सदस्य थे, अंडमान जेल में मई, 1933 की भूख–हड़ताल में 45 दिन की भूख–हड़ताल की परन्तु डॉक्टरी रिपोर्ट पर 2 वर्ष बाद अंडमान जेल से भारत की जेल में भेज दिए गए और सजा की अवधि को समाप्त कर जेल से रिहा कर दिए गए। (मुक्ति तीर्थ से उद्धृत) **संदर्भ** : सेलुलर जेल की सूची का पृष्ठ नं. 11, संख्या नं. 61—बंगाल। **सरकारी फाईल नं.** –होम 1932 जेल. के. डब्ल्यू. 70/32 जेल., होम 1932 पोल. 4/52/32 सीरियल नं. 1–6। **फू.चं.जै. फाईल नं.**–(7/540, 7/492, 6/266)।
237	**बिराज मोहन देव** उर्फ **बगा** *सुपुत्र* ईश्वर चन्द्र देव, निवासी कालीकूचा, थाना सिरहाली, तिप्परा, आयु 20 वर्ष।	24.6.1933 व 26.5.1934 को सरकारी अफसरों की हत्या करने के षड्यंत्र में तथा सिल्हट मेल रॉबरी केस में डकैती के आरोप में धारा 307, 302, 120बी, 396 में 20 वर्ष + 25 वर्ष (45 वर्ष) आजीवन कारावास की सज़ा हुई। 11.4.1935 को अंडमान जेल में भेजने का आदेश। 1937 में अंडमान जेल से भारत की जेल में भेजने का आदेश हुआ। इनका ढाका सेंट्रल जेल कैदी नं. 8956 था। **संदर्भ** : सैलूलर जेल की सूची का पृष्ठ नं. 11, संख्या नं. 62—बंगाल। **सरकारी फाईल नं.** –होम 1933 पोल. 18/6/33 फोर्टनाइटली, मई, 1933, होम 1937 जेल्स के. डब्ल्यू. 5/9ए/37 जेल्स, होम 1942 पोल. आई. 7/13/42। **फू.चं.जै. फाईल नं.**–(7/438, 3/422, 6/691, 7/528)।
343	**बिरूभूषण चक्रवर्ती**–विद्यार्थी उर्फ **फटीक** *सुपुत्र* इन्दूभूषण चक्रवर्ती, निवासी रुद्रगढ़, पालौंग, फरीदपुर,	रंगपुर शस्त्र षड्यंत्र केस—1935 में 28.1.1935 को शस्त्रों का षड्यंत्र के आरोप में धारा 120बी/19एफ आर्म्स एक्ट में 7 वर्ष कैद की सजा हुई। 11.5.1935 को अंडमान जेल में भेजने का आदेश हुआ।

पी.आई.नं.	*बंदी का नाम व पता*	*विशेष टिप्पणी*
	वर्तमान–मुलाटोल, थाना रंगपुर, आयु 20 वर्ष।	इनका ढाका सेंट्रल जेल का बंदी नं. 160 था। **संदर्भ** : सेलुलर जेल की सूची का पृष्ठ नं. 11, संख्या नं. 66–बंगाल। **सरकारी फाईल नं.** –होम 1932 जेल. के. डब्ल्यू. 70 जेल., होम 1936 जेल. 5/36 जेल.। **फू.चं.जै. फाईल नं.**–(7/586, 7/590, 7/699, 7/651)।
152	**डॉ. बीरेन्द्रचन्द्र लहरी** *सुपुत्र* रामचन्द्र लहरी उर्फ रामचन्द्र काव्यतीर्थ, निवासी उसठी, गफ्फूर गांव, मैमनसिंह।	2.12.1932 व 19.4.1933 को कमालपुर पोलिटिकल डकैती के आरोप में धारा 395/120बी 19एफ आर्म्स एक्ट में 10 वर्ष कैद की सजा हुई। 31.12.1933 को अंडमान जेल में भेजने का आदेश। इनका राजशाही सेंट्रल जेल का बंदी नं. 8768 था। ये संस्कृत के विद्वान पंडितों में थे। ढाका विश्वविद्यालय से आई.एस.सी. व आई.एम.एफ. परीक्षाओं में उत्तीर्ण हुए थे। अण्डमान जेल में मई, 1933 की भूख–हड़ताल में 45 दिन की भूख–हड़ताल की थी व जुलाई, 1937 में 37 दिन की भूख–हड़ताल की। 1938 के प्रारम्भ में अंडमान जेल से भारत की जेल में भेज दिए गए। ये युगान्तर पार्टी के सदस्य थे। (मुक्ति तीर्थ से उद्धृत) **संदर्भ** : सेलुलर जेल की सूची का पृष्ठ नं. 11, संख्या नं. 64–बंगाल। **सरकारी फाईल नं.** –होम 1932 के. डब्ल्यू. 70 जेल., होम 1933 पोल. 42/2/33, होम 1937 पोल. आई. 24/4/37। **फू.चं.जै. फाईल नं.**–(7/579, 7/591, 7/572, 7/524, 2/779, 2/668, 6/287, 7/384)।
2	**बीरेन्द्रनाथराय** *सुपुत्र* जतिन्द्रनाथ राय, निवासी भराकुइर, थाना तंगीबाड़ी, ढाका, आयु 32 वर्ष।	3.8.1931 को फरीदपुर विस्फोटक एक्ट केस में धारा 6 विस्फोटक एक्ट में 3 वर्ष कैद की सज़ा हुई। 22.7.1932 को अंडमान जेल में भेजने का आदेश हुआ। इनका अलीपुर सेंट्रल जेल का बंदी नं. 1076 था। 1921 के असहयोग आंदोलन में भाग लेने पर 3 माह कैद की सजा हुई थी और 1931 में घरीसर षड्यंत्र केस में विस्फोटक एक्ट में 3 वर्ष कैद की सजा हुई थी। अंडमान जेल में पहुंचने के बाद पुरानी बीमारी के कारण कुछ माह बाद ही वापस भारत की जेल में भेज दिए गए। 1942 में रंगून में ये इंडियन इंडीपेन्डेन्स लीग के सदस्य बन गए और 1945 में गिरफ्तार कर नजरबंद कर दिए गए। 1946 में ये जेल से रिहा कर दिए गए।

पी.आई.नं.	*बंदी का नाम व पता*	*विशेष टिप्पणी*
		संदर्भ : सेलुलर जेल की सूची का पृष्ठ नं. 11, (अंडमान पुस्तक में नाम बिरेन्द्र राय छपा है) संख्या नं. 65—बंगाल। **सरकारी फाईल नं.** –होम 1931 पोल. 18/6/31 फोर्टनाइटली, जून, 1931, होम 1932 जेल. के. डब्ल्यू. 70 जेल, होम 1937 पोल. 22/34/37, होम 1937 पोल. 43/42/37। **फू.चं.जै. फाईल नं.**—(3/457, 6/253, 7/596, 7/558, 7/510, 6/393, 7/403)।
345	**बीरेन्द्र विनोद चौधरी**–विद्यार्थी *सुपुत्र* चन्द्रकुमार चौधरी, निवासी फतियाबाद, हाताजारी, चिटागांग, आयु 20 वर्ष।	5.2.1935 को सरकारी आदेशों व पाबंदियों का उल्लंघन करने पर 5½ वर्ष कैद की सजा हुई। 11.5.1935 को अंडमान जेल में भेजने का आदेश हुआ। इनका राजशाही सेंट्रल जेल का बंदी नं. 1625 था। **संदर्भ** : सेलुलर जेल की सूची का पृष्ठ नं. 11, (अंडमान जेल की पुस्तक सूची में नाम बिरेन चौधरी छपा हुआ है), संख्या नं. 53—बंगाल। **सरकारी फाईल नं.** –होम 1932 जेल. के. डब्ल्यू. 70 जेल., होम 1936 जेल. 5/36 जेल.। **फू.चं.जै. फाईल नं.**—(7/586, 7/699, 7/651)।
211	**विश्वनाथ माथुर** उर्फ **वीरेन्द्रा** उर्फ **लल्लू** *सुपुत्र* आनन्द बिहारीलाल माथुर, निवासी बैकुण्ठपुर, बरहन्डा समस्तीपुर, जिला–दरभंगा, आयु 22 वर्ष।	गया षड्यंत्र केस—1933 में डाक हलकारे के थैले लूटने और राजद्रोह करने के आरोप में 12.9.1933 को धारा 121ए में 7 वर्ष कैद की सजा हुई। इनका हजारीबाग सेंट्रल जेल का बंदी नं. 12277 था। अंडमान जेल में 1937 की भूख–हड़ताल में 37 दिन की भूख–हड़ताल की। 1940 से 1945 तक पुनः भारत रक्षा कानून में नजरबंद कर दिए गए और हजारीबाग जेल व देवली नजरबंद कैंप में रखा गया। 1930 के नमक सत्याग्रह, विदेशी वस्त्रों का बहिष्कार, पेशावर डे के प्रदर्शन और 1933 में गया षड्यंत्र केस में सजाएं हुई। अलीपुर, हजारीबाग और फिर अंडमान जेल में रहे। काशी विद्यापीठ में हिन्दुस्तान सोशलिस्ट रिपब्लिकन आर्मी के सदस्य रहे। 1939 में बिहार कम्युनिस्ट पार्टी की स्थापना में अग्रणी थे। इनका वर्तमान पता है : 24ए कुतुब एन्क्लेव, नई दिल्ली–16 **संदर्भ** : सेलुलर जेल की सूची का पृष्ठ नं. 8, संख्या नं. 1—बिहार। **सरकारी फाईल नं.** –होम 1932 जेल के. डब्ल्यू. 70 जेल., होम 1934 जेल. 5/34 जेल.

पी.आई.नं.	बंदी का नाम व पता	विशेष टिप्पणी
		होम., 1940 पोल. आई. के. डब्ल्यू. 7/1/40, होम 1941 पोल. आई. 43/65/41 व के. डब्ल्यू.। **फू.चं.जै. फाईल नं.**–(7/581, 7/578, 7/470, 7/590, 7/62, 7/630 से 636 तक)।
392	**भगवानचन्द्र विश्वास** *सुपुत्र* चण्डीचरण विश्वास, निवासी दक्षिण सतरा, चगोलमोया, नोवाखाली, आयु 24 वर्ष।	20.7.1934, 14.2.1935, 14.7.1936, 22.8.1936, 2.10.1936 को तानी के क्रांतिकारी को सरकारी आदेशों व पाबंदियों के उल्लंघन के आरोप में धारा 6 व 52 में कुल 5½ वर्ष कैद की सज़ा हुई। 20.12.1936 को अंडमान जेल में भेजने का आदेश हुआ। इनका मिदनापुर सेंट्रल जेल का बंदी नं. 535 था। 16 वर्ष की आयु में अनुशीलन समिति के सदस्य बन गए। 1937 की भूख–हड़ताल में अंडमान जेल में 37 दिन की भूख–हड़ताल में सम्मिलित हुए और 1938 के प्रारम्भ में अंडमान जेल से भारत की जेल में भेजे गए। अक्टूबर, 1938 में जेल से रिहा कर दिए गए। 1942 में युद्ध विरोधी गतिविधियों के कारण ढाई वर्ष तक जेल में नजरबंद रहे। **संदर्भ** : सेलुलर जेल की सूची का पृष्ठ नं. 10, संख्या नं. 40–बंगाल। **सरकारी फाईल नं.** –होम 1932 जेल. के. डब्ल्यू. 70 जेल., होम 1936 जेल. 5/36 जेल., होम 1942 पोल. आई. 7/13/42। **फू.चं.जै. फाईल नं.**–(7/710, 7/662, 7/588, 6/695)।
330	**भवातोष कर्माकर** *सुपुत्र* दीनानाथ कर्माकर, विष्णुपुर टाऊन, बंकुरा, आयु 45 वर्ष।	3.4.1935 को शस्त्र व विस्फोटक रखने के आरोप में धारा 3 बंगाल क्रिमिनल लॉ एक्ट व 19एफ आर्म्स एक्ट में 5 वर्ष कैद की सजा हुई। 1937–38 में अंडमान जेल से भारत की जेल भेजने का आदेश हुआ। इनका मिदनापुर सेंट्रल जेल का बंदी नं. 9908 था। **संदर्भ** : सेलुलर जेल की सूची का पृष्ठ नं. 10, संख्या नं. 38–बंगाल। **सरकारी फाईल नं.** –होम 1932 जेल. के. डब्ल्यू. नं. 70 जेल., होम 1937 जेल. के. डब्ल्यू. 5/9ए/37 जेल.। **फू.चं.जै. फाईल नं.**–(7/586, 7/505, 7/457, 7/494, 7/528)।
126	**भवरंजन पटिटुन्डा** विद्यार्थी उर्फ **मन्थू पटिटुन्डा** *सुपुत्र* रसिकचन्द्र पटिटुन्डा,	8.12.1932 को सिंगा डकैती के समय हत्या के आरोप में धारा 395/120बी. में 7 वर्ष कैद की सजा हुई। 3.9.1933 को अंडमान जेल में भेजने का आदेश हुआ।

पी.आई.नं.	*बंदी का नाम व पता*	*विशेष टिप्पणी*
	निवासी कडिपाशा, गौरन्डी, बरीसल, आयु 25 वर्ष।	1937 में अंडमान जेल से वापस भारत की जेल में भेजने का आदेश हुआ। इनका राजशाही सेंट्रल जेल का बंदी नं. 8530 था। 18.7.1932 को सिंगा गांव थाना गौरंडी में 15–20 युवकों ने बेचरमनाथ के मकान पर 900 रुपये का डाका डाला। मुकाबला होने पर उनके चौकीदार एनताजुद्दीन की गोली लगने से हत्या हो गई। अदालत से 8.12.1932 को निम्न सजाएं हुईं--फणीभूषण दास–आजीवन कैद, नेपालचन्द्र सरकार–10 वर्ष कैद, भवरंजन पटिटुन्डा–को 7 वर्ष कैद। रणजीतकुमार राय बरी हो गए। द्विजेन्द्रनाथदास गुप्ता इस केस में सरकारी अप्रूवर बन गए थे। **संदर्भ** : सेलुलर जेल की सूची का पृष्ठ नं. 10, संख्या नं. 37–बंगाल। **सरकारी फाईल नं.** –होम 1932 पोल. 18/15/32 फोर्टनाइटली, दिसम्बर, 1932, होम 1932 जेल. के. डब्ल्यू. 70 जेल., होम 1937 पोल. आई. 24/14/37। **फू.चं.जै. फाईल नं.**--(3/407, 7/568, 7/520, 7/578, 7/591, 7/382)।
366	**भवेशचन्द्र ताल्लुकदार** *सुपुत्र* ईश्वरचन्द्र ताल्लुकदार, निवासी असानजिया, केन्डुआ, मैमनसिंह, आयु 22 वर्ष।	5.6.1933, 22.3.1935, 23.10.1935, 28.2.1936, 28.2.1936 और 17.4.1936 को मैमन सिंह खतरनाक आतंकवादी केस में धारा 110, 52, 147, 353, 149, 325 में 6 वर्ष कैद की सजा हुई। 18.6.1936 को अंडमान जेल में भेजने का आदेश हुआ। इनका मिदनापुर सेंट्रल जेल का बंदी नं. 6513 था। **संदर्भ** : सेलुलर जेल की सूची का पृष्ठ नं. 10, अंडमान सूची में नाम भभेश ताल्लुकदार छपा है, संख्या नं. 39--बंगाल। **सरकारी फाईल नं.** –होम 1932 जेल. के. डब्ल्यू. 70 जेल., होम 1936 जेल. 5/36 जेल.। **फू.चं.जै. फाईल नं.**–(7/649, 7/587, 7/590, 7/702, 7/654)।
130	**भरतचन्द्र शर्मा शास्त्री** उर्फ **भरत शर्मा राय** *सुपुत्र* सुरेन्द्रचन्द्र शर्मा, निवासी पायक पाड़ा, ब्रहमनबारिया, तिप्परा,	7.3.1933 को ब्रहमनबारिया में डकैती के षड्यंत्र के आरोप में धारा 120बी/395 में 5 वर्ष सख्त कैद की सज़ा हुई। 3.9.1933 को अंडमान जेल में भेजने का आदेश। इनका ढाका सेंट्रल जेल का बंदी नं. 6010 था।

पी.आई.नं.	*बंदी का नाम व पता*	*विशेष टिप्पणी*
	आयु 19 वर्ष।	**संदर्भ** : सेलुलर जेल की सूची का पृष्ठ नं. 10, (अंडमान पुस्तक सूची में नाम भरत शर्मा राय छपा है) संख्या नं. 41–बंगाल। **सरकारी फाईल नं.** –होम 1932 जेल. के. डब्ल्यू. 70 जेल., होम 1933 पोल. 18/4/33 फोर्टनाइटली, मार्च 1933। **फू.चं.जै. फाईल नं.**–(7/568, 7/520, 3/416)।

अध्याय-4

अंडमान मध्य सेलुलर जेल के स्वतंत्रता सेनानी (1932-38)

पी.आई.नं.	*बंदी का नाम व पता*	*विशेष टिप्पणी*
200	**भूपालचन्द्र पाण्डा** *सुपुत्र* ब्रज मोहन पाण्डा, निवासी दाऊदपुर, नन्दीग्राम, मिदनापुर, आयु 21 वर्ष।	मिदनापुर डकैती केस—1933 में अवैध शस्त्रों के संग्रह के आरोप पर 19एफ आर्म्स एक्ट व 3, 4, बंगाल क्रिमिनल लॉ एक्ट व 20 आर्म्स एक्ट के अंतर्गत 5 वर्ष की सजा। 31.12.1933 को अंडमान जेल का आदेश हुआ। इनका मिदनापुर सेंट्रल जेल का बंदी नं. 5898 था। कोशियारी—मिदनापुर में डकैती के संबंध में जांच करते समय भूपालचन्द्र पाण्डा के पास शस्त्र बरामद हुए। 27.6.1942 की जिला मजिस्ट्रेट मिदनापुर की रिपोर्ट थी कि भूपालचन्द्र पाण्डा का सम्पर्क कम्युनिस्टों से था, उन्हें एक आदेश देकर घर में पाबंद किया हुआ था। 1937 के अन्त में अंडमान जेल से भारत की जेल में भेज दिए गए। जेल से रिहा होने के बाद किसान आंदोलन में कार्य करने लगे। दूसरे महायुद्ध के छिड़ जाने के बाद 1942 से 1945 तक नजरबंदी में रहे। (मुक्ति तीर्थ से) **संदर्भ** : सेलुलर जेल की सूची का पृष्ठ नं. 10, संख्या नं. 45—बंगाल। **सरकारी फाईल नं.** —होम 1932 जेल. के. डब्ल्यू. 70 जेल., होम 1933 पोल. 18/4/33 फोर्टनाइटली, मार्च 1933, होम 1934 जेल. 5/5/34 जेल., होम 1942 पोल. आई. 7/13/42। **फू.चं.जै. फाईल नं.**—(7/570, 7/522, 3/415, 7/524, 6/694)।
217	**भूपेन्द्रचन्द्र भट्टाचार्य** *सुपुत्र* द्वारकानाथ भट्टाचार्य, निवासी बराई, पंचानपुर, मदान, मैमनसिंह, आयु 21 वर्ष।	ग्राह्म हत्या केस—1934 में धारा 120बी/302 के अंतर्गत 6 वर्ष की कैद। 27.1.1935 को अंडमान जेल भेजने का आदेश। 1937 में भारत की जेल में भेजे गए। इन्हें 9 बार सजा हो चुकी थी। इनका मिदनापुर सेंट्रल जेल का कैदी नं. 8137 था। (मुक्ति तीर्थ से) **संदर्भ** : सेलुलर जेल की सूची का पृष्ठ नं. 10, संख्या नं. 46—बंगाल। **सरकारी फाईल नं.** —होम 1932 जेल. के.

पी.आई.नं.	बंदी का नाम व पता	विशेष टिप्पणी
		डब्ल्यू. 70 जेल, होम 1935 जेल. 5/35 जेल. **फू.चं.जै. फाईल नं.**—(7/581, 7/591, 7/482)।
27	**भूपेशचन्द्र गुहा** सुपुत्र आनन्दचरण गुहा, निवासी इल्यूहोर, बेनारीपाड़ा, बरीसल, वर्तमान पता : डब्ल्यू 16, एस. एम. नगर गवर्नमेंट हाऊसिंग एस्टेट, बजबज रोड, सरकेरपूल, 24 परगना (एस) (पश्चिम बंगाल)—7433522 1 वर्ष।	बरीसल शस्त्र केस—1932 में 20 आर्म्स एक्ट के अंतर्गत 15.2.1932 को 5 वर्ष की कैद हुई। 17.11.1932 को अंडमान भेजने के आदेश हुए। इनका अलीपुर सेंट्रल जेल का बंदी नं. 621 था। 17.1.1932 को भूपेशचन्द्र गुहा, सुरेशचन्द्र दत्त, मनिन्द्रनाथ डे पर आर्म्स एक्ट में मुकदमा चलाने का आदेश अधिकारियों ने दिया। अंडमान जेल में मई, 1933 की भूख—हड़ताल में 45 दिन की भूख—हड़ताल की। जेल से रिहाई के बाद सरकार ने पाबंदी का आदेश लगा दिया जो कि 1938 तक लागू रहा। 1942 से भारत छोड़ो आंदोलन में पुनः नजरबंद कर दिए गए। —(मुक्ति तीर्थ से) **संदर्भ** : सेलुलर जेल की सूची का पृष्ठ नं. 11, संख्या नं. 48—बंगाल। **सरकारी फाईल नं.** —होम 1932 जेल. नं. 70 व के. डब्ल्यू., होम 1932 जेल. के. डब्ल्यू. 70/32, होम 1932 पोल. 18/1/32 देहली रिकॉर्डस नं. 2। **फू.चं.जै. फाईल नं.**—(2/1045, 7/540, 7/503, 6/253)।
124	**भूपेशचन्द्र बैनर्जी** सुपुत्र जगेशचन्द्र बैनर्जी। निवासी बऊआ ग्राम लेन, सुतरापुर, ढाका, आयु 18 वर्ष।	ढाका स्टेशन डकैती केस में धारा 394, 397, 326, 19 आर्म्स एक्ट में अंतर्गत 30.11.1932 को 10 वर्ष की सजा। 18.9.1933 को अंडमान जेल भेजने का आदेश हुआ। 1937—38 में वापस भारत की जेल में भेजा। इनका अलीपुर सेंट्रल जेल का बंदी नं. 8480 था। 7.9.1932 को फुलवाडिया स्टेशन रोड पर घर लौटते समय अभियुक्तों ने बड़ौदा कान्त चौधरी पर गोली चलाई और 43 रुपये लूट लिए। 30.11.1932 को स्पेशल जज ढाका की अदालत से भूपेशचन्द्र बैनर्जी को धारा 394 में 10 वर्ष कैद की सजा हुई व प्रसन्नता कुमार सेनगुप्ता व अधीररंजन नाग को 7—7 वर्ष कैद की सजाएं हुईं। (मुक्ति तीर्थ में नाम की प्रविष्टि है) **संदर्भ** : सेलुलर जेल की सूची का पृष्ठ नं. 11, संख्या नं. 47—बंगाल। **सरकारी फाईल नं.** —होम 1932 पोल. 18/12/32 फोर्टनाइटली, अक्टूबर 1932, होम 1932 पोल.18/15/32 फोर्टनाइटली, दिसम्बर 1932, होम 1932 जेल. के. डब्ल्यू. 70 जेल., होम 1937 पोल. आई.

पी.आई.नं.	*बंदी का नाम व पता*	*विशेष टिप्पणी*
		24/14/37। **फू.चं.जै. फाईल नं.**–(3/399, 3/407, 7/578, 7/564, 7/516, 7/382)।
154	**भूपेशचन्द्र शाह** *सुपुत्र* राय चरण शाह, निवासी गोहाला, मुकसेदपुर, फरीदपुर, गोपालगंज, आयु 17 वर्ष।	धमराय मेल राबरी केस–1933 में धारा 120बी/326, 392, 394, 398 व 193 आर्म्स एक्ट के अंतर्गत 26.4.1933 को 7 वर्ष की कैद। 31.12.1933 को अंडमान जेल भेजने का आदेश। 1937 में वापस भारत की जेल में भेजने का आदेश। इनका अलीपुर सेंट्रल जेल का बंदी नं. 2729 था। डाक ले जाने वाले डाकिये को धमराय के पास रास्ते में लूटने का प्रयास 5.11.1932 को भूपेशशाह व मनिन्द्र सरकार ने किया। ग्रामीणों ने पीछा करके भूपेशशाह को पकड़ लिया और बाद में मनिन्द्रचन्द्र सरकार भी पकड़े गए। 26.4.1933 को स्पेशल मजिस्ट्रेट ढाका की अदालत से भूपेशशाह को 7 वर्ष कैद व मनिन्द्र सरकार को 5 वर्ष कैद की सजा हुई। ढाका जेल मेंआठ दिन की भूख–हड़ताल की थी और अंडमान जेल में पहुंचने के बाद जुलाई, 1937 की 37 दिन की भूख–हड़ताल में सम्मिलित हुए और 1938 में भारत की जेल में अंडमान जेल से वापस आ गए। मार्च, 1939 में जेल से रिहा कर दिए गए, 1930 के सत्याग्रह आंदोलन में भी ये 3 बार पकड़े गए थे जिनमें 7 माह कैद की सजा काटी थी। (मुक्ति तीर्थ से) **संदर्भ** : सेलुलर जेल की सूची का पृष्ठ नं. 11, संख्या नं. 49–बंगाल। **सरकारी फाईल नं.** –होम 1932 जेल. के. डब्ल्यू. 70 जेल, होम 1933 पोल. 18/4/33 फोर्टनाइटली अप्रैल 1933। **फू.चं.जै. फाईल नं.**–(3/420, 4/579, 7/590, 7/524)।
165	**भुबनमोहन चन्द** *सुपुत्र* जयगोविन्द चन्द, निवासी जामटोली, मनोहरडीघी, ढाका, आयु 24 वर्ष।	कमालपुर डकैती केस–1933 में धारा 395, 395/120बी के अंतर्गत 19.4.1933 को 7 वर्ष की कैद। 31.12.1933 को अंडमान जेल भेजने का आदेश। 1937 में वापस भारत की जेल में भेजने का आदेश हुआ। इनका अलीपुर सेंट्रल जेल का बंदी नं. 2720 था। **संदर्भ** : सेलुलर जेल की सूची का पृष्ठ नं. 10, संख्या नं. 43–बंगाल। **सरकारी फाईल नं.** –होम 1932 जेल. के. डब्ल्यू. 70 जेल., होम 1933 पोल. 42/2/33, होम 1937 पोल. आई. 24/4/37। **फू.चं.जै. फाईल नं.**–(7/574, 7/526, 7/384, 7/579, 7/590, 6/287)।

पी.आई.नं.	बंदी का नाम व पता	विशेष टिप्पणी
99	**डॉ. भोपालचन्द्र बसु** *सुपुत्र* कामिनी कुमार बसु, निवासी अरमानीटोला, ढाका व राजशाही, आयु 20 वर्ष।	डलहौजी स्क्वेयर बम केस—1930 में 27.11.1930 को 28 वर्ष आजीवन कैद की सजा हुई। बाद में अपील में 15 वर्ष कैद रह गई। 17.11.1932 को अंडमान जेल भेजने का आदेश हुआ। 28.7.1937 को डाक्टरों के परामर्श पर भारत भेजने का आदेश हुआ। 28.7.1937 को डॉक्टर के परामर्श पर अंडमान जेल से बंगाल की जेल में भेजा गया। अपील में डॉ. भोपालचन्द्र बोस की सजा 15 वर्ष कर दी गई। अंडमान जेल में कम्युनिज्म का प्रचार बढ़ रहा था और वहां पर कई दल बन गए थे। डॉ. भोपालचन्द्र बोस आदि बन्दी टैरेरिज्म के समर्थक थे। डॉ. भोपालचन्द्र बोस इस समय रावलपिंडी जेल (पंजाब) में रहे और वहां से इन्हें अंडमान जेल भेजने का आदेश हुआ। 1933 को अंडमान जेल की भूख—हड़ताल में 45 दिन की भूख—हड़ताल की। मुक्ति तीर्थ प्रकाशन के अनुसार 27.2.1981 को स्वर्गवास हुआ। ये डा. नारायण राय के परम सहयोगी थे। **संदर्भ** : सेलुलर जेल की सूची का पृष्ठ नं. 10, संख्या नं. 44—बंगाल। **सरकारी फाईल नं.** —होम 1911 पोल. डिपोजिट फरवरी 2, होम 1930 पोल. 497/30, होम 1930 पोल. 18/12/30, फोर्टनाइटली, नवम्बर 1930, होम 1930 पोल. 471/30, होम 1932 जेल. के. डब्ल्यू. 70 जेल. होम 1937 जेल. के. डब्ल्यू. 5/9ए/37 जेल.। **फू.चं.जै. फाईल नं.**—(1/368, 3/391, 3/487, 3/669, 7/578, 7/547, 7/499, 7/528)।
262	**भोलानाथ राय करमाकर** *सुपुत्र* राधावल्लभ राय करमाकर, निवासी रिजयूमपुट्ज, बोआलिया, राजशाही, आयु 17 वर्ष।	जेल सुपरिटेंडेंट पर घातक हमला—1932 के केस में धारा 307/134, 120बी/ 302 तथा धारा 147, 353 के अंतर्गत 1.2.1933 तथा 26.1.1935 को 7 वर्ष और 2 वर्ष की कैद। 1937 में अंडमान जेल में 37 दिन की भूख—हड़ताल की। 1937 में ही अंडमान से भारत की जेल भेजने का आदेश हुआ। (मुक्ति तीर्थ से) **संदर्भ** : सेलुलर जेल की सूची का पृष्ठ नं. 10, संख्या नं. 42—बंगाल। **सरकारी फाईल नं.** —होम 1932 पोल. 18/15/32 फोर्टनाइटली, दिसम्बर 1932, होम 1933 पोल. 18/2/33 फोर्टनाइटली, फरवरी 1935, शिमला रिकॉर्डस नं. 1/1933, होम 1935 जेल. 5/35 जेल., होम 1937 पोल. के. डब्ल्यू 10/1/37। **फू.चं.जै. फाईल नं.**

पी.आई.नं.	*बंदी का नाम व पता*	*विशेष टिप्पणी*
		–(3/409, 3/412, 7/492, 3/402, 6/401 से 405 तक)।
80	**मथुरानाथ दत्ता** *सुपुत्र* वृन्दावन दत्ता, निवासी अचनिता, कोवियाडी, मैमनसिंह।	मैमनसिंह डकैती व आर्म्स षड्यंत्र–1932 में धारा 197, 20 आर्म्स एक्ट व 120बी, 395 के अंतर्गत 14.2.1932 को 5 वर्ष की कैद हुई। 1933 में अंडमान जेल भेजने का आदेश हुआ। इनका अलीपुर सेंट्रल जेल का बंदी नं. 2426 था। (मुक्ति तीर्थ में केवल नाम की प्रविष्टि है।) **संदर्भ** : सेलुलर जेल की सूची का पृष्ठ नं. 15, संख्या नं. 194–बंगाल। **सरकारी फाईल नं.** –होम 1932 जेल. के. डब्ल्यू. 70 जेल.। **फू.चं.जै. फाईल नं.**–(7/551, 7/503)।
147	**मदनमोहन रायचौधरी** उर्फ **मदन रायचौधरी** *सुपुत्र* सतचित कुमार रायचौधरी (मुल्ला अब्दुल माजिद), निवासी हेन्गड़ा, होशिग्रारहाट, फरीदपुर, तेंगना, जन्म 11 दिसंबर, 1912।	**फरीदपुर राबरी केस–1932 में धारा 392/34 के अंतर्गत 11.7.1932 को लूटमार के आरोप में 6 वर्ष की कैद। 1933 में अंडमान जेल भेजने का आदेश हुआ।** इनका अलीपुर सेंट्रल जेल का बंदी नं. 4400 था। अंडमान जेल की सूची में इनका नाम मदन लाल चौधरी था। इस आरोप में मदनमोहन राय चौधरी के अलावा रमणी गांगुली को भी कैद की सजा हुई थी। ये युगान्तर पार्टी के सदस्य थे, दामुदया मेल हलकारे को लूटने के आरोप में मई, 1932 में गिरफ्तार किए गए। अंडमान जेल में मई, 1933 की भूख–हड़ताल में 45 दिन की भूख–हड़ताल की। अंडमान जेल से 1937 में ये भारत की जेल में भेज दिए गए। सत्याग्रह आंदोलन में भी इनको 2 साल कैद की सजा हुई थी। (मुक्ति तीर्थ से) **संदर्भ** : सेलुलर जेल की सूची का पृष्ठ नं. 15, संख्या नं. 178–बंगाल। **सरकारी फाईल नं.** –होम 1932 जेल. के. डब्ल्यू. 70 जेल., होम 1932 पोल. 18/10/32 फोर्टनाइटली, जुलाई 1932 देहली रिकॉर्डस नं. 2, कोन्फिडेन्शियल, होम 1932 जेल. 70 व के. डब्ल्यू.। **फू.चं.जै. फाईल नं.**–(7/550, 1/575, 7/502, 3/394, 6/254, 7/579)।
263	**मधुसूदन दत्ता** *सुपुत्र* कृपानाथ दत्ता, निवासी बागाबैद, जमालपुर, मैमनसिंह, आयु 25 वर्ष।	जमालपुर डकैती व शस्त्रों के षड्यंत्र–1932 में धारा 120 बी/19एफ, 19ए आर्म्स एक्ट के अंतर्गत 22.6.1933 को 5 वर्ष की सजा। 1937 में अंडमान जेल से भारत की जेल में भेजने का आदेश हुआ। इनका ढाका सेंट्रल जेल कैदी नं. 6715 था। इस षड्यंत्र केस में जादूनाथ घोष व मधुसूदन दत्ता को 5–5 वर्ष कैद

पी.आई.नं.	*बंदी का नाम व पता*	*विशेष टिप्पणी*
		व हरीबंधु घोष व सुबोध दत्ता को धारा 258 में बरी कर दिया गया। (मुक्ति तीर्थ में केवल नाम की प्रविष्टि है।) **संदर्भ** : सेलुलर जेल की सूची का पृष्ठ नं. 15, संख्या नं. 180–बंगाल। **सरकारी फाईल नं.** –होम 1932 जेल. के. डब्ल्यू. 70 जेल., होम 1933 पोल. 18/7/33 फोर्टनाइटली, जून 1933, होम 1935 जेल्स 5/35 जेल्स। **फू.चं.जै. फाईल नं.**–(7/583, 7/492, 7/594, 3/427, 7/492)।
250	**मधुसूदन बैनर्जी** उर्फ **अमिया बैनर्जी,** उर्फ **सुनील सेन विद्यार्थी** *सुपुत्र* ललित मोहन बैनर्जी, आयु 22 वर्ष।	लैबोन्ग हत्या षड्यंत्र–1934 में हत्या के लिए षड्यंत्र रचाने के आरोप में धारा 307, 120बी व धारा 6 बंगाल एक्ट में 12.9.1934 को 14 वर्ष की कैद। 28.5.1935 को अंडमान जेल में भेजने का आदेश हुआ। 1937 में भारत की जेल में भेजने का आदेश हुआ। 21.9.1934 को ये राजशाही सेंट्रल जेल से अलीपुर सेंट्रल जेल में आए थे, वहां पर इनका बंदी नं. 1846 था। अंडमान जेल में 1937 में 37 दिन की भूख–हड़ताल की। जनवरी, 1938 में अंडमान जेल से भारत की जेल में भेजे गए और 1946 में जेल से रिहा हुए। (मुक्ति तीर्थ से उद्धृत) **संदर्भ** : सेलुलर जेल की सूची का पृष्ठ नं. 15, संख्या नं. 179–बंगाल। **सरकारी फाईल नं.** –होम 1935 जेल. 3/35 जेल., होम 1934 पोल. 43/14/34। **फू.चं.जै. फाईल नं.**–(7/488, 3/130)।
45	**मनमथनाथ दत्ता** *सुपुत्र* मोहनी चन्द्र दत्ता, निवासी सहट्टा–बट्डबट्टा, मैमनसिंह, आयु 29 वर्ष।	मैमनसिंह पोलिटिकल डकैती–1932 में पोलिटिकल डकैती के षड्यंत्र में धारा 95/120बी, 395 के अंतर्गत 31.5.1932 को 7 वर्ष की सजा। 17.11.1932 को अंडमान जेल में भेजने का आदेश हुआ। इनका अलीपुर सेंट्रल जेल का बंदी नं. 4049 था। अंडमान पुस्तक सूची में इनका नाम मनमथ दत्ता है। (मुक्ति तीर्थ में केवल नाम की ही प्रविष्टि है।) **संदर्भ** : सेलुलर जेल की सूची का पृष्ठ नं. 15, संख्या नं. 189–बंगाल। **सरकारी फाईल नं.** –होम 1932 जेल. के. डब्ल्यू. 70, होम 1937 जेल. के. डब्ल्यू. 5/9ए/37 जेल.। **फू.चं.जै. फाईल नं.** (7/528, 7/542, 7/494, 7/577, 7/594)।
276	**मनमोहन शाह** *सुपुत्र* राय चरण शाह, निवासी फतिहाबाद, थाना हाताजारी, चिटागांग, आयु 25 वर्ष।	बधुवा डकैती केस–1934 में डकैती व पुलिस आदेश का उल्लंघन करने के आरोप में धारा 395 को पहली सजा, 27.8.1934 को व 6 बंगाल क्रिमिनल लॉ एक्ट में दूसरी सजा, 26.9.1933 को क्रमशः आजीवन कैद व 2 वर्ष की सजा (ये

पी.आई.नं.	बंदी का नाम व पता	विशेष टिप्पणी
		सजाएं साथ–साथ चलेंगी) 1937–38 में अंडमान जेल से भारत की जेल में भेजने का आदेश हुआ। इनका ढाका सेंट्रल जेल का बंदी नं. 9437 था। (मुक्ति तीर्थ में केवल नाम की ही प्रविष्टि है।) **संदर्भ** : सेलुलर जेल की सूची पृष्ठ नं. 15, संख्या नं. 190–बंगाल। **सरकारी फाईल नं.** –होम 1932 जेल. के. डब्ल्यू. नं. 70 जेल. होम 1934 पोल. 45/43/34, होम 1935 जेल. 5/35 जेल, होम 1937 पोल. आई. 24/4/37। **फू.चं.जै. फाईल नं.**–(7/583, 7/497, 7/449, 7/494, 3/70, 7/385)।
90	**रमणी रंजन गांगुली** सुपुत्र चिन्ताहरण गांगुली। निवासी सामंतसार, गोसाइरहाट, फरीदपुर, आयु 18 वर्ष।	फरीदपुर डाक हलकारे केस–1932 में डाक रॉबरी के आरोप में धारा 392/34 एक्ट के अंतर्गत 11.7.1932 में 6 वर्ष की सजा। फरवरी, 1933 में अंडमान जेल में भेजने का आदेश हुआ। 28.7.1937 को अंडमान जेल से बंगाल की जेल में रिहाई के लिए भेजा गया। इनका मिदनापुर सेंट्रल जेल का बंदी नं. 3924 था। ये युगान्तर पार्टी के सदस्य थे, दामुद्या फरीदपुर में डाक हलकारे से मेल लूटी थी, 5.5.1932 को डाक लूटने के आरोप में इनको सजा हुई और मई, 1932 में इनको गिरफ्तार किया गया। अंडमान जेल में मई, 1933 की भूख–हड़ताल में 45 दिन की भूख–हड़ताल की थी, 1942 में भारत छोड़ो आंदोलन में 4 वर्ष तक भारत रक्षा कानून में नजरबंद रहे। इनको पार्टी वाले मनीगांगुली व रमणी गांगुली दोनों ही नामों से सम्बोधन करते थे। (मुक्ति तीर्थ से) **संदर्भ** : सेलुलर जेल की सूची का पृष्ठ नं. 15, संख्या नं. 86–बंगाल। **सरकारी फाईल नं.** –होम 1932 जेल. के. डब्ल्यू. 70 जेल. । **फू.चं.जै. फाईल नं.**–(7/501, 7/549, 7/577)।
183	**मनिन्द्रचन्द्र सेन** सुपुत्र चन्द्रकान्त सेन/चन्द्रकुमार सेन, निवासी कस्बा मिर्जापुर, कस्बा बड़ा थाना मनोहरडी, ढाका, आयु 22 वर्ष।	कमालपुर डकैती केस–1933 में डकैती के साथ हत्या का प्रयास करने के आरोप में धारा 395, 120बी/395, 395, 120बी/302 में 7 वर्ष, 10 वर्ष, 6 वर्ष की सजा हुई। 31.12.1933 को अंडमान जेल में छठे बैच के साथ भेजने का आदेश हुआ। 1937 में अंडमान जेल से वापस भारत की जेल में भेजने का आदेश हुआ। अंडमान जेल में 37 दिन की भूख–हड़ताल में भी थे। 1938 में भारत की जेल में भेजे गए। वे युगांतर पार्टी के सदस्य थे। इनका मिदनापुर बंदी नं. 6214 था। (मुक्ति तीर्थ से)

पी.आई.नं.	बंदी का नाम व पता	विशेष टिप्पणी
		संदर्भ : सेलुलर जेल की सूची का पृष्ठ नं. 15, संख्या नं. 188—बंगाल। **सरकारी फाईल नं.** —होम 1932 जेल. के. डब्ल्यू. 70 जेल, होम 1933 पोल. 42/2/33, होम 1934 जेल. 5/5/34 जेल.। **फू.चं.जै. फाईल नं.**—(7/523, 7/571, 2/779, 7/580, 7/591)।
371	**मनिन्द्र लाल चौधरी** *सुपुत्र* श्रद्धा रंजन चौधरी, निवासी ब्रहमनडंगा, सतकानिया, चिटागांग, आयु 29 वर्ष।	इंटर प्रोविन्शल,—1935 में सम्राट को सरकार के विरुद्ध विद्रोह पर 121ए में 1.5.1935 में 7 वर्ष भी सजा हुई। 16.8.1936 को अंडमान भेजने का आदेश हुआ। 1937 में अंडमान जेल से वापस भारत की जेल में भेजने का आदेश हुआ। इनका राजशाही सेंट्रल जेल का बंदी नं. 2387 था। **1921 में असहयोग आंदोलन में गिरफ्तार हुए। अनुशीलन के सदस्य थे। फैनी स्टेशन पर गोली चलने के बाद गिरफ्तार किए गए और बक्सा कैंप में नजरबंद कर दिए गए। अंडमान जेल में 37 दिन की भूख—हड़ताल की और 36 दिन की भूख—हड़ताल बंगाल जेल में। जनवरी, 1938 में अंडमान जेल से भारत की जेल में आए। (मुक्ति तीर्थ से)** **संदर्भ** : सेलुलर जेल की सूची का पृष्ठ नं. 15, संख्या नं. 187—बंगाल। **सरकारी फाईल नं.** —होम 1932 जेल. के. डब्ल्यू. 70 जेल., होम 1936 जेल. 5/36 जेल.। **फू.चं.जै. फाईल नं.**—(7/707, 7/759, 7/587)।
255	**मनिन्द्रलाल दत्ता** *सुपुत्र* पूर्ण चंद्र दत्ता, निवासी कुशियाइश, कोराइकोरा, चिटागांग, आयु 19 वर्ष।	बिदग्राम आर्म्स एक्ट केस—1934 में अवैध शस्त्रों के षड्यंत्र में धारा 19ए, 19एफ, आर्म्स एक्ट, 411, 120बी के अंतर्गत 30.6.1934 को 7 वर्ष व 3 वर्ष यानी 10 वर्ष की सजा हुई। 28.5.1935 को अंडमान जेल में भेजने का आदेश हुआ। 1937 में अंडमान जेल से भारत की जेल में भेजने का आदेश हुआ। इनका अलीपुर सेंट्रल जेल का बंदी नं. 191 था। अंडमान पुस्तक सूची में इनका नाम मनीलाल दत्ता है। चिटागांग सेंट्रल जेल से 16.7.1934 को अलीपुर सेंट्रल जेल में आए। **अंडमान जेल में जुलाई, 1937 की भूख—हड़ताल में 37 दिन की भूख—हड़ताल की और अंडमान जेल की वापसी पर जुलाई, 1939 में डमडम जेल में 36 दिन की भूख—हड़ताल की। (मुक्ति तीर्थ से)** **संदर्भ** : सेलुलर जेल की सूची का पृष्ठ नं. 15, संख्या नं. 185—बंगाल। **सरकारी फाईल नं.** —होम 1935 जेल. 5/35 जेल.। **फू.चं.जै. फाईल नं.**—(7/489, 7/442)।

पी.आई.नं.	*बंदी का नाम व पता*	*विशेष टिप्पणी*
310	**मनोरंजन चौधरी–विद्यार्थी** उर्फ **मनोरंजन बैनर्जी चौधरी** *सुपुत्र* राम गोविन्द चौधरी, निवासी मदरसा हथाजारी, चिटागांग, आयु 18 वर्ष।	बधुवा डकैती केस–1934 में डकैती के आरोप में धारा 395 में 27.8.1934 को 7 वर्ष की कैद की सजा हुई। 1937–38 में अंडमान जेल से भारत की जेल में भेजने का आदेश हुआ। चिटागांग जेल से 23.9.1934 को अलीपुर सेंट्रल जेल में आए थे। इनका अलीपुर सेंट्रल जेल का बंदी नं. 1920 था। इनका जन्म 25.3.1916. में हुआ विद्यार्थी जीवन में ही अनुशीलन समिति में काम करने लगे। 7 वर्ष की सजा हुई और अंडमान जेल में भेजे गए। अंडमान जेल में जुलाई, 1937 में 37 दिन की भूख–हड़ताल की। जनवरी, 1938 में अंडमान जेल से वापस भारत की जेल में आए और 1939 में जेल से रिहा कर दिए गए। (मुक्ति तीर्थ से) **संदर्भ** : सेलुलर जेल की सूची का पृष्ठ नं. 15, संख्या नं. 192–बंगाल। **सरकारी फाईल नं.** –होम 1932 जेल. के. डब्ल्यू. 70 जेल., होम 1934 पोल. 45/43/34, होम 1935 जेल. 5/35 जेल. । **फू.चं.जै. फाईल नं.**–(7/585, 3/70, 7/502, 7/454)।
4	**मनोरंजन गुहा ठाकुर्टा** *सुपुत्र* निशीकान्त गुहा ठाकुर्टा, निवासी अबोयनिर, थाना नलचिट, बरीसल या बानचरण अवरूर लेन, कलकत्ता, आयु 24 वर्ष।	कलकत्ता में आर्म्स एक्ट केस–1932 में अवैध शस्त्रों के संग्रह के आरोप में धारा 19एफ, 20 आर्मस एक्ट में 6.2.1932 को 5 वर्ष की सजा हुई। 22.7.1932 को अंडमान जेल में भेजने का आदेश हुआ। इनका अलीपुर सेंट्रल जेल का बंदी नं. 9788 था। जनवरी, 1932 में सत्येन्द्रकुमार बोस व मनोरंजन ठाकुर्टा जब कलकत्ता की एक बस में जा रहे थे तो शस्त्रों के साथ पुलिस ने इन्हें गिरफ्तार कर लिया और आर्म्स एक्ट में मनोरंजन गुहा ठाकुर्टा व सत्येन्द्रकुमार बोस को 5–5 वर्ष कैद की सजाएं हुईं। युगान्तर पार्टी के सदस्य थे, अंडमान जेल में 1933 की भूख–हड़ताल में 45 दिन की भूख–हड़ताल कीं, 1938 के प्रारम्भ में अंडमान जेल से भारत की जेल में भेज दिए गए, जेल से रिहाई के बाद भी इनकी गतिविधियों पर पाबंदी लगा दी गई, इनके मामा क्षितिज चन्द्र रायचौधरी भी प्रमुख स्वतंत्रता सेनानी थे। मुक्ति तीर्थ प्रकाशन के अनुसार फरवरी, 1982 में स्वर्गवासी हो गए। **संदर्भ** : सेलुलर जेल की सूची का पृष्ठ नं. 15, संख्या नं. 193–बंगाल। **सरकारी फाईल नं.** –होम 1909 पोल. ए. फरवरी 137–199, होम 1909 पोल. डिपोजिट नवम्बर नं. 5, होम 1910 पोल. ए. फरवरी 34–42, होम 1932 जेल.

पी.आई.नं.	*बंदी का नाम व पता*	*विशेष टिप्पणी*
		के. डब्ल्यू. 70 जेल., होम 1932 पोल. 18/1/32 देहली रिकार्ड नं. 2, होम 1932 पोल. 18/4/32 फोर्टनाइटली, फरवरी 1932, होम 1932 पोल. 18/8/32 फोर्टनाइटली, मई 1932। **फू.चं.जै. फाईल नं.**—(2/543, 3/74, 1/342, 7/557, 7/509, 2/1045, 3/361, 3/363)।
233	**मनोरंजन बैनर्जी** उर्फ **नरेश चौधरी** *सुपुत्र* ललित मोहन बैनर्जी, निवासी हसेल, थाना संगीबाड़ी, ढाका, आयु 21 वर्ष।	लैबोन्ग गर्वनर शूटिंग केस—1934 में हत्या में सहयोग देना व हत्या के प्रयास करने के आरोप में धारा 109/307, 6 बंगाल क्रिमिनल लॉ एक्ट में 12.9.1934 को आजीवन कारावास की सजा हुई। 23.2.1935 को 10वें जत्थे में अंडमान जेल भेजने का आदेश हुआ। 1937 में अंडमान जेल से भारत भेजने का आदेश दिया। फरवरी, 1934 में बंगाल के तत्कालीन गवर्नर एन्डंसन को लैबोन्ग रेसकोर्स दार्जिलिंग में आना था, क्रांतिकारियों की योजना गवर्नर एन्डंसन की हत्या करने की थी, परन्तु वह बच गया, इस षड्यंत्र केस में अन्यों के साथ सजा हो जाने के बाद मनोरंजन बैनर्जी अंडमान पहुंचे और 1937 की अंडमान जेल में 37 दिन की भूख–हड़ताल में सम्मिलित हुए। अंडमान जेल से वापस भारत की जेल में भेज दिए गए और 31.8.1946 को जेल से रिहा हुए। इनका राजशाही सेंट्रल जेल कैदी नं. 448 था। (मुक्ति तीर्थ से) **संदर्भ** : सेलुलर जेल की सूची का पृष्ठ नं. 15, संख्या नं. 191—बंगाल। **सरकारी फाईल नं.** —होम 1932 जेल. के. डब्ल्यू. 70 जेल., होम 1934 पोल. 43/14/34 होम 1935 जेल्स 5/35 जेल., होम 1937 जेल. के. डब्ल्यू. 5/9ए/37 जेल्स.। **फू.चं.जै. फाईल नं.** (7/485, 7/437, 7/582, 7/590, 7/528, 3/130)।
306	**मृत्युंजय बैनर्जी** *सुपुत्र* दुर्गाचरण बैनर्जी, निवासी शाहपुर, ओंडा, बंकुरा, आयु 26 वर्ष।	बंकुरा पोलिटिकल रॉबरी केस—1934 में डकैती के आरोप में धारा 392, 397/392 के अंतर्गत पहली सजा 30.4.1934, को दूसरी सजा 18.3.1935 को 5 वर्ष व 2 वर्ष यानी 7 वर्ष की सजा हुई। 1937—38 में अंडमान जेल से भारत की जेल में भेजने का आदेश हुआ। इनका मिदनापुर सेंट्रल जेल का कैदी नं. 8164 था। 1932 में सत्याग्रह आंदोलन में 6 माह कैद की सजा काटी। बाद में विष्णुपुर मेल एक्शन में पकड़े गए। 1937 में अंडमान जेल की भूख–हड़ताल में 37 दिन की भूख–हड़ताल की, 1938 के प्रारम्भ में अंडमान जेल से भारत की जेल में आए और

पी.आई.नं.	*बंदी का नाम व पता*	*विशेष टिप्पणी*
		1939 में जेल से रिहा कर दिए गए और डेढ़ वर्ष तक रिहाई के बाद घर में पाबंद रहे। द्वितीय महायुद्ध की अवधि में पुनः 1945 तक नजरबंद रहे। (मुक्ति तीर्थ से) **संदर्भ** : सेलुलर जेल की सूची का पृष्ठ नं. 15, संख्या नं. 199—बंगाल। **सरकारी फाईल नं.** —होम 1935 जेल. 5/35 जेल.। **फू.चं.जै. फाईल नं.** (7/501)।
300	**मलय कृष्ण ब्रह्मचारी** उर्फ **शशीधर सेनगुप्ता** *सुपुत्र* जोगेन्द्र नाथ सेन, निवासी खैर भाइजा, मदारीपुर, फरीदपुर, वर्तमान पता—रांची, बिहार, आयु 23 वर्ष।	रांची बम केस—1933 में बम बनाने के आरोप में धारा 4 व 5 विस्फोटक एक्ट के अंतर्गत 1.11.1933 को 7 वर्ष की कैद हुई। मई, 1935 को अंडमान जेल आए। इनको अंडमान जेल से 28.7.1937 को बंगाल की जेल में भेजा गया था और डॉक्टरी चिकित्सा के लिए जेल से रिहा कर दिए गए। अंडमान जेल में जुलाई, 1937 की भूख—हड़ताल में 37 दिन की भूख—हड़ताल की, 1937 के अन्त में अंडमान जेल से भारत की जेल में भेज दिए गए और 1938 में जेल से रिहा कर दिए गए। भारत छोड़ो आंदोलन में 1942 में फिर से नजरबंद कर दिए गए। हजारीबाग जेल में इनका कैदी नं. 12286 था। युगान्तर पार्टी के सदस्य थे। 1932 में चारमुगारिया डकैती में भी भाग लिया। जब ये बम बना रहे थे तो विस्फोट हो जाने से जख्मी हो गए थे। 1933 में पुलिस ने इन्हें गिरफ्तार कर लिया था। —(मुक्ति तीर्थ से) **संदर्भ** : सेलुलर जेल की सूची का पृष्ठ नं. 9, संख्या नं. 11—बिहार। **सरकारी फाईल नं.** —होम 1932 जेल. के. डब्ल्यू. नं. 70 जेल., होम 1933 पोल. 18/9/33 फोर्टनाइटली, अगस्त 1933, होम 1935 पोल. 5/3/35, होम 1940 पोल. आई. के. डब्ल्यू. नं. 45/1/40, होम 1937 जेल. के. डब्ल्यू. नं. 5/9ए/37 जेल.। **फू.चं.जै. फाईल नं.**—(7/476, 7/584, 3/432, 7/528, 8/120, 8/116)।
208	**महावीर मिस्सिर** *सुपुत्र* रेखनाथ मिस्सिर, निवासी बाहरी बेगमपुर, थाना चौक, पटना, आयु 30 वर्ष।	पटना षड्यंत्र केस—1932 में विस्फोटक पदार्थ व शस्त्र एकत्रित करने के षड्यंत्र में सहयोगी रहने के आरोप में धारा 121 में 7 वर्ष कैद तथा 120बी/395, 120बी/406, में ढाई वर्ष कैद तथा विस्फोटक सब्सटैंश एक्ट 120बी/392, 120बी, 19 आर्म्स एक्ट के अंतर्गत 18.4.1932 को 7 वर्ष, कैद यानी कुल 7 वर्ष की सजा हुई। ये सजाएं साथ—साथ चलेंगी। 1937—38 में अंडमान की जेल से भारत की जेल में भेजने का आदेश हुआ।

पी.आई.नं.	*बंदी का नाम व पता*	*विशेष टिप्पणी*
		इनका हजारीबाग सेंट्रल जेल का बंदी नं. 10189 था। (मुक्ति तीर्थ में केवल नाम की ही प्रविष्टि है।) **संदर्भ** : सेलुलर जेल की सूची का पृष्ठ नं. 9, संख्या नं. 10—बिहार। **सरकारी फाईल नं.** —होम 1932 जेल. के. डब्ल्यू. 70 जेल., होम 1934 जेल. 5/14/34 जेल.। **फू.चं.जै. फाईल नं.**—(7/581, 7/598, 7/519, 7/471)।
68	**महावीर सिंह** *सुपुत्र* देवी सिंह, निवासी शाहपोर, टेहला, राजाका रामपुर, एटा, आयु 27 वर्ष।	भगत सिंह लाहौर षड्यंत्र केस—1932 में सरकार के विरुद्ध विद्रोह के आरोप में धारा 121, 302/109, 120बी में 7.10.1930 को आजीवन कैद की सजा हुई। 20.1.1933 को अंडमान जेल में भेजने का आदेश हुआ। 17.5.1933 को भूख—हड़ताल करते हुए भूख—हड़ताल के छठे दिन शहीद हुए। इनका बेल्लारी सेंट्रल जेल का बंदी नं. 1129 था। महावीर सिंह अंडमान जेल में भूख—हड़ताल के छठे दिन रात को 13 बजकर 24 मिनट पर आत्मबलिदानी हो गए। उसके बाद मोहनकिशोर व मोहित मित्रा का भी भूख—हड़ताल करते हुए अंडमान जेल में स्वर्गवास हो गया। महावीर सिंह की भूख—हड़ताल 12 मई, 1933 को शुरू हुई थी और 17 मई, 1933 को रात्रि के समय उपवास के छठे दिन उन्होंने अपने प्राण न्यौछावर कर दिए। महावीर सिंह डी.ए.वी. कॉलेज कानपुर में पढ़ते थे और शिववर्मा के साथ हिन्दुस्तान सोशलिस्ट रिपब्लिकन आर्मी क्रांतिकारी संगठन के सदस्य बने थे। (मुक्ति तीर्थ से) **संदर्भ** : सेलुलर जेल की सूची का पृष्ठ नं. 8, संख्या नं. 7—उत्तरप्रदेश। **सरकारी फाईल नं.** —होम 1932 जेल. 70/4/32, होम 1933 जेल. 101/33 जेल. व के. डब्ल्यू., होम 1933 पोल. 7/11/33, होम 1945 पोल. आई. 44/13ए/45। **फू.चं.जै. फाईल नं.**—(7/623, 7/575, 7/624, 7/619, 7/595, 6/279, 7/623, 6/570)।
139	**महेन्द्र भौमिक/महेन्द्र चन्द्र भौमिक** *सुपुत्र* चन्द्र कुमांर भौमिक, निवासी धोनारटक, मारेवाहेरडी, ढाका, आयु 22 वर्ष	मैमनसिंह पोलिटिकल डकैती केस—1932 में मैमनसिंह पोलिटिकल डकैती के आरोप में धारा 395, 120बी/395 में 1.7.1932 को 6 वर्ष की सजा हुई। 3.9.1933 को अंडमान जेल में भेजने का आदेश हुआ। 28.7.1937 को अंडमान से भारत की जेल में रिहाई के लिए वापस भेजे गए। इनका मिदनापुर सेंट्रल जेल का बंदी नं. 4168 था। 14 वर्ष की आयु से युगान्तर पार्टी में रहे। मुक्ति तीर्थ के अनुसार 22 जुलाई, 1968 को स्वर्गवासी हो गए।

पी.आई.नं.	*बंदी का नाम व पता*	*विशेष टिप्पणी*
		संदर्भ : सेलुलर जेल की सूची का पृष्ठ नं. 15, संख्या नं. 182—बंगाल। **सरकारी फाईल नं.** —होम 1932 पोल. के. डब्ल्यू. 70 जेल.। **फू.चं.जै. फाईल नं.**—(7/566, 7/518, 7/579, 7/594)।
285	**महेशचन्द्र बरुआ** *सुपुत्र* गौड़कृष्ण बरुआ, निवासी सतबारिया, पतीश, चिटागांग, आयु 30 वर्ष।	बधुवा डकैती केस—1934 में डकैती के आरोप में धारा 395 में 27.8.1934 को आजीवन कारावास कैद की सजा हुई। 7.8.1936 को अंडमान जेल से वापस भारत भेज दिए गए क्योंकि ये हृदय रोग से पीड़ित हो गए थे। इनका राजशाही सेंट्रल जेल का बंदी नं. 463 था। (मुक्ति तीर्थ में केवल नाम की ही प्रविष्टि है।) **संदर्भ** : सेलुलर जेल की सूची का पृष्ठ नं. 15, संख्या नं. 183—बंगाल। **सरकारी फाईल नं.** —होम 1932 जेल. के. डब्ल्यू. 70 जेल., होम 1934 पोल. 45/43/34, होम 1935 जेल. 5/35 जेल.। **फू.चं.जै. फाईल नं.**—(7/596, 7/499, 7/451, 3/70)।
153	**माखन लाल डे** उर्फ **टोना** *सुपुत्र* केदारनाथ डे कायस्थ, निवासी धामराई, ढाका, आयु 22 वर्ष।	धामराई मेल रॉबरी केस—1933 में धान नाद/डाक रॉबरी केस के आरोप में धारा 120बी/392 में 5 वर्ष की कैद हुई। 31.12.1933 को छठे बैच के साथ अंडमान जेल में भेजने का आदेश हुआ। इनका अलीपुर सेंट्रल जेल का बंदी नं. 2721 था। अंडमान पुस्तक सूची में इनका नाम माखन डे है। गिरफ्तारी से पूर्व ये विवाहित थे। युगान्तर पार्टी में काम करते थे। 1930 के सत्याग्रह आंदोलन में मैमनसिंह में 50 व्यक्तियों के साथ वेयर हाउस पर गिरफ्तार किए गए। वहां पर गोली भी चली थी, जिसमें 7 वर्ष कैद की सजा हुई। परन्तु मार्च, 1931 में गांधी इर्विन समझौते के साथ ये जेल से रिहा कर दिए गए थे। सजा की समाप्ति से पूर्व अंडमान जेल से भारत की जेल में भेज दिए गए थे। (मुक्ति तीर्थ से) **संदर्भ** : सेलुलर जेल की सूची का पृष्ठ नं. 15, संख्या नं. 184—बंगाल। **सरकारी फाईल नं.** —होम 1932 जेल. के. डब्ल्यू. 70 जेल.। **फू.चं.जै. फाईल नं.** (7/572, 7/524)।
280	**मानिन्द्रचन्द्र डे** *सुपुत्र* कामिनी कुमार डे, निवासी फतिहाबाद, चिटागांग, आयु 30।	बधुवा डकैती केस—1934 में भाग लेने के आरोप में धारा 395 में 27.8.1934 को आजीवन कैद की सजा हुई। 1937-38 में अंडमान जेल से वापस भारत की जेल में भेजने का आदेश हुआ। (मुक्ति तीर्थ में केवल नाम की ही प्रविष्टि है।)

पी.आई.नं.	*बंदी का नाम व पता*	*विशेष टिप्पणी*
		संदर्भ : सेलुलर जेल की सूची का पृष्ठ नं. 15। **सरकारी फाईल नं.** –होम 1934 पोल. 45/43/34, होम 1937 पोल. आई. 24/4/37। **फू.चं.जै. फाईल नं.**–(3/70, 3/585, 7/385, 3/70)।
6	**मुकुलचन्द्र राय–विद्यार्थी** उर्फ **विधु** *सुपुत्र* जोगेशचन्द गुहा, निवासी ढाका टाऊन, आयु 20 वर्ष।	कलकत्ता आर्म्स एक्ट केस–1932 में बिना लाईसेंस शस्त्र संग्रह के आरोप में धारा 19 एफ 20 आर्म्स एक्ट के अंतर्गत 25.1.1932 को 5 वर्ष की कैद हुई। 17.11.1932 को अंडमान जेल में भेजने का आदेश दिया। अलीपुर सेंट्रल जेल का बंदी नं. 9122 था। 4.11.19131 को पुलिस ने रिवॉल्वर व कारतूस बरामद करने के बाद मुकुल चन्द रे उर्फ विधूभूषण गुहा व सुकुमार मजूमदार को गिरफ्तार कर लिया। **संदर्भ** : अंडमान की पुस्तक पृष्ठ नं. 15 संख्या नं. 200 पर मुकुल रंजन सेन छपा है परंतु मुकुल चन्द राय के नाम का कोई व्यक्ति दृष्टि में नहीं आया है। इनका उपनाम विधुभूषण गुहा भी था। पृष्ठ नं. 11 पर क्रम संख्या 51 में विधूभूषण गुहा विश्वास छपा है। **सरकारी फाईल नं.** –होम 1932 जेल. के. डब्ल्यू. 70, होम 1932 पोल. 70 के. डब्ल्यू, होम 1932 पोल. 4/52/32 सीरियल नं. 1–6। **फू.चं.जै. फाईल नं.** (7/540, 7/492, 6/262, 7/628, 6/253)।
	मुकुलरंजन सेनगुप्ता *सुपुत्र* निरंजन सेनगुप्ता, निवासी गांव गोयला, गोरण्डी, बरीसल, आयु 22 वर्ष।	मछुवा बाजार बम केस, अलीपुर षड्यंत्र केस–1930 में बम बनाने की सामग्री एकत्रित करना व डाक लूटने में सहयोग देने में धारा 120बी/4 विस्फोटक एक्ट में 14.6.1930 को 7 वर्ष की कैद हुई। 22.7.1932 को अंडमान जेल में भेजने का आदेश हुआ। अंडमान जेल में क्षयरोग हो जाने के कारण 18.3.1933 को अंडमान जेल से भारत की जेल में वापस भेजा गया। इनका अलीपुर सेंट्रल जेल का बंदी नं. 1109 था। डॉक्टरी रिपोर्ट पर 1936 में जेल से रिहा कर दिए गए। 1938 तक घर में पाबंदी का आदेश हुआ और द्वितीय महायुद्ध छिड़ने पर पुनः इनकी गतिविधियों पर पाबंदी का आदेश लगा दिया गया। (मुक्ति तीर्थ से) **संदर्भ**–सेलुलर जेल की सूची का पृष्ठ नं. 15, संख्या नं. 200–बंगाल। **सरकारी फाईल नं.** –होम 1930 पोल. 290/30, होम 1932 के. डब्ल्यू. 70 जेल.। **फू.चं.जै. फाईल नं.**–(2/1033, 2/1037, 2/1034, 7/557, 7/507, 7/595)।

पी.आई.नं.	*बंदी का नाम व पता*	*विशेष टिप्पणी*
361	**मुरारी मोहन गोस्वामी** *सुपुत्र* माधवचन्द्र गोस्वामी, निवासी नवाद्वीप, नाडियां, आयु 27 वर्ष।	शस्त्र षड्यंत्र केस—1935 में शस्त्रों का षड्यंत्र करने के आरोप में धारा 19एफ 20 आर्म्स एक्ट 120बी में 5 वर्ष की कैद हुई। 28.5.1935 को अंडमान जेल में भेजने का आदेश हुआ। 1937—38 के मध्य सेलुलर जेल से वापस भारत की जेल में भेजने का आदेश हुआ। इनका अलीपुर सेंट्रल जेल का बंदी नं. 569 था। अंडमान पुस्तक सूची में इनका नाम मुरारी गोस्वामी था। इस षड्यंत्र केस के सहयोगी खुदीराम भट्टाचार्य पी. आई. नं. 360 मिलता है परन्तु किसी कारण से अंडमान की पुस्तक में पृष्ठ नं. 14 पर छपने से रह गया है। **संदर्भ** : सेलुलर जेल की सूची का पृष्ठ नं. 16, संख्या नं. 201—बंगाल। **सरकारी फाईल नं.** —होम 1932 जेल. के. डब्ल्यू. 70 जेल., होम 1936 जेल. 5/36 जेल.। **फू.चं.जै. फाईल नं.**—(7/701, 7/653, 7/587)।
284	**मोक्षदा रंजन चक्रवर्ती** उर्फ **सिबू** उर्फ **मोक्षदा** *सुपुत्र* दुर्गा चरण चक्रवर्ती, निवासी फतियाबाद, हथाजारी, चिटागांग, आयु 28 वर्ष।	बधुवा डकैती केस—1934 में डकैती के आरोप में धारा 395 में 27.8.1934 को आजीवन कैद की सजा हुई। 1937—38 में अंडमान जेल से भारत की जेल में भेजने का आदेश हुआ। 1937 को अंडमान जेल की भूख—हड़ताल में 37 दिन की भूख—हड़ताल की। ये अनुशीलन समिति के सदस्य थे, 1938 के प्रारम्भ में अंडमान जेल से अलीपुर सेंट्रल जेल में भेजे गए। 1939 में अलीपुर सेंट्रल जेल में जुलाई मास में 36 दिन की भूख—हड़ताल की। अगस्त, 1946 में जेल से रिहा हुए। इनका राजशाही सेंट्रल जेल का बंदी नं. 465 था। मोक्षदा रंजन चक्रवर्ती के भाई प्रियोदा रंजन चक्रवर्ती आयु 19 वर्ष को भी आजीवन कैद हुई थी, इनका पी. आई. नं. 283 था। (मुक्ति तीर्थ से) **संदर्भ** : सेलुलर जेल की सूची का पृष्ठ नं. 15, संख्या नं. 198—बंगाल। **सरकारी फाईल नं.** —होम 1932 जेल. के. डब्ल्यू. 70 जेल., होम 1934 पोल. 45/43/34, होम 1935 जेल. 5/35 जेल., होम 1937 पोल. आई. 24/4/37। **फू.चं.जै. फाईल नं.**—(7/584, 7/499, 7/591, 3/70, 7/385, 7/451)।
325	**मोतीलाल रे** *सुपुत्र* बिहारीलाल राय, निवासी बुराल, अजमीरीगंज, सिल्हट, आयु 17 वर्ष।	लूटमार षड्यंत्र—1934 में लूटमार व षड्यंत्र के आरोप में धारा 392/120बी में 9.8.1934 को 5 वर्ष की सजा हुई। 1.3.1936 को इन्हें अंडमान जेल में भेजने का आदेश हुआ। इनका सिल्हट जेल का बंदी नं. 591 था। **संदर्भ** : सेलुलर जेल में सूची का पृष्ठ नं. 20, संख्या नं.

पी.आई.नं.	बंदी का नाम व पता	विशेष टिप्पणी
		4—आसाम। **सरकारी फाईल नं.** —होम 1916 पोल. ए. अप्रैल 472—474, होम 1917 पोल. ए. जनवरी के. डब्ल्यू. 192—221, होम 1917 पोल. ए. अप्रैल 316—317, होम 1918 पोल. ए. दिसंबर 137—139, होम 1925 पोल. 253/25, होम 1932 जेल. के. डब्ल्यू. 70 जेल., होम 1936 जेल. 5/2/35 जेल., होम 1937 जेल. के. डब्ल्यू. नं. 5/9ए/37 जेल.। **फू.चं.जै. फाईल नं.**—(1/287, 1/268, 1/387—393, 1/403, 1/334, 3/519, 7/585, 7/482, 7/625, 7/577, 7/482, 7/528)।
89	**मोहनकिशोर नामदास** उर्फ **मानकृष्ण नामदास** *सुपुत्र* राजगोविन्द नामदास, निवासी सराचर बाजीतपुर, मैमनसिंह, आयु 26 वर्ष।	नेत्रकोना स्वारी कांदा पोलिटिकल डकैती केस—1932 में डकैती के आरोप में धारा 395/120बी, 395 के अंतर्गत 31.5.1932 को 5—5 वर्ष कैद की सजाएं हुईं। फरवरी, 1933 को अंडमान जेल में भेजने का आदेश हुआ। अंडमान जेल में बंदियों के साथ अच्छे व्यवहार की मांग पर जो भूख—हड़ताल का क्रम चला, उसमें इन्होंने भी 12.5.1933 को भूख—हड़ताल शुरू की और 15 दिन की भूख हड़ताल के बाद इस स्वाभिमानी वीर सेनानी ने अपने शरीर को त्यागकर बलिदानियों की आदर्श शृंखला में स्थान प्राप्त किया। इनका मिदनापुर सेंट्रल जेल का बंदी नं. 3831 था। शहीद मोहनकिशोर नामदास एक गरीब जाति के परिवार में से थे और अनुशीलन पार्टी के सदस्य थे। इन्हें नेत्रकोना स्वारी कांदा पोलिटिकल डकैती केस में अन्यों के साथ 5 वर्ष कैद की सजा हुई थी। **संदर्भ** : सेलुलर जेल की सूची का पृष्ठ नं. 15, संख्या नं. 196—बंगाल। **सरकारी फाईल नं.** —होम 1932 जेल. के. डब्ल्यू. 70 जेल, होम 1933 जेल. 101/33 जेल. व के. डब्ल्यू., होम 1937 जेल. के. डब्ल्यू. नं. 5/9ए/37 जेल। **फू.चं.जै. फाईल नं.**—(7/549, 7/501, 7/595, 7/619, 7/531)।
254	**मोहनलाल नाग** *सुपुत्र* सुरेन्द्र नाथ नाग, निवासी शिवपुर हावड़ा, आयु 26 वर्ष।	बम बनाना केस—1934 में विस्फोटक एक्ट में धारा 3/4 व 324/114 में 24.9.1934 में 5 वर्ष की कैद हुई। 28.5.1935 को अंडमान जेल में भेजने का आदेश हुआ। 1937 में अंडमान जेल से भारत भेजने का आदेश हुआ। इन्होंने सजा के विरुद्ध कोई अपील नहीं की और जेल में जेल अपराधों के नियमों के अनुसार 2 बार सजा हुई। इनका अलीपुर सेंट्रल जेल का बंदी नं. 1926 था।

पी.आई.नं.	*बंदी का नाम व पता*	*विशेष टिप्पणी*
		संदर्भ : सेलुलर जेल की सूची का पृष्ठ नं. 15, संख्या नं. 195—बंगाल। **सरकारी फाईल नं.** —होम 1932 जेल. के. डब्ल्यू. 70 जेल., होम 1935 जेल. 5/35 जेल.। **फू.चं.जै. फाईल नं.**—(7/583, 7/589, 7/489)।
110	**मोहित चन्द्र अधिकारी** *सुपुत्र* मोनीचन्द्र अधिकारी, निवासी सहरसा, बोनगोंग, भागलपुर, आयु 40 वर्ष।	पटना षड्यंत्र केस—1932 में डकैती के समय हत्या के आरोप में धारा 396 के अतंर्गत 20.8.1932 को आजीवन कारावास की सजा हुई। 1933 में अंडमान जेल में भेजने का आदेश हुआ। 1937—38 में अंडमान जेल से भारत की जेल में भेजने का आदेश हुआ। इनका भागलपुर सेंट्रल जेल का बंदी नं. 3424 था। भागलपुर सबोर पोस्ट ऑफिस डकैती का आरोप भी मोहित चन्द्र अधिकारी के विरुद्ध था। ये पहले बंगाल अनुशीलन पार्टी में थे और बाद में भागलपुर क्रांतिकारी पार्टी में सम्मिलित हो गए। यह सम्पर्क रासबिहारी लाल के मार्फत हुआ था जो जोगेन्द्र शुक्ला की पार्टी में विश्वसनीय थे। टी. बी. हो जाने के कारण इन्हें 7.8.1936 को वापस भारत की जेल भेज दिया था। **संदर्भ** : सेलुलर जेल की सूची का पृष्ठ नं. 9, संख्या नं. 12—बिहार। **सरकारी फाईल नं.** —होम 1932 जेल. 70/3/32 जेल., होम 1932 जेल. के. डब्ल्यू. 70 जेल। **फू.चं.जै. फाईल नं.**—(7/538, 7/490, 7/595)।
93	**मोहित मोहन मैत्रा** *सुपुत्र* हेमचन्द मैत्रा, निवासी नतिमथारेगा, बेराठ, पब्ना नूतन, भारंगा पबना, आयु 28 वर्ष।	5 नला रिवाल्वर केस—1932 में कलकत्ता में 5 नला रिवाल्वर के साथ गिरफ्तारी में धारा 19एफ, 20 आर्म्स एक्ट में 18.4.1932 में 5 वर्ष की कैद हुई। फरवरी, 1933 में अंडमान जेल में भेजने का आदेश हुआ। इनका अलीपुर सेंट्रल जेल का बंदी नं. 1942 था। अंडमान जेल में बंदियों के साथ अच्छे व्यवहार की मांग पर भूख—हड़ताल का जो क्रम चल रहा था, उसमें इन्होंने भी 12.5.1933 को भूख—हड़ताल प्रारम्भ की और 17 दिन की साहसिक भूख—हड़ताल के बाद 28.5.1933 को इस अपूर्व बलिदान की बेदी पर नश्वर शरीर को त्यागकर आत्म—बलिदानियों की माला के मनके बन गए। इनका बलिदान 27 व 28 के मध्य अर्द्धरात्रि को प्रातः 2 बजे हुआ। मोहित मोहन मैत्रा एक अच्छे संगीतज्ञ थे। रंगपुर युगान्तर पार्टी में थे और 2.2.1932 को अपर सर्क्युलर रोड कलकत्ता में 5 नला रिवाल्वर के साथ पकड़े गए और 5 वर्ष कैद हुई। अंडमान जेल में अन्य सहयोगी बंदियों के साथ 12.5.1933

पी.आई.नं.	बंदी का नाम व पता	विशेष टिप्पणी
		को भूख–हड़ताल शुरू की और 28.5.1933 को प्रातःकाल जेल में शहीद हो गए। **संदर्भ** : सेलुलर जेल की सूची का पृष्ठ नं. 15, संख्या नं. 197–बंगाल। **सरकारी फाईल नं.** –होम 1932 जेल. के. डब्ल्यू. 70 जेल., होम 1933 जेल. 101/33 जेल. व के. डब्ल्यू.। **फू.चं.जै. फाईल नं.**–(7/603, 7/595, 7/551, 7/503, 7/619)।
109	**रखाल चन्द्र डे** *सुपुत्र* शरत चन्द्र, निवासी खरानद्वीप, बोआलखाली, चिटागांग, जन्म 1901।	अलीपुर सेंट्रल जेल में पुलिस अधिकारी भूपेन्द्र नाथ चैटर्जी की हत्या करने के आरोप में 21.6.1926 को आजीवन कारावास कैद की सजा हुई। धारा 19 आर्म्स एक्ट में व धारा 4 व 5 विस्फोटक एक्ट में 5 वर्ष की और 7 वर्ष की सजा हुई। सजाएं साथ–साथ चलेंगी। 17.11.1932 को अंडमान जेल में भेजने का आदेश हुआ। 1938 में अंडमान जेल से वापस भारत की जेल आए। **संदर्भ** : सेलुलर जेल की सूची का पृष्ठ नं. 17, संख्या नं. 261–बंगाल। **सरकारी फाईल नं.** –होम 1925 पोल. 387/25, होम 1925 पोल. 394/25 कोन्फिडेन्शियल शिमला रिकॉर्डस नं. 2, होम 1932 जेल. के. डब्ल्यू. 70 जेल.। **फू.चं.जै. फाईल नं.**–(3/501, 2/956, 7/578, 7/547, 7/499, 6/253, 7/547)।
242	**रखाल दास मलिक** *सुपुत्र* केशव चन्द्र मलिक, निवासी 117, अहीरी टोला स्ट्रीट, कलकत्ता, आयु 27 वर्ष।	अवैध शस्त्र केस–1933–34 में अवैध रूप से शस्त्र रखने के आरोप में धारा 19एफ आर्म्स एक्ट में 16.3.1934 को 5 वर्ष की कैद हुई। 1937 में अंडमान जेल से भारत की जेल में भेजने का आदेश दिया गया। ये युगान्तर पार्टी के सदस्य थे। 1921 के असहयोग आंदोलन में भी सजा हुई थी। 1937 में अंडमान जेल की भूख–हड़ताल में 37 दिन की भूख–हड़ताल की थी। इनके विरुद्ध आरोप था कि मिदनापुर जेल से फरार होने वाले सचिनकार गुप्ता, दिनेश मजूमदार व सुशीलकुमार दास को आश्रय दिया था। 1938 के प्रारंभ में अंडमान जेल से वापस भारत की जेल में आए। इनका अलीपुर सेंट्रल जेल का बंदी नं. 7672 था। **संदर्भ** : सेलुलर जेल की सूची का पृष्ठ नं. 17, संख्या नं. 261–बंगाल। **सरकारी फाईल नं.** –होम 1932 जेल. के. डब्ल्यू. 70 जेल., होम 1934 पोल. 18/2/34, होम 1934 पोल. 27/7/34, होम 1935 जेल. 5/35 जेल., होम 1937 जेल. के. डब्ल्यू. नं. 5/9ए/37 जेल.। **फू.चं.जै. फाईल**

पी.आई.नं.	बंदी का नाम व पता	विशेष टिप्पणी
		नं.—(7/482, 7/487, 7/439, 7/592, 3/86, 3/66, 7/529)।
321	**रजत भूषण दत्ता** *सुपुत्र* रखाल चंद दत्ता, निवासी सेंथिया, वीरभूम, आयु 26 वर्ष।	वीरभूम षड्यंत्र केस—1934 में राजद्रोह के आरोप में धारा 121 में 24.9.1934 में 7 वर्ष की कैद हुई। 1937—38 में अंडमान जेल से भारत की जेल में भेजने का आदेश हुआ। कॉलेज में बी.ए. तक की परीक्षा पाई। गिरफ्तारी से पूर्व विवाह हो चुका था। युगान्तर पार्टी में कार्य करते थे। वीरभूम षड्यंत्र केस में 12 वर्ष आजीवन कैद की सजा हुई। नवम्बर, 1935 में अंडमान जेल में भेजे गए। जुलाई, 1937 में 37 दिन की अंडमान जेल में भूख—हड़ताल की। जनवरी, 1938 में अंडमान जेल से भारत की जेल में वापस भेजे गए और 1944 में जेल से रिहा हुए। परंतु रिहाई के तुरन्त बाद भारत रक्षा कानून में नजरबंद कर दिए गए। 15.10.1934 को सूरी जेल से राजशाही सेंट्रल जेल पहुंचे। इनका राजशाही सेंट्रल जेल का बंदी नं. 2473 था। **संदर्भ** : सेलुलर जेल की सूची का पृष्ठ नं. 17, संख्या नं. 258—बंगाल। **सरकारी फाईल नं.** —होम 1932 जेल. के. डब्ल्यू. 70 जेल., होम 1933 पोल. 18/10/33, फोर्टनाइटली, सितम्बर 1933, होम 1934 पोल. 45/46/34, होम 1935 जेल. 5/35 जेल., होम 1937 पोल. आई. 24/4/37। **फू.चं.जै. फाईल नं.**—(7/585, 7/504, 7/456, 3/434, 3/107, 3/105, 7/386)।
350	**रजनीकान्त सरकार** *सुपुत्र* द्वारकानाथ सरकार, निवासी रामचंद्रपुर, तापन, दिनाजपुर, आयु 45 वर्ष।	दिनाजपुर डकैती षड्यंत्र केस—1935 में डकैती के षड्यंत्र में धारा 120 बी/395 के अंतर्गत 19.2.1935 में 6 वर्ष की कैद हुई। 1.3.1936 को अंडमान जेल में भेजने का आदेश हुआ। इनका मिदनापुर सेंट्रल जेल का बंदी नं. 9731 था। बिल्ला तिलनी व काकना में 1934 में बम व पिस्तौल संगृहित करने के लिए तीन पोलिटिकल डकैतियां डाली गईं, इनमें 17 अभियुक्तों को लंबी—लंबी सजाएं हुईं। **संदर्भ** : सेलुलर जेल की सूची का पृष्ठ नं. 17, संख्या नं. 257—बंगाल। **सरकारी फाईल नं.** —होम 1932 जेल. के. डब्ल्यू. 70 जेल., होम 1936 पोल. 45/8/36, होम 1936 जेल. 5/36 जेल.। **फू.चं.जै. फाईल नं.**—(7/698, 7/586, 7/698, 7/594, 7/650, 6/410)।
22	**रणधीर दासगुप्ता** *सुपुत्र* जयन्ती कुमार दासगुप्ता, निवासी पारायकरा,	चिटागांग आर्मरी रेड केस—1930 में धारा 120बी, 302, 395, 396, 436, 126 रेलवे एक्ट, 25 टैलीग्राफ एक्ट व 19 आर्म्स एक्ट में व 4 विस्फोटक एक्ट में 1.3.1932 में आजीवन

पी.आई.नं.	बंदी का नाम व पता	विशेष टिप्पणी
	थाना अनवाराव रोहमत गंज, कोतवाली चिटागांग, आयु 20 वर्ष।	कारावास की कैद हुई। 22.7.1932 को अंडमान जेल में भेजने का आदेश हुआ। 1937–38 में अंडमान जेल से भारत की जेल में भेजने का आदेश हुआ। पेट में पेचिश व अल्सर की शिकायत हो गई। इनका अलीपुर जेल का बंदी नं. 687 था। ये कॉलेज के विद्यार्थी थे। अंडमान जेल की भूख–हड़ताल में सम्मिलित हुए। सितम्बर, 1937 में अंडमान जेल से भारत की जेल में भेजे गए और दिसंबर, 1937 में जेल से रिहा कर दिए गए। अंडमान जेल की 1937 की भूख–हड़ताल में 37 दिन की भूख–हड़ताल की। **संदर्भ** : सेलुलर जेल की सूची का पृष्ठ नं. 18, संख्या नं. 268–बंगाल। **सरकारी फाईल नं.** –होम 1932 जेल. के. डब्ल्यू. 70 अंडमान, होम 1937 जेल. के. डब्ल्यू. 5/9ए/37 /जेल.। **फू.चं.जै. फाईल नं.**–(7/576, 7/558, 7/510, 7/529, 8/27)।
77	**रविन्द्रचन्द्र न्योगी** *सुपुत्र* रमेशचन्द्र न्योगी, निवासी शेरपुर, मैमनसिंह, आयु 23 वर्ष।	स्यालदा पोलिटिकल डकैती केस–1931 में स्यालदा डकैती में भाग लेने में धारा 395/120बी में 10.9.1931 में 7 वर्ष कैद की सजा हुई। फरवरी, 1933 में अंडमान जेल में भेजने का आदेश हुआ। 28.7.1937 को रिहाई के लिए अंडमान जेल से बंगाल की जेल में भेजे गए। इनका राजशाही सेंट्रल जेल का बंदी नं. 6884 था। ये इन्टरमीडियेट आर्ट्स में पढ़ते थे। युगान्तर पार्टी के सदस्य थे। 1930 के नमक सत्याग्रह आंदोलन में कैद की सजा हुई। अंडमान जेल में मई, 1933 की 45 दिन की भूख–हड़ताल की और अवधि (सजा) समाप्ति से पूर्व अंडमान से भारत की जेल में भेज दिए गए और जेल से रिहा कर दिए गए। (मुक्ति तीर्थ से) **संदर्भ** : सेलुलर जेल की सूची का पृष्ठ नं. 17, संख्या नं. 254–बंगाल। **सरकारी फाईल नं.** –होम 1932 जेल. के. डब्ल्यू. 70 जेल.। **फू.चं.जै. फाईल नं.**–(7/552, 7/504, 7/577, 7/590)।
122	**रविन्द्रनाथ गुहा राय** *सुपुत्र* कांशी नाथ गुहा राय, निवासी रामकांतापुर, नगर कुन्डा, फरीदपुर, आयु 24 वर्ष।	कोमिला डकैती केस–1932 में डकैती का षड्यंत्र करने की योजना के आरोप में धारा 399, 120बी/115 के अंतर्गत 23.12.1932 को 6 वर्ष की कैद हुई। 3.9.1933 को अंडमान जेल में भेजने का आदेश हुआ। इनका अलीपुर सेंट्रल जेल का बंदी नं. 8676 था।

पी.आई.नं.	***बंदी का नाम व पता***	***विशेष टिप्पणी***
		इन्टर क्लास में पढ़ते थे। 17 वर्ष की आयु से ही अनुशीलन समिति में कार्य कर रहे थे। अंडमान जेल में जुलाई, 1937 में 37 दिन की भूख–हड़ताल की और अंडमान जेल से भारत की जेल में भेज दिए गए और 1938 में बंगाल की जेल से रिहा कर दिए गए और रिहाई के बाद एक वर्ष तक अपने क्षेत्र में पाबंद कर दिए गए। (–मुक्ति तीर्थ से) **संदर्भ** : सेलुलर जेल की सूची का पृष्ठ नं. 17, संख्या नं. 253–बंगाल। **सरकारी फाईल नं.** –होम 1932 पोल. 18/15/32 फोर्टनाइटली, दिसम्बर, 1932, होम 1932 जेल. के. डब्ल्यू. 70 जेल.। **फू.चं.जै. फाईल नं.**–(7/578, 3/409, 7/590, 7/520, 7/568, 3/409)।
367	**रविन्द्रनाथ बैनर्जी** उर्फ **समरजीत बैनर्जी** *सुपुत्र* राय साहब जोगेन्द्रनाथ बैनर्जी, आयु 17 वर्ष।	लैबोन्ग आउट रेज केस–1934 में धारा 307 व 6 बंगाल क्रिमिनल लॉ एक्ट में व 20 आर्म्स एक्ट में 12.9.1934 को 14 वर्ष आजीवन कैद की सजा हुई। 18.6.1936 को अंडमान जेल में भेजने का आदेश हुआ। 1937 में अंडमान जेल से वापस बुला लिया और शेष सजा को घटाकर माफ किया और इंग्लैण्ड प्रशिक्षण हेतु जाने की अनुमति दे दी गई। इनका ढाका सेंट्रल जेल का बंदी नं. 9255 था। अंडमान पुस्तक सूची में इनका नाम रविन्द्र बैनर्जी था। **संदर्भ** : सेलुलर जेल की सूची का पृष्ठ नं. 17, संख्या नं. 252–बंगाल। **सरकारी फाईल नं.** –होम 1931 पोल. 19/1/31 फोर्टनाइटली, फरवरी, 1931, होम 1931 पोल. 18/7/31 फोर्टनाइटली, जुलाई, 1931, होम 1934 पोल. 43/14/34 इलैस्टेटिड वीकली, साप्ताहिक अंग्रेजी पत्र दिनांक 28 जनवरी, 1973, होम 1937 जेल. 5/5/37। **फू.चं.जै. फाईल नं.** (7/638, 7/590, 7/702, 3/441, 3/459, 7/654)।
349	**रमेन्द्रनाथ समझदार** *सुपुत्र* रामतारन सिंह, निवासी चकनान, धमौरी हाट, दिनाजपुर, चकीलम, धमारी, धमाइरहाट, राजशाही, आयु 30 वर्ष।	दिनाजपुर डकैती षड्यंत्र केस–1935 में डकैती के षड्यंत्र के आरोप में धारा 120बी/395 के अंतर्गत 19.2.1935 में 10 वर्ष की कैद हुई। 1.3.1936 को अंडमान जेल में भेजने का आदेश हुआ। इनका मिदनापुर सेंट्रल जेल का बंदी नं. 9730 था। बल्ला तिलनी व काकना में 1934 में बम व पिस्तौल संगृहित करने के लिए तीन पोलिटिकल डकैतियां डालीं गईं, इनमें 17 अभियुक्तों का लंबी–लंबी सजाएं हुई थी। अनुशीलन पार्टी के सदस्य थे। 1930–31 के सत्याग्रह आंदोलन में दो बार 6–6 माह कैद की सजा काटी। 1937 की अंडमान जेल

पी.आई.नं.	*बंदी का नाम व पता*	*विशेष टिप्पणी*
		की भूख–हड़ताल में 37 दिन की भूख–हड़ताल की। 1938 के प्रारम्भ में अंडमान जेल से भारत की जेल में भेज दिए गए। (मुक्ति तीर्थ से उद्धृत) **संदर्भ** : सेलुलर जेल की सूची का पृष्ठ नं. 18, संख्या नं. 264–बंगाल। **सरकारी फाईल नं.** –होम 1932 जेल. के. डब्ल्यू. 70, जेल., होम 1936 पोल. 45/8/36, होम 1936 जेल. 5/36 जेल.। **फू.चं.जै. फाईल नं.** (7/586, 7/698, 7/560, 7/590, 6/410)।
15	**रमेशचन्द्र चैटर्जी** *सुपुत्र* दुर्गाकुमार चैटर्जी, निवासी कीर्ति पोशा थाना, झालाकोटी, बरीसल, आयु 14 वर्ष।	बरीसल पुलिस हत्या केस–1929 में सब–इन्सपेक्टर पुलिस की हत्या करने के आरोप में धारा 302 के अंतर्गत 22.4.1929 को आजीवन कारावास कैद की सजा हुई। 22.7.1932 को अंडमान जेल में भेजने का आदेश हुआ। 1937–38 में अंडमान जेल से भारत की जेल में भेजने का आदेश हुआ। इनका वर्तमान पता है–नीरदगढ़, पो. पंडुआ, जिला हुगली–712149। इनका अलीपुर सेंट्रल जेल का बंदी नं. 6518 था। अंडमान जेल की मई, 1933 की भूख–हड़ताल में 45 दिन की भूख–हड़ताल की और 1937 में भूख–हड़ताल में 37 दिन की भूख–हड़ताल अंडमान जेल में की। जनवरी, 1938 में अंडमान जेल से भारत की जेल में भेजे गए और अगस्त, 1946 में जेल से रिहा हुए। (मुक्ति तीर्थ से उद्धृत) **संदर्भ** : सेलुलर जेल की सूची का पृष्ठ नं. 18, संख्या नं. 265–बंगाल। **सरकारी फाईल नं.** –होम 1929 पोल. 17/29, होम 1932 जेल. के. डब्ल्यू. 70 जेल., होम 1942 पोल. आई. 7/13/42, होम 1945 पोल. आई. 44/13ए/45। **फू.चं.जै. फाईल नं.**–(3/580, 7/559, 7/511, 7/576, 7/590, 6/692, 6/571)।
355	**रमेशचन्द्र दास** *सुपुत्र* गोपाल चन्द्र दास। निवासी बरीसल, आयु 27 वर्ष।	करैया षड्यंत्र केस–1935 में लेटर षड्यंत्र केस में धारा क्रिमिनल ट्राईब्स एक्ट 22–6 व धारा 387/120बी में पहली सजा 8.1.1934 में 2 वर्ष और दूसरी सजा 28.5.1934 में 5 वर्ष की कैद हुई। यानी कुल कैद 7 वर्ष की। अंडमान जेल में जुलाई, 1937 में 37 दिन की भूख–हड़ताल की, जनवरी, 1938 में अंडमान जेल से भारत की जेल में भेज दिए गए। इनका अलीपुर प्रेसीडेन्सी जेल का बंदी नं. 672 था। रमेश चन्द्र दास का एक संगठन था। वे आतंकवादियों के लिए भर्ती करने का प्रयास करते थे। इनके अपराधों के पीछे

पी.आई.नं.	**बंदी का नाम व पता**	**विशेष टिप्पणी**
		इनका अपनी निजी लाभ की भावना रहती थी, वैसे ये आतंकवाद के लिए बहुत रुचि प्रकट करते थे। 1937 में अंडमान जेल में कम्युनिज्म का प्रचार बढ़ रहा था, कई दल बन गए थे, तारापददास व रमेशचन्द्र दास किसी भी दल में नहीं थे, न कम्युनिस्टों में और न ही टैरेरिज्म थे। जेल सूत्रों के अनुसार अंडमान जेल के बंदी साथी इन्हें संदिग्ध समझते थे और इनका संदेह था कि ये सरकारी अफसरों को खबरें देते थे। **संदर्भ** : सेलुलर जेल की सूची का पृष्ठ नं. 18, संख्या नं. 266—बंगाल। (पुस्तक में नाम रमेशचन्द्र दास राय छपा है) **सरकारी फाईल नं.** —होम 1932 जेल. के. डब्ल्यू. 70 जेल, होम 1936 जेल. 5/36 जेल.। **फू.चं.जै. फाईल नं.**—(7/652, 7/587)।
194	**राजमोहन करंजी—विद्यार्थी** सुपुत्र अवनिमोहन करंजी, निवासी कुरीग्राम, रंगपुर, आयु 22 वर्ष।	कुरीग्राम केस—1933—34 में घातक हथियारों के साथ डकैती व लूटने के षड्यंत्र में धारा 392/397 में 8.1.1934 को 8 वर्ष की कैद हुई। 27.1.1935 को अंडमान जेल में भेजने का आदेश हुआ। 1937—38 में अंडमान जेल से भारत की जेल में भेजने का आदेश हुआ। इनका राजशाही सेंट्रल जेल का बंदी नं. 9684 था। 20.11.1933 को नलडंगा गांव में थाना सादुल्लापुर जिला रंगपुर के एक मकान में 10 युवकों ने 8 हजार रुपये का डाका डाला। इस केस में 8.1.1934 को जेल स्पेशल ट्रिब्यूनल रंगपुर की अदालत से हेमचन्द बक्शी आदि 7 अभियुक्तों को सजाएं हुई थी। कुरीग्राम केस में राजमोहन करंजी, नरेन्द्र नाथ दासं व कुमुद बिहारी मुकर्जी भी पकड़े गए थे। अंडमान जेल में कम्युनिज्म का प्रचार बढ़ रहा था। बंदियों में कई दल बन गए थे। बी.बी. ग्रुप के राजमोहन करंजी आदि 12 बंदी भी टैरेरिज्म के समर्थक थे। **संदर्भ** : सेलुलर जेल की सूची का पृष्ठ नं. 17, संख्या नं. 260—बंगाल। **सरकारी फाईल नं.** —होम 1932 जेल. के. डब्ल्यू. 70 जेल., होम 1934 जेल. 5/5/34 जेल., होम 1937 जेल. के. डब्ल्यू. 5/9ए/37 जेल., होम 1937 पोल. आई. 24/4/37। **फू.चं.जै. फाईल नं.** (7/581, 7/475, 7/523, 7/528, 7/384)।
264	**राजेन्द्रनाथ चक्रवर्ती** सुपुत्र मोहनबंशी चक्रवर्ती, निवासी सावरा, थाना गोरंडी, बाकरगंज, आयु 35 वर्ष।	बरीसल डकैती केस—1934 को पहली सजा डकैती के आरोप में, दूसरी सजा अंगूठे तथा उंगली के निशान देने से इंकार कर देने पर धारा 395, 186 के अंतर्गत 10 वर्ष पहली सजा व दूसरी सजा डेढ़ माह की कैद यानी कुल

पी.आई.नं.	बंदी का नाम व पता	विशेष टिप्पणी
		10 वर्ष 1 माह 15 दिन की कैद हुई। 1937 में अंडमान जेल से भारत की जेल में भेजने का आदेश हुआ। इनका ढाका सेंट्रल जेल का बंदी नं. 8344 था। 1933 में अगलपाशा केस के संबंध में गिरफ्तार किए गए थे। 1937 में अंडमान जेल की भूख–हड़ताल में 37 दिन की भूख–हड़ताल की। 1938 के प्रारम्भ में अंडमान जेल से भारत की जेल में भेज दिए गए और 7.3.1938 को जेल से रिहा कर दिए गए। मुक्तितीर्थ प्रकाशन के अनुसार 7.3.1978 को स्वर्गवासी हो गए। (मुक्ति तीर्थ से उद्धृत) **संदर्भ** : सेलुलर जेल की सूची का पृष्ठ नं. 17, संख्या नं. 259—बंगाल। **सरकारी फाईल नं.** –होम 1932 जेल. के. डब्ल्यू. 70 जेल., होम 1935 जेल. 5/35 जेल.। **फू.चं.जै. फाईल नं.**—(7/583, 7/492)।
219	**राधावल्लभ गोपे** *सुपुत्र* मदनमोहन गोपे, निवासी बझिहा, पालौंग, फरीदपुर, आयु 32 वर्ष।	आर्म्स एक्ट—1933 के अंतर्गत धारा 20 आर्म्स एक्ट में पहली सजा 25.11.1933 को, दूसरी सजा 30.11.1933 को 7–7 वर्ष यानी कुल 14 वर्ष की कैद हुई। 27.1.1935 को 10वें जत्थे में अंडमान भेजने का आदेश हुआ। 1937 में अंडमान जेल की भूख–हड़ताल में 37 दिन की भूख–हड़ताल की। जनवरी, 1938 में अंडमान जेल से भारत की जेल में भेज दिए गए। जुलाई, 1939 में डमडम सेंट्रल जेल में 36 दिन की भूख–हड़ताल की। सजा की अवधि समाप्ति पर भारत रक्षा कानून में जेल में ही नजरबंद कर दिए गए और 1945 में नजरबंदी से रिहा हुए। इनका राजशाही सेंट्रल जेल में बंदी नं. 235 था। आठ बार जेल में जेल नियमों के अधीन सजाएं हुईं। **संदर्भ** : सेलुलर जेल की सूची का पृष्ठ नं. 17, संख्या नं. 255—बंगाल। **सरकारी फाईल नं.** –होम 1932 जेल. के. डब्ल्यू. 70 जेल., होम 1933 पोल. 18/12/33 फोर्टनाइटली, अक्टूबर 1933 देहली रिकॉर्ड्स नं. 1, होम 1935 जेल्स. नं. 5/35 जेल्स., होम 1937 जेल. के. डब्ल्यू. नं. 5/9ए/37, होम 1942 पोल. आई. 18/4/42 फोर्टनाइटली, अप्रैल 1942। **फू.चं.जै. फाईल नं.**—(7/581, 3/437, 7/482, 7/530, 8/497)।
131	**राधिकामोहन दास** *सुपुत्र* राजकृष्ण दास, निवासी पायपपाड़ा, ब्रह्मनबारिया, तिप्परा, आयु 20 वर्ष।	कोमिला डकैती केस—1932 में ब्रह्मनबारिया में डकैती के षड्यंत्र के आरोप में धारा 120बी/395 में 7.3.1933 को 5 वर्ष की कैद हुई। 3.9.1933 को अंडमान जेल में भेजने का आदेश हुआ। इनका ढाका सेंट्रल जेल का बंदी नं.6011 था।

पी.आई.नं.	*बंदी का नाम व पता*	*विशेष टिप्पणी*
		संदर्भ : सेलुलर जेल की सूची का पृष्ठ नं. 17, संख्या नं. 256—बंगाल। **सरकारी फाईल नं.** —होम 1932 जेल. के. डब्ल्यू. 70 जेल, होम 1933 पोल. 18/4/33 फोर्टनाइटली, मार्च 1933। **फू.चं.जै. फाईल नं.**—(3/416, 7/569, 7/521)।
274	**रामकृष्ण सरकार** उर्फ **मण्डोल** *सुपुत्र* रामदयाल मण्डोल उर्फ सरकार, निवासी नोवापाड़ा, बोगरा, जोरहट, जन्म 24.6.1908।	हिल्ली डकैती केस—1934 में डकैती के षड्यंत्र के आरोप में धारा 395/120बी में 27.2.1934 को 7 वर्ष की कैद हुई। 1937—38 में अंडमान जेल से भारत की जेल में भेजने का आदेश हुआ। ढाका जेल से 10.11.1934 को अलीपुर सेंट्रल जेल आए। इनका अलीपुर सेंट्रल जेल का बंदी नं. 2952 था। 1937 में अंडमान जेल में 37 दिन की भूख—हड़ताल की। 1938 में अंडमान जेल से भारत की जेल में भेज दिए गए। जेल से रिहाई के बाद एक साल तक इनकी गतिविधियों पर निगरानी रखने के लिए पुलिस कर्मचारी नियुक्त रहे। (मुक्ति तीर्थ से उद्धृत) **संदर्भ** : सेलुलर जेल की सूची का पृष्ठ नं. 18, संख्या नं. 267—बंगाल। **सरकारी फाईल नं.** —होम 1932 जेल. के. डब्ल्यू. 70 जेल., होम 1935 जेल. 5/35 जेल.। **फू.चं.जै. फाईल नं.** (7/496, 7/448, 7/583, 7/590)।
95	**रामचन्द्र सहाय** उर्फ **रामचन्द्र दास शाह** *सुपुत्र* दिगेन्द्रचन्द्र शाह। निवासी परीदाबाद, थाना सुतरापुर, जिला ढाका, (परीदाबाद), आयु 19 वर्ष।	चारमुगारिया डाकखाना डकैती केस—1932 में पोलिटिकल डकैती के आरोप में धारा 396 के अंतर्गत 15.5.1932 को 7 वर्ष की कैद हुई। 1934 में अंडमान जेल में भेजने का आदेश हुआ। 1937 में अंडमान जेल से वापस भारत की जेल में भेजने का आदेश हुआ। इनका राजशाही सेंट्रल जेल का बंदी नं. 7732 था। 14.3.1932 को चारमुगारिया डाकखाने में डकैती डालते समय मुकाबला हो जाने पर ताहिरखां नामक एक ग्रामीण की हत्या हो गई। हत्या के आरोप में 15.5.1932 को मनोरंजन भट्टाचार्य को फांसी की सजा व सुरेन्द्र मोहन कार को आजीवन कारावास कैद की सजा व 3 अन्य अभियुक्तों रामचन्द्र दास शाह, सुबालचन्द्र राय करमाकर व संतोष दत्ता को 7—7 वर्ष कैद की सजाएं हुई। युगान्तर पार्टी में पूर्णदास के दल में सम्मिलित हुए और शांतिसेना संगठन के मेम्बर बन गए। अंडमान जेल में 1933 में 45 दिन की भूख—हड़ताल की और 1937 में 37 दिन की भूख—हड़ताल की। 1938 में अंडमान जेल से वापस भारत

पी.आई.नं.	बंदी का नाम व पता	विशेष टिप्पणी
		की जेल में आए और रिहा कर दिए गए। दूसरा महायुद्ध छिड़ने पर नजरबंदी से बचने के लिए 1941 से 1943 तक भूमिगत हो गए। (मुक्ति तीर्थ से उद्धृत) **संदर्भ** : सेलुलर जेल में सूची का पृष्ठ नं. 18, संख्या नं. 263. अंडमान की पुस्तक में पृष्ठ 18 पर क्रम सं. 263 पर जो नाम छपा है उसपर रामचन्द्र दास नाम छपा है। **सरकारी फाईल नं.** –होम 1932 पोल. ए. फाईल नं. 4/15, होम 1932 जेल. के. डब्ल्यू. 70 जेल.। **फू.चं.जै. फाईल नं.**–(2/939, 7/552, 7/504)।
111	**राम प्रताप सिंह** *सुपुत्र* अचरज सिंह लुहार, निवासी भगवतीपुर, मनेर, पटना। आयु 32 वर्ष।	ट्रेन गिराने के षड्यंत्र–1932 में चलती हुई ट्रेन को पटना रेलवे स्टेशन के पास गिराने के आरोप में सेशन जज पटना की अदालत से धारा 120, 126/114 रेलवे एक्ट में 23.8.1932 को आजीवन कैद हुई। 3.3.1933 को अंडमान जेल में भेजने का आदेश हुआ। 1937–38 में अंडमान जेल से वापस भारत की जेल में भेजने का आदेश। जेल में अस्थमा (दमे) की शिकायत हो गई। इनका भागलपुर सेंट्रल जेल का बंदी नं. 3620 था। ये लुहार का काम करते थे और इन्होंने रेलवे लाईन की फिश प्लेटें खोली थीं। प्रारम्भ में इन्होंने क्रांतिकारी संगठन बनाने और बम एकत्रित करने का प्रयास किया था परन्तु उस प्रयास में असफल रहने के कारण इन्होंने रेलवे ट्रेन को पटरी से गिराने की योजना बनाई। **संदर्भ** : सेलुलर जेल की सूची का पृष्ठ नं. 9, संख्या नं. 15–बिहार। **सरकारी फाईल नं.** –होम 1932 जेल. 70/3/32 जेल., होम 1932 जेल. के. डब्ल्यू. 70 जेल.। **फू.चं.जै. फाईल नं.**–(7/538, 7/491, 7/578)।
359	**रामसिंह** उर्फ **रामकिशोर** उर्फ **हेमचन्द्र** उर्फ **भूतनाथ** *सुपुत्र* ध्यानसिंह राजपूत, निवासी मथुरा, उत्तर प्रदेश।	पुलिस पर घातक आक्रमण–1934 में अजमेर के डिप्टी सुपरिन्टिंडेंट पुलिस सी.आई.डी., पी.ए. डोगरा पर 4.4.1935 को घातक आक्रमण करने के आरोप में धारा 307 में दो आरोपों में 27.11.1935 को 7+7 वर्ष की सजा हुई। सजाएं साथ–साथ चली थीं। 5.10.1937 को ये अंडमान जेल से अजमेर जेल में आ गए। अक्टूबर, 1937 में जेल के अच्छे व्यवहार के लिए भूख–हड़ताल कर दी। अधिकारियों ने बी क्लास देने की सिफारिश की। भूख–हड़ताल से पहले इनका वजन 135 पौंड था जो घटकर 122 पौंड रह गया था। सजा होने के बाद इनका अजमेर जेल का बंदी नं. 3103

पी.आई.नं.	***बंदी का नाम व पता***	***विशेष टिप्पणी***
		था। 8.5.1936 को अजमेर जेल से अलीपुर सेंट्रल जेल भेज दिए गए, जहां से अंडमान जेल में भेजे गए। 5.10.1937 को अंडमान से वापस अजमेर जेल में आए और 15.1.1939 को मेरठ जेल में भेज दिए गए। अन्त में ये लखनऊ जेल में भेज दिए गए और वहां से इनकी रिहाई हुई। इनकी रिहाई के संबंध में दिल्ली लेजिस्लेटिव एसेम्बली में भी प्रश्न पूछे गए। (मुक्ति तीर्थ से उद्धृत) अंडमान पुस्तक सूची में इनका नाम रामसिंह डोगरा है। **संदर्भ** : सेलुलर जेल की सूची का पृष्ठ नं. 8, संख्या नं. 9—उत्तर प्रदेश। **सरकारी फाईल नं.** —होम 1932 जेल. के. डब्ल्यू. 70, होम 1936 जेल. 5/1/36, होम 1937 पोल. 22/39/37, होम 1937 पोल. 26/2/37 जेल.। **फू.चं.जै. फाईल नं.**—(7/636, 7/507, 7/459, 7/587, 7/590, 6/1, 7/507)।
196	**रेवतीमोहन शाह** *सुपुत्र* रजनीकान्त शाह, निवासी नरचा, हाजीगंज, तिप्परा, आयु 22 वर्ष।	कोमिला षड्यंत्र—1932 में विस्फोटक का संग्रह करने के आरोप में धारा 5 विस्फोट एक्ट में 7 वर्ष की कैद हुई। फरवरी, 1933 में अंडमान जेल में भेजने का आदेश हुआ। इन्हें हृदय रोग था। इनका राजशाही सेंट्रल जेल में बंदी नं. 7363 था। **संदर्भ** : सेलुलर जेल की सूची का पृष्ठ नं. 18, संख्या नं. 269—बंगाल। **सरकारी फाईल नं.** —होम 1932 पोल. 18/1/32, देहली रिकॉर्ड्स नं. 2, होम 1932 जेल. के. डब्ल्यू. 70 जेल., होम 1934 जेल. 5/5/34, जेल.। **फू.चं. जै. फाईल नं**—(2/1045, 3/45, 7/504, 7/552, 7/596, 7/524)।
वेतनभोगी नं. 4820 है।	**लक्ष्मीकान्त शुक्ला** *सुपुत्र* पं. गोपालकृष्ण शुक्ला, निवासी उन्नाव, उत्तर प्रदेश, आयु 17 वर्ष। वर्तमान पता : 20/54, मनीष नगर, वरसोवा, मुंबई—400053।	झांसी के कमिश्नर पर घातक आक्रमण,—1930 में कमिश्नर झांसी की हत्या करने के आरोप में धारा 307, आर्म्स एक्ट व धारा 4 विस्फोटक एक्ट में 31.1.1931 को 7 वर्ष तथा 20 वर्ष की कैद हुई। 5.4.1933 में अंडमान जेल भेजने का आदेश हुआ। कांग्रेस मंत्रिमंडल बनने के बाद 15.9.1937 में इन्हें लखनऊ जेल से रिहा किया गया। झांसी के कमिश्नर मिस्टर स्मिथ पर घातक आक्रमण करने के लिए 8.8.1930 को लक्ष्मीकान्त शुक्ला कमिश्नर की कोठी पर गए थे परन्तु रिवॉल्वर खराब हो जाने के कारण असफल रह गए। उनके पास एक बम भी था। अदालत से 7 वर्ष सख्त कैद की सजा भी हुई। अप्रैल, 1933 में उत्तर प्रदेश

पी.आई.नं.	*बंदी का नाम व पता*	*विशेष टिप्पणी*
		सख्त कैद की सजा भी हुई। अप्रैल, 1933 में उत्तर प्रदेश सरकार ने वेतनभोगी बंदी के रूप में लक्ष्मीकान्त शुक्ला को अंडमान सेलुलर जेल में भेज दिया। इनके वेतनभोगी बंदी होने के कारण इनकी पत्नी वसुमति शुक्ला भी स्वेच्छापूर्वक अंडमान जेल में इनके साथ गई थीं। **संदर्भ** : सेलुलर जेल की सूची का पृष्ठ नं. 7, संख्या नं. 1—उत्तर प्रदेश। **सरकारी फाईल नं.** –होम 1933 जेल. 92/1/33 जेल., होम 1935 जेल. 104/35 जेल., होम 1935 जेल. 92/1/33 जेल., होम 1938 जेल्स 5/4/38 जेल्स। **फू.चं.जै. फाईल नं.**—(7/558, 7/559, 7/579, 7/627, 7/674)।
वेतनभोगी नं. 126 है।	**विष्णुशरण दुब्लिश** *सुपुत्र* शंकर लाल, निवासी छिपीतलाव, मेरठ शहर, आयु 36 वर्ष।	काकोरी षड्यंत्र केस—1927 में डकैती, हत्या का प्रयास, विद्रोह, राजद्रोह में धारा 302, 149, 121, 120, 396 में सेशन जज लखनऊ से 6.4.1927 को 7 वर्ष की सजा और हाईकोर्ट से 12.8.1927 को 10 वर्ष की सजा हुई। वेतनभोगी के रूप में 1929 में अंडमान जेल में गए। 24.9.1929 को यू.पी. के गवर्नर सर मैल्कम हैल्ली ने नैनीताल से तार द्वारा अंडमान जेल को लिखा था कि मेरी इच्छा है कि इनमें से एक बंदी दुब्लिश को जो क्लर्क के रूप में अच्छा काम कर सकता है और जो वास्तव में बुरे टाईप का अभियुक्त नहीं है—को आप अंडमान जेल में ले लेंगे। 20.1.1928 को नैनी जेल में भीषण उपद्रव होने के आरोप में दुब्लिश जी को आजीवन कैद की सजा हुई जो बाद में सरकार ने 5 वर्ष कैद कर दी। इनका बंदी नं. 126 था और ये अंडमान जेल में वेतनभोगी कैदी के रूप में गए थे। 1929 में ये अंडमान जेल में पहुंचे काकोरी षड्यंत्र केस के एक और सहयोगी बंदी गोविन्दचरण कार यू.पी. की जेल में अपनी सजा काट रहे थे और ये इससे पूर्व 3 वर्ष तक अंडमान जेल में रह चुके थे। इन्हें 17.8.1918 को स्पेशल ट्रिब्यूनल पबना की अदालत से 7 वर्ष कैद की सजा आर्म्स एक्ट में हुई थी। 10.8.1935 को गोविन्दचरण कार ने एक पत्र अंडमान जेल में विष्णुशरण दुब्लिश के नाम लिखा जो कि पकड़ा गया और जो सरकारी होम फाईल जेल. 104/35 जेल. में उपलब्ध है, इस पत्र पर यू.पी. सरकार को लिखा गया कि विष्णुशरण दुब्लिश अपनी सुविधाओं का दुरुपयोग कर रहे हैं, इसलिए 1937 में उन्हें वापस भारत की जेल में भेज दिया गया तथा 1932 में गोविन्दचरण कार उर्फ

पी.आई.नं.	*बंदी का नाम व पता*	*विशेष टिप्पणी*
		गोविन्दलाल कार आत्मज चन्द्रनाथ कार धारा 395 में 6 वर्ष कैद की सजा लेकर अंडमान आए थे और पी. आई. नं. 108 था परन्तु ये अन्य व्यक्ति थे और 1918 में सजा पाने वाले गोविन्दचन्द्र कार इनसे एक भिन्न व्यक्ति थे। **संदर्भ** : सेलुलर जेल की सूची का पृष्ठ नं. 7, संख्या नं. 2—उत्तर प्रदेश। **सरकारी फाईल नं.** –होम 1933 जेल्स 104/35, जेल्स 7/560। **फू.चं.जै. फाईल नं.**–(7/560, 7/558)।
81	**ललितचन्द्र चक्रवर्ती/ ललितचक्रवर्ती** *सुपुत्र* गौड़चन्द्र चक्रवर्ती, निवासी सरस चार, बाजीतपुर, मैमन सिंह, आयु 24 वर्ष।	नेत्रकोना षड्यंत्र केस—1932 में नेत्रकोना में अवैध शस्त्रों के षड्यंत्र में धारा 120बी/395 में 31.5.1932 को 5 वर्ष की कैद हुई। फरवरी, 1933 में अंडमान जेल में भेजने का आदेश हुआ। इनका राजशाही सेंट्रल जेल का बंदी नं. 7932 था। अंडमान पुस्तक सूची में इनका नाम ललित चक्रवर्ती है। **संदर्भ** : सेलुलर जेल की सूची का पृष्ठ नं. 15, संख्या नं. 174—बंगाल। **सरकारी फाईल नं.** –होम 1932 जेल. के. डब्ल्यू. 70 जेल.। **फू.चं.जै. फाईल नं.**–(7/551, 7/503)।
48	**ललितचन्द्र राहा** *सुपुत्र* माधव चन्द्र राहा, निवासी जादवपुर, तंगेल, मैमन सिंह। आयु 22 वर्ष।	मैमनसिंह शस्त्र केस—1931 में अवैध शस्त्रों के संग्रह में धारा 19बी/20 आर्म्स एक्ट में 17.12.1931 को 5 वर्ष की सजा हुई। 17.11.1932 को अंडमान जेल में भेजने का आदेश हुआ। इनका मिदनापुर सेंट्रल जेल का बंदी नं. 1013 था। 21.8.1931 को मिस्टर कैशल्स कमिश्नर ढाका पर तंगेल मैमनसिंह में घातक आक्रमण करने के प्रयास में धारा 326, 307 में व 20 आर्म्स एक्ट में मुकदमा कायम हुआ था। स्पेशल ट्रिब्यूनल की अदालत में धारा 326, 307 में अदालत ने बरी कर दिया और धारा 20 आर्म्स एक्ट में ललितचन्द्र राहा को 5 वर्ष सख्त कैद की सजा सुना दी। अप्रैल, 1936 को अंडमान की जेल से अलीपुर की सेंट्रल जेल में वहां से मैमनसिंह जेल में भेजे गए। 17.4.1936 को मैमनसिंह जेल से रिहा हुए थे। एक वर्ष तक घर की नजरबंदी रही। **संदर्भ** : सेलुलर जेल की सूची का पृष्ठ नं. 15, संख्या नं. 175—बंगाल। **सरकारी फाईल नं.** –होम 1931 पोल. 18/12/31 फोर्टनाइटली, दिसम्बर 1931, होम 1932 जेल. के. डब्ल्यू. 70, होम 1932 पोल. 4/52/32 सीरियल नं. 1–6। **फू.चं.जै. फाईल नं.**–(7/542, 7/494, 6/259, 6/266, 3/471)।

पी.आई.नं.	*बंदी का नाम व पता*	*विशेष टिप्पणी*
84	**ललित मोहन सिंह/ललित सिंह** *सुपुत्र* अभयचन्द्र सिंह। निवासी सोवापुर 24, परगना, आयु 35 वर्ष।	अवैध शस्त्रों के संग्रह के आरोप–1932 में धारा 19एफ, 20 आर्म्स एक्ट, 411/75 में 27.4.1932 को 6 वर्ष की कैद और 15.8.1932 को 3 वर्ष की कैद की सजा हुई। सजाएं साथ–साथ चलेंगी यानी कुल सजा 6 वर्ष रही। फरवरी, 1933 में अंडमान जेल में भेजने का आदेश हुआ। इनका प्रेसीडैंसी जेल कलकत्ता का बंदी नं. 6 था। अंडमान पुस्तक सूची में इनका नाम ललित सिंह है। **संदर्भ** : सेलुलर जेल की सूची का पृष्ठ नं. 15, संख्या नं. 176–बंगाल। **सरकारी फाईल नं.** –होम 1932 के. डब्ल्यू. 70 जेल.। **फू.चं.जै. फाईल नं.** (7/551, 7/503)।
17	**लाल मोहन सेन–विद्यार्थी** *सुपुत्र* अखिलचन्द्र सेन, निवासी मूसापुर, नोवाखाली, संदीप, आयु 20 वर्ष।	चिटागांग आर्मरी रेड केस–1932 में धारा 120बी, 302, 395, 396, 436, 126 रेलवे एक्ट, 25 टेलीग्राफ एक्ट, 19एफ आर्म्स एक्ट 4 विस्फोटक एक्ट में 1.3.1932 को आजीवन कारावास की कैद हुई। 22.7.1932 को अंडमान जेल भेजने का आदेश हुआ। 1937–38 में अंडमान जेल से भारत की जेल में भेजने का आदेश हुआ। इनका राजशाही सेंट्रल जेल का बंदी नं. 7368 था। चिटागांग षड्यंत्र केस में आजीवन कैद की सजा हुई। 1937–38 के मध्य भारत की जेल में वापस आए। 1942 में इन्हें ढाका की जेल में नजरबंद कर दिया और 1946 में 16 वर्ष की लम्बी जेल काटकर जेल से रिहा हुए। भारत–पाक विभाजन के दंगों में शांति का संदेश देते हुए सम्प्रदायवादियों द्वारा इनकी हत्या कर दी गई। ठीक इसीप्रकार मार्च, 1931 में गणेश शंकर विद्यार्थी की हत्या भी कानपुर में साम्प्रदायिक उपद्रवों के समय हुई थी। 19.10. 1946 को शांतिदूत के रूप में कार्य करते हुए साम्प्रदायिक ज्वाला में शहीद हो गए। 1939 में अंडमान से आने के बाद अलीपुर जेल में 36 दिन की भूख–हड़ताल की थी। (मुक्ति तीर्थ से उद्धृत) **संदर्भ** : सेलुलर जेल की सूची का पृष्ठ नं. 15, संख्या नं. 177–बंगाल। **सरकारी फाईल नं.** –होम 1932 जेल. के. डब्ल्यू. 70 जेल., होम 1937 जेल. के. डब्ल्यू. 5/9ए। **फू.चं.जै फाईल नं.**–(7/576, 7/592, 7/556, 7/508, 7/529, 6/691)।
18	**लोकनाथ बाल** *सुपुत्र* प्राणकिशोर बाल, निवासी धारोला, बोआलखाली,	चिटागांग आर्मरी रेड केस–1930 में धारा 120बी, 302, 395, 396, 436, 126 रेलवे एक्ट, 25 टेलीग्राफ एक्ट, 4 विस्फोटक एक्ट, 19एफ आर्म्स एक्ट में 1.3.1932 को आजीवन

पी.आई.नं.	*बंदी का नाम व पता*	*विशेष टिप्पणी*
	चिटागांग, आयु 23 वर्ष।	कारावास की कैद हुई। 22.7.1932 को अंडमान जेल में भेजने का आदेश हुआ 1937–38 में अंडमान जेल से वापस भारत की जेल में भेजने का आदेश हुआ। इनका मिदनापुर सेंट्रल जेल का बंदी नं. 3760 था। 29.3.1927 को बंगाल सरकार ने जेल की नजरबंदी से निकालकर घर में पाबंद कर दिया। सितम्बर, 1928 में ये नजरबंदी से रिहा हुए और चिटागांग आए। 18.4.1930 को चिटागांग आर्मरी रेड केस में भाग लिया और आर्मरी पर मेजर पैरल को गोली मारने का हुक्म दिया, बाद में पुलिस ने 4.9.1930 को चन्द्र नगर में (जो फ्रेंच सीमा में है) छापा मारा और पुलिस फौज की टुकड़ियों से मुकाबले के बाद लोकनाथ बाल को गिरफ्तार किया गया। अंडमान जेल की 1937 की दूसरी भूख–हड़ताल में 37 दिन की भूख–हड़ताल में भाग लिया और जुलाई, 1939 को अलीपुर सेंट्रल जेल की भूख–हड़ताल में भी 36 दिन की भूख–हड़ताल की। जनवरी, 1938 में अंडमान की जेल से भारत आए थे और 31.8.1946 को जेल से रिहा हुए। **संदर्भ** : सेलुलर जेल की सूची का पृष्ठ नं. 15, संख्या नं. 173–बंगाल। **सरकारी फाईल नं.** –होम 1927 पोल. 32/27, होम 1937 जेल. के. डब्ल्यू. 5/9ए/37 जेल.। **फू.चं.जै. फाईल नं.**–(3/648, 7/527, 7/559, 7/511, 6/571)।
226	**सचिन्द्र कुमार नन्दी** *सुपुत्र* सुरेन्द्र कुमार नन्दी, निवासी गयबंदा, रंगपुर, आयु 30 वर्ष।	नलडंगा डकैती केस--1933–34 में डकैती व षड्यंत्र के आरोप में धारा 395, 120बी व 19 आर्म्स एक्ट में 8.1.1934 को 7 वर्ष की सख्त कैद हुई। 1935 में अंडमान आए और 1937 में वापस भारत की जेल में भेजा गया। अनुशीलन समिति के सदस्य थे। अंडमान जेल में जुलाई, 1937 की भूख–हड़ताल में 37 दिन की भूख–हड़ताल की। (मुक्ति तीर्थ से उद्धृत) इनका राजशाही जेल का बंदी नं 9689 था। **संदर्भ** : सेलुलर जेल की सूची का पृष्ठ नं. 18, संख्या नं. 273–बंगाल। **सरकारी फाईल नं.** –होम 1932 जेल. के. डब्ल्यू. 70 जेल., होम 1935 जेल. 5–35 जेल्स, होम 1937 पोल. आई. 24/4/37। **फू.चं.जै. फाईल नं.**–(7/582, 7/484, 7/594, 7/384)।
73	**सचिन्द्रचन्द्र होम** *सुपुत्र* श्यामसुंदर होम निवासी बालीनेत्रकोना,	मैमनसिंह केस–1931 में लूटमार के आरोप में धारा 392/397 में 30.11.1931 को 7 वर्ष की कैद हुई। फरवरी, 1933 में

पी.आई.नं.	बंदी का नाम व पता	विशेष टिप्पणी
	मैमनसिंह, आयु 25 वर्ष।	अंडमान जेल में भेजने का आदेश हुआ। इनका राजशाही सेंट्रल जेल का बंदी नं. 7122 था। 9.6.1918 को राखुन पाड़ा के एक मकान से सचिन्द्र होम व अश्विनी पाल को पुलिस ने गिरफ्तार किया। प्रथम महायुद्ध के बाद आम रिहाइयों की घोषणा के समय भारत रक्षा कानून में बंगाल में ये नजरबंद थे। 19.9.1931 को हेमचन्द्रनाथ चक्रवर्ती, गोपालचन्द्र अचर्जी व सचिन्द्रचन्द्र होम ने मिलकर अरथराबरी के पास डाक हलकारे को लूट लिया था। ये तीनों शस्त्रों के साथ थे। **संदर्भ** : सेलुलर जेल की सूची का पृष्ठ नं. 18, संख्या नं. 270—बंगाल। **सरकारी फाईल नं.** —होम 1918 पोल. ए. सितम्बर के. डब्ल्यू. 144—148, होम 1918 पोल. ए. नवम्बर 318—326 के. डब्ल्यू.। **फू.चं.जै. फाईल नं.**—(1/382, 4/235, 7/551, 7/503)।
150	**सचिन्द्रनाथ मित्रा** *सुपुत्र* शरत चन्द्र मित्रा, निवासी गोवरदरा गौरडिया, नराईकुण्डा, फरीदपुर, आयु 23 वर्ष।	कोमिला डकैती केस—1932 में डकैती षड्यंत्र की योजना के आरोप में धारा 399, 120बी/115 के अंतर्गत 23.12.1932 को 5 वर्ष की कैद की सजा हुई। 3.9.1933 को अंडमान जेल में भेजने का आदेश हुआ। इनका अलीपुर सेंट्रल जेल का बंदी नं. 8675 था। 16 वर्ष की आयु से अनुशीलन समिति के कार्य करते थे। फरीदपुर स्पेशल मजिस्ट्रेट को अदालत से सजा होने के बाद अंडमान जेल में भेज दिए गए और सजा समाप्ति से पूर्व अंडमान जेल से वापस भारत की जेल में भेज दिए गए तथा जेल से रिहा कर दिए गए। (मुक्ति तीर्थ से उद्धृत) **संदर्भ** : सेलुलर जेल की सूची का पृष्ठ नं. 18, संख्या नं. 272—बंगाल। **सरकारी फाईल नं.** —होम 1932 पोल. 18/15/32, फोर्टनाइटली, दिसम्बर 1932, होम 1932 जेल. के. डब्ल्यू. 70 जेल.। **फू.चं.जै. फाईल नं.** (7/567, 7/519)।
145	**सचिन्द्रलाल कार गुप्ता** *सुपुत्र* रासबिहारी कार गुप्ता (कांग्रेस कार्यकर्त्ता) निवासी नलचिरा, गौड़ मंडी, बरीसल, आयु 26 वर्ष।	अलीपुर में बम विस्फोटक षड्यंत्र—1933 में विस्फोटक एक्ट के आरोप में अवैध शस्त्रों के संग्रह के आरोप में तथा जेल से भाग जाने के आरोप में धारा 120बी व 4—5 विस्फोटक एक्ट में—दूसरी सजा 19सी, 20 आर्म्स एक्ट में तीसरी सजा—धारा 224 में जेल से भागने पर पहली सजा 14.6.1930, दूसरी सजा 20.3.1933, तीसरी सजा 15.8.1933 को 7+6+डेढ़ वर्ष की यानी साढ़े 14 वर्ष की सजा हुई। 31.12.1933 को

पी.आई.नं.	*बंदी का नाम व पता*	*विशेष टिप्पणी*
		छठे बैच में अंडमान जेल में भेजने का आदेश हुआ। 1937 में अंडमान जेल से वापस भारत की जेल में भेजने का आदेश हुआ। 1938 में अंडमान जेल से वापस आने के बाद ये रिहा कर दिए गए और अप्रैल, 1976 में स्वर्गवासी हो गए। इनका मिदनापुर सेंट्रल जेल का बंदी नं. 5788 था। अंडमान जाने से पूर्व मिदनापुर सेंट्रल जेल से फरार होते समय इनके साथ दिनेश मजूमदार व सुशीलदास गुप्ता भी थे। 1933 की अंडमान जेल की 45 दिन की भूख–हड़ताल में सम्मिलित हुए थे। (मुक्ति तीर्थ प्रकाशन के अनुसार अप्रैल, 1976 में स्वर्गवासी हो गए) **संदर्भ** : सेलुलर जेल की सूची का पृष्ठ नं. 18, संख्या नं. 271—बंगाल। **सरकारी फाईल नं.** –होम 1932 जेल. के. डब्ल्यू. 70 जेल., होम 1933 पोल. 18/7/33 फोर्टनाइटली, जून 1933। **फू.चं.जै. फाईल नं.**–(7/571, 7/523, 7/579, 7/589, 3/427)।
308	**सत्यव्रत चक्रवर्ती** उर्फ **मोनी** *सुपुत्र* काली कुमार चक्रवर्ती, निवासी ठाकुरगांव, दिनाजपुर, आयु 25 वर्ष।	हिल्ली डकैती केस—1933–34 में डकैती के साथ हत्या व षड्यंत्र के आरोप में धारा 395/396, 120बी में 27.2.1934 को 10 वर्ष की कैद हुई। 1937–38 में अंडमान जेल से भारत की भेजने का आदेश हुआ। ये गिरफ्तारी के समय इंटरमीडिएट राजशाही कॉलेज में पढ़ते थे। अनुशीलन समिति के सदस्य थे। 1932 में ल्यूक शूटिंग केस में ये संदिग्ध थे। 1932 में राजशाही कॉलेज जेल के सुपरिन्टेन्डेंट मिस्टर ल्यूक को गोली मारी गई थी और गोली के जख्मों से अच्छा होते ही ल्यूक नौकरी छोड़कर इंग्लैण्ड चले गए थे। 10.9.1934 को प्रेसीडेंसी जेल से अलीपुर सेंट्रल जेल में आए। अलीपुर सेंट्रल जेल का बंदी नं. 1546 था। अंडमान जेल में 1937 में 37 दिन की भूख–हड़ताल की और बंगाल में 36 दिन की भूख–हड़ताल की, 1942 में रिहा हुए, 1946–47 के किसान आंदोलन मे भाग लिया। (मुक्ति तीर्थ से उद्धृत) **संदर्भ** : सेलुलर जेल की सूची का पृष्ठ नं. 18, संख्या नं. 292—बंगाल। **सरकारी फाईल नं.** –होम 1932 जेल. के. डब्ल्यू. 70 जेल., होम 1934 पोल. 18/9/34, होम 1934 पोल. 45/49/34, होम 1935 जेल. 5/35/जेल। **फू.चं.**

पी.आई.नं.	बंदी का नाम व पता	विशेष टिप्पणी
		जै. फाईल नं.–(7/585, 7/591, 3/99, 3/115, 7/503, 7/455)।
186	**सत्यरंजन घोष** सुपुत्र दुर्गादास घोष, निवासी बसाईल, मैमनसिंह, आयु 25वर्ष।	तंगेल डकैती केस–1932 में डकैती का षड्यंत्र करने के आरोप में धारा 395/120बी के अंतर्गत 28.8.1932 को 7 वर्ष की सजा हुई। 27.1.1935 को अंडमान जेल में आए। 1937–38 को अंडमान की जेल भारत की जेल में से वापस भेजने का आदेश हुआ। इनका राजशाही सेंट्रल जेल का बंदी नं. 9104 था। अनुशीलन समिति के सदस्य थे, अंडमान जेल में जुलाई, 1937 की भूख–हड़ताल में 37 दिन की भूख–हड़ताल की, 1937 के अंत में अंडमान जेल से भारत की जेल में भेज दिए गए और 1938 में जेल से रिहा कर दिए गए। द्वितीय महायुद्ध छिड़ने पर 1940 से 1945 तक भारत रक्षा कानून में जेल में नजरबंद रहे। (मुक्ति तीर्थ से उद्धृत) **संदर्भ** : सेलुलर जेल की सूची का पृष्ठ नं. 18, संख्या नं. 293–बंगाल। **सरकारी फाईल नं.** –होम 1934 जेल. 5/5/34 जेल., होम 1932 पोल. 18/12/32 फोर्टनाइटली, सितम्बर 1932, होम 1937 पोल. आई. 24/14/37, होम 1941 पोल. आई. 109/7/41 व के. डब्ल्यू.। **फू.चं.जै. फाईल नं.**–(7/521, 7/473, 3/397, 7/382, 6/87)।
64	**सत्येन्द्र कुमार बोस** सुपुत्र हारेन्द्र कुमार बोस–कायस्थ निवासी महेश्वर पटी, थाना गोसांई हाट, फरीदपुर, 29, बदर बगान लेन, कलकत्ता, आयु 22 वर्ष।	कलकत्ता शस्त्र केस–1932 में अवैध शस्त्रों के संग्रह के आरोप में धारा 19एफ, 20 आर्म्स एक्ट में 6.2.1932 को 5 वर्ष की सजा हुई। 17.11.1932 को अंडमान जेल में भेजने का आदेश हुआ। संक्रामक रोग के कारण गोलब्लेडर में तकलीफ हो गई। 20.12.1933 को चिकित्सा के आधार पर इन्हें वापस भारत भेजा। ये युगान्तर पार्टी के सदस्य थे। 1933 में अंडमान जेल की भूख–हड़ताल में 45 दिन की भूख–हड़ताल की। सजा की अवधि समाप्ति से पूर्व अंडमान जेल से भारत की जेल में भेज दिए गए, मुक्ति तीर्थ प्रकाशन के अनुसार नवंबर, 1981 में स्वर्गवासी हो गए। (मुक्ति तीर्थ से उद्धृत) **संदर्भ** : सेलुलर जेल की सूची का पृष्ठ नं. 19, संख्या नं. 294–बंगाल। **सरकारी फाईल नं.** –होम 1932 जेल. के. डब्ल्यू. 70 जेल. होम 1932 पोल. 18/1/32, देहली रिकॉर्ड्स नं. 2, होम 1932 पोल. 18/7/32 फोर्टनाइटली,

पी.आई.नं.	***बंदी का नाम व पता***	***विशेष टिप्पणी***
		मई 1932, होम 1932 पोल. देहली रिकॉर्डस 16/4/32 फोर्टनाइटली रिपोर्ट फरवरी 1932, होम 1932 जेल. 70 के. डब्ल्यू.। **फू.चं.जै. फाईल नं.**–(7/540, 7/492, 3/361, 2/1045, 3/363, 6/263)।
297	**सत्येन्द्रचन्द्र राय** *सुपुत्र* नागेन्द्र राय, निवासी साजनग्राम, लखाई, सिल्हट, आयु 24 वर्ष।	उम्मेद नगर मेल रॉबरी केस–1934 में लूटमार के आरोप में धारा 19 आर्म्स एक्ट में 21.7.1934 को 6+2 वर्ष की सजा हुई। 1.3.1936 को अंडमान जेल में भेजने का आदेश हुआ। इनका सिल्हट जेल का बंदी नं. 2400 था। अंडमान पुस्तक में नाम सत्येन्द्र राय छपा है। **संदर्भ** : सेलुलर जेल की सूची का पृष्ठ नं. 20, संख्या नं. 5–आसाम। **सरकारी फाईल नं.** –होम 1932 जेल. के. डब्ल्यू. 70 जेल., होम 1935 जेल. 5/35 जेल., होम 1935 जेल. 5/2/35 जेल.। **फू.चं.जै. फाईल नं.**–(7/594, 7/584, 7/480, 7/625, 7/577)।
369	**सत्येन्द्र नारायण मजुमदार** *सुपुत्र* उमेशचन्द्र मजुमदार, निवासी अलोकडिया, मागुरा, जयसौर, आयु 27 वर्ष।	इंटर प्रोविन्शल षड्यंत्र केस–1936 में सम्राट की सरकार के विरुद्ध विद्रोह में धारा 121ए में 1.5.1935 को 7 वर्ष की सजा हुई। 16.8.1936 को अंडमान जेल में भेजने का आदेश। 1937 में अंडमान जेल से वापस भारत की जेल में भेजने का आदेश हुआ। इन्हें हृदय रोग था। इनका राजशाही सेंट्रल जेल का बंदी नं. 2388 था। 1937 में अंडमान जेल में 37 दिन की भूख–हड़ताल। जुलाई, 1934 में अलीपुर जेल से भागने का प्रयास किया। सितम्बर, 1945 में जेल से रिहा हुए। 1939 में अलीपुर जेल में 36 दिन की भूख–हड़ताल की थी। 1941 में भारत रक्षा कानून में पुनः नजरबंद। **संदर्भ** : सेलुलर जेल की सूची का पृष्ठ नं. 19, संख्या नं. 295 **सरकारी फाईल नं.**–होम 1932 जेल. के. डब्ल्यू. 70 जेल., होम 1935 पोल. 45/7/35, होम 1936 जेल. 5/36 जेल., होम 1937 जेल. के. डब्ल्यू. 5/9ए/37 जेल., होम 1937 पोल. आई. 45/3/37, होम 1942 पोल. आई.7/13/42। **फू.चं.जै. फाईल नं.**–(7/587, 7/593, 7/707, 7/659, 7/530, 6/686, 5/554, 5/579, 6/363 से 367 तक)।
101	**सतीशचन्द्र प्रकाशी** *सुपुत्र* जगदीश प्रकाशी, आयु 27 वर्ष।	मछुवा बाजार षड्यंत्र केस–1930 में धारा 120बी, 4 विस्फोटक एक्ट के अंतर्गत 14.6.1930 को 7 वर्ष की सजा हुई। 17.11.1932 को अंडमान जेल में भेजने का आदेश हुआ।

पी.आई.नं.	बंदी का नाम व पता	विशेष टिप्पणी
		अंडमान जेल में 1933 की 45 दिन की भूख–हड़ताल की। मुक्ति तीर्थ प्रकाशन के अनुसार दिसम्बर, 1973 में स्वर्गवासी हो गए। **संदर्भ** : सेलुलर जेल की सूची का पृष्ठ नं. 18, संख्या नं. 291–बंगाल। **सरकारी फाईल नं.** –होम 1930 पोल. 290/30, होम 1932 जेल. के. डब्ल्यू. 70 जेल., होम 1942 पोल. आई. 7/13/42। **फू.चं.जै. फाईल नं.**–(3/1033, 7/4/547, 7/671, 7/499, 7/544, 6/682)।
229	**सतीशचन्द्र बोस–राय** *सुपुत्र* प्रियनाथ बोस राय, निवासी गयबंदा, रंगपुर, आयु 23 वर्ष।	नलडंगा डकैती केस–1933–34 में धारा 120बी, 395 व 19 आर्म्स एक्ट में 8.1.1934 को 10 वर्ष कैद की सजा हुई। 23.2.1935 को 10वें जत्थे में अंडमान जेल भेजने का आदेश दिया। 1937 में अंडमान जेल से भारत की जेल में भेजने का आदेश हुआ। बामन हाट में युगान्तर पार्टी के सदस्य थे। जुलाई, 1937 की अंडमान जेल की भूख–हड़ताल में 37 दिन की भूख–हड़ताल की। नवम्बर, 1937 में अंडमान जेल से भारत की जेल में आए और 1939 में जेल से रिहा कर दिए गए। इनका राजशाही सेंट्रल जेल में कैदी नं. 9695 था। **संदर्भ** : सेलुलर जेल की सूची का पृष्ठ नं. 18, संख्या नं. 290–बंगाल। **सरकारी फाईल नं.** –होम 1932 जेल. के. डब्ल्यू. नं. 70 जेल., होम 1935 जेल. 5/35 जेल., होम 1937 पोल. आई. 24/4/37। **फू.चं.जै. फाईल नं.**–(7/582, 7/484, 7/590, 7/384)।
42	**संतोष कुमार दत्ता** *सुपुत्र* शरतचन्द्र दत्ता/ सूरतचन्द्र दत्ता, वर्तमान पता : 136/सी, मिडिल रोड, कलकत्ता–700014। आयु 22 वर्ष।	चारमुगारिया डकैती केस–1932 में डकैती के साथ हत्या के आरोप में धारा 396 में 12.5.1932 को 7 वर्ष कैद की सजा हुई। 17.11.1932 को अंडमान जेल में जाने का आदेश हुआ। 1938 में भारत की जेल में भेज दिए गए। इनका मिदनापुर सेंट्रल जेल का बंदी नं. 3183 था। 1930 में तामलुक में नमक सत्याग्रह करने पर 6 माह कैद की सजा भी हुई थी। अंडमान जेल की दोनों भूख–हड़तालों में भाग लिया। 1937 में अंडमान से भारत की जेल में आए और रिहा कर दिए गए। **संदर्भ** : सेलुलर जेल की सूची का पृष्ठ नं. 18, संख्या नं. 281। **सरकारी फाईल नं.** –होम 1924 पोल. 379/1 व के. डब्ल्यू. शिमला रिकॉर्ड्स पार्ट 1. सीरियल नं. 1–24, होम 1932 पोल. ए. 4/15, होम 1932 जेल. के. डब्ल्यू. 70

पी.आई.नं.	बंदी का नाम व पता	विशेष टिप्पणी
		जेल। **फू.चं.जै. फाईल नं.**—(2/1014, 2/939, 7/496, 7/543)।
222	**सनातन राय** *सुपुत्र* किशोर पति राय, निवासी गोलकचक, मिदनापुर, आयु 19 वर्ष।	मिदनापुर हत्या षड्यंत्र—1934 में हत्या के षड्यंत्र के आरोप में धारा 302/120बी में 10.2.1934 को आजीवन कारावास कैद की सजा हुई। 23.2.1935 को 10वें जत्थे में अंडमान जेल में आए। 1937 में अंडमान जेल से भारत की जेल में आए। ये मिदनापुर कॉलेज में इन्टरमीडिएट साइंस के विद्यार्थी थे। अंडमान जेल में पहुंचने के बाद थोड़े समय बाद ही इन्हें अंडमान जेल से भारत की जेल में वापस भेज दिया गया और फिर जेल से रिहा कर दिया गया। (मुक्ति तीर्थ से उद्धृत) **संदर्भ** : सेलुलर जेल की सूची का पृष्ठ नं. 18, संख्या नं. 278—बंगाल। **सरकारी फाईल नं.** —होम 1932 जेल. के. डब्ल्यू. 70, जेल., होम 1934 पोल. 18/2/34, होम 1937 जेल. के. डब्ल्यू. नं. 5/9ए/37 जेल्स.। **फू.चं.जै. फाईल नं.**—(7/582, 3/84, 7/528, 7/530)।
189	**शम्भूनाथ आजाद** *सुपुत्र* शंकरलाल, निवासी इटावा, गांव कचौरा घाट, उत्तर प्रदेश, आयु 24 वर्ष।	मद्रास बम केस—1933 में बम बनाने, डकैती के आरोप में धारा 109, 395, 397, सेशन जज कोयम्बटूर व 3, 6, 4बी, विस्फोटक एक्ट में 7.7.1933 को पहली सजा आजीवन कारावास और 19.8.1933 को दूसरी सजा 7 वर्ष कैद तथा तीसरी सजा आजीवन कारावास कैद जो बाद में 10 व॰ रह गई। 21.5.1934 को अंडमान जेल में आए। 10.10.1933 को जेल में भूख—हड़ताल करने पर साढ़े तीन माह कैद और हुई तथा 9.3.1934 को अंडमान जेल में भेजने का आदेश हुआ। कोयम्बटूर जेल का बंदी नं. 4682 था। अलीपुर सेंट्रल जेल में इनका बंदी नं. 8517 था। 1931 में दिल्ली रेलवे स्टेशन पर रिवॉल्वर के साथ पकड़े गए। उस समय आयु 18 वर्ष की थी और दिल्ली जेल में कैदी नं. 8694 था, 9.1.1931 को तीन वर्ष कैद की सजा हुई थी। 23.4.1938 को ये नैनी सेंट्रल जेल से लखनऊ जेल में आए थे। वहां पर इनका बंदी नं. 1489 था। कांग्रेस मंत्रिमण्डल बनने पर 9.7.1938 को जेल से रिहा कर दिए गए। 1942 के आंदोलन में भी नजरबंद रहे।

पी.आई.नं.	*बंदी का नाम व पता*	*विशेष टिप्पणी*
		संदर्भ : सेलुलर जेल की सूची का पृष्ठ नं. 8, संख्या नं. 10—उत्तर प्रदेश। **सरकारी फाईल नं.** –होम 1932 जेल के. डब्ल्यू., 70 जेल. होम 1933 पोल. 18/9/33 फोर्टनाइटली, अगस्त 1933, होम 1934 जेल्स. 5/4/34 जेल्स, **फू.चं.जै. फाईल नं.**–(7/473, 3/431, 7/580)।
236	**समरेन्द्रनाथ घोष** *सुपुत्र* नरेन्द्र कुमार घोष, निवासी बोकरी, थाना मायुकगंज, ढाका, आयु 17 वर्ष।	सशस्त्र डकैती—1933 में मानिक गंज मेल डाक को लूटने के आरोप में धारा 395/397, 19 आर्म्स एक्ट व 52 प्रिजनर्स एक्ट में पहली सजा 7.9.1933 को 7 वर्ष और दूसरी सजा 6.6.1934 को 6 माह की यानी कुल साढ़े सात वर्ष थी, सजाएं साथ–साथ चलेंगी। 11.4.1935 को अंडमान जेल में भेजने का आदेश। 1937 में अंडमान जेल से भारत की जेल में भेजने का आदेश हुआ। 1938 में भारत की जेल में आए। इनका ढाका सेंट्रल जेल का बंदी नं. 4140 था। मानिक गंज मेल डाक को लूटने की योजना में 13.6.1933 को समरेन्द्रनाथ घोष के साथ जादव कृष्ण चैटर्जी, भूपेशचन्द्र गंगोली, रवीन्द्रनाथ दास उर्फ रवि मिस्त्री व खगेन्द्रनाथ सरकार—इन सभी को 7.9.1933 को 5–5 व 7–7 वर्ष कैद की सजाएं हुई थी। अंडमान जेल में जुलाई, 1937 की भूख–हड़ताल में 37 दिन की भूख–हड़ताल की। **संदर्भ** : सेलुलर जेल की सूची का पृष्ठ नं. 18, संख्या नं. 277—बंगाल। **सरकारी फाईल नं.** –होम 1932 जेल. के. डब्ल्यू. 70 जेल., होम 1933 पोल. 18/10/33 फोर्टनाइटली, सितम्बर 1933, होम 1935 जेल. 5/35 जेल. । **फू.चं.जै. फाईल नं.**–(7/582, 3/435, 7/486)।
258	**समाधीश चन्द्र रे** उर्फ **समादेश चंद्र रे** उर्फ **बगमारा** *सुपुत्र* सुरेन्द्र नारायण रे, निवासी मल्लापुर, मोरेश्वर, वीरभूम, आयु 23 वर्ष।	वीरभूम षड्यंत्र केस—1934 में राजद्रोह, विद्रोह तथा जेल से फरारी के आरोप में धारा 224 व 121ए के अंतर्गत पहली सजा 10.7.1934 व दूसरी सजा 24.9.1934 को 2+10 वर्ष यानी 12 वर्ष की सजा हुई। 28.5.1935 को अंडमान जेल भेजने का आदेश। 1937 में अंडमान जेल से भारत की जेल में भेजने का आदेश हुआ। 20.10.1934 को सूरी जेल से अलीपुर जेल में आए। इनका अलीपुर सेंट्रल जेल का बंदी नं. 2495 था। **संदर्भ** : सेलुलर जेल की सूची का पृष्ठ नं. 18, संख्या नं. 276—बंगाल। **सरकारी फाईल नं.** –होम 1932 जेल. के.

पी.आई.नं.	***बंदी का नाम व पता***	***विशेष टिप्पणी***
		डब्ल्यू. 70 जेल., होम 1934 पोल. 45/46/34, होम 1935 जेल. 5/35 जेल., होम 1937 पोल. आई. 24/4/37। **फू.चं.जै. फाईल नं.**—(7/490, 7/584, 7/590, 3/106, 7/386)।
	समाधीश राय।	अंडमान पुस्तक सूची में क्रम सं. 276 पर भी समाधी राय छपा है और इनका पी. आई. नं. 258 था। **संदर्भ** : सेलुलर जेल की सूची का पृष्ठ नं. 18, संख्या नं. 275—बंगाल।
299	**श्यामकृष्ण अग्रवाल** *सुपुत्र* बनवारीलाल, आयु 19 वर्ष।	पटना क्रांतिकारी षड्यंत्र केस—1932 में हत्या, डकैती, षड्यंत्र, विद्रोह के आरोप में धारा 121ए, 120बी /302, 120बी/395 व 5, 6 विस्फोटक एक्ट व 120बी/392 व 19 आर्म्स एक्ट व 4 विस्फोटक एक्ट के अंतर्गत 18.4.1932 को आजीवन कारावास कैद की सजा हुई। मई, 1935 में अंडमान जेल आए। 1937 में अंडमान से भारत जेल में आए और कांग्रेस मंत्रिमण्डल बनने पर 1938 जेल से रिहा किए गए। इनका हजारी बाग जेल का बंदी नं. 10272 था। इन्हें 19.5.1935 को बिहार सरकार ने अंडमान भेजने का आदेश दिया। गिरफ्तारी के समय भारी मात्रा में विस्फोटक बरामद हुआ था। 1937 में अंडमान जेल की 37 दिन की भूख—हड़ताल में सम्मिलित हुए। भारत छोड़ो आंदोलन के समय 1942 में फिर लम्बी अवधि के लिए नजरबंद कर दिए गए। (मुक्ति तीर्थ से उद्धृत) **संदर्भ** : सेलुलर जेल की सूची का पृष्ठ नं. 7, संख्या नं. 16—बिहार। **सरकारी फाईल नं.** —होम 1935 पोल. 5/3/1935 जेल्स. ए.। **फू.चं.जै. फाईल नं.**—(7/428)।
203	**श्यामाचरण भरतुआर—कायस्थ** उर्फ **मैनेजर** उर्फ **राओजी** उर्फ **मार्टिन** *सुपुत्र* दामोदर प्रशाद कायस्थ, निवासी खरान्तू, थाना ओबरा, गया आयु 27 वर्ष।	गया पोस्टल पियून डकैती—1934 में राजद्रोह के आरोप में धारा 121ए के अंतर्गत 12.9.1933 को 7 वर्ष की कैद 200 जुर्माना या 6 माह और कैद की सजा हुई। 1937-38 में अंडमान जेल से भारत की जेल में वापस भेजने का आदेश हुआ। हिन्दुस्तान सोशलिस्ट रिपब्लिकन आर्मी के सदस्य थे। 1930 में भी ये गिरफ्तार किए गए थे और ढाई वर्ष कैद की सजा हुई थी। अंडमान जेल में जुलाई, 1937 की भूख—हड़ताल मे 37 दिन की भूख—हड़ताल की। 1937 के

पी.आई.नं.	बंदी का नाम व पता	विशेष टिप्पणी
		अन्त में अंडमान जेल से भारत की जेल में भेज दिए गए और 1938 में जेल से रिहा हुए। द्वितीय महायुद्ध में देवली नजरबंद कैंप में नजरबंद कर दिए गए और एक समाचार के अनुसार 1945 तक नजरबंदी में रहे। **संदर्भ** : सेलुलर जेल की सूची का पृष्ठ नं. 9, संख्या नं. 17—बिहार। **सरकारी फाईल नं.** —होम 1934 जेल. 5/14/34 जेल., होम 1941 पोल. आई. 43/65/41 व के. डब्ल्यू., होम 1937 जेल. के. डब्ल्यू. 5/9ए/37 जेल.। **फू.चं.जै. फाईल नं.**—(7/517, 7/469, 7/684, 7/529)।
277	**शरत धूपि दास/शरतचन्द्र दास धूपि** *सुपुत्र* अबुरम दास, निवासी असूदिया, थाना केन्दूवा, मैमनसिंह, आयु 40 वर्ष।	कुनीहाती डकैत केस—1933 में डकैती के समय हत्या भी करने के आरोप में धारा 396 में 4.5.1933 को 10 वर्ष कैद की सजा हुई। 23.2.1935 को 10वें जत्थे में अंडमान जेल में भेजे गए। 1937 में अंडमान से भारत की जेल में भेजने का आदेश दिया। इनका ढाका सेंट्रल जेल का कैदी नं. 6345 था। डकैती के समय हत्या भी हो गई थी। **संदर्भ** : सेलुलर जेल की सूची का पृष्ठ नं. 18, संख्या नं. 284—बंगाल। **सरकारी फाईल नं.** —होम 1935 जेल 5/35 जेल., होम 1932 जेल. के. डब्ल्यू. 70 जेल.। **फू.चं.जै. फाईल नं.**—(7/485, 7/437, 7/583)।
155	**श्रद्धा प्रसन्न बोस—विद्यार्थी** *सुपुत्र* नरेन्द्र मोहन बोस, निवासी डेसायर, कलियाकोड़ी, ढाका, आयु 23 वर्ष।	मुरादनगर तिप्परा में मेल रॉबरी केस—1932 में धारा 392/120बी, 392, 394, 332, 324 व 19एफ आर्म्स एक्ट के अंतर्गत 20.9.1932 को 8 वर्ष कैद की सजा हुई। 31.12.1933 को अंडमान जेल में छठे बैच के साथ भेजने का आदेश हुआ। 1937 में अंडमान जेल से वापस भारत की जेल में भेजने का आदेश हुआ। इनका राजशाही सेंट्रल जेल का बंदी नं. 9095 था। अंडमान जेल में जुलाई, 1937 की भूख—हड़ताल में 37 दिन की भूख—हड़ताल की। डाक लूटने वाले केस को रामचन्द्रपुर मेल केस के नाम से भी सम्बोधित किया गया था। जनवरी, 1938 में अंडमान जेल से भारत की जेल में भेज दिए गए और जेल से रिहा कर दिए गए। द्वितीय महायुद्ध छिड़ने पर 1940 में पुनः 3 वर्ष के लगभग नजरबंद रहे। (मुक्ति तीर्थ से उद्धृत) **संदर्भ** : सेलुलर जेल की सूची का पृष्ठ नं. 18, संख्या नं. 282—बंगाल। **सरकारी फाईल नं.** —होम 1932 पोल.

पी.आई.नं.	बंदी का नाम व पता	विशेष टिप्पणी
		18/12/32, फोर्टनाइटली, सितम्बर 1932, होम 1932 जेल. के. डब्ल्यू. 70 जेल., होम 1937 जेल. के. डब्ल्यू. 5/9ए/37 जेल.। **फू.चं.जै. फाईल नं.**–(7/579, 7/574, 7/526, 7/528, 3/398)।
287	**शरदेन्द्र भट्टाचार्य** *सुपुत्र* बामाचरण भट्टाचार्य, निवासी मेखल, हाताजारी, चिटागांग। आयु 24 वर्ष।	बधुवा डकैती–1934 में डकैती के आरोप में धारा 395/59 में 27.8.1934 को 10 वर्ष की आजीवन कैद की सजा हुई। 1937–38 में अंडमान जेल से भारत की जेल में भेजने का आदेश हुआ। इनका मिदनापुर सेंट्रल जेल का बंदी नं. 8941 था। विद्यार्थी जीवन से ही अनुशीलन समिति में काम करने लगे थे। अंडमान जेल में जुलाई, 1937 में 37 दिन की भूख–हड़ताल की। जनवरी, 1938 में अंडमान जेल से भारत की जेल में आए और 7.10.1939 को जेल से रिहा कर दिए गए। रिहाई के साथ ही चिटागांग से निर्वासन का आदेश दिया और आदेश दिया कि वे बिना पूर्व आज्ञा चिटागांग में प्रवेश न करें। बसीरहट में अध्यापक का कार्य शुरू किया परन्तु वहां से भी निर्वासित कर दिए गए। फिर उन्हें उनके मकान में पाबंद कर दिया गया। **संदर्भ** : सेलुलर जेल की सूची का पृष्ठ नं. 18, संख्या नं. 283–बंगाल। **सरकारी फाईल नं.** –होम 1932 जेल. के. डब्ल्यू. 70 जेल., होम 1935 जेल. 5/35 जेल., होम 1937 पोल. आई. 24/4/37। **फू.चं.जै. फाईल नं.**–(7/584, 7/590, 7/494, 7/446, 7/385)।
227	**शशीमोहन मैत्रा** *सुपुत्र* रजनी मोहन मैत्रा, निवासी नलडंगा, सदुल्लापुर, रंगपुर। आयु 27 वर्ष।	रंगपुर डकैती केस–1933–34 में डकैती व षड्यंत्र के आरोप में धारा 395/ 120बी व 19बी आर्म्स एक्ट के अंतर्गत 8.1.1934 को 10 वर्ष सख्त कैद की सजा हुई। 23.2.1935 को 10वें जत्थे में अंडमान जेल में भेजने का आदेश दिया गया। 1937 में अंडमान जेल से भारत की जेल में भेजने का आदेश हुआ। इनका राजशाही सेंट्रल जेल नं. 9690 था। **संदर्भ** : सेलुलर जेल की सूची का पृष्ठ नं. 18, संख्या नं. 288–बंगाल। **सरकारी फाईल नं.** –होम 1932 जेल. के. डब्ल्यू. 70 जेल., होम 1937 पोल. आई. 24/4/37। **फू.चं.जै. फाईल नं.**–(7/582, 7/384)।

पी.आई.नं.	*बंदी का नाम व पता*	*विशेष टिप्पणी*
146	**सरोजकान्ति गुहा–विद्यार्थी** *सुपुत्र* नन्दलाल गुहा, निवासी कुआपाड़ा, रायजन, चिटागांग, आयु 18 वर्ष।	चिटागांग आर्मरी रेड केस–1930 में षड्यंत्रकारियों के साथ होने के आरोप में धारा 121 भारतीय दण्ड संहिता में 10.2.1933 को 20 वर्ष की कैद हुई। 3.9.1933 को अंडमान जेल में भेजने का आदेश हुआ। 1937–38 में अंडमान जेल से वापस भारत की जेल में भेजने का आदेश हुआ। इनका राजशाही सेंट्रल जेल का बंदी नं. 8696 था। 1937 की रिपोर्ट थी कि अंडमान जेल में कम्युनिज्म का प्रचार बढ़ रहा था, कई दल बन गए थे, चिटागांग केस के बंदी कम्युनिस्टों से मिल गए थे, कम्युनिस्ट ग्रुप में सरोजकान्ति गुहा, कालीपद चक्रवर्ती, लालमोहन सेन, फकीर सेन, रणधीर दासगुप्ता व आनन्द गुप्ता आदि थे। जनवरी, 1938 में सरोजकान्ति गुहा अंडमान से भारत की जेल में आए और 1946 में जेल से रिहा किए गए। सरोजकान्ति गुहा पर ये भी आरोप था कि 32 माह तक ये मफरूर रहे थे और ढाका के डिस्ट्रिक्ट मैजिस्ट्रेट हुस्नो पर गोली 28.10.1931 को चलाकर उसे जख्मी कर दिया था। (मुक्ति तीर्थ से उद्धृत) **संदर्भ** : सेलुलर जेल की सूची का पृष्ठ नं. 18, संख्या नं. 286–बंगाल। **सरकारी फाईल नं.** –होम 1932 जेल. के. डब्ल्यू. 70 जेल., होम 1937 जेल. के. डब्ल्यू. 5/9ए/37 जेल.। **फू.चं.जै. फाईल नं.**–(7/566, 7/518, 7/529)।
271	**सरोज कुमार बोस–विद्यार्थी** उर्फ **केतु** *सुपुत्र* आनन्द मोहन बोस, निवासी बालूबारी, दिनाजपुर, आयु 20 वर्ष।	हिल्ली डकैती केस–1933 में हत्या के साथ डकैती षड्यंत्र में धारा 395/ 396, 120बी के अंतर्गत 27.2.1934 को 10 वर्ष कैद की सजा हुई। 1937–38 में अंडमान जेल भारत की जेल में भेजने का आदेश हुआ। गिरफ्तारी के समय इंटरमीडिएट सांइस के विद्यार्थी थे। अंडमान जेल में 37 दिन की और बंगाल जेल में 36 दिन की भूख–हड़ताल की। मई, 1942 में जेल से रिहा होते ही तुरन्त नजरबंद कर दिए गए और सितम्बर, 1945 में जेल से रिहा हुए। इनका अलीपुर सेंट्रल जेल का बंदी नं. 1545 था। 10.9.1934 को ये प्रेसीडेंसी जेल से अलीपुर जेल में आए थे। (मुक्ति तीर्थ से उद्धृत) **संदर्भ** : सेलुलर जेल की सूची का पृष्ठ नं. 18, संख्या नं. 285–बंगाल। **सरकारी फाईल नं.** –होम 1934 पोल. 18/9/34, होम 1935 जेल. 5/35 जेल., होम 1943 जेल.

पी.आई.नं.	बंदी का नाम व पता	विशेष टिप्पणी
		133/43, होम 1945 पोल. आई. 21/5/45। **फू.चं.जै. फाईल नं.**—(3/99, 3/115, 7/495, 7/447, 7/583, 6/658, 8/85)।
365	**सरोजभूषण राय—विद्यार्थी** *सुपुत्र* शशीभूषण राय, निवासी गढ़बटा, मिदनापुर, तेजपुर—आसाम, आयु 34 वर्ष।	कलकत्ता आर्म्स एक्ट केस—1935 में धारा 19 आर्म्स एक्ट 395, 392/ 120बी, के अंतर्गत पहली सजा 2.9.1933 व दूसरी सजा 3.11.1934 को 5+5 वर्ष की सजा हुई। 28.5.1935 को अंडमान जेल में भेजने का आदेश हुआ। 1937—38 में अंडमान जेल से वापस भारत की जेल में भेजने का आदेश हुआ। इनका ढाका सेंट्रल जेल का बंदी नं. 778 था। 1928 में गढ़बटा में युगान्तर पार्टी के सदस्य बन गए। जेल से रिहा होने के बाद, किसान आंदोलन में कार्य करने लगे और खड़गपुर टाउन कांग्रेस के सेक्रेटरी बन गए। 1940 से 1942 के मध्य जेल में नजरबंद रहे। अंडमान जेल की पुस्तक सूची में नाम सरोज राय छपा है। (मुक्ति तीर्थ से उद्धृत) **संदर्भ** : सेलुलर जेल की सूची का पृष्ठ नं. 18, संख्या नं. 287—बंगाल। **सरकारी फाईल नं.** —होम 1932 पोल. 4/52/32 सीरियल नं. 1—6, होम 1932 जेल. के. डब्ल्यू. 70 जेल., होम 1933 पोल. 18/9/33 फोर्टनाइटली, अगस्त 1933, होम 1933 पोल. 18/10/33 फोर्टनाइटली, सितम्बर 1933, होम 1936 जेल. 5/36 जेल., होम 1942 पोल. आई. 7/13/42। **फू.चं.जै. फाईल नं.**—(6/265, 7/587, 7/592, 3/432, 3/433, 7/702, 7/654)।
238	**शशिन्द्र चक्रवर्ती** *सुपुत्र* श्यामाचरण चक्रवर्ती, निवासी सरमायशा, अटपाड़ा, मैमनसिंह, आयु 24 वर्ष।	ग्राहम की हत्या के षड्यंत्र में बंदूक रखने के आरोप में धारा 120बी, 19एफ आर्म्स एक्ट, 120बी/302 में पहली सजा 12.12.1932 को, दूसरी सजा 13.6.1933 को हुई। पहली सजा 3 वर्ष सख्त कैद व दूसरी सजा 6 वर्ष कैद की सजा हुई। 27.1.1935 को अंडमान जेल में आए। 1937—38 में अंडमान जेल से भारत की जेल में भेजने का आदेश हुआ। इनका राजशाही सेंट्रल जेल का बंदी नं. 8953 था। शशिन्द्र मोहन चक्रवर्ती व 9 अन्यों पर धारा 120बी/302 में मिदनापुर के डिस्ट्रिक्ट मैजिस्ट्रेट एच. ग्राहम की हत्या की योजना बनाने के आरोप में मुकदमा कायम किया गया था और 13.6.1933 को फैसला सुनाते हुए शशिन्द्र मोहन चक्रवर्ती

पी.आई.नं.	*बंदी का नाम व पता*	*विशेष टिप्पणी*
		को 6 वर्ष कैद की सजा हुई। 13 वर्ष की आयु से ही युगान्तर पार्टी में कार्य करते थे। **संदर्भ** : सेलुलर जेल की सूची का पृष्ठ नं. 19, संख्या नं. 298–बंगाल। **सरकारी फाईल नं.** –होम 1933 पोल. 18/5/33 फोर्टनाइटली, अप्रैल 1933, होम 1934 जेल. 5/5/34 जेल.। **फू.चं.जै. फाईल नं.**–(7/521)।
123	**शशिमोहन भट्टाचार्य** उर्फ **वली** *सुपुत्र* सुरेन्द्रचन्द्र भट्टाचार्य, निवासी विद्याकुटी, नबीनगर, तिप्परा, आयु 19 वर्ष।	तंगेल डकैती केस–1932 को डकैती की योजना का आरोप या योजना का षड्यंत्र करने में धारा 120बी /395 के अंतर्गत 28.8.1932 को 6 वर्ष कैद की सजा हुई। 3.9.1933 को अंडमान जेल में भेजने का आदेश हुआ। इनके फेफड़ों में क्षय रोग का संदेह था। इनका अलीपुर सेंट्रल जेल का बंदी नं. 5887 था। अनुशीलन समिति के सदस्य थे, 2 वर्ष तक इन्होंने भूमिगत रहकर काम किया और चरपाडा केस तंगेल में गिरफ्तार किए गए। सजा की अवधि की समाप्ति से पूर्व अंडमान जेल से भारत की जेल में भेज दिए गए। (मुक्ति तीर्थ से उद्धृत) **संदर्भ** : सेलुलर जेल की सूची का पृष्ठ नं. 18, संख्या नं. 289–बंगाल। **सरकारी फाईल नं.** –होम 1932 जेल के. डब्ल्यू. 70 जेल., होम 1932 पोल. 18/12/32 फोर्टनाइटली सितम्बर 1932, होम 1932 पोल. आई. 24/14/37। **फू.चं.जै. फाईल नं.**–(7/564, 7/516, 3/397, 7/382, 7/578)।
1	**सहाय रामदास** *सुपुत्र* अशुतोष दास, निवासी रानाघाट, नडिया, आयु 17 वर्ष।	चिटागांग आर्मरी रेड केस–1930 में धारा 120बी, 302, 395, 396, 436, 126 रेलवे एक्ट, 25 टेलीग्राम एक्ट व 4 विस्फोटक एक्ट के अंतर्गत 1.3.1932 को आजीवन कैद की सजा हुई। 22.7.1932 को अंडमान जेल में भेजने का आदेश हुआ। 1937–38 में अंडमान जेल से वापस भारत की जेल में भेजने का आदेश हुआ। सेलुलर जेल में 1932 में 45 दिन की भूख–हड़ताल में व 1937 की 37 दिन की भूख–हड़ताल में सम्मिलित रहे और अंडमान जेल से आने के बाद अलीपुर सेंट्रल जेल में जुलाई, 1939 में फिर 36 दिन की भूख–हड़ताल की। जनवरी, 1938 में अंडमान जेल से वापस अलीपुर सेंट्रल जेल में भेजे गए थे। इनका मिदनापुर सेंट्रल जेल का बंदी नं. 2616 था। 31.8.1946 को ये जेल से रिहा हुए।

पी.आई.नं.	*बंदी का नाम व पता*	*विशेष टिप्पणी*
		संदर्भ : सेलुलर जेल की सूची का पृष्ठ नं. 19, संख्या नं. 297—बंगाल। **सरकारी फाईल नं.** —होम 1932 जेल. के. डब्ल्यू. 70 जेल., होम 1937 जेल. के. डब्ल्यू. 5/9ए/37 जेल., होम 1942 पोल. आई. 7/13/42, होम 1945 पोल. आई. 44/13ए/45। **फू.चं.जै. फाईल नं.**—(7/560, 7/512, 7/527, 6/691, 6/571)।
221	**शान्ति गोपाल सेन—विद्यार्थी** सुपुत्र नरेन्द्रनाथ सेनगुप्ता, निवासी सोनारंग, तंगीबाड़ी, ढाका, आयु 20 वर्ष।	मिदनापुर हत्या षड्यंत्र—1933 में हत्या के लिए षड्यंत्र के आरोप में धारा 120 बी/302 के अंतर्गत 21.2.1934 को आजीवन कैद की सजा हुई। 23.2.1935 को 10वें जत्थे में अंडमान जेल आए। 1937 में भारत की जेल में वापस आए। इनका राजशाही सेंट्रल जेल का बंदी नं. 357 था। अंडमान जेल में जुलाई, 1937 में 37 दिन की भूख—हड़ताल की और जुलाई, 1939 में अलीपुर सेंट्रल जेल में 36 दिन की भूख—हड़ताल की। ये अंडमान जेल से जनवरी, 1938 में भारत की जेल में आए थे। 31.8.1946 को जेल से रिहा किए गए। **संदर्भ** : सेलुलर जेल की सूची का का पृष्ठ नं. 18, संख्या नं. 280—बंगाल। **सरकारी फाईल नं.** —होम 1932 जेल. के. डब्ल्यू. नं. 70 जेल., होम 1934 पोल. 18/2/34। **फू.चं.जै. फाईल नं.**—(7/582, 3/84)।
256	**शान्तिपद चक्रवर्ती—विद्यार्थी** सुपुत्र पूर्णचन्द्र चक्रवर्ती, निवासी कुट्टाली, डबल मूरनिंग, चिटागांग, आयु 20 वर्ष।	विस्फोटक एक्ट—1934 में बम बनाने की सामग्री एकत्रित करने के आरोप में धारा 19ए, 19एफ आर्म्स एक्ट व 120 बी, 353 के अंतर्गत पहली सजा 28.6.1934, दूसरी सजा 26.1.1935 को 7+1 वर्ष यानी 8 वर्ष कैद की सजा हुई। 28.5.1935 को अंडमान जेल में भेजने का आदेश हुआ। 1937 में अंडमान जेल से भारत की जेल में भेजने का आदेश हुआ। चिटागांग जेल से 16.7.1934 को अलीपुर जेल में आए। इनका अलीपुर जेल का बंदी नं. 189 था। ये जेल में भूख—हड़ताल पर चल रहे थे। **संदर्भ** : सेलुलर जेल की सूची का पृष्ठ नं. 18, संख्या नं. 279—बंगाल। **सरकारी फाईल नं.** —होम 1932 जेल. के. डब्ल्यू. 70 जेल., होम 1935 जेल. नं. 5/35 जेल.। **फू.चं.जै. फाईल नं.**—(7/490, 7/583, 7/592)।

पी.आई.नं.	*बंदी का नाम व पता*	*विशेष टिप्पणी*
30	**शामदेव नारायण** उर्फ **राम सिंह** सुपुत्र जयनन्दन सहाय/ जीवननन्दन सहाय, निवासी भुवरथाना सिवान, जिला सारंग।	पटना षड्यंत्र केस–1932 में धारा 121ए, 120बी, 302 120बी/395, 5 व 6 विस्फोटक एक्ट, 120बी/392, 19एफ आर्म्स एक्ट, 4 विस्फोटक एक्ट, 19बी आर्म्स एक्ट के अंतर्गत 18.4.1932 को 20 वर्ष आजीवन कैद व 3 वर्ष की सजा हुई। 1933 में अंडमान जेल में भेजने का आदेश हुआ। 1937–38 में अंडमान जेल से भारत की जेल में भेजने का आदेश हुआ। इनका हजारीबाग जेल का बंदी नं. 10190 था। शामदेव नारायण जोगेन्द्र शुक्ला की पार्टी के प्रमुख सदस्य थे और पटना क्रांतिकारियों के लिए शस्त्र इकट्ठे करने में सहायक थे। 1930 के नमक सत्याग्रह में 6 माह की कैद की सजा हुई थी और 1932 में बांकीपुर षड्यंत्र में गिरफ्तार किए गए थे। अंडमान जेल की 1937 की भूख–हड़ताल में 37 दिन की भूख–हड़ताल की थी। अंडमान जेल से 1937 के अन्त में भारत वापस भेज दिए गए और प्रांतीय मंत्रीमण्डल ने जेल से रिहा कर दिया। रिहाई के बाद ये टाटानगर, ओइरिया के मजदूरों में जाकर कार्य करने लगे। द्वितीय महायुद्ध छिड़ने के बाद ये भूमिगत हो गए और 1944 में गिरफ्तार किए गए और एक साल बाद जेल से रिहा कर दिए गए। 2 वर्ष तक मफरूरी के जीवन में भी ये मजदूरों के आंदोलन में रुचि लेते थे। (मुक्ति तीर्थ से उद्धृत) **संदर्भ** : सेलुलर जेल की सूची का पृष्ठ नं. 9, संख्या नं. 18–बिहार। **सरकारी फाईल नं.**–होम 1932 जेल. 70/3/32 जेल., होम 1932 पोल. 4/64/32। **फू.चं.जै. फाईल नं.** –(7/536, 7/488, 6/209)।
173	**शितांशु भूषण दत्ता राय** उर्फ **कुसूदत्ता राय** सुपुत्र शिवदास दत्ता राय उर्फ कुंजाराय, निवासी ढाकी, थाना मितामेन, मैमनसिंह, वर्तमान नेत्रकोना टाऊन, मैमनसिंह, आयु 25 वर्ष।	मैमनसिंह षड्यंत्र केस–1933 में हत्या के षड्यंत्र के आरोप में धारा 302, 120बी के अंतर्गत 13.6.1933 को 6 वर्ष कैद की सजा हुई। 12.5.1934 को अंडमान जेल में भेजा गया। 1937–38 में अंडमान जेल से भारत की जेल में भेजने का आदेश हुआ। इनका मिदनापुर सेंट्रल जेल का बंदी नं. 7713 था। 14.4.1932 को बंगाल क्रिमिनल लॉ एक्ट में गिरफ्तार कर हिजली नजरबंद कैंप में नजरबंद कर लिए गए और डिस्ट्रिक्ट मैजिस्ट्रेट एच. ग्राहम पर गोली चलाने का प्रयास करने व षड्यंत्र की रचना करने के आरोप में मुकदमा चला। नेत्रकोना में 6 साल कैद की सजा हो गई। अंडमान जेल में 1937 की दूसरी भूख–हड़ताल में 37 दिन की

पी.आई.नं.	*बंदी का नाम व पता*	*विशेष टिप्पणी*
		भूख—हड़ताल की। 1938 में अंडमान जेल से वापस भारत की जेल में आने के बाद जेल से रिहा कर दिए गए। 1942 की भारत छोड़ो आंदोलन में लगभग एक वर्ष तक इन्हें अपने घर में सरकार ने नजरबंद कर दिया। ये युगान्तर पार्टी के सक्रिय सदस्य थे। (मुक्ति तीर्थ से उद्धृत) **संदर्भ** : सेलुलर जेल की सूची का पृष्ठ नं. 19, संख्या नं. 299—बंगाल। **सरकारी फाईल नं.** —होम 1932 जेल. के. डब्ल्यू. 70 जेल., होम 1934 जेल. 5/5/34 जेल.। **फू.चं. जै. फाईल नं.**—(7/580, 7/592, 7/520, 7/520)।
40	**सिराजुल हक** उर्फ **सरोजकुमार बोस** *सुपुत्र* मौलवी अब्दुल जलील। निवासी नं. 4, सीताराम घोष स्ट्रीट, कलकत्ता, आयु 27 वर्ष।	कलकत्ता आर्म्स एक्ट केस—1932 में बिना लाइसेंस शस्त्र संग्रह के आरोप में धारा 19एफ व 20 आर्म्स एक्ट में 1.2.1932 को 5 वर्ष सख्त कैद की सजा हुई। 17.11.1932 को अंडमान जेल में भेजने का आदेश। इनका अलीपुर सेंट्रल जेल का बंदी नं. 9549 था। असहयोग आंदोलन के समय 1921 में स्कूल की पढ़ाई छोड़ दी थी। 17 वर्ष की आयु से युगान्तर पार्टी वालों के सम्पर्क में आ गए थे। अवैध शस्त्रों के आरोप में 3.11.1931 को कलकत्ता में गिरफ्तार किए गए और 5 वर्ष सजा होने के बाद अंडमान जेल भेज दिए गए। अंडमान जेल में मई, 1933 की भूख—हड़ताल में 45 दिन की भूख—हड़ताल की। सजा की समाप्ति से पूर्व अंडमान जेल से भारत की जेल में भेज दिए गए। जेल से रिहा होने के बाद बंगाल क्रिमिनल लॉ एक्ट में नजर बंद कर दिए गए। 1930 के नमक सत्याग्रह आंदोलन में भी इन्हें 3 माह कैद की सजा हुई थी। (मुक्ति तीर्थ से उद्धृत) **संदर्भ** : सेलुलर जेल की सूची का पृष्ठ नं. 19, संख्या नं. 296—बंगाल। **सरकारी फाईल नं.** —होम 1931 पोल. 18/12/1931 फोर्टनाइटली दिसम्बर 1931, होम 1931 जेल. 70 के. डब्ल्यू., होम 1932 पोल. 18/4/32 देहली रिकॉर्डस फोर्टनाइटली, फरवरी 1932, होम 1933 पोल. 18/4/33 फोर्टनाइटली, मार्च 1933, होम 1933 पोल. 18/6/33, **फू.चं.जै. फाईल नं.**—(3/471, 4/541, 7/493, 6/253, 3/361, 4/415, 3/424)।
161	**श्रीधर गोस्वामी** *सुपुत्र* धर्मेन्द्र गोस्वामी, निवासी सुरेशापुर, बाजीतपुर, मैमनसिंह,	कमालपुर डकैती केस—1933 में डकैती में बमों व गोलियों का प्रयोग करने में धारा 395, 395/120बी के अंतर्गत 19.4.1933 को 7 वर्ष कैद की सजा हुई। 31.12.1933 को

पी.आई.नं.	*बंदी का नाम व पता*	*विशेष टिप्पणी*
	आयु 22 वर्ष।	छठे बैच के साथ अंडमान जेल में भेजने का आदेश हुआ। 1937 में अंडमान जेल से वापस भारत की जेल में भेजने का आदेश हुआ। इनका अलीपुर सेंट्रल जेल का बंदी नं. 2725 था। 15 वर्ष की आयु से युगान्तर पार्टी में कार्यरत थे। अंडमान जेल की जुलाई, 1937 की भूख–हड़ताल में 37 दिन की भूख–हड़ताल की थी। जंनवरी, 1938 में अंडमान जेल से भारत की जेल में भेज दिए गए। (मुक्ति तीर्थ से उद्धृत) **संदर्भ** : सेलुलर जेल की सूची का पृष्ठ नं. 19, संख्या नं. 300—बंगाल। **सरकारी फाईल नं.** —होम 1932 जेल. के. डब्ल्यू. 70 जेल., होम 1933 पोल. 42/2/33, होम 1937 पोल. आई. 24/4/37। **फू.चं.जै. फाईल नं.**—(7/579, 7/573, 7/525, 7/384, 6/287)।
115	**शिव वर्मा** उर्फ **हरी नारायण** उर्फ **राम नारायण कपूर** *सुपुत्र* कन्हैयालाल वर्मा, निवासी हरदोई; कलौली, आयु 23 वर्ष।	भगत सिंह लाहौर षड्यंत्र केस—1930 में सरकार के विरुद्ध विद्रोह का षड्यंत्र करने के आरोप में धारा 121बी, 4+6 विस्फोटक एक्ट, 120बी में 7.10.1930 को आजीवन कारावास की सजा हुई। 26.12.1932 को राजमुंदरी जेल से बहरामपुर जेल में भेज दिए गए। 11.6.1933 को अंडमान जेल भेजे जाने का आदेश हुआ। 1937 में अंडमान जेल से भारत की जेल में भेजा गया और रिहा कर दिए गए। लाहौर जेल से इन्हें मद्रास की जेल में भेज दिया गया था, राजमुंदरी जेल में इनका बंदी नं. 6812 था। जेल में 12.12.1932 से ये भूख–हड़ताल पर थे, राजमुंदरी जेल से जनवरी, 1933 में इन्हें अंडमान जेल में भेजने का आदेश हुआ। 18.5.1929 को सहारनपुर बम फैक्टरी से शिव वर्मा को गिरफ्तार किया गया था। शिव वर्मा डी.ए.वी. कॉलेज कानपुर में पढ़ते थे और महावीर सिंह भी उन दिनों उसी कॉलेज में थे। कानपुर के होस्टल में शिव वर्मा के पास रिपब्लिकन पार्टी के कॉन्सटीट्यूशन की एक कापी थी। जनवरी से लेकर अप्रैल, 1929 तक ये नमक की मण्डी आगरा में पार्टी के केन्द्र में थे और आगरा से केन्द्र का कार्यालय सहारनपुर शिफ्ट करने पर ये आगरा से 1.4.1929 को गए थे। जून, 1928 में शिव वर्मा ने महावीर सिंह को पार्टी का सदस्य बनाया था। शिव वर्मा उत्तर प्रदेश में पार्टी संगठन के मुखिया थे और विजय कुमार सिन्हा के साथ यह 3 मार्च, 1928 को फतेहगढ़ जेल में क्रांतिकारी जोगेश चैटर्जी से मिलने गए थे। शिव वर्मा ने ही 13 सितम्बर, 1928 को

पी.आई.नं.	*बंदी का नाम व पता*	*विशेष टिप्पणी*
		अमीर चन्द के नाम से नूरी गेट आगरा में एक मकान पार्टी के लिए किराये पर लिया था और हींग की मण्डी के मकान में भी ये बम बनाने में सहयोगी थे। **संदर्भ** : सेलुलर जेल की सूची का पृष्ठ नं. 8, संख्या नं. 11—उत्तर प्रदेश। **सरकारी फाईल नं.** —होम 1932 जेल. 70/4/32, होम 1932 जेल. के. डब्ल्यू. 70 जेल., होम 1933 पोल. 7/11/33, होम 1945 पोल. आई. 44/13ए/45। **फू.चं.जै. फाईल नं.**—(7/624, 7/576, 7/578, 6/279, 6/570)।
244	**सुकुमार घोष विद्यार्थी** उर्फ **सन्तू/लन्तू** *सुपुत्र* प्रताप चन्द्र घोष, निवासी सरारी, हजारी, हाईजवाली, ढाका, आयु 24 वर्ष।	लैबोन्ग गवर्नर शूटिंग केस—1934 में धारा 307, 120बी व 6 बंगाल एक्ट में 12.9.1934 को 14 वर्ष कैद की सजा हुई। 28.5.1935 को अंडमान जेल में भेजने का आदेश हुआ। 1937 में अंडमान जेल से भारत की जेल में भेजने का आदेश हुआ। इनका अलीपुर सेंट्रल जेल कैदी नं. 1845 था। ये राजशाही सेंट्रल जेल से 21.9.1934 को आए थे। अंडमान जेल में 1937 में 37 दिन की भूख—हड़ताल की। जनवरी, 1938 में अंडमान से भारत की जेल में भेजे गए और 1946 में जेल से रिहा कर दिए गए। इस केस के पहले ये बंगाल वॉलंटियर संगठन के सदस्य थे और 1932 से 1934 तक गोपनीय तरीके से पार्टी का कार्य करते रहे। बरीसल ग्रुप के युगान्तर के पार्टी के सदस्य थे। 1928 में स्वाधीनता साप्ताहिक पत्र का सम्पादन करते थे। जुलाई, 1937 में अंडमान जेल में 37 दिन की भूख—हड़ताल की। मुक्ति तीर्थ प्रकाशन के अनुसार 12.2.1943 को स्वर्गवासी हो गए। (मुक्ति तीर्थ से उद्धृत) **संदर्भ** : सेलुलर जेल की सूची का पृष्ठ नं. 19, संख्या नं. 317—बंगाल। **सरकारी फाईल नं.** —होम 1934 पोल. 43/14/34, होम 1937 जुलाई के. डब्ल्यू. 5/9ए/37 जेल.। **फू.चं.जै. फाईल नं.**—(3/130, 7/528)।
302	**सुकुमार सेनगुप्ता** *सुपुत्र* चारु चन्द्र सेनगुप्ता, निवासी गोलकुआं चौक, थाना मिदनापुर।	बुर्ज हत्या षड्यंत्र में सहायक होने में धारा 120बी, 302 में 10.2.1934 को आजीवन कारावास की सजा हुई। 11.4.1935 को अंडमान जेल में भेजने का आदेश। 1937 में भारत की जेल में भेजने का आदेश हुआ। इनका ढाका सेंट्रल जेल बंदी नं. 8687 था। मिदनापुर कॉलेज में इन्टरमीडिएट साइंस के विद्यार्थी थे। अंडमान जेल में जुलाई, 1937 की भूख—हड़ताल में 37 दिन की भूख—हड़ताल की और जनवरी, 1938 में भारत की जेल

पी.आई.नं.	*बंदी का नाम व पता*	*विशेष टिप्पणी*
		में भेज दिए गए। जुलाई, 1939 में अलीपुर सेंट्रल जेल में 36 दिन की भूख–हड़ताल की। 31.8.1946 को जेल से रिहा किए गए। (मुक्ति तीर्थ से उद्धृत) **संदर्भ** : सेलुलर जेल की सूची का पृष्ठ नं. 19, संख्या नं. 318–बंगाल। **सरकारी फाईल नं.** –होम 1934 पोल. 18/2/34, होम 1932 जेल. के. डब्ल्यू. 70 जेल., होम 1934 पोल. 18/2/34, होम 1935 जेल. 5/35, होम 1937 जेल्स के. डब्ल्यू. 5/9ए/37 जेल्स., होम 1942 पोल. आई. 7/13/42। **फू.चं.जै. फाईल नं.** (3/84, 7/585, 7/437, 3/84, 7/528, 6/691, 6/692)।
14	**सुखेन्दु विकास दस्तीदार** *सुपुत्र* चन्द्रकुमार दस्तीदार उर्फ चन्द्रकान्त दस्तीदार, निवासी डलघट, पतिया, चिटागांग, आयु 17 वर्ष।	चिटागांग आर्मरी रेड केस–1932 में 120बी, 395, 302, 396 436, 126 रेलवे एक्ट, 25 टेलीग्राफ एक्ट, 19एफ आर्म्स एक्ट, 4 विस्फोटक एक्ट में 1.3.1932 को आजीवन कैद की सजा हुई। 22.7.1932 को अंडमान जेल में भेजने का आदेश हुआ। 1937–38 में अंडमान जेल से वापस भारत की जेल में भेजने का आदेश हुआ। इनका राजशाही सेंट्रल जेल का बंदी नं. 7367 था। 18.4.1930 को चिटागांग आर्मरी रेड के समय हिमांशु सेन चिटागांग आर्मरी के बारूद भड़क उठने पर बहुत जख्मी हो गया था और सारा शरीर झुलस गया था। सुखेन्दु दस्तीदार उनकी सेवा सुश्रूषा कर रहे थे, पुलिस ने दोनों को अपनी हिरासत में ले लिया, हिमांशु सेन का बाद में स्वर्गवास हो गया। चिटागांग आर्मरी रेड केस में 1.3.1932 को आजीवन कैद की सजा हुई। 1938 में अंडमान जेल से अलीपुर सेंट्रल जेल में भेजे गए और अलीपुर सेंट्रल जेल में जुलाई, 1939 में पुनः 37 दिन की भूख–हड़ताल की। अगस्त, 1946 में ये जेल से रिहा किए गए। **संदर्भ** : सेलुलर जेल की सूची का पृष्ठ नं. 19, संख्या नं. 316–बंगाल। **सरकारी फाईल नं.** –होम 1932 जेल. के. डब्ल्यू. 70 जेल., होम 1937 जेल. के. डब्ल्यू. 5/9ए/37 जेल., होम 1942 पोल. आई. 7/13/42, होम 1945 पोल. आई. 44/13ए/45। **फू.चं.जै. फाईल नं.**–(7/576, 7/593, 7/556, 7/509, 7/527, 6/691, 6/571, 7/508)।
158	**सुधांशु किरण लहरी–विद्यार्थी** उर्फ **जामिनी लहरी'**	कमालपुर डकैती केस–1933 में डकैती के समय बमों व गोलियों के प्रयोग में धारा 395, 395/120बी. में 19.4.1933

पी.आई.नं.	बंदी का नाम व पता	विशेष टिप्पणी
	सुपुत्र राजेन्द्रचन्द्र लहरी, निवासी उसटी, गफ्फार गांव, मैमनसिंह, आयु 25 वर्ष।	को 10 वर्ष कैद की सजा हुई। 31.12.1933 को छठे बैच के साथ अंडमान जेल में भेजने का आदेश हुआ। 1937 में अंडमान जेल से भारत जेल में वापस भेजने का आदेश हुआ। इनका अलीपुर सेंट्रल जेल का बंदी नं. 2727 था। अंडमान पुस्तक सूची में इनका नाम सुधांशु लहरी है। **संदर्भ** : सेलुलर जेल की सूची का पृष्ठ नं. 19, संख्या नं. 307–बंगाल। **सरकारी फाईल नं.** –होम 1932 जेल. के. डब्ल्यू. 70 जेल., होम 1933 पोल. 42/2/32, होम 1937 पोल. आई. 24/4/37। **फू.चं.जै. फाईल नं.**–(7/384, 7/579, 7/594, 7/573, 7/525, 6/287)।
148	**सुधांशु कुमार सेनगुप्ता–विद्यार्थी** *सुपुत्र* मनोरंजन सेन गुप्ता, निवासी गोयला, गोरंडी, बरीसल, आयु 18 वर्ष।	बाकरगंज विस्फोटक केस–1932 में धारा 19एफ, 20 आर्म्स एक्ट व 4 व 5 विस्फोटक एक्ट में 13.12.1932 को 7 वर्ष कैद की सजा हुई। 3.9.1933 को अंडमान जेल में भेजने का आदेश हुआ। 1937 में अंडमान जेल से वापस भारत की जेल में भेजने का आदेश हुआ। इनका राजशाही सेंट्रल जेल का बंदी नं. 8529 था। अंडमान पुस्तक सूची में इनका नाम सुधांशु सेनगुप्ता है। युगान्तर पार्टी के सदस्य थे। 1930 में नमक सत्याग्रह आंदोलन में जेल की सजा हुई थी। अंडमान जेल में 1937 की भूख–हड़ताल में 37 दिन की भूख–हड़ताल की और 1938 के प्रारम्भ में अंडमान जेल से भारत की जेल में भेज दिए गए। 1939 में जेल से रिहा कर दिए गए। **संदर्भ** : सेलुलर जेल की सूची का पृष्ठ नं. 19, संख्या नं. 308–बंगाल। **सरकारी फाईल नं.** –होम 1932 पोल. 18/14/32, फोर्टनाइटली नवम्बर, 1932, होम 1932 पोल. 18/15/32 फोर्टनाइटली दिसम्बर, 1932, होम 1932 जेल. के. डब्ल्यू. 70 जेल.। **फू.चं.जै. फाईल नं.**–(3/405, 7/579, 3/408, 7/591, 7/568, 7/520)।
151	**सुधांशु नारायण दास मजूमदार** *सुपुत्र* अश्विनी कुमार दास मजूमदार, निवासी भारू कीट, झालाकाटी, बरीसल, आयु 21 वर्ष।	बरीसल बम केस–1933 में विस्फोटक बम बनाने में धारा 4 व 5 विस्फोटक एक्ट में 1.5.1933 को 5 वर्ष कैद की सजा हुई। 31.12.1933 को अंडमान जेल में छठे बैच के साथ भेजने का आदेश हुआ। इनका राजशाही सेंट्रल जेल का बंदी नं. 8850 था। अंडमान पुस्तक सूची में नाम सुधांशु (बसु) गुप्ता छपा है। युगान्तर पार्टी के सदस्य थे। इन्टरमीडिएट में पढ़ते थे। अंडमान जेल

पी.आई.नं.	बंदी का नाम व पता	विशेष टिप्पणी
		में 1937 की भूख–हड़ताल में 37 दिन की भूख–हड़ताल की और नवम्बर, 1937 में भारत की जेल में भेज दिए गए। 1938 में जेल से रिहा हुए। 1930 के सत्याग्रह आंदोलन में भी तीन माह कैद की सजा हुई। (मुक्ति तीर्थ से उद्धृत) **संदर्भ** : सेलुलर जेल की सूची का पृष्ठ नं. 19, संख्या नं. 304–बंगाल। **सरकारी फाईल नं.** –होम 1933 पोल. 45/17/33, होम 1933 पोल. 18/5/33 फोर्टनाइटली अप्रैल 1933, होम 1932 जेल. के. डब्ल्यू. 70 जेल., होम 1940 पोल. आई. के. डब्ल्यू. 7/1/40। **फू.चं.जै. फाईल नं.**–(2/783, 3/418, 7/579, 7/592, 7/572, 7/524, 7/60)।
266	**सुधांशु भूषण दासगुप्ता–विद्यार्थी** *सुपुत्र* केशराज दास गुप्ता, निवासी विष्णुपुर, जोवा बंकुरा, आयु 10 वर्ष	बंकुरा में अवैध शस्त्रों का संग्रह–1934 में अवैध रिवॉल्वर व कारतूस रखने के आरोप में 19एफ, 20 आर्म्स एक्ट में 5 वर्ष सख्त कैद की सजा हुई। 1934 में अंडमान जेल से भारत की जेल में भेजने का आदेश हुआ। ये युगान्तर पार्टी के सदस्य थे। अंडमान जेल में जुलाई, 1937 की भूख–हड़ताल में 37 दिन की भूख–हड़ताल की। जनवरी, 1938 में अंडमान जेल से भारत की जेल में भेजे गए और रिहा कर दिए गए। इनका मिदनापुर सेंट्रल जेल का बंदी नं. 8060 था। अंडमान जेल की पुस्तक सूची में सुधांशु बसु दास गुप्ता छपा है। (मुक्ति तीर्थ से उद्धृत) **संदर्भ** : सेलुलर जेल की सूची का पृष्ठ नं. 19, संख्या नं. 306–बंगाल। **सरकारी फाईल नं.** –होम 1932 जेल. के. डब्ल्यू. नं. 70 जेल., होम 1935 जेल. 5/35 जेल.। **फू.चं. जै. फाईल नं.**–(7/583, 7/493, 7/445, 7/592, 7/493)।
58	**सुधांशु लाल दास गुप्ता–विद्यार्थी** *सुपुत्र* मतीलाल दासगुप्ता, निवासी गोयला, गौरंडी, बरीसल, (ये मैडीकल के विद्यार्थी थे) आयु 25 वर्ष।	अलीपुर में विस्फोटक एक्ट षड्यंत्र में धारा 4 व 5 विस्फोटक एक्ट व 120बी के अंतर्गत 14.6.1930 में 5 वर्ष कैद की सजा हुई। 17.11.1932 को अंडमान जेल में भेजने का आदेश हुआ। अंडमान जेल की 1933 की 45 दिन की भूख–हड़ताल में सम्मिलित हुए। इनका सेंट्रल जेल का बंदी नं. 1646 था। 27.6.1942 की रिपोर्ट थी कि बंगाल सरकार ने 1940 में भारत रक्षा कानून में निर्वासित कर बरीसल में पाबंद रहने का आदेश दिया था, ये कम्युनिस्ट कार्यकर्त्ता थे। अंडमान की पुस्तक में इनका नाम सुधांशु (मनु) दास गुप्ता छपा हुआ है। जेल से

पी.आई.नं.	*बंदी का नाम व पता*	*विशेष टिप्पणी*
		रिहाई के बाद एक वर्ष के लिए बंगाल क्रिमिनल लॉ में पाबंद कर दिए गए। **संदर्भ** : सेलुलर जेल की सूची का पृष्ठ नं. 19, संख्या नं. 305—बंगाल। **सरकारी फाईल नं.** —होम 1930 पोल. 290/30, होम 1932 जेल. के. डब्ल्यू. 70 जेल., होम 1942 पोल. आई. 7/13/42। **फू.चं.जै. फाईल नं.** (3/1034, 3/34, 7/544, 6/682)।
75	**खोखा** उर्फ **सुधीन्द्र कुमार राव** *सुपुत्र* नरेन्द्र कुमार राय, जन्म 11.3.1907।	मैमनसिंह में घातक आक्रमण करने के आरोप में—1932 में धारा 307, 19 एफ आर्म्स एक्ट में 19.5.1932 को 5 वर्ष कैद की सजा हुई। फरवरी, 1933 में अंडमान जेल में भेजने का आदेश हुआ। इनका अलीपुर सेंट्रल जेल का बंदी नं. 2943 था। ये युगान्तर पार्टी के सदस्य थे और ढाका युनिवर्सिटी में पोस्ट ग्रेजुएट क्लास में पढ़ रहे थे। बंगला स्टुडेन्ट्स फैडरेशन के सेक्रेटरी थे। 1930 के नमक सत्याग्रह के समय इन्होंने पढ़ाई छोड़ दी और सत्याग्रह आंदोलन में मैमनसिंह में भाग लिया। शराब के गोदामों पर जब सत्याग्रही पिकेटिंग कर रहे थे तो पुलिस ने गोलियों की बौछार कर दी। उस समय से ये भूमिगत हो गए। अंडमान जेल की पुस्तक में नाम खोका (सुधीन्द्र कुमार राय) छपा है। नवम्बर, 1930 में जमालपुर फेरीघाट शूटिंग केस के मामले में गिरफ्तार कर लिए गए। इनके साथ नगेन्द्रचन्द्र देव भी गिरफ्तार कर लिए गए। अंडमान जेल में 1933 में 45 दिन की भूख—हड़ताल की। अगस्त, 1936 में अंडमान से भारत की जेल में भेज दिए गए और रिहा कर दिए गए। परन्तु बंगाल क्रिमिनल लॉ एक्ट में नाडिया गांव में ले जाकर नजरबंद कर दिया गया। **संदर्भ** : सेलुलर जेल की सूची का पृष्ठ नं. 14, संख्या नं. 165—बंगाल। **सरकारी फाईल नं.** —होम 1932 जेल. के. डब्ल्यू. 70 जेल., होम 1940 पोल. आई. के. डब्ल्यू. 7/1/40। **फू.चं.जै. फाईल नं.**—(7/550, 7/502, 7/61)।
187	**सुधीन्द्र मोहन राय/सुधीन्द्र राय** *सुपुत्र* राजेन्द्र मोहन राय, निवासी वनमाली सरकार स्ट्रीट,	कलकत्ता में शस्त्र केस—1933 में अवैध शस्त्र रखने के आरोप में धारा 20 आर्म्स एक्ट के अंतर्गत 12.10.1933 को 5 वर्ष सख्त कैद की सजा हुई। 27.1.1935 को अंडमान जेल

पी.आई.नं.	बंदी का नाम व पता	विशेष टिप्पणी
	कलकत्ता, आयु 28 वर्ष।	में भेजने का आदेश हुआ। 1937–38 में अंडमान से भारत की जेल में भेजने का आदेश हुआ। इनका अलीपुर सेंट्रल जेल का बंदी नं. 4378 था। अंडमान की पुस्तक सूची में सुधीन्द्र राय नाम छपा है। जनवरी, 1938 में अंडमान जेल से वापस भारत की जेल में भेजे गए और सजा की अवधि पूरी करने के बाद जेल से रिहा किए गए। (मुक्ति तीर्थ से उद्धृत) **संदर्भ** : सेलुलर जेल की सूची का पृष्ठ नं. 19, संख्या नं. 311—बंगाल। **सरकारी फाईल नं.** –होम 1932 जेल. के. डब्ल्यू. 70 जेल., होम 1934 जेल. 5/5/34 जेल., होम 1933 पोल. 18/10/33 फोर्टनाइटली सितम्बर 1933। **फू.चं.जै. फाईल नं.**–(7/580, 7/523, 7/474, 3/433)।
253	**सुधीन्द्रनाथ भट्टाचार्यजी–विद्यार्थी** *सुपुत्र* चन्द्रनाथ भट्टाचार्यजी–प्लीडर, निवासी कलाम संगरा, राजशाही, सागरपाड़ा, आयु 20 वर्ष।	अवैध शस्त्रों के संग्रह–1934 में धारा 20 आर्म्स एक्ट में पहली सजा 20.2.1934 व 52 प्रिजन एक्ट में दूसरी सजा 28.8.1934 को 5+9 माह कैद की सजा हुई। 28.5.1935 को अंडमान जेल में भेजने का आदेश हुआ। 1937 में अंडमान जेल से भारत की जेल में भेजने का आदेश हुआ। ये चतुर्थ वर्ष बी.ए. के विद्यार्थी थे। विपिन गांगुली की युगान्तर पार्टी में थे। 1930 के सत्याग्रह आंदोलन में 3 माह कैद की सजा हुई। बोगरा पोस्टल केस के सम्बन्ध में 1937 में अंडमान जेल से भारत की जेल में भेजे गए और डॉक्टरी परामर्श के अनुसार इन्हें जेल से रिहा कर दिया गया। (मुक्ति तीर्थ से उद्धृत) **संदर्भ** : सेलुलर जेल की सूची का पृष्ठ नं. 19, संख्या नं. 310—बंगाल। **सरकारी फाईल नं.** –होम 1933 जेल. के. डब्ल्यू. 104 जेल, होम 1934 पोल. 18/2/34, होम 1935 जेल. 5/35। **फू.चं.जै. फाईल नं.**–(7/633, 3/86, 7/489, 7/441)।
261	**सुधीर कुमार समझदार विद्यार्थी** *सुपुत्र* शरतचन्द्र समझदार, निवासी 8/5, गोपालभट्टाचार्यजी लेन, कलकत्ता, आयु 19 वर्ष।	सरकारी अफसरों को धमकी व अपमान–1933 के आरोप में धारा 506 में पहली सजा, दूसरी सजा 52 प्रिजन एक्ट के अंतर्गत 15.11.1933 व 3.8.1934 को 5+1 वर्ष यानी 6 वर्ष की सजा हुई। अंडमान जेल में इन्हें मधुमेह हो जाने के कारण इन्हें वापस भारत की जेल में भेज दिया गया। प्रेसीडेन्सी जेल से अलीपुर जेल में आए। इनका अलीपुर सेंट्रल जेल का बंदी नं. 5112 था।

पी.आई.नं.	***बंदी का नाम व पता***	***विशेष टिप्पणी***
		संदर्भ : सेलुलर जेल की सूची का पृष्ठ नं. 19, संख्या नं. 315—बंगाल। **सरकारी फाईल नं.** —होम 1932 जेल. के. डब्ल्यू. 70 जेल., होम 1933 पोल. 18/12/33 फोर्टनाइटली अक्टूबर 1933, देहली रिकॉर्ड्स नं. 1, होम 1933 जेल. 5/35 जेल.। **फू.चं.जै. फाईल नं.**—(7/491, 7/597, 3/437)।
270	**सुधीरचन्द्र** उर्फ **सुधीर कुमार घोष** *सुपुत्र* माखन लाल घोष, निवासी 8/5 बैरकपुर, ट्रंकरोड, चितपुर, कलकत्ता, आयु 23 वर्ष।	अलीपुर में शस्त्र षड्यंत्र केस—1936 में धारा 19एफ, 20 आर्म्स एक्ट, 120बी, 52 प्रिजन एक्ट के अंतर्गत पहली सजा 14.9.1934 व दूसरी सजा 17.8.1936 को 6 वर्ष 6 माह की हुई। 28.10.1936 को अंडमान जेल में भेजने का आदेश हुआ। 1937 में अंडमान जेल से वापस भारत की जेल में भेजने का आदेश हुआ। इनका अलीपुर सेंट्रल जेल का बंदी नं. 7063 था। **संदर्भ** : अंडमान पुस्तक सूची में पृष्ठ 18 व 19 पर सुधीरचन्द्र उर्फ सुधीर कुमार घोष के नाम की कोई प्रविष्टि नहीं मिली है। इनका पी. आई. नं. 270 अवश्य मिलता है। **सरकारी फाईल नं.** —होम 1934 पोल. 18/4/34, होम 1936 जेल. 5/36 जेल.। **फू.चं.जै. फाईल नं.**—(3/92, 7/708, 7/660)।
399	**सुधीरचन्द्र राय** *सुपुत्र* आनन्द बिहारी राय, निवासी सलडाहा, नरिया, फरीदपुर, आयु 23 वर्ष।	अलीपुर शस्त्र षड्यंत्र केस—1936 में धारा 120बी/19 ए, 20 आर्म्स एक्ट व 52 प्रिजन एक्ट के अंतर्गत पहली सजा 23.3.1936 व दूसरी सजा 17.8.1936 को 5+4 वर्ष +6 माह की सजा हुई। ये सजाएं साथ—साथ चलेंगी। 28.10.1936 को अंडमान जेल में भेजने का आदेश हुआ। 1937 में अंडमान जेल से वापस भारत की जेल में भेजने का आदेश हुआ। इनका अलीपुर सेंट्रल जेल का बंदी नं. 5654 था। अंडमान पुस्तक सूची में इनका नाम सुधीर कुमार राय है। अनुशीलन पार्टी के सदस्य थे। 1935 में मानिकटोला में संगृहित आर्म्स षड्यंत्र केस में चालान हुआ। 1930 के सत्याग्रह आंदोलन में एक वर्ष कैद की सजा हुई। 1937 के अन्त में अंडमान की जेल से भारत की जेल में भेज दिए गए। **संदर्भ** : सेलुलर जेल की सूची का पृष्ठ नं. 19, संख्या नं. 314—बंगाल। **सरकारी फाईल नं.** —होम 1932 जेल. के. डब्ल्यू. 70 जेल., होम 1936 जेल. 5/36 जेल.। **फू.चं.जै. फाईल नं.**—(7/588, 7/593, 7/708, 7/660)।
37	**सुधीरचन्द्र भट्टाचार्य** *सुपुत्र* जोगेन्द्रचन्द्र भट्टाचार्य	अरनियापाशा षड्यंत्र केस—1932 में धारा 411 व 19एफ, 20 आर्म्स एक्ट व 5 विस्फोटक एक्ट व 120बी/411 में

पी.आई.नं.	बंदी का नाम व पता	विशेष टिप्पणी
	निवासी उस्ठी, गफ्फूर गांव, मैमनसिंह, आयु 22 वर्ष।	14.3.1932 को 6 वर्ष कैद की सजा हुई। 17.11.1932 को अंडमान जेल में भेजने का आदेश हुआ। इनका अलीपुर सेंट्रल जेल का बंदी नं. 2420 था। जुलाई, 1937 की अंडमान जेल की भूख–हड़ताल में 37 दिन की भूख–हड़ताल की। अंडमान जेल से वापस भारत की जेल में जनवरी, 1938 में भेजे गए। (मुक्ति तीर्थ से उद्धृत) **संदर्भ** : सेलुलर जेल की सूची का पृष्ठ नं. 19, संख्या नं. 312, बंगाल। अंडमान की पुस्तक सूची में सुधीर भट्टाचार्य नाम छपा है। **सरकारी फाईल नं.** –होम 1932 जेल. के. डब्ल्यू. 70। **फू.चं.जै. फाईल नं.**–(7/541, 7/597, 7/494)।
220	**सुधीररंजन चौधरी विद्यार्थी** उर्फ **सुधीर चौधरी** *सुपुत्र* अखिलचंद्र चौधरी, निवासी फतिहाबाद, हाट हजारी, चिटागांग, आयु 21 वर्ष।	बधुआ षड्यंत्र केस–1934 में जानबूझकर गहरी चोट मारने के आरोप में धारा 326 के अंतर्गत 28.8.1933 को 6 वर्ष की कैद हुई। 23.2.1935 को 10वें जत्थे में अंडमान आए। 1937 में अंडमान जेल से भारत की जेल में भेजे गए। इनका राजशाही सेंट्रल जेल का बंदी नं. 9321 था। इन्होंने अंडमान जेल में जुलाई, 1937 की भूख–हड़ताल में 37 दिन की भूख–हड़ताल की। जनवरी, 1938 में अंडमान जेल से भारत की जेल में भेज दिए गए। 1939 में जेल से रिहा कर दिए गए। (मुक्ति तीर्थ से उद्धृत) **संदर्भ** : सेलुलर जेल की सूची का पृष्ठ नं. 19, सख्या नं. 313–बंगाल। **सरकारी फाईल नं.** –होम 1935 जेल्स. 5/35 जेल.। **फू.च.जै. फाईल नं.**–(7/483)।
49	**सुधेन्द्रचन्द्र डाम** *सुपुत्र* आनन्द चन्द्र डाम, निवासी चन्द्रापुरा, नकबी, मैमनसिंह, आयु 26 वर्ष।	स्यालदा डकैती केस–1931 में डकैती के षड्यंत्र में धारा 395/120बी के अंतर्गत 10.9.1931 को 7 वर्ष कैद की सजा हुई। 17.11.1932 को अंडमान जेल में भेजने का आदेश हुआ। इनका मिदनापुर सेंट्रल जेल का बंदी नं. 555 था। अंडमान जेल में चीफ जेलर पर आक्रमण करने के अपराध में प्रबीर गोस्वामी को 20 बेंतों की सजा दी गई थी। नवम्बर, 1934 में जेल सुपरिन्टेंडेंट पर आक्रमण करने के आरोप में सुधेन्दु डाम व चन्द्रनाथ भट्टाचार्य को 30–30 बेंतें लगाने की सजा हुई। परन्तु डॉक्टरी रिपोर्ट के कारण सुधेन्दु डाम को बेंतें नहीं लगाई गईं। **संदर्भ** : सेलुलर जेल की सूची का पृष्ठ नं. 19, संख्या नं. 309–बंगाल। अंडमान की पुस्तक में सुधेन्दु चन्द्र डाम छपा है। **सरकारी फाईल नं.** –होम 1932 जेल. के. डब्ल्यू. 70

पी.आई.नं.	*बंदी का नाम व पता*	*विशेष टिप्पणी*
		जेल., होम जेल. नं. 5/24/37 जेल., होम 1935 जेल. 6/20/35। **फू.चं.जै. फाईल नं.** (7/535, 7/495, 7/592, 7/543, 6/282, 7/529)।
60	**सुनीरमल सेन** *सुपुत्र* सुरेन्द्रनाथ सेन; निवासी अमडिया, नरसिंहडी, ढाका, आयु 26 वर्ष।	अलीपुर षड्यंत्र केस–1930 में सुरेशवाडी–मैमनसिंह विस्फोटक एक्ट केस में धारा 4 व 5 विस्फोटक एक्ट व 120बी में 3.11.1930 को 5 वर्ष कैद की सजा हुई। 17.11.1932 को अंडमान जेल में भेजने का आदेश हुआ। इनका राजशाही सेंट्रल जेल का बंदी नं. 6079 था। युगान्तर पार्टी के सदस्य थे। सुरेशवाडी बम केस में मई, 1930 में कलकत्ता पुलिस ने गिरफ्तार किया। 1933 की अंडमान जेल की भूख–हड़ताल में सम्मिलित हुए और 45 दिन की भूख–हड़ताल की। सजा की समाप्ति से पूर्व अंडमान से भारत की जेल में भेज दिए गए और 1935 में जेल से रिहा हुए परन्तु तुरन्त बंगाल क्रिमिनल लॉ एक्ट में नजरबंद कर दिए गए और 1938 में नजरबंदी से मुक्त हुए। (मुक्ति तीर्थ से उद्धृत) **संदर्भ** : सेलुलर जेल की सूची का पृष्ठ नं. 19, संख्या नं. 320। **सरकारी फाईल नं.** –होम 1930 पोल. 463/30, होम 1942 पोल. आई. 7/13/42। **फू.चं.जै. फाईल नं.** (3/367, 6/682, 7/545, 7/497)।
119	**सुनील कुमार चैटर्जी** *सुपुत्र* अघरनाथ चैटर्जी, निवासी गंगाघट्टा, जय नगर, 24 परगना, आयु 25 वर्ष।	सर एल्फ्रेड वाटसन एडिटर स्टेटसमैन पर घातक आक्रमण करने के प्रयास में धारा 120बी/302, 212 व 109/307 में 17.11.1932 को 20 वर्ष आजीवन कारावास की सजा हुई। 3.9.1933 को अंडमान जेल में भेजने का आदेश हुआ। 1937–38 में अंडमान जेल से वापस भारत की जेल में भेजने का आदेश हुआ। इनका अलीपुर सेंट्रल जेल का बंदी नं. 7397 था। जादवपुर इंजीनियरिंग से कैमिकल इंजीनियरिंग डिग्री कोर्स पास किया था। अंडमान जेल में 1937 में 37 दिन की भूख हड़ताल की। **संदर्भ** : सेलुलर जेल की सूची का पृष्ठ नं. 19, संख्या नं. 319–बंगाल। **सरकारी फाईल नं.** –होम 1932 पोल. 18/14/32 फोर्टनाइटली, नवम्बर 1932, होम 1932 जेल. के. डब्ल्यू. 70 जेल., होम 1933 पोल. 18/2/33 फोर्टनाइटली, फरवरी 1933 देहली रिकॉर्डस नं. 1/1933, होम 1933 पोल. 37/3/33, होम 1933 पोल. 22/88/33

पी.आई.नं.	बंदी का नाम व पता	विशेष टिप्पणी
		पोल। **फू.चं.जै. फाईल नं.**—(3/406, 3/404, 7/570, 7/592, 7/565, 7/517, 3/412, 2/776, 2/743, 7/529, 6/691)।
29	**सुबालचन्द्र राय करमाकर** सुपुत्र इन्दूनाथ करमाकर, निवासी बुरग्राम, सुतिरपुर, ढाका।	चारमुगारिया डकैती केस—1932 में डकैती के साथ हत्या के आरोप में धारा 396 में 12.5.1932 को 7 वर्ष की सख्त कैद हुई। 17.11.1932 को अंडमान जेल में भेजने का आदेश हुआ। इनका मिदनापुर सेंट्रल जेल का बंदी नं. 3184 था। 14.3.1932 को चारमुगारिया डाकखाने में डकैती डालते समय ताहिरखां नामक एक ग्रामीण की हत्या हो जाने के आरोप में 12.5.1932 को मनोरंजन भट्टाचार्य को फांसी की सजा व सुरेन्द्र मोहन कार को आजीवन कैद की सजा हुई व तीन अन्य अभियुक्तों—रामचन्द्र दास शाह, सुबालचन्द राय करमाकर व संतोष दत्ता को 7—7 वर्ष कैद की सजाएं हुईं। मनोरंजन भट्टाचार्य को 12.8.1932 को बरीसल जेल में फांसी हुई। अंडमान की पुस्तक में सुबालचंद्र राय छपा है। 1937 के अन्त में अंडमान जेल से वापस भारत की जेल में आए और 1938 में जेल से रिहा कर दिए गए। (मुक्ति तीर्थ से उद्धृत) **संदर्भ** : सेलुलर जेल की सूची का पृष्ठ नं. 19, संख्या नं. 301—बंगाल। **सरकारी फाईल नं.** —होम 1932 जेल. के. डब्ल्यू. 70 जेल., होम 1932 पोल. ए. नं. 4/15/32। **फू.चं.जै. फाईल नं.**—(7/544, 7/496, 2/939)।
19	**सुबोधकुमार चौधरी** सुपुत्र गगनचन्द्र चौधरी, निवासी अगरादीप, थाना कटवा, बर्दवान, आयु 30 वर्ष।	चिटागांग आर्मरी रेड केस—1930 में 120बी, 302, 395, 396, 436, 126 रेलवे एक्ट, 25 टेलीग्राफ एक्ट, 19 एक्ट आर्म्स एक्ट व 4 विस्फोटक एक्ट में 1.3.1932 को आजीवन कारावास कैद की सजा हुई। 12.7.1932 को अंडमान जेल में भेजने का आदेश हुआ। 1937—38 में अंडमान जेल से भारत की जेल में भेजने का आदेश हुआ। इनका अलीपुर सेंट्रल जेल का बंदी नं. 695 था। अंडमान जेल की भूख हड़तालों में शामिल हुए और 1938 में अंडमान से वापस भारत की अलीपुर सेंट्रल जेल में आए। जुलाई, 1939 में पुनः अलीपुर जेल में 36 दिन की भूख—हड़ताल की। अगस्त, 1946 में जेल से रिहा किए गए। मुक्ति तीर्थ प्रकाशन के अनुसार 1972 में स्वर्गवासी हो गए। **संदर्भ** : सेलुलर जेल की सूची का पृष्ठ नं. 19, संख्या नं. 302—बंगाल। **सरकारी फाईल नं.** —होम 1932 जेल. के.

पी.आई.नं.	*बंदी का नाम व पता*	*विशेष टिप्पणी*
		डब्ल्यू. 70 जेल., होम 1945 पोल. आई. 44/13ए/45। **फू.चं.जै. फाईल नं.**–(7/558, 7/510, 7/576, 7/592, 6/571)।
20	**सुबोधचन्द्र राय** *सुपुत्र* रातुल चन्द्र राय, निवासी नोवापाड़ा, रावगंज, चिटागांग, आयु 21 वर्ष।	चिटागांग आर्मरी रेड केस, 1932 में धारा 120बी, 302, 395, 396, 436, 126 रेलवे एक्ट, 25 टेलीग्राफ एक्ट, 4 विस्फोटक एक्ट, 19 आर्म्स एक्ट में 23.3.1932 को आजीवन कारावास कैद की सजा हुई। 22 जुलाई, 1932 में अंडमान भेजने का आदेश हुआ। 1937–38 में अंडमान जेल से वापस भारत की जेल में भेजने का आदेश हुआ। इनका ढाका सेंट्रल जेल का बंदी नं. 3230 था। अंडमान जेल में 1937 में 37 दिन की भूख–हड़ताल की। **संदर्भ** : सेलुलर जेल की सूची का पृष्ठ नं. 19, संख्या नं. 303–बंगाल। अंडमान जेल की पुस्तक सूची में ये नाम सुबोधराय छपा है। **सरकारी फाईल नं.** –होम 1932 जेल. के. डब्ल्यू. 70 जेल.। **फू.चं.जै. फाईल नं.**–(7/556, 7/506, 7/576, 7/592)।
206	**सूरजनाथ चौबे–विद्यार्थी** *सुपुत्र* गौरीशंकर चौबे, निवासी मझौली, थाना शाहपुर, जिला शाहबाद, आयु 20 वर्ष।	पटना षड्यंत्र केस–1931–32 में क्रांतिकारी षड्यंत्र की रचना, विस्फोटक व शस्त्रों के संग्रह के आरोप में 19एफ आर्म्स एक्ट 4, 5 विस्फोटक एक्ट और 121 के अंतर्गत पहली सजा 11.9.1931 को हुई। दूसरी सजा 9.6.1932 को 3+7 वर्ष यानी कुल 10 वर्ष कैद की सजा हुई। 5.4.1934 को अंडमान जेल में भेजने का आदेश हुआ। 1937–38 में अंडमान जेल से भारत की जेल में भेजने का आदेश हुआ। इनका हजारीबाग सेंट्रल जेल का बंदी नं. 10502 था। अंडमान जेल की पुस्तक सूची में सूरजनाथ चौरे छपा है, जो गलत प्रतीत होता है। सूरजनाथ चौबे अंडमान भेजे जाने के समय 24 वर्ष के थे। जून, 1931 में ये हजारीलाल के साथ गिरफ्तार किए गए थे। हजारीलाल के बम विस्फोट से एक सब इन्स्पेक्टर पुलिस मारा गया था। उसी अभियोग में षड्यंत्र करने के सहयोग के आरोप में और बाद में पटना षड्यंत्र केस में मृत्युदंड दे दिया गया। परन्तु हाईकोर्ट ने आजीवन कैद कर दी। बांकीपुर जेल से 10.7.1932 को हजारी बाग जेल में आए थे, 5.4.1934 को अंडमान जेल में भेजने का आदेश हुआ। ये बिहार क्रांतिकारी दल के बहुत प्रमुख नेता थे।

पी.आई.नं.	बंदी का नाम व पता	विशेष टिप्पणी
		संदर्भ : सेलुलर जेल की सूची का पृष्ठ नं. 9, संख्या नं. 19—बिहार। **सरकारी फाईल नं.**—होम 1932 जेल. के. डब्ल्यू. 70 जेल., होम 1931 पोल 18/6/31 फोर्टनाइटली, जून 1931, होम 1934 जेल. 5/14/34 जेल, होम 1945 पोल. आई. 44/13ए/45। **फू.चं.जै. फाईल नं.**—(7/581, 7/578, 7/470, 6/570)।
62	**सुरेन्द्रचन्द्र अचर्जी** *सुपुत्र* रामनाथ अचर्जी, निवासी सराचर बाजीतपुर, मैमनसिंह, आयु 27 वर्ष।	मैमनसिंह में डकैती के षड्यंत्र—1932 में धारा 395/120बी, 395 के अंतर्गत 31.5.1932 को 5—5 वर्ष कैद की सजाएं हुई। फरवरी, 1933 में अंडमान जेल में भेजने का आदेश हुआ। इनका मिदनापुर सेंट्रल जेल का बंदी नं. 3830 था। **संदर्भ** : सेलुलर जेल की सूची का पृष्ठ नं. 19, संख्या नं. 321—बंगाल। अंडमान की पुस्तक में ये नाम सुरैन अचरी छपा है। **सरकारी फाईल नं.** —होम 1932 जेल. के. डब्ल्यू. 70 जेल.। **फू.चं.जै. फाईल नं.**—(7/549, 7/501)।
333	**सुरेन्द्रचन्द्र धानिक** *सुपुत्र* गारूचरण धानिक, निवासी बराई गांव, शिवपुर, ढाका, आयु 19 वर्ष।	ढाका शस्त्र षड्यंत्र केस—1934 में धारा 19एफ/120बी में 16.7.1934 को 5 वर्ष की कैद हुई। 1.3.1936 को अंडमान जेल में भेजने का आदेश हुआ। इनका मिदनापुर सेंट्रल जेल का बंदी नं. 9040 था। **संदर्भ** : सेलुलर जेल की सूची का पृष्ठ नं. 19, संख्या नं. 322—बंगाल। अंडमान पुस्तक सूची में नाम सुरेन्द्र धानिक छपा है। **सरकारी फाईल नं.** —होम 1932 जेल. के. डब्ल्यू. 70 जेल., होम 1936 जेल. 5/36 जेल.। **फू.चं.जै. फाईल नं.**—(7/698, 7/850, 7/586, 7/590)।
373	**सुरेन्द्रधर चौधरी** *सुपुत्र* विपिन—चन्द्रधर चौधरी, इंश्योरेंस एजेंट, निवासी चकना कस्बा, तिप्परा, आयु 25 वर्ष।	इंटर प्राविंशियल षड्यंत्र केस में सम्राट की सरकार के विरुद्ध विद्रोह के षड्यंत्र में धारा 19 आर्म्स एक्ट/120बी, 121ए में पहली सजा 28.2.1933, को 4 वर्ष तथा दूसरी सजा 1.5.1935 को 6 वर्ष कैद की सजा हुई। 16.8.1936 को अंडमान जेल में भेजने का आदेश हुआ। 1937 में अंडमान जेल से वापस भारत की जेल में भेजने का आदेश हुआ। इनका अलीपुर सेंट्रल जेल का बंदी नं. 9533 था। अंडमान जेल में 37 दिन की भूख—हड़ताल की और 1939 में बंगाल में 36 दिन की भूख—हड़ताल की। अनुशीलन पार्टी के सदस्य थे। जेल से रिहा होते ही नजरबंद कर दिए गए और 1945 में रिहा कर दिए गए।

पी.आई.नं.	*बंदी का नाम व पता*	*विशेष टिप्पणी*
		संदर्भ : अंडमान जेल की सूची का पृष्ठ नं. 20, संख्या नं. 325—बंगाल। **सरकारी फाईल नं.** —होम 1935 पोल. नं. 45/7/35, होम 1937 पोल. आई 45/3/37, होम 1932 जेल. के. डब्ल्यू. 70, होम 1936 जेल. 5/36 जेल., होम 1937 जेल. के. डब्ल्यू. 5/9ए/37। **फू.चं.जै. फाईल नं.**—(5/554 से 579 तक, 6/362 से 370 तक, 7/503, 7/704, 7/656, 7/587, 7/593)।
103	**सुरेन्द्रनाथ दत्ता** *सुपुत्र* गोपालचन्द्र दत्ता, निवासी नं. 8, लालमाधव मुकर्जी लेन, जोरबागान, कलकत्ता, व— बल्सीहार, बरीसल, आयु 27 वर्ष।	कलकत्ता के अफसरों को मारने के षड़्यंत्र में धारा 120बी/4 एक्सप्लोसिव एक्ट व 302 व 19एफ आर्म्स एक्ट में पहली सजा 27.11.1930 को 12 वर्ष कैद व दूसरी सजा 11.3.1933 को 2 वर्ष कैद की सजा हुई। अप्रैल, 1933 में अंडमान जेल में भेजने का आदेश हुआ। इनका अलीपुर सेंट्रल जेल का बंदी नं. 3050 था। **संदर्भ** : सेलुलर जेल की सूची का पृष्ठ नं. 19, संख्या नं. 323—बंगाल। **सरकारी फाईल नं.** —होम 1930 पोल. 471/30, होम 1932 पोल. 4/52/32, सीरियल नं. 1—6, होम 1932 जेल. के. डब्ल्यू. 70 जेल.। **फू.चं.जै. फाईल नं.**—(3/369, 6/262, 7/578, 7/522, 7/507, 7/591, 6/224, 7/561, 7/556)।
178	**सुरेन्द्रनाथ दत्ता गुप्ता** *सुपुत्र* राजकुमार दत्ता गुप्ता, निवासी खट्टाली लेन, कलकत्ता, आयु 26 वर्ष।	कलकत्ता में आर्म्स एक्ट में केस—1933 के आरोप में धारा 19एफ, 19ए, 20 आर्म्स एक्ट में 11.10.1933 को 7 वर्ष कैद की सजा हुई। 27.1.1935 को अंडमान जेल में भेजने का आदेश हुआ। 1937—38 में अंडमान जेल से भारत की जेल में भेजने का आदेश हुआ। इनका अलीपुर सेंट्रल जेल का बंदी नं. 4374 था। **संदर्भ** : सेलुलर जेल की सूची का पृष्ठ नं. 19, संख्या नं. 324—बंगाल। **सरकारी फाईल नं.** —होम 1932 जेल. के. डब्ल्यू. 70 जेल., होम 1933 पोल. 18/10/33 फोर्टनाइटली, सितम्बर 1933, होम 1934 जेल. 5/5/34 जेल., होम 1933 पोल. 18/12/33 फोर्टनाइटली, अक्टूबर 1933। **फू.चं.जै. फाईल नं.**—(7/580, 7/592, 7/474, 7/522, 3/433, 3/437)।
307	**सुरेन्द्रनाथ सरखेल**—विद्यार्थी *सुपुत्र* तारिणीचरण सरखेल, निवासी चंडसी, गौरंडी, बरीसल,	सिंघा डकैती व बरीसल पोलिटिकल डकैती—1934 में अवैध शस्त्र रखने के आरोप में धारा 20 आर्म्स एक्ट में पहली सजा, दूसरी सजा 395 में, तीसरी सजा 397/392 में, चौथी सजा 52 प्रिजन एक्ट में हुई। पहली सजा 17.10.1933 में

पी.आई.नं.	*बंदी का नाम व पता*	*विशेष टिप्पणी*
	आयु 25 वर्ष।	7 वर्ष कैद, दूसरी सजा 28.3.1935 को 10 वर्ष कैद, तीसरी सजा 18.3.1935 को 7 वर्ष कैद और चौथी सजा 1 वर्ष कैद की हुई यानी कुल सजा 25 वर्ष की कैद हुई। 1939 में सरकार ने शेष सजाओं को रद्दकर इन्हें सजा समाप्ति की अवधि से पूर्व ही रिहा कर दिया। 1937–38 में अंडमान जेल से भारत की जेल में भेजने का आदेश हुआ। मिदनापुर सेंट्रल जेल का बंदी नं. 8007 था। **संदर्भ** : सेलुलर जेल की सूची का पृष्ठ नं. 20, संख्या नं. 327—बंगाल। **सरकारी फाईल नं.** –होम 1932 जेल. के. डब्ल्यू. 70, होम 1933 पोल. 18/12/33 फोर्टनाइटली, अक्टूबर, 1933 देहली रिकार्ड्स नं. 1, होम 1934 पोल. 18/5/34, होम 1942 पोल. आई. 18/2/42 फोर्टनाइटली, फरवरी, होम 1940 पोल. आई. के. डब्ल्यू. नं. 45/1/40 पार्ट नं. 2, होम 1934 पोल. 27/7/34, होम 1935 जेल. 5/35 जेल., होम 1940 पोल. आई. के. डब्ल्यू. 45/1/40, होम 1944 पोल. आई. 29/9/44। **फू.चं.जै. फाईल नं.**–(7/595, 7/453, 7/501, 3/437, 3/66, 3/94, 7/343, 8/112, 8/121, 8/494)।
79	**सुरेन्द्रमोहन कार राय** *सुपुत्र* बसन्तकुमार कार, निवासी डिझारी, नरिया, फरीदपुर, आयु 30 वर्ष।	चारमुगारिया पोलिटिकल डकैती केस—1932 में डकैती के समय हत्या के आरोप में धारा 396 में 12.5.1932 को आजीवन कारावास यानी 25 वर्ष कैद की सजा हुई। फरवरी, 1933 में अंडमान जेल में भेजने का आदेश हुआ। 1937–38 में वापस भारत की जेल में भेजने का आदेश हुआ। इनका राजशाही सेंट्रल जेल का बंदी नं. 7733 था। 1933 की अंडमान जेल की भूख–हड़ताल में 45 दिन की भूख–हड़ताल की व 1937 में 37 दिन की भूख–हड़ताल की। 1938 में अंडमान जेल से भारत की जेल में वापस आए और अगस्त, 1946 में जेल से रिहा किए गए। मुक्तितीर्थ प्रकाशन के अनुसार मई, 1980 में इनका स्वर्गवास हो गया। 1925 से 1927 की अवधि में बंगाल क्रिमिनल लॉ एक्ट में जेल में नजरबंद रहे। प्रारम्भ में ये मदारीपुर में क्रांतिकारी संगठन–शांति सेना के सदस्य बन गए थे। **संदर्भ** : सेलुलर जेल की सूची का पृष्ठ नं. 20, संख्या नं. 326। **सरकारी फाईल नं.** –होम 1927 पोल. 10/43/27, होम 1927 पोल. 32/27 अक्टूबर, होम 1932 जेल. के. डब्ल्यू. 70 जेल. होम 1932 पोल. 4/15/32। **फू.चं.जै. फाईल नं.**–(2/1006, 3/656, 7/556, 7/508, 6/204, 2/939)।

पी.आई.नं.	*बंदी का नाम व पता*	*विशेष टिप्पणी*
13	**सुरेशचन्द्र दास** *सुपुत्र* रास बिहारी दास, निवासी 27 सैन्टर एवेन्यू कलकत्ता व मुजतबापुर, मदारीपुर, फरीदपुर, आयु 25 वर्ष।	अरमेनियन स्ट्रीट रॉबरी व हत्या केस—1930 में पोलिटिकल डकैती के समय चोट पहुंचाने के आरोप में धारा 394, 302/34 व 324 में 25.12.1930 को आजीवन कैद की सजा और चोट पहुंचाने में 3 वर्ष कैद की सजा हुई। 22.7.1932 को अंडमान जेल में भेजने का आदेश हुआ। 1937—38 में अंडमान जेल से भारत की जेल में भेजने का आदेश हुआ। इनका मिदनापुर सेंट्रल जेल का बंदी नं. 2942 था। अंडमान जेल में मई, 1933 में 45 दिन की भूख—हड़ताल की और 1937 में अंडमान जेल में 37 दिन की भूख—हड़ताल की। जनवरी, 1938 में अंडमान जेल से भारत की जेल में भेजे गए और अगस्त, 1946 में जेल से रिहा किए गए। (मुक्ति तीर्थ से उद्धृत) **संदर्भ** : सेलुलर जेल की सूची का पृष्ठ नं. 20, संख्या नं. 328—बंगाल। **सरकारी फाईल नं.** —होम 1930 पोल. 290/30, फोर्टनाइटली, दिसम्बर 1930, होम 1931 पोल. 18/2/31 फोर्टनाइटली, फरवरी 1931, होम 1932 जेल. के. डब्ल्यू. 70 जेल., होम 1932 जेल. 70 जेल. के. डब्ल्यू.। **फू.चं.जै. फाईल नं.**—(2/1034, 3/488, 3/442, 7/560, 7/512, 7/576)।
377	**सुशील कुमार चक्रवर्ती** उर्फ **अजीत कुमार धर,** *सुपुत्र* मन मोहन चक्रवर्ती, आयु 22 वर्ष।	लैबोन्ग में बंगाल गवर्नर शूटिंग आउट रेज केस—1934 में हत्या के षड़यंत्र के आरोप में धारा 120बी/302 में 12.9.1934 को 12 वर्ष कैद की सजा हुई। 16.8.1936 को अंडमान जेल में भेजने का आदेश हुआ। 1937 में अंडमान जेल से वापस भारत की जेल में भेजने का आदेश हुआ। इनका ढाका सेंट्रल जेल का नंबर 9254 था। अंडमान जेल में 1937 की भूख—हड़ताल में हिस्सा लिया। जनवरी, 1938 में भारत की जेल में भेजे गए। 1939 में जेल से रिहा हुए। इससे पूर्व 1930 के सत्याग्रह में तथा बाद में 1942 के भारत छोड़ो आंदोलन में भी रहे। **संदर्भ** : सेलुलर जेल की सूची का पृष्ठ नं. 20, संख्या नं. 330—बंगाल। **सरकारी फाईल नं.** —होम 1934 पोल. 43/14/34, होम 1932 जेल. के. डब्ल्यू. 70 जेल., होम 1936 जेल. 5/36 जेल., होम 1937 जेल. के. डब्ल्यू. 5/9ए/37 जेल., होम 1942 पोल. आई. 7/13/42। **फू.चं.जै. फाईल नं.**—(3/130, 7/587, 7/592, 7/655, 7/703, 7/529, 6/695)।

पी.आई.नं.	बंदी का नाम व पता	विशेष टिप्पणी
282	**सुशील कुमार डे** *सुपुत्र* शरत चन्द्र डे, निवासी डरेल, थाना बोआलखाली, चिटागांग, आयु 23 वर्ष।	अवैध शस्त्रों के केस में—1934 में धारा 19ए आर्म्स एक्ट में .13.8.1934 को 7 वर्ष कैद की सजा हुई। 1937—38 के मध्य सेलुलर जेल अंडमान से भारत की जेल में भेजने का आदेश हुआ। इनका ढाका जेल का कैदी नं. 9415 था। 1938 में अंडमान जेल से भारत की जेल में आए और 1939 में जेल से रिहा कर दिए गए। रिहाई के साथ ही चिटागांग से निर्वासित कर दिए गए तथा 1940 व 1942 के मध्य इन्हें पुनः गिरफ्तार कर नजरबंद किया गया। चिटागांग आर्मरी रेड केस में इन्होंने नंगलकोट रेलवे स्टेशन के पास रेलवे लाईनों, टेलीग्राफ के खम्बों व तारों को क्षतिग्रस्त किया था, जिससे चिटागांग का सम्पर्क टूट जाए। (मुक्ति तीर्थ) **संदर्भ** : सेलुलर जेल की सूची का पृष्ठ नं. 20, संख्या नं. 332—बंगाल। **सरकारी फाईल नं.** –होम 1932 जेल. के. डब्ल्यू. 70 जेल., होम 1935 जेल. 5/35 जेल.। **फू.चं.जै. फाईल नं.**—(7/584, 7/592, 1/496, 7/449, 7/497)।
8	**सुशीलकुमार दासगुप्ता**— विद्यार्थी *सुपुत्र* मोहिनी मोहन दासगुप्ता, निवासी कालिया, नारागटी, जयसौर व हलाटली, कोतवाली, रंगपुर, आयु 23 वर्ष।	राजशाही के समीप डाक ले जाने वाली बस को 1932 में लूटने के आरोप में धारा 394/395—120बी में पहली सजा 24.2.1930 को व धारा 224 में दूसरी सजा 13.5.1932 को 6+1 वर्ष की कैद की सजा हुई। बरीसल में पार्टी 22.7.1932 को अंडमान जेल में भेजने का आदेश हुआ। ये शंकर मठ के सदस्य थे। अंडमान जेल में 1933 की 45 दिन की भूख—हड़ताल की। मिदनापुर सेंट्रल जेल से भाग जाने के आरोप में ये 2 माह 12 दिन जेल से फरार रहे। इनका मिदनापुर सेंट्रल जेल का बंदी नं. 8798 था। **संदर्भ** : सेलुलर जेल की सूची का पृष्ठ नं. 20, संख्या नं. 331—बंगाल। अंडमान जेल में नाम सुशीलदास गुप्ता छपा है। **सरकारी फाईल नं.** –होम 1932 जेल. के. डब्ल्यू. 70 जेल., होम 1930 पोल. 290/30। **फू.चं.जै. फाईल नं.**—(7/559, 7/511, 2/1034)।
240	**सुशील कुमार बैनर्जी** *सुपुत्र* सतीश चन्द्र बैनर्जी। निवासी 18/1, गोपीचंद्र सेन, हावड़ा, कलकत्ता, आयु 23 वर्ष।	कलकत्ता में अवैध शस्त्र पकड़े गए और 1933—34 में धारा 20 आर्म्स एक्ट में इन्हें 16.3.1934 को 5 वर्ष कैद की सजा हुई। 1937 में अंडमान जेल से भारत की जेल में भेजने का आदेश हुआ। इनका अलीपुर सेंट्रल जेल का बंदी नं. 8199 था।

पी.आई.नं.	*बंदी का नाम व पता*	*विशेष टिप्पणी*
		1930 के नमक सत्याग्रह आंदोलन में भी ये जेल में गए थे। स्कूल में पढ़ते समय भी इनका क्रांतिकारियों से सम्पर्क हो गया था और उनकी गतिविधियों में भाग लेने लगे थे। अंडमान जेल में 1937 की दूसरी भूख–हड़ताल में 37 दिन की भूख– हड़ताल की और 1937 के अन्त में भारत की जेल में भेज दिए गए। 1938 के अंत में जेल से रिहा हुए। (मुक्ति तीर्थ से उद्धृत) **संदर्भ** : सेलुलर जेल की सूची का पृष्ठ नं. 20, संख्या नं. 329–बंगाल। **सरकारी फाईल नं.** –होम 1927 पोल. 10/43/27, होम 1927 पोल. 32/27, होम 1932 पोल. सीक्रेट के. डब्ल्यू. नं. 31/27/32, होम 1934 पोल. 18/3/34, होम 1935 जेल. 5/35 जेल. । **फू.चं.जै. फाईल नं.**–(2/1005, 3/646, 3/377, 3/88, 7/487)।
184	**शैलेषचन्द्र राय** *सुपुत्र* बैकुण्ठानाथ राय, निवासी कलपाड़ा, रामगंज, नौवाखाली, आयु 19 वर्ष।	चिटागांग जेल में बंदियों को छुड़ाने की योजना–1933 में अवैध शस्त्र व विस्फोटक पदार्थों का संग्रह करने के आरोप में धारा 4बी व 5 विस्फोटक एक्ट व 19एफ, 20 आर्म्स एक्ट में 14.8.1933 को 7 वर्ष कैद की सजा हुई। 27.1.1935 को अंडमान जेल में भेजने का आदेश हुआ। 1937–38 में अंडमान जेल से भारत की जेल में भेजने का आदेश हुआ। इनका अलीपुर सेंट्रल जेल का बंदी नं. 3390 था। 20.3.1933 को चिटागांग आर्मरी रेड केस के प्रमुख नेता सूर्यसेन से चिटागांग जेल में सम्पर्क करने के लिए अभियुक्त शैलेषचन्द्र राय ने लाल डिग्घी के किनारे पर जो चिटागांग जेल के सामने था, जेल वार्डर से बात करते हुए गिरफ्तार किए गए थे और इनके क़ब्जे से पिस्तौल व विस्फोटक पदार्थ बरामद हुए थे। बक्सीरहट बम रिवॉल्वर केस में शैलेषचन्द्र राय को 7 वर्ष कैद व दूसरे सहयोगी अभियुक्त को बोस्टल जेल की सजा हुई थी। 29.7.1932 को ई.बी. एल्शिन असिस्टेंट सुपरिन्टेन्डेंट पुलिस को गोली मारकर हत्या करने वालों में भी थे। हत्या के बाद बचकर निकल गए थे। **संदर्भ** : सेलुलर जेल की सूची का पृष्ठ नं. 18–बंगाल। अंडमान पुस्तक सूची में ये नाम शैलेष दत्ता छपा है। जो कि पी. आई.नं. 138 का है। अंडमान पुस्तक सूची में शैलेष चन्द्र राय के नाम की कोई प्रविष्टि नहीं मिली। **सरकारी फाईल नं.** –होम 1932 जेल. के. डब्ल्यू. 70 जेल., होम

पी.आई.नं.	*बंदी का नाम व पता*	*विशेष टिप्पणी*
		1933 पोल. 18/5/33 फोर्टनाइटली, अप्रैल 1933, होम 1933 पोल. 18/10/33 फोर्टनाइटली, सितम्बर 1933, होम 1934 जेल. 5/5/34, होम 1933 पोल. 42/3/33। **फू.चं.जै. फाईल नं.**–(7/580, 7/475, 7/592, 7/523, 3/433, 2/758, 2/749)।
138	**शैलेषचन्द्र दत्ता** *सुपुत्र* बंगा चन्द्र दत्ता, निवासी बागल गांव, मनोहर डी, आयु 20 वर्ष।	मैमनसिंह पोलिटिकल डकैती केस–1932 में धारा 395, 120 बी/395 में 1.7.1932 को 7 वर्ष कैद की सजा हुई। 3.9.1933 को अंडमान जेल में भेजने का आदेश हुआ। 1937–38 में अंडमान जेल से वापस भारत की जेल में भेजने का आदेश हुआ। इनका मिदनापुर सेंट्रल जेल का बंदी नं. 3881 था। 10.2.1932 को 13–14 सशस्त्र युवकों ने भवानीपुर थाना कुलियारचार में गगनचन्द्र दास के मकान में 3,643 रुपये 6 आने लूट लिए और एक बंदूक भी ले गए। 4.7.1932 को स्पेशल ट्रिब्यूनल मैमनसिंह की अदालत से अभियुक्तों को सजाएं हुईं। **संदर्भ** : सेलुलर जेल की सूची का पृष्ठ नं. 18, संख्या नं. 274–बंगाल। अंडमान जेल में नाम शैलेष दत्त छपा है। **सरकारी फाईल नं.** –होम 1932 पोल. 18/10/32 फोर्टनाइटली, जुलाई, 1932 देहली रिकॉर्ड नं. 2, कोन्फिडेन्शियल, होम 1932 जेल. के. डब्ल्यू. 70 जेल., होम 1937 पोल. आई. 24/14/37। **फू.चं.जै. फाईल नं.**–(7/579, 7/591, 7/566, 7/518, 7/666, 7/381, 3/393, 7/656)।
169	**हजारासिंह** *सुपुत्र* राजा सिंह उर्फ **बन्ता सिंह** उर्फ **करियादेव**, निवासी गांव मलड़ी, जिला होशियारपुर, तहसील उन्ना।	उटाकमाण्ड पोलिटिकल बैंक डकैती केस–1933 में धारा 109, 395, 397 में 7.7.1933 को आजीवन कैद की सजा हुई। 1934 के प्रारंभ में अंडमान जेल में भेजे गए। 1937 में वापस अंडमान जेल से भारत की जेल में भेजने का आदेश हुआ। अंडमान जेल में 1937 की भूख–हड़ताल में 37 दिन की भूख–हड़ताल की। **संदर्भ** : सेलुलर जेल की सूची का पृष्ठ नं. 8, संख्या नं. 1–पंजाब। **सरकारी फाईल नं.** –होम 1932 जेल. के. डब्ल्यू. 70 जेल. होम 1933 पोल. 18/12/33, फोर्टनाइटली, अक्टूबर 1933 देहली रिकॉर्ड 1। **फू.चं.जै. फाईल नं.**–(7/580, 7/590, 3/435)।

पी.आई.नं.	बंदी का नाम व पता	विशेष टिप्पणी
149	**हृदयकान्त दास** *सुपुत्र* रती कान्त दास, निवासी कोरक डी, बलियाकन्डी, फरीदपुर, आयु 23 वर्ष।	कोमिला डकैती केस—1932 में डकैती के लिए षड्यंत्र की तैयारी करने के आरोप में धारा 399, 120बी/115 में 23.12.1932 को 4+1 वर्ष कैद की सजा हुई। 3.9.1933 को अंडमान जेल में भेजने का आदेश हुआ। इनका अलीपुर सेंट्रल जेल का बंदी नं. 8673 था। 30.12.1932 को धारा 399 में फरीदपुर स्पेशल मजिस्ट्रेट ने हरम्बा चन्द्र राय चौधरी को 3 वर्ष कैद की सजा, सचिन्द्रनाथ मित्रा को 5 वर्ष कैद की सजा, रविन्द्रनाथ गुहा को धारा 399/120बी में 5 वर्ष कैद की सजा हुई। ये इन्टर क्लास तक पढ़ाई की। अनुशीलन समिति के सदस्य थे। अप्रैल, 1932 में ये गिरफ्तार किए गए और 5 वर्ष की सजा होने के बाद अंडमान जेल में भेज दिए गए। सजा की समाप्ति से पूर्व 1936 में अंडमान जेल से वापस भारत की जेल में भेज दिए गए और सजा की समाप्ति के बाद जेल से रिहा होने के बाद लगभग एक वर्ष तक अपने क्षेत्र में पाबंद कर दिए गए। मुक्ति तीर्थ के प्रकाशन के अनुसार 24.8.1964 को स्वर्गवास हो गया। **संदर्भ** : सेलुलर जेल की सूची का पृष्ठ नं. 13, संख्या नं. 121—बंगाल। अंडमान पुस्तक सूची में नाम हृदय दास छपा है। **सरकारी फाईल नं.** –होम 1932 पोल. 18/15/32 फोर्टनाइटली, दिसम्बर 1932, होम 1932 जेल. के. डब्ल्यू. 70 जेल.। **फू.चं.जै. फाईल नं.**–(7/567, 7/519, 3/409)।
56	**हृदयरंजन दास** *सुपुत्र* नित्यानंद दास, निवासी पटौदिया, बंशखाली, चिटागांग, आयु 25 वर्ष।	चिटागांग में विस्फोटक षड्यंत्र—1931 में धारा 5 व 6 विस्फोटक एक्ट व 19एफ आर्म्स एक्ट में 14.10.1931 को 5 वर्ष कैद की सजा हुई। 17.11.1932 को अंडमान जेल में भेजने का आदेश हुआ। इनका ढाका सेंट्रल जेल का बंदी नं. 2201 था। चिटागांग विस्फोटक एक्ट केस में मुकदमा 11 व्यक्तियों के विरुद्ध ट्रिब्यूनल के सामने पेश हुआ था। इनके विरुद्ध धारा 4, 5, 6 विस्फोटक एक्ट व 19 आर्म्स एक्ट व 120बी में मुकदमा चला था। इस योजना में डायनामाईट विस्फोट से विस्फोट पर कैदियों को जेल से छुड़ाया था। (मुक्ति तीर्थ से उद्धृत) **संदर्भ** : सेलुलर जेल की सूची का पृष्ठ नं. 13, संख्या नं. 122—बंगाल। **सरकारी फाईल नं.** –होम 1932 पोल. 4/52/32 सीरियल नं. 1–6, होम 1932 जेल. के. डब्ल्यू.

पी.आई.नं.	*बंदी का नाम व पता*	*विशेष टिप्पणी*
		70 जेल. होम 1933 जेल. 11/1/33 जेल.। **फू.चं.जै. फाईल नं.**–(7/544, 7/496, 6/258, 7/629)।
215	**हरबन्धु समझदार** *सुपुत्र* आनन्दचरण समझदार, निवासी सिंगलड्डा, थाना गोसेरहाट, फरीदपुर।	दिल्ली में ट्रैफिक सिपाही का रिवॉल्वर छीनने के आरोप में धारा 394 व आर्म्स एक्ट में 26.1.1933 को 7 वर्ष कैद की सजा हुई। 23.2.1935 में अंडमान जेल में भेजने का आदेश हुआ। 2.12.1937 में उन्हें भारत की जेल में भेजा गया था। हरबन्धु समझदार की पार्टी का सम्पर्क कलकत्ता, इलाहाबाद, मेरठ, हरदोई, कानपुर, पंजाब व दिल्ली में भी था। दिल्ली में चिरंजीलाल पालीवाल व फतेहचन्द जैन से सम्पर्क में थे। भगवान सहाय उर्फ मौला घटना वाले दिन गणपतलाल गुप्ता और एक अन्य बंगाली युवक को लेकर कुर्सीयाबाग के चौराहे पर 20.7.1932 को जो ट्रैफिक का सिपाही खड़ा था उसका रिवॉल्वर छीनने का प्रयास किया परन्तु अचानक एक कार के आ जाने से ये घबराकर अपनी साईकिलें छोड़कर भाग गए और साईकिलों के आधार पर बाद में गिरफ्तारी हो गई। 1941 में देवली कैंप जेल में भी नजरबंद रहे। दिल्ली 25.7.1932 को रिवॉल्वर सहित फतेहपुरी चांदनी चौक में गिरफ्तार किए गए थे और 26.1.1933 को 3 वर्ष कैद हुई थी। दिल्ली जेल में कैदी नं. 3374 था। 30.1.1934 को मेरठ जेल में भेज दिए गए। मेरठ जेल में कैदी नं. 6830 था और फिर 20.9.1934 को मेरठ से दिल्ली जेल आए तो कैदी नं. 7427 था, दिल्ली जेल से 25.9.1934 को न्यू सेंट्रल जेल मुलतान भेज दिए गए। मुलतान से डमडम और फिर अंडमान आए। अंडमान जेल से डमडम जेल आए,कैदी नं. 9761 था। सजा पूरी होने पर 4.12.1939 को इनको जेल से रिहा किया गया। **संदर्भ** : सेलुलर जेल की सूची का पृष्ठ नं. 8, संख्या नं. 2–दिल्ली। **सरकारी फाईल नं.** –होम 1931 पोल. 31/88/32, होम 1932 जेल. के. डब्ल्यू. 70 जेल., होम 1937 पोल. 22/39/37, होम 1941 पोल. आई.43/65/41 व के, डब्ल्यू.। **फू.चं.जै. फाईल नं.**–(2/942, 7/581, 7/594, 6/1, 7/683)।
96	**हरीकृष्ण खार** उर्फ **हरेकृष्णा कोनार** उर्फ **हरेकृष्ण कोर** *सुपुत्र* शरतचन्द्र खार/ शरतचंद्र कोनार,	बर्दवान पोलिटिकल डकैती–1933 में धारा 304 में 20.1.1933 को 6 वर्ष कैद की सजा हुई। फरवरी, 1933 में अंडमान जेल में भेजने का आदेश हुआ। अंडमान जेल में मई, 1933 में 45 दिन की भूख–हड़ताल की और सजा की समाप्ति के

पी.आई.नं.	बंदी का नाम व पता	विशेष टिप्पणी
	बर्दवान, निवासी मेमारी, जन्म 5.8.1915	समय अंडमान जेल से वापस भारत की जेल में भेजे गए और 1938 में रिहा कर दिए। इन्होंने किसान आंदोलन में भी सक्रिय योग दिया। इनका मिदनापुर सेंट्रल जेल का बंदी नं. 5335 था। 10.9.1932 को 45 शस्त्रमय युवकों ने गांव बंगतिया थाना मैमारी में अम्बालिका देवी के मकान पर घुसकर 1,013 रुपये 8 आने लूटे। मुकाबले के समय एक ग्रामीण गोली से मारा गया। ग्रामीणों ने पीछा करके हरेकृष्ण कोर को पकड़ लिया। 1930 के सत्याग्रह आंदोलन में अन्य विद्यार्थियों के साथ गिरफ्तार किए गए। 10.9.1932 को जब मैमारी बर्दवान के डाके में सहयोग दिया तो उस समय ये बगावाशी कॉलेज के विद्यार्थी थे। दूसरा महायुद्ध छिड़ने पर 1940 नजरबंद कर दिए। मुक्ति तीर्थ के अनुसार 25.7.1974 को इनका स्वर्गवास हुआ। **संदर्भ** : सेलुलर जेल की सूची का पृष्ठ नं. 12, संख्या नं. 106–बंगाल। पुस्तक में नाम हरेकृष्णा कोनार छपा है। **सरकारी फाईल नं.** –होम 1932 जेल. के. डब्ल्यू. 70 जेल. होम 1937 पोल. आई. 24/4/37। **फू.चं.जै. फाईल नं.**–(7/554, 7/506, 6/254, 7/383)।
230	**हरीदास शाह** *सुपुत्र* लालमोन शाह, निवासी गयबंडा, जिला रंगपुर, आयु 23 वर्ष।	नलडंगा डकैती केस–1933–34 में डकैती लूट के षड्यंत्र में धारा 120बी/395, 10बी, आर्म्स एक्ट में 8.1.1934 को 6 वर्ष सख्त कैद की सजा हुई। 23.2.1935 को 10वें जत्थे में अंडमान जेल में भेजने का आदेश हुआ। 1937 में भारत की जेल में अंडमान जेल से भेजने का आदेश हुआ। इनका राजशाही सेंट्रल जेल कैदी नं. 2692 था। ये युगान्तर पार्टी के सदस्य थे, 1937 की अंडमान की भूख–हड़ताल में 37 दिन की भूख–हड़ताल की, 1937 के अन्त में अंडमान जेल से भारत की जेल में भेज दिए गए। **संदर्भ** : सेलुलर जेल की सूची का पृष्ठ नं. 13, संख्या नं. 109–बंगाल। **सरकारी फाईल नं.** –होम 1933 जेल्स. नं. 5/35 जेल्स., होम 1937 पोल. आई. 24/4/37, होम 1937 जेल्स. के. डब्ल्यू. 5/9ए/37 जेल्स.। **फू.चं.जै. फाईल नं.**–(7/485, 7/384, 7/528)।
381	**हरीपद डे**–विद्यार्थी *सुपुत्र* राजेन्द्रकिशोर डे,	इंटर प्राविन्शल षड्यंत्र केस–1936 में सम्राट की सरकार के विरुद्ध विद्रोह के आरोप में धारा 224, 143/353, 121ए,

पी.आई.नं.	बंदी का नाम व पता	विशेष टिप्पणी
	निवासी मैडिवी, मंडल, लोहागंज, ढाका, आयु 27 वर्ष।	147, 353, 325 में पहली सजा 3.10.1934 को, दूसरी सजा 11.3.1935 को, तीसरी सजा 1.5.1935 को, चौथी सजा 23.10.1935 को 2 वर्ष + 2 माह + 7 वर्ष + 2 वर्ष कुल सजा 11 वर्ष 6 माह की हुई। 16.8.1936 को अंडमान जेल में भेजने का आदेश हुआ। 1937 में अंडमान जेल से वापस भारत की जेल में भेजने का आदेश हुआ। इनका मिदनापुर सेंट्रल जेल का बंदी नं. 191 था। अंडमान जेल में 37 दिन की व बंगाल में 1939 को 36 दिन की भूख–हड़ताल हुई थी। जुलाई, 1934 में अलीपुर जेल से पूर्णानन्द दासगुप्ता व 2 अन्यों के साथ फरार हो गए, 1946 में जेल से रिहा हुए। **संदर्भ** : सेलुलर जेल की सूची का पृष्ठ नं. 13, संख्या नं. 115–बंगाल। **सरकारी फाईल नं.** –1932 जेल के. डब्ल्यू. 70, होम 1934 पोल. 18/4/34, 1936 जेल. 5/36, जेल. 1937 जेल. के. डब्ल्यू. 5/9ए/37 जेल., होम 1942 पोल. आई. 7/13/42। **फू.चं.जै. फाईल नं.**–(7/706, 7/658, 3/90, 6/691, 7/530, 7/587)।
132	**हरीपद चौधरी** उर्फ **हरीपद चक्रवर्ती** *सुपुत्र* अक्षय कुमार चौधरी, निवासी मदनपोर, कोटालीपारा, फरीदपुर या 7/2 ए. तेलीपाडा लेन, कलकत्ता, आयु 19 वर्ष।	कलकत्ता में सर एल्फ्रेड वाटसन स्टेट्समैन के संपादक पर घातक आक्रमण करने के प्रयास में धारा 4 विस्फोटक एक्ट व 20 आर्म्स एक्ट में 24.11.1932 को 10 वर्ष आजीवन कारावास कैद की सजा हुई। 3.9.1933 को अंडमान जेल में भेजने का आदेश हुआ। 1937–38 में अंडमान जेल से भारत की जेल में वापस भेजने का आदेश हुआ। इनका राजशाही सेंट्रल जेल का बंदी नं. 8428 था। अंडमान जेल की 1937 की भूख–हड़ताल में 37 दिन की भूख–हड़ताल की। 1938 में अंडमान जेल से भारत की जेल में आए और 1939 में जेल से रिहा कर दिए गए, 1941 में भी कुछ सप्ताह के लिए पुलिस ने गिरफ्तार किया। (मुक्ति तीर्थ से उद्धृत) **संदर्भ** : सेलुलर जेल की सूची का पृष्ठ नं. 13, संख्या नं. 114–बंगाल। **सरकारी फाईल नं.** –होम 1932 पोल. 18/14/32 फोर्टनाइटली, नवम्बर, होम 1932 जेल. के. डब्ल्यू. 70 जेल. । **फू.चं.जै. फाईल नं.**–(7/519, 7/590, 7/563, 7/515, 3/405)।
344	**हरीपद बैनर्जी** *सुपुत्र* अमृतलाल बैनर्जी, निवासी	सूरी वीरभूम पोलिटिकल डकैती केस–1935 में धारा 121ए, 147/353 में, 52 प्रिजन एक्ट में पहली सजा 24.9.1934,

पी.आई.नं.	*बंदी का नाम व पता*	*विशेष टिप्पणी*
	शिमलाघर, मंडुवा, आसनसोल बर्मा, हुगली, आयु 22 वर्ष।	दूसरी सजा 10.11.1934, तीसरी सजा 27.2.1935 को 4 वर्ष 6 माह कैद की सजा, 6 माह की सजा और 20 बेतों की सजा का आदेश हुआ। 1937–38 में वापस भारत की जेल में भेजने का आदेश हुआ। इनका सेंट्रल जेल का बंदी नं. 9638 था। विपिन बिहारी गांगुली की युगान्तर पार्टी में थे। 1937 की अंडमान जेल की भूख–हड़ताल में 37 दिन की भूख–हड़ताल की। 1938 में अंडमान से वापस भारत की जेल में आए और रिहा कर दिए गए। दूसरा महायुद्ध छिड़ने पर दो वर्ष तक फिर नजरबंद कर दिए गए। (मुक्ति तीर्थ से उद्धृत) **संदर्भ** : सेलुलर जेल की सूची का पृष्ठ नं. 13, संख्या नं. 111–बंगाल। **सरकारी फाईल नं.** –होम 1932 जेल. के. डब्ल्यू. 70 जेल., होम 1934 पोल. 45/46/34, होम 1936 जेल. 5/36 जेल., होम 1942 पोल. आई. 7/13/42। **फू.चं.जै. फाईल नं.**–(7/586, 7/700, 7/592, 7/652, 3/106, 7/700, 6/695)।
275	**हरीपद बोस** *सुपुत्र* गंगाप्रसाद बोस, निवासी देओभोग, पालौंग, फरीदपुर, आयु 23 वर्ष।	हिल्ली डकैती केस–1934 में डकैती के षड्यंत्र के आरोप में धारा 120बी में 27.2.1934 को 10 वर्ष कैद की सजा हुई। 1937–38 में अंडमान जेल से भारत की जेल में भेजने का आदेश हुआ। बंदी नं. 8130 हरीपद बोस आत्मज गंगा प्रसाद बोस ढाका सेंट्रल जेल से 10.11.1934 को अलीपुर सेंट्रल जेल में आए। अलीपुर सेंट्रल जेल का बंदी नं. 2953 था। अंडमान जेल में 1937 में 37 दिन की भूख–हड़ताल की और डमडम जेल में भी 36 दिन की भूख–हड़ताल की। रिहाई के बाद दो वर्ष तक नजरबंद रहे। **संदर्भ** : सेलुलर जेल की सूची का पृष्ठ नं. 13, संख्या नं. 112–बंगाल। **सरकारी फाईल नं.** –होम 1934 जेल. 5/5/1934 जेल., होम 1934 पोल. 18/9/34, होम 1935 जेल. 5/35 जेल., होम 1932 जेल. के. डब्ल्यू. 70 जेल.। **फू.चं.जै. फाईल नं.**–(7/525, 3/99, 3/115, 7/496, 7/591, 7/583, 7/525)।
12	**हरीपद भट्टाचार्य** *सुपुत्र* अम्बिकाचरण भट्टाचार्य, कविराज, निवासी अलकुलिक, बोआलिया, चिटागांग, आयु 16 वर्ष।	चिटागांग आर्मरी रेड केस–1932 में एहसानउल्ला प्रोसिक्युटर की हत्या करने के आरोप में धारा 302 व 19एफ, 20 आर्म्स एक्ट में 4.1.1932 को आजीवन कैद की सजा हुई। 22.7.1932 को अंडमान जेल में भेजने का आदेश हुआ। 1937–38 में अंडमान जेल से वापस भारत की जेल में भेजने का आदेश हुआ।

पी.आई.नं.	*बंदी का नाम व पता*	*विशेष टिप्पणी*
		इनका मिदनापुर सेंट्रल जेल का बंदी नं. 981 था। 1937 में अंडमान जेल में 37 दिन की भूख–हड़ताल की। अंडमान जेल से वापसी पर 1939 में अलीपुर सेंट्रल जेल में 36 दिन की भूख–हड़ताल की। **संदर्भ** : सेलुलर जेल की सूची का पृष्ठ नं. 13, संख्या नं. 113–बंगाल। **सरकारी फाईल नं.** –होम 1931 पोल. 18/10/31 फोर्टनाइटली, अक्टूबर 1931, होम 1931 पोल. 18/12/31, फोर्टनाइटली, दिसम्बर 1931, होम 1932 पोल. 4/48/32, होम 1932 जेल. के. डब्ल्यू. 70 जेल., होम 1933 जेल. 11/1/33 जेल., होम 1937 जेल. के. डब्ल्यू. 5/9ए/37 जेल., होम 1942 पोल. आई. 7/13/42, होम 1945 पोल. आई. 44/13ए/45। **फू.चं.जै. फाईल नं.**–(3/466, 3/471, 3/643, 7/559, 7/511, 7/626, 7/527, 6/691, 6/571)।
162	**हरीबोल चक्रवर्ती** उर्फ **काली कुमार चक्रवर्ती** उर्फ **हरीबल चक्रवर्ती** *सुपुत्र* राजेन्द्र चक्रवर्ती उर्फ मेघू चक्रवर्ती, निवासी गायरगांव, उस्टी, गफ्फारगांव, आयु 24 वर्ष।	कमालपुर डकैती केस में हत्या का प्रयास–1933 के आरोप में धारा 395, 395/120बी में 19.4.1933 को 7 वर्ष कैद हुई। 31.12.1933 को अंडमान जेल में छठे बैच के साथ भेजने का आदेश हुआ। 1937 में अंडमान जेल से वापस भारत की जेल में भेजने का आदेश हुआ। इनका अलीपुर सेंट्रल जेल का बंदी नं. 2718 था। ये 15 वर्ष की आयु से ही युगान्तर पार्टी में काम करते थे। **संदर्भ** : सेलुलर जेल की सूची का पृष्ठ नं. 13, संख्या नं. 108–बंगाल। **सरकारी फाईल नं.** –होम 1932 जेल. के. डब्ल्यू. 70 जेल., होम 1937 पोल. आई. 24/4/37, होम 1937 जेल. के. डब्ल्यू. 5/9ए/37 जेल.। **फू.चं.जै. फाईल नं.**–(7/579, 7/591, 7/574, 7/526, 7/384, 7/528)।
362	**ऋषीकेश दत्ता**–विद्यार्थी *सुपुत्र* नन्दलाल दत्ता, निवासी 18/2, बैकुन्टा चैटर्जी लेन, हावड़ा, आयु 22 वर्ष।	हावड़ा अवैध रिवॉल्वर केस–1935 में धारा 20 आर्म्स एक्ट के अंतर्गत 17.4.1935 को 5 वर्ष कैद की सजा हुई। 28.5.1935 को अंडमान जेल में भेजने का आदेश। 1937–38 में अंडमान जेल से वापस भारत की जेल में भेजने का आदेश हुआ। इनका अलीपुर सेंट्रल जेल का बंदी नं. 6528 था। 15.2.1935 को रामक्रिष्टोपुर घाट, हावड़ा पर पुलिस ने सुखदेव दोसद व ऋषीकेश दत्त के मकान से रिवॉल्वर बरामद किया था। अंडमान जेल की जुलाई, 1937 की भूख–हड़ताल में 37 दिन की भूख–हड़ताल की थी, 1937

पी.आई.नं.	बंदी का नाम व पता	विशेष टिप्पणी
		के अंत में अंडमान जेल से भारत की जेल में भेज दिए गए और 1939 में जेल से रिहा हुए। (मुक्ति तीर्थ से उद्धृत) **संदर्भ** : सेलुलर जेल की सूची का पृष्ठ नं. 13, संख्या नं. 125—बंगाल। **सरकारी फाईल नं.** —होम 1932 जेल. के. डब्ल्यू. 70 जेल., होम 1936 जेल. 5/36 जेल., होम 1935 पोल. 24/3/37 जेल.। **फू.चं.जै. फाईल नं.**—(7/587, 7/592, 7/653, 7/375)।
259	**ऋषीकेश बोस**—विद्यार्थी *सुपुत्र* गजेन्द्रमोहन बोस, निवासी 73 बी. अनन्दापालित लेन, कलकत्ता, आयु 20 वर्ष।	अवैध शस्त्र केस—1934 में अवैध शस्त्रों का प्रयोग करने के आरोप में धारा 20 आर्म्स एक्ट, 52 प्रिजन एक्ट में पहली सजा 20.9.1932 को, दूसरी सजा 23.2.1934 को व तीसरी सजा 23.8.1934 को 5 वर्ष + 6 माह + एक वर्ष की कैद हुई यानी 6 वर्ष 6 माह। 1937 की अंडमान जेल में भूख—हड़ताल में 37 दिन की भूख—हड़ताल की। 1937 के अन्त में अंडमान जेल से वापस भारत की जेल में भेजे गए, और जेल से रिहा कर दिए गए। 1942 के भारत छोड़ो आंदोलन में एक वर्ष तक भूमिगत रहकर कार्य किया। 23.9.1932 को प्रेसीडेन्सी जेल से अलीपुर सेंट्रल जेल में आए। इनका अलीपुर सेंट्रल जेल का नं. 6194 था। **संदर्भ** : सेलुलर जेल की सूची का पृष्ठ नं. 13, संख्या नं. 123—बंगाल। अंडमान पुस्तक सूची में ये नाम ऋषीकेश बसु छपा है। **सरकारी फाईल नं.** —होम 1932 जेल. के. डब्ल्यू. 70 जेल., होम 1935 जेल. 5/35 जेल.। **फू.चं. जै. फाईल नं.**—(7/583, 7/292, 7/491)।
273	**ऋषीकेश भट्टाचार्य** विद्यार्थी *सुपुत्र* प्रणेशचन्द्र भट्टाचार्य, निवासी बाड़ा बन्दर, दिनाजपुर, आयु 20 वर्ष।	हिल्ली डकैती केस—1934 में डकैती के समय हत्या के आरोप में धारा 395, 396, 120बी के अंतर्गत 27.2.1934 को पहले मृत्युदंड की सजा हुई, बाद में 25 वर्ष कैद की सजा हुई। 1937—38 में अंडमान जेल से भारत की जेल में भेजने का आदेश हुआ। अंडमान जेल 1937 की भूख—हड़ताल में 37 दिन की भूख—हड़ताल की। जनवरी, 1938 में अंडमान जेल से भारत की जेल में आए। 31.8.1946 को जेल से रिहा हुए। 1946 में तेभागा में किसान आंदोलन में भाग लेने के कारण जेल में भेज दिए गए। मुक्ति तीर्थ के अनुसार जनवरी, 1969 में स्वर्गवासी हो गए। ये अनुशीलन समिति के सदस्य थे और गिरफ्तारी से पूर्व इंटरमीडिएट साइंस के विद्यार्थी थे। (मुक्ति तीर्थ से उद्धृत)

पी.आई.नं.	बंदी का नाम व पता	विशेष टिप्पणी
		संदर्भ : सेलुलर जेल की सूची का पृष्ठ नं. 13, संख्या नं. 124—बंगाल। **सरकारी फाईल नं.** —होम 1932 जेल. के. डब्ल्यू. 70 जेल., होम 1934 पोल. 18/9/34, होम 1934 पोल. 45/49/34 पोल.। **फू.चं.जै. फाईल नं.**—(7/583, 7/591, 7/495, 3/99, 3/115)।
305	**हरीहर दत्त** *सुपुत्र* षष्ठीचरण दत्ता, निवासी कंचना, थाना, सतकानिया, चिटागांग, आयु 36 वर्ष।	बधुवा डकैती केस—1934 में डकैती के आरोप में धारा 395 में 27.8.1934 को आजीवन कारावास कैद की सजा हुई। 1937—38 में अंडमान जेल से वापस भारत की जेल में भेजने का आदेश हुआ। इनका ढाका सेंट्रल जेल का बंदी नं. 9315 था। **संदर्भ** : सेलुलर जेल की सूची का पृष्ठ नं. 13, संख्या नं. 110—बंगाल। **सरकारी फाईल नं.** —होम 1932 जेल. के. डब्ल्यू. 70 जेल., होम 1934 पोल. 45/43/34, होम 1935 जेल. 5/35 जेल., होम 1937 पोल. आई. 24/4/37। **फू.चं.जै. फाईल नं.**—(7/585, 7/453, 7/501, 7/591, 3/70, 7/385)।
318	**हारनचन्द्र खंगर** *सुपुत्र* गिरिशचन्द्र खंगर, निवासी दुबरातपुर, वीरभूम, आयु 25 वर्ष।	वीरभूम षड्यंत्र केस—1934 में सरकार के विरुद्ध षड्यंत्र व डकैती के आरोप में स्पेशल ट्रिब्यूनल वीरभूम की अदालत से धारा 121ए में 24.9.1934 को 6 वर्ष कैद की सजा हुई। 1937—38 में अंडमान जेल से भारत की जेल में भेजने का आदेश हुआ। इनका राजशाही सेंट्रल जेल का कैदी नं. 594 था। अंडमान जेल में 1937 की भूख—हड़ताल में 37 दिन की भूख—हड़ताल की और 1937 के अंत में अंडमान जेल से भारत की जेल में भेज दिए गए। 1939 में जेल से रिहा कर दिए गए। **संदर्भ** : सेलुलर जेल की सूची का पृष्ठ नं. 12, संख्या नं. 105—बंगाल। **सरकारी फाईल नं.** —होम 1932 जेल. के. डब्ल्यू. नं. 70 जेल., होम 1934 पोल. 45/46/34, होम 1935 जेल. 5/35 जेल., होम 1942 पोल. आई. 7/13/42, **फू.चं.जै. फाईल नं.**—(7/585, 7/452, 7/500, 7/590, 3/106, 6/693)।
353	**हरेन्द्र दास** उर्फ **चेतू** *सुपुत्र* हरीशचन्द्र दास, निवासी गोपालपुर, कमरगंज, दिनाजपुर, (पतिरम), आयु 25 वर्ष।	दिनाजपुर डकैती षड्यंत्र केस—1935 में पोलिटिक्ल डकैती के आरोप में धारा 120बी/395 व 120बी/395 में पहली सजा 12.2.1935, दूसरी सजा 19.2.1935, को 7+7 वर्ष कैद की सजा हुई। सजाएं साथ—साथ चलेंगी। 11.5.1935 को अंडमान जेल में भेजने का आदेश हुआ।

पी.आई.नं.	*बंदी का नाम व पता*	*विशेष टिप्पणी*
		इनका मिदनापुर सेंट्रल जेल का बंदी नं. 9735 था। बिल्ला तिलनी व काकना में 1934 में बम व पिस्तौल संगृहित करने के लिए तीन पोलिटिकल डकैतियां डाली गईं, इनमें 17 अभियुक्तों को लंबी–लंबी सजाएं हुई थीं। ये युगान्तर पार्टी के सदस्य थे। अंडमान जेल में 1937 की भूख–हड़ताल में 37 दिन की भूख–हड़ताल की। 1938 के प्रारम्भ में अंडमान जेल से भारत की जेल में भेज दिए गए। मुक्ति तीर्थ प्रकाशन के अनुसार 4.3.1982 को स्वर्गवासी हो गए। (मुक्ति तीर्थ के अनुसार) **संदर्भ** : अंडमान पुस्तक सूची में पृष्ठ 12 पर क्रम 107 पर हरेन्द्रनाथ दारा गंडल छपा है परन्तु हरेन्द्र दास उर्फ चेतू के नाम की कोई प्रविष्टि नहीं है। **सरकारी फाईल नं.** –होम 1936 जेल. 5/36 जेल., होम 1932 जेल. के. डब्ल्यू. 70 जेल., होम 1936 पोल. 45/8/36। **फू.चं.जै. फाईल नं.**–(7/586, 7/699, 7/651, 6/411)।
402	**हिमांशु भौमिक** उर्फ **राजा** *सुपुत्र* नभ कुमार भौमिक निवासी दुर्गापुर, थाना मीरसराय, चिटागांग, आयु 25 वर्ष।	चिटागांग आर्मरी रेड केस–1936 में धारा 19 व 20 आर्म्स एक्ट व 6 बंगाल क्रिमिनल लॉ एक्ट में 12.6.1936 को आजीवन कारावास कैद की सजा हुई। 25.4.1937 को अंडमान जेल में भेजने का आदेश हुआ। 1937 में अंडमान जेल से वापस भारत की जेल में भेजने का आदेश हुआ। इनका ढाका सेंट्रल जेल का बंदी नं. 3572 था। अंडमान जेल की 37 दिन की भूख–हड़ताल में सम्मिलित हुए। जनवरी, 1938 में अंडमान जेल से भारत की जेल में भेज दिए गए। 1939 में अलीपुर सेंट्रल जेल में फिर 36 दिन की भूख–हड़ताल में सम्मिलित हुए। 31.8.1946 को जेल से रिहा किए गए। **संदर्भ** : सेलुलर जेल की सूची का पृष्ठ नं. 13, संख्या नं. 119–बंगाल। **सरकारी फाईल नं.** –होम 1937 पोल. 18/2/1937, होम 1937 पोल. 18/3/37, होम 1937 पोल. 22/7/37, होम 1937 पोल. 24/3/37, होम 1937 जेल. 5/37 जेल.। **फू.चं.जै. फाईल नं.**–(6/53, 7/689, 6/406, 7/372, 7/639, 7/591)।
54	**हरिमोहन चैटर्जी**–विद्यार्थी *सुपुत्र* रायमोहन चैटर्जी, निवासी पालंग, फरीदपुर, डोमसर। आयु 16 वर्ष।	बरीसल रॉबरी केस–1931 में लूटमार के समय हत्या के आरोप में धारा 392/394/397 में 11.8.1931 को 7 वर्ष कैद की सजा हुई। 17.11.1932 को अंडमान जेल में भेजने का आदेश हुआ। इनका ढाका सेंट्रल जेल का बंदी नं. 1974 था।

पी.आई.नं.	बंदी का नाम व पता	विशेष टिप्पणी
		ये अनुशीलन समिति के सदस्य थे। 1930 के सत्याग्रह आंदोलन में जेल की सजा काटी। जिला स्कूल का चपरासी जो कि रुपया लेकर जा रहा था तो उसे लूटने के आरोप में मई, 1931 में गिरफ्तार कर लिए गए। मई, 1933 में अंडमान जेल में 45 दिन की भूख–हड़ताल की और जुलाई, 1937 में 37 दिन की भूख–हड़ताल की। 1937 में अंडमान जेल से भारत की जेल में वापस भेज दिए गए और जेल से रिहा कर दिए गए। रिहा होने के बाद 2 वर्ष तक अपने क्षेत्र में पाबंद कर दिए गए। (मुक्ति तीर्थ से उद्धृत) **संदर्भ** : सेलुलर जेल की सूची का पृष्ठ नं. 13, संख्या नं. 120–बंगाल। **सरकारी फाईल नं.** –होम 1932 पोल. 4/52/32, सीरियल नं. 1–6, होम 1932 जेल. के. डब्ल्यू. 70 जेल., होम 1933 जेल. 11/1/33 जेल., होम 1937 पोल. आई. 24/14/37। **फू.चं.जै. फाईल नं.**–(6/266, 7/544, 7/496, 7/577, 7/594, 7/379)।
159	**हेमचन्द्र दत्ता** उर्फ **हेमेन्द्र चन्द्र दत्ता** *सुपुत्र* हरीशचन्द्र दत्ता, निवासी नेतोरकंडी, बाजीतपुर, मैमनसिंह, आयु 25 वर्ष।	कमालपुर डकैती केस में हत्या के प्रयास–1933 में 7 वर्ष कैद की सजा हुई। 13.12.1933 को छठे बैच के साथ अंडमान जेल में भेजने का आदेश। 1937 में अंडमान जेल से वापस भारत की जेल में भेजने का आदेश हुआ। इनका अलीपुर जेल का बंदी न. 2730 था। **संदर्भ** : सेलुलर जेल की सूची का पृष्ठ नं. 13, संख्या नं. 118। **सरकारी फाईल नं.** –होम 1932 जेल. के. डब्ल्यू. 70 जेल., होम 1933 पोल. 42/2/33, होम 1937 पोल. आई. 24/4/37। **फू.चं.जै. फाईल नं.**–(7/384, 6/287, 7/553, 7/525, 7/579, 7/590)।
231	**हेमचन्द्र बक्शी** *सुपुत्र* जोगेन्द्रचन्द्र बक्शी, निवासी गयबंडा, जिला रंगपुर, आयु 30 वर्ष।	नलडंगा डकैती केस–1933–34 में डकैती, लूट, शस्त्र के षड्यंत्र के आरोप में धारा 395, 19 व 20 आर्म्स एक्ट में 8.1.1934 को 25 वर्ष कैद की सजा हुई। 23.2.1935 को 10वें जत्थे में अंडमान जेल में भेजने का आदेश हुआ। 1937 में अंडमान जेल से भारत की जेल में भेजने का आदेश हुआ। इनका राजशाही सेंट्रल जेल में बंदी नं. 9694 था। 20.11.1933 को 10 युवकों ने नलडंगा गांव में थाना सादुल्लापुर जिला रंगपुर में एक मकान में 8 हजार का डाका डाला व बंदूक लूट ली थी। ये युगान्तर पार्टी के सदस्य थे। 1921 के असहयोग आंदोलन व 1932 के सत्याग्रह आंदोलन में गिरफ्तार हुए और दोनों आंदोलनों में एक वर्ष कैद की सजा काटी।

पी.आई.नं.	*बंदी का नाम व पता*	*विशेष टिप्पणी*
		अंडमान जेल में जुलाई, 1937 की भूख–हड़ताल में 37 दिन की भूख–हड़ताल की। जनवरी, 1938 में अंडमान जेल से भारत की जेल में भेज दिए गए और अगस्त, 1946 में जेल से रिहा हुए। (मुक्ति तीर्थ से उद्धृत) **संदर्भ** : सेलुलर जेल की सूची का पृष्ठ नं. 13, संख्या नं. 116–बंगाल। **सरकारी फाईल नं.** –होम 1935 जेल्स. 5/35 जेल्स., होम 1937 पोल. आई. 24/4/37। **फू.चं. जै. फाईल नं.**–(7/485, 7/384)।
368	**हेमचन्द्र भट्टाचार्य**–अध्यापक *सुपुत्र* कमलकान्त भट्टाचार्यजी, निवासी भाटीकर, पतिया, चिटागांग, आयु 24 वर्ष।	इंटर प्राविन्शल षड्यंत्र केस–1935 में सम्राट की सरकार के विरुद्ध विद्रोह में धारा 19 आर्म्स एक्ट, 3 बंगाल एक्ट/120बी, 121ए, आई. पी. सी. में पहली सजा 28.2.1933 को और दूसरी सजा 1.5.1935 को 4+6 वर्ष यानी कुल सजा 10 वर्ष की कैद है। 16.8.1936 को अंडमान जेल भेजने का आदेश हुआ। 1937 में अंडमान जेल से वापस भारत की जेल में भेजने का आदेश दिया। इनका राजशाही सेंट्रल जेल का बंदी नं. 1344 था। अनुशीलन पार्टी के हेमचन्द्र भट्टाचार्य पर चिटागांग में 30.12.1932 को जितेन गुप्ता के साथ मिलकर षड्यंत्र योजना के आरोप में मुकदमा कायम किया। जितेन गुप्ता गिरफ्तारी के बाद बक्सा नजरबंद कैंप से फरार हो गए। फरवरी, 1932 से फरार अभियुक्त की पुलिस खोज कर रही थी। जनवरी, 1933 में हेमचन्द्र भट्टाचार्य व तीन अन्य की धारा 19एफ आर्म्स एक्ट में व 120बी में 4–4 वर्ष व 3–3 वर्ष कैद की सजाएं हुईं। **संदर्भ** : सेलुलर जेल की सूची का पृष्ठ नं. 12 व 13, अंडमान का पी. आई. 368 है। **सरकारी फाईल नं.** –होम 1932 पोल. 18/15/32 फोर्टनाइटली, दिसम्बर 32, होम 1933 पोल. 18/1/33 फोर्टनाइटली, जनवरी 1933 देहली रिकॉर्ड नं. 1, कोन्फिडेन्शियल, होम 1933 पोल. 18/4/33 फोर्टनाइटली, मार्च 33, होम 1936 जेल. 5/36 जेल.। **फू.चं.जै. फाईल नं.**–(3/408, 3/403, 3/414, 7/706, 7/658)।
51	**हेमेन्द्रनाथ चक्रवर्ती** उर्फ **छुट्टू** *सुपुत्र* हरम्बानाथ चक्रवर्ती, निवासी फुकनी, दौलतपुर, वेलकुची, पबना, आयु 24 वर्ष।	अरधराबारी रॉबरी केस–1931 में मैमनसिंह में पोलिटिकल डकैती में धारा 392/397, 19 आर्म्स एक्ट में 30.4.1931 को 7 वर्ष सख्त कैद की सजा हुई। 17.11.1932 को अंडमान जेल में भेजने का आदेश। अंडमान जेल में पेट में अलसर हो जाने के कारण इन्हें वापस भारत की जेल में भेज दिया गया।

पी.आई.नं.	बंदी का नाम व पता	विशेष टिप्पणी
		इनका मिदनापुर सेंट्रल जेल का बंदी नं. 936 था। अनुशीलन पार्टी में सम्मिलित होने से पूर्व ये इंटरमीडियेट आर्ट्स की परीक्षा दे रहे थे और भिन्न–भिन्न गतिविधियों के कारण पुलिस बहुत समय से इनकी तलाश में थी, परन्तु इनका सुराग नहीं मिला। सितम्बर, 1930 में अरधाराबारी में डाक के हलकारे को लूटने के आरेाप में गिरफ्तार किए गए। अंडमान जेल में मई, 1933 की 45 दिन की भूख–हड़ताल की। सजा की समाप्ति से पूर्व अंडमान जेल से भारत की जेल में भेज दिए गए और जेल से रिहा हुए। (मुक्ति तीर्थ से उद्धृत) **संदर्भ** : सेलुलर जेल की सूची का पृष्ठ नं. 13, संख्या नं. 117–बंगाल। **सरकारी फाईल नं.** –होम 1931 पोल. 4/52/32 सीरियल नं. 1–6, होम 1932 जेल. के. डब्ल्यू. 70 जेल., होम 1940 पोल. आई. के. डब्ल्यू. 45/1/40 पार्ट 1, होम 1940 पोल. आई. 45/1/40 पार्ट 1, होम 1944 पोल. आई. 29/9/44, **फू.चं.जै. फाईल नं.**–(7/597, 7/542, 7/494, 8/110, 7/342)।

हांगकांग–सिंगापुर रायल आर्टिलरी–12 हैवी सिख रेजीमेंट के सैनिक जो हेलमेट पहनने से इंकार करने पर दंडित हुए :

1. **कर्तार सिंह** *सुपुत्र* नच्छतर सिंह, गनर हवलदार सैनिक नं. 2815
2. **कर्तार सिंह** *सुपुत्र* आत्मजीत सिंह, गनर हवलदार सैनिक नं. 3011
3. **कर्नेल सिंह** *सुपुत्र* भानसिंह गनर लॉसनायक सैनिक नं. 4041 (गुरदासपुर)
4. **गज्जन सिंह** *सुपुत्र* भंगासिंह/फुंगासिंह गनर नायक सैनिक नं. 2507 (लुधियाना)
5. **गुरुदेव सिंह** *सुपुत्र* गुरुदित्ता सिंह गनर नायक सैनिक नं. 4728 (लायलपुर)
6. **जगजीत सिंह** *सुपुत्र* सावन सिंह लॉसनायक सैनिक नं. 4769 (अमृतसर)
7. **जीवन सिंह** *सुपुत्र* राम सिंह गनर नायक सैनिक नं. 2631 (लुधियाना)
8. **नाजा सिंह** *सुपुत्र* बनता सिंह गनर नायक सैनिक नं. 3998 (जालंधर)
9. **बख्शीश सिंह** *सुपुत्र* भगत सिंह गनर नायक सैनिक नं. 3774 (लायलपुर)
10. **बाबू सिंह** *सुपुत्र* रामसिंह/शामसिंह गनर नायक सैनिक नं. 2884
11. **सेवा सिंह** *सुपुत्र* गुरुदत्त सिंह गनर हवलदार सैनिक नं. 2813 (पटियाला)
12. **हरनाम सिंह** *सुपुत्र* साधु सिंह गनर हवलदार सैनिक नं. 2983

संघाई युद्ध–क्षेत्र में तैनात इन सैनिकों को हेलमेट पहनने से इन्कार करने पर 28.1.1940 को कोर्ट मार्शल द्वारा 7 वर्ष की कैद हुई और इन्हें अंडमान जेल भेज दिया गया। फरवरी, 1942 में जापानी आक्रमण की संभावना को देखते हुए इन्हें भारत में मध्य प्रांत की जेल इंदौर में भेजा गया। बाद में सरकारी अधिकारियों ने निर्णय लिया कि हेलमेट

पी.आई.नं.	*बंदी का नाम व पता*	*विशेष टिप्पणी*

न पहनने की आपत्ति पर कोई कार्रवाई अपेक्षित नहीं है अतः इन्हें रिहा कर दिया जाना चाहिए।
संदर्भ : होम 1942 जेल. नं. 3/11/42 जेल; होम 1943 पोल. आई. जेल व के. डब्ल्यू.। **फू.चं.जै. फाईल नं.**–(85/43, 6/627, 6/657, 6/637, 6/648, 6/653 से 657)।

रॉयल इंडियन आर्मी सर्विस कोर के इजिप्ट में विद्रोही सैनिक फौज का अनुशासन भंग करने और विद्रोह करने पर दंडित हुए :

1. **अमर सिंह** *सुपुत्र* बाबूराम/बाबू सिंह–जालंधर — सैनिक नं. 506739–एम.टी.
2. **अमरीष सिंह** *सुपुत्र* हजारा सिंह (सिपाही)–रावलपिन्डी — सैनिक नं. 103770
3. **उजागर सिंह** *सुपुत्र* ठाकुर सिंह–(एम.टी. सिपाही)–रावलपिन्डी — सैनिक नं. 507932–एम.टी.
4. **उजागर सिंह** *सुपुत्र* बाबासिंह–होशियारपुर — सैनिक नं. 507121–एम.टी.
5. **करतार सिंह** *सुपुत्र* अमर सिंह–अमृतसर — सैनिक नं. 509088–एम.टी.
6. **करतार सिंह** *सुपुत्र* हरिसिंह–अमृतसर — सैनिक नं. 507904–एम.टी.
7. **कर्नेल सिंह** *सुपुत्र* नंदसिंह (सिपाही)–लायलपुर — सैनिक नं. 507975–एम.टी.
8. **किशन सिंह** *सुपुत्र* डालसिंह (सिपाही)–लायलपुर — सैनिक नं. 500429–एम.टी.
9. **खड़क सिंह** *सुपुत्र* नत्थासिंह–कैम्बलपुर — सैनिक नं. 104384–एम.टी.
10. **गुरुनाम सिंह** *सुपुत्र* पानसिंह–गुरदासपुर — सैनिक नं. 507035
11. **गेजासिंह** *सुपुत्र* गंगासिंह–तरणतारण — सैनिक नं. 501830
12. **चंदगीराम** *सुपुत्र* दयाराम–तहसील चिराम — सैनिक नं. 507009
13. **चरणसिंह** *सुपुत्र* कृपाराम–दिल्ली, बिजवासन — सैनिक नं. 505229
14. **जगदीश सिंह** *सुपुत्र* साधुसिंह–लायलपुर — सैनिक नं. 507921–एम.टी.
15. **जसवन्त सिंह** *सुपुत्र* करणसिंह (सिपाही)–पटियाला — सैनिक नं. 508409–एम.टी.
16. **टेहलसिंह** *सुपुत्र* बेलासिंह–शेखुपुरा — सैनिक नं. 105042–एम.टी.
17. **तेजसिंह** *सुपुत्र* डोदाराम/दोदाराम (सिपाही)–कांगड़ा — सैनिक नं. 508585–एम.टी.
18. **देवीसिंह** *सुपुत्र* गोपाल सिंह (सिपाही)–गुरुदासपुर — सैनिक नं. 508530–एम.टी.
19. **नत्थासिंह** *सुपुत्र* अमरसिंह–होशियारपुर — सैनिक नं. 509002–एम.टी.
20. **नन्दसिंह** *सुपुत्र* रूढ़सिंह–जालंधर — सैनिक नं. 507963–एम.टी.
21. **निहालसिंह** *सुपुत्र* नत्थासिंह/अमरसिंह (सिपाही)–लुधियाना — सैनिक नं. 502900–एम.टी.
22. **निहारसिंह** *सुपुत्र* अमरसिंह–गाजियाबाद — सैनिक नं. 508378–एम.टी.
23. **ध्यानसिंह** *सुपुत्र* फौजासिंह (सिपाही)–गढ़वाल — सैनिक नं. 508187
24. **प्यारासिंह** *सुपुत्र* जूनासिंह–अम्बाला — सैनिक नं. 507950–एम.टी.
25. **प्रीतमसिंह** *सुपुत्र* लाभसिंह–होशियारपुर — सैनिक नं. 508889–एम.टी.
26. **पूरनसिंह** *सुपुत्र* साधुसिंह (सिपाही)–अमृतसर — सैनिक नं. 507927

रायल इंडियन आर्मी सर्विस कोर की यह टुकड़ी कीर्ति लहर आंदोलन से प्रभावित थी। मिस्र में तैनात इस टुकड़ी को सैनिक ट्रकों में सामान लादने–उतारने के आदेश दिए तो सैनिकों ने इसे कुलियों का काम कहकर इसे करने से

पी.आई.नं.	*बंदी का नाम व पता*	*विशेष टिप्पणी*
		इन्कार कर दिया। इन्हें 14.2.1940 को कोर्ट मार्शल ने 7 से 10 वर्ष तक की कैद की सजा सुनाई और इन्हें अंडमान जेल भेज दिया। फरवरी, 1942 में अंडमान पर जापान के आक्रमण की संभावना को देखते हुए उन्हें मध्य भारत की जेलों में—पहले जबलपुर और फिर नागपुर भेजा गया। **संदर्भ** : होम 1940 पोल. आई. 98/40; होम 1943 जेल. के. डब्ल्यू. टू. 85/43। **फू.चं.जै. फाईल नं.**—(6/579, 6/644ए, 6/577, 6/500, 6/644, 6/651, 6/578, 6/650, 6/649, 6/645, 6/579, 6/580, 6/597)।

सेंट्रल इंडियन होर्स कम्पनी के विद्रोही सैनिक द्वारा अनुशासन भंग करने व विद्रोह करने के आरोप में दण्डित हुए।

1. **अजायब सिंह** *सुपुत्र* नाहौर सिंह—नाभा — सैनिक सवार नं. 5369
2. **अजीतसिंह** *सुपुत्र* केहरसिंह/कोचरसिंह/केसर सिंह (ए.एल/दफादार)—लुधियाना — सैनिक सवार नं. 5181
3. **अजीतसिंह** *सुपुत्र* खजानसिंह (सवार)—लुधियाना — सैनिक सवार नं. 4996
4. **अतरसिंह** *सुपुत्र* बलवन्त सिंह (सवार)—अमृतसर — सैनिक सवार नं. 5261
5. **अमरसिंह** *सुपुत्र* कश्मीर सिंह/कश्मीरा सिंह (ए.एल/दफादार)—लुधियाना — सैनिक सवार नं. 4994
6. **अमरजीतसिंह** *सुपुत्र* करतारसिंह (सवार)—अमृतसर — सैनिक सवार नं. 5113
7. **अलवालसिंह** *सुपुत्र* बचनसिंह (सवार)—लुधियाना — सैनिक सवार नं. 5042
8. **इन्दरसिंह** *सुपुत्र* लालसिंह (रिजर्विस्ट)—अमृतसर — रिजर्विस्ट 3330
9. **इब्राहिम खान** *सुपुत्र* याकूब खां (सवार)—ग्वालियर स्टेट — सैनिक सवार नं. 5166
10. **उजागरसिंह** *सुपुत्र* सुन्दरसिंह (सवार)—अमृतसर — सैनिक सवार नं. 5052
11. **उधे/उदयसिंह** *सुपुत्र* फुनानसिंह/फुम्मनसिंह (सवार)—लुधियाना — सैनिक सवार नं. 5223
12. **करतारसिंह** *सुपुत्र* फीजासिंह (ए.एल. दफादार)—फिरोजपुर — सैनिक सवार नं. 5049
13. **करतार सिंह** *सुपुत्र* सरदारसिंह (सवार)—लुधियाना — सैनिक सवार नं. 5109
14. **करतार सिंह** *सुपुत्र* हरनामसिंह (सवार)—अमृतसर — सैनिक सवार नं. 5114
15. **कर्नेलसिंह** *सुपुत्र* पालसिंह (सवार)—अमृतसर — सैनिक सवार नं. 5169
16. **कर्नेलसिंह** *सुपुत्र* बांकासिंह (सवार)—लुधियाना — सैनिक सवार नं. 5250
17. **कर्नेलसिंह** *सुपुत्र* वीरसिंह (सवार)—गुरदासपुर — सैनिक सवार नं. 5032
18. **कर्नेलसिंह** *सुपुत्र* लालसिंह (सवार)—अमृतसर — सैनिक सवार नं. 5034
19. **कर्मसिंह** *सुपुत्र* कालासिंह (सवार)—अमृतसर — सैनिक सवार नं. 5086
20. **कृपालसिंह** *सुपुत्र* पधानसिंह (सवार)—लुधियाना — सैनिक सवार नं. 5266
21. **कुन्दनसिंह** *सुपुत्र* लाभसिंह (सवार)—अमृतसर — सैनिक सवार नं. 5162
22. **खजानसिंह** *सुपुत्र* लक्ष्मणसिंह (सवार)—पटियाला — सैनिक सवार नं. 5264
23. **गुरुचरणसिंह** *सुपुत्र* कालूसिंह (सवार)—लुधियाना — सैनिक सवार नं. 5235
24. **गुरुचरणसिंह** *सुपुत्र* मंगलसिंह (सवार)—लुधियाना — सैनिक सवार नं. 5044
25. **गुरुदयाल सिंह** *सुपुत्र* गंडासिंह (सवार)—पटियाला — सैनिक सवार नं. 5320
26. **गुरुबचनसिंह** *सुपुत्र* उजागरसिंह (सवार)—अमृतसर — सैनिक सवार नं. 5163

पी.आई.नं. बंदी का नाम व पता	*विशेष टिप्पणी*
27.**गुरुबक्शसिंह** *सुपुत्र* अर्जुन सिंह (सवार)—लुधियाना	सैनिक सवार नं. 5368
28.**चंचलसिंह** *सुपुत्र* मेहरसिंह (सवार)—लाहौर	सैनिक सवार नं. 5156
29.**चरणसिंह** *सुपुत्र* संतासिंह (सवार)—लुधियाना	सैनिक सवार नं. 5150
30.**चांदसिंह/चन्दा सिंह** *सुपुत्र* दानसिंह (सवार)—पटियाला	सैनिक सवार नं. 5316
31.**चाननसिंह** *सुपुत्र* उजागरसिंह (सवार)—अमृतसर	सैनिक सवार नं. 5414
32.**चाननसिंह** *सुपुत्र* कुरैनसिंह/कुरानीसिंह (सवार)—लाहौर	सैनिक सवार नं. 5066
33.**जगदेव सिंह** *सुपुत्र* सिकन्दर सिंह (सवार)—लुधियाना	सैनिक सवार नं. 5204
34.**जगमालसिंह/जगमेलसिंह** *सुपुत्र* गुरुदेवसिंह (सवार)—लुधियाना	सैनिक सवार नं. 5265
35.**जरनैल सिंह** *सुपुत्र* सौदागर सिंह (सवार)—अमृतसर	सैनिक सवार नं. 5334
36.**जागीर सिंह** *सुपुत्र* सुंदर सिंह (सवार)—फिरोजपुर	सैनिक सवार नं. 5134
37.**जोगेन्द्र सिंह** *सुपुत्र* प्रतापसिंह (सवार)—लुधियाना	सैनिक सवार नं. 5366
38.**जोगेन्द्र सिंह** *सुपुत्र* करतार सिंह (सवार)—लुधियाना	सैनिक सवार नं. 5317
39.**जागेन्द्र सिंह** *सुपुत्र* साहेब सिंह (ए.एल. दफादार)—लुधियाना	सैनिक सवार नं. 5017
40.**टहलसिंह** *सुपुत्र* शेरसिंह (रिजर्विस्ट)—अमृतसर	सैनिक सवार नं. 5387
41.**डागरसिंह/डोगरसिंह** *सुपुत्र* गुरदित्तासिंह (सवार)—मलेरकोटला	सैनिक सवार नं. 5319
42.**तारासिंह** *सुपुत्र* गंगासिंह (सवार)—सरगोधा	सैनिक सवार नं. 5155
43.**तेजसिंह** *सुपुत्र* बहिरासिंह/भैंरोसिंह (सवार)—लुधियाना	सैनिक सवार नं. 5178
44.**दलीपसिंह** *सुपुत्र* चरणसिंह (सवार)—लुधियाना	सैनिक सवार नं. 5338
45.**दलीपसिंह** *सुपुत्र* पाहनसिंह (सवार)—लुधियाना	सैनिक सवार नं. 5154
46.**दलीपसिंह** *सुपुत्र* हजारासिंह (सवार)—अमृतसर	सैनिक सवार नं. 5226
47.**दलीपसिंह** *सुपुत्र* हुक्मसिंह (सवार)—अमृतसर	सैनिक सवार नं. 5161
48.**दीदारसिंह** *सु[illegible]*परसिंह (सवार)—अमृतसर	सैनिक सवार नं. 5341
49.**देवासिंह/दीवानसिंह** *सुपुत्र* केशरसिंह (सवार)—अमृतसर	सैनिक सवार नं. 5060
50.**देवासिंह** *सुपुत्र* माधवसिंह/माधनासिंह (रिजर्विस्ट)—हिसार	रिजर्विस्ट 770
51.**नगेन्द्रसिंह** *सुपुत्र* जगतसिंह (सवार)—लुधियाना	सैनिक सवार नं. 5111
52.**नाहरसिंह** *सुपुत्र* हरनामसिंह (सवार)—लुधियाना	सैनिक सवार नं. 5284
53.**निरंजनसिंह** *सुपुत्र* भगतसिंह (रिजर्विस्ट)—लाहौर	सैनिक सवार नं. 4702
54.**प्यारासिंह** *सुपुत्र* अमृतसिंह (ए.एल. दफादार)—लुधियाना	सैनिक सवार नं. 5048
55.**प्रदुभनसिंह** *सुपुत्र* निहालसिंह (दफादार)—बुटाला	सैनिक सवार नं. 4928
56.**प्रीतमसिंह** *सुपुत्र* मीतसिंह (सवार)—लाहौर	सैनिक सवार नं. 3686
57.**प्रीतमसिंह** *सुपुत्र* सन्तासिंह (सवार)—अमृतसर	सैनिक सवार नं. 5115
58.**पूरनसिंह** *सुपुत्र* हजारासिंह (सवार)—अमृतसर	सैनिक सवार नं. 5322
59.**फूलासिंह** *सुपुत्र* सज्जनसिंह (सवार)—फिरोजपुर	सैनिक सवार नं. 5357
60.**बख्तावर सिंह** *सुपुत्र* अमोलसिंह (सवार)—लुधियाना	सैनिक सवार नं. 5367
61.**बख्तावरसिंह** *सुपुत्र* कपूरसिंह (सवार)—लुधियाना	सैनिक सवार नं. 5026
62.**अजायबसिंह** *सुपुत्र* अतरसिंह (सवार)—लुधियाना	सैनिक सवार नं. 5225

पी.आई.नं.	बंदी का नाम व पता	विशेष टिप्पणी
		सेंट्रल इंडियन होर्स कंपनी के उपरोक्त सैनिकों ने, जुलाई, 1940 में जब उन्हें युद्ध–क्षेत्र में ले जाया जा रहा था, कीर्ति लहर आंदोलन से प्रभावित होकर विद्रोह कर दिया। त्रिमुलघेड़ी बोलारम में कोर्ट मार्शल ने उन्हें 28.7.1940 को 7 से 10 वर्ष तक के कैद की सजा दी और अंडमान जेल भेज दिया। फरवरी, 1942 में अंडमान पर जापानी आक्रमण की संभावना को देखते हुए इन्हें जबलपुर, अमरावती, रायपुर, इंदौर, येरवडा, नागपुर आदि में भेजा गया। **संदर्भ** : होम 1940 पोल. आई. 164/40; होम 1943 जेल. के. डब्ल्यू. 85/43; होम 1941 पोल. आई. 94/6/41। **फू.चं.जै. फाईल नं.**–(6/643, 6/649, 6/640, 6/595, 6/656, 6/703, 6/695, 6/578 से 589, 6/601 से 647, 6/594, 6/652, 6/642, 6/655, 6/654, 6/653, 6/597, 6/552, 6/641, 6/658, 6/598, 6/599, 6/600, 7/96)।
	अमरसिंह *सुपुत्र* सद्दासिंह, फिरोजपुर, आयु 20 वर्ष।	फिरोजपुर 3/12 रायल फ्रन्टियर फोर्स रेजीमेंट में ड्यूटी से फरार होने के आरोप में 14.8.1940 को आजीवन कैद। सितम्बर, 1940 को अंडमान जेल भेजे गए। कीर्ति लहर आन्दोलन से प्रभावित 3/12, रॉयल फ्रन्टियर फोर्स रेजीमेंट के सैनिकों को जब युद्धक्षेत्र के लिए भारत से भेजा जाने लगा, तो ये आदेश के विरुद्ध विद्रोह करने की भावना से फरार हो गए। परन्तु फौजी सैनिकों ने इन्हें पकड़ लिया और दक्षिण बोलारम छावनी में भेज दिया। 14.8.1940 को त्रिमुलघेड़ी दक्षिण बोलारम में फौजी कोर्ट मार्शल द्वारा आजीवन कैद की सजा दी गई। सजा के विरुद्ध इन्होंने अपील नहीं की। 26.9.1940 को इन्हें यरवदा जेल में लाया गया। यरवदा जेल में इनका बंदी नं. 12204 था। अधिकारियों ने इन्हें तुरन्त अंडमान जेल में भेजने का आदेश दे दिया। फरवरी, 1942 में अंडमान द्वीप पर जापानियों/जापानी सैनिकों के आक्रमण की आशंका को देखते हुए सरकार ने आदेश दिया कि अंडमान जेल से फौजी सैनिकों को तुरन्त भारत में मध्य प्रदेश की जेलों में भेज दिया जाए। 1943 की रिपोर्ट है कि ये अमरावती जेल में कैद काट रहे हैं और जेल का बंदी नं. 1940 था। **सरकारी फाईल नं.** –होम 1940 पोल. आई. 164/40, होम 1943 पोल. जेल. के. डब्ल्यू. टू 85/43। **फू.चं.जै. फाईल नं.**–(6/596, 6/643ए, 6/656)।

पी.आई.नं.	*बंदी का नाम व पता*	*विशेष टिप्पणी*
	जोगेन्द्रसिंह *सुपुत्र* वजीरसिंह, पटियाला, आयु 25 वर्ष।	रॉयल फ्रन्टियर फोर्स रेजीमेंट के विद्रोही कीर्ति आंदोलन से प्रभावित ड्यूटी के समय फरार होने पर सैनिक कोर्ट मार्शल द्वारा 14.8.1940 को 10 वर्ष की सजा हुई। सितम्बर, 1940 में अंडमान जेल आए। कीर्ति लहर आंदोलन से प्रभावित 3/12, रॉयल फ्रन्टियर फोर्स रेजीमेंट के सैनिकों को जब युद्ध क्षेत्र के लिए भारत से भेजा जाने लगा, तो ये आदेश के विरुद्ध विद्रोह करने की भावना से फरार हो गए। परन्तु फौजी सैनिकों ने इन्हें पकड़ लिया और दक्षिण बोलारम छावनी में भेज दिया। 14.8.1940 को त्रिमुलघेड़ी दक्षिण बोलाराम में फौजी कोर्टमार्शल द्वारा 10 वर्ष आजीवन कैद की सजा दी गई। सजा के विरुद्ध इन्होंने अपील नहीं की। 30.10.1940 को सिकन्दराबाद जेल से यरवदा जेल में आए। यरवदा जेल का कैदी नं. 12483 था। अधिकारियों ने इन्हें तुरन्त अंडमान जेल में भेजने का आदेश दे दिया था। फरवरी, 1942 में अंडमान द्वीप पर जापानियों/ जापानी सैनिकों के आक्रमण की आशंका को देखते हुए सरकार ने आदेश दिया कि अंडमान जेल से फौजी सैनिकों को तुरन्त भारत में मध्यप्रदेश की जेलों में भेज दिया जाए। 1943 की रिपोर्ट थी कि ये अमरावती जिला जेल में कैद काट रहे थे और जेल का बंदी नं. 1941 था। **सरकारी फाईल नं.** –होम 1940 पोल. आई. 164/40, होम 1943 जेल. के. डब्ल्यू. टू 85/43। **फू.चं.जै. फाईल नं.**–(6/596, 6/599, 6/656, 6/642)।